SABBATH

BLOODY SABBATH

SABBATH

Joel McIver

BLOODY SABBATH

Tradução:
Teodoro Lorent

MADRAS®

Publicado originalmente em inglês sob o título *Sabbath Bloody Sabbath,* por Omnibus Press.

Editor:
Wagner Veneziani Costa

Produção e Capa:
Equipe Técnica Madras

Tradução:
Teodoro Lorent

Revisão da Tradução:
Marina Nobre

Revisão:
Silvia Massimini Felix
Neuza Rosa
Renata Brabo

Dados Internacionais de Catalogação na Publicação (CIP)
(Câmara Brasileira do Livro, SP, Brasil)

McIver, Joel
Sabbath bloody Sabbath/Joel McIver; tradução
Teodoro Lorent. – São Paulo: Madras, 2012.
Título original: Sabbad bloody Sabbath.
Bibliografia

ISBN 978-85-370-0821-8

1. Black Sabbath (Grupo musical) – Biografia
2. Heavy metal (Música) I. Título.

12-14627 CDD-782.421660922

Índices para catálogo sistemático:
1. Heavy metal: Black Sabbath: Músicos de rock: Biografia e obra 782.421660922

MADRAS EDITORA LTDA.
Rua Paulo Gonçalves, 88 – Santana
CEP: 02403-020 – São Paulo/SP
Caixa Postal: 12183 – CEP: 02013-970
Tel.: (11) 2281-5555 – Fax: (11) 2959-3090
www.madras.com.br

Este livro é dedicado a Tom McIver, nascido no dia 29 de junho de 2006.

ÍNDICE

Parte Três
Ressuscitando a Besta: 1993-2006

AGRADECIMENTOS

Agradecimentos a Carlos Anaia, Geoff Barton, Kat Bjelland, Mark Brend, Chris Charlesworth, Dave Clarke, Mat Croft, Becky Deayton, Karl Demata, Katon W. Depena, Bernard Doe, Malcolm Dome, John Doran, KJ Doughton, Jeff "Mantas" Dunn, Daryl Easlea, Darren Edwards, Gillian Gaar, Ian Glasper, Dorothy Howe, Glenn Hughes, Mirai Kawashima, Sharon Kelly, Killjoy, Bruce Lamond, Sarah Lees, Joe Matera, Bob Nalbandian, Mike Oldfield, Dennis Pepa, Thomas Pilhatsch, Martin Popoff, Ken Sharp, Garry Sharpe-Young no Rockdetector, Joe Shooman, Jim Simpson, Andy Sneap, Louise Sugrue, Carl Swann, Tommy Udo, Sarah Watson, Barry Winton, Mark Wirtz, Corky Nips, às equipes das revistas *Acoustic, Bass Guitar, Bass Player, Classic Rock, DVD Review, Future Music, Metal Hammer, Record Collector, Total Film* e *Total Guitar*, e ao pessoal da Universal, EMI, Roadrunner, Century Media, Peaceville, Union Square, Warners e BBC 6 Music, que nos ajudaram ao longo do caminho.

Com todo amor, a Emma, Alice, Robin e Abi, Dad, John e Jen, Parr, Houston-Miller, Everitt-Bossmann, famílias Sendall e Tominey, Phil e Kate, Vinay e Ren, Dave e Dawn, Woody e Glynis, Simone, Quinn, Amy e Anden Harrington, Christof e Anja, Big Alice e a família Knight, Frank, Raddion, Ian Salsbury, Wyrd, Dora, Winter Sprite e aos Barnes, Ellis, Johnston e aos guerreiros do metal Legerton e Maynard.

INTRODUÇÃO

O HEAVY metal é um circo – ridículo, cômico e chamativo, mas viciante e atrativo. A música é alta e irada; os intérpretes variam do estilo homicida irritado ao sincero transtornado; e essa imagem absurda é dissecada por psicólogos e por aqueles que não estão envolvidos na brincadeira. Eles a consideram estúpida, antiquada, preconceituosa, ignorante, intolerante e, pior de tudo, totalmente ultrapassada.

Será que estão tão equivocados assim?

O Black Sabbath se encaixa em todas essas descrições, e vai além. Rotulado pela maioria como a primeira banda heavy metal do mundo, classificado por muitos outros como pertencente à categoria do hard rock e venerado por milhões que não ligam para uma coisa nem outra, em sua trajetória, essa formação mutante extasiou centenas de palcos e dezenas de turnês, recolheu uma pilha de discos de ouro, superou manchetes de quase todas as bandas respeitáveis desde 1970, inspirou uma legião de bandas de metal influenciadas pelo Sabbath e – crucialmente – viu seu cantor errante transcender suas raízes do rock e se tornar uma das celebridades mais reconhecidas do mundo. Apesar de outros ídolos do rock terem trocado o camarim pelo horário nobre da TV – Gene Simmons do Kiss e Steven Tyler do Aerosmith são os que vêm à mente –, Ozzy Osbourne é o único selvagem do metal que teve a honra de receber um comentário bem-humorado durante o discurso de um presidente norte-americano, ao se apresentar por anos a fio em um programa de TV não musical e a ser elogiado (ao invés de castigado) por sua batalha incessante com as drogas. Inacreditavelmente, Ozzy é um cara legal e o Sabbath esteve sempre com ele.

Alguns leitores deste livro talvez não saibam dos 30 anos que Ozzy batalhou como músico antes que o sucesso o levasse a milhões de casas no horário nobre da TV. Como outros, talvez, também não reconheçam o enorme poder criativo que o Black Sabbath representou nos anos 1970, como eles lutaram para se projetar nos anos 1980 e como finalmente alcançaram o topo de respeitabilidade no círculo comercial na década de 1990 e além. *Sabbath Bloody Sabbath* nos conta uma história única sobre uma banda da cidade de Aston, distrito de Birmingham, que sacudiu o mundo – e que sobreviveu para contar a história.

Uma história épica, intensa e de cores vivas como esta só funciona se os protagonistas envolvidos na trama apresentarem suas próprias versões, portanto, você contará neste livro com entrevistas que eu mesmo conduzi nos últimos anos com os membros da banda do Sabbath Tony Iommi, Geezer Butler, Bill Ward, Glenn Hughes, Ian Gillan, Ronnie James Dio, Bobby Rondinelli e Bob Daisley. Seu primeiro manager, Jim Simpson, também ajudou a esclarecer muitas coisas. Outros ícones da música que partilharam suas opiniões comigo sobre o Sabbath incluem: Ritchie Blackmore, Leo Lyons (Ten Years After), Tom Araya e Kerry King (Slayer), John Lydon, Ian "Lemmy" Kilmister, King Diamond, Nikki Sixx (Mötley Crüe), Bill Gould (Faith No More), Yngwie J. Malmsteen, Dave Mustaine (Megadeth), Stephen O'Malley e Greg Anderson (Sun O), Geddy Lee (Rush), Zakk Wylde (Black Label Society/Ozzy Osbourne), Paul Allender (Cradle of Filth), o falecido "Dimebag" Darrell Abbot (Pantera/Damageplan), Ice-T, Joey Jordison e Mick Thompson (Slipknot), Bobby Ellsworth (Overkill), Jeff Becerra (Possessed), Conrad Lant e Jeff Dunn (Venom), John Bush (Armored Saint/Anthrax), Katon W. DePena (Hirax), Mikael Akerfeldt (Opeth), Phil Fasciana (Malevolent Creation), Sean Harris (Diamond Head) e Rob Halford (Judas Priest). Um grupo extraordinário de estrelas, e tenho certeza de que vocês concordarão: essas pessoas oferecem um verdadeiro panorama sobre toda a história do Sabbath.

Nada do Ozzy e da Sharon, então? De fato, não. Foi impossível penetrar na trincheira da patroa do Ozzy em que as fontes são livros oficiais enchendo as prateleiras. Mas isso não me importa: como indiquei em meu livro *Justice For All: The Truth About Metallica* (também publicado pela Omnibus, 2004), o acesso às estrelas significa estar sempre algemado ao que há de positivo sobre eles – e eu não acho que você, como leitor, eu como autor e a banda como o assunto seríamos bem servidos com um livro que não fosse objetivo. Nos momentos em que o Black Sabbath se desvia dos caminhos da integridade ou do bom senso, eu conto em letras garrafais para todos verem.

Como na biografia do Metallica, eu interrompo de vez em quando o fluxo cronológico da narrativa para discutir vários aspectos da história do Sabbath que careciam de maiores pesquisas. Há algumas questões sérias que devem ser respondidas e muitas conclusões que precisam ser determinadas. Isso é, acima de tudo, um assunto único, que exige um pouco de análise. Se parece ser algo muito sério, lembre-se apenas de que estamos lidando aqui com morcegos decapitados e pontas de dedos cortadas – há também um lado engraçado da história...

Mas não se sinta desencorajado. Como o próprio Sabbath, estamos aqui para cair no rock. Desfrute do passeio, e não hesite em me contatar quando terminar de ler o livro.

Joel McIver, primavera de 2006
www.joelmciver.co.uk
joel@joelmciver.co.uk

PARTE UM

Invocando o Demônio: 1948-1978

CAPÍTULO 1

Antes de 1968

Em todo nível imaginável, em 1948, Aston, subúrbio de Birmingham, era um mundo completamente diferente de hoje.

Quando John Michael Osbourne nasceu no dia 3 de dezembro e foi levado para casa por seus pais, Jack e Lillian, que moravam no endereço 14 Lodge Road, nada podia indicar que um dia ele se tornaria o residente mais famoso daquela região. Seus pais trabalhavam na indústria automotiva local, o pai enfrentava o turno da noite e a mãe era empregada na fábrica de fiação elétrica da empresa de energia Lucas. O bairro de Aston estava lentamente se recuperando do bombardeio que sofrera durante a Segunda Guerra Mundial, apenas quatro anos antes, e a pobreza que a maioria das famílias enfrentava era visível em todas as casas geminadas onde eles viviam – a maioria agrupada em quintais comunitários e designadas à demolição assim que a área se recuperasse no período do pós-guerra. Enquanto isso não acontecia, a maioria da população proletária de Aston se via confinada a condições de vida que aos olhos de observadores modernos remeteria aos contos de Charles Dickens. John, seus irmãos Paul e Tony, suas irmãs Jean, Iris e Gillian e seus pais eram forçados a viver em um espaço tipicamente apertado naquele bairro.

"Tínhamos apenas três quartos e havia seis crianças... Minha mãe e meu pai ficavam no quarto da frente, e nós costumávamos nos empilhar no quarto dos fundos", lembra-se John, que desde então passaria a ser conhecido mundialmente como "Ozzy", baseado em seu sobrenome. "Mantivemos um pinico debaixo da cama – uma porcaria de um balde de plástico para urinar – durante meses", acrescentou. "Nunca tínhamos lençóis limpos, e usávamos nossos sobretudos como lençóis. Juro por Deus que isso é verdade."

Outra família de Aston, os Ward, que moravam na Witton Lodge Road, tinha um filho, William, que havia nascido no dia 5 de maio de 1948, sete meses antes de Ozzy. Bill uma vez descreveu Aston como "um lugar muito simples. Era um bairro muito antigo e barra-pesada da cidade que foi bombardeado durante a guerra. Na época em que eu estava crescendo, tínhamos lampião a gás; a paisagem foi toda bombardeada pelos alemães. E eu presenciei tempos difíceis, muitos esfaqueamentos, homens saindo dos bares e literalmente caindo mortos, e coisas desse gênero. Havia muitos vagabundos, mas ao mesmo tempo a cidade tinha uma beleza incrível. Para mim, era tudo o que eu conhecia".

A carcaça que sobrou de Aston começava a dar sinais de recuperação durante a infância de Ozzy e Bill, mas continuava sendo um lugar perigoso para conviver, como explicou Ward: "Birmingham está semelhante a Pittsburgh ou Detroit. Está repleta de indústrias. Eles fazem carros, armas, munições e todos os tipos de coisas feitas de metal. É um lugar industrial realmente enorme. Durante a Segunda Grande Guerra, os alemães sabiam o que estava acontecendo em Aston, então a atacaram violentamente. Quando cresci em Aston, havia vários prédios destruídos que não foram demolidos. Saía para caminhar da porta de minha casa e via todos aqueles terrenos, por dois ou três quarteirões, cheios de entulhos que haviam sido deixados da guerra... O povo de Aston era muito forte. Eles valorizavam muito a aparência de suas casas. As portas de entrada eram imaculadamente polidas. No entanto, em um determinado sábado à noite, qualquer astoniano que se preza viria em sua direção e lhe daria uma surra. A coisa era muito feia mesmo".

Como qualquer área urbana em condições precárias – e especialmente após a guerra –, as ofertas de emprego eram limitadas, mas a solução encontrada pelos jovens que não conseguiam trabalho na indústria era ingressar nas Forças Armadas. A família Butler que morava na vizinhança – cujo filho caçula, Terence Michael Joseph, nasceu no dia 17 de julho de 1949 – viu dois de seus filhos se alistarem no Exército. Isso viria como uma experiência rica e reveladora para os recrutas criados em Birmingham, que forjavam suas amizades com soldados que vinham de regiões tão longínquas, como Londres. Terence se lembra: "Dois irmãos meus serviam o Exército, e havia muitos rapazes de Londres servindo no mesmo regimento que eles – e costumavam chamar todo mundo de 'velhaco' ['geezer']. Então, assim que meus irmãos voltaram para casa, passaram a chamar todo mundo de velhaco. Logo, é claro, adotei o termo e quando fui para a escola passei a chamar todo mundo assim".

Desse modo, Terence perdeu seu sobrenome e logo foi permanentemente apelidado de "Geezer". Suspirou e disse: "Fui amaldiçoado com esse nome desde então".

"Costumava chamar todo mundo de *geezer*, sempre apontando o dedo para as pessoas e dizendo 'este *geezer*' ou 'aquele *geezer*'... E o termo pegou. Não vou contar como chamávamos Bill", disse, com ironia, referindo-se a Ozzy, muito tempo depois.

Não demorou muito para que os garotos se metessem em encrencas: não de natureza criminosa, por enquanto, mas envolvendo estripulias que poderiam facilmente resultar em ferimentos ou até na morte. Como Ward se lembra: "Para fazer parte de uma gangue quando éramos crianças, uma das iniciações era caminhar agachado no esgoto. Era uma coisa totalmente assustadora para um jovem. Levava cerca de meia hora para atravessar. Eu fui iniciado na gangue depois que completei o percurso lá embaixo. O rio que corria junto era muito rápido também. Era uma coisa muito estúpida de se fazer. Era um breu total lá embaixo".

A escola não oferecia muito respeito a nenhum deles, pelo menos para Ozzy, que frequentava a King Edward VI Grammar School, na Frederick Road, em Aston. Ele se lembra: "Sou um palhaço nato. Quando era criança, na escola, se via pessoas tristes ao meu redor, eu fazia umas loucuras do tipo pular portões, qualquer coisa para animá-las – enforcar-me, qualquer coisa, porque odiava ver rostos tristes".

Essa referência sobre se enforcar não era brincadeira. Como explicaria, ele tentou isso em 1962, com apenas 14 anos de idade: "Tentei me enforcar uma vez. Queria saber como era ser enforcado. Na Inglaterra, temos essas casas com terraços e umas coisas que eles chamam de entradas – espécie de becos – e umas barras nessas entradas. Isso é a pura verdade, juro por Deus. Então peguei o fio do varal de minha mãe, fiz o nó da forca, prendi na barra da entrada do terraço, pulei da cadeira e segurei a corda. Pensei que, se eu fosse morrer, soltaria a corda e ficaria tudo bem".

Tal comportamento teve seu preço, pago por Ozzy ao seu austero pai Jack: "Meu pai saiu da casa, pegou-me no ato e me deu a maior surra. Pensei naquela hora, que merda, deveria ter feito aquilo de verdade".

Além das surras, os pais de Ozzy transmitiram a ele certas habilidades que colocaria em uso mais tarde em sua vida, como se lembra:

"Meu pai era uma pérola. Peguei esse aspecto dele, e minha voz veio de minha mãe... ele costumava voltar do clube dos trabalhadores, um bar no qual costumava beber, e eles o atiravam para fora do ônibus todos os dias. Minha mãe era uma cantora amadora... ela costumava frequentar shows de calouros".

Como muitos pais de sua geração, Jack Osbourne acreditava categoricamente na disciplina e a aplicava de forma física em seus filhos. Ozzy se lembra de que apanhou "muito", mas acrescenta: "Fazia parte da vida naquela época. Eram os bons tempos, cara". De qualquer modo, as palmadas não faziam com que o jovem Osbourne parasse de acumular uma verdadeira sequência de comportamento inadequado, começando aos 11 anos de idade, quando atacou o gato de sua tia com uma faca. Ao visitar sua família em Sunderland ("Foi a primeira vez que vi o mar. Caí aos prantos. Eu tinha uma tia, merda, como era o nome dela? Elsie? Ada? Tia Ada! Ela tinha um marido que parecia o monge da vila"), explica Ozzy: "Esfaqueei seu gato no quintal, quando tia 11 anos, enquanto minha mãe tomava banho de sol. Apanhei feio na casa...".

Ele continua: "Uma vez taquei fogo em minha irmã. Não gostava dela. Joguei gasolina em sua saia e toquei fogo nela. Apanhei pela casa toda, como sempre... Tentei estrangular meu irmão caçula porque eu o odiava... Outra vez meus amigos deram a ele uma camisinha usada falando que era um balão... Ele entrou na casa a assoprando. Meu pai lavou a boca dele com sabão".

A breve passagem de Ozzy pela escola foi igualmente repleta de ocorrências ("Bati em meu professor uma vez com uma barra de ferro... Ele foi despedido por pegar no meu pé") e, mais notório ainda, por sua relação de inimizade com um garoto agressivo e bom de briga chamado Frank Anthony Iommi, oito meses mais velho que Ozzy, nascido no dia 19 de fevereiro de 1948 e que também morava em Aston, na Park Lane. "Sofria *bullying* de Tony Iommi o tempo todo na escola", reclamou Ozzy mais tarde e com razão – Iommi era um sujeito violento e com grande força física para apoiar seu temperamento. "Tony era sempre o cara malvado que saía batendo em todo mundo. Hoje, amadureceu completamente", ironizou Geezer.

A vocação de Iommi à resistência física ia além de uma mera presença casual, como ele relembra: "Minha primeira ambição quando pequeno era tentar artes marciais, boxe, esse tipo de coisa, e achava que iria conseguir algo nesse tipo de negócio. Ia sempre ao ginásio de três a quatro vezes por semana naquela época, e era um fanático naquilo. Então, comecei a ouvir música e, eventualmente, toda aquela fascinação física desapareceu. Mas nunca imaginei que fosse acabar tocando guitarra, nunca. Tinha vários sonhos quando era jovem sobre estar em cima de um palco, mas jamais havia imaginado que seria como um guitarrista. Acho que em minha cabeça seria algo como o caratê ou em um ramo parecido".

O sexo era um prazer precoce – e um fardo também – para o jovem Ozzy, que explicou, como de costume, nos mínimos detalhes: "Havia uma vizinha que morava ao lado de casa. Ela tinha 63 anos de idade e eu costumava ir lá e transar com ela. Juro por Deus. Eu transava com ela quando era criança. Ela morava em uma casa colada à nossa e costumava sair para o trabalho às 7 horas. Eu costumava ir até lá e roubá-la. A casa era como se a guerra tivesse acabado no dia anterior, e já estávamos em 1964! Seus filhos morreram durante um ataque aéreo e seu marido morreu em Dunkirk, ou em algum lugar parecido. Seu mundo havia parado naquela época... Trabalhou durante anos a fio em uma fábrica acreditando que sua família ainda estava ao seu redor. Ela conversava com seus filhos que não estavam mais lá, e me assumia como sendo seu marido. Acho que se chamava Joseph, ou algo parecido. E ela era totalmente insana".

Enquanto a vida sexual de Ozzy enveredava pelo incomum, o lado psicológico voltado à masturbação – o eterno consolo dos adolescentes – era mais estranho ainda. "Eu me lembro de uma vez que estava doente. Estava *muito* doente... deitado na cama e me masturbando. Sabe, quando você é jovem, pensa em algo para se masturbar, fecha os olhos e pensa em um objeto, uma pessoa, ou algo que o estimule. E a perspectiva do objeto começa a surgir – poderia ser grande, pequeno, redondo, comprido – e poderia ser qualquer coisa. Eu costumava entrar fundo naquilo: ia à loucura. Rasguei as fotos dos Beatles da parede e ateei fogo nelas e outras maluquices."

Em outra ocasião, recorreu à masturbação para aliviar um desejo homicida: "Lá estou eu deitado no sofá... todas as crianças haviam ido dormir, veja... e veio uma coisa em minha cabeça: 'Mate sua mãe! Levante-se e mate-a – ela é má!'. Juro por Deus, pulei do sofá e comecei a correr sem parar. Parei de correr, passei direto pela cozinha, fui até o banheiro e me masturbei por quatro horas".

Embora não gostasse da escola – onde seus colegas o apelidavam de "Ozzy" ou "Oz-brain" ["Cérebro de Oz"] –, mostrava seus primeiros sinais de talento artístico nas produções das óperas cômicas de Gilbert e Sullivan, tais como *A Moça que Amou um Marinheiro*,

O Mikado e *Os Piratas de Penzance*. No entanto, Ozzy abandonou a escola na primeira oportunidade que teve, aos 15 anos. As escabrosas travessuras pueris começam a entrar em uma fase mais séria, à medida que imigra do parque infantil ao mundo adulto do trabalho. Seu primeiro emprego foi de aprendiz de ferramenteiro, em que os acidentes de trabalho eram comuns, como lamenta: "Abandonei a escola aos 15 anos, fui trabalhar e cortei meu dedão já no primeiro dia. Costuraram de volta no lugar". Percorrendo uma série de empregos sem futuro, incluindo abate de rebanho em um abatedouro, acabou montando buzinas de carro em uma fábrica. "Se você passar o dia todo em uma sala com dez caras regulando buzinas de automóvel", explicou, "você volta para casa feito um lunático."

Anos depois, ao que tudo indica, Ozzy relembraria de Aston com um pouco de nostalgia. "Birmingham não era e não é uma região muito rica. Era um tanto pavorosa e todos em minha família trabalhavam nas fábricas, tipos de trabalho que não exigiam esforço mental algum e que eram fisicamente exaustivos. Meu pai, minha mãe, minhas irmãs, todos eles trabalhavam em fábricas em Birmingham, e meu pai achava que eu poderia me tornar um comerciante para ter a chance de melhorar um pouco de vida e sair das fábricas, você entende? Então, quando terminei a escola tentei me tornar um encanador. Não deu certo, não para mim. Então, tentei como pedreiro. Não deu certo. Então, tentei ser um operário da construção civil: mesma história. Tudo o que eu tentava parecia que estava fadado a não dar certo. Odiava aquilo, fiquei cansado daquilo tudo muito rápido."

Em 1965, Ozzy tentou se alistar no Exército, como muitos outros jovens desiludidos de Aston haviam feito antes dele, na tentativa de fugir das fábricas. "Eu tinha 17 anos e estava muito puto da vida", contou à escritora Sylvie Simmons. "Queria ver o mundo e capturar o máximo de pessoas possível – o que não é muito diferente em estar em uma banda nos dias atuais, pelo menos no mundo rap. Até onde consegui chegar? Cerca de uns três metros para dentro da porta. Eles simplesmente me disseram para cair fora. Disseram-me: 'Queremos sujeitos, não objetos'. Eu tinha os cabelos compridos, uma torneira de pia presa em um cordão pendurada em meu pescoço como bijuteria, vestia uma camisa de pijama como jaqueta, meu traseiro aparecia e não tinha tomado banho durante meses. E meu pai sempre dizia: 'Você tem de aprender o ofício dos negócios' – ele era ferramenteiro. Achei que me alistar no Exército seria algo que o agradaria."

A sequência de trabalhos que destroem a alma foi interrompida em 1966 por uma temporada na prisão por invasão de domicílio, na qual, meio a contragosto, Ozzy havia se envolvido como uma tentativa de fugir da implacável monotonia que assolava sua vida. Era famoso por ser um ladrão incompetente, pego uma vez usando luvas com os dedos cortados quando arrombou uma loja de roupas chamada Sarah Clarke. Embora tivesse recebido uma pena alternativa de 25 libras (o equivalente a duas semanas de salário médio nas fábricas), o desprovido Osbourne foi obrigado a servir seis semanas de uma sentença de três meses na prisão Winson Green em Birmingham, uma instituição vitoriana assustadora construída em 1849. Lá, Ozzy cumpriria sua segunda pena pela burrice de ter dado um murro na cara de um policial. Saiu determinado a nunca mais voltar a ser preso de novo, apesar de ter aliviado um pouco o tédio durante sua estadia, tatuando O-Z-Z-Y no dorso de sua mãos esquerda com uma agulha de costura.

A situação era péssima. O jovem Osbourne, desprovido de sua renda criminosa e sem estímulo, enfrentava um futuro de trabalhos forçados e pobreza – como acontecia com todos os adolescentes da região. Sua agressão corria descontrolada, como admitiu posteriormente: "De onde eu vim, era matar ou morrer. Eu sou um lunático! Atravessei a vitrine de uma loja brigando com três caras. Meu braço foi praticamente arrancado, sabia? Fiquei tomando glicose por 12 horas, tive de receber litros de sangue em meu corpo. Tinha acabado de sair da prisão... roubo".

A situação não era fácil para os outros jovens também. Como Bill Ward expôs, "Éramos todos destinados a trabalhar nas fábricas... Não sabia se acabaria me matando, teria um emprego, iria parar na cadeia ou qualquer coisa. E nenhum de nós queria aquilo... abandonei a escola quando tinha 15 anos e trabalhei por exatos seis meses em uma fábrica. Sai na época do Natal e consegui trabalhos de meio período e alguns bicos. Mantinha os empregos de meio período até não aguentá-los mais".

Uma coisa os mantinha vivos: a música. Quando os Beatles lançaram "Love Me Do", no dia 13 de outubro de 1962, adolescentes como Ozzy, Tony, Geezer e Bill estavam na faixa dos 13 e 14 anos – a idade perfeita para acompanhar o novo ritmo da música inglesa e que iria atingi-los de frente. Eles já conheciam o rock'n'roll americano e inglês, é claro, especialmente Bill, que já havia começado a aprender a tocar bateria desde a pré-adolescência. Como ele se lembrou, "A luz que me guiava era Elvis Presley. Meu irmão é quatro anos mais velho que eu, então ele foi a principal influência em minha vida quando eu era ainda muito jovem... Eu ouvia Little Richards, Elvis e todos os outros. Também gostava muito do tipo de música que meu pai e minha mãe ouviam, que era a música das grandes orquestras americanas... Quando ouvi 'Jailhouse Rock', senti que algo se conectou comigo. Algo me atraiu como uma espécie de ímã. Eu sabia que queria cantar e tocar em uma banda de rock'n'roll."

O fato de crescer em uma família de músico significou que não demoraria muito para que fosse estimulado a compor suas próprias canções. "Eu já tocava bateria", afirmou. "Comecei a tocar bateria quando tinha 5 anos de idade. Minha mãe tocava piano e meu pai cantava, então o baterista que morava na esquina levava seu set nos fins de semana e fazíamos uma festa."

O espírito de grupo durante ataques aéreos que uniram muitas comunidades nas décadas anteriores ainda estava vivo e presente na época do início dos anos 1960, como ele se recorda: "Todos se juntavam nos sábados à noite e se divertiam muito. Havia vários barris de bebida. Eles ainda estavam celebrando o fim da guerra. Havia uma verdadeira proximidade entre as famílias e os amigos porque havíamos perdido muita gente. No dia seguinte, todo mundo ainda estava bêbado ou de ressaca, então eu descia as escadas mais cedo e começava a aprender a tocar bateria. Esse foi meu verdadeiro aprendizado na bateria. Quando cheguei aos 8 ou 9 anos de idade, eu já tinha algo definido dentro de mim. Eu sabia que iria ser baterista".

Antes do movimento beat e do rock'n'roll se apossarem da consciência de Ward, ele já havia adquirido um pouco de conhecimento sobre o cenário do jazz e do swing importados dos Estados Unidos – um indicador importante do desenvolvimento de seu estilo de tocar que se manifestaria posteriormente. Como ele disse: "Havia algumas músicas clássicas que eu gostava, mas nasci em 1948. Então, como uma criança crescendo logo após a Segunda Guerra Mundial, minha mãe e meu pai foram influenciados de alguma forma por aquilo que era chamado na época de '*GI music*' ou música americana... Minha mãe e meu pai tinham vários discos que eles tocavam das *big bands* americanas, tais como Count Basie, Benny Goodman, Glenn Miller... Foi isso que me influenciou quando era pequeno".

Entretanto, todo tipo de música atraía Bill: "Há algo dentro de mim que me atrai à música, como a mariposa é atraída pela luz, imagino. Não sei o que é isso, apenas um instinto. Até onde consigo me lembrar, desde quando eu era bem pequeno, sempre fui muito atraído pela música".

Não era apenas Bill. A nova explosão beat também atraiu Ozzy, que – como era típico dele – roubou o *Love Me Do* assim que apareceu nas lojas. "Eu costumava roubar discos. Eu nunca os comprava... Eu acho que foi *Love Me Do*. Eu era o ladrão de lojas mais clássico que você jamais encontrou em sua vida. Casaco sobre o braço, 'Perdão, senhor' – bingo! Já estava longe. Eu sou um rebelde do rock'n'roll." O impacto que o quarteto de Liverpool causou em Osbourne foi profundo, como ele diria mais tarde: "Quando saí da escola, queria ser encanador. Quando ouvi os Beatles, queria me tornar um Beatle". Mais revelador ainda, ele admitiu: "Os Beatles me deram tudo. Especialmente Paul McCartney. Eu o adorava".

Os Beatles se tornariam uma influência em Ozzy por toda a sua vida, e ele nunca parou de idolatrar o altar dos Fab Four, mesmo muito tempo depois em sua própria carreira: "Eu era uma criança quando os Beatles surgiram, e fiquei completamente estarrecido. Os Beatles eram mágicos... Inclusive hoje, seus discos são eternos. Você coloca *Sgt. Pepper* para tocar, 'A Day In The Life', é simplesmente brilhante. Ele o leva em uma jornada. 'Strawberry Fields Forever' é simplesmente mágica. Até hoje, passo horas tentando entender como eles conseguiram aqueles sons, e como conseguiram que isso se interligasse com aquilo, e não consigo compreender. Os Beatles tiveram um efeito enorme em minha vida, em toda a minha estrutura, em todo o meu ser. Meu quarto era coberto com coisas dos Beatles; eu viajava uns 40 quilômetros para conseguir um pôster dos Beatles".

Longe de ser um mero fã, Ozzy obviamente tinha consciência do quanto os Beatles mudaram a sociedade em que eles viviam: "Era algo mágico, quase uma experiência espiritual para mim. Meu pai os odiava, é claro. Naquela época, os Beatles eram revolucionários e a música deles era revolucionária. Sabe, eles eram considerados uma péssima influência porque davam ideias para os jovens, ideias para que fizessem algo diferente com suas vidas em vez de desperdiçá-las nas fábricas ou se tornando encanadores. Para os adultos, isso era uma coisa perigosa. Mas, para nós, eles eram heróis".

Em algum lugar em Aston, Tony Iommi era também picado pelo mosquito da música pop e despejava seus esforços aprendendo a tocar guitarra – como milhares de jovens, impressionados com a facilidade dos solos de Hank Marvin e Duane Eddy, que estavam fazendo a mesma coisa. Como Iommi se lembraria mais tarde, "Minhas primeiras influências foram os The Shadows... Eles basicamente me animaram a tocar e, mais tarde, passei para os músicos de blues e jazz. Eu gostava de Clapton quando tocava com John Mayall. Eu gostava demais daquele período. Passei por uma fase em que comecei a tocar tudo o que havia de jazz e blues".

Iommi progredia a uma velocidade temível, impressionando qualquer um que o via tocar com seu estilo destro – e foi logo requisitado como guitarrista em muitas bandas locais que começavam a brotar na região. Sua primeira banda foi o The Pursuers, que ele integrou com apenas 15 anos de idade, em 1963. Prejudicado pelo custo proibitivo de guitarras elétricas decentes no início dos anos 1960 e – como guitarrista canhoto – frustrado pela falta de instrumentos adequados, o primeiro instrumento de Iommi foi uma antiga Watkins Rapier. "Era muito barata!", ele me contou, sorrindo. "O que me atraiu foi o fato de ser canhota e, naquela época, era realmente difícil encontrar uma canhota. Jesus, eu comprei mesmo aquilo 40 anos atrás?"

Os próximos ensaios de Iommi vieram como parte de duas apresentações de curta duração, chamadas The In Crowd e The Birds and The Bees, com apenas 16 anos de idade. Uma apresentação mais sólida chamada The Rockin' Chevrolets – grupo formado por Neil Cressin (vocais), Alan Meredith (guitarra), Dave Whaddley (baixo), Pat Pegg (bateria) e Iommi – foi um show ao vivo muito bem recebido com uma reportagem da Brumbeat.net: "The Rockin' Chevrolets tocou toda a semana no Bolton Pub em Smal Heath, e logo foram chamados para tocar em vários lugares. O talento de Tony Iommi como guitarrista já era evidente desde aquela época, com o público indo à loucura com suas interpretações brilhantes nos solos de grupos como o The Shadows e The Dakotas".

Em 1965, os The Rockin' Chevrolets faziam tanto sucesso que – como outras banda da região norte, incluindo os Beatles – foram convidados para fazer shows na Alemanha Ocidental, onde multidões de jovens amantes da música se reuniam todas as noites para ver as novidades do new beat. Iommi, que trabalhava em uma fábrica – como todos os seus colegas –, pediu demissão do emprego para se preparar para a viagem ao exterior e, no último dia de trabalho, operou a prensa como de costume.

"É muito engraçado", sorri Iommi com ironia quando o perguntei sobre aquele dia fatídico. "Naquele dia, eu estava abandonando aquele serviço para me tornar um guitarrista de tempo integral... é uma loucura quando se pensa nisso."

Enquanto Iommi operava o enorme equipamento, com sua mente sem dúvida alguma focada no futuro do rock'n'roll que o aguardava, de repente sua mão ficou presa dentro da máquina. "Estava olhando para a máquina que prensa placas de metal, e meus dedos do meio da mão direita ficaram presos nela", ele se lembra. Nem tudo estava perdido ainda quando eles emergiram, mas ele reagiu de forma errada: "Sem pensar, eu os puxei rapidamente. A pressão sobre eles foi tão intensa que partes daqueles dedos ficaram para trás – até a primeira junta do dedo médio e a maior parte da junta do dedo anular".

Sofrendo fortes dores, Iommi recebeu atendimento médico. No hospital, os médicos estancaram o sangramento e conseguiram até salvar as pontas dos dedos, como ele se lembra: "As unhas estavam quebradas e foram reimplantadas cirurgicamente". No entanto, levou semanas para que os dedos cicatrizassem e, mesmo assim, eles nunca ficaram completamente recuperados. Nos anos que se seguiram, Iommi pesquisou todo o tipo de solução sem que conseguisse obter muito êxito, como ele conta: "Até hoje não sarou completamente: há apenas duas camadas de pele nas pontas dos ossos e, se eu dobro esses dedos, eles ainda doem. Pode acreditar, procurei todo o tipo concebível de maneira que pudesse recuperá-los cirurgicamente... eles queriam puxar a pele para a frente do restante do dedo para fazer uma cobertura maior nas pontas, mas não deixei que fizessem isso".

Sendo um guitarrista canhoto, a deficiência na mão direita de Iommi representava uma enorme catástrofe, visto que, diferentemente dos guitarristas destros, ele usava as pontas dos dedos em sua mão direita para formar os acordes e apertar os trastes das notas separadamente, enquanto que a mão esquerda segurava a palheta. Talvez o ferimento não tivesse importância se tivesse ocorrido na mão esquerda que segura a palheta, mas, no caso das pontas dos dedos usadas para dedilhar as cordas – como qualquer guitarrista sabe –, elas devem ter calos muito duros para que possam tocar de forma efetiva. "Tive de me empenhar muito para contornar a situação", ele conta. "Tive de aprender a tocar de forma mais simples: havia certos acordes que eu não conseguia executar e algumas extensões que não conseguia fazer. Tive de pensar em maneiras de tocar que fossem mais eficazes e que eu ainda pudesse fazer."

É óbvio que a apresentação de Iommi na Alemanha com The Rockin' Chevrolets não rolou. Como acrescenta Tony, "o desenrolar dos eventos não poderia ter sido pior – não que haja uma boa ocasião para se cortar as pontas de seus dois dedos! Foi uma experiência horrível, e passei por um período terrível de depressão porque estava convencido de que os meus dias como guitarrista haviam se acabado para sempre. Visitei dezenas de hospitais e médicos diferentes e tudo o que diziam era que não tinha jeito. Você não vai poder tocar guitarra novamente".

A inspiração veio com outro guitarrista – não com um guitarrista de rock ou beat e, na realidade, nem sequer com um músico vivo. O guitarrista de "jazz cigano" Django Reinhardt, que havia morrido em 1953 quando Tony tinha 5 anos de idade, havia desenvolvido um método de tocar seu instrumento sem usar o terceiro e o quarto dedos da mão no braço da guitarra, que haviam sofrido danos irreparáveis em um incêndio. Reinhardt se tornara conhecido por sua maestria tocando base e solo, apesar de sua aparente deficiência física, e isso foi uma grande revelação para Iommi. Como ele explica: "Enquanto eu estava no fundo do poço, um amigo meu, que por acaso era meu chefe no trabalho, trouxe-me um disco de Django Reinhardt que, na época, eu nunca tinha escutado antes. Meu amigo me disse: 'Ouça este cara tocar', e eu respondi: 'De jeito nenhum! Ouvir alguém tocar guitarra é a última coisa que eu quero fazer agora'. Mas ele continuou insistindo e acabou tocando o disco para mim. Disse a ele que achava muito bom e, então, ele contou: 'Você sabia que o cara está tocando com dois dedos na mão do braço da guitarra por causa de uma lesão que sofreu em um terrível incêndio?'. Fiquei completamente chocado com essa revelação, e tão impressionado com o que acabara de ouvir que, de repente, inspirei-me para começar a tentar tocar novamente... No início foi muito deprimente, mas, depois de ouvir o Django, eu simplesmente não admitiria jamais a derrota. Tinha certeza de que havia uma forma de contornar meu problema".

Após a tentativa fracassada de tocar com a mão direita, Iommi saiu em busca de novas ideias e, finalmente, acertou na estratégia de prender clipes nos dedos lesionados para diminuir a dor na hora de apertar a corda. Os médicos ofereceram outras alternativas, no entanto, como Iommi explica: "Eu temia que, se fizesse aquilo, perderia a técnica que havia desenvolvido para contornar o problema... Outras sugestões que eles fizeram, basicamente, não eram diferentes daquela que eu já havia adotado, que consistia em usar clipes de fibra de vidro nas pontas daqueles dedos. A superfície das pontas tinha de estar em total equilíbrio com o aperto das cordas, de forma que não apertassem muito. Foi muito difícil se ajustar àquilo. Eu mesmo fiz os primeiros, anos atrás, mas agora tenho um hospital que os faz para mim".

No início, os clipes careciam um pouco de destreza. “O que fiz foi o seguinte: eu derretia uma garrafa plástica de detergente, fazia duas bolhas de plástico e, em seguida, sentava com um ferro de solda quente e derretia os furos para que se ajustassem às pontas dos dedos lesionados, tipo dedais. Quando conseguia que as pontas se ajustassem confortavelmente, terminava com essas bolotas grandes nas pontas dos dedos e, em seguida, lixava com uma lixa de papel até que ficassem aproximadamente do tamanho das pontas dos dedos normais.”

As próximas etapas eram mais trabalhosas: “Eu levava muito tempo para conseguir que se ajustassem exatamente no ponto, porque acabam ficando pesadas ou grossas demais, mas tinham de ser fortes o suficiente para não machucar as pontas dos dedos quando as usava. Quando terminava de esculpir meus ‘dedais’ no tamanho correto e os testava, se notasse que as extremidades não prendiam bem nas cordas, então eu cortava um pedaço de couro e fixava os pedaços nas suas extremidades. Em seguida, gastava um bom tempo esfregando as pontas de couro para que ficassem brilhando e absorvessem os óleos, ajudando-me a pressionar melhor as cordas. Lixava bem as pontas para que não enroscassem em nada, e funcionava! Quando acabava de fazer isso, eu levava um bom tempo para me acostumar a flexionar e vibrar as cordas com esses dois dedos, porque era óbvio que não conseguia sentir coisa alguma. Era mais difícil ainda saber onde meus dedos estavam e para onde iam. Era tudo uma questão de prática e perseverança, usando meus ouvidos para compensar minha perda da percepção tátil”.

De forma decisiva para o futuro da música rock, Iommi também facilitou as coisas para si mesmo ao afinar sua guitarra um semitom do padrão E [Mi maior] para E bemol [Mi bemol], um semitom abaixo. Isso reduziu a tensão da corda em sua guitarra, facilitando a montagem das notas. O efeito mais importante que isso causou era que os acordes que ele tocava ficavam mais graves em intensidade – e simultaneamente mais sombrios, o que chamamos hoje de “mais pesado”, embora em 1965 isso não significasse nada.

Questionado se os dedos lesionados significavam que tinha de focar no som mais pesado em vez da técnica, Tony sorri e diz: “Sim, exatamente!”, acrescentando que quase optou pelo contrabaixo para evitar ter de pensar nos acordes ou, de fato, em seus dedos lesionados: naquela época de linhas do baixo mais simples, o músico poderia sair imune facilmente usando apenas dois dedos para tocar.

Enquanto isso, o baterista Bill Ward procurava uma banda para tocar, e ainda frequentava a escola. Após recrutar um vocalista, Chris Smith, e um baixista, Neil Marshall, ele precisava de um guitarrista – e Iommi, agora fora do The Rockin' Chevrolets, era uma escolha óbvia. Como explicaria mais Tarde, "começamos a tocar juntos quando tínhamos 15 anos. Tony é apenas dois meses mais velho que eu". Uma empatia instantânea cresceu entre os dois adolescentes, como ele acrescenta: "Tive uma ligação com Tony Iommi: quando Tony fazia um acorde e eu o encontrava ali, naquele momento, era o lugar mais relaxante para mim na face da Terra. Eu sabia tocar bateria somente de um único jeito, de verdade, que era na porrada. Eu tentava aprender a tocar com um pouco mais de elegância, como oito anos atrás antes do Sabbath, mas era inevitável, era daquela forma que me sentia mais familiarizado". Ward e Iommi batizaram sua banda de The Rest.

Quanto a Ozzy, não demorou muito para que sentisse a necessidade de entreter – o que havia exibido pela primeira vez nas operetas da escola – e fazer parte de uma banda. No início, ele testou suas inexperientes cordas vocais aos 14 anos de idade em um grupo chamado The Prospectors, notáveis apenas por causa de seu guitarrista, Jimmy Philips, com o qual posteriormente viria a tocar novamente. Em seguida, trocou pelo desconhecido Black Panthers, antes de se juntar ao Music Machine (que precisava de um vocalista quando o deles ficou doente) e começar a fazer shows pela primeira vez.

Outra banda, Approach, recrutou Ozzy no início de 1967 e estes ensaiavam no porão de uma igreja local. Infelizmente, os ensaios eram o máximo que a banda conseguia alcançar, com pequenos shows aqui e ali para os próprios amigos. Ozzy desistiu logo em seguida e colocou um anúncio no quadro de músicos da loja de instrumentos musicais Ringway Music Store. No anúncio com seu nome artístico, lia-se: "Ozzy Zig exige shows. Possui sistema de som próprio". No início de 1968, parece que Ozzy já havia desenvolvido seus instintos voltados ao mundo do entretenimento. Mais importante ainda, no circuito de músicos mal remunerados, ele tinha algum equipamento, depois de ter comprado seu sistema de som (um jogo de alto-falantes Vox, um microfone e um pedestal) da loja de equipamentos musicais de George Clay, que ficava na Broad Street.

Uma pessoa que estava na loja naquele dia viu o anúncio. O nome dele era Geezer Butler.

CAPÍTULO 2

1968-1969

E então tudo começou. Em meados de 1968, Terence "Geezer" Butler tocava guitarra base em uma banda chamada Rare Breed. Junto com o vocalista John Butcher, o guitarrista solo Roger Hope, Mick Hill no baixo e Tony Markham na bateria, Butler havia montado uma lista de covers de músicas psicodélicas que chamavam muita atenção do entusiasmado público local. Entretanto, no verão de 1968, Butler ficou insatisfeito e anunciou sua saída, conseguindo logo em seguida um lugar mais seguro para tocar. Butler, então, entrou em contato com Ozzy e o recrutou para fazer parte do Rare Breed. Cheio de entusiasmo, Ozzy ensaiou com a banda, mas ficou desapontado quando a formação inicial logo se separou, pois seus membros não estavam mais dispostos a continuar após a saída de Butler. No entanto, uma aliança acabou sendo formada entre Butler e o extrovertido Osbourne, que era um pouco mais velho que ele e um verdadeiro *showman*. Foi nesse momento de sua vida que Geezer trocaria permanentemente a guitarra pelo baixo, inspirado em seu herói, Jack Bruce do Cream. É célebre que, como não tinha condições de comprar um baixo adequado, ele retirou as duas cordas de sua guitarra e afinou as notas restantes para que, pelo menos, simulasse o som do contrabaixo.

Embora Geezer fosse um grande fã de Bruce, ele levaria um bom tempo para desenvolver um estilo nada parecido com a elaborada abordagem melódica do maestro do Cream. Como ele explica, "nunca havia tocado contrabaixo antes de nos juntarmos. Comecei a tocar como guitarrista solo, mas, como não precisávamos de uma guitarra solo naquela banda, eu mudei então para o contrabaixo. Muitos acham que um baixista precisa ser mais melódico, como Paul McCartney, tocando todas aquelas coisas legais para dar mais profundidade. Mas eu não conseguia fazer daquele jeito, então simplesmente fazia o acompanhamento dos riffs do Tony. Além disso, quando íamos ao estúdio, eles diziam que eu não podia fazer todas aquelas distorções no baixo, porque os baixistas não faziam aquilo. Mas eu sou assim, e esse era meu som. Tivemos várias brigas com os produtores e engenheiros de som sobre a distorção e como o baixo deveria soar. Havia sempre uma discussão em cada álbum produzido".

Como Iommi acrescenta: "No estúdio, eles sempre tentavam e separavam o som do baixo com o da guitarra. Eles iam para a sala de controle, ouviam nossas faixas separadamente e reclamavam que o som do baixo do Geezer estava muito distorcido. Eles não entendiam que o que tínhamos era o som que queríamos. Você não pode começar ouvindo as partes separadas porque, juntas, elas criavam nosso som".

Quando o assunto era a técnica da guitarra, no geral, Iommi recebia o crédito por ter evoluído o estilo "power-chord" – que desde então se tornaria onipresente –, o qual o guitarrista aperta apenas a tônica e as quintas notas de cada acorde para obter um som mais centrado e sólido. "Eu fiz simplesmente o que tinha de fazer", ele conta. "Mas, para fazer o som ficar mais alto, desenvolvi uma técnica de vibrato que colocava no acorde todo. Fazia três anos que já estava tocando guitarra quando aconteceu o acidente, mas tive de aprender tudo de novo. Fiquei muito tempo tocando com apenas dois dedos e foi assim que os acordes de quinta nota surgiram. Não sinto nada, toco apenas de ouvido. É muito difícil e levou muito tempo para me acostumar. Coloque um dedal de costura em seu dedo e verá que é a mesma coisa."

Enquanto a Rare Breed chegava ao fim, a banda de Ward e Iommi, The Rest, começava a escrever seu nome no circuito ao vivo. A banda mudou o nome para Mythology e evoluiu o som baseado nos blues com fortes influências voltadas ao pioneirismo musical do Cream e Jimi Hendrix, que – graças ao novo sistema de amplificação da guitarra e efeitos tecnológicos – se tornava cada vez mais alto e pesado com o passar dos anos.

Ward estava em busca de algo novo, uma trilha que desviasse sua banda para longe do psicodélico leve de 1966 e 1967 e a levasse para uma arena mais expressiva e mais pesada. Essa mudança de rumo estava ocorrendo com bandas em todo o Reino Unido, com músicos de olho nos sistemas de som mais pesados que iam se tornando disponíveis no mercado e nos pedais de guitarra com distorção protagonizados por Jimi Hendrix e seu verdadeiro rival, Eric Clapton.

Parecia que o Mythology, pelo menos até certo ponto, chegaria a algum lugar. Formada no início de 1967 por Marshall junto com Mike Gillan (vocais), Frank Kenyon (guitarra base) e Terry Sims (bateria), a banda fez uma turnê pela Europa no mesmo ano. Gillan e Kenyon saíram no fim do ano, e Iommi se juntou ao grupo, trazendo com ele o vocalista do The Rest, Chris Smith. Bill Ward se juntou a eles quase na mesma época, após a saída de Sims.

"Tony se juntou àquela banda e ele era muito bom", disse Bill. "Ele era um dos melhores músicos em Birmingham e tinha apenas 16 anos de idade... Chegamos a tocar até três shows por noite. Abríamos em um salão de baile às 18h30 e, em seguida, abríamos em outro salão de festa ou clube às 21h30. Fazíamos isso o tempo todo. No final não conseguia trabalhar mais. Ficava muito cansado. Muitas vezes não ganhávamos nenhum centavo nos shows. Qualquer dinheiro que nós conseguíamos, usávamos para a gasolina da van, ou para comprar cordas de guitarra ou baquetas para a bateria."

O cenário musical britânico estava em alta. À medida que o volume aumentava, a atenção da imprensa era atraída ainda mais pelas bandas que faziam barulho. Uma das bandas era o Deep Purple que, junto com o Led Zeppelin, estava pronta para causar um impacto permanente no cenário musical britânico. O futuro vocalista Ian Gillan, que era o líder da banda pop Episode Six naquela época, me contou: "Muitas pessoas estavam pensando do mesmo jeito e na mesma hora. Quando você olha para aquela época inicial e as influências, você percebe que as coisas estavam ficando cada vez mais pesadas e mais sólidas por causa de Jimi Hendrix e Bob Dylan. Você olha o poder transmitido por aquelas canções que Bob Dylan cantava, com apenas uma guitarra e uma gaita, e em seguida, a potência com que elas eram interpretadas por outros artistas. E havia outras mensagens de pessoas, como The Doors, The Beach Boys e a parte de John Lennon dos Beatles. Tudo isso estava conduzindo a uma postura mais rebelde". Gillan acrescenta: "Imagine se Arthur Brown tivesse feito um álbum no mesmo nível de seu maior sucesso, 'Fire', *ele talvez* teria sido aquele que tivesse incitado o rock pesado".

De volta a Aston, Bill Ward testemunhava o mesmo fenômeno. Ele sentia que deveria haver mais coisa acontecendo no cenário musical atual, que na Inglaterra de 1968 pendia demasiadamente para a música pop, as baladas de compositores/vocalistas, blues tradicional e um pouco de jazz e soul populistas. Como ele conta: "Sei que todos nós – em uma ocasião ou outra durante entrevistas – citamos o fato de que havia muita música naquela época que não representava o momento em que estávamos. Pode ter representado o momento de outras bandas. Sei que ouvia certas coisas e pensava, 'Isso é muito bom, mas não tem significado algum sobre o momento em que me encontro agora'".

Shows durante o verão de 1968 nas cidades do norte, tais como Halifax, Chester, Manchester e Salford – como também as pequenas comunidades de Whitehaven, Cumersdale, Lanercost, Nenthead, Langholm, Cockermouth e Maryport – viram o Mythology construir um pequeno grupo de seguidores. Embora essa agenda ao vivo atraísse a atenção da banda, uma batida policial na sala de ensaio da Compton House, em maio, resultou na prisão de todos os membros da banda por posse de maconha. Iommi, Ward e Smith receberam suspensão condicional da pena e 15 libras de multa, mas Marshall, que era mais velho, foi colocado em liberdade condicional por dois anos. Isso resultou no final do Mythology, que foi dissolvido no mês de julho.

Retrospectivamente, os próximos passos ocorreram ao acaso – embora ninguém pudesse prever seu impacto naquela época. Tanto Iommi como Ward conheciam Geezer Butler, que já havia desenvolvido uma técnica de contrabaixo rudimentar, e o convidaram para se juntar à sua nova banda, que ainda não tinha um nome. Geezer sugeriu seu recente colega, Ozzy Osbourne, da banda Rare Breed, embora a princípio Ioomi relutasse em trabalhar com o garoto bochechudo que ele tanto desprezava na escola. No entanto, Ozzy foi convidado, junto com um saxofonista chamado Alan Clark e um segundo guitarrista, Jim Phillip. Adotando o nome The Polka Tulk Blues Band, eles deram início aos ensaios, embora todos fizessem ressalvas quanto ao novo corte de cabelo de estilo skinhead adotado por Ozzy, que foi logo persuadido para deixá-lo crescer novamente. O nome The Polka Tulk foi ideia de Ozzy: ele viu aquilo em uma lata de talco ou tirou o nome de uma loja de roupas paquistanesa de Aston. Ambas as teorias são igualmente plausíveis e impossíveis de provar, como o próprio Ozzy parece ter esquecido completamente sobre a origem do nome.

Desde o início, Iommi e Ozzy tinham uma relação turbulenta. "Tínhamos nossos altos e baixos", disse Iommi alguns anos mais tarde, antes de se lembrar: "Na realidade, já tínhamos isso na escola – porque ele frequentou a mesma escola que eu. Estudamos na Birchfield Road

School e ele era um ano mais novo que eu. Eu não o suportava. Ele costumava se misturar com outros garotos e era um verdadeiro chato... Toda vez que eu o via, dava-lhe um tabefe no pé do ouvido. Era irônico termos acabado na mesma banda... mas eu e Bill tínhamos uma banda e precisávamos de um vocalista. Vimos um anúncio na loja de instrumentos musicais: 'Ozzy Zig exige shows'. E eu disse ao Bill: 'Eu conheço um Ozzy, mas não pode ser ele... ele não sabe cantar'. Não deu outra coisa, fomos à casa e sua mãe veio até a porta e disse: 'John, é para você'... Quando ele se aproximou da porta, eu olhei para Bill e disse: 'Esqueça, é aquele garoto da escola'... Então dissemos: 'Estamos apenas atrás de um vocalista', e em seguida caímos fora. Alguns dias depois, Ozzy veio até minha casa com Geezer procurando um baterista... foi muito estranho mesmo como tudo aconteceu".

A versão de Ozzy sobre os eventos, como recordaria mais tarde, era um pouco diferente: "Eu tocava em uma banda chamada Rare Breed, mas o guitarrista me incomodava muito. Tony, Bill e Geezer estavam tocando em outras bandas, mas eles desistiram das bandas em que tocavam na mesma época e foi assim que todos nós nos juntamos. Era muito engraçado; eu mal conhecia Tony. Frequentamos a mesma escola, mas ele era mais velho que eu. Um dia, entrei em uma loja de discos e colei um anúncio dizendo 'Ozzy Zig exige shows' – eu costumava me chamar de Ozzy Zig porque achava que soava legal e imaginava que todos iriam começar a perguntar quem era Ozzy Zig. De qualquer modo, Tony apareceu e eu pensei que ele me achava um completo idiota, mas ele acabou se juntando à nossa banda".

Bill ficou muito impressionado com Tony e Geezer, o primeiro por causa de suas habilidades com a guitarra, e o segundo por causa de sua personalidade extrovertida. "Eu me encontrei com Tony em sua casa", ele se lembra, "tínhamos uns 15 anos, eu tinha quase 16... ele pegou sua guitarra e tocou 'Johnny B Goode' e mais outras coisas, e eu simplesmente olhei para ele e pensei: 'Ó meu Deus, este cara realmente toca muito!'. Seus dedos já estavam decapitados pela guilhotina quando o encontrei pela primeira vez. Ele era quieto, e isso foi a primeira coisa que me veio à mente. Ele vivia brincando o tempo todo. Era óbvio que era um estudioso, já era um grande guitarrista aos 16 anos de idade – um dos melhores em Birmingham."

Quanto a Butler, Ward se lembra: "Eu costumava ver Geezer o tempo todo em Aston. Ele se destacava a um quilômetro de distância, como um... você conseguia vê-lo a um quilômetro surgindo na rua. Ele era muito diferente!".

"Todos nós nos reunimos e começamos a tocar", relembra Iommi. "E que barulho era aquilo. Eu nem sabia o que Geezer estava tocando. Ele tinha uma guitarra Telecaster comum, tentando tocar baixo com aquilo. Eu me perguntava: o que estamos fazendo aqui? Tínhamos também um saxofonista... e tínhamos uma guitarra com slide e que soava horrível. Mas fomos persistentes."

Geezer se lembraria mais tarde: "Eu nunca tinha tocado contrabaixo antes. Na realidade, quando ensaiávamos eu tocava uma Fender Telecaster, porque costumava tocar guitarra base. Era muito fácil fazer a progressão da linha do baixo no blues de 12 compassos. Foi assim que me iniciei no processo. Quando eu me sentia seguro fazendo isso, passava então a fazer outras coisas... porque era muito simples. Em seguida, ficava entediado com aquilo, partia para outras partes e assim me sentia progredindo o tempo todo. Finalmente, chegávamos a um pano de fundo para seguir e escrever nossas próprias músicas".

Com o passar do tempo, Bill e Geezer se tornaram bons amigos, com o baterista constantemente perplexo com o comportamento de Butler. Como ele me contou: "Houve um período em que começamos a sair juntos. Estávamos em um camarim, eu estava deitado no sofá, você entende, eu estava bem chapado naquele momento, e Geezer entrou e começou a tentar escalar a parede! Ele caía toda vez, mas continuava correndo em direção à parede e caindo de bunda no chão. E eu simplesmente fiquei assistindo àquilo repetidas vezes e pensando: 'Preciso conhecer este cara melhor'. Ele estava rindo, porque continuava caindo. Eu tive grandes momentos bons com aquele cara".

Os eventos se desenrolavam muito rápido e logo ficaria aparente que Clarke e Phillip não conseguiam aderir ao resto da banda. O estilo de blues distorcido de Iommi deixava pouco espaço para uma segunda guitarra, e o saxofone soava algo bizarro naquele contexto. Após dois shows em agosto de 1968, um no Banklands Youth Club em Workington e o outro no County Ballroom em Carlisle, Phillip e Clarke foram dispensados. Sobre esse momento de redução de membros da banda, Ward se lembraria mais tarde: "Eu me lembro de tocar com eles no salão de dança em Carlisle. Houve uma briga feia depois da apresentação, mas, fora isso, tudo correu muito bem. Foi uma noite mágica. Éramos um sexteto quando subimos ao palco, e nos tornamos um quarteto quando voltamos para casa. Tínhamos um guitarrista que tocava com slide e um saxofone. No fim de semana, comunicamos a eles que não estava funcionando. Eram 320 quilômetros de ida e 320 quilômetros de volta. Naquele momento, eles aceitaram muito bem a notícia. Eles eram do tipo 'Foda-se' e mudavam a página".

E assim por diante, a partir de setembro de 1968, uma banda incluindo Ozzy Osbourne, Tony Iommi, Geezer Butler e Bill Ward teve seu início. Talvez, naquela época, parecesse apenas mais uma entre tantas.

Com um nome novo, Earth, pegando a trilha do blues pesado, com o som cada vez mais alto e sombrio com o passar do tempo, o novo grupo imediatamente se viu limitado por problemas de logística, embora sua colaboração musical estivesse funcionando bem. Uma vez, a banda chegou para tocar em um clube em Birmingham e foram informados de que a multidão estava ansiosa para ouvir seu último sucesso: Ozzy e companhia logo perceberam que haviam sido confundidos com uma banda bem maior e de grande sucesso que tinha o mesmo nome e que haviam sido agendados erroneamente. O show não teve êxito e o Earth retornou a Aston, inseguro sobre o próximo passo a dar e incertos se sua nova banda, a última em uma sucessão de projetos de curta duração, era um empreendimento viável.

No circuito de Birmingham, Jim Simpson era um músico local reconhecido e uma figura no meio da indústria fonográfica que gerenciava duas bandas chamadas Bakerloo Blues Line e Tea & Symphony. Como trompetista da banda pop Locomotive, ele desfrutava de um sucesso com a canção 'Rudi's In Love' e tinha acabado de inaugurar um clube de blues ao vivo, o Henry's Blues House, na esquina da Hill Street com a Station Street. Iommi e seus companheiros de banda abordaram Simpson e pediram por um show.

Simpson, que ainda dirige a empresa de gerenciamento Big Bear que inaugurou em 1968, lembra-se: "Duas ou três semanas após a inauguração da Henry's Blues House, eles vieram até mim e disseram: 'Temos uma banda, podemos fazer um teste, uma audição? E, no final das contas, eles conseguiram. Eles me pareceram inocentes, confusos e um pouco desorientados: não sabiam realmente qual era o próximo passo a tomar. Parecia que tinham um pequeno grupo de seguidores em Cumberland, por algum motivo. Mas ninguém sabia como ou onde...'".

Arranjando um espaço para o Earth abrir para o Ten Years After em novembro de 1968, foi o suficiente para que Simpson fosse levado pela reação do público e começasse a discutir sobre o futuro rumo do quarteto com ele. "Eu me lembro de que fiquei impressionado com a banda – tanto que tentamos ajudá-los a conseguir shows em Londres", disse Leo Lyons, baixista do Ten Years After. "Não sei até que ponto conseguimos ajudá-los, mas fiquei sabendo que Geezer Butler mencionou isso posteriormente em uma entrevista. Ele também teria dito que muito o que aprendeu com o baixo foi comigo. Isso foi muito gentil de sua parte."

Geezer se lembraria mais tarde: "O Ten Years After era um de nossos heróis. Alvin Lee era considerado 'a guitarra mais veloz da Inglaterra'. Uma de nossas maiores oportunidades foi quando fizemos um show com eles. Abrimos para o Ten Years After e eles realmente gostaram do que estávamos fazendo. Alvin Lee conseguiu um show para nós no Marquee de Londres. De certa forma, aquilo serviu como o pontapé inicial de partida para nós".

Naquele momento, a questão sobre o nome da banda se tornou crucial, e Simpson passou alguns dias tentando encontrar uma alternativa melhor. "Eles não tinham um nome", ele explica. "Eles estavam entre nomes, então arrumei alguns shows para eles no Henry's, desenvolvemos um relacionamento e eu comecei a gerenciá-los. Não havia grande emoção sobre aquilo, as fichas ainda não haviam caído para mim ou coisa parecida – levávamos isso com naturalidade, porque eu já lhes havia oferecido apoio e conselho antes. Era uma progressão natural depois de conversar com eles. A primeira coisa que fizemos foi nos sentar por alguns dias e nos preocupar com nomes, rumos e o que iríamos fazer."

Em setembro de 1968, logo após Simpson ter adotado o papel de manager, o Earth fez shows em Lichfield e Carlisle, e outro no Henry's Blues House. Em novembro, eles se apresentaram no Mother's Club em Erdington, em seguida, mais uma vez em Carlisle e, em dezembro, em Langholm.

Entretanto, antes que mais progresso pudesse ser feito, em dezembro de 1968 o Earth passou por um contratempo temporário quando Iommi saiu para se juntar ao Jethro Tull, na época uma banda de blues rock com certa notoriedade. Embora a estadia de Tony com o Jethro Tull durasse apenas algumas semanas, ele receberia o privilégio de fazer parte da gravação do filme *Rock'n'roll Circus* do Rolling Stones, que ocorreu no Intertel Studios em Wembley, nos dias 11 e 12 de dezembro. Como ele lembra: "Na realidade, eu saí do Earth por um motivo e me juntei ao Jethro Tull. Não fiquei com eles por muito tempo. Fiz o *Rock'n'roll Circus* e, em seguida, nós nos juntamos de novo... Fiz isso em um período de duas semanas, e foi algo realmente diferente. Especialmente para alguém como eu, uma pessoa desconhecida pegando um voo e se encontrando com John Lennon e pessoas do tipo. Mas foi uma grande experiência e, é claro, Eric Clapton estava lá e foi tudo muito divertido".

Iommi testemunhou em primeira mão contemporâneos e lendários, tais como Lennon, Clapton, Keith Richards, Yoko Ono e o baterista de Hendrix, Mitch Mitchell, e uma exclusiva superbanda chamada The Dirt Mac, como parte da extravagância dos Stones: "Foi praticamente montada às pressas", ele se lembra. "Fizemos os ensaios também. Mas a coisa toda, desde o primeiro dia, era feita à revelia. Eles começavam com uma recepção à imprensa no hotel e os Stones tocavam no evento e, em seguida, começavam a discutir em sua própria recepção. Enquanto tocavam, eles paravam e começavam a discutir. Então, ao todo era cheio de altos e baixos, mas era legal. Era bom de fazer. Aquilo realmente abriu meus olhos. The Who era muito bom tocando ao vivo. Na realidade, foi a primeira vez que eu os ouvi ao vivo. Dividíamos o camarim com eles. Então aquela foi a primeira vez que me encontrei com eles. Eram fantásticos."

Entretanto, o Earth se encontrava onde sua verdadeira ambição residia. "Queria me encontrar com os garotos [do Earth]... Retornei com uma abordagem completamente diversa e achava que podíamos fazer algo diferente." Isso diz muito sobre a visão de Iommi assim que deixou a terra dos músicos celebridades, que ele mesmo havia encontrado, e retornou ao quarteto ainda inexperiente de Aston, em janeiro.

Como Iommi se lembra, a experiência fez com que ele se tornasse ainda mais interessado em fazer com que o Earth desse certo: "Parece que a coisa ficou mais clara depois que deixei a banda para me juntar ao Jethro Tull. Eu disse aos outros rapazes [do Earth] que o Tull estava interessado em mim, e eles disseram: então, por que você não tenta? E eu pensei, ah, então é isso, eles estão a fim de se livrar de mim. Fui para Londres e fiz um teste. Pensei, dane-se, vou voltar para casa. Mas eles pediram que eu ficasse... e consegui o trabalho. Contei aos outros rapazes e me senti muito mal com aquilo. Depois de alguns dias de ensaios, eu não me sentia confortável e contei para Ian Anderson, mas eles pediram para que eu ficasse e fizesse o *Rock'n'roll Circus*, e eu fiz. Quando retornei, percebi que havia aprendido a maneira que o Tull trabalhava... mas, não tanto de forma brutal. Com o Tull, era mais uma situação de trabalho. Sabe, eu queria que fosse mais entre amigos".

"Devo admitir que aprendi muito com o Tull [com o líder Ian Anderson]", acrescenta Iommi. "Aprendi que você tem de se empenhar no trabalho. Você tem de ensaiar muito. Quando retornei e me juntei novamente [ao Earth], eu fazia questão de que todos acordassem cedo e ensaiassem. Costumava ir buscá-los em casa. Eu era o único na época que podia dirigir. Costumava pegar a van e ir buscá-los às 8h45 todas as manhãs; que era, acredite em mim, muito cedo para nós naquela época. Dizia a eles: 'É assim que temos de fazer, porque é assim que o Jethro Tull fazia'. Eles mantinham uma agenda preparada e sabiam de antemão que teriam um horário para começar e para terminar. Tentei fazer isso com nossa banda, e conseguimos atingir essa meta. Funcionou. Em vez de ficar apenas vagando no ensaio por uma hora, era mais como se estivéssemos dizendo uns aos outros: 'Vamos lá!'."

No mesmo mês, o Earth abriu para o Colosseum de Jon Hiseman no Marquee em Londres, abriu em outro lugar para o Bluesbreakers de John Mayall, como também para as bandas de Simpson, Locomotive, The Bakerloo Blues Band e Tea & Symphony. Com seu manager começando a acionar suas poderosas influências para eles, com datas agendadas em Londres, o futuro da banda começava a ficar mais brilhante.

No início de 1969, Simpson garantiu as apresentações do Earth no exterior, abrindo shows ou mesmo como protagonistas, embora continuassem com as apresentações regulares nos clubes locais. Uma rápida viagem à Dinamarca para tocar no Brøndby Pop Klub, em Brøndby, foi seguida por shows no Marquee de Londres, o Bay Hotel em Sunderland [onde Van Der Graaf Generator e o DJ John Peel também tocaram] e, em abril, no famoso Star-Club em Hamburgo, onde os Beatles tiveram sua primeira experiência de sucesso. O show incluía várias apresentações por dia – como fazia o Fab Four no início dos anos 1960 –, mas a banda não se importava, enquanto houvesse a animação do público.

Como Leo Lyons, do Ten Years After, me contou sobre sua passagem pelo Star-Club: "Os alemães amam o rock e esse entusiasmo ainda impera nos dias de hoje em muitos países da Europa. Por se tratar de um porto marítimo, Hamburgo estava exposta a todas as 'raças de discos' que chegavam dos Estados Unidos. Esses discos não eram tão fáceis de encontrar em outros países. Naquela época, no Reino Unido, a música rock tinha pouca exposição na mídia e, com algumas exceções, na rádio tocavam apenas os discos pop contidos e banais, que eram os sucessos do dia. Apesar disso, havia algumas bandas boas tocando nos clubes e nos bares. Eu não acho que a coisa seja diferente hoje em dia". Uma jornada final ao Star-Club ocorreu no fim de 1969, um pouco antes de o espaço fechar.

Ocorreram pelo menos duas exibições para os executivos da indústria fonográfica no outono, depois da gravação de duas faixas demo, "The Rebel" e "Song For Jim" – considerado hoje uma raridade. Essa última foi escrita em homenagem a Jim Simpson – embora ele diga hoje, sem querer ser rude: "Espero que 'Song For Jim' seja impossível de se achar! Soa um pouco como Charlie Christian. Tem muito suingue, com uma guitarra de bom gosto e todos estão tocando muito bem".

Geezer nunca se esquece das primeiras canções inexperientes da banda: "O material que tínhamos quando começamos era tudo blues de 12 compassos. Tocávamos muito as canções de Willie Dixon, Howlin' Wolf, Lightnin' Hopkins e Muddy Waters. Aprendemos a tocá-las ouvindo os discos. Elas eram fáceis de tocar. Quando nos reunimos pela primeira vez, montamos tudo em um dia e tocamos uma semana depois! Nunca tínhamos tocado juntos, então aprendemos 18 canções em blues de 12 compassos em uma semana".

Tony acrescenta: "Era muito treino para aprender como tocar. Era basicamente instrumental. Fazíamos um pouco de vocal e, em seguida, dez minutos de instrumental. Foi muito bom, para nós, fazer aquilo. Como tocávamos em clubes pela Europa, conseguíamos tocar por horas a fio. Fizemos sete apresentações de 45 minutos em uma noite, que serviu como uma enorme experiência para nós".

Em agosto, o Earth voltou a Hamburgo para uma temporada prolongada com um novo nome, que foi anunciado em uma terça-feira em um show no Banklands Youth Club, em Workington, no dia 26 de agosto de 1969. Foi por volta dessa época que eles decidiram adotar o nome de Black Sabbath, título nos Estados Unidos e no Reino Unido de um filme de terror de 1963, estrelando Boris Karloff (e nada a ver com a Operação Ágata, as detenções palestinas de 1946, como tem sido ocasionalmente especulado). Diante de uma fase ainda turbulenta no fim dos anos 1960, antes mesmo que a indústria do filme de terror alcançasse maior penetração na mídia, o nome já era suficiente para que muitas pessoas ligassem a banda ao satanismo e fizessem outras associações sombrias.

O grupo e Simpson concordaram que Black Sabbath tinha um apelo muito maior no nome do que as alternativas, e começaram a agendar os shows. Jim sabia que o show ao vivo tinha de ser diferente dos padrões comuns de blues da época, como ele conta: "Veja, o mundo estava repleto de bandas de blues tediosas na época – com pessoas tocando solos de guitarra de 150 horas e cansando o público. No palco, eles trajavam jeans rasgados e botas velhas. Decidimos, então, que não iríamos usar nada daquilo – tínhamos de desligar o Sabbath do modelo blues e colocá-lo em algo mais comercial. Então, resolvemos nos debater de um modo ou de outro e, enquanto isso, eu agendava os shows com pessoas que confiavam em mim o suficiente para aceitar a banda sem saber muito sobre ela".

Estar em uma banda que finalmente teria como se sustentar com seus próprios meios foi um alívio bem-vindo para todos os músicos, especialmente para Ozzy, que já estava cansado da vida de operário de fábrica, especialmente regulando buzinas de automóveis. "O último emprego que tive era regulando buzinas de automóveis em uma cabine à prova de som. As buzinas passavam nas esteiras e você as pegava dentro de uma câmara – uma caixa, algo como no filme *Flash Gordon*. Pegava a buzina, prendia em uma braçadeira e regulava aquela coisa com o aparelho de discagem."

Um dos companheiros de trabalho fez com que Ozzy visse a luz no fim do túnel, de uma vez por todas, como ele se lembra: "Esse cara trabalhava lá há milhares de anos. Ele me contava sobre a época durante a guerra em que havia as baterias antiaéreas e os aviões alemães bombardeando a Inglaterra, entende? Um dia, eu perguntei a ele: 'Arry, há quanto tempo você faz isso?'. Ele respondeu que fazia aquilo há 35 anos. Ele disse: 'Eu vou me aposentar logo. Logo vou conseguir comprar meu relógio de ouro'. Peguei minhas ferramentas e as atirei com toda a força no chão. Eu disse: 'Escute aqui, cara, se eu quisesse um relógio de ouro, eu iria lá e roubaria uma joalheria. Estou fora. Diga ao chefe que caí fora'. E, foda-se – foi a última vez que fiz aquilo".

O dinheiro era sempre uma pressão constante, é claro, como Bill se lembra: "Não ganhávamos muito, mas era o suficiente para comprar comida e gasolina. Vivíamos no nível da pobreza, mesmo assim conseguíamos fazer as turnês dos shows. Mas era difícil. Olhando para trás, eu pensava, cara, éramos garotos guerreiros para fazer aquilo". Como Simpson confirma: "Naquela época, eles recebiam cerca de 30 libras para ir até Carlisle e fazer um show – provavelmente cerca de cem libras nos dias de hoje – que pagaria a gasolina e o necessário. Eles costumavam se hospedar com amigos e se viravam bem por lá".

A questão sobre quem seria o líder da banda nessa fase era crucial, assim como uma série de decisões que foram tomadas e que mudariam tudo. A liderança do Black Sabbath nunca foi discutida em público, mas é óbvio para qualquer um familiarizado com sua atribulada história que o Sabbath é a banda de Tony. Questionado pela *Classic Rock Revisited* se seria justo afirmar que Ian Anderson está para o Jethro Tull como Tony Iommi está para o Black Sabbath, o guitarrista respondeu: "Eu nunca disse isso, mas alguém já o fez. Acho que é importante ter alguém em quem os outros membros possam recorrer. Eu costumava ser essa pessoa. Se havia qualquer problema, eles vinham direto recorrer a mim. Às vezes, isso não era bom para mim porque eu não podia sair e ficar bêbado, quando eles podiam. Alguém tinha de andar na linha para ver as coisas acontecendo corretamente".

Com Iommi cuidando do destino da banda, o próximo passo na carreira do Sabbath foi dado quando Jim Simpson apresentou sua nova banda ao produtor independente Tony Hall, que tinha sua própria agência, a Tony Hall Enterprises. Tony ficou surpreso com a energia destemida do Earth ao vivo e determinado a fechar um contrato com eles. "Achava que eles eram uma pequena grande banda de blues", ele disse. "Quatro músicos bons que mereciam gravar um disco. Eu já teria fechado um acordo com eles quando eram o Earth. No entanto, eles viajaram à Alemanha e voltaram como Black Sabbath."

A próxima etapa seria, sem dúvida alguma, um álbum. Como a agenda da banda ao vivo se prolongava para o futuro, o Sabbath finalmente começou a compor suas próprias canções, centradas nos riffs de Iommi e nas linhas do baixo de Butler. Geezer, supostamente o membro mais educado da banda, logo se apresentaria como letrista, embora os demais o ajudassem de vez em quando. "Era uma coisa da banda", ele conta. "Era legal receber um monte de inspiração em uma única linha. Ozzy aparecia com uma linha no momento em que eu estava escrevendo alguma coisa... em seguida, eu terminava de escrever o resto." Às vezes, a pressão era muita, como Iommi se lembra: "Havia muita pressão em cima dele porque ele compunha a letra e tocava o baixo. Ele costumava lamentar no final: 'Ó, eu tenho de escrever a letra.'"

Musicalmente, o som evoluía por meio de uma combinação excepcional do baixo melódico de Geezer e da guitarra sólida de Iommi – qualidades que geralmente ocorrem do lado inverso. Mas, como Tony não via tanta relevância nisso, o método não tinha segredo algum: "Era tão simples quanto soava: apenas aumentava o volume. Era só isso, de verdade. Era uma combinação entre Geezer e eu, aquele muro de som exclusivo que tínhamos".

Com muita influência de Jack Bruce, a maneira de Geezer tocar baixo era parte tão integral quanto o imenso som da guitarra. Como ele me contou certa vez: "Não quero me encontrar com ele – todos que encontrei e que eu venerava me deixaram desapontados, então quero mantê-lo assim, como meu herói. Não saberia o que dizer a ele! Ele foi o primeiro baixista que eu já vi que flexionava as cordas e que ficava totalmente na dele. Na época, quando eu o vi com o Cream, ele tocava uma Fender VI, e elas eram horríveis de tocar. Tentei uma vez, mas não consegui, meus dedos são muito largos para penetrar entre as cordas". Quanto ao baixo que ele finalmente conseguiu comprar: "Era uma coisa chamada Top 20. Acho que custava uns 50 contos em uma loja de quinquilharias. Nunca tinha ouvido falar dele antes ou depois – acho que comprei de um amigo de Ozzy. E, em seguida, no caminho para o primeiro show, emprestei o baixo violino Höfner de meu colega, que tinha apenas três cordas e, no final das contas, consegui então trocar meu Fender Telecaster por um Fender Bass Precision".

Jim Simpson aprovava o talento musical da banda, que nessa etapa era sólido e confiável em vez de extravagante. "Geezer? Dava conta do recado", ele acena com a cabeça. "Bill mantinha o horário e dirigia bem, mas tinha todos os problemas que precisava para fazer o trabalho que fazia. Eu gosto de bateristas que dão conta do recado, sem exagerar e sem preencher muito na batida. Quanto a Tony, eu sabia sobre a lesão em seu dedo, é claro, mas isso não tinha um papel importante naquela época. Ele era um guitarrista muito meticuloso, e realmente planeja tudo com muito cuidado. Havia ocasiões em que ele descia do palco e tocava um solo diferente do normal: eu dizia, bom solo, Tony, vejo que você mudou essa parte por aquela – e ele dizia, não, eu não fiz isso, eu toquei errado! E eu dizia, mas você tocou no tempo certo, você tocou dentro do acorde, não ficou útil? Ele dizia, sim, mas não era minha intenção tocá-lo."

Na realidade, o único membro do Sabbath cujo talento não fora testado era Ozzy. Embora sua voz fosse perfeita para as primeiras canções do Black Sabbath – e, em todo caso, seu talento ocupava o segundo lugar naquela época diante de sua atuação no palco –, ele mesmo tinha algumas incertezas sobre o quão bem cantava. Como se lembra Simpson: "Ozzy era o único que tinha dúvidas quanto ao seu talento. Ele se sentia muito desesperado com isso. Sua autoestima estava muito baixa, e ele precisava ser encorajado. É sempre mais difícil para o vocalista, porque você abre a boca, você faz barulho e você se pergunta se está bom ou não – ao passo que, se você toca trompete, você toca as notas, as escalas, os arpejos e você sabe que acertou a nota. É mais mensurável. Mas não é porque você gosta da voz de alguém que isso significa que o cara ao lado vai gostar".

Lentamente, a banda atingiu um show poderoso ao vivo, trabalhando com muito êxito como uma unidade. Osbourne, que não era o mais seguro dos homens, ainda sentia muito temor na presença do forte e silencioso Iommi, que "realmente costumava me intimidar", como ele se lembraria mais tarde. "Ele era grandão. Era bom de briga. Mas você sempre tem de manter aquela coisa dominadora. Se você não tivesse alguém para chutar seu traseiro e me tirar do pub, você não faria qualquer coisa, entende?" Simpson ignora isso hoje, argumentando: "Não consigo imaginar alguém intimidando Ozzy, porque seu caráter e seu espírito são indomáveis. Mas acho que ele pode ter se sentido reprimido pelas palavras. Ozzy é o cara mais doce na face da Terra, e, se você disser algo para magoá-lo, ele vai se sentir magoado". Será que eles nunca conversaram sobre a criação um tanto violenta que ele enfrentou? "Não, ele não falava sobre o seu histórico familiar – éramos todos completamente absorvidos pela música."

Quando a banda ficou de pé e funcionando com o que parecia um futuro comercial viável diante deles – pelo menos nos próximos meses da agenda de shows –, Simpson elaborou um contrato de gerenciamento para a banda assinar. Isso significava conversar com os pais dos músicos. Persuadir as famílias Osbourne, Iommi, Butler e Ward de que seus filhos poderiam ganhar a vida com a música não era uma tarefa fácil, como se lembra: "Tive de convencê-los a fazer com que seus pais levassem tudo aquilo a sério. Fui me encontrar com seus pais e acho que eles todos pensaram que meu entusiasmo era inadequado. Eu sabia que a banda iria vingar. Não tinha a menor dúvida, de maneira alguma. Mas suas mães e seus pais ficaram um pouco perplexos com aquilo tudo, eu imagino. O que, nosso pequeno Tony? Como ele poderia se tornar uma estrela?".

Os próprios membros da banda, talvez um pouco desiludidos com suas experiências até então, não se mostravam tão otimistas, como Simpson se lembra com certo espanto: "Tirando Tony, todos eles achavam que meu entusiasmo era inadequado e que estavam fadados a ser o que sempre foram, ou seja, pobres e sem grana! Mas Tony tinha uma fascinação em se tornar uma estrela. Ele foi o primeiro que falou mais prontamente. Bill não se envolvia muito. Ozzy parecia querer falar muito, mas era um pouco tímido naquela época".

Iommi sentia que as canções tinham algo de especial, mesmo que sua confiança na banda fosse ainda um pouco ingênua: "Quando nos reunimos pela primeira vez, tocamos todo o tipo de blues e jazz e aquilo parecia evoluir para este som... sabíamos que era algo novo quando tocamos as canções pela primeira vez – elas soavam diferente de qualquer coisa que qualquer pessoa estivesse fazendo naquela época. Mas não tínhamos a menor ideia para onde iríamos com aquilo. Nós tocávamos [as canções] daquela maneira que fazíamos porque gostávamos da forma que soava. Nós curtíamos aquilo".

No fim de 1969, o Black Sabbath gravou as sessões para o que finalmente se tornaria seu álbum de estreia no Regent Sound Studios, na Tottanham Court Road, em Londres, com 500 libras fornecidas por Hall. Já na primeira reprodução, ficou óbvio que se tratava de uma oportunidade comercial a ser explorada. Embora a qualidade do som fosse relativamente primitiva, como resultado do empenho e das condições de baixo custo e todos os esforços do produtor Roger Bayed, a banda realizou uma grande performance e Simpson sabia que o próximo passo seria encontrar uma gravadora para lançá-la.

O cenário estava montado.

CAPÍTULO 3

1969-1970

O Black Sabbath inventou o heavy metal? E, se a resposta for afirmativa, como?

O heavy metal não foi planejado: surgiu graças a uma série de coincidências fortuitas, o que colocou uma quantidade vital de pressão em um ponto crucial da evolução musical e, como resultado, todo o fluxo da história acabou sendo alterado.

Se isso soa portentoso, pense como devia ter sido para os homens – e em geral eram homens, não mulheres – que fizeram com que isso acontecesse. Eles não escolheram subitamente formar uma banda para tocar música heavy metal: tocavam música heavy porque queriam e porque *precisavam* ser notados e liberar a pressão que sentiam dentro deles. E de onde veio isso? De seus ambientes e arredores.

Jim Simpson se lembra de como era Aston no fim dos anos 1960: "Você não usaria uma camisa florida de paz e amor andando pelas ruas em Aston! Havia bandas hippies em todos os lugares ao nosso redor... mas não naquela cidade. Dito isso, Aston era muito melhor naquela época do que é hoje, eles eram muito mais simpáticos do que são hoje. O problema de Aston, hoje em dia, é que é um lugar muito racista, um problema com o qual não tínhamos de lidar naquela época – tínhamos de lidar apenas com a pobreza. Mas, olhando para trás, era muito mais fácil lidar com a pobreza do que com o racismo".

Ozzy explicaria mais tarde que os valores éticos hippies não tinham como permear a abordagem do Sabbath, porque eles eram muito pobres para entender o idealismo: "Chegamos no fim da era hippie, mas não tínhamos grana nem esperança de conseguir algo e escrevíamos o que sentíamos, então era um mar de rosas e viveram felizes para sempre. Éramos militantes e falávamos com sentimentos agressivos, e as drogas e o álcool se tornaram parte daquilo". Posteriormente, ele provaria a cocaína "porque custava caro e nem todos podiam usar aquilo naquela época. Uma estrela do rock famosa deve cheirar coca".

Sejam quais foram os problemas da época, não há como negar que o histórico coletivo do Black Sabbath era sombrio. Como Ozzy explicou mais tarde, muito de seu desejo de se juntar a uma banda era movido pelo medo – o medo de passar 45 anos trabalhando em uma fábrica e, em seguida, morrer pobre e sem um centavo, como todas as pessoas que ele conhecia. Consequentemente, a ânsia de querer vencer na vida não era um mero capricho: era movida por uma necessidade genuína.

É claro que você deve ser um tipo de pessoa para viver naquele ambiente, sentir-se em casa e ainda tentar desafiá-lo. Simpson: "Os Sabs [Sabbath] eram uma banda tenaz desde o princípio – eles eram descompromissados. Eles eram rudes, rígidos e detonavam!". Isso pode ser resumido de forma menos jovial, levando em conta a postura ofensiva que todos os quatro homens tiveram de adotar apenas para sobreviver em Aston – seja nos pubs no sábado à noite, no chão da fábrica ou na rua onde moravam. O Sabbath, e em especial Tony Iommi, não se deixava derrubar.

Certa ocasião, um entrevistador da CNN contou a Iommi que o vocalista hardcore Henry Rollins declarou que a música do Sabbath era o resultado do ambiente hostil de Aston. Ele respondeu: "Acho que é isso mesmo. Na maior parte, tem a ver de onde você vem. Ou você estava em uma gangue ou em uma banda. Eu era agressivo. Estar em uma banda... Eu acho que muito da agressividade desabrochou nisso, em vez de sair por aí distribuindo porrada em outras gangues, entende".

E assim, esse improvável quarteto se reuniu para fazer música. Com a terrível labuta cotidiana e à sombra da miséria urbana pairando sobre eles o tempo todo, não é de se admirar que, quando se reuniam e ligavam os instrumentos, tocassem alto e pesado.

Mas um fator do acaso de grande relevância na evolução do heavy metal foi o acidente industrial de Iommi. Questionado pelo autor em 2004 se era justo afirmar que a desfiguração de seus dedos moldou o futuro de todo o heavy metal, ele simplesmente respondeu: "Sim, eu acho que sim". Ele acrescentou que a redução que aplicou na afinação da guitarra para que as cordas ficassem menos esticadas e, portanto, menos dolorosas, teria sido ainda mais drástica se a tecnologia tivesse permitido: "Abaixamos *três* semitonais em algumas canções que tocamos hoje em dia. Eu uso cordas mais grossas [heavy-gauge] nessas canções, é óbvio. Mas, naquela época, eu tocava apenas com cordas leves [light-gauge], porque não havia ainda as mais grossas. Eu fazia minhas próprias cordas usando as cordas do banjo".

Na realidade, o recurso do meio tom abaixo empregado naquela época não foi o único ajuste na afinação que Geezer e Tony exploraram, como Tony contou mais tarde à revista *Vintage Guitar*: "Nós sempre afinávamos uma semitonal abaixo, mas nos álbuns *Paranoid* e *Black Sabbath* afinamos no tom certo. No *Master of Reality*, afinamos três degraus abaixo. Não seguíamos regra alguma só porque alguém teria inventado. Apenas rompemos com as regras. No palco, abaixávamos meio tom... Sempre experimentávamos com o Black Sabbath. Essa é a melhor coisa que já fizemos. Sempre tentávamos fazer coisas que não faziam parte da norma. Fomos os primeiros a abaixar o tom, e ninguém conseguia entender aquilo".

Em várias ocasiões, Iommi também tentou fazer com que os fabricantes entendessem suas necessidades, geralmente sem obter êxito no início: "Fui também a muitos fabricantes de guitarra anos atrás quando precisava de cordas mais leves, e eles me falaram que não podiam fazer porque não daria certo. Tive de explicar que eu já as usava e que tinha feito meu próprio jogo de cordas".

A variação na afinação de Iommi deu início a uma grande revolução entre os guitarristas, embora a afinação não ortodoxa já prevalecesse em outros gêneros musicais, em especial na música folk em que, por exemplo, o incrível e talentoso músico Davy Graham havia inventado a afinação DADGAD, na qual conseguia dedilhar uma linha em oitavas no contrabaixo. A partir dos anos 1980, era comum as bandas de metal abaixarem o tom do padrão E para E bemol ou até para D, para incrementar mais peso em seus riffs – peso ganho pelo som grave extra da baixa frequência e o som mais sombrio, claro e menos frágil derivado das cordas sob menos tensão. Na década seguinte, essa opção atingiu seu desfecho lógico: quando os subgêneros do heavy metal se estabeleceram no cenário musical, tornou-se norma a afinação chegar até C ou B. Com o advento das guitarras de sete cordas e sua corda B, a afinação foi ficando cada vez mais baixa até chegar ao ponto mais grave possível, alcançado por uma banda de death metal sueca chamada Meshuggah, que usa guitarras de oito cordas com uma corda grave F# extra, que eles então abaixaram para F, quase uma oitava abaixo do padrão E. No entanto, esses instrumentos e o exagero ao abaixar a afinação das cordas são ambos considerados como desnecessários e modistas pela maioria da geração do metal clássico. De fato, como Iommi me contou, "eu já toquei guitarras de sete cordas, e elas são boas, mas não pareceram ser tão úteis para mim".

O próprio ambiente industrial e o efeito que causou nos dedos de Iommi, assim como o baixo desempenho dos equipamentos de som da época, deixaram sua marca na evolução do som pesado do Sabbath; especificamente no caso da amplificação. As bandas muitas vezes fracassavam em se fazer ouvidas nos shows graças aos frágeis sistemas de som, e músicos como Iommi e outros tinham de tocar de forma mais pesada e rígida para extrair o máximo de volume do equipamento – consequentemente, conduzindo as duas características mais óbvias do heavy metal: volume alto e execução agressiva. Como Tony se lembra, "descobrimos em vários clubes de blues que todo mundo falava alto, e isso abafava o som. Então, nós simplesmente aumentávamos o volume. Basicamente, fomos aumentando o volume cada vez mais e surgiu essa coisa do Sabbath. Simplesmente aconteceu. Quero dizer, uma dessas coisas que você acha que poderia ter sido planejada, mas não foi... de verdade, apenas surgiu. Era uma das coisas de que nós gostávamos. Era uma sensação legal aumentar o volume".

O heavy metal, cujo nome foi cunhado – dependendo em quem você acreditar – por William Burroughs, em 1961, em seu livro *The Soft Machine* (que incluía o personagem Uranian Willy The Heavy Metal Kid), por Steppenwolf em sua canção de 1968 "Born To Be Wild", ou pelo jornalista musical Lester Bangs, que usou o termo em uma crítica musical em 1968 de um show do MC5 na revista *Creem,* é caracterizado por um grupo de elementos reconhecíveis, e todos ligados com a abordagem do Black Sabbath. O primeiro é a ira, a rebelião, a agressão, a não conformidade – ou a unificação de todos eles. Desde seu início, o metal era barulhento, muitas vezes feio, frequentemente ofensivo (dependendo da sensibilidade daquele que ouve, é claro) e abertamente vulgar. O punk, geralmente considerado como o tipo de música mais rebelde e irado, solta seu veneno de forma mais ostensiva: foi o metal que sobrepôs o lado sombrio na ira com mais sutileza. O Sabbath reconheceu esse fato, como também o quanto esse enfoque heterodoxo representava em 1968 e 1969. "Isso tudo ia complemente contra as regras", disse Iommi sorrindo anos depois, "(...) tudo era tão diferente do que devia ter sido, e nós gostávamos daquilo. Quando alguém diz que você não pode fazer isso, você vai querer fazer mais."

Isso não se enquadrou bem com um tipo de público impassível que o Sabbath encontrava ocasionalmente no início da carreira, especialmente na primeira turnê da banda nos Estados Unidos, em 1971. Naquela época, eles estavam acostumados a ver multidões de ingleses mais cheios de energia. Como Bill se recorda: "Eu me lembro de quando começamos a introduzir nosso material próprio nos shows. Lembro-me das reações de outros shows quando começamos a fazer aquilo. Todos amavam as músicas. Eles achavam que as canções eram incríveis, você entende, a reação era eletrizante. Era quase uma amalgamação instantânea entre a banda e o público!".

Infelizmente, isso faltou na América – e, apesar de todos os melhores esforços da banda, foi necessário que se tomassem medidas sérias para fazer com que o público reagisse. Seguindo os passos do The Who – um dos progenitores do heavy metal, sob inúmeros aspectos –, a banda ocasionalmente destruía seus equipamentos e os atirava no público. Ward: "Quando tocamos em Nova York, era o terceiro ou o quarto show que tínhamos feito na primeira turnê nos Estados Unidos. O público de Nova York simplesmente não se levantava da cadeira. Prosseguíamos mandando bala, sabe, fazendo nosso show [do mesmo jeito que fizemos em] 1970, e o público de Nova York permanecia sentado e não reagia. E, depois de tocar a terceira ou quarta canção, a banda ficou tão frustrada com o público que logo começamos a atirar coisas neles!".

Ele continua: "Era bom demais. Ainda mais quando a bebida estava funcionando, cara! Fillmore East era um autêntico público de Nova York do qual não sabíamos o que esperar, então serviu um pouco como um aprendizado para nós. Eles permaneceram sentados, tentando demonstrar frieza no início, e nós começamos a ficar cada vez mais irritados. Eu fiquei tão irado na terceira ou quarta canção que desmontei as peças de minha bateria e as atirei no público. Ozzy gritava com eles e Tony pulava no chão com muita violência. Foi como um relâmpago – a multidão toda se levantou, começou a prestar atenção e Ozzy gritou: 'Agora, batam palmas, porra!'. Acabamos fazendo sete bis naquela noite".

A banda precisava de um show poderoso, pois só assim o público se lembraria deles. Geezer foi o primeiro a perceber que sua banda enfrentava uma competição acirrada com dezenas de outras bandas que se apresentavam nos clubes ao redor no mesmo circuito, todas tentando o melhor. "Naquela altura, havia centenas de bandas tocando. Essa era a maneira de se ter uma banda – você formava uma banda, transformava em uma banda de blues, tocava e, em seguida, adaptava a banda ao tipo de música ao qual você queria ser reconhecido... Nós tínhamos de enfrentar as bandas que estavam apenas começando, como Ten Years After, Jethro Tull e Led Zeppelin. Sabíamos que tínhamos de ser tão bons quanto eles se quiséssemos ter qualquer chance. Sabíamos que tínhamos de treinar e ensaiar todos os dias para conseguir ser tão bons quanto eles, ou pelo menos ser bons de qualquer modo!"

Acrescente a ira da música e coloque a mão na massa com o público e o resultado da receita era potência, especialmente quando nenhum membro da banda nessa altura – exceto Iommi – possuía não mais que as habilidades necessárias com seus respectivos instrumentos. Butler ainda desenvolvia seu estilo influenciado pelo Cream, o histórico jazzístico de Bill entrava em conflito com o que era exigido e Ozzy continuava sendo um vocalista mediano – todos esses detalhes davam uma solidez bruta às canções, mas com pouco brilhantismo técnico. Isso viria bem mais tarde. "Não sou tão hábil assim", afirmou Bill. "Apenas toco o que acho correto para mim... Se Tony está ocupado, eu me afasto, mas Geezer vai em frente e faz sua parte. Fico no meu canto e faço o que posso."

Eu mesmo perguntei a Bill sobre sua habilidade na bateria, e ele falou mais sobre seu histórico jazzístico, dizendo: "Comecei a levar a bateria a sério por volta dos 10 anos de idade. Gene Krupa foi a maior influência. Tudo tinha a ver com as big bands e o jazz – a GI-music e um pouco de Ted Heath! Era isso que ouvíamos na nossa casa – as grandes orquestras de jazz e um pouco de suingue. Eu gostava muito de jazz e tocava um pouco. Sempre que havia uma sessão de improviso ou um pouco de suingue, eu gostava de participar e tocava um pouco. Retornando à época dos antigos, Buddy Rich, Gene Krupa, eu considero todos esses caras. Eles eram músicos de orquestras, mais abertos, e deixavam muito espaço à imaginação. Faziam as coisas mais simples, mas eram incrivelmente eficazes – especialmente Krupa, que tinha essa imagem de energia e, às vezes, com uns riffs muito simples que aplicava".

Anos depois em sua vida, Ward se tornaria reconhecido como um grande baterista, mas isso não viria enquanto o Sabbath não tivesse alcançado um mínimo de sucesso – no palco, discutiam para que tocasse o básico com batidas sólidas e pesadas, ao invés de chamativas. Isso já poderia ser suficiente com a explosão do rock'n'roll durante sua juventude, que ensinaria tanto a ele como a milhões de jovens que a música alta e pesada com arranjos simples era tão emocionante quanto qualquer apresentação virtuosa: "Quando Presley, The Ink Spots, The

Drifters, Little Richards e Jerry Lee Lewis surgiram no cenário", ele explica, "fiquei *passado*. Eu era apenas um garoto na época, não tinha mais de 6 ou 7 anos de idade, mas me senti completamente atraído pela música. Meu irmão mais velho era quatro anos mais velho que eu, então ele me despertou a atenção para todas aquelas bandas, como Everly Brothers. Toda semana surgia uma nova banda – eu me deleitava com essas coisas, como todos nós naquela época. Eu costumava ir aos cafés onde tinham jukebox. Tentei até fazer um topete no cabelo, mas ficou uma lástima."

Nessa altura, a música popular passava por mudanças radicais. A evolução dos efeitos para guitarra e da tecnologia na amplificação significava que as bandas podiam tocar mais alto enquanto mantinham um som mais nítido, sendo que o alcance de tonalidades com que um guitarrista podia contar – especificamente o efeito da distorção inventado em meados dos anos 1960 por músicos tais como Link Wray e Ray Davies do Kinks, antes de ser adotado por Jimi Hendrix e outras estrelas – significava que, se você quisesse tocar mais pesado, você precisaria simplesmente pisar no pedal.

Ward: "Havia algumas bandas de rock pesado ao redor, o Cream estabeleceu várias maneiras novas de tocar rock pesado, e havia apenas um par de bandas na época... Mas, quando chegou o Zeppelin, tudo mudou. E, quando o primeiro álbum do Black Sabbath foi lançado oito meses depois, era como se tivesse ocorrido uma grande transformação na música popular".

Foi preciso que um pequeno grupo de músicos influentes adotasse os elementos mais profundos, sombrios e pesados do rock para que se tornasse relevante. Em 1970, o Deep Purple, o Led Zeppelin e o Black Sabbath foram reconhecidos como o trio diabólico do rock pesado britânico – um novo gênero –, e o Sabbath logo elevaria isso ao heavy metal quando se afastaram do blues e adotaram mais riffs. O que ajudou muito foi que esse pequeno grupo de indivíduos era formado por artistas carismáticos, é claro; em qualquer cenário de vanguarda há um núcleo de pessoas criativas conduzindo a evolução e, para se tornar comercialmente viável, essas pessoas devem despertar o interesse das demais pessoas. Ian Gillan salienta esse assunto: "Não acho que muito disso tenha a ver com a música, embora sem a música isso não teria acontecido. Se você pegasse três músicos e clonasse seu estilo de música e de interpretação – três Ritchie Blackmores ou três Steve Morses –, você descobrirá que o público aceitará um em relação aos outros, mesmo que eles tenham escutado a mesma música ou tenham as mesmas habilidades. As pessoas são atraídas pela personalidade, e muito disso tem a ver com a formação da banda – e se você pegar um bando de rapazes que consigam projetar o que fazem de uma maneira um pouco diferente do que os outros fazem, provavelmente é isso. Entretanto, nós não percebíamos isso, porque você é aquilo que é quando tem 20 anos de idade. Foi muito tempo depois que percebemos que fazíamos parte de algo muito grandioso, porque são todos cabeçudos nessa idade! É uma mistura de talento com sorte".

Embora o Deep Purple nunca fosse considerado uma banda heavy metal – apesar de ter sido rotulada como tal por uma mídia confusa nos anos 1980, que também aplicou o rótulo ao mainstream rock [rock popular comercial] e às bandas AOR [rock orientado aos adultos], tais como Rush, Bryan Adams e AC/DC –, eles desempenharam um papel importante em seu desenvolvimento, do mesmo modo que seus nobres compatriotas, o Led Zeppelin. O baterista do Zeppelin, John Bonham, era visto com frequência na companhia do Black Sabbath na época da formação inicial do grupo. Bill Ward se recorda: "Conhecia John Bonham desde quando tínhamos 15 ou 16 anos de idade, e nos encontrávamos muito nos clubes. Você sabe, conhecemos muitos músicos nos clubes. John vivia ocupado com as bandas que tocava e tinha muito trabalho. Cruzávamos o caminho um do outro toda semana. Às vezes, eles estavam saindo de um clube para tocar em outro, enquanto nós chegávamos para fazer um show, seja a banda que fosse e com o que tocávamos naquela época. Todos nós nos conhecíamos... naquele tempo, vi John destruir alguns kits da bateria, ou praticamente achatá-los no chão de tanto pisar em cima". A amizade entre os músicos cresceu a tal ponto que Bonham se tornou o padrinho do primeiro casamento do guitarrista Iommi.

Ward novamente: "Francamente, nós respeitávamos o Zeppelin. Conhecemos Robert Plant, é claro, na mesma época em que conhecemos John Bonham antes do Zeppelin. Ele ficou por muito tempo em uma banda chamada The Band of Joy. Então não era incomum para nós ver Robert circulando pela cidade. Mas, quando eles surgiram pela primeira vez, aquilo foi absolutamente fenomenal".

"Seguíamos com o Sabbath, achando que estávamos indo bem e com resultados bastante positivos. Fizemos um concerto em Carlisle e uma pessoa que era nossa fã nos deixou dormir em sua casa. Então, nós estávamos lá descansando depois do concerto em sua casa quando ele colocou um álbum do Zeppelin para tocar. Todos nos sentamos e ouvimos o disco, pensando: 'Ó meu Deus! O que esses caras estão fazendo?'. Era como se tivesse surgido do nada."

O momento crucial para muitos – não para todos – observadores ao definir o início desse gênero infinitamente controverso é o lançamento do álbum de estreia do Black Sabbath, em 1970 – um marco musical e cultural cuja ressonância viria a ser sentida durante as três décadas seguintes. Se o heavy metal pode ser definido pelas características analisadas anteriormente – do mesmo modo que o jazz é reconhecido pela síncope e a improvisação, o funk pelo ritmo na primeira batida do compasso e o soul pelas letras sentimentais acompanhadas pelo R&B suave –, então, quais desses elementos o *Black Sabbath* tem a oferecer?

Os elementos "heavy metal" mais óbvios dessa poderosa gravação são as letras, o ocultismo carregado e até palavras satânicas (na maioria compostas por Geezer) que dão a impressão de um filme de terror. Não demorou muito para que a banda abandonasse esse ângulo risível, depois de a assessoria de imprensa de uma gravadora ter feito uma alegação ridícula de que Butler "foi bem-sucedido ao criar um demônio no cemitério".

"É óbvio que tudo isso surgiu por causa do nome da banda", o próprio Geezer me contou, "que nós extraímos da primeira canção que escrevemos juntos. Graças a Deus que o nome era aquele, ou acabaríamos sendo chamados de Fairies Wear Boots [As Fadas Usam Botas]... apenas partimos daquele princípio e pensamos, gostamos deste nome, soa lega, nem sequer pensamos em qualquer tipo de conotação de magia negra. É claro que algumas letras estão relacionadas ao oculto, mas não é como se chegássemos com essa imensa imagem da magia negra ou coisa parecida. A gravadora veio com a arte gráfica do primeiro álbum com a cruz invertida na parte de dentro da capa, mais o verso na parte interna. Tudo aquilo ficava fora de nosso controle, eles não nos permitiam nos envolver com a mixagem, capas ou encartes do álbum ou qualquer coisa desse tipo. Nosso manager na época não tinha a mínima noção do que aquilo representava".

Ward também me falou sobre a importância das letras durante a ascensão do heavy metal: "A diferença era a letra. Se nós estivéssemos tocando rock pesado e cantando 'Meu amor, vamos nos encontrar amanhã', ou 'Vamos transar hoje à noite', ou qualquer coisa do gênero, então o Sabbath não passaria de mais uma banda igual às outras. Mas tínhamos esses riffs que não eram comuns, tínhamos esse lado grogue e incômodo na música e, acima de tudo, tudo o que tínhamos era o som monolítico de Ozzy e as letras de Geezer, que naquela época era diferente e contraditório. Eu diria então que o primeiro álbum é uma obra de arte que deu início a um novo caminho que eu ainda escuto até hoje".

Ele se refere ao movimento black metal, um subgênero do heavy metal que foi inventado em 1982 pelo Venom (que lançou um álbum com o mesmo nome) e, em seguida, se estendeu e se tornou comercialmente viável nos anos 1990, na maioria por bandas norueguesas, tais como Mayhem, Burzum, Immortal, Dimmu Borgir, Emperor, Gorgoroth, 1349 e o maior de todos eles, a banda inglesa Cradle of Filth.[1]

E, embora o Sabbath fosse uma inspiração involuntária do movimento black metal que se seguiu uma década após sua estreia, sua influência mais direta é sentida no gênero doom metal, que entrou no cenário desde os anos 1980, tirando proveito dos riffs lentos e esmagadores de Iommi e da atmosfera nebulosa e sombria das canções. O doom metal não é uma grande força comercial e provavelmente nunca será, mas o apelo comercial de um número relativamente pequeno de bandas envolvidas é algo impressionante. A melhor de todas é, provavelmente, a Candlemass, formação sueca que se apresenta de forma esporádica, cujo álbum *Epicus Doomicus Metallicus*, de 1986, tornou-se um marco do gênero, além dos primeiros álbuns do próprio Sabbath. Uma formação americana chamada Pentagram também lançou alguns álbuns semidooms que marcaram grande influência. Em seguida, surgiu um grupo de três bandas inglesas – Paradise Lost, Anathema e My Dying Bride – que foram as precursoras do gênero chamado "doomdeath", uma mistura do doom clássico com vocais guturais de death metal. Nos anos 1990, uma revoada de bandas de metal de estilo epic doom, stoner doom e gothic doom fizeram com que sua presença fosse sentida, todas elas de uma forma ou de outra devem uma grande dívida de reconhecimento ao Sabbath.

Talvez a formação mais moderna do doom metal seja o dueto americano Sunn 0))) (cujo o nome deriva de uma série de amplificadores de guitarra clássicas). Um deles, Stephen O'Malley, contou-me como chegou ao seu som avassalador: "Minha afinação é A, E, A, D, F, A: uso uma corda .68 na parte de baixo e a afino meio tom abaixo". Há algo mais doom do que isso?, eu pergunto. "Os números representam um ritmo de movimento do ar, não grave nem agudo", ele acrescenta. "Muito grave é quando você começa a usar as cordas do baixo em uma guitarra comum. Adoro as frequências baixas em torno de 80-130 hz, e a vibração física que ela causa. É uma sensação prazerosa ficar na frente dos alto-falantes: isso realmente afeta a fisiologia do indivíduo. Por que se limitar? A escuridão não conhece fronteiras..."

1. Veja o Capítulo 7 para outras informações sobre o black metal.

Embora possa estar gravado na pedra que o Black Sabbath foi a primeira banda verdadeira de heavy metal do mundo, deve-se levar em consideração que várias figuras importantes – cuja palavra não deve ser ignorada – disputam esse feito. Judas Priest, como o primeiro Sabbath de origem de Birmingham, surgiu em 1974 – quatro anos depois do Sabbath – com um álbum reconhecidamente de heavy metal chamado *Rocka Rolla*. Com esse álbum sem maiores expressões, o Priest reivindicou seu título de banda heavy metal, sendo que o vocalista Rob Halford acredita se tratar da primeira banda do gênero. “Nós fomos a primeira banda de heavy metal que surgiu”, ele me contou em uma entrevista para a revista *Metal Hammer*. “O Black Sabbath veio antes de nós, mas sempre houve um dilema sobre o fato de o Sabbath ter sido ou não uma banda de heavy metal. O Judas Priest sempre afirmou que é isso o que somos, e somos felizes por ser vistos dessa maneira. Tenho os primeiros demos do Priest e você poderá ouvir o metal na música desde o primeiro dia.”

Se você está surpreso com essa declaração, ficará ainda mais chocado em saber que o próprio Geezer acha que ele está certo. Como ele me contou, “eu concordaria com ele. Costumávamos nos considerar como sendo uma banda de rock pesado. O metal não era um termo naquela época, e o Priest foi a primeira banda que eu ouvi que tinha orgulho daquele rótulo e usavam couro, botões e outras coisas... de verdade, eu não sei. Sempre achei que o Led Zeppelin foi a primeira banda de metal do mundo. Mas, nessa altura, os fãs do Sabbath ficariam loucos se você dissesse isso. Não me preocupo com isso. Suponho que a canção ‘Black Sabbath’ deu início a um movimento totalmente novo, com a música e a letra, que o levou ao lado sombrio.

Havia uma banda chamada Black Widow, e você ficaria surpreso ao saber que muitas pessoas costumavam nos confundir com essa banda. Eles costumavam fazer todo o tipo de sacrifício falso e outras merdas no palco e, em seguida, musicalmente eles eram parecidos com o Status Quo! Por isso que nos desviamos de toda aquela coisa de magia negra na imprensa, porque achávamos aquilo muito brega. Eu não entendo mesmo essa coisa do novo black metal.”

Bill Ward concorda, dizendo: “Acho que fomos chamados pela primeira vez [uma banda de heavy metal] pela *Rolling Stone*. Achávamos que éramos uma banda de rock pesado, falando honestamente. Parece que as pessoas nos rotularam como uma banda de metal desde então. Apenas tocamos o que tocamos, surgiu do blues e do jazz, e começamos simplesmente a compor”.

De todos os músicos do Sabbath, o menos inclinado a admitir ter inventado o heavy metal era Ozzy que, mesmo em 2000, contou à revista *Mojo*: "Tenho um problema com essa coisa de 'heavy metal'. Eu prefiro chamar de rock pesado. Se você pegar os álbuns clássicos de metal dos anos 1970, 1980, 1990 e 2000, e tocá-los um a um, quero que me diga se existe qualquer semelhança. O que éramos era um tipo de cruzamento entre o blues e o jazz misturado, que tocávamos pesado. Para mim, prefiro aquela coisa que dá um frio na espinha e que deixa o cabelo em pé, e a primeira vez que experimentei essa sensação foi quando ouvi 'You Really Got Me' do Kinks, Jimi Hendrix, Eric Clapton, os primeiros álbuns do Fleetwood Mac e o Zeppelin *I* e *II*. Hoje o heavy metal é mais agressivo, uma música irada – o que não deixa de ser legal, contanto que tenha uma melodia sem que fique muito alegre, então eu gosto –, mas, para mim, a verdadeira banda de heavy metal, e que tem sido muito subestimada, é o Motörhead".[2]

Então, novamente, o guitarrista KK Downing do Priest também me contou: "O Black Sabbath foi a primeira onda de metal. Em seguida, viemos nós e o Scorpions na segunda onda. Depois, o Maiden, Accept e Dokken surgiram e, em seguida, toda aquela quebradeira começou".

Portanto, esse assunto está longe de acabar. A maioria das pessoas considera o Black Sabbath como a primeira banda de heavy metal. Outras não. Talvez simplesmente chegássemos a uma conclusão de que, sem eles, o heavy metal talvez nunca tivesse acontecido.

2. O líder do Motörhead, Ian "Lemmy" Kilmister, considera sua banda como sendo de rock'n'roll, e não metal.

CAPÍTULO 4

1970

"Não imaginávamos que o *Black Sabbath* jamais chegaria a algum lugar", disse Geezer Butler. "A gravação do álbum foi algo que fizemos a caminho da Dinamarca." Um evento muito casual para um álbum que daria início ao heavy metal, vendido em grandes quantidades e que abriria as mentes de milhares de fãs da música para uma maneira totalmente nova de pensar.

Após as sessões de gravação na Regent Street, Jim Simpson daria início a uma longa jornada pelas gravadoras, tentando fechar um negócio. O produtor Tony Hall já havia esboçado um grande entusiasmo, é claro, mas o que a banda realmente precisava era do patrocínio de uma grande gravadora.

Como tem sido o caso desde os primórdios da indústria fonográfica, os vaidosos executivos das gravadoras na época não conseguiam enxergar mérito algum nas gravações do Sabbath. Como Simpson se recorda três décadas depois, com um enorme sorriso estampado no rosto, havia percorrido o trajeto até as gravadoras não apenas uma vez, mas duas – a primeira com as fitas demo e, em seguida, com a gravação final masterizada: "Eu as levava pessoalmente e recebia um simples 'não'. E, depois que Tony adiantou o dinheiro, que eram 500 libras, como eu me lembro, para ir e gravar na Regent Sound, nós pegamos a masterização final do primeiro álbum, e eu mesmo a levei às gravadoras e recebi outros 14 nãos!".

Havia sequer algum executivo interessado? "Oh, alguns deles ouviam no máximo três ou quatro minutos da gravação! Tocava o máximo que podia para persuadi-los a ouvir. Eu estava totalmente entusiasmado com aquilo e, falando de modo geral, eles ficavam totalmente entediados. Seus olhos ficavam vidrados e eles ficavam checando suas cabeleiras encaracoladas no espelho, seus medalhões de ouro e ajustando suas camisas púrpuras para ter certeza de que seus pelos do peito apareciam. Mas isso era de praxe na época. Havia 1 milhão a mais de pessoas na indústria fonográfica da época do que há hoje, mas eles não eram tão abundantes assim."

No entanto, sua persistência rendeu frutos e, no final das contas, ele fechou um contrato. Esse evento crucial foi mais incrível ainda pelo fato de que a gravadora com a qual o Black Sabbath conseguiu assinar o contrato não era nada mais e nada menos do que a Vertigo, um renomado criadouro de novidades no cenário do rock pesado e do rock progressivo. Um acordo nos Estados Unidos rapidamente viria com a gigante Warner Brothers – uma transação irônica, considerando que o grande monopólio da Warners não podia ser tão diferente da Vertigo, que seguia as linhas das principais gravadoras subsidiárias, Deram e Harvest, atuando como uma moradia para as bandas mais esotéricas da época. Os membros do Sabbath ficaram encantados de ter fechado contratos com entidades tão prestigiosas e mal conseguiam acreditar na sorte que tiveram.

Em janeiro de 1970, o selo Fontana consentiu o lançamento de um single do Sabbath, "Evil Woman", que apareceria no álbum homônimo de estreia no mês seguinte. Uma batida envolvente e fácil de decorar de rock pesado, caracterizada pelo som da guitarra "blueseira" e quente de Iommi com um simples refrão "Evil woman, don't you play your games with me" ["Mulher diabólica, não venha com seus joguinhos pra cima de mim"] – com um riff que arranca e freia, levemente ao estilo de Hendrix – o single estava longe de ser um heavy metal, mas se tratava de um indicador promissor da capacidade da banda em compor canções.

A gravação propriamente dita do álbum *Black Sabbath*, produzido pelo produtor Roger Bain da Tony Hall Enterprises, deu-se de forma tão rápida que chega a parecer ridículo para os padrões modernos. Como Geezer me contou, "fizemos o primeiro álbum em dois dias. É assim que devia ser. O segundo álbum foi feito em cinco dias e o terceiro, em uma semana. E esses foram nossos álbuns mais vendidos, e continua sendo assim até hoje. Nós íamos literalmente ao estúdio, montávamos os equipamentos e gravávamos como se fosse um show ao vivo. Tony dobrou alguns canais [overdubs], solos e outras sobreposições posteriormente, e foi isso. Eles não nos permitiam acompanhar a mixagem ou coisas do gênero."

A banda ficou extasiada pela oportunidade de gravar um disco, relembra Geezer: "Provavelmente, estávamos nervosos, mas muito entusiasmados ao mesmo tempo. Tivemos uma chance para gravar um álbum. Foi para isso que trabalhamos. Finalmente, tivemos a chance de fazê-lo. A única coisa que me lembro de quando estávamos fazendo o primeiro álbum foi que tocamos algumas faixas muito lentas ou muito aceleradas por causa da emoção; a energia. Ficou um pouco mais rápido do que normalmente tocávamos".

A presença de Bain era uma faca de dois gumes, como Iommi me contou na *Livewire*: "Em nosso primeiro álbum, tínhamos um produtor que levamos junto e que era relativamente novo no ramo. E nós não sabíamos disso, então não fez muita diferença em nossa opinião. Ele era um produtor e sabia mais do que nós, portanto a gravadora o escolheu e estávamos confiantes de que ele sabia o que estava fazendo. Entretanto, naquela época, nós não sabíamos o que estávamos fazendo, então simplesmente entramos no estúdio e tocamos. Não sabíamos outra forma de fazer isso. Não achávamos que demoraria mais de um dia para gravar um álbum".

Ele acrescentou: "Estávamos acostumados a tocar muito, sete dias por semana – ou sete lugares em um dia. Quando tocamos em Hamburgo, tocamos muito, sete apresentações de 45 minutos. Você fica bem acostumado a fazer coisas desse tipo. Quando entramos no estúdio, era um luxo só ter apenas de tocar e gravar".

A incrível rapidez da gravação foi facilitada, é claro, pelo fato de que o Sabbath já vinha tocando as canções ao vivo no decorrer de um ano e entendia os arranjos perfeitamente. Como foi no caso dos Beatles e incontáveis bandas, o trabalho árduo na estrada deu asas às canções para quando chegasse o momento da gravação. Butler acrescenta: "As canções que você ouve no álbum, é assim que elas eram tocadas. Lembre-se de que antes de gravar o primeiro álbum, *Black Sabbath*, nós estávamos tocando a maioria dessas canções nos clubes por, pelo menos, 18 meses. Logo, a primeira canção que compomos foi 'Wicked World' e tocávamos do mesmo jeito que está no disco... seja lá o que tocávamos nos clubes, foi da mesma maneira que imprimimos no estúdio de gravação".

Embora as expectativas do Sabbath em relação ao seu primeiro álbum fossem baixas – Ozzy disse certa vez que ficou contente apenas de poder mostrar à sua mãe que sua voz tinha chegado ao vinil –, o

Black Sabbath causou um impacto imediato na ocasião de seu lançamento no dia 13 de fevereiro de 1970, superando até as previsões de alguns fiéis, como Jim Simpson, ao alcançar a oitava posição nas paradas do Reino Unido e o 23º lugar nos Estados Unidos. A Vertigo assumiu a responsabilidade de mixar o álbum e cuidar da parte artística (uma cruz invertida aparece dentro da capa, para desgosto da banda), mas no geral fez um belo trabalho.

Antes de o comprador colocar o LP no toca-discos, o *Black Sabbath* já marcava sua presença. A Vertigo, que investiu muito na arte gráfica no selo do vinil, usou uma imagem fúnebre e gótica de uma mulher parada em um cenário lúgubre no quintal de uma casa abandonada, tudo em tons marrom e acinzentado. Um poema, em que se lê "Still falls the rain, the veils of darkness shroud the blackened trees, which, contorted by some unseen violence, shed their tired leaves, and band their boughs toward a gray earth of severed bird wings" ["Ainda cai a chuva, os véus das trevas encobrem as árvores secas, que, contorcidas por uma violência invisível, perdem suas exaustas folhas, e curvam seus galhos em direção ao chão cinzento de asas de pássaros decepadas"], exibe o cenário na capa interna do disco.

Um tanto simples, a primeira canção trata da trindade profana do metal – "Black Sabbath", no *Black Sabbath,* pelo Black Sabbath. Começa com o som sinistro de uma tempestade e um sino badalando à distância – um artifício exageradamente copiado por dezenas de bandas desde então, incluindo Metallica com "For Whom The Bells Tolls" e Slayer com "Raining Blood" –, e a canção ganha vida com um riff que ancora tudo ao longo da canção. Para os familiarizados com a música, o riff – E, oitava de E, B bemol – é baseado em um trítono ou *diabolus in musica*, um intervalo sinistro equivalente a meia oitava, que irritava as autoridades eclesiásticas, a tal ponto que na Idade Média foi proibido como sendo o "intervalo do demônio". A canção nada mais é do que a repetição do riff, seja de maneira sutil, quase na forma de um baixo solitário, ou em um ataque mais pesado. É o gemido arrepiante de Ozzy dizendo "O que é isso que surge diante de mim?" que mantém o momento crucial – não apenas nesse álbum, mas em todo o catálogo do Sabbath.

Creditado como "Ossie Osbourne" na capa, o vocalista faz uma escala um pouco tímida de gaita na introdução e nos refrãos de "The Wizard", uma canção leve destacada pelo enchimento veloz do baixo de Geezer no riff principal e a agilidade no solo bluesístico de Tony. A influência de Jimi Hendrix é muito evidente nessa faixa, embora a bateria funk de Bill não deixe de ser bem realçada – apesar de seus comentários recentes de que ele era apenas capaz de "surrar" a bateria.

"Behind the Wall of Sleep" é outro exercício visceral que permite um espaço atrás do riff para respirar, com os buracos na figura simples e cativante, pontuada apenas pela furtiva bateria de vez em quando. Ocasionalmente, a canção quebra um compasso e faz um lapso para um padrão mais acolhedor com uma camada de cordas que evoca quase um clima da West Coast Sixties [Música da Califórnia dos Anos 1960] – não é um sabor que duraria muito, mesmo nessa fase inicial o Sabbath já abandonava suas raízes para explorar um sabor mais individual. À medida que a bateria vai abaixando, aos 3m35, um maravilhoso solo de baixo de Geezer se estende nos próximos 40 segundos, auxiliado por um pedal Wah-Wah e demonstrando de fato que em tempo devido ele se tornaria um dos melhores músicos do rock britânico e o mais subestimado.

O clássico "N.I.B." começa com o riff mais reconhecível do álbum, além da discutível exceção da própria "Black Sabbath". O compositor Geezer Butler explica com suas próprias palavras o significado desse título incomum: "Originalmente, era [intitulado] 'Nib', que era a barba de Bill, que parecia com uma ponta de caneta porque era pontiaguda,* então costumávamos chamá-lo de Nib. Quando compus 'N.I.B.', não conseguia pensar em um título para a canção, então eu a intitulei de 'Nib', baseada na barba de Bill. Para fazer com que ficasse mais intrigante ainda, coloquei os sinais de pontuação para ficar 'N.I.B.'. Quando chegamos aos Estados Unidos, eles traduziram como 'Nativity In Black'". É uma das canções mais bem elaboradas do catálogo inicial do Sabbath, alternando de uma pura imitação do Cream no riff principal para uma sequência decrescente de acordes e um intenso solo, que também pode ter sido surrupiado de outras bandas, mas que não deixa de estar em total sintonia com o estilo do Sabbath – diferentemente de "Evil Woman", que vem em seguida e que soa como se fosse uma banda completamente diferente.

"Sleeping Village" é o Sabbath de volta ao seu estilo, ancorada por um violão sutil e uma ambientação reverberada do vocal de Ozzy. Depois de um minuto ou dois, surge um riff lento e, de repente, começa a acelerar em uma seção de multissolo mais veloz, sob a qual o baixo de Geezer acompanha. A longa seção instrumental que se segue era o auge dos shows ao vivo do Sabbath naquela época e posteriormente,

*N.R.: Em inglês, usa-se "pen nib" para identificar um tipo de caneta com a ponta mais fina.

permitindo que os músicos relaxem um pouco – e se trata, simultaneamente, de uma das partes mais "metal" do álbum, com o riff principal acompanhando ao fundo de forma sombria. No estilo do rock protoprogressivo, a canção ultrapassa mais de dez minutos do "The Warning", outra pontificação lúgubre de Ozzy sobre a sina e o sobrenatural: "I saw you in a dream and you were another man" ["Eu vi você em um sonho, e você era outro homem"], ele grita.

A seção de improviso do show, que já havia se tornado uma tradição estabelecida do rock desde o fim dos anos 1960, foi a oportunidade que os músicos encontraram para exibir seus talentos, como explica Geezer: "Sabe, [nossos] primeiros shows eram bem longos no início dos anos 1970. Acho que duravam cerca de uma hora e 45 minutos, até duas horas de show. Pelo menos, 30 minutos eram apenas de improvisação. Não tínhamos um tipo de formato que conhecíamos previamente em que pudéssemos nos apoiar, mas geralmente o formato mudava sem que nenhum de nós nos déssemos realmente conta para onde iria levar. Tony poderia simplesmente levar a um caminho diferente. Era uma forma livre de tocar muito popular no início dos anos 1970. Muito daquilo era espontâneo e com pura improvisação. E fazemos isso no palco, ao vivo e diante de todos. E, em seguida, era o tempo todo, durante a passagem de som e coisas do gênero. Às vezes, Tony tinha composto algo e todos queríamos tentar tocar para ver se funcionava... Fizemos um pouco disso também".

Entretanto, Geezer se recorda que a improvisação se dava mais pela necessidade do que pelo simples comodismo: "Quando nos reunimos pela primeira vez, havia um monte de clubes de soul na Inglaterra, e o que todo mundo queria era música para dançar, sem contar que havia os clubes de blues. Costumávamos arrumar esses shows na Alemanha onde tínhamos de tocar de oito a nove seções de 45 minutos todos os dias. E conhecíamos apenas cerca de dez canções e tínhamos de transformá-las em canções de 40 minutos cada, foi assim então que toda essa improvisação surgiu, e de onde brotaram também os dois primeiros álbuns, porque nós as compúnhamos enquanto improvisávamos... Pegávamos as raízes dos blues e as tornávamos mais pesadas, porque éramos influenciados por Hendrix e pelo Cream, que eram as bandas mais pesadas da época. Queríamos ser mais pesados do que todos!".

A gravação original do "The Warning" incluía um solo de guitarra bem mais longo do que o editado que apareceria no LP, como relembra Geezer: "[Era] na realidade uma banda ao vivo no estúdio.

A única diferença [era que] Tony fazia um solo de guitarra de 18 minutos no 'The Warning' e que acabou sendo cortado pelo produtor... não tínhamos qualquer tipo de controle sobre isso. Eles não nos permitiam participar da mixagem... Não tivemos tempo de pegar essa canção e transformá-la em uma canção de cinco minutos. Tivemos um show à noite, e nos dois dias seguintes estávamos no estúdio e, no dia seguinte, partimos à Europa. Naquela época, era uma questão de fazer ou esquecer. Você tinha dois dias para gravar e era isso. Em seguida, já entravam outras bandas para gravar... Não conhecíamos outra maneira... Os Beatles levaram um dia para gravar seu primeiro álbum!".

No entanto, essa pressão toda colaborou com a genialidade do álbum, ele acrescenta: "Eu achava que era um dos ingredientes principais das primeiras gravações. Como se tratava de dois dias, tudo que restava era ter uma banda tocando ao vivo no estúdio. Se tivéssemos mais tempo, teríamos acrescentado tudo o que havia de vanguarda na época – um sintetizador ou algo parecido –, o que teria arruinado completamente o som da banda, enquanto que hoje você ouve os primeiros álbuns e somos apenas nós, da forma que tocávamos. Não há ingredientes suavizando o som; trata-se apenas do som bruto no estúdio. Logo, não tem data, é atemporal".

Talvez mais do que qualquer canção, "The Warning" é aquela que mostra o quanto Iommi era o núcleo da banda, e que podia competir com qualquer outro guitarrista de rock – incluindo Ritchie Blackmore e Jimmy Page – quando o assunto é a criação de riffs mais compactos. Ele domina todos os idiomas nesse álbum, desde o estilo manhoso do blues herdado de ídolos contemporâneos, como Peter Green, passando pela abordagem fragmentada do technoflash do início dos anos 1970, que se tornaria onipresente na década seguinte, até um simples riff de uma única corda – há um exemplo disso no oitavo minuto da canção, quando mergulha em uma mistura com a "Roadhouse Blues". A canção termina com um duelo de solos entre Tony e Geezer e não deixa dúvidas ao ouvinte quanto ao que acabaram de testemunhar: a genialidade em processo de formação.[3]

Nem todos viam dessa forma, é claro: quando Ozzy levou o disco para casa para mostrar aos seus pais, seu pai fez um comentário do tipo: "Você tem certeza de que estava bebendo apenas bebida alcoólica?

3. Por algum motivo desconhecido, a versão da Warners do álbum intitula a primeira seção instrumental de "War Pigs" como "Luke's Wall" e a seção final de "Fairies Wear Boots" como "Jack The Stripper", embora a música seja idêntica em todas as versões.

Isso não é música, isso é esquisito". Subestimada, a banda retornou ao trabalho.

Geezer vê em perspectiva o sucesso do *Black Sabbath* com um pouco de surpresa, mesmo anos depois: "No primeiro LP, realmente não sabíamos o que estávamos fazendo!... 'Black Sabbath' foi composta no baixo: eu entrei no estúdio e comecei a fazer 'bah, bah, bah' e todos se juntaram e fizeram isso. Entretanto, a longa duração da canção é equivalente ao longo tempo que nos levou para compô-la. Portanto, a maioria das peças foi juntada apenas com os improvisos. Naquela época, não contávamos com gravadores de fita cassete ou qualquer coisa do tipo e ninguém compunha em casa para depois levar ao estúdio. Nós simplesmente íamos ao estúdio e improvisávamos durante duas ou três horas para ver no que dava. Na primeira seção de gravação, nós entramos e tocamos. Era como se fosse o Sabbath ao vivo, porém no estúdio, e o produtor se encarregava de cortar aqui e ali".

Mais canções precisavam ser compostas e, nessa época, a banda já sabia o que estava fazendo – pelo menos, com maior consciência do que antes. Geezer olha para aquela época em perspectiva e reconhece que a fórmula do Sabbath naquela fase – na medida que havia uma – era simplesmente evitar que a banda soasse como outra qualquer. Como ele explica, "naquela época, você tinha de ser totalmente diferente dos demais para ser reconhecido. Isso acontece até hoje, mas parecia mais ousado na época. [Por exemplo,] nós nunca soamos como os Beatles, mas, se você fizesse algo que parecesse com os Beatles, imediatamente abandonaria essa ideia porque havia poucas bandas ao redor na época. Você sabia o que todos os outros estavam fazendo. A última coisa no mundo que você iria querer fazer era soar como os demais".

Um dos elementos mais surpreendentes da história do Black Sabbath é o incrível ritmo de trabalho que eles demonstraram em 1970 e 1971. Apesar de o álbum *Black Sabbath* ter sido lançado oito meses antes, o quarteto não perdeu tempo em divulgar um segundo álbum – *Paranoid* –, que ultrapassou seu predecessor e que por acaso entraria para a história como um dos álbuns de metal mais influentes de todos os tempos. Rendeu também ao Sabbath um grande número de novos fãs, incluindo o pré-adolescente John Lydon, que contou ao autor em 2005: "O *Paranoid* foi um dos melhores discos jamais feitos, um sucesso do início ao fim. Cada faixa é um centro de poder".

Entre o *Black Sabbath* e o *Paranoid*, o Sabbath percorreu muitos quilômetros. A agenda ao vivo já estava cheia desde o começo do ano, com uma importante apresentação em março no Atomic Sunrise

Festival, no The Roundhouse, em Chalk Farm. A escalação do time para esse evento hoje soa como os melhores do cenário musical predominante na época, não apenas dos movimentos do rock e do novato metal: presentes na lista do evento de uma semana de duração estavam Alexis Korner, David Bowie (com sua banda The Hype), Genesis, Brian Auger, Hawkwind, Kevin Ayers & The Whole World e Arthur Brown. Uma mudança gradual em direção à música mais pesada parece ter sido o destaque de muitos subgêneros musicais na época – considere as viagens psicodélicas do Hawkwind, a prolongada experimentação de blues do Alexis Korner e os primeiros passos tímidos em direção ao significado de Bowie. Como Ian Gillan já havia indicado, sem sombra de dúvida havia algo no ar...

A essa altura, Jim Simpson estava agendando o Black Sabbath em clubes maiores, tais como o Marquee em Londres, como também em espaços nas universidades que pudessem suportar uma quantidade decente de público. Isso significava viajar pelo país todos os dias indo de cidade em cidade, como aconteceu na segunda semana de abril, quando a banda fez shows em Stoke, Folkestone e Epping no decorrer de três dias. Apoiados por músicos que em breve se tornariam famosos na época, tais como Hardin & York, Van Der Graaf Generator, Caravan e Taste (destacando o jovem guitarrista de blues Rory Gallagher), o Sabbath foi lentamente construindo uma reputação por sua temível presença de palco, com Ozzy e Geezer atacando as canções com vigor e Ward como uma casa das máquinas na bateria. Apenas Iommi, que de certo modo era o mais musical do grupo, mantinha a calma, focado em sua presença de palco, pela qual se tornaria famoso mais tarde.

Embora ocasionalmente houvesse shows cancelados – como no dia 3 de maio agendado para o The Castle, em Richmond, em que o Sabbath e a banda de apoio Yes cancelaram por "motivos que fogem do nosso controle" –, a vibração e o clima da banda durante as turnês eram bons, com todos os quatro músicos nessa fase inicial demandando por seu álbum e os shows ao vivo.

A recém-alcançada segurança financeira foi uma evolução bizarra para a banda, em especial para Ozzy, que teve dificuldade em aceitar: "Temos esse negócio na Inglaterra chamado 'fazer uma vaquinha'. Você aposta e, se ganhar, ganha muito dinheiro. É como uma espécie de loteria. Quando eu atingi o sucesso, minha família disse: 'Bingo!' ... Uma vez fui ver uma cartomante e ela me disse que eu iria ter mil libras no banco quando tivesse 21 anos, e o que foi mais que ela disse? Que eu seria uma pessoa famosa. Aos 22 anos de idade, eu tinha mil libras no banco – em excesso – e continuava fazendo sucesso. Isso não foi planejado – eu realmente não sei o que está acontecendo comigo. É como a morte para mim, sacou? O mais engraçado sobre tudo isso é que, quando nasci, pesei uns cinco quilos. Eu fui um dos maiores bebês que nasceu – eles achavam que eram gêmeos, entende?... A sorte me acompanha, cara".

Quando o Sabbath começou a fazer progresso, o alívio de poder fugir de Aston os impulsionou ainda mais, como Ozzy explicaria mais tarde. "Queríamos fazer sucesso; queríamos ser ricos. Queríamos cair fora daquele buraco em que vivíamos". E o *modus operandi* para alcançar isso? "Pensamos, o que o povo realmente gosta de ouvir? O que o povo realmente quer? 'Sugar, sugar, sugar, trying, true, true, true' ['Querida, querida, querida, tentando, verdade, verdade, verdade'], e todo esse tipo de porcaria tocando em seu rádio? Fiquei pensando, não tenho um par de sapatos em meus pés – saio por aí vestindo trapos. Disse aos rapazes: 'Escuta, cara – tem um monte de gente por aí dizendo o quão maravilhoso é o mundo lá fora, enquanto muitos de nós não temos nada'."

O circuito de festivais os acolhia e entre os destaques do verão havia uma apresentação no August Bank Holiday Jazz & Blues Festival, um evento anual promovido pelo Marquee Club que se mudara de Richmond para Windsor e que terminou no hipódromo Plumpton Racecourse próximo à Lewes. (Mais tarde se mudaria para Reading). O evento de 1970 destacava os shows de Ginger Baker's Air Force, Richie Havens, King Crimson, Roy Harper e Savoy Brown, mas, na noite em que o Sabbath tocou, eles foram seguidos pelo Deep Purple. O guitarrista do Purple, Ritchie Blackmore, ateou fogo em seu equipamento naquela noite depois de ensopá-lo com fluido de isqueiro, um gesto que deixou irados os organizadores e os heróis do rock progressivo, Yes, que foram obrigados a tocar depois dele.

As sessões de gravação para o novo álbum começaram no dia 6 de junho de 1970, com os mesmos métodos de gravação em alta velocidade como antes e ainda em vigor. Ward contou à revista *Beat Instrumental*: "Gravamos a faixa título em cerca de dez minutos – virtualmente, em uma única passagem. A gravação toda levou apenas alguns dias para ser produzida".

"Era assim que trabalhávamos", acrescenta Iommi. "Tudo o que fazemos é o que sentimos no momento, às vezes tocamos uma canção e ela fica alta e pesada e, em outras ocasiões, ela pode ficar suave. Com o LP, em especial, quando temos algumas canções para gravar, vamos ao estúdio e as gravamos; em seguida, sentamos um pouco e pensamos em outras possibilidades." Ward: "Não é o mesmo que encher a gravação com porcaria: é só que, quando ficamos nos estúdios por um tempo, a inspiração parece que fica mais fácil, ideias novas começam a fluir".

Após cumprir datas na Holanda, Bélgica e o fenomenal Euro Pop A-Z Musik Festival em Munique, na Alemanha, junto com Status Quo, Amon Düül II, Atomic Rooster, Free, Traffic, Deep Purple e Black Widow, nem tudo transcorria bem nos bastidores. Em primeiro lugar, a turnê norte-americana foi adiada por causa dos recentes conflitos sobre os direitos civis em várias universidades dos Estados Unidos, o que fez com que os promotores ficassem nervosos quanto ao agendamento de espetáculos de rock (como eram ainda rotulados), tais como o Sabbath. Em outros lugares, os clubes estavam fechando suas portas permanentemente como reação.

Embora a revista *NME* afirmasse despreocupadamente que um dos espaços estava apenas indisponível ("O Fillmore West de San Francisco está fechando para o verão"), Iommi foi mais específico sobre o que havia ocorrido, contando à *Melody Maker*: "O grupo estava preparado para ir logo aos Estados Unidos, mas, com os conflitos estudantis no país, eles se tornaram uma vítima do fechamento de vários clubes... Esperávamos tocar nos Fillmores, mas ambos fecharam para o verão. Então, tivemos de esperar até setembro, quando as universidades abrissem novamente". Quando a situação ficou mais clara, a *NME* acrescentou: "O Fillmore East de Nova York restringirá suas apresentações para os grupos menos conhecidos, como forma de evitar possíveis problemas [de ações estudantis]".

Enquanto a banda preenchia o calendário com novas datas no Reino Unido até que a turnê nos Estados Unidos pudesse ser retomada, eles faziam pequenos shows que já tinham sido agendados antes da chegada da fama e da fortuna por insistência de Simpson. A filosofia do manager era de que seria moralmente errado e estrategicamente precipitado cancelar um contrato da agenda, só porque a banda tinha se tornado mais poderosa – embora ele tentasse negociar mais dinheiro dos promotores como resultado. Como Simpson se lembra hoje, "então, eu agendei o Sabbath para tocar em vários espaços que conhecia no passado com outras bandas, com os mesmos valores prevalecendo. Se você agenda a banda em um espaço e o cara não tem como pagar mais de 800 libras, e você decide aceitar essas 800 libras, se o disco vende mais, você deve honrar esses compromissos. Você faz seu melhor para renegociar, mas o cara merece algum tipo de retorno porque ele agendou a banda quando nós mais precisávamos dele para agendar a banda".

Isso não deu muito certo com o Sabbath, e logo surgiram discussões entre a banda e o manager. Simpson: "Na realidade, a maior briga era porque eles achavam que nós tínhamos de apagar todas aquelas datas da agenda e começar de novo. Além dos cancelamentos, você abalaria muitos fãs que compram seus discos. Isso riscaria a banda do mapa, porque, se você fecha uma data hoje, não vai acontecer outra pelo menos por 10 ou 12 semanas". A questão era a soma de dinheiro que a banda receberia pelo trabalho noturno, como ele explica: "Eu já estava conseguindo para eles 800, mil ou 1.200 libras, e, depois que o disco [*Black Sabbath*] saísse, as pessoas ficariam dispostas para pagar 2 mil ou 2.500, e isso iria para a agenda. Eles não tinham uma agenda cheia nesta semana ou na próxima, eles estavam agendados para um período de sete a dez semanas. E esse era o maior problema que tínhamos: era eu tentando convencer [a banda] que eles tinham de mostrar certo grau de responsabilidade com os compromissos. Eu me lembro de dizer a eles, nós precisamos dessas pessoas para atingir o topo, e esperamos que elas sejam boas com a gente no caminho inverso! Mas é claro que não *haveria* um caminho inverso...".

Jim estava atento sobre a possibilidade de outros managers tentarem conseguir os bons agendamentos do Sabbath e seduzi-los para longe dele. Na realidade, tentativas de aproximação já haviam sido feitas a eles por um manager bem-sucedido (e muito temido), chamado Don Arden, por intermédio de um de seus contratados, Carl Wayne do The Move. Embora, o Sabbath optasse em ficar com Simpson, eles se reuniram com duas pessoas da equipe de Arden, Patrick Meehan e Wilf Pine, que estudaram os métodos de gerenciamento de Arden e que, no momento oportuno, saíram e montaram sua própria empresa.

Como Simpson se recorda, "Wilf Pine e Pat Meehan eram os agentes de Don, ou seja lá qual for a palavra. Mas, em seguida, Patrick e Wilf abandonaram Don. Agora, com Donnie é assim, se você trabalha para ele e ele gosta de você, ele o considera como família. E a família *não* ferra você e o abandona. Eles viram como Don trabalhava – como ele recrutava um artista – e pensaram, vamos fazer isso por nossa conta. E o primeiro grupo que eles foram atrás foi o Black Sabbath, com o qual Don tinha fracassado ao tentar conquistá-lo – por intermédio de Charlie Wayne que, de fato, fez propostas à banda em nome de Don".

Sem o conhecimento de Simpson, a banda estava sendo cortejada pelos novos empresários Meehan e Pine, que os abordaram no momento em que o Sabbath e seu manager discutiam sobre fazer os shows de baixa remuneração, que já haviam sido agendados muito antes. O resultado foi rápido, diz Simpson: "Eles resolveram me abandonar. Recebi uma carta. Na sexta-feira à noite, ouvi alguém bater à minha porta e Luke, o produtor das turnês, disse que a banda não viajaria a Liverpool porque eles não tinham dinheiro. O que estava acontecendo, a propósito com minha aprovação, era que eles ficavam com todos os honorários – você pegava o dinheiro da maioria dos shows – e dividiam entre os quatro".

Sua posição era de que sua parte como manager não estava sendo paga na época, porque a banda ficava com o dinheiro que ganhava nos shows. Isso tinha ficado muito claro, ele enfatiza: "Logo, não havia comissão sendo paga. Eu não me importava, porque todos os agendamentos iriam para o caderno e, na próxima vez que recebíamos um cheque, eu tirava dele. Bastaríamos dobrar a esquina e todo o dinheiro começaria a aparecer, então eu realmente não me importava se minha comissão viria dali ou no mês seguinte".

Perplexo pela falta de dinheiro da banda, Simpson questionou a situação: "Então, eu disse, como é que vocês não têm dinheiro? Vocês ficaram com todo o dinheiro dos agendamentos. Eles responderam, bem, nós gastamos tudo: se você não puder nos dar 200 libras, não poderemos ir tocar hoje à noite. Então, eu levantei 200 libras e dei a eles – e isso era muito mais dinheiro na época do que é hoje, é claro! – e assim eles partiram para tocar em Liverpool".

O golpe veio no sábado, dia 4 de setembro: "Logo pela manhã, eu recebi uma carta dos advogados dizendo: não queremos mais que você entre em contato com a banda, nós estamos lidando com a banda. Eles querem deixá-lo porque você não está fazendo seu trabalho direito".

Simpson sorri com um pouco de amargura sobre essa última declaração. "Na semana em que me deixaram, eles eram o número um nas paradas da *Music Business Weekly*, um dos jornais da indústria fonográfica da época, junto com o *Record Retail*. Eu tinha um álbum no primeiro lugar, um álbum no 16º lugar – porque o *Black Sabbath* tinha retornado às paradas novamente – e um segundo lugar com um single. E eu não estava fazendo meu trabalho direito?"

Mas a sorte já havia sido lançada, e as relações profissionais entre o manager e a banda foram rompidas de forma permanente. Tudo o que restou para Simpson foi processar a banda por danos por ter quebrado o acordo que ele tinha com o Sabbath – um longo e árduo processo que se arrastou por vários anos e que, no final, não beneficiou ninguém. Como Jim se recorda, os verdadeiros vencedores na época em que o caso foi levado ao tribunal foram seus assessores jurídicos.

"O placar foi Black Sabbath e Jim Simpson um e a profissão jurídica 321!", hoje ri. Como muitos outros, ele foi vítima de maus conselhos, como ele explica: "Meu advogado, James Leckie – que deveria ser apagado de minha história –, estava confiante de que conseguiríamos 200 mil libras deles. Então, eles me ofereceram 85 mil libras para ser pagos antes do processo judicial. Dois dias antes do processo, foi o que me ofereceram. Se você não for ao tribunal, nós lhe pagaremos 85 mil libras, disse Patrick Meehan".

Isso parecia uma oferta razoável para Simpson, que concordou em aceitar o acordo extrajudicial de 85 mil do Meehan. "O argumento era, se você não aceitar, nós vamos ao tribunal; se você aceitar, nós não vamos ao tribunal", disse Simpson. "Leckie insistiu que eu deveria recusar. [Ele disse] que nós ganharíamos, pelo menos, 200 mil libras... isso foi no Lincoln' Inn Gardens, ou sei lá como se chamada esse lugar estúpido. Depois de um dia e meio no tribunal, ele veio até mim e disse, vamos ter de aceitar o que pudermos conseguir aqui, eles não tem dinheiro. Eu disse, esta é a mesma banda que tem condições de nos pagar 200 mil libras e, dois dias depois, eles não têm dinheiro? E, ele respondeu, bem, não saiu do jeito que queríamos – nunca dá para saber dessas coisas. Canalha arrogante."

O resultado foi decepcionante, ele se recorda: "O veredito foi de 35 mil libras. Oito mil foram pagos para nós no dia – dos quais a Assistência Jurídica ficou com 6 mil, Leckie ficou com mil e eu levei mil. Levaram 14 anos para conseguir o saldo. Fiz o que pude: custa dinheiro para se chegar a uma indenização".

Felizmente, para Simpson, a ajuda veio de um lado inesperado – do antigo empregador do Pine e do Meehan, Don Arden. "Somente depois que Don Arden me deu muito apoio que eu realmente consegui [recuperar o prêmio]", ele disse. "Ele veio a mim e perguntou se eu queria seu apoio no caso de Wilf Pine e de Patrick Meehan. E minha resposta foi um ressonante sim. Don foi realmente muito bom comigo. Ele me mostrou um imenso apoio, talvez parcialmente inspirado por sua, hum... falta de amor por Patrick Meehan, mas ele foi muito bom comigo."

Ele acrescenta: "Durante todo esse processo, nós usávamos seu escritório em Portland Place. Fui assaltado uma vez, no dia em que tinha de ir a Londres para vê-lo, e contei a ele. E ele se mexeu pelo escritório procurando coisas que pudessem repor o que eu havia perdido. Eu tinha um gravador ReVox que foi roubado, e ele o repôs com um praticamente novo que ele tinha, como também um bom aparelho de som hi-fi com alto-falantes. Ele disse: 'Não sei como você irá conseguir levar isso para casa, mas eles são seus'. Você deve tratar um homem desses com o devido respeito. Jamais deve se atrever em se aproveitar dele e, se você não se aproveitar dele, ele o tratará com toda a sua generosidade".

Questionado se, 37 anos mais tarde, ele ainda sente algum tipo de ressentimento com todo o incidente – agora que o Sabbath é uma força global, Meehan e Pine estão longe dos olhos do público e Arden é uma pessoa idosa e enferma –, Simpson explica: "Meu maior ressentimento é com a profissão jurídica. Como todos nós sabemos, neste país, o sistema judiciário é absolutamente injusto. Se você tem condições de pagar advogados – e de perder o que você paga aos advogados –, você consegue algo que se aproxima da justiça. Se você não tem condições, não terá chance alguma".

Quanto aos próprios membros da banda, ele acrescenta: "Eu gostava de Ozzy e ainda gosto, acho que ele está entre as melhores pessoas da humanidade. Ele não se conforma com qualquer coisa. Ele é muito honesto, muito leal, muito direto e foi o único que não queria me abandonar naquele momento decisivo. Eu dei muita atenção a Ozzy porque acho que ele é um bom homem. Eu me encontrei com ele umas duas vezes e foi simplesmente fantástico. Eu o vi cerca de dois ou três anos atrás e ele me abraçou.

Eu me encontrei com Tony umas duas vezes e ele foi muito formal, mas amigável. Nós temos sido muito dignos, educados e agradáveis uns com os outros – não há necessidade de haver algo mais do que isso depois de todos esses anos. Eu esbarrei com Geezer na House of Fraser, em Birmingham, e ele virou as costas. E não tenho visto Bill. Não sinto rancor algum em relação a eles, mas ainda sinto um verdadeiro carinho por Ozzy".

Como é que ele vê tudo isso em perspectiva? "Os rapazes estavam indo muito bem quando eu estava com eles, e eles teriam tido, pelo menos, um manager confiável, honesto e com um mínimo de inteligência. Para se ter uma ideia, hoje eu sou produtor de uma banda chamada King Pleasure & The Biscuit Boys. Firmamos um contrato em nossos primeiros oito anos juntos, mas depois disso não nos importamos mais – e hoje já estou em meu 19º ano como produtor deles. Isso diz algo, não diz?"

CAPÍTULO 5

1970-1972

E assim, a carreira do Sabbath tomou um novo rumo. Armado com um time de executivos obstinados que não compartilhavam as tradições da velha escola de Simpson, e prestes a encarar uma turnê lucrativa nos Estados Unidos, a banda elevou o nível do jogo. Parecia que algumas rivalidades corriam soltas entre Simpson e Tony Iommi: alegam que o primeiro havia declarado que a família de Iommi era melhor do que as do resto da banda. Iommi negou isso: "Isso é uma besteira total. Jim Simpson e eu não nos dávamos bem. Minha família era igual a qualquer outra. Talvez eles tivessem comprado uma guitarra para mim, o que é o mesmo se os pais de Ozzy tivessem comprado um sistema de som para ele. Realmente, nós não viemos de um bom bairro, pode ter certeza disso... era um lugar muito difícil. Onde morávamos era equivalente ao Bronx, provavelmente.... Eu não me dava bem com ele, não. Eu não gostava muito de Jim Simpson. Veja bem, eu não acho que os demais também gostavam dele, mas era eu que tinha de falar isso para ele! Eu era o porta-voz".

Antes da gravação de *Paranoid*, Roger Bain, que fora chamado para produzir novamente pela Tony Hall Enterprises, decidiu mudar a banda para o estúdio Rockfield Studios, no sul de Gales, para ensaiar lá. "A maior parte do tempo era gasto ensaiando e montando palco", disse Bain, "o objetivo era que, quando você entrasse na gravação, você não estaria apenas experimentando o estúdio. O que você fazia quando entrava no estúdio era transferir o show em uma versão gravada."

Como ele acrescentaria mais tarde: "A banda ficou tão animada como se estivesse no palco... O prédio que estávamos era praticamente um antigo celeiro. O teto todo inclusive se movia. Eu me lembro de Ozzy dizendo: 'Por que não gravamos aqui? Porque a atmosfera do local e as pessoas são tão bacanas'".

Oportunamente, assim que a pré-produção foi concluída e as canções ficaram prontas para a gravação, a banda e a equipe de engenheiros e produtores do Bain, Tom Allom e o Brain Humphries, se transferiram de novo para o estúdio Regent.

"Fizemos as faixas de acompanhamento [camas] para *Paranoid* no mesmo local em que gravamos o primeiro álbum – no Regente, um pequeno [estúdio] de quatro canais, próximo a Tottenham Court Road, no West End", disse Allom. "Era um bom estúdio de som; sempre conseguimos bons resultados naquele espaço. Era um verdadeiro chiqueiro, mas funcionava."

Entretanto, desta vez a Vertigo estava preparada para disponibilizar mais dinheiro para as instalações, graças ao sucesso do LP de estreia, e algumas das gravações ocorreram em um estúdio muito mais luxuoso, o Island Studios – fundado pelo selo Island de propriedade de Chris Blackwell, em uma igreja abandonada em Notting Hill. "Começamos *Paranoid* no Regent Sound", disse Ozzy muito tempo depois, "e, em seguida, nós nos mudamos para o magnífico Island Studios de 16 canais. Foi onde compusemos a canção 'Paranoid'."

Quanto à própria canção, Iommi sorri: "A faixa verdadeira, eu fiz quando todos tinham saído para o almoço. Eu sentei no estúdio e tive essa ideia". Bill Ward acrescenta: "Ele estava tocando sozinho no estúdio. Geezer ligou o baixo, eu me sentei atrás em minha bateria, nós automaticamente o acompanhamos, e Ozzy começou a cantar. Não trocamos uma palavra entre nós; apenas entramos na sala e começamos a tocar. Acho que era por volta de 13h30; Tony tinha os riffs e, por volta das 14 horas, tínhamos "Paranoid" exatamente como você a ouve na gravação".

Bain gostou da canção e comenta: "Tinha uma batida muito pesada, um riff poderoso. Eu me lembro de pressionar o botão de retorno e dizer palavras do tipo, 'Isso é muito bom. O que é isso?' e receber uma certa incredulidade. Eles disseram: 'Você está brincando'. Eu disse: 'Não, isso é realmente bom, esse riff é realmente poderoso'. Eles disseram: 'Só estamos brincando. Acabamos de inventar isso'. Eu disse: 'Bem, isso é excelente, vamos fazê-lo!'".

O single "Paranoid" foi lançado no dia 29 de agosto de 1970 e invadiu as paradas, atingindo o pico do quarto lugar e permanecendo entre as mais tocadas por 18 semanas. As notícias circulavam mais rápido ao redor do Sabbath – e as plateias estavam se tornando cada vez maiores e mais barulhentas em seus shows.

A primeira tarefa na agenda era a promoção do LP *Paranoid*, que era originalmente intitulado *War Pigs*, baseado na faixa de abertura, mas foi substituído por causa dos protestos da gravadora. "Se você olhar na capa do álbum, verá uma figura de traje cor-de-rosa com um escudo e uma espada. Isso era para representar o Porco da Guerra", disse Ozzy. "Um porco cor-de-rosa. Eles imprimiram a capa do álbum e substituíram para *Paranoid* no último minuto."

Lançado no dia 18 de setembro – no dia em que Jimi Hendrix morreu, um pouco antes da troca de produtores no Reino Unido –, o álbum veio com um trabalho mais forte e mais convicto do que o *Black Sabbath*. Com a canção "War Pigs", o Sabbath assumiria uma postura política contra os líderes bélicos da época, abertamente assumida (mas nunca confirmada de forma específica) para incluir o governo dos Estados Unidos, responsável por levar a cabo os estágios finais da Guerra do Vietnã. A temática militar do álbum, pelo menos com o seu título inicial, explicava a arte bizarra da capa – uma figura indefinida, fora de foco (o próprio "porco da guerra"), emergindo de um fundo escuro e usando um capacete de proteção.

Como Bill Ward disse, "eu acho ['War Pigs'] um pouco mais forte do que Country Joe cantando sobre o Vietnã – apesar de adorar Country Joe; é muito mais evidente. Há várias bandas – The Beatles, The Byrds –, eu consigo pensar de cabeça em torno de umas 50 bandas que fizeram declarações políticas, e não vamos nos esquecer de 'Dogs of War' do Pink Floyd, que eu acho fenomenal. No entanto, na época em que 'War Pigs' surgiu, foi bem na cara, direto na goela abaixo e de arrancar as bolas de qualquer um. Para mim, tratava-se de uma canção realmente pesada".

Ele estava certo. "War Pigs" é um estudo sobre som pesado e precisão, com seu riff que para e continua pontuado pelo prato no fundo dando o pontapé inicial em um método totalmente novo de composição. A natureza pioneira dessa canção é difícil de exagerar: por exemplo, as bandas de rock com uma única guitarra, como Sabbath, Deep Purple e Led Zeppelin, estavam fazendo grandes progressos no campo da produção, reforçando o som do solitário machado [guitarra] para maximizar o impacto do riff que se produzia. Mas não se trata de um mero hino melancólico. Como Ward diz com risos irônicos: "Sabe, o início dessa canção é no ritmo de valsa!", dificultando a vida de algumas bandas covers no decorrer dos anos (apesar de a canção ter sido interpretada de modo inteligente pelo Faith No More e o Sacred Reich nos anos 1980).

Vocalmente, Ozzy está melhor que antes, mais ou menos dominando a escala da melodia no disco (ao vivo seria um assunto diferente). Quanto à letra, a canção não rompe muitas barreiras (em uma frase célebre, Ozzy rima "Generals gathered in their masses" ["Os generais reuniram suas massas"] com "Just like witches at black masses" ["Como bruxas nas missas negras"]... nesse quesito, nota zero pela criatividade), mas isso fazia parte do seu charme ingênuo e irado. No fim da canção, Ozzy promete o castigo do inferno para os líderes da guerra ("Begging mercy for their sins / Satan laughing spreads his wings") ["Implorando misericórdia por seus pecados / Satã sorrindo abre suas asas"] – não é de se admirar que a gravadora quisesse minimizar um pouco esse comentário ao estilo de filme de terror.

Multidões adoraram "War Pigs", e ainda gostam. Como Ward se recorda, "lá no início dos anos 1970, você via todos aqueles veteranos da Guerra do Vietnã voltando para casa: sempre que você passava pelo aeroporto, via vários soldados chegando de viagem. Conheço muitos veteranos do Vietnã que são amigos meus, como Sib Hashian, que toca bateria para o Boston. Ele era um grande fã do Sabbath, e também fez várias turnês no Vietnã. Foi no início dos anos 1970 que tocamos as faixas do "War Pigs" nos Estados Unidos e foi simplesmente fenomenal, era quase como um hino de regresso à casa".

Em última análise, "War Pigs" pode ser considerado como um hino de paz, apesar de ameaçar seus protagonistas da letra com um destino horrível. Nesse ponto, o Sabbath conseguiria levar a cabo seus ideais da geração paz e amor que lhe escapara no fim da década anterior – embora, é claro, tais ideais não existissem na vida cotidiana de Aston. Entretanto, informados pelos soldados durante um show em uma base militar sobre os horrores da guerra, o impulso para gravar uma canção sobre o assunto acabou se revelando uma tacada de gênio.

O mesmo pode ser dito sobre o próprio "Paranoid", um clássico do Sabbath em todos os aspectos, que personifica seu primeiro som mais do que qualquer outra faixa. "Finished with my woman 'cause she couldn't help me with my mind..." ['Terminei com minha mulher porque ela podia me ajudar com minha mente'], canta Ozzy com sua voz nasalada, um tenor levemente trêmulo, introduzindo os temas sobre pessoas mentalmente perturbadas e sociopatas, que fizeram com que a imagem da banda fosse tão sombria e encantadora. Baseada em um riff simples em E/D com uma ponta em C/D/E – não muito diferente de "Communication Breakdown" do Led Zeppelin, lançado em 1969 – a canção transpõe a fronteira do rock/metal com enorme facilidade, especialmente por causa de alguns enchimentos melódicos que Geezer lança sem esforço de vez em quando. Embora não apresente a lentidão esmagadora, digamos, de "Black Sabbath", "Paranoid" (originalmente intitulada "The Paranoid" por Butler) é um hino relativamente contagiante ao vivo, que está sempre presente nos shows. Ward também reconhece esse toque de leveza: "Achava que 'Paranoid', comparando com outras canções, como 'Hand of Doom', era um pouco mais leve, para ser honesto com você. Achava que era uma canção um pouco pop. Nunca prestei muita atenção nisso".

Ozzy achava que funcionaria como o carro-chefe de um single – seu último pelos próximos sete anos – e se recorda: "Eu me lembro de ir para casa com as fitas e... isso estava me deixando louco no trem durante todo o trajeto de volta".

Depois da pesada e agressiva "War Pigs" e o criativo riff de "Paranoid", "Planet Caravan" surge como uma surpresa – uma balada suntuosa com uma atmosfera de céu estrela e até com um piano sutil ao fundo. Demonstrando que o Sabbath também tem um lado mais suave, "Planet Caravan" é um verdadeiro épico dentro do limite de seus quatro minutos – inclusive, destacando a influência de solista clássico e jazzístico, muito longe dos exercícios blueseiros em outras ocasiões.

Se ainda restasse alguma dúvida se o que o Black Sabbath – ainda não rotulado como uma banda de heavy metal, visto que o termo não havia sido adotado – era muito mais pesado que seus contemporâneos, "Iron Man" dissipa qualquer dúvida. Trata-se novamente de uma canção de Iommi com seu riff talhado à pedra e a melodia vocal de Ozzy travada em uníssono de maneira que – goste ou não – o ouvinte não tem como ignorá-la. Com uma introdução ameaçadora e quase cômica – um riff deslizando na guitarra e o gargarejo futurístico de Ozzy "I am Iron Man!" – e uma produção surpreendentemente limpa, "Iron Man" se torna um clássico futurista.

"Electric Funeral" é mais pesada e densa que "Iron Man", com os vocais ironicamente sombrios de Ozzy e as camadas moduladas da guitarra base de Iommi mudando o tempo a cada dois minutos em estalos para uma batida quase funk, staccato, e com os vocais se tornando mais agudos que antes. Juntando os gritos da guitarra solo com a ameaça murmurada de Ozzy em "Electric funeral!", faz com que a canção fique exorbitante para muitos, mas felizmente ela retorna ao riff afiado de antes e termina com um fade prolongado.

Os sete minutos de "Hand of Doom" permitem que o Sabbath se alongue, com Ozzy entoando vocais sombrios e lacônicos ("You push the needle in..." ["Você injeta a agulha..."]) e a canção repousando no solo minimizado de Geezer antes de expandir seus horizontes com um riff repentino e uma mudança de tempo. "You're giving death a kiss!" ["Você está dando um beijo na morte"], repreende Ozzy sobre um riff marcado e impulsionado pela bateria mais sólida que Ward já tocou. Após cinco minutos, a atmosfera muda novamente com um riff minimizado e um outro [riff final] mais violento.

"Rat Salad" é uma canção mais curta e mais feroz, com Iommi e Geezer já exibindo a perfeição com que eles se conectam juntos em um riff: dessa vez a canção é de Ward, com um longo solo de bateria no núcleo demonstrando o quanto sua habilidade melhorou. Finalmente, *Paranoid* encerra com "Fairies Wear Boots", composta depois que a banda foi atacada na rua por um bando de skinheads agressivos por causa de seu visual hippie de cabelos compridos e, provavelmente, pelo novo status de celebridade da banda. Iommi sofreu uma lesão no braço durante o assalto, e a canção era fruto de uma vingança. É um trote semiblues cheio de camadas de riff, mas sem expressar o peso de "War Pigs" ou "Iron Man" – e, como resultado, é a de mais êxito. O ritmo normal e a mudança de tom na metade da canção são sobrepostos por um solo de gaita de Iommi, entre as primeiras ocasiões em que ele gravaria dessa maneira. A canção e o álbum terminam em um eco.

De forma surpreendente, *Paranoid* atingiu o primeiro lugar nas paradas do Reino Unido, e elevou o Sabbath a um novo patamar. As paradas de sucesso ainda eram uma novidade para a banda que, no final das contas, era um grupo sem contrato, sem manager e com pouca esperança de crescer acima do circuito de clubes há apenas um ano e meio antes. O álbum também chegou ao 12º lugar nos Estados Unidos, uma proeza incrível, considerando a cultura menos progressiva da indústria norte-americana da época. Mas o respaldo massivo e a potência promocional da Warners empurraram para cima tanto o single como o LP. Como relembra Joe Smith, o executivo que assinou o contrato dos Sabs com a empresa: "Estávamos procurando um single, e eles eram difíceis de encontrar. Ainda havia muita resistência das Top 40 da rádio em tocar qualquer single de uma dessas bandas. Se alguém quisesse ter uma chance, o *Paranoid* era o disco certo para se tentar. Além disso, era um grande título para um single na época".

O álbum *Paranoid* dá a impressão de consistência que o excelente, porém fragmentado, LP de estreia não oferece. Ao que tudo indica, a banda parece ter finalmente encontrado seu som, como conta Geezer: "Acho que, quando você compõe seu primeiro álbum, você se vê influenciado por tudo aquilo que está ao seu redor, e acredito que cada um de nós colaborou com nossos estilos individuais na música que fizemos. Portanto, no início, todas as influências diferentes que tínhamos acumulado até então foram unidas em um álbum, e a partir daí elas se misturaram em um som, em vez de várias coisas diferentes. Quando você percebe que criou seu próprio som, simplesmente se agarra naquilo e avança em uma direção... Acho que foi isso que aconteceu com *Paranoid*".

O álbum (que só foi lançado nos Estados Unidos depois de janeiro de 1971) foi um grande sucesso, estabelecendo de forma irrevogável a marca do Sabbath. Os fãs de música desfrutaram da oportunidade de tocá-lo em volume alto, uma exigência óbvia desde os acordes de abertura de "War Pigs". Questionado sobre o porquê de o volume ser tão importante na música, Iommi pondera: "É do jeito que somos – música pesada como a nossa ganha muito peso com o volume. Há um velho celeiro no País de Gales aonde vamos às vezes ensaiar; é uma sala que pertence ao Future Sound Studios. Tocamos tão alto uma noite que um monte de ladrilhos se quebrou e caiu do teto".

A vibração e o astral de "fazer música no campo" que já foi muito explorada pelas bandas da época – entre elas, Traffic e Led Zeppelin – funcionou muito bem para a banda, como explica Ozzy: "Acho que tudo faz parte do sistema. Gravamos em Londres, nos estúdios Island e Regent, para ser mais preciso. Não há razão por que não deveríamos gravar no País de Gales – é realmente um lugar incrível para resolver problemas, sem transtornos, apenas o espaço –, podemos sair para passear nos campos se quisermos. É assim que deveria ser em todos os lugares: aberto e livre".

Um conceito hippie? Talvez – o normalmente taciturno Iommi acrescenta, quase como um apelo à tolerância: "Muitas pessoas ouvem pequenas porções de conversas, shows, notícias e outras coisas, em seguida elas viram e recontam tudo errado. Você assistiu a *Hair*? Bem, é isso que eu quero dizer, então todos vão assistir *Hair*, eles ouvem as canções, a música e veem a dança, mas poucos realmente percebem qual é a questão central e a mensagem que o show transmite".

As datas ao vivo vieram como preparação para a turnê nos Estados Unidos, com uma excursão em setembro incluindo espaços luxuosos, como o Brangwyn Hall, em Swansea, o Greyhound Blues Club, em Croydon, e o King's Head em Romford, Essex. Visivelmente, o Sabbath não havia superado ainda suas raízes de tocar em clubes, e por que não? Tratava-se da era dourada do circuito musical britânico, em que as bandas mais renomadas podiam ser vistas tocando em clubes locais e quase todas as noites da semana. E se alguém precisa de prova sobre como o Sabbath conseguia seus rendimentos, é assim que eles faziam – noite após noite em cada cidade do país. Uma turnê pela França, Suíça, Holanda, Bélgica e Suécia, patrocinada por Manfred Mann Chapter III, foi um degrau acima, com uma lista poderosa na apresentação (agora contando com dois álbuns repletos de material) a todo vapor.

Ocasionalmente, a histeria gerada pelo sucesso da banda se espalhou de forma negativa, como no show do dia 23 de outubro que deixou os membros do Sabbath um tanto chocados. A multidão embriagada no Mayfair Ballroom, em Newcastle, invadiu o palco e, decepcionada com a interpretação de "Paranoid", que o Sabbath achou que iria apaziguar os ânimos, começou a roubar os equipamentos do palco. Ozzy disse posteriormente: "Se isso significa para nós distribuir discos, então faremos. Queremos que as pessoas nos ouçam, não que nos toquem. Eu fiquei realmente assustado, totalmente chocado".

Nessa ocasião, o Sabbath ainda estava cumprindo as datas agendadas por Jim Simpson, antes da troca de gerenciamento; uma dessas datas era uma atração no Festival de Música Contemporânea em Newark, em Nottinghamshire, no dia 24 de outubro. Reza a lenda que o Sabbath – a apenas seis dias de iniciar sua turnê nos Estados Unidos – estava relutante em fazer o show e cancelou, irritando o promotor, que havia oferecido a soma de 325 libras (muito abaixo das 2 mil libras ou mais que agora eles já estavam acostumados a ganhar por show). Depois de ameaças judiciais, uma banda local chamada Cherokee Smith substituiu o Sabbath e o assunto foi ignorado. As duas datas finais – uma no Bournemouth Pavilion e outra abrindo para o Emerson Lake & Palmer no Royal Festival Hall em Londres – foram cumpridas antes de a banda embarcar para os Estados Unidos. A segunda delas foi uma das apresentações mais famosas do Sabbath: inspirados pela música alta e agressiva da banda, os fãs se comportaram muito mal e, apesar de esse tipo de comportamento não ser novidade alguma em um pub qualquer em Birmingham, os organizadores mais esnobes do RFH não estavam acostumados com tamanha heterogenia e inicialmente se recusaram a aceitar um agendamento de retorno da banda para janeiro. Os representantes de Meehan e Pine ficaram para negociar com eles enquanto o Sabbath fazia sua turnê pelos Estados Unidos.

A banda estreou no Glassboro State College em Nova Jersey e, em seguida, tocaram na Universidade de Miami na Flórida, no Ugano's Ritz Theater em Staten Island, em Nova York (cenário de um público apático – e por isso, subsequentemente, a banda atiraria equipamentos nele – como Bill Ward recontou antes), e incluindo clubes no Estado de Nova York, Maine (acompanhados pelos poderosos do pop Badfinger e a atração vaudevile de Mungo Jerry), Ohio (com os velhos amigos de Iommi, o Jethro Tull) e Califórnia (com Alice Cooper e outros). Quando chegou à Costa Leste, era como se o Sabbath tivesse encontrado sua casa espiritual: uma sequência de datas no Whisky a Go Go em Hollywood e no famoso Fillmore West em San Francisco, onde foram recebidos com grande animação pelas multidões. Com atrações de rock local, tais como The Doors, The Grateful Dead e Jefferson Airplane, acostumados a tocar com o volume bem alto e exagerado para fervorosos fãs, o Sabbath se ajustou perfeitamente ao clima. Inclusive o hábito da banda de prolongar suas sessões experimentais de solo e improviso fazia parte da norma californiana.

Depois de fechar o ano de 1970 com datas em Liverpool, Dinamarca e Alemanha, o Sabbath deu início aos ensaios para o terceiro álbum novo em menos de dois anos. Este viria a ser o brilhante *Master of Reality*, que os viu cuidadosamente expandindo sua coloração musical durante as sessões de gravação no Island Studios. Como Geezer me contou, "com o *Master of Reality*, nós queríamos de algum modo mudar um pouco a música, porque não queríamos ficar tocando a mesma música o tempo todo. Então, todos nós compramos instrumentos diferentes, e Tony começou a tocar piano. Queríamos expandir um pouco nossos horizontes musicais, então tiramos um tempo e, além do mais, agora já tínhamos dinheiro para fazer isso".

Partir para a experimentação – possivelmente um passo prematuro apenas pouco mais de um ano aos olhos do público – foi uma decisão sábia, pensando em retrospectiva? "Sim – eu acho que a música ficou melhor com mais dinheiro e mais tempo. Fizemos tantas turnês em tão pouco tempo até então que estávamos todos absolutamente exaustos, e precisávamos daquilo – não podíamos apenas sair das turnês depois de seis meses e ir direto aos ensaios. Então, fizemos uma pausa para compor coisas novas. Os dois primeiros álbuns surgiram das muitas improvisações que fizemos tocando nos clubes, o material básico de

Paranoid já estava pronto quando gravamos o primeiro álbum. É por isso que eles tinham apenas seis meses de diferença um do outro."

Com o álbum quase todo pronto – como ocorreu com os LPs anteriores, haveria um atraso de alguns meses antes do lançamento propriamente dito –, o Sabbath pararia por um mês para dar continuidade às turnês. Eventos que mudariam uma vida aguardavam adiante, pelo menos para Ozzy, que então se casaria com sua namorada, Thelma Mayfair, e se tornaria padrasto do filho dela, Elliot. Não significa que esses eventos interferissem na agenda de turnês do Sabbath, que estava marcada para ter início no dia 5 de janeiro com a reserva renegociada no Royal Festival Hall, dessa vez com Freedom e Curved Air. Entretanto, os organizadores do espaço não estavam receptivos, indicando que "os desregrados fãs estavam pisando nas poltronas e causando danos ao espaço" e gerando um pouco de ressentimento entre a banda e a organização do RFH.

Depois de cumprir os shows em Hull, Edinburgh, Aberdeen, Newcastle, Nottingham, Manchester e Leeds, o Sabbath retornou ao estúdio para concluir *Master of Reality*. Tentando acompanhar os passos da banda estava a gravadora dos Estados Unidos, que lançaria por lá *Paranoid* no mesmo mês. Os próximos quatro meses estavam marcados para ser extenuantes, com a banda agendada para fazer suas primeiras apresentações na Austrália e mais algumas nos Estados Unidos. Nas terras lá embaixo, onde a demanda por rock pesado ocidental – quanto mais pesado, melhor – se encontrava no auge no início dos anos 1970, um tipo de público totalmente novo aguardava para ser convertido à causa do Sabbath, um fato que a banda e a organização estavam ansiosas para explorar. No dia 30 de janeiro, o Sabbath compareceu a uma recepção de imprensa para o Myponga Open Air Festival, em Sidney – um evento no qual eles (supostamente as atrações principais, tocando às 22 horas) foram seguidos pelo Spectrum. Outras atrações no evento incluíam os menos conhecidos Coney Islando Jug Band e o Sons of the Vegetal Mother, com o Sabbath sendo a única grande atração do Hemisfério Norte a fazer a viagem.

Uma escala no Japão havia sido agendada para o dia 3 de fevereiro, mas foi cancelada quando os membros da banda tiveram seus vistos recusados por causa de seus antecedentes criminais. O mesmo problema ocorreu no ano seguinte – e, de fato, o Sabbath somente viria a tocar no Japão na década seguinte. Isso deve ter pesado com Meehan e Pine, que estavam entusiasmados em tirar vantagens das várias oportunidades comerciais que existiam para sua banda no Extremo Oriente – na realidade, mais do que na Austrália.

Não importa: outra excursão lucrativa na América do Norte os aguardava, começando em meados de fevereiro em Nova Jersey e atravessando nada menos que 14 estados norte-americanos e canadenses. Espaços agendados com o fenômeno de sucesso Fleetwood Mac introduziram o Sabbath a novos públicos – os fãs do blues e do AOR [Rock Orientado aos Adultos] –, e tocar com bandas populares locais, tais como Mountain, ajudou também a aumentar sua visibilidade ainda mais.

Não resta dúvida alguma de que nessa altura, no início de 1971, o Black Sabbath tenha alcançado um progresso incrível e que seu futuro parecia extraordinariamente promissor. Depois de amarrar abril com datas europeias, eles fizeram uma pausa e viram *Paranoid* rapidamente levar o disco de ouro nos Estados Unidos no mês seguinte. O mais lento de se compreender, *Black Sabbath*, também levou o disco de ouro no Reino Unido nessa época – e tudo isso com *Master of Reality* ainda aguardando para ser lançado e com os promotores congestionando as linhas telefônicas de Meehan e de Pine para garantir reservas de agendamento com o Sabbath. Poucas bandas conseguiram chegar a esse patamar: e pouquíssimas conseguiram se manter nessa posição tanto quanto a primeira formação do Sabbath conseguiu fazer nos anos 1970.

Após dois meses longe das turnês, o Sabbath preparou o terreno para o lançamento do *Master* nos Estados Unidos, fazendo shows por lá em julho. Como atração principal acompanhado por The Amboy Dukes, The Seigal-Schwall Band, Alex Taylor e Brownsville Station em Detroit, em seguida cumpriu datas na Costa Leste e em Toronto acompanhado pelo Yes, Black Oak Arkansas e Alice Cooper – antes de o álbum ser lançado no dia 21 de julho.

O álbum teve um enorme impacto. Muito depois, naquele ano, a revista *The Rag* resumiu bem quando afirmou que "o Black Sabbath canta letras sobre o Satã, a morte e o mal, e atrai mais público de 16 anos que usa a cor vermelha do que qualquer outro grupo ao redor. Bem, o que podemos extrair disso? Isso tudo é outro sinal da decadência que parece se espalhar por todos os lugares hoje em dia? (...) o Sabbath é uma grande banda de rock'n'roll. *Master of Reality* é um grande álbum... se você gosta de rock'n'roll bruto e barulhento, sejam os primeiros trabalhos do Kinks, Who, Velvet Underground ou Stooges, definitivamente há algo acontecendo aqui que vale a pena ouvir – não é muito diferente do brilhantismo do Stooges (ou Little Richard) o que o Black Sabbath está fazendo, afinal de contas".

O cronograma do disco, o melhor até então produzido do Sabbath (e apoiado pelas turnês), até agora foi crucial. Afinal de contas, o punk estaria meia década adiante, e alguns críticos já estavam cansados das incontáveis indulgências de country-folk-rock do público norte-americano – especialmente aqueles confinados no interior do país, longe das progressivas costas leste e oeste –, que perduravam por anos. A revista acrescenta: "Não há nada de supérfluo na música do Black Sabbath, e distintamente se opõe à escola egocêntrica do Cream/Jeff Beck/Ten Years After e variações com masturbações de solo de guitarra de dez minutos de duração. O Black Sabbath solta um riff após o outro em cima de um riff implacável; mesmo a guitarra solo são riffs, e não apresenta nada de excessivo na guitarra solo em todo o álbum novo".

Não seria muito afirmar que a estética mais leve e reduzida do Sabbath – mantendo os solos de guitarra, é claro, porém mais curtos e sucintos nesse estágio – serviria como um presságio do niilismo do punk? Talvez. No entanto, não podemos excluir o fato de que "todos" os riffs, em que a vastidão da sonoridade era um ponto importante em vez de sua complexidade ou beleza, tinha algo a mais em comum com o princípio de "reduzir tudo" dos punks. Não é à toa que John Lydon gostava de sua música.

O álbum começa com uma fantástica ode à maconha, "Sweet Leaf", que gerou uma controvérsia quase universal, graças ao seu tema central. Seu riff principal entra logo após o som de um homem (supostamente Iommi) dando uma tragada e tossindo, com o som gravado e passando de um alto-falante ao outro lentamente – algo como um tapa na cara para quem tentar esconder o tema central da canção, digamos, de ouvintes menores de idade. Ozzy canta sua ode à erva como se fosse um amante diante da musa, "You introduce me to my mind, and left me wanting you and your kind" ["Você me apresentou à minha mente, e me deixou desejando-a e à sua bondade"], e acrescenta, de forma mais explícita, "Come on now – try me out!" ["Venha agora – prove-a!"]. Musicalmente, é um monstro, com um riff massivo indo e vindo com uma intensidade nervosa.

Bill sabia qual mensagem havia sido transmitida ao público, relembrando mais tarde: "Eu tenho certeza de que muita 'gente cabeça' entendeu de imediato – eles assimilaram 'Sweet Leaf' de imediato... não subiu à cabeça das 20 ou 40 mil pessoas para quem tocamos nos shows ao ar livre – bandeiras eram levantadas, com veteranos de guerra em suas cadeiras de rodas segurando suas muletas, uma curtição total".

A próxima canção, "After Forever", foi criticada como blasfêmia por alguns ouvintes claramente confusos – alguns supostamente representando autoridades eclesiásticas – que se sentiram ofendidos pelo tema central, os alertas de um homem contemplando a vida após a morte. E, ao mesmo tempo, a canção parece defender a crença cristã, com frases do tipo "Perhaps, you'll think before you say that God is dead and gone" ["Talvez você pense antes de dizer que Deus está morto"]. Essa canção é a mais avançada que o Sabbath já compôs até esse ponto, destacando uma linha de baixo suave, e bem ao estilo de Paul McCartney, tocada por Geezer, sobrevoando o riff análogo e quase pop rock de Iommi. A canção se intensifica na metade com um riff staccato e arrastado de forma simples e eficaz, evitando o excesso de complexidade – sinal de que o Sabbath já percebia o valor de uma abordagem de que "menos é mais", agora que já haviam dominado completamente sua obra.

Um pouco estranho, "Embryo", um instrumental de 28 segundos, soa quase como um quarteto medieval de cordas e trompa, embora isso fosse resultado dos truques de efeitos especiais de estúdio de Bain. "Children of The Grave", uma canção clássica do Sabbath, se é que existe uma, ostenta o riff dos primórdios de Iommi – que pressagia o riff central e firme que viria no futuro da canção NWOBHM [Nova Onda do Heavy Metal Britânico] uma década antes – e um riff com a banda toda espiralando entre a primeira e a segunda seção que remete diretamente ao início do Metallica. O som da guitarra de Iommi é o ponto alto nessa canção, que em sua superfície reflete uma ode ao ativismo juvenil ("Revolution in their minds, the children start to march against the world they live in" ["Com a revolução em suas mentes, as crianças começam a marchar contra o mundo em que vivem"]). Destacam-se os vocais de Ozzy com sua intensidade clara e que terminam com uma sequência estranha, quase como em um filme de terror, na qual Iommi dobra as cordas até desafinar.

A belíssima "Orchid", outra instrumental curta, com duração de um minuto e meio, é arrepiante. Iommi toca uma minissinfonia com um violão, acompanhado por tonalidades de baixo, talvez de Geezer, um teclado ou simplesmente sua própria gravação realçada artificialmente pelas cordas graves. Os ouvintes estavam apenas começando a notar uma transformação na musicalidade inspiradora do Sabbath, graças a pequenas mudanças de ênfase como essa.

"Lord of This World" se apoia em outro grande riff clássico do Sabbath, entretanto, com a maestria em absoluto controle de um verdadeiro som épico de guitarra, e com a intenção de usá-la ao máximo. O baixo de Geezer está mais sólido do que nunca, com o som mais encorpado, que tem sido incansavelmente copiado pelas bandas de doom metal e stoner-rock dos anos 1990, que não conseguiram sequer captar sua extensão e seu calor, provavelmente porque os equipamentos digitais e modernos de gravação não apresentam mais as características analógicas necessárias. Uma melodia escorregadia no baixo conclui a canção, antes de Geezer surgir repentinamente no topo com a introdução suave de "Solitude". Novamente, Iommi pisa no acelerador, permitindo que se erga uma paisagem distante de ecos ao fundo do intenso vocal de Ozzy – talvez seu melhor até então – e uma inesperada flauta vagando ao fundo. O astral é muito parecido com o ambiente etéreo do The Doors, focado na letra que fala sobre rejeição e solidão ("I've not stopped crying since you went away" ["Não parei de chorar desde que você se foi"]) e um espaço valioso para arejar nesse intenso álbum. A flauta proporciona um interlúdio quase jazzístico antes de a canção se espiralar à sua conclusão.

A prolongada "Into The Void" fecha o *Master of Reality*, estendendo-se além dos seis minutos e baseada em um riff clássico de Iommi que segue de modo tranquilo, ancorado por um baixo excepcional (Geezer novamente em sua forma melódica) e os vocais semiecológicos e semidiabólicos de Ozzy. Ele solta o lamento em frases que beiram a ficção científica, tais como "Freedom fighters sent out to the sun... Leave the earth to Satan and his slaves" ["Os combatentes da liberdade enviados ao Sol... Deixam a Terra para Satã e seus escravos"] com a divertida malícia que sua voz nasalada e levemente ondulada insinua. O riff prossegue sobre um solo após o outro, antes de um final apocalíptico muito parecido com "War Pigs".

E assim, ao que tudo indica, o sucesso internacional foi garantido. Com menos de um mês, *Master of Reality* alcançou o disco de ouro nos Estados Unidos. Mais shows ainda aguardavam a banda em agosto, antes de partir para o British Rock Meeting [Encontro do Rock Britânico] no Rheinhalbinsel, em Speyer, Alemanha, no mês seguinte. Novamente, as atrações incluíam os maiores nomes do rock dos anos 1970, com Rod Stewart & The Faces, Deep Purple, Family, Fleetwood Mac, Curved Air, Rory Gallagher, East of Eden, Groundhogs, Hardin & York, Fairport Convention, Osibisa, Juicy Lucy, Mick Abrahams, Gentle Giant, Jerusalem, Beggars, Opera, Bullit, Roy Young Band,

Ashton Gardner & Dyke e o Heaven, todos no evento. Shows em Viena e em Palermo precederam outra turnê nos Estados Unidos, que incluíam dois shows em que eles abririam para o Led Zeppelin pela primeira e única vez.

Com três tacadas indefensáveis, *Black Sabbath*, *Paranoid* e *Master of Reality*, o Sabbath se consagrou nos Estados Unidos e na Europa entre os líderes do rock. Seu lado implacavelmente sombrio e seus riffs arrasadores os elevaram acima de outras bandas com as quais eles viajavam nas turnês e, assim, um termo totalmente diferente para descrever seu estilo de música – caso o "heavy metal" não tivesse convenientemente sido inventado – iria pousar sobre suas cabeças mais cedo ou mais tarde.

Desse modo, 1971 foi um grande ano para o Black Sabbath. Porém, mais que isso e ainda mais incrível seriam os eventos que estariam prestes a vir.

CAPÍTULO 6

1972-1974

Enquanto o Black Sabbath atravessava uma ascendência comercial e de crítica – e, desde 1969 até meados dos anos 1970, eles não conheciam outra realidade –, essa ascensão à fama e à fortuna tinha pouco a ver com ostentação. Depois que Meehan e Pine assumiram o lugar de Jim Simpson, algumas armadilhas da fama começaram a surgir, mas, comparado com as extravagâncias de algumas bandas, o Sabbath ainda desfrutava de um estilo de vida bastante moderado em 1972. Durante muito tempo, ninguém na banda questionou a situação, mas havia outros olhares mais atentos focando neles.

Turnês mais prolongadas já tinham se tornado rotina para o Black Sabbath. No primeiro semestre de 1972, eles fizeram uma sequência de shows no Reino Unido que os levou a atravessar todo o país: Birmingham, Oxford, Glasgow, Edinburgh, Carlisle, Liverpool, Leicester, Portsmouth, Manchester, Newcastle, Wolvenhampton, Bristol, Brighton, Bournemouth, Londres, Leeds, Sheffield e Bradford, em um espaço de quatro semanas. E isso era apenas o começo do que viria a ser uma maratona de quase seis meses, cujo próximo passo seria um retorno à América. O mês de março foi tomado com uma longa turnê por diversos estados e com várias bandas de apoio, incluindo o Yes, que nesse ponto havia recrutado o respeitável tecladista Rick Wakeman para sua formação e que logo provaria também um grande sucesso comercial.

Quando a turnê estava prestes a terminar e emergiam mais datas para a gravação de um novo álbum – dessa vez programado para ser gravado nos Estados Unidos –, duas datas canceladas causaram uma confusão entre a crescente massa de fãs do Sabbath. O gigantesco Mar Y Sol Pop Festival em Veja Baja com Alice Cooper, The Allman Brothers, B.B. King, Billy Joel e dezenas de outras atrações havia anunciado a presença do Sabbath, mas a banda não tocou – rumores não confirmados de que as autoridades porto-riquenhas tomaram conhecimento de canções como "War Pigs" e "Sweet Leaf" e vetaram a apresentação. Em abril, sua segunda frustração ao tentar entrar no Japão por causa de problemas com os vistos, deixou uma massa de fãs daquele país inexplorada, e a banda resolveu então fazer uma pausa.

No verão, o Sabbath entrou em um estúdio na Record Plant em Hollywood. O jornalista Harold Bronson, do jornal *Daily Bruin UCLA*, visitou a banda no dia 30 de junho de 1972, logo após uma das primeiras aventuras com as drogas, pelas quais o Sabbath estava prestes a se tornar reconhecido. "Para a melhor cocaína, disque apenas três-oito-nove-oh-nove-oito, por apenas cem dólares!", gargalhava Ozzy na cabine de gravação, antes de acrescentar: "Eu estou muito chapado". À medida que o vocalista tropeçava na gravação e esquecia as letras, a banda assistia a tudo se divertindo. Sobre os fones de ouvido de Ozzy, Geezer caçoava: "Olhe para ele... Parece que está no Exército" – mas, ao que tudo indica, o relativamente novo pai (Ozzy e Thelma haviam acabado de ter uma filha, Jessica Starshine Osbourne, no dia 20 de janeiro) ainda era capaz de manter o raciocínio, explicando a Bronson que sua educação pré-Sabbath tinha sido sem brilho algum: "Gostava do que todo mundo gostava: Beatles e Rolling Stones. Geezer gostava mais de coisas pesadas como o Mothers. Começamos a tocar blues de 12 compassos cerca de quatro anos atrás... Eu gostava de qualquer coisa que fosse pesada. A canção 'You Really Got Me' do The Kinks mexeu comigo, e eu curtia os primeiros discos do The Who e do Led Zeppelin. Curtia qualquer coisa que arrepiasse mais cabelos e o meio de minha espinha. Nós começamos a compor nosso material e nosso som evoluiu até chegar no que é hoje – isso não foi planejado".

Questionado se ele via similaridades entre sua banda e a norte-americana Grand Funk Railroad, em ascensão no momento, ele ponderou: "Presumo que somos parecidos com a Grand Funk Railroad, mas não tinha ouvido falar deles até nossa terceira turnê por aqui. Ninguém na Inglaterra sabia quem era a Grand Funk. Não sabíamos o quanto eles realmente eram conhecidos até tocarmos juntos no Forum, e eles simplesmente lotaram o local – duas noites! Levantaram o público, mas musicalmente eles não fizeram nada comigo. Não estou dizendo que sejam um grupo comum, porque devem ser um bom grupo para as pessoas curtirem. Pessoalmente, gosto de ouvir música que seja consideravelmente diferente do que eles tocam".

O novo álbum que, com uma falta de imaginação incomum, o Sabbath planejou chamar de *Volume Four*, estava a caminho para o verão de 1972 e, mais uma vez, viria com algumas pequenas mudanças no som que era a nova marca registrada do Sabbath, como disse Ozzy com uma abordagem racional que hesitaria e apagaria em breve: "Acho que todos atingem um pico. Não é apenas o público que se cansa de ouvir a banda, mas a banda também se cansa dos shows. Não é como se fôssemos uma vitrola ou toca-discos que toca para sempre. Quando você entra em uma banda nova é como se uma pincelada de poeira estrelar fosse borrifada em você. Nasce, então é aceita e depois do nivelamento morre. Nosso novo álbum ainda carrega o som do Black Sabbath, mas é mais melódico. Em vez de eu cantar o riff da guitarra como em 'Iron Man', canto coisas melodicamente diferentes e que vão crescendo. Tony acabou de compor uma parte de guitarra somente com as cordas. É uma bela música, e queríamos compor uma canção alegre".

Notavelmente, o Sabbath finalmente havia se livrado de Roger Bain como produtor, embora seu trabalho nos três álbuns anteriores tenha sido excelente – de fato, o som de *Master of Reality* é considerado formidável até hoje. Mas, como disse Ozzy, nem tudo ia bem atrás das cortinas: "Ele era alguém que a gravadora nos deu quando assinamos com a empresa. Na realidade, era um choque de egos. Ele colocou na cabeça que era mais responsável pelo nosso sucesso do que nós. Ele queria, de algum modo, controlar nossa música".

Enquanto o álbum estava sendo prensado, o Sabbath partiu em uma nova turnê pelos Estados Unidos, consolidando sua já enorme reputação norte-americana de se apresentar em grandes arenas. Esse foi o início do famoso período de drogas e álcool da banda – ou, pelo menos, a primeira vez que suas experiências com drogas e álcool começaram a ser divulgadas – e, como resultado, as histórias dos espectadores da turnê foram aumentando de proporção. O Sabbath deixou uma trilha de leve destruição para trás em julho de 1972, quando passaram por Nova Jersey, Pensilvânia (um show extraordinário com o Humble Pie, Three Dog Night, Emerson Lake & Palmer, The Faces, J. Geils Band, Badfinger e outros), Illinois, Ohio, Georgia, Tennessee (onde muitos residentes sulistas reagiram de forma desfavorável contra eles), Virgínia, Nova York, Rhode Island, Kentucky, Michigan, Mississippi e outras regiões até o lançamento do *Volume 4* (na realidade, grafado como *Vol 4* na capa) no dia 25 de setembro.

Os fãs mais conservadores balançaram a cabeça negativamente com a arte interna da capa, mais reluzente do que as capas dos álbuns anteriores, e muitos ficaram sobressaltados ao ver o crédito nada sutil dado ao estimulante favorito da banda no estúdio, "Gostaríamos de agradecer à grande empresa COCA-Cola de Los Angeles", mas milhares de seguidores do Sabbath adoraram a ideia de que seus heróis haviam abraçado o estilo de vida do rock'n'roll a todo vapor e compraram o LP em massa.

"Long ago I wandered through my mind" ["Anos atrás, eu vagava pela minha mente"], canta Ozzy abrindo "Wheels of Confusion", que com um riff rangido e inquietante não é tão lento quanto o trabalho anterior, mas destaca a excelente destreza de Ward, que se mostra em sua melhor fase nessa canção – especialmente quando a mudança de ritmo e uma complexa seção do meio a puxam para a distorção. A miséria sombria e franca dos primeiros álbuns do Sabbath está ausente, com a guitarra incandescente de Iommi (duas guitarras solo e mais) mais positiva do que antes: Ozzy expressou essa mudança de atmosfera quando conversou com Bronson antes do lançamento do álbum: "As pessoas nos chamam de 'downer rock' ['rock calmante']. Você toma uns vermelhos [tranquilizantes], cara, toma um vinho e explode, vai ao topo de decibéis; tudo isso é um monte de asneira. O que as pessoas fazem em nossos concertos não é de nossa conta, contanto que se divirtam. Estou aqui para entreter as pessoas – uma antiga e boa viagem do show business". Os últimos três minutos da canção, um duelo de guitarras, não são tão diferentes dos últimos dois minutos de "Layla" de Eric Clapton; às vezes são referidos com outro nome totalmente diferente – "The Straightener". No entanto, quando Bill foi questionado sobre isso alguns anos mais tarde, sorriu e disse: "Você sabe o que é isso? Isso é um truque publicitário... 'The Straightener', não tenho a mínima ideia de onde isso surgiu. Às vezes, vem das anotações originais. Como 'Luke' Wall' [no *Black Sabbath*], por exemplo, eu acho que estava nas anotações originais do engenheiro de som do estúdio. Às vezes odeio dizer isso, mas as empresas de publicidade e editoras tentam encontrar um determinado número de canções para que eles possam enrolar os outros, e isso é uma mentira. Eu odeio isso... Tanta coisa já aconteceu com materiais sendo roubados ou sendo usados sem a devida permissão e coisas do gênero".

"Tomorrow's Dream" é menos substancial, embora a interação de guitarras seja algo para se contemplar. O Sabbath, orgulhosamente proclamando que o novo álbum fora produzido por eles, no entanto, deu o crédito de coprodução ao manager Patrick Meehan no *Volume 4* e, talvez, a influência do manager tenha permitido que eles fossem mais ousados. Isso, certamente, parece ter sido o caso em "Changes", que era nada menos que uma balada com um piano e cordas. Ozzy havia dito: "Haverá muitas coisas suaves neste novo álbum. Uma canção, 'Changes', fala sobre um rapaz – independentemente de se ele está em uma banda ou não, eu não vou contar – que termina com sua mulher, é assim que eu me sinto sobre as coisas. Está mais para uma canção do que um grito de alívio de uma frustração. É simplesmente uma bela e lenta balada".

Tendo aprendido algo sobre a arte da composição musical, Ozzy foi rápido ao homenagear aqueles que o ensinaram: "Uma coisa que eu aprendi é que, se você encontrou uma boa melodia, você encontrou uma canção. Há tantas bandas por aí tentando impressionar outras bandas com seus talentos musicais, algo que eu respeito, mas os Beatles tocavam apenas três acordes e eram melodias de primeira linha. O que eu quero dizer é que Lennon e McCartney, para mim, eram simplesmente a combinação perfeita. Eles eram doces e amargos. Como é que você pode superar os Beatles?... [embora] Mick Jagger viesse colado em segundo lugar para mim. Os Beatles eram extremamente rebeldes, mas eram uma banda aceita também pela ala yuppie. Todos amavam os Beatles, dos 9 aos 99. Depois do período de 'Love Me Do', quando eles entraram na fase do 'paz e amor', essa era sua fase rebelde. Você sabe, 'Picture yourself on a boat in the river...' ['Imagine-se em um barco em um rio']. Quando eu ouço essa canção, ela me faz viajar. É como uma terra de fantasias".

Enquanto isso, "FX" era uma coletânea curta de sons – efeitos de pedal e de gravação aplicados no sinal da guitarra, por isso o motivo do título. "Isso foi antes dos samplers e dos sintetizadores", relembra Geezer em uma entrevista posterior à revista *Vintage Guitar*. "Se você quisesse fazer algo diferente ou qualquer tipo de som estranho, tinha de inventar você mesmo partindo do zero. Você tinha de sentar, mexer neles e fazer algo para que soasse diferente. Como na faixa 'FX'. Esse era Tony de pé e tocando sua guitarra, totalmente nu! Ele despiu todas as suas roupas no estúdio e começou a bater nas cordas de sua guitarra com os crucifixos que usava no pescoço. É isso que acontecia em toda a faixa."

O núcleo do álbum reside nestas duas canções, "Supernaut" e "Snowblind". A primeira é outro hino clássico, de ritmo acelerado, baseada em um riff harmonioso e muitos pratos na bateria de Ward. Quanto à letra, a confiança alimentada pela cocaína que estimulava a banda conduzia a frases proferidas com uma despreocupação que corresponde às imagens frenéticas de Ozzy no palco, como aquela do encarte do álbum. Essa canção causou um impacto em alguns cantos onde menos se esperava, como Ozzy relataria anos mais tarde. "Frank Zappa – que era um cara altamente techno – nos convidou a um restaurante uma vez onde ele estava dando uma festa. Ele disse: 'A canção 'Supernaut' é minha faixa favorita de todos os tempos'. Eu não pude acreditar – pensei, esse cara está brincando comigo; deve haver uma câmera por aqui em algum lugar... nós nunca sabíamos conscientemente o que estávamos fazendo: éramos apenas quatro rapazes inocentes – muito desajeitados e muito heterodoxos – que tocávamos o que sentíamos, tentando nos fazer sentir bem."

Entretanto, "Snowblind" era um hino à cocaína – seja fornecida diretamente ou ironicamente, de forma contestável. Depois de soltar a voz em uma homenagem afetuosa à droga com frases do tipo "Feeling happy in my pain / Icicles within my brain" ["Sentindo felicidade em minha dor / Flocos de neve dentro de meu cérebro"] em uma introdução otimista, Ozzy desce ao ambiente mais sombrio, à medida que a canção muda o ritmo para uma seção lúgubre, desoladora, de arpejos prolongados, com cordas e uma seção multifacetada com um solo de guitarra fazendo uma escala devastadora. Com imagens para deslumbrar ("Lying snowblind in the sun / Will my ice age ever come?" ["Deitado sob o sol e cego pelo branco da neve / Será que minha era do gelo chegará?"], "Snowblind" vê o Sabbath entrar em uma nova era de consolidação lírica, seja ela auxiliada pelas drogas ou não. No entanto, Geezer se recorda de "Snowblind": "Estávamos todos tomados pela cocaína em Los Angeles. Parecia que estávamos cheirando mais cocaína do que tocando música, então compusemos sobre nossas aventuras...".

"Cornucopia", como "Black Sabbath" e "War Pigs", é baseada em uma assinatura em um momento delicado que Ozzy transpõe com segurança. Como Bill me contou, essa habilidade de reconhecer o espaço e se manter nele durante a interpretação é algo que a maioria dos observadores não conseguem associar com Ozzy: "Quando tocamos a canção 'Black Sabbath', Ozzy sabe onde os buracos estão – sempre que tocamos essa canção com outros vocalistas, eles cantam no tempo certo. E, quando eles cantam no tempo certo, acaba ficando fora do tempo porque *não há* um tempo certo! Eles acabam cantando *adequadamente*. Ronnie James Dio, por exemplo, cantava adequadamente no tempo certo, mas, quando você canta no tempo certo, você estraga a faixa, porque não há metro ou rima na poesia. Essa canção é um grande exemplo disso, visto que, com outros vocalistas, as coisas não conectaram". E "Cornucopia" é um desses tipos de canção – com suas camadas de Fuzz na guitarra (um pouco mais leve na tonalidade que o riff anterior, e muito diferente do esmagador e pesado do começo ao fim, tais como "Electric Funeral") quase ocultando a batida, em que o vocalista ainda consegue se manter no topo proferindo as frases com petulância e sem esforço algum.

"Laguna Sunrise" é um instrumental espetacular; embora muitos fãs não gostem de seu arranjo orquestral de cordas, o violão levemente encantador de Iommi se destaca nesse ambiente que lembra mais um exercício de trilha sonora de cinema. Entretanto, encaixa-se perfeitamente no contexto, chegando depois de três canções pesadas e realçando, mais uma vez, o talento multifacetado de Iommi com suas composições.

A breve "St. Vitus' Dance" explode dobrando as cordas em um estilo quase folk-blues no riff central de Iommi, ao fundo de uma letra caracteristicamente depressiva. "When you think about the things that she did long ago" ["Quando você pensa nas coisas que ela fez muito tempo atrás"], entoa Ozzy, "it breaks your heart, but deep down, boy you don't want her to go" ["machuca seu coração, mas no fundo, rapaz, você não quer que ela vá embora"], e, mesmo que a canção não seja de grande importância no cânone do Sabbath, ela conseguiu alcançar o efeito desejado (de deixar o ouvinte perplexo) ao terminar de forma abrupta. Na realidade, serve como uma introdução perfeita a "Under The Sun", que entra com uma introdução pesada, com um tom abaixo, e que é o metal mais pesado que o Sabbath já tentou até então. Não uma, mas duas acelerações de ritmo se seguem nos próximos dois minutos, mais as mudanças de tom que fazem a canção ficar mais aguda – e é uma nota otimista para terminar, embora apareça novamente um riff final [outro] de dois minutos – e que geralmente recebe seu próprio título independente, dessa vez "Every Day Comes and Goes", que encerra o álbum.

Nessa fase, as técnicas de gravação do Sabbath, além de muito mais profissionais, não deixam, pelo menos, de ser mais criativas. Como explica Geezer, "antigamente eu ficava na mesma sala, como se fosse um show ao vivo, especialmente nos dois primeiros álbuns.

Colocávamos microfones em tudo e, literalmente, tocávamos ao vivo no estúdio como se fosse um show, porque era tudo o que sabíamos fazer. Nunca tínhamos entrado em um estúdio antes e tínhamos apenas 12 horas para gravar o primeiro álbum... no terceiro álbum começamos a improvisar e o disco foi feito em torno de dez dias. Foi apenas no *Volume 4* que pudemos finalmente demorar mais, e isso levou um total de seis semanas. Parecia uma eternidade para nós".

Mais tarde, Iommi olhou para o passado surpreso com os esforços que a banda teve de superar para chegar ao efeito sonoro desejado em uma determinada canção: "Tentávamos coisas diferentes. Passávamos o dia todo aqui e ali e não conseguíamos achar nada de útil. Começamos a fazer coisas, montando todos os tipos de arquivos e aparecendo com ideias brilhantes, como tentar tirar coisas do piano, de volta ao piano e, em seguida, colocando microfones nas cordas do piano para ouvir sons diferentes. Naquela época, criávamos ideias e experimentávamos. Hoje em dia, você simplesmente compra uma caixa, aperta um botão e consegue o som desejado... Bill jogou uma bigorna em um grande barril de água. Ele gostava de fazer sons no microfone... Tentamos usar violinos, violoncelos, gaitas de fole – e tentamos arrancar sons deles também. Tentamos todos os tipos de coisas, mas eram apenas ideias. Às vezes, funcionava e, às vezes, não, mas era divertido. Tudo isso levava muito tempo, mas pelo menos era original. Você não ouviria falar disso em lugar algum".

Mais importante ainda, a sensação era uma parte integral da música, mais do que o conhecimento técnico, como explica Tony: "Não aprendemos o lado musical da coisa – nunca aprendemos todas as escalas e todas aquelas coisas que dizem que devemos saber. Aprendemos por intermédio do som e da sensação. Se soava bem, então estava certo para nós. Fazíamos o que vinha à cabeça naquela época e sempre mantínhamos nossa posição. Ouvíamos muito uns aos outros. Não ouvíamos pessoas que nos diziam que não podíamos fazer algo ou que não deveríamos fazer de uma determinada maneira. Desenvolvemos um estilo único que funcionava perfeitamente em grupo e tocávamos uns com os outros. Tínhamos de fazer com que soasse com potência, porque havia apenas dois guitarristas – uma guitarra e um baixo – para fazer com que soasse daquela forma. E essa é a maneira que sempre trabalhamos".

O *Volume 4* deixou um número razoável de pessoas confusas. Era mais rápido, mais difuso e difícil de categorizar como um "disco do Black Sabbath", como Ozzy e os demais haviam prometido. Por outro lado, a musicalidade era superior do que qualquer coisa que haviam feito antes, e a banda havia também ampliado sua abordagem lírica. Com o passar do tempo, tornou-se evidente que as canções principais do *Volume 4*, tais como "Snowblind" e "Changes", eram meras canções de categoria B comparadas com as melhores canções de todos os tempos, tais como "Paranoid" e "Iron Man", indicando que esse álbum não foi um sucesso imediato como seus predecessores. Mas é um grande LP, não se deixe enganar.

Novamente, a Vertigo exerceu certo grau de controle sobre o lançamento, vetando o título do LP preferido da banda, *Snowblind*, temendo que a referência à droga ficasse muito óbvia. Lançado no dia 30 de setembro de 1972, o LP alcançou o oitavo lugar nas paradas do Reino Unido.

A banda se cansaria do ciclo de gravação/turnê/gravação em breve? Nem um pouco, eles declaram em uma entrevista a Mike Saunders da *Circular*, na semana anterior ao lançamento do *Volume 4*. Como expressou Iommi com total indiferença, "tocamos principalmente porque gostamos, entende? Gostamos do que fazemos – um negócio pesado. Achamos que isso é fascinante e estamos realmente envolvidos, e é isso. Somos muito rápidos compondo. Eu penso em um riff ou uma melodia e, geralmente, os demais compõem junto... Geezer escreve as letras. Algumas delas são muito sombrias, mas elas variam disso às drogas e às coisas ruins que às vezes acontecem com a banda". Butler acrescentou: "As pessoas sentem o mal, mas ninguém canta sobre o que assusta e sobre o mal. Acho que o mundo é uma bagunça total. Mesmo assim, todos têm cantado sobre as coisas boas... Tentamos aliviar a tensão nas pessoas que nos ouvem. Extrair tudo que está em seus corpos – todo o mal e tudo".

Quanto às críticas musicais, o Sabbath passou longe de receber um afago – baseado em uma experiência anterior depois que o álbum *Black Sabbath* foi lançado. Diante de uma enxurrada de críticas negativas, a banda ficou sem fala. "Isso não fazia sentido para nós", disse Iommi. "O que saiu errado? Fomos tão ruins assim como eles disseram? Uma crítica em nosso primeiro álbum deve ter sido a pior até então, e pensamos: 'Meu Deus. É isso!'. Ficamos preocupados que todos os demais iriam achar o mesmo."

Como se fosse para ecoar essa sequência de eventos, o *Volume 4* recebeu o disco de ouro nos Estados Unidos com oito semanas do lançamento. Uma turnê agendada no Reino Unido foi cancelada em virtude de uma enfermidade em massa: Iommi pegou gripe, Ward alegou "exaustão física e mental total" e Ozzy ficou recolhido com laringite. O vocalista explicou: "Fiquei muito doente quando retornei dos Estados Unidos. Estava com uma infecção na garganta e mais de 40 graus de temperatura. Fiquei recolhido durante um mês".

Posteriormente, Iommi se lembraria dessas primeiras turnês com um pouco de ressentimento. A nova dinâmica de organização das turnês ainda estava engatinhando – pelo menos, em vasta escala – e, inevitavelmente, erros de logística aconteciam. "O motivo pelo qual não estávamos felizes com algumas de nossas turnês americanas", disse ele, "era porque nossa organização não preparava as coisas de forma adequada. O planejamento necessário simplesmente não estava lá, e era uma correria alucinada que acabou nos levando a uma paralisação. Os promotores foram deixados no escuro – nós fomos deixados no escuro. No geral, não tínhamos tempo para ensaiar e aquilo se tornou algo como testes e erros acontecendo nas viagens, o tempo todo."

Depois de uma pausa no Natal, o Sabbath caiu na estrada para cumprir datas na Austrália e na Nova Zelândia com o Fairport Convention e – excepcionalmente, olhando em retrospectiva – com a banda de art rock local, Split Enz, cuja dupla principal Neil e Tim Finn mais tarde formaria o Crowded House. Eles passaram fevereiro e março em uma turnê prolongada na Europa e no Reino Unido.

Em julho, o Sabbath já havia ensaiado uma série de canções inéditas e estavam gravando no País de Gales, após uma sessão de gravação nos Estados Unidos que fora cancelada por não ter gerado resultados produtivos. O ano tinha sido muito difícil para os membros da banda, com rachaduras começando a surgir no relacionamento Meehan-Pine-Sabbath. Acrescente a isso a pressão da turnê – que fora quase que constante desde 1970 – e o relativamente novo interesse da banda pelas drogas, e a tensão foi aumentando. Geezer lamentou: "Estávamos na América tentando compor o *Sabbath Bloody Sabbath*, mas nada estava dando certo naquele momento. Sentíamos que estávamos prestes a nos separar, então voltamos à Inglaterra. Depois de dois meses, retornamos a nosso local habitual de ensaio e acho que 'Free' foi gravado lá. Estávamos procurando um lugar alternativo. Eles nos recomendaram esse castelo".

O Sabbath montou seu equipamento no Castelo Clearwell, uma antiga propriedade bem preservada no campo em Forest of Dean, em Gloucestershire. "De todos os lugares, tínhamos de ensaiar no calabouço", sorriu Geezer, antes de se lembrar que a banda foi visitada uma vez por um residente inesperado: "Estávamos no calabouço tocando e, de repente, vimos uma pessoa passar pela porta trajando um longo manto negro. Pensamos, 'Que diabos está acontecendo aqui?'. Tony e um dos assistentes correram atrás dele. Eles o viram entrar em outra porta no fim do corredor. Correram atrás dele, gritando, porque achavam que era algum lunático que havia entrado no castelo. Eles entraram na sala que ele havia entrado e não tinha ninguém lá; ele desapareceu completamente. Perguntamos ao dono do castelo sobre isso e ele nos respondeu, 'Oh, é apenas um fantasma'. Aparentemente, ele era o fantasma habitual do castelo... Todos nós o vimos. Tony foi atrás dele. Não dava para passar desapercebido com aquele longo manto negro".

No entanto, tais experiências parecem ter dado resultado. Questionado anos depois qual foi o auge de sua carreira como compositor, Geezer respondeu: "A própria canção 'Sabbath Bloody Sabbath'. Foi uma era totalmente nova para nós. Nós nos sentimos muito soltos naquele álbum. O clima era legal, divertido, a cocaína era excelente! Para mim, foi como nascer de novo. Fizemos os quatro primeiros álbuns daquela maneira. *Sabbath Bloody Sabbath* era como se fosse o Capítulo Dois de nossas vidas. Era uma sensação estranha; uma sensação boa... Logo depois disso, entramos em uma terrível depressão. Estávamos todos exaustos das turnês. Não estávamos nos dando muito bem entre nós. Então, Tony apareceu com o riff para "Sabbath Bloody Sabbath" e todos despertaram à vida. O ano em que estávamos fazendo isso, pessoalmente, foi um bom ano para mim. Sempre me lembrarei desse álbum e olho em retrospectiva para ele com uma boa sensação".

Iomi concordou, acrescentando: "Há grandes faixas nesse álbum. Era uma sensação muito boa desde os ensaios, à composição e à gravação. Foi uma época muito legal".

Após concluir a gravação, o Sabbath se apresentou no dia 2 de agosto no Alexandria Palace Festival em Londres, ao lado do Groundhogs, Stray, Uriah Heep, Manfred Mann's Earth Band e The Sensational Alex Harvey Band, como também seguiu uma trilha de datas em Newcastle, Bristol, Birmingham e Leicester. Antes do lançamento do álbum – *Sabbath Bloody Sabbath*, destacando uma arte ambiciosa e o misterioso crédito "Direção: Patrick Meehan" na capa – em novembro, a banda tirou férias para se recuperar e lidar com a situação administrativa que dava sinais de fraqueza, que viria a se tornar incontornável depois do Ano-Novo.

Enquanto toda essa atividade destruidora da alma se desenrolava nos bastidores, *Sabbath Bloody Sabbath* foi lançado no dia 8 de dezembro de 1973, alcançando o oitavo lugar no Reino Unido. A canção de abertura,

"Sabbath Bloody Sabbath", deu o pontapé inicial com um clássico riff de acompanhamento de Iommi, destacando um som mais leve do que antes, mas nada pior do que antes: na realidade, é um sinal de versatilidade inicial do álbum que a canção transmite após um minuto de uma seção mais suave e clara com os vocais inesperadamente sensíveis ("Nobody will ever let you know / When you ask the reason why..." ["Ninguém jamais vai te deixar saber / Quando você perguntar o por quê..."]. Ouça cuidadosamente a ponte depois dessa seção mais calma e escutará alguns riffs decididamente de rock comercial – a banda finalmente está entrando no território das rádios?

Cantando em um tom mais agudo que o normal, Ozzy continua com "A National Acrobat", baseado em um riff com duelo de guitarras e vocais sobrepostos. Uma canção raramente mencionada no catálogo do Sabbath, "Acrobat" está carregada de ecos e riffs com paradas e arranques que acabam diminuindo o ritmo da música, em vez de empurrá-la para a frente, e com isso a canção não consegue se manter de forma vigorosa – especialmente posicionada depois da faixa título. No entanto, "Fluff" é outro instrumental acústico formidável, na linha de "Laguna Sunrise", embora – como nessa canção anterior – deva ter sido considerada muito sensível para muitos ouvintes. Gostando-se ou não, deve-se notar que a ousadia de Iommi estava crescendo exponencialmente – ele toca piano e cravo na faixa, além das guitarras e do violão.

A próxima faixa é "Sabbra Cadabra", um pedaço de rocha que evita o peso do heavy metal da época, baseada em uma letra simples "Lovely lady make love all night long" ["Bela dama, faça amor a noite toda"] e improvisada para que o estúdio tivesse outra função menos romântica. Como Geezer se lembrou, "acho que era sobre uma namorada que eu tinha na época. Estávamos todos no estúdio e isso me veio à tona... Ozzy inventou toda essa pornografia, porque ouvíamos muito disso... o estúdio onde gravávamos fazia dublagem para vídeos pornográficos alemães, e ficávamos escutando todas essas dublagens em inglês desses vídeos pornôs alemães, então Ozzy cantava igual, a mesma coisa que o pessoal da dublagem estava fazendo. Então, eu modifiquei para que se tratasse de uma namorada que eu tinha na época".

"Sabbra Cadabra" é um regresso para uma abordagem mais rock'n'roll blueseiro e melódico que muito caracterizou o rock antes de o Sabbath ter introduzido seu estilo metálico único na mistura – mas isso não significa que não funcionou: é um clássico do Sabbath de todos os tempos. Diminui o ritmo aos dois minutos na canção, depois acrescenta um piano jazzístico no topo e introduz sons de órgão no fundo da mistura.

Será que Iommi intencionalmente plagiou o riff clássico do sucesso do Free de 1970, "All Right Now", na introdução do "Killing Yourself to Live"? É claro que não... e assim, a canção entra em um conto clássico de paranoia, do tipo que apenas Ozzy consegue interpretar – frases como "You think that I'm crazy and baby I know it's true" ["Você acha que eu sou louco, amor, e eu sei que isso é verdade"] e coisas do gênero. Entre as canções mais aceleradas que o Sabbath já havia interpretado desde então, ela exige volume para que a banda progrida e, novamente, com o talento de um riff espiralando com destreza.

Os fãs aguçaram seus ouvidos com "Who Are You", que destaca um miasma eletrônico de ruídos de sintetizadores, cortesia do tecladista do Yes e guru do improviso, Rick Wakeman, que eventualmente se tornaria um grande amigo da banda, como Iommi se recordou: "Ele era demais, muito bom. Ele era muito louco naquela época. Levamos o Yes conosco em turnês e os trouxemos à América em nossa primeira turnê. Mas Rick costumava viajar conosco, e não com o Yes por algum motivo". A canção também destaca uma interpretação precisa de Ozzy com os vocais harmônicos bem fechados, contrapondo com o arranjo competente da banda e sua capacidade própria de produção. O piano de Wakeman, os sons dos sintetizadores da era espacial e a ambientação transmitem à canção uma atmosfera épica (hoje, essencialmente ultrapassada) – foi um choque para os seguidores da banda na época, mas algo que prometia muita mudança adiante.

Se "Sabbath Bloody Sabbath" e "Sabbra Cadabra" foram um grande avanço para ser tocadas no rádio, então "Looking For Today" deu um passo ainda além – um refrão decrescente de funk e uma guitarra dedilhada deram à canção um ar contagiante que garantiu seu status memorável. É claro, com Ozzy e Geezer ainda contribuindo na mistura com suas letras e vocais sombrios – "Everyone just gets on top of you / The pain begins to eat your pride" ["Todo mundo monta em você / A dor começa a comer seu orgulho"] e assim por diante – mas, com a interpretação inteligente de Ozzy na frase do título, a canção passa a ser um suspiro de alívio comparada com, por exemplo, "War Pigs".

"Spiral Architect" fecha o LP de forma tensa e grandiosa, destacando um ambicioso e espiralado acompanhamento de cordas – creditado ao Phantom Fiddlers – e com três faixas de vocais que mantêm a contribuição de Ozzy mais pesada quando unida à enorme instrumentação que inclui até gaitas de fole tocadas por Tony. Há inclusive o som do público aplaudindo no final da canção, talvez para realçar a letra final e excepcionalmente otimista "I look upon my earth and fell the warmth and know that it is good" ["Olho para minha terra, sinto o calor e sei que isso é bom"].

Embora fosse seguro e multifacetado, *Sabbath Bloody Sabbath* foi e ainda é um enigma. Milhares de fãs o consideram como o auge da era Ozzy no Sabbath, enquanto outros o veem como uma mistura confusa de canções semicomerciais e uma abordagem diluída baseada no som pesado de antigamente. A verdade reside entre essas visões, mas, quando colocamos em perspectiva toda essa história grandiosa do Sabbath, torna-se óbvio que o disco brotou em um momento decisivo, no qual as pressões criativas e comerciais vinham atingindo proporções sísmicas.

Quando o LP foi lançado nos Estados Unidos, em janeiro de 1974, atingiu o 11º lugar ajudado pela arte detalhada da capa retratando uma divindade moribunda rodeada por anjos (ou demônios, isso não está claro) – talvez se tratasse de uma metáfora sutil das disputas que o Sabbath vinha enfrentando em sua luta contra Patrick Meehan, que havia resultado no rompimento da relação entre eles e o começo de uma longa e demorada batalha judicial.

Embora Meehan tenha se mostrado evasivo – eu teria recolhido sua versão dos fatos neste livro –, aparentemente ele deixou poucos amigos no lado do Sabbath quando os caminhos se separaram. Em sua ausência, poucas conclusões podem ser tiradas sobre a natureza de suas transações financeiras com a banda, mas todas as partes envolvidas apontam na direção de o quanto eles ficaram completamente quebrados financeiramente depois disso tudo.

Andrew Loog Oldham, ex-manager e produtor do Rolling Stones, comentou sobre as práticas financeiras de Meehan em uma entrevista com a Dotmusic, em junho de 2001. Falando sobre a falência de sua gravadora, a Immediate, ele disse: "De 1970 a 1975, eu estava pagando as dívidas da Immediate com a EMI, então o liquidatário da Immediate Records vendeu as fitas a Patrick Meehan, um indivíduo cujas ética e integridade podem ser consideradas altamente suspeitas e cujas práticas de negócio vinham sendo acompanhadas de perto pelo Fraud Squad [Departamento de polícia que investiga fraudes e crimes econômicos no Reino Unido], e que nunca pagou um centavo em direitos autorais de 1975 a 1996 a ninguém. Ele vendeu as fitas que comprou a Castle, que colaborou com essa troca rápida de artistas até que fizeram alguns pagamentos em 1996. Hoje a Castle é de propriedade da Sanctuary, que, de acordo com os rumores, pagou à banda The Small Faces... 265 mil libras em direitos autorais atrasados de 1995 ou 1996.

"Eles fizeram isso porque Kenny Jones tinha força para recorrer ao tribunal. Noventa e cinco por cento dos artistas da Immediate e 100% de seus produtores que não tinham recursos financeiros para isso, não tiveram a mesma sorte e, portanto, nunca receberam um centavo pós-1970, em razão de um bizarro e estranho acordo entre Patrick Meehan e os atuais advogados que representam a Sanctuary, que deveriam tomar mais cuidado, mas que continuavam a lucrar 95% desses discos sem pagar os direitos autorais."

Como Tony Iommi contou a Malcolm Dome na revista *Kerrang!*, em 1988, "a situação com Patrick se tornou inviável. Nunca conseguíamos encontrá-lo quando havia contas a ser pagas e, a não ser por uma garota no escritório, não havia uma pessoa com quem pudéssemos conversar sobre o assunto. Era um pesadelo e, no final das contas, não me restou outra opção a não ser sair fora e tentar juntar os cacos. Tudo o que eu quero é que me deixem em paz para continuar tocando música. Eu apenas gostaria que estes problemas desaparecessem".

Questionado pelo *Metal Sludge* sobre o que faria diferente se tivesse seu tempo de volta, Geezer respondeu: "Consultaria um advogado e um contador. Porque esquecemos... quando fizemos nosso primeiro álbum, e fomos ao nosso primeiro manager, tínhamos apenas 18 e 19 anos de idade, e não conhecíamos coisa alguma sobre o lado dos negócios, e nossos pais se recusaram – eles tiveram de assinar um contrato para nós, não sabíamos que tínhamos de procurar um advogado, e nossos pais se recusaram a assinar os contratos para nós. Então, todos nós falsificamos as assinaturas de nossos pais no contrato. Foi a pior coisa que fizemos, porque não teríamos como provar isso no tribunal mais tarde".

Perguntei a Geezer em detalhes sobre a separação com Meehan, e ele me contou: "Foi horrível. Tivemos de pagá-lo, da forma que ele havia nos amarrado em seus contratos, tivemos de pagá-lo para nos livrar dele. Não tínhamos advogados ou coisa do gênero quando assinamos os contratos, porque não entendíamos disso".

Essa inocência seria quase impensável nos dias de hoje, eu disse a ele, mas ele explicou: "Não tínhamos a menor ideia sobre negócios, queríamos apenas tocar música. Quando começamos, nem sequer pensamos que faríamos ou venderíamos discos. Era uma espécie de *hobby* para nós, qualquer coisa que nos livrasse dos empregos das 9 horas às 17 horas. Não imaginamos uma única vez que isso se tornaria uma coisa que desse dinheiro".

Questionado sobre quando a situação com Meehan se tornou intolerável, Geezer explicou: "Começou na época do *Sabbath Bloody Sabbath*, foi quando começamos os procedimentos, mas levou anos nos tribunais. Por isso que intitulamos nosso álbum seguinte de *Sabotage*. Acho que ele pegou todo o nosso dinheiro e comprou uma rede de hotéis. Ficamos sem um centavo, absolutamente quebrados. Se a banda tivesse terminado naquele ponto, teríamos nos tornado totalmente indigentes, mas felizmente prosseguimos e nos recuperamos um pouco nas turnês. Acho que ficamos totalmente livres dele no final do álbum *Sabotage*.

Em janeiro de 1974, o novo gerenciamento havia sido garantido na forma intimidadora de Don Arden, que teve ligações com ambas as equipes anteriores – à medida que fora o ex-patrão de Meehan e Pine e, mais tarde, se tornaria um grande amigo de Jim Simpson. As primeiras negociações foram marcadas por um encontro entre Ozzy e a filha de Arden, Sharon, com 18 anos de idade na época e que trabalhava como recepcionista em seu escritório (o filho de Don, David, também fazia parte da equipe Arden nessa época). Supostamente, Sharon ficou assustada e emudecida com a figura de Ozzy, que entrou na sala com uma torneira pendurada no pescoço que costumava usar e se sentou no chão, rejeitando a cadeira. Desses primeiros encontros não agradáveis, brotaria lentamente uma amizade.

Meehan e Arden nunca se reconciliariam, graças a um confronto explosivo que ocorreu no festival Midem em Cannes, em 1975. Esclarecendo em sua autobiografia de 1999, chamada *Mr Big*, que nos últimos meses havia alertado Meehan sobre os comentários que ele havia feito sobre Sharon (os dois tiveram um breve caso no início dos anos 1970), Arden escreveu: "Estávamos no cassino quando avistamos Patrick em uma das mesas. Sharon ficou aborrecida, é claro, e começou a me incomodar sobre isso. No final, apenas para fazer com que ela se calasse mais do que qualquer outra coisa, eu fui até lá e o alertei novamente. Em seguida, um cara italiano que estava com ele – que depois eu descobri que tinha acabado de cumprir 14 anos na cadeia por assassinato – pulou em cima de mim e me derrubou de lado no chão! Então, eu fiquei enfurecido, meus rapazes pularam em cima, a Sharon pulou em cima e aquilo virou uma briga de salão como em um filme de caubói: garrafas quebrando, cadeiras voando no ar, uma pancadaria". Arden pôs um ponto final no problema com Meehan ao pedir ao seu padrinho da Máfia, Joe Pagano, que lhe mandasse um alerta de que a próxima ofensa seria sua última.

E foi assim que teve início o terceiro relacionamento empresarial na carreira do Sabbath. Meehan desapareceu em uma relativa obscuridade, aparecendo de vez em quando à medida que a batalha judicial prosseguia, do mesmo modo que Wilf Pine. Esse último conseguiu a incrível façanha de ser – de acordo com o livro do escritor John Pearson, *The Englishman and the Mafia* – um dos poucos ingleses aceitos na família da Máfia e, especificamente, com um dos padrinhos da liderança, Joe Pagano.

Don Arden levou uma vida repleta de alegria, e construiu um notável negócio administrando artistas, já em 1974, aos 48 anos de idade. Nascido em Manchester, o jovem Arden enveredava pelo "show business" como artista por seu próprio mérito, apresentando-se como cantor e comediante aos 13 anos de idade. Como judeu e fluente em hebraico, ele era capaz de impressionar o público judeu, antes e depois da guerra, como humorista em uma variedade de clubes e cantando canções populares da época, com sua bela voz tenor sem formação alguma. Em 1954, ele montou uma agência, recrutou Gene Vincent seis anos depois e importou artistas dos Estados Unidos, tais como Bo Diddley e Chuck Berry, às turnês inglesas.

A relevância contemporânea do pós-rock'n'roll veio quando Arden fechou contrato com o The Small Faces, em 1965. Sobre a jovem banda, ele disse: "Naquela época, na primeira audição, eu achava que se tratava da melhor banda do mundo". O baterista Kenney Jones disse sobre Arden: "Ele era uma espécie de urso de pelúcia judeu, eu acho. Você gostava dele à primeira vista porque ele era entusiasmado e falava sobre o que poderia fazer e o que não poderia fazer, e sempre que dizia 'Eu vou fazer isso, eu vou fazer aquilo', ele fazia e se tornava realidade".

Mas uma mão de ferro se escondia embaixo do exterior do urso de pelúcia e quando outro manager, Robert Stigwood, encontrou-se com o The Small Faces, em 1966, para discutir uma troca de gerenciamento, Arden lidou com ele de forma sumária. Reza a lenda que Arden e uma equipe de "associados" entraram no escritório de Stigwood e o convenceram de que mexer com a banda de Arden era inapropriado, pendurando-o de uma janela no andar de cima.

No entanto, o contrato da banda foi vendido no ano seguinte para Andrew Loog Oldham, o antigo manager do Rolling Stones, com o pagamento feito à vista em um saco de papel marrom, é o que reza a lenda. Embora o The Small Faces nunca soubesse com certeza se as transações foram feitas de forma completa, Kenney Jones relembraria mais tarde: "Tenho boas e más memórias, mas de modo geral eu me lembro de Don com afeto, por mais surpreendente que pareça... sem Don, o The Small Faces talvez nem tivesse existido, sem o tipo de visão que ele tinha na época, fosse de curta duração ou o quê. O fato é que nos tornamos conhecidos e tivemos uma oportunidade por causa de Don. Então, se você vê as coisas dessa maneira, tudo bem, é história. Todos nós aprendemos uns com os outros, ele nos deu nossa primeira oportunidade, tudo bem, nada mais justo, você entende? Deixe isso para lá".

Arden contratou o The Move depois da saída do manager original, Tony Secunda, e desfrutou de enorme sucesso quando o guitarrista do Move, Jeff Lynne, e o vocalista do Wizzard, Roy Wood, formaram mais tarde a banda Electric Light Orchestra e lançaram uma sequência de grandes sucessos nos anos 1970. Novamente, era uma mistura de consagrações para as atrações envolvidas. O baterista do Move, Bev Bevan (mais tarde se tornaria totalmente envolvido com o Sabbath), disse sobre Arden: "É provável que Don tenha tido ambição demais para seu próprio bem... Ele não quer apenas fazer com que uma banda tenha êxito, ou fazer com que uma banda ou um cantor consiga um disco de sucesso, ele quer que todos sejam o número um, sabe? Ele os quer enchendo estádios de futebol. Ele quer que tudo seja realmente grandioso".

Enquanto Arden trabalhava em nome do Black Sabbath, a banda viajava exclusivamente apoiada no *Sabbath Bloody Sabbath*, apresentando-se na Suécia, Dinamarca, Holanda, Alemanha e Suíça, antes de uma prolongada turnê nos Estados Unidos em fevereiro. Um show em Long Island os viu se apresentar com o Bedham, a banda que contava com um jovem e extremamente talentoso baterista chamado Cozy Powell, antes do que seria, sem dúvida alguma, o show ao vivo mais ambicioso de sua carreira até hoje – o California Jam no dia 6 de abril de 1974, no Ontario Raceway, na Califórnia.

Esse megaevento foi bem documentado, especialmente porque estava entre os primeiros megaeventos de sua época, além do Woodstock em 1969. Os movimentos de hard rock e o relativamente novo heavy metal já estavam bem encaminhados em 1974 e a demanda por música, especialmente nos Estados Unidos, era tanta que shows imensos, tais como esse, tornavam-se economicamente viáveis. Com a expansão das indústrias de amplificação e sistemas de som, os eventos passaram também a se tornar fisicamente viáveis.

Bandas de primeira linha, como Emerson Lake & Palmer, mais o Sabbath e o Deep Purple, foram convidadas para tocar (depois de as melhores bandas da época, Rolling Stones, Led Zeppelin e The Band pedirem honorários astronômicos que eram inaceitáveis) de uma lista que incluía o Earth, Wind & Fire, Rare Earth, Black Oak Arkansas, Seals & Crofts e The Eagles. Um impressionante número de 200 mil pessoas foi ao evento, cada um pagando dez dólares pela entrada, em um espaço que havia sido escolhido por causa de sua acessibilidade a Los Angeles, San Diego e Orange County, e que contou com estacionamento para 50 mil automóveis. Essa menina dos olhos do produtor de rock Lenny Stogel, que garantiu o patrocínio da gigantesca rede de televisão ABC TV, em troca dos direitos de filmagem, foi o festival que ficou entre os primeiros a se beneficiarem de profissionais de larga escala e de especialistas em organização de eventos e que não teve contratempo algum, talvez porque Stogel tivesse consciência de que as desordens e agitações do público eram algo que deveria ser evitado a todo custo. "Quando eu soube que estava montando um espetáculo para 200 mil jovens", disse ele, "não queria que nada ocorresse de forma inesperada. Queria manter o controle total e saber exatamente o que estava acontecendo naquele momento e o que poderia acontecer nas próximas horas. Duzentas mil crianças, era uma grande responsabilidade.. Eu tinha de ter tudo sobre controle – para preservar minha sanidade."

O primeiro Cal Jam – um segundo evento, o Cal Jam II, ocorreu em 1978, mas foi considerado inexpressivo pela maiorias dos participantes – estabeleceu novos parâmetros em abundância de estrelas do rock. Esse foi o show em que uma banda insistiu que os pratos com chocolates M&Ms que eles exigiram no camarim não tivessem doces de cor amarela – o que significava que um empregado tinha de checá-los antes – e no qual artistas chegavam em helicóptero particular, trazidos do Beverly Hills Hotel. Mas nada disso realmente importou quando a música começou: as apresentações, incluindo a do Black Sabbath, transcorreram perfeitamente – com exceção do Deep Purple, cujo guitarrista Ritchie Blackmore explodiu de raiva para cima de um operador de câmera persistente e estraçalhou sua guitarra no ofensivo maquinário, causando alguns milhares de dólares em danos. O Purple – na época em sua formação Mark III, com David Coverdale e Glenn Hughs – ficou também abalado por uma explosão pirotécnica violenta e imprevista que os deixou atônitos, embora não tenha causado ferimentos.

A era do rock corporativo havia começado, e o Black Sabbath era um dos primeiros na linha de frente. Antes de subir às alturas ocupadas por sua vanguarda, a banda teria de se adaptar às demandas dos fãs de âmbito comercial – o que significava alterar gradualmente sua postura lírica.

E assim, sem mais delongas, a palavra de nosso patrocinador – o próprio e velho Diabo.

CAPÍTULO 7

1974

O Diabo de fato tem todas as melhores músicas. Entretanto, nem todos saíram de Aston, Birmingham, onde os jovens do Black Sabbath cresceram em famílias cristãs e, deixando de lado a opressiva pobreza que enfrentaram, viveram o que seria considerado como vidas normais. Por que, então, a banda despertou esse tipo de fervor religioso nos anos 1970?

"Você tem de se lembrar da época", disse Ozzy, posteriormente, com uma tristeza resignada. "Era o fim dos anos 1960, e tudo girava em torno do 'If you're going to San Francisco, be sure to wear a flower in your hair' ['Se você está indo para San Francisco, certifique-se de usar uma flor em seu cabelo']. Que cambada de hippies felizes que era aquilo. Nós aqui, vivendo a 99 milhões de milhas de distância em Aston, Birmingham, uma cidade industrial, e o mundo assim tão feliz. Costumávamos ensaiar do outro lado da calçada do cinema, e Tony nos dizia: 'Não é estranho o quanto as pessoas gostam de ir ao cinema para ficarem assustadas? Por que não fazemos música que assustem as pessoas?'. E ele apareceu com os riffs mais pesados de todos os tempos. Aquele primeiro álbum foi apenas experimental. O máximo que fazíamos era fumar maconha e encher a cara – eu vivia sempre bêbado; todo aquele ambiente proletário ao redor dos pubs com seus maços de cigarro Players' Nº 6".

É fácil minimizar o elemento satânico das canções do Sabbath nos dias de hoje, depois de duas décadas em que o pêndulo social balança em um estado de permissividade passiva e ninguém se importa mais com a blasfêmia – mas, na época, em 1970, 1971 e 1972, cantar sobre o Satã era uma coisa que levaria a poucos amigos com mais de 35 anos de idade. Geezer Butler, a figura responsável pela maioria das letras diabólicas mais memoráveis ("Begging mercy for their sins / Satan laughing spread his wings" ["Implorando misericórdia por seus pecados / Satã sorrindo abre suas asas"]), passou parte das milhares de entrevistas que concedeu desde aquela época protestando por sua inocência. "Fui criado em uma família católica incrivelmente rigorosa, e acreditava no inferno e no demônio", disse ele uma ocasião. "Mas, embora eu tivesse aprendido coisas sobre Deus e Jesus, ninguém jamais entrou no assunto sobre o que era o demônio, então, quando tinha 16 ou 17 anos, fui em busca para saber do que se tratava. E o fato de eu ter escrito a maioria das letras do Black Sabbath, um pouco disso acabou nas canções... mas nunca incitando ao satanismo. Era um alerta contra o mal".

Essa postura ao admitir que as canções falavam, essencialmente, sobre a veneração ao Satã – ou seja, que as canções mencionavam, mas não *defendiam* o demônio – ou qualquer outra coisa associada às questões demoníacas, que deixavam muitos ouvintes ingleses e americanos de classe mediana ofendidos, é algo discutível. Kerry King do Slayer fez a mesma coisa em várias ocasiões, argumentando de forma bem-sucedida (e apropriada, ao que tudo indica) que a canção infame de sua banda, "Angel of Death", sobre o médico do campo de concentração nazista Josef Mengele, meramente registrava e não comentava os crimes do indivíduo.

Mais convincente ainda é o argumento de Geezer de que os temas diabólicos eram um mero veículo ou metáfora de seu verdadeiro alvo, o sistema: "Escondemos nossa verdadeira mensagem nas letras satânicas. A mensagem tinha muito mais a ver com a guerra e a loucura que ela representa. Não queríamos ser tão explícitos, e ninguém nunca se importou em se concentrar em nossas letras... Houve uma época em que eu fiquei interessado em magia, mas nós nunca realmente entendemos isso de forma adequada. Se você pensar sobre o título "Children of the Grave" ["Crianças da Cova"], você poderá achar que é uma canção muito nojenta, mas na realidade é uma música antiguerra!... O mal em nós está em nossa música... se você toca música pesada, ela tem de ser realmente pesada".

Ele acrescentou: "Qualquer letra que eu ou Ozzy escrevemos era na realidade um alerta contra o satanismo, transmitindo às pessoas que se você for explorar isso, tenha muito cuidado... Eu tive uma criação católica muito rígida, então li muito sobre Satã. Mas nós nunca, nunca mesmo, promovemos o satanismo ou a magia negra, apenas o usávamos como referência, e isso não era nosso único tópico. Escrevemos muitas letras sobre ficção científica, canções contra a Guerra no Vietnã, e o ocultismo foi tratado em apenas três ou quatro canções. Mas as pessoas não as interpretaram de maneira correta, elas sempre fazem isso... o Sabbath chegou até a fazer um tipo de hino descaradamente cristão e pró-Deus, 'After Forever', e as pessoas ainda levaram pelo lado errado. Acharam que nós estávamos sacaneando!... Mesmo no início, quando todos nos chamavam de adoradores do demônio, eu não acho que tínhamos uma imagem satânica. Era um nome sombrio, Black Sabbath, mas as canções *nunca* promoviam o satanismo".

Ozzy, que era o coautor de algumas canções e – como vocalista – era o responsável por transmiti-las ao público, foi tão veemente quanto Geezer sobre o assunto. "O Black Sabbath não era todo negro, nem tudo era magia negra", ele disse. "Havia vários assuntos sobre o meio ambiente que já tratávamos anos atrás. Geezer compôs algumas coisas muito interessantes, em termos de letra. Estávamos sempre tentando fazer algo diferente. Não queríamos nos prender no jargão 'rapaz se apaixona pela garota'. Acho que fizemos apenas um tipo de canção de amor o tempo todo que estivemos juntos. Cantávamos sobre todos os tipos de assuntos – ficção, política, meio ambiente, ocultismo, de todas as formas que você possa imaginar."

Qualquer tipo de interesse no assunto relacionado a Satã e seus associados era estritamente limitado ao entretenimento, ele enfatizou – embora, mesmo na época, seu limiar fosse um tanto conservador: "Eu talvez tenha assistido ao filme *O Exorcista* 8 bilhões de vezes. Quando surgiu pela primeira vez nos anos 1970, eu me lembro de ter ido ao cinema na Filadélfia com o Black Sabbath. E o Black Sabbath, é claro, era essa banda satânica de rock'n'roll – e mesmo assim nós ficamos tão assustados que passamos a noite juntos no mesmo quarto. Até aquele momento, eram fios de náilon e linhas de pesca para cima dos morcegos quando apareciam, mas aquele filme foi tão real".

Infelizmente, para seus protestos – mas nem tanto para o cenário do metal –, um movimento totalmente novo, o black metal, surgiria nos anos 1980. Em 1985, três bandas, Venom, Bathory e Mercyful Fate, já haviam estabelecido um gênero mais rápido e bruto de metal e evocando letras sobre Satã – olhando em retrospectiva, com tanta credibilidade quanto um grupo amador qualquer de artes dramáticas – e forma poderosa para os padrões da época. O vocalista do Venom, Conrad "Cronos" Lant, contou-me: "Eu era um grande fã do Black Sabbath, mas sempre achava que eles não chegavam ao ponto onde deveriam chegar. Olhando em perspectiva, é claro, o Sabbath foi exatamente até onde eles deveriam ter ido, porque Ozzy tinha essa veia cômica dentro dele. Ele não teria simplesmente como se erguer e dizer: 'Eu sou o Príncipe das Trevas' – porque as pessoas iriam rir e dizer: 'Vá se foder, seu bêbado'. O Sabbath era apenas um simples filme de terror da Hammer, e eu queria ser a *Noite dos Mortos-Vivos* ou *Hellraiser*. O Sabbath cantava letras do tipo 'Oh, the demon's coming' ['Oh, o demônio está vindo'], e eu dizia 'Foda-se', e cantava 'I'm the demon and I'm coming to get you, Ozzy' ['Eu sou o demônio e vim te buscar, Ozzy']. Todo mundo gostava de ir assistir ao Drácula, mas ninguém queria *ser* o Drácula, então eu dizia 'Eu serei o Drácula'".

No fim dos anos 1980, o cenário do black metal desapareceu de vista, substituído pelo florescente movimento do death metal da Flórida, de Nova York e da Suécia. Bandas tais como Mayhem, Burzum, Immortal, Dimmu Borgir, Dark Funeral, Cradle of Filth e Gorgoroth estabeleceram um gênero muito mais confiável e competente do que os pioneiros da década anterior, e esse gênero figura agora entre as maiores exportações da Escandinávia.

Se for necessário comprovar o enorme poder em atrair fãs que o tema diabólico possui, basta observar que muito dessa nova popularidade pode ser atribuído a uma série de homicídios, igrejas incendiadas e tumbas profanadas, que ocorreram no início e meados dos anos 1990 na Noruega. Os fãs do metal ficaram encantados pela atenção dada pela mídia que acompanhava esses eventos de manifestações exageradas, enquanto acenavam para um futuro comercial do movimento, levando os músicos das gerações mais velhas a comentar horrorizados sobre essa virada de eventos. Como Geezer – talvez em retrospectiva, a pessoa mais responsável pela ascensão do black metal – argumentou: "Eu acho muito triste que essas bandas na Noruega estejam tentando conseguir publicidade incendiando igrejas. A música não deveria incitar o ódio nem a intolerância, o mundo já está repleto disso... Algumas dessas bandas novas são tão falsas que chega a ser inacreditável que eles não saibam sequer o que estão cantando na metade do tempo".

Embora admitisse que não é um especialista no assunto, ele devia saber sobre o significado do satanismo na vida real, tendo sido obrigado a lidar com alguns de seus partidários no decorrer dos anos. Em 1970, por exemplo, o Sabbath foi convidado por um grupo de satânicos para tocar em um evento no Stonehenge chamado "The Night of Satan". A banda recusou a oferta, mas ficou incomodada, para não dizer o pior, quando eles ficaram sabendo que o líder bruxo Alec Sandres estava planejando lançar uma maldição contra eles. Reza a lenda que foi isso que inspirou os quatro músicos a usar seus crucifixos – feitos pelo pai de Ozzy, que era ferramenteiro, a pedido do filho.

As coisas foram do estranho à loucura, e além. Encontraram o camarim na cidade de Memphis pintado com cruzes feitas de sangue. Mais tarde, no mesmo dia, um indivíduo transtornado, obviamente um adorador de Satã, correu para cima do palco segurando uma faca de sacrifício. Um grupo de bruxos se reuniu do lado de fora do hotel onde o Sabbath ficou hospedado, levando Geezer – é que o contam – a ameaçá-los com um feitiço falso sobre eles. Ameaças de morte cruzaram o caminho da banda e durante um show as luzes falharam: Ozzy ficou paralisado de medo.

Esse era o tipo de fardo que suportava qualquer banda que ousasse cantar sobre o demônio e que fizesse shows no extremo sul dos Estados Unidos, ou também no extremo sul do Reino Unido, antes de 1977, onde o espectro dos punks cuspidores e suas suásticas haviam brotado e tudo começava a parecer à moda antiga. No entanto, a linhagem do black metal já estava garantida, com bandas que causam ofensas até os dias de hoje. Uma delas, o Cradle of Filth, de Suffolk, causou um enorme protesto com camisetas que carregavam o *slogan* "Jesus Is a Cunt" em letras garrafais nas costas. Depois que algumas pessoas usando essas camisetas foram presas por blasfêmia pública ou ofensas parecidas, a banda parou a fabricação, percebendo que havia passado dos limites. Como Paul Allender, o guitarrista do Cradle, contou-me: "A quantidade de pessoas que foram presas por vestir a camiseta foi ridícula. Eu acho engraçada a forma como as pessoas se sentem ofendidas por tão pouco. As pessoas diziam, ó blasfêmia! Mas, se você quiser se tornar uma banda bem-sucedida, a imagem tem de se ajustar à música" – um sentimento que o próprio Geezer ecoou em muitas ocasiões.

Mais uma vez, o satanismo e Satã não são sinônimos, um fato que escapa à compreensão de muitos e que faz com que a menção do velho colega de vermelho seja menos ameaçadora quando vista como ultrapassada. A Church of Satan [Igreja de Satã], fundada por Anton Lavey na Califórnia, pode até parecer sinistra para algumas pessoas – mas, comparada a outras filosofias mais delicadas, não deixa de ser uma concepção positiva. Para os principiantes, Lavey não acredita em Satã, usando-o meramente como um símbolo para o estilo de vida satânico. Por outro lado, observe, por exemplo, a visão intimidadora do mundo da banda sueca de black metal Dissection, cujo vocalista Jon Nodtveidt serviu sete anos de prisão por ter participado do assassinato de um colega sueco em 1997. Ele passou o tempo na prisão formando um grupo, o Misanthropic Luciferian Organisation [Organização Misantrópica Luciferista], e surgiu em 2004 para me contar: "Eu sou definitivamente um satânico. Baseio meu ponto de vista no gnosticismo – a percepção do Cosmos como uma prisão física e universal do espírito que deve lutar para se livrar dela. Eu identifico Satã como um poder caótico, um poder espiritual sem forma, que queima dentro de nós, e também como um poder externo, contrariando o universo físico. Acho que o satanismo tem a ver com quebrar as correntes do ego, que pode ser nosso maior inimigo. Para mim, a música é uma forma de me expressar de uma maneira muito mais abstrata. Talvez isso sirva também para todos os tipos de criatividade. É uma forma de expressar algo sem usar as palavras".

Enquanto isso, a infame banda norueguesa de black metal Gorgoroth tem um vocalista chamado Gaahl que foi multado em 190 mil coroas suecas e sentenciado a 14 meses de prisão em 2004 por ter espancado uma pessoa e ameaçado beber seu sangue. O guitarrista da banda, Roger "Infernus" Tiegs, recebeu uma pena de prisão por abuso sexual agravado, mas enquanto aguardava, o tribunal de recursos me contou: "Eu acho que, para o black metal ter êxito, ele deve ter uma ética satânica. Nós conseguimos ganhar dinheiro com isso porque temos um fundamento satânico na música. Nós nos vemos como missionários... convertendo o máximo de pessoas possível ao satanismo. Você consegue fazer isso por intermédio da música de uma maneira que não conseguiria usando os rituais católicos romanos... Vou definir o satanismo como nós o vemos. Eu o vejo como uma religião gnóstica. Estamos nos distanciando do enfoque humanístico da Igreja de Satã de Anton Lavey. Estamos em uma guerra cósmica, é assim que nós vemos, e não estamos interessados nas questões humanísticas. Basicamente, o enfoque de Lavey é muito humano. O elemento humano é só uma parte, e não o todo, de maneira alguma".

Muito mais humano é o estágio original do satanista King Diamond (nome verdadeiro: Kim Bendix Petersen), o vocalista dinamarquês que liderou o Mercyful Fate e que ganhou a vida fazendo cara de mau enquanto destruía crucifixos feitos de fêmures humanos falsos. Como ele argumenta, "as pessoas perguntam, você é um satanista? E eu respondo, bem, em primeiro lugar, eu preciso ouvir a *sua* definição de satanista antes de responder sim ou não. Posso relacioná-la às filosofias que Anton Lavey escreveu. Quando li seus livros pela primeira vez, pensei, é assim que eu vivo minha vida. Esses são os valores que eu carrego...

mas, ao mesmo tempo, há uma grande lacuna nisso – ele não diz às pessoas, escute, este é o deus certo e este é o deus errado. Não vejo *nada* de deuses por lá. Ele simplesmente fala que você deve escolher o que o faz feliz, porque ninguém tem como provar qualquer coisa. Portanto, se as pessoas dizem que eu sou um satanista porque acredito na filosofia de vida que se encontra naquele livro, então é claro que sim. Mas, se eles disserem, você acredita que sangue de bebê lhe dará energia extra, e que você consegue evocar demônios com isso? Então, não, eu não acredito nisso".

Na realidade, ele é um tanto tolerante: "Não tenho prova alguma, como ninguém tem prova alguma, de que exista este deus ou aquele deus. Seja lá o que for que ajude as pessoas a superar o dia, está ótimo. Mas a religião está em toda a parte – observe os atuais eventos mundiais. Isso acontece porque não respeitamos uns aos outros. O mundo de cada pessoa é maior do que o seu e o meu. Cada um leva uma vida diferente criando seus valores e seus pontos de vista. Quando eu morrer, espero poder sentir o lado interno das pessoas que amei nesta terra. Eu reconhecerei a essência desse ser, e estou totalmente convencido de que isso irá acontecer. Mas nunca direi às pessoas que um determinado fato é verdade, ou que existe um determinado deus".

Agora, compare Ozzy, Geezer e sua banda de homens alegres com o totalmente decente King Diamond. Existe muita coisa em comum. Mas eles parecem meros amadores quando comparados com o verdadeiro satanismo assustador e sacrificadores de bodes – e quando comparados com a filosofia homicida, violenta, fundamentada e documentada do Gorgoroth e do Dissection, não há literalmente nada em comum. De repente, o Sabbath não parece tão malvado assim, não é mesmo?

No entanto, com o passar das décadas, dificilmente houve uma entrevista na qual o Sabbath não fosse questionado sobre adoração ao diabo. Mesmo lá atrás, no fim dos anos 1970, Ozzy conseguia ver as perguntas chegando a quilômetros de distância, como contou ao escritor Steve Turner: "Você vai perguntar sobre magia negra. Isso é besteira. Geezer compôs uma canção chamada 'Black Sabbath' e na época nossa banda se chamava Earth, mas éramos confundidos constantemente com outro grupo que tinha o mesmo nome, então mudamos para Black Sabbath".

Geezer acrescentou: "Estávamos tentando fugir das letras tradicionais que falavam de rapazes e garotas. Comecei a explorar o sobrenatural como fonte de um novo assunto. Quando escrevo, quero que seja uma experiência interessante para mim também e, no final das contas, que seja uma experiência interessante para aqueles que ouvem as canções".

A revista cristã *Cornerstone* perguntou uma vez diretamente a Ozzy sobre suas crenças religiosas e, de forma inesperada, ele se mostrou disposto a ser honesto. Os resultados foram fascinantes, e obstinadamente manteve sua postura diante dos olhos penetrantes dos interlocutores. Questionado se as letras satânicas eram genuínas ou tudo não passava de uma atuação, ele respondeu: "É apenas um papel que eu enceno. Quero dizer, não saberia como lidar com evocar os fogos de artifício no Natal! Quem pensa que Ozzy Osbourne está nessa de Satã e tudo mais, não sabe o que está falando... Eu posso ter mencionado a palavra 'demônio', que imagino que Frank Sinatra tenha usado em sua época, mas as pessoas não se manifestam contra ele dizendo que elas não o querem em sua cidade. Escrevo do jeito que eu penso. Cabem aos seus ouvidos interpretarem da forma que bem quiserem. Se você prefere pensar que eu sou o Anticristo, isso é problema seu. Eu não sou. Eu sou apenas Ozzy, e só existe um Ozzy".

Questionado sobre a existência de Deus, ele disse: "Há várias maneiras de se olhar para isso. É como se Deus estivesse dentro de você. Deus é um sentimento bom. Ele é as flores, os cheiros e as boas coisas na vida... Jesus Cristo foi a estrela de rock'n'roll original. Ele deu às pessoas motivos para viver no marasmo que elas viviam. Foi o primeiro homem a dizer: 'Você não precisa de sacrifícios humanos, porque os sacrifícios humanos prejudicam alguém, entende? Acredite apenas no espírito que está dentro de você... Eu sou uma pessoa cristã. Quero dizer, você precisa ir à igreja para ser um cristão? Você precisa andar por aí distribuindo panfletos a fim de que as pessoas se tornem cristãs? Um homem cristão é um homem que olha para dentro de si mesmo, que transmite boas vibrações. Eu abro a porta para as senhoras, eu ajudo as idosas a atravessar a rua. Eu faço um show todo ano para ajudar no combate à leucemia, mas não divulgo isso porque vai contra minha imagem".

Apesar de todas essas contestações, Ozzy ainda dá indícios de uma crença sobrenatural: "Quando o Black Sabbath se reuniu pela primeira vez, começamos a ler todos aqueles livros de Dennis Wheatley, e nesses livros eu vi a maioria das forças malévolas de que jamais tinha ouvido falar. Nunca tinha ouvido falar de projeção astral até ler aqueles livros. O que mais me intrigou foi que as pessoas conseguem pensar com tamanha profundidade, sabe? Eu acredito que você realmente consegue fazer aquilo se quiser... Eu acho que, se um homem consegue criar algo como uma bomba atômica, ele certamente será capaz de criar algo com sua própria mente".

Tony Iommi também mencionou as experiências transcendentais, dizendo: "Eu sei o comprimento da onda à que Geezer está ligado – na realidade, o grupo todo se comunica em um nível muito próximo. Do tipo, nós temos o que você talvez pudesse chamar de terceiro olho. Podemos sentir entre nós o que está prestes a acontecer. Tivemos experiências reais. Uma de que eu me lembro, Geezer estava dormindo e ele deve ter passado por uma viagem astral. Eu fiquei preso no elevador. Ele sonhou isso e, quando eu o acordei, ele disse: 'Estou feliz que é você, porque acabei de sonhar que você ficou preso no elevador'. Essas ocorrências são muito comuns. No começo, elas costumavam me assustar, até que acabei me acostumando com isso".

Talvez toda essa expressão satânica seja apenas arte, ponderou Ozzy: "Não estou batendo na religião. Não acredito nas coisas do mal. Não sou um satanista. Trata-se apenas de um papel teatral que eu enceno. Se você quer continuar falando sobre satanismo e suicídio, deve ir direto a todos os setores e pegar no pé do Shakespeare também. *Romeu e Julieta* tinha tudo a ver com suicídio. Isso não começou com o rock'n'roll. Por que eles pegam no nosso pé? Você entra em uma galeria de arte e encontra quadros de Satã, quadros de mulheres nuas... Em minha opinião, nós temos o mesmo direito de ser artistas do que um cara que pinta em um pedaço de tela ou que escreve um poema, uma peça de teatro ou um roteiro de cinema".

Mas, no final, tudo é apenas rock'n'roll, como Ozzy explicou: "Estou aí fazendo meu negócio, ligando as pessoas. O que há de errado em afastar as pessoas de suas situações mundanas do dia a dia e fazer com que tenham uma boa e divertida noite durante uma hora e meia em um cenário de rock'n'roll? Isso é que é importante. Diversão. Não tem nada demais. Não estou tentando virar a cabeça das pessoas. Não estou tentando dizer, 'Acreditem em mim'... Prefiro ver 20 mil rostos sorridentes a 20 mil pessoas chorando. Minha filosofia é: se você é feliz por ter nascido cristão, se você é feliz sendo um católico romano, se você é feliz sendo um judeu ou um mulçumano... excelente! Eu sou feliz sendo Ozzy, entende?".

Os anos se passavam e o Sabbath dissipava e fluía, enquanto Ozzy pulava fora e subia de novo no vagão do rock'n'roll, ano sim, ano não. No ano de 1997, ele já tinha uma perspectiva sobre isso tudo, contando à *Guitar World* que "o Black Sabbath nunca foi uma banda satânica de verdade, embora tocássemos nos tópicos sobre o satanismo e a adoração ao demônio em algumas canções. Era apenas um ângulo diferente. Se você se lembrar do fim dos anos 1960 e início dos anos 1970, tudo tinha a ver com 'paz e amor' e o quanto o mundo era maravilhoso. Isso simplesmente não parecia ser verdadeiro para nós. O mundo estava fodido".

Em uma observação pessoal, ele se queixou: "Eu tenho sido tratado como o Anticristo. Até agora fui processado por aproximadamente 25 pessoas que alegam que seus filhos cometeram suicídio depois de ouvir minha música. Isso é um absurdo total. Isso seria um erro enorme da minha parte que destruiria com minha carreira, você não acha, caso eu intencionalmente gravasse discos para fazer com que as pessoas cometam suicídio? Se cada pessoa que compra o disco vai se matar, então o próximo trabalho venderia menos discos, não é?".

A América, é claro, tem sua parcela de intenções malucas tentando colocar o errante Osbourne no caminho certo, quando o assunto é a devoção. Como ele relembrou perplexo, "coisas estranhas acontecem em nome da religião. Anos atrás, eu estava a caminho para tocar em um lugar chamado Tyler, no Texas. E o xerife contou para meu produtor da turnê que ele não tinha como garantir minha segurança porque alguém de uma pedreira local havia roubado uma carga de dinamite, e que eles iam explodir o espaço da apresentação. É claro que eu não apareci no show. Eu não gostaria de me apresentar aos pedaços... Uma vez, entrei em meu ônibus da turnê depois de um show e dirigimos durante sete ou oito horas. Paramos em um posto de caminhões nas primeiras horas da manhã para tomar café. Estávamos no meio do nada. E, então, um cara veio em minha direção e me deu um desses panfletos: 'Jesus salva'. E eu disse ao cara: 'De onde você vem? Não existe nada há quilômetros de distância daqui'. Ele respondeu: 'Eu venho te seguindo a noite toda'. Eu disse, 'Você vem seguindo o ônibus a noite toda só para me dar esse pedaço de papel? Você não precisa ir à igreja, meu amigo. Você precisa ver a porra de um psiquiatra...'".

Entretanto, há um lado sério nesse fenômeno de admiradores malucos, como ele acrescentou: "Um dia, o cardeal O'Connor em Nova York subiu ao púlpito para dar um sermão... Ele é um cardeal, o próximo na linha de sucessão do papa, sacou? Ele se levanta até essa coisa e conta à sua congregação que eu sou o Anticristo. E isso é errado, completamente errado. Porque vai aparecer um alucinado por aí que vai comprar uma pistola e botar uma bala em minha nuca, achando que teve uma visão de Cristo. Esse é meu medo. Se o chamado vem da Igreja, então está tudo bem para alguns desses malucos. O clero tem uma posição de poder muito mais perigosa do que você ou eu jamais teremos. Porque, se um cardeal sobe ao púlpito e diz à sua congregação que eu, Ozzy Osbourne, sou o motivo de toda a maldade no mundo, logo aparecerá um maluco querendo me apagar, você entende? Já sofri ameaças em minha vida. Parte do motivo de eu correr muito em cima do palco é porque alguém me contou que um alvo em movimento é muito mais difícil de acertar... As prioridades na América são muito estranhas. Quero dizer, você não pode fumar um cigarro em lugares públicos na Califórnia, mas pode comprar uma metralhadora. Como aconteceu uma noite, nós estávamos saindo do estúdio e um cara levou cinco tiros na cabeça no outro lado da rua, bem na nossa frente".

Tudo em nome de Deus, não é? Não de Satã, você notaria. Deixe isso para os roqueiros...

BLACK SABBATH EM LONDRES EM 1970, DA ESQUERDA PARA A DIREITA: TONY IOMMI, OZZY OSBOURNE, GEEZER BUTLER E BILL WARD. *(Chris Walter/ Photofeatures)*

OZZY NO REGENT SOUND STUDIO, DENMARK STREET, LONDRES, 1970, GRAVANDO O ÁLBUM *PARANOID*. *(Chris Walter/Photofeatures)*

GEEZER NO REGENT SOUND. NOTE A TÉCNICA DE DEDILHADO SOBRE O CAPTADOR – UMA CARACTERÍSTICA DE SUA ASSINATURA NO SOM DO BAIXO. *(Chris Walter/Photofeatures)*

BILL WARD NO REGENT SOUND, INTRODUZINDO AS INFLUÊNCIAS DO JAZZ NO SOM PESADO DO SABBATH. *(Chris Walter/Photofeatures)*

TONY IOMMI NO REGENT SOUND, MARCA REGISTRADA DA GIBSON SG EM BOAS MÃOS. *(Chris Walter/Photofeatures)*

OZZY E TONY NO PALCO DO STAR-CLUB EM HAMBURGO, JUNHO DE 1969. *(Kðk/Redferns)*

UM PÔSTER DO FILME *BLACK SABBATH*, CUJO TÍTULO INSPIROU A BANDA EARTH A MUDAR SEU NOME PARA ALGO MAIS ASSUSTADOR... *(Rex Features)*

O JOVEM OZZY NO STAR-CLUB. *(KðK/ Redferns)*

OZZY EM 1973. ALGUMAS BANDAS USAVAM COLHERES DE PRATA, MAS OZZY SE VIRAVA COM UMA DE PLÁSTICO. *(Chris Walter/Photofeatures)*

TONY COM UMA SELEÇÃO DE SUAS GUITARRAS, EM SUA CASA, EM LEICESTERSHIRE, 1974. *(Neil Medhurst)*

SABBATH EM COPENHAGEN EM JANEIRO DE 1974. EXCEPCIONALMENTE, TONY RASPOU SEU BIGODE NESSA ÉPOCA, APENAS PARA DEIXAR CRESCER – E MANTÊ-LO – NOVAMENTE. *(Jorgen Angel/Redferns)*

SABBATH AO VIVO EM COPENHAGEN, OUTUBRO DE 1975. QUANTO MENOS FALAR SOBRE O PASSO REVELADOR DE OZZY, MELHOR. *(Jorgen Angel/Redferns)*

GEEZER E OZZY DEIXAM O PALCO APÓS UMA DATA EM TURNÊ NOS ESTADOS UNIDOS, EM 1978. *(Andrew Kent/Retna)*

BILL, GEEZER, OZZY E TONY CELEBRAM DEZ ANOS JUNTOS, EM NOVA YORK, 1979. *(Richie Aaron/Redferns)*

CAPÍTULO 8

1974-1976

Enquanto o ano de 1974 transcorria e o Sabbath seguia em turnê na sequência da troca de gerenciamento, a banda descobriu horrorizada que poucas de suas posses terrenas – casas em particular – na realidade faziam parte de seus patrimônios judiciais. Quando Geezer descreveu anteriormente a banda como "quebrada", ele tinha um bom motivo: tudo indicava que as estratégias de gerenciamento de Meehan não incluíam fazer com que as compras das residências dos membros da banda fossem legalmente vinculadas e, assim, suas fortunas pessoais desapareceram em uma nuvem de fumaça.

Felizmente, a equipe de gerenciamento da empresa Arden, de Don e Sharon, com quem Ozzy estava começando a estabelecer uma relação, e o rendimento das turnês do ano alimentaram as contas bancárias vazias dos músicos. Os shows ainda eram agendados com meses de antecedência, e as datas dos festivais mais importantes às vezes eram garantidas anos antes. Isso proporcionou alguma renda e facilitou o crédito depois que a banda conseguiu atrair as massas pagantes em Bradford, Stoke, Londres, Liverpool, Manchester, Glasgow, Edinburgh, Sheffield, Bournemouth, Newcastle e Coventry até o final de maio.

O ânimo no grupo estava baixo, à medida que o Sabbath se aproximava das sessões para gravar um novo álbum. Os processos judiciais passaram a atrapalhar suas atividades profissionais – em uma ocasião, Ozzy recebeu uma notificação judicial enquanto subia ao palco. Um show importante dessa época ocorreu no Summer Rock Festival em Frankfurt, junto com Sly & The Family Stone, The Faces, Rory

Gallagher, Canned Heat e muitos outros, e foi seguido por uma turnê na Austrália. Enquanto isso, as sessões de composição forneciam o material para *Sabotage*, marcado para ser gravado no início de 1975 no Morgan Studios, em Londres.

Com o título servindo como uma resposta irada diante dos problemas de gerenciamento que a banda atravessava, *Sabotage* foi o primeiro LP do Sabbath produzido por Iommi (embora o crédito geral fosse dado ao Sabbath com Mike Butcher). Alimentado pela raiva e outros estimulantes quaisquer que tivessem em mãos, o álbum abre com a multicolorida "Hole In the Sky". Os vocais de Ozzy estão mais agudos e proeminentes na mixagem, à medida que ele literalmente grita frases ambiciosas, tais como "The synonym of all the things that I've said / Are just the riddles that are built in my head" ["O sinônimo de todas as coisas que eu disse / Não passa de enigmas construídos em minha cabeça"], como um conto épico que se assemelha a um discurso inflamado contra o mundo em geral – e, especificamente, seus pagadores porcos da guerra. Após invocações do tipo "I've watched the dogs of war enjoying their feast / I've seen the western world go down in the east" ["Assisti aos cães da guerra desfrutarem seu banquete / Vi o mundo ocidental descer no Oriente"], a canção é cortada subitamente, seguida por uma peça acústica suave chamada "Don't Start (Too Late)". Novamente, Iommi exibe seu lado clássico, à medida que as camadas agradáveis do dedilhado – mas nem tanto inovadoras – se desvanecem.

O clássico inquestionável do álbum *Sabotage* é "Symptom of the Universe", seis minutos e meio de riffs e solos com padrões complexos e mudanças de ritmo e tom inteligentes apoiando os vocais demasiadamente agudos. Aos 4m30s, a canção passa para o lado acústico com um piano seguido pela escala de guitarras distorcidas em uníssono – Iommi talvez se exibindo com a tecnologia de estúdio. Os exigentes vocais continuariam sendo um problema no restante da carreira de Ozzy, entretanto, como Geezer me contou entre risos: "Sempre tentamos convencer Ozzy a cantar 'Symptom of the Universe'. Mas ele nunca fará, ele diz que não consegue alcançar as notas". Mas você sempre pode abaixar o tom da canção, eu sugeri: "É isso que sugerimos, mas mesmo assim ele não faz. É uma coisa psicológica, eu acho. Ele não vai fazer". Talvez a resistência de Ozzy tenha algo também a ver com a letra – exercícios grandiosos com uma imagem pesada que parecem ter seu próprio tempo como se fosse algo de outra era: "Mother moon she's calling me back to her sliver womb / Father of creation takes me from my stolen tomb / Seventh hundredth unicorn is waiting in the skies / A symptom of the universe a love that never dies" ["A mãe Lua está me chamando de volta ao seu útero prateado / O pai da criação me retira do túmulo roubado / O sétimo unicórnio está aguardando no céu / Um sintoma do Universo um amor que nunca morre"], é um exemplo perfeito.

Com quase dez minutos de duração, a poderosa "Megalomania" é uma maratona na qual o Sabbath exercita pela primeira vez toda a sua nova confiança adquirida em termos de composição e produção. Com os vocais de Ozzy em várias intervenções em multicanal e carregado de reverb, a canção atravessa uma seção lenta e solene na qual o vocalista apela, "Why don't you just get out of my life now? Why doesn't everybody leave me alone now?" ["Por que você não cai fora de minha vida agora? Por que ninguém me deixa em paz agora?"], antes de acelerar para um refrão mais rápido e rock'n'roll. Aos 5m45s, Iommi desencadeia um solo incandescente, um de seus melhores até hoje, antes da entrada de riff quase ao estilo do glam rock ao fundo do apelo de Ozzy, "How I lied, went to hide / How I tried to get away from you now" ["Como menti, me escondi / Como tentei fugir de você agora"]. Os últimos três minutos da canção são um espiral glorioso descendente com uma explosão de orquestra, solos de guitarra e gritos – uma produção totalmente exorbitante revelando que o Sabbath estava no auge do jogo.

Em comparação, "Thrill of It All" passou despercebida no decorrer dos anos – uma faixa competente do álbum que fugiu à atenção por estar próxima a grandes canções, como "Symptom of the Universe" e "Megalomania". Até Geezer contou à *Metal Sludge* anos mais tarde que "Não consigo nem me lembrar dela"... no entanto, é uma canção funk com um riff staccato que funciona bem, mesmo não causando um grande impacto. A seção central de piano e sintetizador é melhor, mesmo não parecendo muito com o Sabbath de antigamente.

"Supertzar", é um instrumental – bem montado – que combina riff com orquestra, carregado de elementos de trilha sonora, tais como corais, cordas, percussão e sintetizadores, e que permaneceu como destaque dos shows ao vivo do Sabbath durante décadas, mesmo como faixa de introdução. Até 1987 e na turnê *Eternal Idol*, os familiares multicanais de cantos de corais femininos e masculinos, entrelaçados com um riff central, quase parecido com uma cantiga de roda, abriam o show.

"Am I Going Insane (Radio)" – considerado por muitos como uma faixa para tocar no rádio por causa de seu sufixo no título – é na realidade a canção mais comercial de *Sabotage*, com seu refrão melódico e fácil de cantar "Tell me people, am I going insane?" ["Diga-me, pessoal, eu estou ficando louco?"]. Entretanto isso é uma coincidência, como Bill Ward contou à *Shockwaves*: "O termo 'rádio' era o diminutivo de 'radio-rental' ['rádio de aluguel'], que é uma gíria que rima com 'mental'. É uma gíria usada pelo pessoal em Birmingham – se você é doente mental, nós o chamaríamos de 'rádio'". E, como Ozzy gritava, a doença mental era um tema recorrente: "If I don't sound very cheerful, I think that I'm a schizophrene" ["Se eu não soar muito alegre, acho que é porque eu sou um esquizofrênico"]. A canção termina com risos insanos e gritos sinistros.

Ironicamente, ou talvez infelizmente, a doença mental logo se tornaria uma característica real nas vidas dos membros do Sabbath. Geezer me contou em 2005: "Entrei e saí da depressão durante anos e é difícil se relacionar com as pessoas. Eu nem sabia que sofria disso até fazer os exames adequados e tomar remédio para resolver o problema. As pessoas achavam que eu estava apenas me sentindo miserável, mas na realidade era a depressão. Originalmente, e sem que eu soubesse, era a isso que 'Paranoid' se referia, à maneira que eu estava me sentindo na época".

Não havia esse papo de depressão clínica na Aston do pós-guerra, ele acrescentou: "As pessoas simplesmente não falavam sobre isso, eles achavam que você era literalmente um maluco. As pessoas me diziam o tempo todo para me animar. Ozzy também passou por isso, Bill passou por isso, apenas Tony escapou da depressão. Você apenas achava que era resultado da bebida ou qualquer outra coisa, mas não é, é uma coisa clínica, algo que está em seu cérebro. A medicação dá conta do recado – eu acho que foi apenas quando o Prozac surgiu que as pessoas realmente revelaram o que sentiam".

A que ele atribui a causa dessa aflição? "Acho que, no meu caso, sou um tipo de pessoa que nunca desliga, está sempre pensando nas coisas. Tenho muita dificuldade para dormir, porque estou sempre pensando em algo. Embora absolutamente nada de errado esteja acontecendo em minha vida, eu simplesmente não consigo parar de pensar nas coisas. Acho que, se você não consegue ter uma noite de sono adequada, isso acaba bagunçando com sua vida... É difícil saber quando você é criança se você tem depressão ou se está apenas irritado. Eu sempre me lembro de uma vez em que estava me sentindo muito mal e não conseguia explicar que sensação era aquela, mas não havia uma pessoa com quem eu pudesse falar sobre isso na época. Eles costumavam dizer para você sair e levar o cachorro para dar um passeio ou algo do gênero".

Finalmente, chegamos a "The Writ". "Estávamos sendo roubados por todos os lados, e esse foi um período terrível para nós porque estávamos recebendo processos judiciais até no estúdio", disse Tony. "As pessoas não paravam de nos entregar mandatos judiciais e coisas do tipo. Por isso que a canção é chamada de 'The Writ'." E os oito minutos de "The Writ" são justamente vingativos, cuspindo veneno nos promotores anônimos – Meehan, presumidamente – que estavam dificultando a vida do Sabbath na época. Musicalmente, a canção é pouco expressiva – pelo menos até chegar à imprevista seção de percussão e violão acústico aos cinco minutos –, mas o ponto importante é a letra inspirada, que promete uma retaliação ("You're gonna get what is coming to you that's due" ["Você vai ter o que merece, pode esperar"]) e trata seu alvo com total menosprezo ("You are a nonentity, you have no destiny / You are a figment of a thing unkown" ["Você é um insignificante, você não tem destino / Você é uma invenção de algo desconhecido"]). A ira é audível na voz de Ozzy, que de vez em quando explode de emoção.

É um final convincente para o LP, amenizado por um fragmento final – uma faixa brincalhona chamada "Blow on a Jug". Isso era uma brincadeira que Ozzy e Bill fizeram no estúdio baseada em uma canção de piano do Nitty Gritty Dirt Band. Em uma imitação do Elvis, Ozzy canta "Everybody come on blow on a jug / Be like me and blow on the jug / I want you to blow on a jug / Everybody dig it, blow on a jug tonight" ["Todos, vamos, soprem em um jarro / Sejam como eu e soprem em um jarro / Eu quero que vocês soprem em um jarro / Todos, sacaram, soprem em um jarro hoje à noite"]. Bill sorriu: "Sou eu e Ozzy. Era algo que nunca deveria ser gravado. Deixamos a fita correndo no estúdio e eu e Oz começamos a nos divertir... Era uma besteira total".

Com sua ira manifestada, o Sabbath caiu na estrada entre a gravação e o lançamento, recrutando um quinto membro para ajudar no palco pela primeira vez. Tratava-se de Gerald "Jezz" Woodroffe, um tecladista cujo papel era reproduzir as camadas do sintetizador e do piano que Iommi havia inserido nos últimos três álbuns.

Apesar da vasta instrumentação de algumas das canções de *Sabotage*, Iommi considerava isso como um passo de consolidação, em vez de um salto decisivo: "É mais um simples álbum de rock, exatamente no mesmo estilo que foram feitos todos os álbuns até *Master of Reality*, mas tomamos muito mais cuidado na forma com que este foi produzido. Dedicamos muito tempo no *Volume 4* e no *Sabbath Bloody Sabbath*, mas eles se distanciaram da ideia proposta. O *Volume 4* foi uma mudança tão grande que sentimos que havíamos pulado um álbum. Não teve continuidade, porque tentamos ir muito longe e, novamente, o *Sabbath Bloody Sabbath* foi uma continuação dele. Devíamos ter continuado com coisas mais técnicas e preenchido mais espaço [do qual] a banda é capaz de alcançar, e que também não fazemos necessariamente no palco. Mas decidimos que havíamos chegado ao limite até onde queríamos ir".

No entanto, seu futuro projeto ainda seria feito com um objetivo principal, ele acrescentou: "Devemos sempre nos sentir satisfeitos com o que estamos fazendo. Não tocamos apenas para satisfazer nosso público. Tocamos para nos satisfazer, mas esperamos que isso se comunique com nosso público e que os satisfaça. Não seguramos as rédeas porque achamos que estávamos muito envolvidos – você não deve se colocar nesse tipo de posição: sentimos que queremos retornar a uma coisa mais básica. Pegaremos o fio da meada novamente e desenvolveremos a partir do *Sabbath Bloody Sabbath* – mas isso virá depois, quando estivermos mais preparados". O tempo diria se essa foi a decisão correta...

A formação planejou a excursão aos Estados Unidos para três turnês curtas, começando em julho e se estendendo até o ano seguinte – uma manobra inteligente traçada para evitar as consequências de uma única viagem prolongada e exaustiva – junto com o lançamento de *Sabotage*, no dia 27 de setembro. A turnê no Reino Unido viria no inverno, com uma data em Sheffield acompanhada por um grupo chamado Bandy Legs, que trocaria de nome para Quartz e recrutaria o guitarrista Geoff Nicholls, que posteriormente viria a trabalhar com o Sabbath.

Uma turnê dessa dimensão é um trabalho árduo para qualquer banda, especialmente para aquelas que se divertem, como fazia o Sabbath. Às vezes, o fardo de encarar a estrada era uma barra muito pesada, com Iommi desmoronando de exaustão antes de um show no Hollywood Bowl e Bill Ward se abatendo com hepatite. O guitarrista explicou mais tarde: "Estávamos sofrendo muito esforço e preocupação e tínhamos de parar para nos recompor. Fazer uma turnê tinha ficado um pouco parecido com o trabalho de operário de fábrica – perdemos a visão do que estávamos fazendo. Chegou a um ponto em que começamos a ficar entediados com nosso show. Muitas vezes a banda toda estava doente, e também se sentindo abalada e exausta".

Em outubro de 1975, a banda começou a se reerguer. Eles haviam montado sua própria editora e planejavam ter mais controle no lado administrativo de suas carreiras. Como Iommi contou à revista *Circus*, "temos mais controle sobre o que está acontecendo e, para nós como indivíduos, é um ângulo diferente de se ver envolvido. Estamos aprendendo a pensar sob o lado dos negócios com que não nos preocupávamos no passado. Isso nos dá uma visão mais ampla, porque podemos fazer o que bem quisermos agora. Temos um canal direto, se quisermos arranjar uma turnê ou qualquer outra coisa, não tem de passar por nosso gerenciamento antes que chegue a nós. É uma coisa só e a mesma. Quaisquer decisões são tomadas por todos nós quatro, e todos nós temos de estar em total acordo.

"Na posição que nos encontramos agora, não temos por que aceitar qualquer coisa, ninguém é iludido e ninguém pode se virar e nos chamar de qualquer coisa, a menos que tenha o direito de fazer isso. No passado, fomos acusados por coisas que foram passadas para nós. Houve shows que não comparecemos na América, porque não sabíamos que havia um show. Não fomos informados sobre eles. Isso aconteceu algumas vezes e, no final das contas, acabava voltando para nós, porque somos aqueles que as pessoas veem em cima do palco."

Todo esse tino comercial era apenas uma extensão do processo de recuperação que o Sabbath vinha atravessando em todos os níveis. Tony explicou que um novo Sabbath mais relaxado emergiu: "Estávamos todos nos recuperando. Há alguns anos, nem sequer sonhávamos que poderíamos ir até um pub para tomar uma cerveja e coisas simples como essa... Em 1973, achávamos que poderíamos subir ao palco e, simplesmente porque éramos o Black Sabbath, não podíamos fazer nada de errado. Estávamos nos distanciando da música porque trabalhávamos muito. Não estávamos sendo realmente manipulados, mas sentíamos que estávamos".

A estrada chamava novamente e o Sabbath encerrou o ano de 1975 com outra turnê europeia e norte-americana. Os negócios podiam estar melhorando, mas alguns observadores detectavam uma leve tensão entre Ozzy e Iommi. Apenas o tempo diria se isso cresceria até se tornar um problema.

Os tempos estavam mudando e, em 1976, um gênero musical mais pertinente e irado despontava para desafiar o heavy metal, agora totalmente batizado de besta por seu próprio mérito (embora muitos críticos zombassem e prevessem que se tornaria extinto em breve). Mas o punk ainda era desconhecido para a maioria dos públicos, que ainda fluíam aos montes para ver Ozzy e sua banda em suas turnês grandiosas, e esse tipo de desafio estava a alguns meses de distância. Entretanto, estava lá – e a questão era se o Sabbath com seus cabeludos estaria à altura para enfrentá-los.

Um plano de ataque era lembrar à classe de 1976 que enorme força o Sabbath havia sido nos seis anos anteriores, e, consequentemente, uma coletânea – dissimuladamente intitulada *We Sold Our Souls for Rock'n'Roll* – foi lançada em janeiro. A lista das faixas – "Black Sabbath", "The Wizard", "The Warning", "Paranoid", "War Pigs", "Iron Man", "Tomorrow's Dream", "Fairies Wear Boots", "Changes", "Sweet Leaf", "Children of The Grave", "Sabbath Bloody Sabbath", "Am I Going Insane (Radio)", "Laguna Sunrise", "Snowblind" e "N.I.B." – era uma boa passada minuciosa pelas melhores e mais conhecidas canções da banda, e vendeu de forma considerável, senão massiva, atingindo o 35º lugar nas paradas do Reino Unido.

Após terminar a etapa final da turnê nos Estados Unidos, o Sabbath se viu no Tribunal Superior de Londres, no dia 16 de março, enfrentando Jim Simpson em um confronto final. Como ele relatou antes, nenhuma parte se beneficiou muito do caso e, apesar da perda, a banda se ergueu para mais sessões de composição, dessa vez no Ridge Farm Studios, próximo a Horsham, em Surrey. A gravação e a mixagem ocorreriam no Criteria Studios, em Miami, enquanto a masterização seria feita do outro lado do país, na Califórnia – notavelmente, cada etapa do processo ocorreu em instalações de última geração, resultado do enorme porte da banda nesse ponto de sua carreira. Se esse luxo todo levaria a melhores canções era um ponto de controvérsia debatido até na época – quanto mais três décadas depois, quando os próprios álbuns viraram lendas –, mas os fãs teriam de esperar muito.

No dia 25 de setembro, *Technical Ecstasy* foi lançado, trazendo a arte da capa desenhada pela superbadalada agência de design Hipgnosis – uma mudança radical das capas anteriores, que retrata dois robôs passando um pelo outro em uma escada rolante e desfrutando o que aparenta ser uma troca de fluidos corporais. A contracapa retrata a mesma cena, momentos depois que as escadas se moveram, e a capa interna exibe uma montagem de um modelo de desenhos técnicos... totalmente diferente do horror-gótico com a mulher solitária no campo na capa de *Black Sabbath*.

O LP começa com "Back Street Kids", uma maratona padrão de riffs do Sabbath pontuada por uma guitarra francamente irritante em uníssono e com a linha vocal "Nobody I know will ever take my rock'n'roll away from me" ["Ninguém que eu conheça jamais vai tirar meu rock'n'roll de mim"]. A 1m50s, a canção muda de forma surpreendente, lembrando algo feito pelo The Who – talvez "Who Are You", com a bateria sobrecarregada e os zumbidos do teclado –

contrário do metal à moda antiga. Embora o solo intenso de Iommi acompanhado pela linha do teclado tocado por Woodroffe pudesse ser visto como um sinal de que o Sabbath está avançando, o final abrupto da canção e a estrutura um tanto mundana, comparada com os sucessos anteriores, faz com ela decepcione.

Woodroffe faz com que sua presença seja sentida de forma mais clara em "You Won't Change Me", um hino majestoso com um sintetizador ao estilo de um órgão de igreja se arrasta atrás dos acordes melódicos. É uma canção sombria, com a entonação de Ozzy em "I wonder what it's like to be loved / Instead of hiding in myself / Nobody will change me anyway, no no way" [Imagino como é ser amado / Em vez de me esconder dentro mim mesmo / Ninguém vai me mudar de maneira alguma, de jeito nenhum"] pintando um quadro lúgubre, apesar da guitarra solo de Tony. É uma canção de Iommi, com vários minutos dedicados aos seus novos solos brilhantes. É nesse momento que percebemos o caminho que o Sabbath já percorreu: com seus primeiros três álbuns, o Sabbath deu um sopro de ar fresco no moribundo cenário do rock, com solos de guitarra demasiados longos e tudo mais. Agora, aqui estão eles sete anos depois, gravando esses mesmos solos compridos.

"It's Alright", uma agradável canção pop ao piano (isso mesmo... pop), foi a primeira do Sabbath que contou com os vocais de Bill Ward no lugar de Ozzy. Nos Estados Unidos, a Warners gostou tanto da canção que eles até gravaram um vídeo promocional para acompanhá-la, embora nada de especial tenha sido feito com o filme do vídeo. Como Ward se lembrou, "eu cheguei a ver o vídeo uns dois anos atrás, mas nunca me lembro de ter visto aquele vídeo antes. Quando vi, pensei: 'Nossa, eu não me lembro de ter feito isso!'... Os rapazes gostaram da canção e eu me senti envergonhado fazendo aquilo, mas eles diziam: 'Vamos colocá-la no álbum'. Então, fui incentivado pela banda a fazer isso".

Como maneira de restabelecer as credenciais do metal de Bill, "Gypsy" entra de sola com uma bateria complexa e um riff movimentado, mas a influência principal dessa canção parece vir do Queen, cuja pausa inteligente com o piano informa a mudança de rumo da canção no decorrer de dois minutos: é fácil cantarolar a letra do Queen "I see a little silhouetto of a man..." nesse ponto. Os vocais bem harmonizados são também de Freddie Mercury e Brain May sem tirar nem pôr, embora o solo – completamente dramático – seja de Iommi em sua melhor forma. (Ozzy diria posteriormente em tom depreciativo sobre o som baseado no Queen: "Você consegue me imaginar saltando para cima e para baixo com um par de meias-calças cor-de-rosa?".)

"All Moving Parts (Stand Still)" é uma canção bizarra, baseada em um jogo de rimas vocais um pouco cansativas ("Super animation, turning on a nation" ["Super animação, ligando uma nação"], "Since he was elected, adrenaline injected" ["Desde que ele foi eleito, adrenalina injetada"], "What a combination, peace and radiation" ["Que combinação, paz e radiação"] e assim por diante) e uma sequência de batidas estranhas e quase sem nexo na guitarra. Enquanto isso, o solo fantasmagórico de sintetizador de Woodroffe é supérfluo e a linha do baixo ágil de Geezer é muito complexa para a canção. É nesse ponto que o LP parece ter ido longe demais.

"Rock'n'Roll Doctor" começa muito mal, por três motivos. O primeiro, o piano jazzístico nauseante. O segundo, os horríveis chocalhos, que surgem como uma paródia fraca de "Honky Tonk Women" dos Rolling Stones. O terceiro, o animado riff de guitarra ao estilo rock'n'roll, que Iommi deve ter pensado que era funk – mas que de fato é horrendo e dispensável. E somado a tudo isso está o conceito infantil da letra, que fala de um doutor receitando uma droga da felicidade: frases do tipo "If you wanna feel groovy give the doctor a call, yeah / Doctor rock will help you any time at all" ["Se você quer se sentir maneiro, chame o doutor, então / O doutor rock vai ajudá-lo a qualquer hora"] já eram antiquadas em 1966, que dirá em 1976.

Posteriormente, Iommi afirmaria: "Há [algumas] faixas, como 'Solitude', 'Changes' e 'She's Gone', que ninguém imaginaria que fossem nossas. Na realidade, algumas dessas faixas estavam tocando no rádio e ninguém tinha a menor ideia de que se tratava do Black Sabbath. Na época em que saiu, ninguém adivinharia que 'Changes' era nossa". Ele estava certo, além da voz instantaneamente reconhecível de Ozzy, "She's Gone" se desviava do estilo normal do Sabbath – canções como essa sempre dividem os fãs ao meio. Muito simples, a canção é uma balada intensa, carregada de cordas ao estilo James Bond, arpejos acústicos (para obter um efeito agudo e romantizado) e a letra ridiculamente piegas de Ozzy ("And now it's hurting so much, what can I do? / I wanted you to be my wife"; "I sit here waiting but you'll never show / Without you I can't carry on, ooh my baby" ["E agora está doendo muito, o que posso fazer? / Eu queria que você fosse minha esposa"; "Fico aqui esperando, mas você nunca aparece / Sem você eu não posso continuar, ó meu amor"]), que hoje em dia deveria ser interpretada com um toque pós-moderno de ironia para ser levada a sério. É isso mesmo, ele canta "Ó meu amor"...

Technical Ecstasy afunda no seu próprio poço, além de "Rock'n' Roll Doctor" é claro, com "Dirty Women", na qual – no decorrer de sete minutos penosos – Ozzy entoa os louvores das prostitutas ("take--away women for sale" ["aproveite, mulheres à venda"] que "don't mess around" ["não causam problemas"] e que "got me coming" ["já me ganhou"] (essa última frase interpretada em meio-tom, como no grito de um operário de obra). Francamente, é horrível.

Os fãs sabiam o que estava acontecendo e, embora o LP tenha atingido o 13º lugar na Grã-Bretanha, permaneceu nas paradas por apenas seis semanas antes de sumir totalmente, longe das 42 e 27 semanas conquistadas por *Black Sabbath* e *Paranoid*, respectivamente. Em setembro de 1976, o punk estava começando a ganhar espaço nas paradas, graças à exposição em revistas, tais como a *NME* e *Sounds*, que já elevara o heavy metal e o hard rock em geral, mas que agora buscava uma nova música para abraçar (elas viriam a fazer o mesmo em 1979 com o New Wave of British Heavy Metal, que será abordado mais adiante). Os fãs da música rápida e pesada simplesmente não precisavam de um álbum tão frágil e exagerado como *Technical Ecstasy* para se divertir: esse disco permanece como uma decepção melosa feita por uma banda que havia se acomodado demais – e muito do que aconteceu depois pode ser atribuído a isso.

Agora, sofrendo com o excesso de luxo, muitas turnês pela frente e falta de comunicação, o Black Sabbath partiria novamente para outra turnê norte-americana grandiosa, para a qual foram exigidos ensaios de produção na Columbia Studios em Los Angeles. Seria essa a gota d'água que fez transbordar o copo?

CAPÍTULO 9

1977-1979

Durante seis meses, desde outubro de 1976, o Black Sabbath ficou direto na estrada na América e na Europa, começando em Tulsa, Oklahoma. A turnê percorreu seu caminho atravessando o Texas, Iowa, Nebraska e Colorado no primeiro mês, com destaque às atrações de apoio do Boston e do Heart, sendo que ambos fariam incursões no heavy rock melódico, e que seriam também rotulados equivocadamente como bandas heavy metal na década seguinte. Novembro trouxe datas na Califórnia, Tennessee, Illinois, Michigan e Ohio, enquanto em dezembro a banda se juntaria a Ted Nugent – o guitarrista veterano nascido no mesmo mês que Ozzy, cuja carreira era bem anterior que a do Sabbath – para uma extensa jornada ao longo da Costa Leste.

Em janeiro de 1977, o cortejo prosseguiu pela Flórida, Atlanta e atravessou os estados do Meio Oeste mais uma vez, quase reproduzindo sua rota prévia, indo tão longe quanto a Costa Oeste. De volta ao Reino Unido, a banda dedicou o mês de março a uma jornada pelo país inteiro – concluindo com quatro shows em Londres – e, em seguida, atacou a Europa com a nova sensação do heavy metal australiano, a banda AC/DC, e outras atrações, incluindo Ian Gillan Band e Doctors of Madness. Uma apresentação em Ludwigshafen, na Alemanha, também incluía as melhores bandas do rock progressivo: Shakti de John McLaughlin e Caravan – à primeira vista uma união incompatível, até nos lembrarmos de que nesse momento o próprio Sabbath já podia reivindicar também o rótulo de progressivo, embora eles escolhessem não aceitá-lo. As últimas poucas datas que restavam transcorreram pelo lado tenso, depois de um incidente nos bastidores entre Geezer Butler e o guitarrista e principal compositor do AC/DC Malcolm Young: o primeiro é acusado de ter apontado uma faca para Young durante uma furiosa discussão de embriagados.

Superficialmente o membro mais quieto do Sabbath, Geezer nunca foi um alcoólatra – mas tem sua parcela de culpa por fazer maluquices sob o efeito do álcool. Ele me contou em 2005: "Odeio perder o controle. Gosto de sair para uma bagunça, mas assim que se transforma em violência... há um limite para mim, eu me torno realmente violento se beber muito. Uma noite, eu me machuquei muito e parei, deixei de fazer isso. Agora faço ocasionalmente. Acho que foi em 1992. Estávamos na América do Sul e eu tentava arrumar uma briga com uma pessoa. No final, dei uma cabeçada em uma estátua! Machuquei feio meu olho, e estava tão bêbado que nem percebi. Fui dormir e acordei no outro dia e minha cabeça estava colada no travesseiro. Não conseguia entender o que estava acontecendo, mas eu estava coberto de sangue. Aparentemente, eu havia telefonado à minha esposa e brigado com ela, uma grande discussão – mas não conseguia me lembrar de coisa alguma. Recebi uma conta de telefone de 2 mil dólares! Custava cerca de 80 libras o minuto ou algo assim para ligar da América do Sul. E aí eu me questionei: o que estou fazendo comigo mesmo? Então, foi assim, não bebi durante dois ou três anos. Em seguida, começava tudo de novo, não para passar mal, mas bebendo apenas socialmente. Eu poderia facilmente ter me matado naquela noite, poderia ter levado um tiro ou coisa parecida. Realmente não me lembrava de coisa alguma".

As confusões de Butler eram os menores problemas que o Sabbath enfrentou enquanto o outono de 1977 se aproximava. Ozzy havia sido informado de que seu pai, Jack, estava muito doente com câncer, e que poderia morrer em poucos meses. A notícia o deixou profundamente chocado e ele ficou dividido sobre o que deveria fazer. No final, sabendo que deveria ficar ao lado de sua família, saiu da banda. As questões subjacentes, que todos sabiam que ele tinha com os outros membros da banda, não foram abordadas.

Os outros membros da banda ficaram chocados e sem palavras. Ozzy era seu vocalista principal e recurso comercial, que preenchia o papel fundamental no palco que Tony, o compositor, guitarrista, arranjador e produtor, desempenhava no estúdio. Enquanto Ozzy se dirigia ao aeroporto para pegar o voo para Birmingham, Iommi, Butler e Ward se recolhiam em uma reunião de urgência. Geezer, em especial, foi o que mais sentiu com o anúncio de Ozzy, incapaz de prever como o Sabbath poderia continuar sem ele. Bill ficou muito triste – ele e Ozzy eram como irmãos.

Tony Iommi propôs recrutar um vocalista chamado Dave Walker, que conhecia desde a época de Aston e que fora o vocalista do Savoy Brown. Embora Walker e Ozzy fossem muito diferentes na aparência e no estilo de interpretação, Geezer e Bill, ainda anestesiados pelo choque, concordaram. Como Bill relembra: "Todos nós gostávamos de Dave Walker como amigo... Nós o conhecemos melhor quando era vocalista do Savoy Brown e, antes, quando Dave tocava no Redcaps, uma banda precoce de Birmingham dos anos 1960. Eu gostava muito de Dave, e achava que tinha uma boa voz. Quando chegou a hora de escolher outro vocalista, vieram à mente todos os tipos de nomes, mas o de Dave permaneceu".

Iommi contatou Walker, que estava morando em São Francisco na época. O vocalista, um tanto surpreso com o telefonema, concordou com a ideia e voou para Londres, em novembro, para se reunir à banda e começar os ensaios. Como ele disse muitos anos depois em um fórum na internet: "Quanto ao Black Sabbath, nós éramos amigos da mesma cidade e eles acharam que eu poderia dar conta do trabalho. Enquanto fiquei com eles, por um período curto, escrevi uma grande quantidade de letras que nunca foram aproveitadas... a experiência com o Black Sabbath foi algo que olho em perspectiva com muita surpresa. Eu recebi o convite para o trabalho baseado puramente na amizade, visto que Tony Iommi e eu éramos colegas".

Em dezembro, Walker e os Sabs, junto com o tecladista Don Airey – que foi convidado para apoiar as sessões –, ensaiaram canções novas para um futuro álbum. A nova formação, então, fez uma participação no programa da BBC Midlands TV chamado *Look Hear*, apresentado por Toyah Willcox, interpretando uma canção chamada "Junior's Eyes", que seria retrabalhada em uma faixa de um LP posterior. O programa foi transmitido no dia 6 de janeiro de 1978. Bill indicaria mais tarde que "Junior's Eyes" fora escrita para Ozzy e seu pai: "'Junior's Eyes' era uma canção que falava muito sobre Ozzy e seu pai. Menciono isso apenas porque era uma canção que fizemos ao vivo em um programa da BBC na hora do almoço com Dave Walker... é claro, não deu certo. Não por causa de Dave, em minha opinião, mas porque a canção era de Ozzy. Eu me sentia muito mal naquela época em que Ozzy não estava presente. Geezer murchou, Iommi permaneceu com sua determinação de ferro e Ward se afundou em um poço alcoólico – um estado de que ele não sairia durante anos, até que isso se tornasse absolutamente necessário".

No dia 20 de janeiro, duas semanas após a transmissão televisiva, o pai de Ozzy faleceu. Mais tarde, em uma entrevista com o escritor e autor David Gans, o vocalista revelou o quanto ficou arrasado pela morte de seu pai: "O mais irônico sobre tudo isso – ele estava fodido, ele estava com câncer na garganta, o que é isso que desce até o estômago? Esôfago, testículos; estava tomado pelo câncer – é que ele morreu no mesmo hospital que minha filha tinha nascido sete anos antes. Minha filha nasceu às 11h20 do dia 20 de janeiro, e meu pai morreu sete anos depois no mesmo hospital às 11h23 no dia 20. Isso foi muito estranho, cara".

Jack não recebeu a dignidade que merecia, como Ozzy relatou com muita amargura. "Eles o colocaram praticamente em um armário com os panos de chão e baldes, porque estava à beira da morte e era muito angustiante para o resto dos pacientes, então eles o colocaram em uma maca, uma espécie de berço, um berço gigante. Eles o amarraram... como um boxeador, cheio de ataduras nas mãos, com uma glicose injetada no braço. Ele estava completamente dopado. Você sabe qual foi a coisa mais impressionante que ele me disse? Uma vez, eu tinha contado ao meu pai que usava drogas. Disse a ele: antes de você morrer, quer experimentar drogas? Ele respondeu: eu prometo que experimentarei. Ele estava sedado com morfina. Totalmente dopado pela morfina, porque a dor devia ser horrível. Eles o operaram na terça-feira e ele morreu na quinta-feira... Ainda não superei isso. Todo 20º dia de janeiro, eu fico mais louco que um lobisomem. Choro e dou risada o dia todo, porque é o dia que minha filha nasceu e o dia que meu pai morreu. Fico feito um lunático."

Enquanto Ozzy lamentava, o "novo" Sabbath passava por alguns problemas. Walker não conseguia ou não podia substituir Ozzy, e os outros tinham dificuldade em aceitá-lo, embora seu talento vocal e presença de palco nunca fossem colocados em dúvida. Ward se lembrou: "Esses não foram os melhores tempos. Eu estava muito entorpecido naquele período. Jack, o pai de Ozzy, tinha falecido e estávamos progredindo lentamente no álbum". O próprio Walker reconheceu isso muito mais tarde: "Como muitas vezes acontece, amizade e negócio nem sempre andam de mãos dadas. Próximo do final de minha curta estadia com a banda, era óbvio que havia um choque de estilos... tudo acontece por um motivo, embora na época nós talvez não conseguíssemos entender".

Na última semana de janeiro, depois que o funeral de seu pai havia passado, Ozzy contatou o Sabbath e perguntou se ele podia reingressar no grupo. Os outros aceitaram imediatamente. Ward: "Quando Oz voltou aos ensaios, tudo parecia normal novamente... embora eu estivesse grudado na garrafa, com a presença do Oz estava tudo certo" e Bill se voluntariou a dar a má notícia a Walker. Como ele disse, "de modo estranho, coube a mim contar a Dave que as coisas não deram certo – eu me senti estranho e desconfortável tendo de contar isso, porque eu gostava muito dele como pessoa". Walker prontamente voltou para casa e se afastou do cenário musical durante muitos anos.

Quando Ozzy se juntou novamente ao Sabbath, houve um período inicial de lua de mel em que o alívio era palpável. Entretanto, Ozzy não estava com o humor dos melhores depois da morte de seu pai, recusando-se de forma veemente a cantar quaisquer canções que Walker e o Sabbath compuseram juntos – e inclusive sendo muito exigente sobre quais das letras de Geezer ele cantaria ou não. Como Butler reclamaria mais tarde, "eu odiava fazer isso perto do final da era de Ozzy. Eu costumava escrever umas letras e entregá-las a Ozzy. Ele dizia: 'Eu não vou cantar isso'. Então, eu tinha de repensar tudo novamente!"

Após conseguir canções suficientes para encher um LP de forma lenta e penosa, Iommi reuniu sua banda no estúdio Sound Intechange Studios, em Toronto, no Canadá, aparentemente porque os Rolling Stones haviam montado um álbum ao vivo lá no ano anterior, mas talvez – como Ozzy declararia mais tarde – por motivos fiscais de imposto de renda: "Fomos para lá porque os Rolling Stones haviam mixado seu álbum ao vivo, onde eles se debateram uns com os outros, ou algo parecido. Porque os Stones tinham ido lá. O estúdio era uma porcaria... O motivo que nos levou ao Canadá foi por causa do privilégio fiscal, visto que os impostos na Inglaterra são muito altos".

No início de 1978, o tempo em Toronto estava terrivelmente frio, e os membros da banda se sentiam miseráveis. Forçados a manter seu time arrebanhado e unido, Iommi talvez tenha tirado os olhos da bola quanto à qualidade das letras. Talvez isso possa explicar por que o resultado de *Never Say Die* tenha sido considerado um álbum inútil.

A faixa título soa, desde suas primeiras notas, como se a banda estivesse ouvindo exclusivamente a música punk e as notas mais baixas do então excessivo e recém-inaugurado movimento do glam rock. Como se não fosse suficiente que o álbum e a faixa título emergissem de um clichê inglês ultrapassado, as letras eram banais: um exemplo disso é "Sunday satisfaction, Monday's home and dry / Truth is on the doorstep, welcome in and lie" ["Satisfação de domingo, em casa e seco na segunda / A verdade está do lado de fora da porta, dê boas-vindas à mentira"]. Acompanhada por um som de guitarra incrivelmente fraco – completa com as vibrações de cordas desnecessárias de Iommi ao estilo de rock dançante –, a canção termina com um barítono cômico "Never say die!" ["Nunca desista!"] e desliza em uma parada brusca. Surpreendentemente, a Warners a escolheu como single, que atingiu o 21º lugar em junho – apenas o terceiro do Sabbath de 45 rpm, distribuído mais de sete anos após "Evil Woman" e "Paranoid".

Depois de um redemoinho miásmico de sons de sintetizador anunciar a introdução de "Johnny Blade", Ozzy entoa, "Tortured and twisted, he walks the street alone / People avoid him, they know the street' his home" ["Atormentado e malvado, ele caminha pelas ruas sozinho / As pessoas o evitam, elas sabem que a rua é sua morada"] – o restante talvez sejam as palavras mais inocentes e de ranger os dentes que o Sabbath até então perpetuou em uma gravação. O ostensivo conto de um jovem que é vítima da sociedade é retratado em uma canção de rock totalmente comum e sem inspiração alguma, embora seja animada pelos solos de teclado bem elaborados de Don Airey.

"Junior's Eyes", a canção reescrita das sessões com Walker como um tributo ao pai de Ozzy, é estranha, para não dizer pior. Não tem as nuances melódicas de "tristeza" que, por exemplo, "She's Gone" possuía – o piano piegas, a orquestra sentimental e assim por diante – apesar de frases do tipo "With all the pain, I've watched you live within / I'll try my hardest not to cry when it is time to say goodbye" ["Com toda a dor, eu te vi viver por dentro / Tentarei muito não chorar quando chegar a hora de dizer adeus"], é uma canção cheia de comoção. As camadas nas faixas com o pedal Wah-Wah na guitarra base e a guitarra solo de Iommi, com mais de seis minutos, são de alguma forma bem-vindas. Os colecionadores devem notar que a versão original com os vocais de Walker está disponível em uma versão clandestina intitulada *Archangel Rides Again*.

"A Hard Road" é o som do Sabbath reunido com T. Rex e Fleetwood Mac e que compuseram essa canção pop de letra simples. As melodias vocais de Ozzy em multicanal fazem com que a canção seja moderadamente memorável, à medida que ele canta "Why make the hard road? / Why can't we befriend? / No need to worry / Let's sing it again" ["Por que tornar o caminho difícil? / Por que não podemos ser amigos? Não precisa se preocupar / Vamos cantar de novo"] é quase um estilo antológico com os gestos de mãos ao ar que poderia ter saído de qualquer banda de rock que enchia estádios da época. A canção traz também Iommi e Geezer cantando uma canção do Sabbath – ambos gravaram os backing vocals, embora Geezer pareça ser o único que o faz no vídeo promocional que a Warners filmou para a canção quando foi lançada como um single (atingiu o 33º lugar em outubro). Como Tony se lembrou em meio a gargalhadas: "Eu me ouvi cantar, e não desejaria isso a pessoa alguma! A única vez que cantei foi quando fizemos "A Hard Road"... Eles apenas mostraram Geezer porque fiquei com muita vergonha de me aproximar do microfone!".

"Shock Wave" prossegue com o enfoque mais comercial do álbum, um riff de rock de apelo às massas que, infelizmente, poderia ter saído de qualquer álbum de AOR [Rock Orientado aos Adultos] lançado nos últimos três ou quatro anos. Surpreendentemente, a banda optou por revisitar o território já ultrapassado dos filmes de terror de seus primeiros quatro álbuns, com Ozzy cantando (com um teor de tédio exaustivo, é o que parece) "Ghostly shadows from the other world / Evil forces in your mind / Trapped between the wall of life and death / Frozen in the realms of time" ["Sombras fantasmagóricas do outro mundo / Forças do mal em sua mente / Preso entre a parede da vida e da morte / Congelado nos reinos do tempo"]. A única coisa interessante na canção é a guitarra pirotécnica de Iommi, carregada com efeitos de última geração: caso contrário, trata-se de uma canção mundana e um álbum cada vez mais mundano.

"Air Dance" começa com uma linha de guitarra em harmonia em dois canais, antes de se assentar em um ritmo sensível de piano e violão, com o floreado do teclado de Airey emprestando uma ponta de nuance mais encorpada ao som. Há também um saxofone, e seu efeito um tanto meloso na canção é para servir como um hino a uma mulher desconhecida ("In days of romance, she was the queen of the dance / She'd dance the night away" ["Nos dias de romance / Ela era a rainha da dança / Ela dançaria noite afora"]), altamente dispensável. Mas a banda não estava totalmente sem ideias: na metade entra um riff seguro, mas estridente, e a canção se perde em uma nuvem de harpa sintetizada.

Mais desnecessário ainda é o ornamento no piano que se esparrama sobre a canção um tanto inofensiva "Over to You", um conto sofrido de um personagem preso em uma vida miserável ("Travelling endlessly, I'm searching my mind / I'm almost afraid of what I will find" ["Viajando infinitamente, busco minha mente / Tenho quase medo do que irei encontrar"]). Infelizmente, não há mudança de ritmo, nota ou riff em qualquer ponto da canção, que se perde sem rumo e se torna algo para se ignorar completamente.

A instrumental "Breakout" ostenta um pouco do estilo ambicioso de riff de antigamente, mas se perde logo em seguida graças a múltiplas camadas de saxofone – talvez o instrumento menos apropriado jamais incluído em um álbum do Sabbath – e é rapidamente dispensado antes de "Swinging The Chain", uma música estranha, meio rock e meio suingue com uma batida aleatória e uma gaita. Bill Ward, o coautor, explicou mais tarde: "Acho que éramos todos influenciados pelo blues e pelo jazz quando jovens. Um dos guitarristas favoritos de Tony quando ele era bem jovem foi o Django Reinhardt. Como tínhamos todas essas influências, não seria incomum que aparecêssemos com um pouco de metais, mesmo sendo arriscado. A seção de metais em 'Swinging the Chain' parece se ajustar perfeitamente. Acho uma bela peça de música". Ward também interpreta os vocais nessa canção, exibindo um estilo sólido e médio alcance que, como em sua interpretação em "It's Alright", mostra-se incrivelmente versátil – inclui também alguns falsetes próximos ao final.

Em retrospectiva, é fácil considerar *Never Say Die!* como o último esforço exagerado de uma banda que (metaforicamente, pelo menos) se tornara gorda e preguiçosa, embora, como todos os LPs do Sabbath, o disco tenha seus pontos fortes. Contextualmente, isso foi comprovado sem sombra de dúvida pela decisão fatal da banda em escolher como atração coadjuvante para a turnê *Never Say Die!* o Van Halen, o emergente grupo de rock formado por jovens de Pasadena, Califórnia, que estava no processo de aniquilar seus contemporâneos com seu incrível show ao vivo.

Quando a turnê no Reino Unido começou, em maio de 1978, o Sabbath e o Van Halen passaram por Sheffield, Southport, Glasgow, Aberdeen, Newcastle, Manchester, Londres, Portsmouth, Bristol, Ipswich, Coventry, Leicester, Oxford, Southampton, Birmingham, Bradford, Preston, Bridlington, Liverpool e novamente Londres. Em todas as ocasiões, o Van Halen ameaçava tomar a posição dos protagonistas com o espetáculo de seu vocalista, Dave Lee Roth, e as peripécias do extraordinário guitarrista Eddie Van Halen e do baixista Michael Anthony. Inclusive o baterista, Alex Van Halen, transcendia sua posição sentada em turnês posteriores tocando quatro bumbos.

Como a escritora Sylvie Simmons, que testemunhou a ascensão do Van Halen, me contou: "O Van Halen foi quase um episódio único. Eles vieram de Pasadena com essa força impulsionadora que te derruba literalmente de costas. Foi absolutamente fantástico, eles era uma banda do tipo que ninguém dava nada. E, é claro, eles viajaram em turnê com o Sabbath naquela última turnê que eles fizeram, e eles os surpreenderam muito. O cenário do rock pesado naquela época estava incrivelmente flácido, tudo o que havia era o Foreigner e esse tipo de coisa. Kansas, Boston, REO Speedwagon... o rock de estádios estava praticamente morto e boiando nas águas".

Se o rock de arena estava moribundo, o Van Halen surgia com a missão de ressuscitá-lo. Seu apelo era amplo: eles ganharam o respeito dos músicos com sua musicalidade fenomenal – a técnica do *double--tapping* [duas mãos "batendo" nas notas], marca registrada de Eddie, evoluiu dos antigos guitarristas de blues e jazz, mas ele amplificou brilhantemente com padrões neoclássicos fragmentados, fazendo com que até músicos como Iommi parecessem reservados e ultrapassados. O Van Halen fazia também um show imperdível, com Roth segurando um enorme microfone inflável, saltando no ar e correndo pelo palco. Comparado a isso, o cansado e desmotivado Ozzy parecia quase introvertido: sua atuação de palco, como ele mesmo admite, nunca fora muito criativa, restringindo-se a invocações do tipo "Go fuckin' mental!" e uma caminhada gentil de um lado a outro do palco.

Nos bastidores, o Van Halen consumia drogas e fãs com um entusiasmo enorme. Não alheio a essas atividades também, Ozzy começou uma amizade de camarim com Dave Lee Roth, que viu o par passando noites inteiras consumindo cocaína juntos. A turnê rolou para os Estados Unidos em agosto e setembro, cruzando a nação várias vezes e acrescendo outras bandas na atração em mais de uma ocasião – entre elas, incluíam Sammy Hagar (que substituiria Roth no Van Halen em 1985), Richie Lecea e Russia. Em outubro, a turnê Sabbath/VH cobriu a Europa antes de retornar para uma rodada final nos Estados Unidos em novembro.

Tudo ia bem até o dia 6 de novembro, quando Ozzy desapareceu antes de um show no Auditório Municipal de Nashville, no Tennessee. Mais tarde, Roth relataria isso em seu livro *Crazy From The Heat*, de 1997, que ele e Ozzy passaram a noite anterior usando cocaína "até às 9h30... Dirigimos de Memphis a Nashville e nos registramos em um hotel. Era meio-dia e eu fui direto dormir. Acordei, nós abrimos o show lotado, 10 mil de nossos amigos mais próximos. Estávamos sentados nos bastidores e, de repente, dois dos rapazes do Black Sabbath e alguns musculosos invadiram a porta: 'Onde está Ozzy?'... Nós nem tínhamos certeza de que ele havia se registrado no hotel. Não conseguimos encontrá-lo em lugar algum. Não podemos fazer o show".

Perguntaram a Roth se ele podia cantar as canções do Sabbath, mas ele explicou que não conhecia as letras. O show foi cancelado, a imprensa local e nacional entrou em êxtase e surgiram temores de que Ozzy pudesse ter sido morto, ou sequestrado. "Seis e meia da manhã", continua Roth, "Ozzy aparece saindo do elevador. Ele ressuscitou dos mortos! Não, não ele. Essa figura foi para o novo hotel, mexeu em seu bolso, pegou a chave do último hotel, olhou o número, entrou no elevador e foi direto para aquele quarto. Acontece que havia uma faxineira limpando o quarto. Ele disse: 'Saia já daqui!'. Ela saiu correndo e aterrorizada, ele fechou a porta e caiu no sono".

Ozzy havia simplesmente checado no quarto errado, sem dúvida alguma confuso sobre qual era o hotel (e provavelmente em que cidade) em que estava, caiu no sono e, consequentemente, não acordou para o show naquela noite. Um fã escreveu sobre o evento: "Eu me lembro de quando um cara subiu ao palco e anunciou o cancelamento, a multidão ficou esperando cerca de uma hora. Quando ele deu a péssima notícia, o local ficou enfurecido e começaram a chover coisas lá de cima. Eu estava tentando sair de lá o mais rápido possível quando um M-80 [fogo de artifício] explodiu no ar, bem acima da pista da arena. Em seguida, uma garrafa foi atirada das cadeiras e acertou a bateria. Fiquei sabendo mais tarde que várias vidraças também foram quebradas no Auditório Municipal".

O Sabbath e o Van Halen se apresentaram em Memphis três dias depois, com Ozzy indo antes do show até a rádio local para explicar o que tinha acontecido e pedir desculpas aos fãs. A turnê prosseguiu até dezembro, terminando no Novo México. Os membros da banda aproveitaram a oportunidade para descansar e se recuperar.

O que aconteceu depois é fruto de lendas, e também de muito debate. Nessa etapa na carreira do Black Sabbath, a banda passava por um impasse. Ozzy estava exagerando com a bebida e a cocaína, como Bill também. Geezer e Tony eram menos propensos quanto aos seus hábitos recreativos, mas davam indícios em muitas ocasiões que também seguiam a mesma trilha. Depois de dois álbuns pouco expressivos e uma mudança radical de estilo que não agradou ninguém, o ciclo gravação-turnê-gravação, após uma década, estava começando a parecer pouco apetitoso. Um novo álbum, provisoriamente intitulado

Heaven and Hell, baseado em uma das canções que Iommi apresentou em uma fita, estava dentro do calendário previsto.

Tudo parecia voltar ao normal se não fosse por Ozzy, que estava mais do que farto da vida que levava com o Sabbath e positivamente indignado com sua nova música. Alega-se que havia dito nesse momento que tudo o que ele queria era tomar cerveja e engordar, e sua presença nos ensaios foi se tornando esporádica. Alguém tinha de ceder.

No início de 1979, ele foi dispensado ou saiu voluntariamente pela segunda vez. Ou, como ele disse a David Gans, que ele deliberadamente forçou ser dispensado para poder sair: "Não aguentava mais lidar com a porcaria deles. Primeiro eu saí, mas meu advogado me disse: 'Se você sair, está saindo de forma voluntária. Mas, se você conseguir ser *mandado embora*, pode reivindicar um pouco de grana'".

Para agilizar esse processo, Ozzy recorreu mais à garrafa: "Ficava muito bêbado e chapado todos os dias. Além do fato de Tony Iommi estar usando Sharon Arden como sua motivação – ele estava fingindo que estava apaixonado por ela... eu não consigo explicar, porque é muito complexo tentar explicar". Essa referência sobre um possível relacionamento entre Iommi e Sharon Arden – hoje firmemente a esposa de Ozzy – sempre esteve envolto em mistério.

Por que ele estava tão cansado da vida que levava na banda? Ao que tudo indica, a riqueza e o status que eles tinham acumulado pareciam ter sido demasiado para ele suportar: "Aquilo era o final do Sabbath para mim... eles partiram para o lado machista, e eu nunca. Eles tinham ficado do tipo 'Não vamos fazer isso, nós queremos cinco toalhas, queremos oito barras de sabonete, queremos conhaque Courvoisier', toda essa porcaria. Era muita palhaçada para mim, porque eu ainda me lembro de minhas raízes, e eles não". E *Never Say Die!* havia acabado com seu entusiasmo de fazer música com eles: "No final, custou para nós cerca de 500 mil dólares para fazer aquele álbum, e foi a maior porcaria que eu já fiz em minha vida. Tenho vergonha desse álbum".

Por outro lado, alegava-se que os outros membros do Sabbath queriam Ozzy fora, e que Iommi estava animado para recrutar outro vocalista para *Heaven And Hell*. Em abril de 1979, Bill Ward se voluntariou para dar a notícia a Ozzy sobre sua dispensa – ou, pelo menos, a notícia de que ele tivera êxito em conseguir ser despedido. "Eu me voluntariei", ele disse. "Quando há buracos e lacunas que precisam ser preenchidos e coisas do gênero, eu tenho a tendência de querer ir lá e resolver o assunto. Faz parte de minha natureza. Achei que era de minha responsabilidade contar a Ozzy."

Devidamente informado, Ozzy se recolheu em um quarto de hotel em Los Angeles, sem saber qual seria seu próximo passo e com pouco interesse em se recompor. Pior ainda, ele nem sequer estava seguro se deixar o Sabbath tinha sido a decisão certa. "Quando deixei o Sabbath, havia um tumulto generalizado em minha cabeça", ele disse. "Achei que tinha desperdiçado a maior oportunidade de minha vida, a única porta de saída que eu já tive para fugir do buraco da vida suburbana." Durante três meses ele permaneceu no hotel, encomendando infinitos suprimentos de pizza, bebida e cocaína. Seu único apoio era sua namorada Sharon Arden. Finalmente, Sharon teve uma ideia.

A jovem Arden vinha observando como seu pai, Don, cuidava de seus negócios e – com sua visão herdada para os negócios – sugeriu que ela se tornaria seu manager. Isso o ajudaria a andar com seus próprios pés, ela sugeriu, e ele poderia eventualmente se mexer e recrutar sua própria banda.

Como Ozzy se lembra: "Eu estava sentado no Le Parc Hotel em Los Angeles, sentado que nem um saco de merda quando ela entrou e disse. 'Nós queremos manter você, e queremos que mande todos eles se foderem', porque foram eles que pediram isso".

Foi uma experiência horrível, ele disse, e havia chegado a hora de dar o próximo passo. "Eu me tranquei por três meses... Sentei em um quarto e me embriaguei todos os dias, ouvindo um cara do outro lado da rua tocando. 'Iron Man' toda noite... eu estava muito deprimido, porque fui humilhado pela última vez... [Então, levei] um chute no traseiro e um murro nos dentes de meu gerenciamento. Eles disseram: 'Ouça, nós acreditamos em você, mas você tem de se recompor; você tem de nos mostrar que consegue'."

Com o entusiasmo renovado, Ozzy se levantou, guiado por Sharon, e começou a planejar seu próximo passo.

Enquanto Ozzy traçava seus planos, a imprensa especulava e os fãs aguardavam ansiosamente, Tony Iommi não ficara parado. Determinado a levar o Sabbath avante, usando seu próprio nome ou não, ele vinha conversando com um vocalista que ele achava que poderia preencher o importante espaço deixado por Ozzy.

O nome do novo recruta era Ronald Padavona – ou, como seus fãs o conheciam, Ronnie James Dio.

CAPÍTULO 10

1979

E assim, a primeira década da primeira banda de heavy metal do mundo chegou ao fim.

O Black Sabbath começou sua carreira em 1969 em uma era completamente diferente para a música rock. Embora, o cenário dos festivais fosse bem estabelecido, a tradição de megaeventos bem organizados, com o público controlado, não se tornaria algo profissional até meados dos anos 1970, após o surgimento de eventos pioneiros como o California Jam e outros poucos seletos. Foram shows como esse, e com a participação de grandes bandas que os impulsionavam, que permitiram que a tecnologia e a organização por trás desses eventos se desenvolvessem. Aceita essa visão, que serve como o trajeto mais curto para entender que as mudanças forjadas na sociedade pelo Black Sabbath, Deep Purple, Led Zeppelin e as outras bandas de rock inovadoras que vieram bem no início dos anos 1970 tiveram consequências arrojadas, ultrapassando limites que vão além da música e do entretenimento.

À medida que o Sabbath amadurecia, o mesmo acontecia com a indústria do rock – com o bônus extra de que o Sabbath inventara o heavy metal ao longo do caminho. Não é por menos que eles desfrutavam de um estilo de vida inimaginável à maioria dos meros mortais, embora pelos padrões de hoje – em que os detalhes mais íntimos das vidas das celebridades são empurrados em nossa goela abaixo – os luxos reservados aos ricos e famosos nos anos 1970 parecessem um pouco simplórios, e até mundanos.

Na realidade, existem dúvidas até hoje sobre as fortunas pessoais dos membros do Sabbath, pelo menos até o ponto em que Ozzy saiu da banda pela segunda vez em abril de 1979. Como ele disse: "Estávamos quebrados. O Black Sabbath, estou te contando agora, juro por Deus... naquela época, não tínhamos um centavo. Quebrados! Nós fomos roubados, tipo... nos pediram 15 milhões. Todos eles! Não entendíamos do que se tratava! Achávamos que, desde que se pudesse ter um Rolls--Royce e um pouco de cocaína enfiada no nariz... É uma grande síndrome – isso deixou uma cicatriz em minha mente –, eu não confio mais nas pessoas. Eu confio em meu gerenciamento, embora muitas pessoas por aí não confiem nele. Eu confio em meu gerenciamento, porque eu tenho, porque eu realmente confio neles".

O comércio da música, com seu núcleo corrupto mantido por pessoas que não inspiram confiança com suas vinganças e agendas pessoais, teve pelo menos uma parcela de culpa pela separação. Ozzy, novamente: "Eu queria processar a Warner Brothers, se você quer saber minha opinião honesta. Eu não vou dizer isso, porque não quero ser o responsável por isso... eu acredito que naquele momento, se o Black Sabbath tivesse ficado junto, nós teríamos [revelado] o maior escândalo dos anos 1970... não estou mencionando nomes, empresa ou qualquer pessoa, mas eu acredito nisso... com o poder de um homem como Don Arden, que é poderoso, e a organização Arden, nós poderíamos ter arrebentado o negócio todo".

Nunca ficou claro sobre o que ele estava se referindo com esse comentário, mas depois de todos os problemas que o Sabbath, como grupo e individualmente, teve de suportar nas mãos de empresas e os habituais produtores desonestos que fazem da vida de qualquer banda em uma turnê uma miséria, talvez deva haver um histórico de exploração encoberta na história da banda – ele mencionou "os horrendos políticos envolvidos com o Black Sabbath, todos [agentes, produtores, managers] estavam nos processando, enquanto nós estávamos dando duro somente para pagar os advogados". Isso, mais a mudança na composição das canções – "Tudo o que fiz com [minha banda] foi pegar minhas coisas e voltar ao ponto onde tudo começou. Eu disse, vamos voltar ao básico novamente, e acertar isso de vez" – foram os motivos da saída de Ozzy.

É fascinante destacar como, em cada passo que eles deram nos anos 1970, o Sabbath estabeleceria um modelo para suas próximas atrações futuras. Nas décadas que se seguiram, um número considerável de bandas passaria por separações amargas, na maioria das vezes, resultado da tensão entre vocalista e guitarrista principal, os dois músicos mais importantes de qualquer banda, sendo que todas elas pareciam ter algo em comum com a história do Sabbath.

O rancor gerado pela saída de Ozzy ecoaria em vários músicos que viriam depois, especialmente nos cenários do rock pesado e do metal. Osbourne expressou pela primeira vez sua indignação com seus antigos parceiros em uma entrevista concedida à revista *Sounds*, no dia 13 de outubro de 1979, em que ele falou: "É como um divórcio, é a mesma coisa".

Nesse estágio, seis meses após a separação, as coisas seguiam seu rumo. Ozzy estava em busca de uma banda; o Sabbath recrutara Ronnie James Dio; e Sharon Arden assumira as rédeas do gerenciamento da carreira de Ozzy, causando grande ressentimento com seu pai, Don. Curiosamente, Geezer Butler sentiu uma espécie de crise de confiança após a saída de Ozzy e se afastou do Sabbath por um período (embora isso revelasse ser temporário), deixando seu futuro na banda – ou qualquer outra – incerto. A revista *Sounds* também declarou que Butler havia se apaixonado por uma mulher desconhecida ("Geezer Butler se apaixonou em St. Louis e foi em busca de seu romance"), reforçando a alegação sobre sua decisão de sair, embora isso também não viesse a ser totalmente esclarecido.

Um dos primeiros tópicos a ser abordado na agenda pós-separação era o próprio nome do Black Sabbath, que Ozzy declarou que dividiu em partes iguais entre os quatro membros da banda. "Eu sou dono de um quarto do nome e não fui informado sobre coisa alguma. E eu acho que eles estão roubando as crianças – ludibriando-os. Se você comprou um ingresso para ver os Rolling Stones e chega lá e vê Bill Wyman e um monte de gente estranha, como você se sentiria? Convenhamos, é uma banda totalmente diferente." Aparentemente, Bill Ward falou a Ozzy que depois de sua saída a banda escolheria um novo nome, mas Ozzy descobriu que não seria o caso: "Ontem, ouvi de uma fonte confiável que eles já começaram a agendar uma turnê usando o nome Black Sabbath. Isso foi como um soco direto em meu nariz, foi isso... eu acho que é um jogo baixo o que eles estão fazendo – as crianças sempre foram leais conosco. Quando fiquei sabendo disso ontem à noite, fiquei doido: por isso que quebram quartos de hotel. Já passou, acabou. É engraçado, mas para mim o Sabbath está morto e não quero ter nada a ver com isso. É uma repetição da saga do Deep Purple,[4] sem tirar nem pôr. As crianças vão engolir isso uma única vez...".

4. Ozzy provavelmente está se referindo à época em que o primeiro vocalista do Purple,

Revelando que havia investido em um bar de vinhos na Inglaterra "como uma espécie de refúgio, algo para se apoiar se tudo começar a desmoronar", Ozzy explicou que suas dúvidas quanto ao futuro no Sabbath já vinham de longa data: "Comecei a ter dúvidas na boca do estômago dois anos atrás – já havia acabado para mim naquela época". Uma lista completa sobre os motivos para deixar a banda veio à tona. Em primeiro lugar, ele gostava de trabalhar rápido – a gravação dos três primeiros álbuns transcorreu de forma rápida e descomplicada, algo que se encaixa bem com ele –, mas o ritmo prolongado de produção e composição que Iommi havia adotado o aborrecia muito. "Tony sentava no estúdio dias após dias apenas afinando o instrumento", disse ele. "Quando você leva em conta que nossos primeiros álbuns foram feitos em uma semana, um dia, ou algo parecido, percebe-se que existe muita diferença entre uma semana e um ano. Os dois últimos álbuns foram muito penosos para mim. Eu acordava cedo – sou um madrugador – e, quando eles acordavam, eu já estava pronto para voltar à cama de novo. Isso estava me dando nos nervos – tudo isso. Você não acredita que depois de tantos anos uma pessoa não seria capaz de saber afinar sua guitarra." A turnê *Never Say Die!* estava carregada de problemas também, como ele explicou: "Em nossa última turnê, foi ridículo – perto do final havia tantos problemas com o equipamento, que jamais deveriam permitir que aquilo acontecesse".

Acrescente a isso a complexidade das novas canções, e a balança começava a pesar para o lado de Ozzy: "Eu queria voltar ao bom rock pesado básico, pelo qual nós éramos conhecidos. Não me importaria em fazer as coisas novas se elas fossem reproduzíveis no palco, mas não eram... era um inferno, levava muito tempo para fazer aquilo. Eram feitas em três seções e colocadas juntas. Não havia como fazer aquilo no palco. Eles achavam que eu era Robô R2D2 do filme *Guerra nas Estrelas*! Os estúdios me faziam subir pelas paredes. Depois de um ou dois meses dentro daqueles lugares, eu me sentia como um morcego. Fodam-se as sobreposições vocais [overdubbing] e toda aquela porcaria mecânica, Tony Iommi tocando com um pote de vaselina ou algo parecido. No último álbum, na faixa "Breakout", nem pude acreditar quando, em um domingo de manhã, 30 caras com trombetas marcharam para dentro do estúdio e começaram a tocar no álbum do Black

Rod Evans, montou uma banda com músicos desconhecidos para uma turnê usando o nome do Deep Purple. É evidente que Evans foi logo obrigado a parar e desistir pela lei, e ele desapareceu no esquecimento logo após esse evento.

Sabbath. Meu cabelo quase caiu. Acho que Hughie Greene foi chamado para cuidar da produção do Black Sabbath!".

Talvez um pouco da ira justificada de Ozzy tenha a ver com a forma que ele saiu da banda, recontado aqui – em outra possível versão dos eventos – como um recuo por parte de Iommi, se de fato realmente isso ocorreu dessa maneira. Como ele expressou com raiva: "Quando eu saí da turnê, recebi um telefonema de alguém dizendo que Tony ia deixar a banda, porque nós tivemos uma discussão ou coisa parecida. Então, eu liguei para Tony e disse: 'Eu o chateei com algo? Aparentemente, você e eu tivemos uma briga violenta e você nunca mais vai querer trabalhar comigo novamente, e eu quero saber o que isso tudo significa'. Então, ele disse: 'Bem, eu estou saindo da banda', e na época ele já havia se reunido com Ronnie Dio e tomado sua decisão. Então, eu disse: 'Se é isso realmente o que você quer fazer, vá adiante e faça, mas não me inclua nisso'. Em seguida, ele deu um jeito para me forçar a sair, para que pudesse fazer exatamente o que queria – porque o nome Black Sabbath é um nome difícil para dar continuidade com alguém diferente. Então, tudo prosseguiu com eles tornando as coisas mais difíceis para que continuasse trabalhando com eles, e isso estava me irritando muito. Não queria saber de mais nada... Até que chegou a hora em que todos nós concordamos que não estava dando certo. Eu já sabia disso dois anos atrás".

Questionado se ele discutiu a situação com outros membros da banda, ele rebateu: "Sim, muitas vezes, mas não importava o que eu dizia, ninguém estava interessado. Então pensei, foda-se, estou perdendo meu tempo. Em seguida, eu caí fora. Voltei para casa porque não aguentava mais o clima pesado, mais o fato de que estava ficando bêbado todos os dias só para suportar o dia. Então, fizemos uma reunião, eu disse que havia acabado – terminou. Faremos uma turnê de despedida, uma bem grande, para que todas as crianças possam dizer adeus ao Sabbath, um show com três horas de duração e um álbum ao vivo com todas as canções favoritas, até as novas, para que pudessem se lembrar de nós. Eles disseram: 'Nada mais justo'. Mas eu sabia que isso nunca iria se materializar. Eles estavam apenas ganhando tempo. Eu me sinto muito mal por não ter feito essa turnê de despedida. Eu teria encerrado uma parte de minha vida que jamais esqueceria, e agora isso passou e todos estão amargos. As crianças sempre foram tão leais com o Sabbath. Acho que elas não merecem receber esse tipo de jogo publicitário. Eles são como avestruzes escondendo suas cabeças na areia esperando a tormenta passar e, quando tudo acalmar novamente, irão continuar se chamando de Black Sabbath como se nada tivesse acontecido".

O novo álbum, *Heaven and Hell*, estava por enquanto fora da agenda, ele revelou: "Foi arranhado. Eu não vou cantar no novo álbum deles, de jeito nenhum, Geezer não vai tocar no álbum. É uma banda totalmente nova – quero que isso fique muito claro. Provavelmente, o som deles vai ficar muito parecido com o Foreigner – esse era o último álbum em que eles todos estariam juntos. Não suportava mais o rumo que eles estavam tomando. Houve uma época em que nós influenciávamos as bandas, e as bandas que eram influenciadas por nós agora estão nos influenciando. É um círculo completo. Esse é um momento em que você deve parar e dizer, ei, o que estamos fazendo de errado? No ano anterior, foi a vez do Queen".

Como ele já havia deixado a banda antes, era legítimo que o entrevistador questionasse se de fato Ozzy talvez não voltaria atrás e se reuniria com eles pela segunda vez. Mas Ozzy replicou: "Desta vez é permanente. Não é como se eu voltasse no último minuto. Definitivamente, eu não quero trabalhar com eles de novo. Eles têm sido uns babacas. Depois de 11 anos, eu acho que mereço uma oportunidade melhor do que tive antes".

Leia nas entrelinhas, parece que Iommi e Geezer, em menor grau, são os membros do Sabbath com quem Ozzy se mostrou mais indignado. Após um período de reflexão, ele declararia publicamente mais tarde: "Billy Ward é como um irmão, eu nunca diria uma palavra negativa sobre Billy Ward", e mesmo na época ele se mostrava benevolente sobre seu substituto, Dio: "Ronnie [é] um cara legal e tem uma excelente voz, mas, se eles seguirem como Sabbath, eu acho que Ronnie Dio vai ter de usar um colete à prova de balas, se ele resolver subir no palco e cantar 'Iron Man' e 'Paranoid'. Ele realmente vai ter muito trabalho pela frente. Substituir o vocalista em uma banda é a tarefa mais difícil de todas".

Palavras sábias, e que não seriam subestimadas pelos membros restantes do Sabbath, que sabiam que calçar os sapatos do inseguro, mas extremamente carismático, Ozzy seria uma tarefa muito difícil. Geezer me contou que permanecer na banda logo após a separação era impossível: "Quando Ozzy saiu, todos ficaram realmente tristes. Eu saí logo depois de Ozzy, porque senti que não conseguiria continuar sem ele, e tinha muitas outras coisas para resolver em minha própria vida". Isso significou que Tony e Bill ficaram com a difícil tarefa de encontrar um vocalista, um baixista e um letrista.

A situação era desoladora. Em tempos modernos, o cenário de Ozzy *versus* Sabbath no fim de 1979 – no qual uma unidade se divide em dois e, em seguida, reagrupa-se como duas novas atrações, talvez inferiores – pode ser observado em vários grupos dissolvidos. No mundo do heavy metal, o Judas Priest – descendente do Sabbath em muitos aspectos – passou os anos 1990 apagado sem seu vocalista Rob Halford, que deixou a banda em 1991 para formar uma sequência de atrações (Fight, Two e finalmente Halford) em uma tentativa de encontrar seu próprio som, antes de se reunir novamente em 2005 para um álbum e uma turnê de reencontro, que realmente deveria ter ocorrido três ou quatro anos antes. Durante aquele período, o Priest gravou um álbum ao vivo e no estúdio com Tim "Ripper" Owens, um vocalista decente que, entretanto, não conseguia seguir os passos de Halford. O mesmo aconteceu com o Iron Maiden, que substituiu seu vocalista Bruce Dickinson por Blaze Bayley em alguns álbuns medíocres – novamente, antes de um reencontro. Essa afirmação serve também para a banda brasileira de thrash metal Sepultura, cujo vocalista Max Cavalera saiu depois de uma discussão homérica com seus companheiros para formar o Soulfly: nenhuma das formações hoje é tão boa quanto foi o Sepultura nos anos 1980 e início de 1990.

Nessas situações, ninguém ganha. E as cifras também não ajudam: se o integrante de uma banda resolve pegar uma rota que o satisfaça de forma mais criativa, não significa que o sucesso comercial estará garantido. Um exemplo disso é o guitarrista do Deep Purple, Ritchie Blackmore, que deixou o Purple duas vezes – a segunda vez, permanentemente – para formar um grupo de música renascentista chamado Blackmore's Night, que ganhou pouco dinheiro em comparação ao monte de dinheiro que sua antiga banda arrecadava. É um trabalho árduo, como ele me contou em 2003: "É difícil tocar esse tipo de música. As pessoas não entendem por que um roqueiro prefere tocar para 500 ou mil pessoas em um castelo, quando deveria estar em uma banda de rock tocando para 50 mil. Discutimos como fazer um circuito de festivais, mas, de novo, há muitas portas fechadas lá fora e muita coisa política com as pessoas... por aqui eles querem saber apenas de rock, jazz e blues, então para encontrar a música você tem de ir ao fundo da loja de discos na estante marcada 'itens descartáveis'!".

Apesar de tudo isso, o legado do Black Sabbath dos anos 1970 é extraordinariamente poderoso, pelo menos se os álbuns pós-*Technical Ecstasy* forem ignorados. As bandas que interpretaram as canções dessa época geralmente trazem suas próprias identidades incluídas como resultado, tão poderosas como se as canções tivessem a mesma personalidade. Como é o caso de Bill Gould, baixista do Faith No More – que foi muito aclamado por sua versão de "War Pigs" de 1989 –, que me explicou: "Na época, estávamos tocando 'War Pigs' e fazendo uma turnê com o Metallica, e sentimos como se estivéssemos embalados em algo que não era nós... era tão surreal! Você olha e pensa, quem é que realmente sabe por que as coisas são como são?". Por mais estranho que pareça, a recente história da música acabou de ver um vocalista acabado colher os frutos da glória que sua antiga banda não conseguiu. Contrariando todas as expectativas, esse vocalista seria Ozzy Osbourne.

PARTE DOIS

Cego pelo Branco da Neve e Cercado: 1979-1992

CAPÍTULO 11

1979-1980

No campo do Sabbath, tudo estava nebuloso em termos de reorganização energética. Tony Iommi lamentou a saída de Ozzy, mas estava determinado a seguir adiante com a banda, e não via motivo algum pelo qual deveria desistir por causa do entrave. Como veremos, essa obstinação chegaria a uma conclusão lógica após alguns anos.

Sobre Ozzy, Iommi ponderou: "Não acredito que tínhamos como ajudá-lo de maneira alguma naquela época. Tinha chegado ao fim. Ele estava completamente fora de controle. Não nos sentíamos melhores que ele também, mas pelo menos ainda mantínhamos o controle. Estávamos todos movidos pela cocaína e fazendo isso e aquilo".

O próximo álbum, *Heaven And Hell*, ainda estava na agenda, e isso já vinha de algum tempo – durante um período em que nenhum membro da banda dedicava o tempo necessário para compor qualquer material. Como o guitarrista acrescentou: "A coisa começou a se arrastar e a levar mais tempo entre as sessões de composição; nada acontecia. Fomos para Los Angeles e ficamos todos morando juntos em uma casa. Eu era o único que ia até a gravadora. Eles insistiam: 'Não ouvimos uma única faixa ainda. Quando vamos poder ouvir algo de vocês?'. Eu dizia a eles: 'Eles não estão prontos ainda...'. A verdade era que não tínhamos feito coisa alguma. Eu estava contando a eles um monte de mentiras. Foi muito difícil, pois eu era o único que encarava a gravadora. No final das contas, contei a eles: 'Estamos aqui já faz alguns meses e nada está acontecendo. Estamos gastando dinheiro e não estamos fazendo muita coisa'".

Algo teria de acontecer para o bem de todos os membros da banda, e ele concluiu: "Havia chegado a um ponto em que teríamos de nos separar e todos seguirem caminhos diferentes, se não tivéssemos contado a Ozzy naquela época".

Enquanto isso, o próprio Ozzy estava trabalhando duro tentando recrutar uma nova banda. Ele brincou um tempo com a ideia de chamar seu novo grupo de Son of Sabbath, mas logo percebeu que isso não seria aconselhável: "Não havíamos definido ainda que se chamaria Son of Sabbath. Isso poderia chamar a atenção de algum filho lunático de Tio Sam correndo atrás de mim em Nova York. 'Estrela do Rock Leva Tiro'... Tentar lidar ainda com o nome Sabbath era realmente difícil, não é? E como um membro do Sabbath morto então, essa era minha opinião. Alguém sugeriu o nome. Eu mesmo simplesmente chamaria de 'Ozzy'".

Dito isso, ele ainda planejava tocar algumas canções antigas do Sabbath como parte de sua atração ("Se eu subisse no palco sem tocar 'Iron Man', o público ficaria louco"), mas insistiu que o ponto de seu exercício solo seria retornar ao som mais antigo e satisfatório: "Seria basicamente uma coisa de alta energia como no início do Sabbath. Riffs pesados, que é o que tinha tudo a ver".

Ozzy vinha trabalhando com o guitarrista Gary Moore, que recentemente havia sido membro da banda de rock irlandesa Thin Lizzy, embora a parceria não estivesse destinada a durar muito. "Ele era um guitarrista brilhante", Ozzy disparou com sinceridade. "Ele era bom demais para tocar com o Lizzy – na realidade, bom demais para mim também. Fazer um álbum com ele seria um privilégio meu, mas ele tinha sua própria carreira para se preocupar. Estávamos apenas compondo umas canções juntos... Havia por volta de 200 ou 300 pessoas fazendo testes e eu reduzi isso gradativamente para cerca de dez bateristas e dez baixistas. Ainda considero Tony Iommi como um dos maiores guitarristas na face da Terra, e encontrar alguém para substituí-lo e me acompanhar vai ser muito difícil."

Ele também explicou que sua nova banda deveria ser composta pela próxima geração de roqueiros: mesmo aos 31 anos de idade, Ozzy achava que pertencia à liga veterana de músicos. "Eles são todos jovens", disse ele. "Não quero gente velha! Já basta eu ter de limpar as teias de aranha de minhas amígdalas toda vez que subo no palco. Isso me dá uma energia renovada. Vou ter de prender foguetes em meus pés para conseguir pular no palco! Uma coisa é certa, eu fico me encontrando com rapazes que ficam tão maravilhados ao me ver, porque todos eles eram fanáticos pelo Sabbath, como um baterista que se chama Loud Lou. Ele era, ó meu Deus do céu, o próprio Ozzy Osbourne! Assim que descobrirem que eu não tenho asas de morcego, tudo ficará bem".

No fim de 1979, Ozzy ofereceu o trabalho de guitarrista em sua banda ainda sem nome para Randy Rhoads, um virtuoso com 24 anos de idade da banda de glam metal Quiet Riot, cujo talento como guitarrista solo era quase inigualável na época. Junto com Eddie Van Halen (na sombra da qual a banda Quiet Riot labutou por algum tempo, achando impossível conseguir uma brecha no cenário glam de Los Angeles) e com o jovem Yngwie J. Malmsteen, Rhoads inventou a atração do "shedding" na guitarra assim como solo percorrer em uma velocidade e destreza com uma técnica incrível. Enquanto guitarristas baseavam seus estilos no blues rock dos anos 1960, como Ritchie Blackmore, Jimmy Page e até certo ponto Tony Iommi, que abriu o caminho para um solo mais rápido nos anos 1970, guitarristas como Rhoads foram aqueles que trouxeram a velocidade e a elegância às heroicas guitarras que eram totalmente modernas – e, desse modo, eles ajudaram os roqueiros "mais velhos", tais como Ozzy, a atualizar seus sons para os anos 1980. Seu teste com Ozzy se tornou uma lenda urbana: o jovem prodígio simplesmente chegou com uma Gibson Les Paul e um amplificador Fender, afinou, tocou alguns riffs durante cinco minutos e ouviu que o trabalho era dele. Desde então, Ozzy sempre afirmou que tinha uma "intuição" para com guitarristas aptos – uma afirmação que nasceu aqui e que continuou mais tarde.

Como ele se recordou: "Fui a Los Angeles e testei vários guitarristas similares a Tony Iommi, não é? E ele estava apenas afinando sua guitarra quando eu disse: 'Você conseguiu um show'. Fenomenal. Sua presença de palco...! Não estou nem aí para as coisas... tenho uma intuição com as pessoas. Você poderia ser o melhor guitarrista do mundo, mas se você não tiver a sensação que eu procuro, nem tente".

Enquanto isso, o Black Sabbath tinha seu novo recruta.

Ronnie James Dio era um homem com uma linhagem ilustre. Nos seus 30 anos, na época de sua negociação com o Sabbath (houve um debate ao longo de sua carreira sobre sua verdadeira idade, com vários observadores concluindo que ele nasceu em 1942 ou 1949), esse residente ítalo-americano de Nova York havia emprestado sua voz tenor fenomenal a uma série de atrações ilustres de rock durante mais de uma década, embora suas raízes – como dos outros membros do Sabbath – viessem do rock'n'roll e do rockabilly dos anos 1950. Começou sua carreira como intérprete e multi-instrumentista em 1958[5] com o The Vegas Kings, antes de montar Ronnie & The Rumblers e Ronnie & The Red Caps, mas seu primeiro triunfo importante veio com Ronnie Dio & The Prophets e, em seguida, o Electric Elves, cujo tecladista viria a ser o futuro manager do Mötley Crüe, Doug Thaler.

Depois de montar o Elf – baseado talvez no diminutivo de Dio, levemente parecido com um duende – e marcar presença com o Deep Purple, a postura vocal de Ronnie foi percebida pelo guitarrista do Purple, Ritchie Blackmore, que prontamente o convidou para se juntar ao Rainbow, a banda fundada por Blackmore após sua primeira saída do Deep Purple em 1975. Abordando uma mistura de rock progressivo com toques de metal, centralizada na guitarra pirotécnica de Blackmore e nos vocais espiralados de Dio, a banda – que também incluía o baixista Craig Gruber, o baterista Gary Driscoll e o tecladista Michey Lee Soule – lançou o LP *Ritchie Blackmore's Rainbow*, em 1975, e desfrutou de um grande sucesso com seu single "Man on the Silver Mountain".

Nomeada em homenagem ao infame clube Rainbow Bar and Grill, de Hollywood, um lugar frequentado pelas estrelas do rock e seus acompanhantes, a banda estabeleceu uma ligação entre o heavy metal e, na época, o intrigante, e hoje batido, tema sobre espada e feitiçaria que vendeu muito em meados e fim dos anos 1970, e que se tornaria antiquada no final da década com a chegada do punk, NWOBHM [New Wave of British Heavy Metal – Nova Onda do Heavy Metal Britânico] e o thrash metal. Ainda assim, durante uns dois anos o Rainbow seria a banda de rock da vez, e não é de se admirar que Dio chamasse a atenção de Iommi – especialmente depois de o sempre imprevisível Blackmore ter dispensado a banda após mais dois álbuns. Dio foi o último a sair, mas os fãs não ficaram surpresos com a notícia de que esse homem sempre sincero e franco preencheria o espaço de grande visibilidade do Sabbath pós-Ozzy tão rápido assim.

E, ainda assim, havia certo grau de incoerência nisso tudo. O Black Sabbath tinha construído seu nome baseado em uma música bruta e sem sofisticação em seus quatro primeiros álbuns, com seus vigorosos gritos sem formação como parte integral de seu apelo. Dio – que havia forjado uma ligação inicial com o Deep Purple cantando no projeto paralelo, *Butterfly Ball*, do baixista Roger Glover, 1974 – possuía uma voz admiravelmente adocicada e uma amplitude vocal completamente diferente de Ozzy. Além disso, seu estilo vocal elaborado era um

5. Que sugere que ele nasceu antes de 1949!

planeta de distância da simples enunciação de seu predecessor, sendo que os castelos, as donzelas e os dragões que povoavam suas letras contrastavam profundamente com qualquer coisa que o Sabbath já havia feito antes, apesar de toda a questão do satanismo.

Restava saber se a chegada de Dio ao grupo resolveria os vários problemas que o Sabbath enfrentava: uma sofisticação exagerada e desnecessária e a diluição de seu som; os fãs divididos, e um futuro incerto com Don Arden e sua equipe, cujo selo Jet estava considerando o lançamento do primeiro LP solo de Ozzy. Todas essas incertezas influíam na própria banda, e haviam feito de Geezer Butler sua primeira vítima, que não conseguia ver o Sabbath funcionando sem Ozzy. As sessões de gravação para *Heaven and Hell* começaram no Criteria Studios em Miami, em setembro de 1979, mas sem Butler, que havia deixado a banda. As gravações posteriores ocorreram no Studio Ferber, em Paris.

Essa segunda baixa na formação original pode ter causado um impacto menor na banda: no entanto, Iommi exerceu sua vontade inabalável e simplesmente convidou Geoff Nicholls, que tocava na banda Quartz, para se juntar a eles no baixo. Nicholls prontamente se juntou à banda como músico de estúdio, mas esse novo arranjo não duraria muito. Geezer aparentemente recuperou sua consciência e retornou à banda alguns dias depois. Como ele me contou, duas décadas depois do fato: "Ronnie acrescentou muito à banda na época em que mais precisávamos. Ele deu um novo sentido de vida à banda. Ele nos deu inspiração!". Sobre seu retornou ao Sabbath, ele se recorda: "Tony havia dito, 'Você tem de voltar e ouvir o que estamos fazendo', então eu voltei e eles tinham acabado de terminar a canção 'Heaven and Hell', que eu tinha começado com eles antes de sair. Ouvi e disse, 'É brilhante!'". Nicholls passou para os teclados e a nova e ampliada banda lançou mãos à obra.

Iommi olha em perspectiva na época da produção de *Heaven and Hell* com a mesma visão otimista, contando à publicação *Classic Rock Revised*: "Eu amava esse álbum. Foi um verdadeiro desafio para nós. Estávamos voando alto com o Sabbath. Estávamos fazendo shows enormes, mas, de repente, cortamos tudo isso e trouxemos alguém diferente. Foi um grande risco. Era algo que queríamos fazer. Queríamos que desse certo com Ronnie James Dio. Ele tinha uma voz diferente e me fez compor de forma diferente. Acho que realmente funcionou... adorei fazer esse álbum, de verdade. Ronnie foi excelente. Ele veio como um verdadeiro profissional. Fomos capazes de sentar e fazer o álbum sem problemas... ele fazia tudo o que pedíamos a ele, basicamente porque queria fazer parte do show. O próximo álbum... foi um pouco diferente".

As melhores pessoas apareceram para contribuir com o novo álbum. O reconhecido auxiliar de estúdio John "Dawk" Stilwell, que conhecia Dio da época do Ronnie Dio & The Prophets, cuidou da engenharia de som de *Heaven and Hell* e se lembrou de que Iommi estava procurando novos sons para o próximo álbum. Como ele se recordou, havia alguns problemas técnicos para resolver antes de gravar qualquer música, especificamente um amplificador quebrado: "O amplificador no caso era um novo amplificador Marshall de 100 watts modelo 1959, cujas válvulas foram destruídas quando ele foi despachado da Inglaterra... Iommi não estava satisfeito com o som do Marshall. Ele estava procurando mais 'crunch' e distorção".[6]

Além disso, a escolha do produtor do Sabbath foi Martin Birch, que havia aprimorado sua arte fazendo a engenharia de som dos primeiros álbuns do Fleetwood Mac e Faces. Fundamental para o Sabbath era o fato de que Birch também havia produzido nada menos que cinco LPs do Deep Purple: o pioneiro e inovador *Deep Purple in Rock* (1970), *Stormbringer* (1974), *Come Taste the Band* (1975), *Made in Europe* (1976) e *Last Concert in Japan* (1978). O produtor, que encontraria o melhor sucesso de sua carreira com o Iron Maiden, construíra uma reputação de fazer com que personalidades extremas conseguissem trabalhar juntas de forma criativa, sendo que, o som arredondado e orgânico, que o tornou famoso, colocou-o no topo de uma pequena lista de candidatos para desempenhar esse papel de produtor.

Esses "crunch e distorção" extras que Stilwell mencionou se tornam evidentes nos primeiros segundos do *Heaven and Hell*. O LP começa com "Neon Knights", cuja abertura – uma simples e eficaz varredura de um acorde – é um sinal promissor de que Iommi estava de volta à boa forma no quesito composição. Quando entram os vocais de Dio, eles são uma alegria – nunca exagerados, mas uma jornada elevada com uma letra emocionante: "Circles and rings, dragons and kings / Weaving a charm and a spell" ["Círculos e anéis, dragões e reis / Tecendo um encanto e um feitiço"]. Iommi traça um solo limpo e pesado à medida que a canção, nunca excessivamente pesada, mas suficientemente audível para os fãs, acelera até seu desfecho.

---

6. Stilwell mais tarde recrutaria um jovem baixista ítalo-americano chamado Joey de Maio, que trabalharia na parte pirotécnica da turnê *Heaven and Hell*: De Maio mais tarde encontraria fama com sua banda Manowar, que adotaria os trajes vikings que levaram a um desfecho lógico e totalmente ridículo.

"Children of the Sea", a primeira canção que Iommi e Dio improvisaram juntos, é um hino épico que se beneficia da produção completa e moderna de Birch. Sua introdução, com violões dedilhados, está repleta de homenagens – deliberadas ou involuntárias – ao Led Zeppelin e ao Rainbow em particular, enquanto que a interpretação de Ronnie, "In the misty morning, on the edge of time / We've lost the rising sun" ["Na névoa da manhã, à margem do tempo / Perdemos o nascer do sol"], pode ter saído de forma inconsciente de outro projeto, como o *The Butterfly Ball.* A seção central da canção, uma sequência de harmonias e solos com uma única guitarra, é mergulhada em corais com vozes masculinas e femininas, enfatizando a ambição da parceria de Iommi/Dio, como também os recursos extremamente criativos de Birch.

"Lady Evil" é menos impressionante com seu refrão juvenil "Lady Evil, evil / She' a magical mystical woman" ["Dama do mal / Ela é uma mágica e mística mulher"], não oferece os calafrios da velha escola satânica dos álbuns do Sabbath no início de 1976 nem a sofisticação que aguardariam os fãs dessa nova fase. Há um riff que segue ao fundo, mas ele é suave e polido em vez de ameaçador, e as partes de solo com o wah-wah de Iommi são tão longas e complexas que não geram muito interesse.

Os sete minutos de "Heaven and Hell" são bem melhores, com a canção sendo introduzida por um riff uníssono que lembra os dias de glória de "Iron Man". O verso, que se despe até o baixo de Geezer e a bateria de Ward, encontra-se totalmente no território de Ronnie, como ele pontifica: "Sing me a song, you're a singer / Do me a wrong, your're a bringer of evil" ["Cante-me uma canção, você é um cantor / Faça-me uma maldade, você é o mensageiro do mal"]. Iommi apresenta alguns de seus novos sons descobertos, com todos os tipos de efeitos [drone, swells e divebombs] ligados ao reverb, com todas as atualizações fornecidas por Birch. Há um coro também presente, com um conceito pomposo totalmente evoluído. Uma aceleração no ritmo aos quatro minutos permite a Geezer esticar os braços pela primeira vez. Dio grita "Fool, fool, you got to bleed for the dancer / Fool, fool, look for the answer" ["Tolo, tolo, você tem de sangrar para o dançarino / Tolo, tolo, procure uma resposta"] e a canção declina, com um minuto de guitarra que soa como um clássico medieval gradualmente diminuindo. O que significa tudo isso? Quem sabe?

"Wishing Well" foi considerada muito piegas para muitas pessoas, não por causa apenas da letra de Ronnie ("Throw me a penny and I'll make you a dream" ["Atire-me uma moeda e eu te realizarei um sonho"]), mas porque soava mais como uma banda AOR [Album Oriented Rock – Rock Orientado ao Álbum] – Boston ou Journey – tentando tocar mais rápido e pesado. Fazendo justiça a Birch e à banda, o som da guitarra é preciso e sólido, mas os animados riffs e vocais de apelo às rádios (a entonação da banda em "dreamer" ["sonhador"] se repetindo ao fundo) são apenas *legais*. Não é um dos melhores momentos do Sabbath.

Carregado de efeitos do sintetizador de Nicholls, "Die Young" parece servir mais como uma desculpa para Ronnie gritar "Die Young!" ["Morra Jovem!"] sobre intermináveis solos de guitarra. Entretanto, em termos de arranjo, a canção oferece a Iommi a oportunidade de experimentar com uma introdução ambiental e uma complexa salada de riff na seção central que não supera seu limite. Infelizmente, as coisas não melhoram muito com "Walk Away", um hino leve que, lançado cinco anos depois, poderia até aparecer na MTV em um vídeo todo fosco. Enquanto Ronnie alerta sobre uma mulher manipuladora que oferece seu amor como "a way to have a child" ["um caminho para se ter uma criança"], a banda se contenta com uma sequência de riffs leves, sem peso algum. Até Iommi não está em sua forma mais brilhante nesses solos, o principal ponto de venda do álbum até agora.

"Lonely is the Word" é um retorno à forma para o desfecho do álbum, com um riff lento e ousado, sublinhando um conto que fala sobre a solidão na estrada. "It's a long way to nowhere and I'm leaving very soon / On the way we pass so close to the back side of the moon" ["O caminho é longo a lugar algum e estou partindo logo / No caminho nós passamos tão perto do lado escuro da lua"], acena Dio, milagrosamente evitando cair em um clichê de fantasia e permitindo que Iommi e Nicholls preencham longas seções instrumentais com solos de cordas e efeitos de eco. É uma forma suave de se concluir o álbum – quase parecido a "Solitude" e "Laguna Sunrise" – e que serve o mesmo propósito dessas canções: apresentar um lado diferente da banda.

Lançado no dia 26 de abril de 1980, *Heaven and Hell* ajudou muito a restaurar a reputação estancada do Sabbath e tranquilizar os fãs que restaram de que a chama ainda estava acesa dentro deles, depois da decepção que foram os últimos álbuns. Embora a textura geral do LP fosse mais polida e suave em vez de mais agressiva e atmosférica, os gêneros musicais da época eram tantos que encontrou uma morada entre milhões de compradores de discos. Afinal, 1980 foi a aurora de uma nova era na música, com a tecnologia hi-fi finalmente fazendo jus às técnicas de gravação de estúdio usadas por Martin Birch e seus colegas, e o auge da síntese e a nascente da indústria fonográfica que se via em uma posição confortável graças aos sons limpos e puros, que permitiram que os músicos fizessem e gravassem álbuns melhores. Tudo isso fez com que o LP chegasse ao nono lugar, seguido por mais 22 semanas nas paradas, algo explicável, mesmo não sendo um dos melhores álbuns do Sabbath.

Uma enorme turnê deu continuidade ao lançamento do álbum, começando na Alemanha e Áustria, antes das datas no Reino Unido, acompanhado por Angel Witch – uma das estrelas do movimento da Nova Onda do Heavy Metal Britânico (NWOBHM) – e Girlschool, um grupo feminino de biker metal. Shows em Londres (no Hammersmith Odeon, que surgiu como um dos principais espaços do hard rock e do metal), Glasgow, Edinburgh, Newcastle, Deeside, Manchester, Birmingham e Leicester foram seguidos por mais apresentações na Alemanha e, finalmente, uma extensa turnê nos Estados Unidos.

Apesar de os fãs terem acolhido bem a formação liderada por Dio, talvez compreendendo que a infusão de sangue do lado do Deep Purple (incluindo o produtor Martin Birch) foi um impulso necessário para essa agora nova clássica banda de rock britânica, mais uma vez nem tudo corria bem nos bastidores. Geezer Butler havia superado seu breve ataque de insegurança do ano anterior, Iommi continuava com sua confiança mais sólida do que rocha – mas Bill Ward, cujos pais haviam morrido recentemente, estava passando por dificuldades. A bebida se tornara mais que uma muleta para ele nessa fase e a perspectiva de uma enorme turnê pela frente era mais do que ele poderia suportar.

Julho de 1980 foi a gota d'água para Bill. Sobrecarregado, exausto pela viagem e por causa do constante dano que o álcool estava trazendo ao seu cérebro e seu corpo, Ward se arrastou para cumprir as datas em Dallas, Los Angeles, San Antonio, Houston, Spokane, Seattle e Ventura, acompanhado por Alice Cooper, Molly Hatchet, Riot e outros. Entretanto, houve também algumas novidades: o segundo dia do festival Day on the Green, no Oakland Stadium, foi um sucesso total: o Sabbath tocou junto com o Cheap Trick, o Molly Hatchet e outros, incluindo também a atração campeã de vendas do estilo AOR, o Journey. Além disso, o single "Neon Knights" atingiu o 22º lugar nas paradas daquele mês e a gravadora NEMS editou um álbum ao vivo de 1975 intitulado *Live at Last*, uma lembrança para os fãs que ajudaram a manter o perfil da banda merecidamente no topo do patamar.

É provável que Ward tenha anunciado sua intenção de sair do Sabbath depois do show do dia 4 de agosto, no Henry Levitt Arena, em Wichita, Kansas, mas foi persuadido a tocar mais algumas semanas na turnê, até que um substituto pudesse ter tempo para ensaiar com a banda. No entanto, o momento decisivo veio no dia 21 de agosto, quando ele abandonou a turnê pouco antes de uma viagem ao Havaí. O show, no McNichols Sports Arena em Denver, no Colorado, foi cancelado, fazendo com que a banda de apoio, o Blue Oyster Cult, acabasse tocando um set prolongado para acalmar os fãs.

Como Ward lembraria mais tarde: “Falando por mim, cruzei a linha quando estávamos tentando fazer o que se tornou *Heaven and Hell*. Não conseguia reduzir a bebida e meus hábitos naquele momento. Foi uma situação muito ridícula. Não me lembro sequer da gravação do álbum. Estava totalmente fora de mim durante aquele álbum. Não tenho recordação de ter feito o álbum. Eu o ouço e sei que sou eu tocando a bateria, mas não me lembro de coisa alguma... A única coisa de que eu me lembro era que Tony apenas acenava com a cabeça para mim. Ele foi muito delicado durante aquele álbum. Ele tentava me levar para onde eu ia. Isso é tudo o que eu me lembro”.

Hoje ele percebe o que estava fazendo com que buscasse um refúgio profundo na bebida: “Não foi uma época muito boa. Acho que o que aumentou os apagões durante aquela época foi o fato de minha mãe ter morrido. Ozzy também não estava lá. Eu sofri muito com a saída de Ozzy, embora não percebesse que eu estava sentindo sua falta. Ele era o meu melhor amigo. Oz e eu éramos como irmãos. Saímos da mesma forma”.

Embora muitos observadores acreditassem que sua saída do Sabbath da turnê no verão de 1980 se deu pelo fato de ele ter percebido que era hora de cuidar de sua própria conduta, o oposto parece ser o caso. Como ele explicou: “Abandonei a turnê *Heaven and Hell* porque meus vícios eram tão fortes na época que a coisa mais importante para mim era ficar dopado. Tinha chegado a tal ponto que eu vivia apagado o tempo todo. Não sabia o que estava acontecendo. Estava completamente fodido, ponto final. A bebida se tornara a coisa mais importante em minha vida. Era mais importante do que meus filhos, minha esposa e até eu mesmo. Caí em uma espiral descendente em 1980”.

Era evidente que Bill era incapaz de limitar seu excesso de consumo de álcool de vez em quando, como a maioria das pessoas. Ele explicou: “Existe uma coisa chamada bebedores inveterados, sabe? Pessoas que bebem muito, mas que não se tornam alcoólatras. Elas simplesmente bebem muito. Quase dá a impressão de que elas são alcoólatras. Um alcoólatra, basicamente, precisa beber o tempo todo, e há dois tipos. O que chamados de alcoólatra periódico – que não bebe por algum tempo, mas que em seguida bebe sem parar, hora após hora. E, então, existe o alcoólatra diário, que bebe todos os dias. Um alcoólatra colocará a bebida antes de qualquer coisa ou de qualquer pessoa, ao passo que o bebedor inveterado mudará de atitude e dirá, você sabe de uma coisa? Foda-se isso, eu vou parar de beber durante duas semanas. Ele ou ela toma essa decisão: um alcoólatra não consegue tomar essa decisão".

Ele acrescentou: "Meu vício havia chegado ao ponto em que todos os vícios acabavam entrando. Tinha chegado ao ponto em que aquilo havia se tornado mais importante do que qualquer coisa em minha vida. O vício havia se tornado mais importante para mim, mais importante do que minha esposa na época, mais importante do que meus filhos, mais importante do que minhas responsabilidades, mais importante do que o Black Sabbath, mais importante do que qualquer coisa. O vício era o rei... O que aconteceu foi que voltei ao sul da Califórnia com minha esposa, onde fiquei de cama por quase um ano. Tudo o que eu fazia era beber, usar e dormir. Fiquei na cama durante um ano imediatamente após *Heaven and Hell*. Raramente eu socializava. Mantinha as cortinas fechadas e... era isso. Eu estava lidando com o sofrimento. Estava lidando com todos os tipos de problemas. Não sabia disso na época, mas hoje posso olhar para trás e dizer, 'Sim, estava lidando com isso e com aquilo...'. Mas não conseguia fazer isso na época. Não percebi que estava à beira de uma doença progressiva que iria me matar. Não tinha a mínima ideia do que viria pela frente porque a coisa se agravou a partir daquele ponto. Já era ruim, mas ficou pior ainda".

O substituto de Ward foi o ex-baterista do Axis, Vinny Appice (pronunciado 'a-pi-si'), cujo talento técnico e superior lhe traria muita fama e fortuna mais tarde em sua carreira. Ainda relativamente desconhecido na época em que foi recrutado pelo Black Sabbath, Appice (cujo irmão mais velho, Carmine, é também um baterista renomado no meio do rock, tendo tocado com o Vanilla Fudge e o Beck, Bogert & Appice) assumiu os quatro meses restantes da turnê de 1980 com um brilho que – tristemente falando – o enfermo Ward era incapaz de executar durante algum tempo.

Vinny se recordou de que mesmo em um primeiro encontro que teve com Bill, ele notou que o álcool e Ward não faziam uma grande parceria: “Conheci Bill no Rainbow nos anos 1980 – quando ele estava bebendo – e saí correndo pela porta dos fundos, porque, quando me aproximei para me apresentar, ele estava demais, [acrescente a voz alta de um bêbado] ‘Vinny! E aí?’. E me deu um abraço apertado. Ele estava muito bêbado, e não era um bêbado *legal*, então fiquei do tipo, tudo bem, hora de cair fora daqui... saída mais próxima à esquerda!”.

Como seu processo de recrutamento para o Sabbath realmente ocorreu? “É uma história engraçada”, ele se lembra, “porque, antes de eles me chamarem, eu tinha recebido um telefonema de Sharon Arden dizendo que Ozzy estava montando uma nova banda e se eu gostaria de pegar um voo e ir até lá. Eles me ouviram tocar com Rick Derringer e o Axis – já havia feito três álbuns com Rick até então, e o álbum do Axis tinha uma bateria muito boa, então eles sabiam que eu era capaz de tocar com Ozzy. Eu tinha 21 anos de idade, e fiquei do tipo, uau, Ozzy!”

Appice ri do quanto era inocente na época: “Mas eu nunca tinha pisado antes na Europa, e perguntei ao meu irmão Carmine, Ozzy não é louco? Carmine já havia saído com Ozzy anos antes e disse, sim, ele é louco. Ele é completamente maluco. Então, na realidade, eu recusei. Eu era muito jovem e não sabia. Apenas pensei, ele é um maluco, ele é louco, eu nunca estive na Inglaterra, onde fica isso?

Então, eu recusei o projeto e, em seguida, cerca de três meses depois, estava voltando de uma convenção da bateria Ludwig em Chicago com Carmine. Minha esposa Justine me contou que o manager da turnê do Black Sabbath havia me ligado e queria que eu fosse me encontrar com eles no hotel em que estavam hospedados. Então, eu conheci Paulo Clarke, que era o manager da turnê na época, e, em seguida, Tony entrou. Ele tinha ouvido o álbum do Axis, gostou muito e queria saber se eu estava disposto a fazer um teste com eles no dia seguinte no SIR Studios na Sunset Boulevard, em Hollywood. Então, eu disse que sim, fui, toquei e tudo correu bem. Eles me contaram que Bill estava tendo problemas e que tinha deixado a banda”.

Iommi e os demais sabiam que Appice tinha sido abordado pelo lado de Osbourne pouco antes? “Não, não acho que eles sabiam sobre o convite para me juntar à banda de Ozzy antes daquele momento... Eles ficaram felizes com meu teste e foram para o pub – em seguida, retornaram e disseram, ‘Ok, você vai tocar: você está na banda!’”

Mal o novo baterista assumiu seu posto e já teve muito trabalho pela frente: “Então, agora eu tinha de aprender todas essas canções, e em apenas quatro dias de ensaio antes do grande show em um estádio no Havaí. No primeiro dia de ensaio, Geoff Nicholls e Ronnie me ajudaram com as canções, enquanto Tony, Geezer e algumas pessoas da equipe foram ao pub, entende? O mesmo aconteceu no dia seguinte – todos chegaram atrasados... era do tipo, vamos tocar um pouco e, em seguida, vamos todos ao pub! Mas eu estava do tipo, cara, eu tenho de aprender essas canções! Então, trabalhei muito com Geoff e Ronnie para aprender as canções. O resultado disso foi que não ensaiamos muito nos quatros dias que tínhamos disponíveis".

O Sabbath embarcou devidamente no voo, pronto para fazer um show ou não, com Appice tentando desesperadamente aprender as canções: "De repente, estávamos no Havaí – eu constantemente ouvindo as canções em um walkman na época – e tocando neste enorme festival – um gigantesco show ao ar livre com cerca de 20 mil pessoas. Felizmente, eu sabia ler música, então desenhei uns gráficos indicando 'verso, refrão, verso' e assim por diante – com notas em compasso de 6/8, acentuações e todas essas coisas – para cada canção. Elas me ajudaram até a metade do show, até que começou a chover e a chuva escorreu toda a tinta de meu livro! Eu não consegui ler mais, mas conseguimos terminar o show".

Tudo parecia decorrer sem problemas, mesmo com Appice tendo ouvido apenas indiretamente que o estoico e reservado Iommi se mostrara inseguro se iria dar certo: "Ouvi depois de Ronnie que Tony estava realmente, mas realmente nervoso, porque essa seria a primeira vez em que eles iriam tocar com alguém que não fosse Bill na bateria. Tony e Geezer são muito... com eles mesmos, você entende? Quando eles não conhecem alguém, ficam muito reservados. Mas eles vieram e disseram 'Muito bom, muito bom', sabe? Isso já era muito para eles!".

Em setembro, o Sabbath avançou para os estados da Costa Leste, descendo até Miami e entrando no Meio Oeste americano com sua nova formação tocando por todos os lados. Appice foi se estabelecendo lentamente, embora nunca soubesse quando Ward retornaria à banda e seu trabalho acabaria: "Continuamos a turnê e tudo transcorreu bem. Achei que Bill pudesse retornar, mas a banda se deu bem e a turnê prosseguiu. Durante uns dois meses, eles achavam que ele pudesse voltar, mas depois disso ficou óbvio que não iria acontecer. Então, a turnê acabou e ficamos do tipo, vamos tirar dois meses de férias e depois fazer outro disco. Eu saí para passear. Na realidade, talvez por um pouco mais de um mês. Precisávamos descansar, e eles precisavam mais do que eu porque não havia participado da turnê inteira".

Mas a concorrência de uma fonte inesperada surgiu no dia 20 de setembro, quando Ozzy Osbourne lançou seu primeiro álbum solo,

Blizzard of Ozz, intitulado "Blizzard of Ozz de Ozzy Osbourne", incluindo Randy Rhoads, o baixista Bob Daisley e o baterista Lee Kerslake. O selo Jet o contratou para uma série de álbuns solos e seu comunicado de imprensa declarava: "Os fãs do heavy metal do mundo todo aguardaram com grande expectativa por notícias de seu herói, Ozzy Osbourne, desde sua saída do Black Sabbath", revelando também os detalhes da formação do Blizzard of Ozz. "A pior parte foram os testes. Nunca tinha feito isso antes; quer dizer, como dizer a um rapaz que ele não sabe tocar?", disse Ozzy. "A Grã-Bretanha ainda estava na era punk e achei que não encontraria os músicos certos por aqui... tinha perdido as esperanças de encontrar alguém, quando uma pessoa me sugeriu Randy. Ele era de Los Angeles e tocava em uma banda chamada Quiet Riot. Era professor de guitarra em uma faculdade local quando lhe perguntei se queria se juntar à banda". Quanto a Kerslake, um veterano com oito anos de rock progressivo com o Uriah Heep, "cheguei ao ponto em que ia desistir dos testes e simplesmente usar um baterista de estúdio. Lee era para ser positivamente o último teste".

O álbum teve um sucesso moderado no primeiro lançamento, atingindo o sétimo lugar no Reino Unido e permanecendo nas paradas por oito semanas, mas, como a lenda de Ozzy cresceu, passou a vender constantemente. E com um bom motivo: é um LP bem produzido, mesmo com uma produção um pouco simples (uma versão remasterizada em CD foi lançada em 1995, e uma série de álbuns de Ozzy ressurgiu em 2002) e com a voz de Ozzy, como sempre, muito forçada às vezes. As primeiras duas canções, "I Don't Know" e "Crazy Train", são exercícios para a técnica fenomenal de guitarra rítmica de Rhoads, com essa última canção se tornando uma das clássicas de todos os tempos (foi inclusive usada em 1999 em um comercial de carro da Mitsubishi). Por outro lado, "Goodbye to Friends" é uma espécie de balada, embora seu som esparso e sua melodia obviamente influenciada pelos Beatles façam com que seja menos durável que as outras canções. "Dee" é um solo de violão composto por Rhoads como um tributo à sua mãe, destacando suas habilidades como um músico acústico, como também um incrível músico com o instrumento elétrico.

"Suicide Solution" é uma canção duradoura graças exclusivamente a uma nuvem de controvérsia que se espalhou sobre ela quatro anos depois, quando certas instituições, com nada melhor a fazer com seu tempo, interpretaram-na como uma apologia ao suicídio. As linhas "Wine is fine, but whiskey's quicker / Suicide is slow with liquor /

Take a bottle, drown your sorrows / Then it floods away tomorrows" ["O vinho é bom, mas o uísque é mais rápido / O suicídio é lento com a bebida / Pegue uma garrafa e afogue suas mágoas / Em seguida, ela dissipará seu amanhã"] deveriam ter deixado claro que se tratava de um alerta contra a bebida, e não uma recomendação para que se suicide. Ozzy protestou que fora composta como consequência de uma manifestação contemporânea: "Se essas pessoas realmente lessem a letra de 'Suicide Solution', elas perceberiam que estão longe da verdade, se tentassem", disse ele. "Foi composta para o [falecido vocalista do AC/DC] Bon Scott... que bebeu até morrer. A palavra 'solução' não significa uma 'saída', é uma 'solução' que significa 'solução líquida', álcool. 'O vinho é bom, mas o uísque é mais rápido, o suicídio é lento com a bebida' – e eu vivi esse tipo de vida durante anos, e eu sei o que estou falando! A maioria dos alcoólatras comete suicídio no final do dia porque não consegue encontrar uma saída...".

"Essas pessoas", na declaração acima, eram os representantes de uma família norte-americana que processou Ozzy depois que seu filho adolescente, identificado como John M, se matou, afirmando que a canção influenciou na decisão do garoto. O caso se alastrou durante anos antes de finalmente ser absolvido no tribunal em 1987, mas os anos que se seguiram foram difíceis para o vocalista, apesar de suas várias explicações. Como ele contou a um repórter, de forma bem razoável, "em primeiro lugar, eu sinto muito, mas muito mesmo pela morte do garoto. Nunca foi minha intenção compor uma canção que causasse danos a qualquer pessoa. Mas eu realmente não consigo me sentir culpado por qualquer coisa desse tipo, porque é um *absurdo* – é como se você me deixasse agora, entrasse em seu carro, acabasse morto em um acidente de carro e me culpasse por ter vindo aqui me visitar e fazer uma entrevista...". Ele também questionou o raciocínio por trás do processo judicial, explicando: "Eu não sei quanto a você, mas se eu chegasse em casa hoje à noite e encontrasse meu filho caído com o rosto na banheira com um bilhete de suicídio dizendo 'Adeus, pai, fui embora' e um álbum da banda New Kids on the Block tocando em seu aparelho estéreo, a última coisa que viria à minha mente seria processar o grupo – eu ficaria desolado".

"Mr Crowley" foi igualmente preocupante para a maioria dos moralistas, afinal de contas trata-se de uma canção sobre o excêntrico satanista inglês Aleister Crowley, cujas obras têm sido o foco de interesse de muitos roqueiros, sobretudo para Jimmy Page do Led Zeppelin, que comprou a casa de Crowley às margens do Lago Ness. No ambiente liberal de hoje, "No Bone Movies" é praticamente uma canção cômica, embora a angústia com que Ozzy grita seus sentimentos antipornográficos em frases do tipo "Inspiration that's blue and uncut / Can't kick the habit, obsession of smut / Voyeur straining, in love with his hand / A poison passion, a pulsating gland" ["Inspiração triste e sem cortes / Não consegue escapar do vício, obsessão pelo obsceno / *Voyeur,* se esforçando, apaixonado por sua mão / Uma paixão venenosa, uma glândula pulsante" parece genuína. A poética e o violão acústico de "Revelation (Mother Earth)" merecem uma visita: Ozzy canta "Heaven is for heroes / And hell is full of fools" ["O céu é para os heróis / E o inferno está repleto de tolos"] com emoção, enquanto a ira em "Broken chains have fallen all around, yeah / Point my finger at the fools / Broken chains and broken rules" ["Correntes quebradas caíram por toda a parte, sim / Aponto meu dedo aos tolos / Correntes quebradas e regras rompidas"], na canção "Steal Away the Night" pode muito bem ser direcionada à antiga banda de Ozzy.

Com críticas na maioria positivas sobre *Blizzard of Ozz* (Geoff Barton da revista *Sounds* escreveu: "Igual aos Sabs para ser claro, mas rápido, mais furioso e mais atualizado para o discernimento da moçada cabeça de 1980"), restava apenas a Ozzy ver se conseguiria o mesmo em uma apresentação solo ao vivo – e, depois de alguns shows com o título de Law [Lei], ele embarcaria em uma turnê sob a bandeira Blizzard [Nevasca]. Tanto ele como Sharon estavam nervosos para saber quantas pessoas apareceriam em sua primeira apresentação de verdade, em Glasgow, mas na realidade o show foi um grande sucesso, com o vocalista se desmanchando em lágrimas em um determinado momento, quando percebeu que poderia de fato encarar sua carreira sozinho. Posteriormente, ele também receberia elogios de seus colegas, como o líder do Motörhead Lemmy me contou: "Achei que o primeiro álbum solo de Ozzy foi melhor que todos os álbuns do Black Sabbath colocados juntos".

Enquanto ambos, Ozzy e o Sabbath, faziam suas turnês, não demorou muito para que os críticos e os espectadores começassem a comparar e contrastar suas fortunas e méritos e, assim, uma espécie de rivalidade surgiu. Relatos de multidões abafando a voz de Ronnie James Dio clamando por "Ozzy! Ozzy!" nos shows do Sabbath eram frequentes, e a situação se agravava com as farpas ocasionais que as duas atrações lançavam uma contra a outra por intermédio da imprensa, que naturalmente as repercutia.

E, contudo, qualquer competição não teria sentido. Embora a força que Ozzy angariava como uma atração ao vivo ainda precisasse ser completamente testada, as duas atrações tocavam basicamente para o mesmo público. O Sabbath ainda dava os primeiros passos com um novo vocalista – como disse Iommi, "Ozzy esteve conosco durante muitos anos. Tínhamos um enorme desafio diante de nós na turnê com um novo vocalista. Não sabíamos se ele seria aceito pelo público do Sabbath" – e, além dos espaços maiores que o Sabbath havia agendado, as turnês eram similares em termos de locação, intenção e execução.

Por exemplo, ambas as atrações eram imediatamente convidadas no circuito internacional de festivais. Como Ozzy disse, qualquer artista profissional dá seu melhor para seu público, independentemente do espaço: "Se houver apenas uma única pessoa na plateia, não há o que impeça, eu farei o show inteiro para o punheteiro que for, porque estou determinado de que todos têm o direito de se divertir. Mas, às vezes, não funciona, e houve uma ocasião em que eu disse a Tony, 'Tony, tire esses caras daqui, porque, se eles não gostarem, eles estão acabados!'. Isso me irrita muito, cara! É como se quisesse parar o show e simplesmente cair fora, 'É óbvio, se você não está aqui para se divertir, vá se foder'. Mas eu não sou uma pessoa áspera... O caso é que às vezes estou lá e a coisa é do tipo, 'Ah, isso é maravilhoso', e quando você desce do palco as pessoas começam a perguntar se você está bem, e se você é como, 'O quê?'. E então eu penso, 'Isso é uma asneira total', e as pessoas estão loucas. Não há como saber como você vai descer".

E assim as turnês prosseguiam. O Sabbath, com Appice o ancorando, passou por Chicago, Pittsburgh, Toledo, Detroit, Columbus e Indianapolis em outubro, com um pequeno contratempo que ocorreu em Milwaukee quando Geezer Butler foi atingido no rosto por uma garrafa atirada no palco. A agressão do público, em seguida, se escalou quando um membro da equipe da banda pegou o microfone e começou a insultar a plateia, causando um pequeno tumulto. Como o baixista se lembrou depois, "Acho que estava tocando a introdução de 'N.I.B.' quando ouvi algo acertar o prato da bateria. Em seguida, fui atingido na cabeça. Em um minuto eu estava tocando 'N.I.B.', e no outro eu estava coberto de sangue! Eu me afastei e fui levado para fora do palco. Infelizmente, isso aconteceu enquanto as luzes estavam apagadas, então todos pensaram que havíamos abandonado o palco! O idiota do nosso manager da turnê surgiu e perguntou ao público se eles achavam que ainda era 1776 novamente. Exatamente aquilo que não se devia dizer para uma multidão americana... Nós o odiávamos porque de alguma forma ele era um espião do gerenciamento que estávamos prestes a demitir. Ele continuou dizendo coisas até que a multidão ficou absolutamente enfurecida. Quando eu já estava no hospital, crianças com camisetas do Sabbath começaram a chegar cobertas de sangue. Estavam todos deixados lá, uns ao lado dos outros, como se fosse um campo de batalha. Felizmente, isso repercutiu apenas no noticiário local".

Butler se recuperou a tempo para o restante da turnê nos Estados Unidos – cobrindo todo o mês de outubro até novembro de 1980 – e antes da primeira turnê do Sabbath no Japão. Quatro datas em Tóquio, começando no dia 16 de novembro, foram acompanhadas por shows em Kyoto e Osaka: um show foi cancelado na metade depois que Iommi, que até então havia escapado ileso da maioria dos incidentes, sucumbiu com uma intoxicação alimentar. "Foi algo que eu comi – eu simplesmente desmaiei", ele se recorda. "Eu me lembro de uma agulha entrando em meu braço!"

Em seguida, o grupo pegou um voo à Austrália para cumprir datas, acompanhado por roqueiros locais, como o Rose Tattoo. Geezer pegou uma infecção no dedo em um ou mais shows em Sydney, e tocou sentindo muita dor em algumas das datas agendadas: outros shows acabaram sendo cancelados como resultado disso. Os shows em Sydney, gravados para a posteridade em um LP não autorizado, foram marcados por alguns atos de teatralidade no palco feitos por Ronnie James Dio, que pediu à plateia em um determinado momento para que apontasse um crucifixo no palco em tributo ao reverendo Fred Nile, o líder de um grupo religioso conhecido como o Festival da Luz e, que mais tarde, se tornaria um político que faria campanhas contra a música heavy metal por causa de suas supostas qualidades malévolas, aumentando as vendas de ingresso e do álbum do Sabbath como resultado.

Em dezembro, depois de apenas duas semanas parados, o Sabbath – Dio, Iommi, Butler e Appice – se recolheu em Berkshire para gravar uma canção para o próximo filme *Heavy Metal*, mais especificamente no Startling Studios em Tittenhurst Park, próximo a Ascot. O estúdio já fora usado por muitas estrelas da época, especialmente por seu antigo proprietário John Lennon, que havia gravado seu LP *Imagine* lá, e que, posteriormente venderia a propriedade a Ringo Starr.[7] A canção que o Sabbath compôs era chamada "The Mob Rules", e tudo indicava

7. Uma coincidência triste, Lennon fora assassinado apenas alguns dias antes de a banda ter chegado ao estúdio.

que mais sessões bem-sucedidas viriam logo após. Afinal de contas, o Sabbath sempre conseguiu dar conta do recado antes...

Mas esse foi um período fora do comum para a música britânica, e especificamente para o heavy metal. No fim de 1980, o público consumidor do metal havia voltado sua atenção para um novo som – um tipo que ameaçava transformar o poderoso Sabbath em, bem, algo do passado.

CAPÍTULO 12

1980-1981

O Black Sabbath, junto com o Led Zeppelin e o Deep Purple, formavam uma trindade profana do rock pesado e do heavy metal britânico desde o início aos meados dos anos 1970. Poucos fãs da música duvidam da totalidade de seu domínio, embora muitos indicassem também a força do Rainbow, Motörhead, Uriah Heep, Bad Company, Nazareth, Judas Priest e Thin Lizzy, que compunham uma poderosa liga B abaixo dos três titãs. Apesar de a música britânica ter passado por uma infiltração no fim dos anos 1970 pelo punk e pelo início da música eletrônica, tudo ainda indicava que os pesos-pesados seriam sempre mais barulhentos, enigmáticos e propensos a cantar temas relacionados aos dragões e bruxos.

Tudo isso mudaria no início de 1979. A revista *Sounds*, na época editada por Alan Lewis e que incluía em sua equipe o repórter Geoff Barton, identificou uma nova vertente de música emergindo do circuito dos clubes e dos pubs, com a maioria focada em Londres, Newcastle e em Midlands. Uma série de bandas, das quais a mais notável em 1979 era o quinteto londrino Iron Maiden, havia aproveitado o modelo do heavy metal estabelecido pelo Sabbath e o transformado em algo mais rígido, injetando uma dose de atitude punk nos riffs e nas letras, e tocando mais rápido e pesado que seus predecessores. Embora os espaços fossem menores e as bandas, se é que conseguiam algum tipo de contrato, lançassem sua música em gravadoras pequenas com orçamentos mínimos, ficou aparente para Lewis e Barton que um selo precisaria ser criado para atender ao novo fenômeno, então Lewis surgiu com o termo New Wave of British Heavy Metal [Nova Onda do Heavy Metal Britânico], ou a quase impronunciável NWOBHM.

Apesar de nenhum dos dois jornalistas esperarem que o termo atraísse muita importância, assim que as bandas envolvidas começaram a atingir algum tipo de status comercial, isso se tornou o rótulo do gênero na época e, desde então, passaria a se tornar algo enraizado na tradição da música rock. Os fãs adoravam as novas bandas que, de forma bem-sucedida, conseguiram fazer uma fusão da atitude desleixada do punk com a virtuosidade musical do metal clássico (embora essa última parte, como muitas bandas admitiriam com alegria, fosse fraca no princípio) e criaram um novo modelo cáustico, fazendo com que a velha guarda parecesse acomodada em sua rotina confortável e incontestável.

Vários fatores contribuíram para o sucesso da NWOBHM, entre eles o fato de o Black Sabbath, o Deep Purple e até o poderoso Led Zeppelin já terem todos atravessado seu auge em 1979. Como vimos anteriormente, a formação clássica do Sabbath havia se fragmentado, com Ozzy partindo para outra, Geezer entrando e saindo e Ward incapacitado. O Purple se separou em 1976, e não se reagruparia até 1984. Enquanto isso, o Zeppelin fora atingido por abalos externos que retirariam a força do vento em suas velas, e eles se separariam permanentemente em dezembro de 1980, três meses após a trágica morte do baterista John Bonham. Com os três gigantes do rock aparentemente se desmoronando, ou pelo menos não estando à altura de suas glórias passadas, o desejo insaciável do público pela música pesada significava que mais bandas seriam necessárias, fomentando centenas de atrações de qualidade diversificada que – tanto na época como agora – lotavam os clubes.

Em segundo lugar, os músicos que formavam a vanguarda da NWOBHM cresceram em uma das eras mais férteis da música britânica – o fim dos anos 1960 e os anos 1970 inteiros. Rodeados por sons que moldavam uma época, não é de se admirar que muitos crescessem querendo seguir os passos de seus heróis e montar suas próprias bandas. E a grande diversidade do cenário musical daqueles anos ajudou também a colocar mais lenha na fogueira: um exemplo perfeito disso é o baixista, fundador e principal compositor do Iron Maiden, Steve Harris, cujos anos de formação foram passados ouvindo uma mistura de rock progressivo do Yes, Uriah Heep e Genesis com o rock pesado/heavy metal do Sabbath, Purple e Zeppelin. Sua banda, que explodiu da NWOBHM para se tornar a banda de metal mais vendida de todos os tempos (pelo menos até a ascensão igualmente brilhante do Metallica), ganhou milhões com os riffs musicalmente ágeis de Harris e seus colegas, uma mescla perfeita movida pela agressão e uma exploração melódica complexa. Como Harris explicaria: "Eu costumava ouvir o início do Free, o início do Sabbath e coisas desse gênero. Não estávamos totalmente cientes sobre o movimento que estava acontecendo até que a imprensa começou a tocar no assunto. Havia bandas no norte, como o Saxon em Yorkshire, e também em Witchfynde. Então, havia todas essas bandas acontecendo por toda a Inglaterra durante a mesma época e eu não acho que alguém sabia disso, até que a imprensa começou a escrever sobre o assunto, e isso praticamente deu início a todo o movimento".

O Maiden, cuja formação somente se estabeleceria depois do segundo álbum, *The Number of the Beast*, lançado em 1982, explorou o peso dos riffs tocados por pioneiros como Tony Iommi e as letras pseudossatânicas de Geezer Butler. Como o Sabbath e Ozzy, eles sentiram a pressão dos meios conservadores para que suavizassem esse elemento satânico de suas obras, mas cederam à pressão, abandonando apenas os temas demoníacos depois que amadureceram e decidiram que o tópico ficou um pouco ultrapassado.

Um acidente automobilístico envolvendo Martin Birch, o produtor de *Heaven and Hell*, tornou-se objeto de uma lenda urbana. A conta pelos danos causados que ele incorreu logo após ter produzido o LP do Maiden, *Number of the Beast* veio no valor de 666 libras. "As pessoas não acreditam nisso, mas ele mudou o valor para 667 libras", disse Steve Harris. "Ele trabalhou muito tempo com o Black Sabbath e, aparentemente, eles estavam envolvidos nesse tipo de coisa. Então, eu não sei, talvez haja algo nisso!"

Na realidade, as indulgências das letras eram apenas um elemento que a NWOBHM tinha em comum com as bandas tradicionais de heavy metal, assim como o estilo às vezes burlesco do *Spinal Tap,* que fez com que o metal fosse simultaneamente tão malquisto como encantador. Como vimos anteriormente, a banda Venom, de Newcastle, havia desenvolvido o som mais rápido e menos complexo da NWOBHM ao ponto em que a categoria de metal extremo tivesse de ser inventada para que pudesse descrevê-la. O líder da banda, Conrad Lant, não gostava da postura falsa das atrações da NWOBHM, tanto quanto seus predecessores: "A NWOBHM era um caso de adolescentes tentando abrir seus espaços, em vez de algum grande idealizador dizendo a eles o que fazer e aonde ir. Havia milhares de bandas surgindo em Newcastle – Raven, Tygers of Pan Tang, de tudo. Mas, para mim, ainda se tratava de enchimento de meias em calças de lycra – aquilo me dava vergonha! Não dava para ir até lá e tocar ao vivo com o Saxon, o Samson, o Tygers of Pan Tang e o Raven, porque todas essas bandas eram muito diferentes de nós. Veja, eu saí do cenário do punk do mesmo modo que o pessoal do rock comum, como os Stones e o Deep Purple".

Apesar de o Iron Maiden e seus contemporâneos Def Leppard e Saxon tocarem mais pesado e carregado do que o Sabbath e outros, mesmo assim eles ainda não eram tão rigorosos como poderiam ter sido. Lant acrescenta: "Nós colocamos o punk de volta para o metal, que é algo que o Iron Maiden e outros não faziam. Colocamos o cuspe, o mijo e a merda de volta para o metal, porque o punk estava fodido – durou apenas um ano. Eu era um grande fã do punk, adorava os Pistols, o Sham 69 e o The Exploited. Mas o metal havia perdido aquela fibra, e o heavy metal é para ser sujo, horrível e a música do diabo".

Além do Maiden, talvez a atração mais influente da NWOBHM – embora nunca tenha conseguido desfrutar do sucesso comercial que merecia – era o Diamond Head, um quarteto que mais tarde inspiraria o baterista do Metallica, Lars Ulrich, a formar uma banda. Como o vocalista Sean Harris me contou, "Éramos jovens na época, achávamos que íamos ser a melhor banda do mundo!" – e, em 1981 e 1982, parecia que isso iria acontecer, embora a evolução do Diamond Head fosse prejudicada por problemas pessoais e de gravadora na maior parte de sua carreira.

Harris também se recorda dos dias de glória da NWHOBHM, quando uma crítica de um single podia fazer toda a diferença: "Tivemos aquela excelente crítica de Geoff Barton na revista *Sounds*: Tão refrescante como um balde de Listerine... Mais riffs em um único álbum do que nos primeiros cinco álbuns do Sabbath! Aquele era nosso álbum de capa branca, o álbum de estreia que nos projetou". Perceba a referência reveladora sobre o Sabbath! Ele prossegue: "Adorávamos o punk, achávamos que era o catalisador. Se você conseguisse tocar três acordes e manter uma postura, já era o suficiente. Queríamos ser progressivos como o Purple, mas sabíamos que não poderíamos chegar a ser os músicos que eles eram. Não tivemos os anos 1960 como base".

Promovido por Lewis e Barton na revista *Sounds* (que montaram a revista *Kerrang!* de longa data – inicialmente como uma única tiragem – em junho de 1981 para suprir a demanda por música pesada), a NWOBHM rapidamente se tornou definida em uma lista relativamente curta de atrações, incluindo Angel Witch, Bitches Sin, Blitzkrieg, Budgie, Chateaux, Cloven Hoof, Demon, Fist, Gaskin, Holocaust,

Jaguar, Legend, Paralex, Praying Mantis, Raven, Samson, Satan, Savage, Sweet Savage, Tank, Tygers of Pan Tang, Vardis, Warfare, Witchfinger General e Witchfynde. Elas borbulhavam abaixo das atrações da liga principal (Maiden, Def Leppard, Venom, Saxon) com um grau de sucesso moderado, mas na maioria de curta duração, sendo o principal espaço para os shows o Soundhouse Club realizado inicialmente no pub Prince of Wales em Kingsbury, no noroeste de Londres. O Soundhouse – era realizado com tanto carinho pelos fãs e músicos que o Maiden intitulou seu EP de produção autônoma de *Soundhouse Tapes* em homenagem ao local – era o território de um DJ do rock chamado Neal Kay, que promovia ali os shows com as atrações da NWOBHM. Os personagens que frequentavam o clube começaram a atrair atenção por si mesmos, especialmente Robin Yeatman, que carregava uma guitarra feita de papelão e, sob o apelido de Rob Loonhouse, era sempre visto correndo de forma insana pela pista de dança, "tocando" freneticamente sua guitarra e balançando a cabeça.

Toda essa loucura teve um limite, é claro, e a NWOBHM já havia chegado ao fim em 1984, simplesmente porque a maioria das bandas envolvidas era incapaz de estabelecer um futuro em longo prazo. O movimento também não tinha qualquer chance de competir com o novo – e incrivelmente poderoso – cenário do thrash metal americano, que fora muito influenciado pelas bandas da NWOBHM (especialmente o Venom) e que retribuíram o elogio tocando muito mais rápido, pesado e melhor. O Maiden e o Leppard alcançaram grande êxito nos palcos, ao passo que o Saxon e o Venom labutaram durante anos no nível de clubes e festivais com retornos razoáveis, mas quase todo o resto desmoronou até o final da década.

Mas as lições da NWOBHM ficaram claras para que todos pudessem ver. E um primeiro lugar tornou-se evidente a todos, incluindo os promotores e os donos do dinheiro por trás das grandes gravadoras, que o heavy metal ainda tinha peso comercial. Tudo indicava que as bandas podiam usar couro e brim, invocar Satã gritando e ainda atrair consumidores em quantidade suficiente para reembolsar o investimento. Em segundo lugar, o sucesso da NWOBHM deu um pouco de legitimidade ao trabalho das bandas mais antigas, como o Black Sabbath, cuja música havia inspirado esse cenário – como o próprio Geezer Butler contou ao *The Rocket*: "Durante anos, seguíamos nosso caminho pensando que éramos uma porcaria, e perguntando por que nos importaríamos. Sabíamos que nossos fãs gostavam de nós, mas os demais... a imprensa nos odiava, dizia que não conseguíamos compor, não conseguíamos tocar... as outras bandas nos odiavam, todo mundo. Somente depois que todas as 'novas' bandas de metal, como o Iron Maiden e o Saxon, começaram a aparecer no início dos anos 1980 é que finalmente ouvimos alguém dizer que causamos um impacto de verdade".

Finalmente, as atrações da NWOBHM deixaram claro que seus predecessores, que eram as bandas mais pesadas do momento, ganhariam o jogo. Os riffs pouco convincentes tocados sem o máximo de segurança não conseguiam mais dar conta do recado: bandas como o Black Sabbath precisavam entrar no jogo, e rápido, caso não quisessem ser varridas por outras atrações de segunda categoria.

Em 1981, o Sabbath agendou a gravação de um segundo LP com Ronnie James Dio, dessa vez com Vinny Appice na bateria. *The Mob Rules* estava marcado para ter seu lançamento no outono, após outra grande turnê no verão. É importante ressaltar que nesse ponto o Sabbath havia estabelecido a rotina de agendar eles mesmos nas grandes turnês à medida que os anos passavam, nunca cruzando um território uma única vez (o lucrativo Estados Unidos em especial) quando se pode cruzar outras três vezes. Enquanto o estilo de gerenciamento moderno aconselharia sua banda de que muita exposição pode causar danos às perspectivas de longo prazo de uma atração, mesmo que isso possa gerar lucro, a equipe de Arden parecia não ter quaisquer escrúpulos em relação a isso. A banda excursionou, excursionou e excursionou novamente, com toda pressão avassaladora que esse tipo de regime traz. Como vimos anteriormente, esse tipo de vida poderia ser – e foi – o suficiente para derrubar até o mais resistente guerreiro na estrada.

Sobre esse esquema de turnês incessantes, especialmente nos Estados Unidos, que levou muitos observadores a acusar o Sabbath de negligenciar seus fãs na terra de origem em prol do dólar americano, Iommi disse uma vez, com alguma razão: "Estou totalmente ciente de que devemos passar mais tempo na Europa. Precisamos tocar aqui muito mais do que foi o caso no passado... Mas, falando honestamente, houve um tempo em que ninguém queria agendar o Black Sabbath na Europa e é por isso que a banda fez tantas turnês nos Estados Unidos. Ultimamente, tem ocorrido um verdadeiro interesse pela banda por aqui, mas o problema com os Estados Unidos é que o mercado é tão grande que você consegue passar meses na estrada antes de entrar no Top 50. Pessoalmente, eu não me importaria em parar na América, mas não é tão fácil assim".

Vinny Appice me contou com que rapidez a banda se reajustou ao ciclo de gravação após a extensa turnê *Heaven and Hell*. "Após um mês ou dois parados, eles já estavam do tipo, tudo bem, vamos começar a ensaiar para um novo álbum e vamos chamá-lo de *The Mob Rules*. Tony e Geezer moram aqui na Califórnia, então foi onde ensaiamos – em Los Angeles. Então, começamos a improvisar no estúdio – é assim que a banda compõe o tempo todo, basta preparar o estúdio, Tony e Geezer começam a tocar e eu apenas toco e gravo tudo. Eu era o responsável pelas gravações e ainda tenho as fitas desse material. Voltamos ao estúdio no dia seguinte e ouvimos alguns dos riffs feitos; todos escolheram os riffs e começamos a montar a canção com eles. Foi assim que fizemos. Em seguida, fomos a um estúdio chamado Can-Am em San Fernando Valley para gravar. Eles estavam pensando em investir no estúdio, mas quando chegamos lá não gostaram. Então, nós nos mudamos para o estúdio Record Plant, em Los Angeles, e fizemos o resto do álbum lá."

Enquanto isso, os forasteiros membros do Sabbath, Ozzy Osbourne e Bill Ward, não estavam ociosos. Ozzy estava gravando outro LP solo e Ward, apesar de ter alegado que passou um ano de cama após abandonar o barco na metade do caminho da turnê *Heaven and Hell*, vinha tocando e improvisando esporadicamente com uma série de bandas. Uma delas se chamava Max Havoc, como ele explica: "Em todas as bandas que eu entrava e saía desde a época que deixei a turnê *Heaven and Hell*, nada jamais foi gravado porque eu realmente estava indisponível. Estava ficando muito mais doente com as drogas e o álcool, então não dava certo. Não havia forma de me recompor. Uma vez eu comecei a ficar sóbrio, foi quando fui capaz de fazer algumas gravações e coisas do gênero. Mas não retornei a Patrick [McKeon, vocalista] no Max Havoc, fui trabalhar com outros músicos".

Não importa com quem ele trabalhou durante esse período: Bill estava seriamente doente, e sabia que tinha de procurar uma cura para seu vício ou – muito simples – este iria matá-lo. Como ele havia me contado, a bebida era um inimigo que o acompanhava a vida toda, muito antes desse período: "Fui diagnosticado com sérios problemas aos 22 anos de idade, quando peguei hepatite. O médico me disse: 'Se você não parar de beber, você vai morrer'. Mas é claro que aquilo não me preocupava, porque achava que era invencível. Quando estava com 27 anos, fiquei muito, *muito* doente, e quando cheguei aos 32 anos estava em grandes, grandes apuros. Totalmente no fim de minha vida, foi como entendi na época. Estava em péssimas condições".

Embora um dos problemas que enfrentava fosse a tristeza sobre a saída de Ozzy – lembre-se de que o próprio Ozzy chamara Bill de seu "irmão" –, é importante enfatizar que Ward se dava muito bem com Ronnie James Dio: "Meu relacionamento com Ronnie era tranquilo. O tempo que passei com ele foi legal. Eu sentia a falta de Ozzy, e é por isso que saí. Em 1980, quando abandonei a turnê, fiquei um ano de cama: tudo o que fazia era usar drogas e fazer sexo, e, em 1981, fiquei tão doente que fiz meu primeiro esforço de tentar ficar sóbrio".

Enquanto Bill lutava para se manter longe da garrafa, *Heaven and Hell* mudava de valor, atingindo o ouro nos Estados Unidos, e em janeiro de 1981, o Sabbath pegava a estrada. Quatro datas em meados de janeiro em Londres, seguidas por uma turnê no Reino Unido os levaria até St. Austell, na Cornualha, no mês seguinte. A banda então ensaiou para a próxima turnê até julho, ganhando terreno para o aguardado LP a ser explorado. Entretanto, um show altamente desejado para o início do verão, o espaço principal no evento "Heavy Metal Holocaust" no estádio Stoke FC, no dia 1º de agosto, foi cancelado. Houve rumores de que foi por causa de uma "atração misteriosa" incluída no evento – revelada no dia como nem mais nem menos que Blizzard of Ozz de Ozzy Osbourne – que os fez desistir do espaço, apesar da óbvia repercussão desastrosa que isso representaria. Embora ninguém confirmasse o motivo de o Sabbath ter desistido do show – que também destacava o Motörhead e o Triumph –, os rumores parecem plausíveis. Compromissos banais, tais como datas de gravação (o Sabbath ainda estava tentando resolver questões pendentes para *The Mob Rules* nessa época), talvez tenham evitado sua participação, mas os fãs ficaram chateados e muitos devem ter trocado de aliança para o time de Ozzy, como resultado disso.

A notícia de que Ozzy havia – incrivelmente – animado uma reunião em 1981 com sua nova gravadora, a CBS, ao arrancar com os dentes a cabeça de uma pomba viva para impressionar os executivos, aumentou sua fascinação sombria com a maioria de seus fãs, enquanto pais, professores e outras autoridades agiram rápido para censurá-lo. Embora muitos rejeitassem essa história como ficção, uma testemunha foi citada, afirmando: "Eu tenho 99,99% de certeza de que ela estava viva, mas agora não sei dizer com certeza. Eu me lembro de que estava me inclinando para a frente e pensando, 'Que bonitinha' e, de repente, ele arrancou sua cabeça com uma mordida. Havia sangue no chão. Pensei, ele comeu a cabeça; e ele começou a cuspir um monte de penas para fora. Fiquei chocado. É difícil se lembrar de muita coisa depois disso, para dizer a verdade. Foi horrível". Ao que tudo indica, o plano original era soltar duas pombas como um símbolo de união – mas Ozzy escolheu, espontânea ou propositalmente, alterar um pouco os planos. O incidente marcaria sua vida para sempre.

Ozzy aproveitou de sua notoriedade inicial para lançar seu segundo álbum, *Diary of a Madman*, no dia 7 de novembro de 1981. Surtiu menos efeito que *Blizzard of Ozz*, com a performance brilhante de Rhoads suavizada um pouco, talvez com muitos adornos instrumentais, mas mesmo assim seus fãs o apoiaram e à subsequente turnê, durante a qual a reputação de Ozzy como a figura extravagante do rock começou a se definir de forma apropriada.

"Over the Mountain", com o habitual e ágil riff staccato de Rhoads, é uma ode à liberdade em termos vagos com Ozzy cantando "Don't need no astrology, it's inside of you and me / You don't need a ticket to fly with me, I'm free, yeah!" ["Não é necessário astrologia, está dentro de você e de mim / Você não precisa de uma passagem para voar comigo, eu sou livre, sim!"]. Novamente, o tom parece um pouco alto para Ozzy lidar, mas, como sempre, ele voa tranquilo sobre os obstáculos e, em todo caso, é nesse momento que seu tão conhecido grito, quase em falsete, que ele soltava em muitas de suas canções, passa a se tornar um estilo que virá a ser a marca registrada de Osbourne.

O verso imortal "Daddy thinks I'm lazy he don't understand / Never saw inside my head / People think I'm crazy but I'm in demand" ["Papai acha que eu sou preguiçoso, ele não entende / As pessoas acham que eu sou louco, mas estou na demanda"] e outros sentimentos surreais, fazem de "Flying High Again" uma canção sobre drogas, julgando pela entonação repetida do título. Suas camadas de guitarra e a sonoridade habilmente arredondada fazem dela uma das melhores canções iniciais de Ozzy, junto com "You Can't Kill Rock'N'Roll" que – apesar de seu título pouco sofisticado – é uma peça sensível de composição. Sobre a guitarra clássica de Rhoads, Ozzy entoa "Rock and roll is my religion and my law / Won't ever change, may think it's strange / You can't kill rock and roll, it's here to stay" ["Rock and roll é minha religião e minha lei / Nunca vai mudar, pode achar que é estranho / Você não pode matar o rock and roll, ele veio para ficar"] – um sentimento que ecoou no decorrer dos tempos, desde "Rock Around The Clock" [de Bill Haley e seus Cometas] e além.

Falador como sempre, Ozzy confirmaria mais tarde: "O rock and roll é minha religião, essa é a pura verdade. E é minha lei. Se eu me mato fazendo o que faço para viver, se as pessoas querem me foder, digam o que quiserem, esse é o privilégio deles – é o seu privilégio. Mas eu não acho que faço um trabalho ruim; eu não acho que causo danos às pessoas. O que pode ser mais nocivo que um cara simples, como eu, que veio com a capacidade de ligar as pessoas, para que possam se divertir, enlouquecer? O que há de errado com – o que é mais maluco – passar um riff para um jovem e dizer 'Pule aquele morro e você vai morrer', ou eu subir no palco pulando para cima e para baixo como uma vadia durante uma hora e meia?".

"Believer", o mais próximo de um rock padrão que Ozzy aborda em seu *Diary* – destaque para a sólida performance de alto nível do baixista Bob Daisley e um exercício de guitarra do extravagante Rhoads, com uma dissonância e *feedback* deliberados para gerar uma tensão no ar. "You've got to believe in yourself / Or no one will believe in you" ["Você tem de acreditar em você mesmo / Ou ninguém acreditará em você"] canta Ozzy, em mais uma letra deliberadamente positiva e otimista que contraria totalmente sua imagem malévola – é uma música na qual algumas pessoas que o criticaram deveriam muito bem prestar atenção. Dito isso, a próxima canção, "Little Dolls", na qual Ozzy relata de forma alegre o conto de um filme de terror sobre uma pessoa desconhecida que explora as maldições do vodu ("The pins and needles prick the skin of little dolls" ["Os pinos e agulhas picam a pele de pequenos bonecos"]), é um conto simples e demoníaco do tipo que os políticos norte-americanos conservadores ficariam agonizados por décadas. Talvez Ozzy estivesse apenas se divertindo à custa deles compondo esse tipo de canção deliberadamente provocativa. Sobre a composição, ele explica: "Todos se alimentam dos demais. O rock'n'roll é como uma selva. Você sabe onde está pisando: se todos sentem, se todos se sentem bem com a letra... eu faço a maioria das composições, mas se [a banda] aparece com alguma coisa que queremos usar, todos ganham o crédito por ela. Contanto que o quadro seja pintado... geralmente, eu apareço com a ideia, o empurrão inicial, e nós trabalhamos juntos".

"Será que eu vou alcançar meus objetivos?", pergunta Ozzy em "Tonight", uma balada poderosa que conta com todas as harmonias possíveis de guitarra do repertório rhoadsiano e um refrão encorpado que funciona extremamente bem ao vivo. Canções bem trabalhadas como essa – sempre a substância de qualquer álbum de rock, especialmente depois que a tecnologia atingiu um certo nível nos anos 1980 – foram as que fizeram de Ozzy e sua equipe (Daisley, Kerslake e Rhoads contribuíram muito na composição, como deve ser ressaltado) um enorme sucesso com esses primeiros LPs. "S.A.T.O." (abreviatura de "Sailing Across the Ocean") teve menos êxito, com Ozzy tentando acertar as notas que estão além de seu alcance e Rhoads substituindo seu repertório de riffs apocalípticos por uma abordagem atmosférica semiexperimental. Mas, novamente, a letra prende, com Osbourne insinuando obsessões ocultas em frases do tipo "I can't conceal it like I knew I did before / I got to tell you now, the ship is ready / Waiting on the shore" ["Não posso ocultar como sei que fiz antes / Preciso te contar agora, o navio está pronto / Aguardando na orla"].

"Diary of a Madman" é excelente, com Ozzy confortavelmente no tom ponderando "A sickened mind and spirit / The mirror tells me lies / Could I mistake myself for someone / Who lives behind my eyes?" ["Uma mente e um espírito doentes / O espelho me conta mentiras / Poderia eu me confundir com outra pessoa / Quem habita atrás de meus olhos?"], sobrepondo um fundo negro e sombrio projetado para evocar imagens de insanidade – talvez até a própria arte da capa, que retrata Ozzy com maquiagem vampiresca em um cenário teatral burlesco. Musicalmente, Rhoads está em sua melhor forma, com sua assinatura incomum e instrumentação precisa na canção, sinal de um compositor no ápice do seu jogo.

Com seu conceito expansivo e tudo mais, *Diary of a Madman* atingiu o 14º lugar no Reino Unido e se manteve nas paradas por 12 semanas, reforçado pela subsequente turnê, que se alastrou até a primavera seguinte e foi marcada por uma série de incidentes. O baixista Rudy Sarzo, que foi convidado para substituir Daisley na turnê (Tommy Aldridge assumiu o lugar de Kerslake; Don Airley, que também tocou nos LPs, cuidou dos teclados) relembra que o estado mental de Ozzy era instável, para dizer o mínimo: "Poucas pessoas sabem disso, mas ele foi tratado no St. Johns' Hospital, no subúrbio de Londres. Ele sofreu um colapso nervoso... Estávamos ensaiando – Tommy Aldridge, Don Airley, Randy e eu. Estávamos na Inglaterra para a turnê *Diary of a Madman*, e nosso vocalista estava em uma instituição psiquiátrica. Íamos visitá-lo com Sharon. Ela era uma grande incentivadora e nos chamava: 'Venham, vamos visitar Ozzy!'... Íamos visitá-lo nesse hospital que era parecido com algo extraído do filme *O Homem Elefante*. Lá estava Ozzy em um quarto com uma cabeceira de ferro sobre sua cama com uma pequena cortina para ele trocar de roupa, um penico e uma jarra de água... Entrávamos no quarto e ele ficava muito feliz em nos ver. Ele chorava e ria, chorava e ria – sem parar. Totalmente com severas oscilações de humor. Então, ele finalmente teve alta. O médico contou a Sharon que não havia mais nada que eles pudessem fazer por ele".

Ozzy confirmaria isso mais tarde, recordando: "No final, acabei indo parar em um manicômio. Estava viciado em cocaína durante anos. Tomei LSD, Bill Ward e eu tomamos LSD durante dois anos todos os dias. Acabei ficando maluco. Cheguei naquele asilo de lunáticos e um cara me disse, primeira pergunta: 'Você se masturba?'. Eu virei para o cara e respondi, 'Escute aqui, seu merda, estou aqui por causa da minha cabeça ou por causa do meu pau?'. Mas, eu li algo sobre isso depois... aparentemente a masturbação para os homens é um grande sinal de insegurança, que é meu caso – eu sou muito inseguro. Dentro de mim. É verdade".

Sobre sua visão lunática do mundo, ele acrescentou: "Eu sou louco – totalmente louco, e a questão é aceitar minha loucura. Eu estou totalmente assombrado com cada homem, seu universo, e todo mundo, porque todos estão ficando loucos. Eu sou o maluco que olha o mundo aí fora e diz, 'Vocês dizem que eu sou louco! Olhem para vocês mesmos, seus putos!'. Eles dizem que eu sou louco – eu *sou* louco, tudo bem? Mas eu não construo bombas, não invento meios para matar pessoas. Tudo o que eu faço quando vou a um concerto é tentar e oferecer meu melhor. Às vezes funciona, às vezes não. A maioria das vezes, não".

Ele tem uma visão filosófica que é tanto cativante como desafiadora: "O mais engraçado sobre a morte é que você nunca vai morrer. A morte para mim é o próximo passo. Não acredito que nós paramos – não acredito que a humanidade acaba na morte. Não sei, porque não morri ainda. Há muitas formas de morrer, você sabia?".

Sobre o recrutamento de Aldridge, Ozzy disse mais tarde: "O jeito que eu conheci Tommy foi muito irônico. Um velho amigo meu que costumava trabalhar em turnês estava trabalhando para Pat Travers, e Pat Travers estava procurando um novo baterista. Contei a Dave que queria Tommy em uma banda. Tommy estava saindo do Black Oak... no final, ele acabou indo com Pat Travers. Quando eu finalmente deixei o Sabbath, mencionei o nome de Tommy a todos. Disse que queria tocar com Tommy. Comentei que ele era o melhor baterista de rock'n'roll do mundo, e falei isso com toda a sinceridade. É difícil tentar explicar, mas do jeito que as coisas aconteceram com essa banda, era como se as coisas tivessem mesmo de acontecer, como se fôssemos destinados a nos encontrar. Tommy e eu estávamos fazendo o mesmo circuito desde 1972, 1973, quando ele estava no Black Oak e eu com o Sabbath. Acho que ele é o melhor baterista do mundo".

Com o tema *Madman* ecoando de forma preocupante na realidade, a turnê de Ozzy atravessaria a Europa com o apoio dos corajosos membros do Saxon da NWOBHM. Acabou se tornando conhecida como a turnê da "Noite dos Mortos-Vivos" por alguns observadores, graças aos infortúnios, tais como a queda de um guindaste (que destruiu milhares de dólares em teclados), caminhões quebrando e outras táticas deliberadas, tais como a decisão de Ozzy em atirar punhados de carne crua no público. Após algumas datas em que ele encharcou o público com fígado de boi e intestinos de porcos, os membros da plateia começaram a trazer seus próprios suprimentos para atirar de volta nele. Isso rapidamente cresceu até o ponto em que Ozzy passou a receber banhos de rãs, cobras e até um gato em uma ocasião. A banda – e até o anão que emergia de um buraco no palco (um castelo com máquinas de fumaça) para entregar água e toalhas a Ozzy – logo tinha de pisar com cuidado para evitar que escorregassem no palco coberto de sangue, carne e animais mortos.

Mas, às vezes, sem muito cuidado. A reputação de Ozzy como um louco triplicou do dia para a noite depois de um show abominável em Des Moines, Iowa, no dia 20 de janeiro do ano seguinte. Após um fã ter jogado um morcego vivo no palco, o vocalista pegou o animal e, supondo que era feito de borracha, enquanto estava caído e imóvel, talvez atordoado pelas luzes, arrancou sua cabeça com uma mordida. Ele foi imediatamente levado ao hospital, onde resistiu a uma série de injeções antirrábicas nas nádegas, braços e pernas durante uma semana inteira. Grupos de defesa dos direitos dos animais protestaram contra seus atos e o mundo começou a tomar conhecimento. Como se a decapitação da pomba no ano anterior já não fosse o suficiente.

Após sua recuperação, Ozzy gerou manchetes ainda mais sérias durante uma escala no dia 19 de fevereiro em San Antonio, Texas, quando saiu em busca de bebida vestido com a roupa de sua esposa. "O que Sharon não faria para tentar fazer eu parar de beber." Ozzy explicaria mais tarde: "Ela escondeu minhas roupas. Então, se eu quisesse tomar uma bebida, eu tinha de me vestir com a roupa dela. Eu estava sozinho em meu quarto de hotel em San Antonio e queria tomar o mesmo da noite anterior, para curar a ressaca, então vesti uma de suas roupas. Estava caminhando pela cidade, trajando um vestido de noite verde, virando no gargalo uma garrafa de Courvoisier, bêbado feito um idiota e com vontade de mijar, então vi uma parede e pensei, 'É aqui mesmo'".

Infelizmente, a parede que ele escolheu para urinar era um cenotáfio diante do Álamo, um forte do século XVIII designado como Marco Histórico Nacional. Foi o foco da Batalha do Álamo de 1836, um conflito entre as forças texanas e mexicanas, onde os famosos bandeirantes Davy Crocket e Jim Bowie perderam suas vidas, como retratado no célebre filme estrelado por John Wayne. É de uma importância sentimental enorme para muitos residentes de San Antonio, logo não é de se estranhar que a polícia local não pegasse leve diante do ato de Ozzy quando eles o pegaram em flagrante, dizendo a ele: "Se você mijar no Álamo, moleque, você estará mijando no Estado do Texas". Ele foi acusado por embriaguez pública e "urinar em um santuário", multado e banido da cidade de San Antonio por dez anos. Ainda na mesma semana, entrou em uma lanchonete com um guarda-costas (um veterano da Guerra do Vietnã) e foi confrontado por um morador local, como Ozzy se recordou horrorizado: "Alguém de terno e gravata começou a gritar 'Coloque Jesus diante de ti', e todas as outras pessoas no restaurante ficaram de acordo com ele, então elas se uniram a ele. Em seguida, esse cara parecido com o Rambo que me acompanhava entrou no 'modo: matar' e começou a atirar todo mundo pela janela. Eu tive de me agachar e sair literalmente engatinhando de lá".

Mais tarde, quando os roqueiros glam da banda Mötley Crüe de Los Angeles – eles mesmos nada alheios às irresponsabilidades geradas pelas drogas, bebidas e rock'n'roll – fizeram uma turnê com a banda de Ozzy, eles o acharam excessivo até no comportamento. O baixista e compositor do Crüe, Nikki Sixx, relatou na autobiografia da banda, *The Dirt*, em 2001, que Ozzy inalou uma carreira de formigas no chão próximo à piscina do hotel, urinou no chão e depois as lambeu – e, em seguida, depois de exigir que Sixx fizesse o mesmo, lambeu também a urina do homem do Crüe. Não é à toa que Ozzy foi confinado em um hospital psiquiátrico em um determinado ponto de sua vida: nessa etapa de sua carreira, ele parecia ser um homem constantemente à beira de uma loucura real.

Talvez um pouco dessa insanidade real ou aparente de Ozzy possa ser atribuída ao seu passado e, especificamente, à sua família. Como ele explicou uma vez, havia uma linha hereditária de doença mental na linhagem genética dos Osbourne: "Minha irmã [Gillian] ficou enlouquecida e cortou todas as cabeças das fotografias, tudo o que tínhamos da família quando eu era criança. Ela passou dos limites, e todas as fotos ficaram sem cabeças. Ela foi internada; tentou se matar umas duas vezes... a única pessoa com quem eu me importo é minha irmã, Jean, que é a mais velha, e minha avó, que está com 90".

Com todo esse foco em Ozzy, o Black Sabbath precisava entregar um produto seriamente valioso para manter o terreno que eles haviam conquistado de volta com *Heaven and Hell*. As expectativas eram altas quando, no dia 11 de outubro de 1981, *The Mob Rules* foi lançado: após alguns giros no aparelho de som, a maioria dos fãs concluiu que, enquanto o Sabbath havia rompido muitas barreiras com o segundo álbum da era Ronnie James Dio, eles fizeram um trabalho decente dando continuidade aos temas e à música que foram explorados pela primeira vez em *Heaven and Hell*. A arte da capa – um bando de criaturas sem rostos encapuzadas e com chicotes exibindo um estranho pergaminho manchado de sangue – inspirou um pouco de controvérsia, como todas as melhores capas fazem. No primeiro plano do desenho estão algumas manchas no chão: encarando com um pouco de ingenuidade, algumas ou todas parecem se assemelhar à palavra 'Ozzy'. Isso tem sido o foco de muita discussão, mas nunca confirmado ou negado, aumentando a lenda que cresceu em torno da banda durante décadas.

A canção de abertura, "Turn up the Night" – como "Neon Knights" –, é uma peça escorregadia e rápida de rock pesado do tipo que muitas bandas faziam na época: pode ter sido um pouco diferente dos pedaços de heavy metal que o Sabbath gravara antes de 1976, mas soava bem e era habilmente interpretada, com a poderosa bateria de Vinny Appice colocando mais peso nas canções. Iommi se encontrava em boa forma, como sempre, arrancando solo após solo, confiando piamente em seu pedal wah-wah. Apenas a letra de Dio deixa um pouco a desejar, com frases do tipo "A rumble of thunder, I'm suddenly under your spell / No rhyme or reason, or time of the season, but oh well" ["Um rufar do trovão, de repente estou sob seu feitiço / sem rima ou razão, ou tempo da estação, mas tudo bem"], não deixa realmente claro sobre o que ele está cantando.

Os temas místicos de *Heaven and Hell* caíram muito bem no curso de um álbum, mas quando Dio continua seguindo as mesmas linhas em "Voodoo" – e com rimas da época do colegial, do tipo "You were a fool, but that's cool" ["Você foi idiota, mas está legal"], um ou dois ouvintes começarão a ficar impacientes. Na realidade, a canção não passa de um exercício de rock padrão, e é melhor pulá-la e ir direto à poderosa "The Sign of the Southern Cross", um hino épico e lento como o Sabbath de antigamente. Após uma introdução acústica clássica, a canção evolui enormemente para um riff lento e bestial no qual Ronnie tem a oportunidade de exibir todo o seu alcance vocal, e até Geezer consegue jogar uma vibração no baixo. O solo de Iommi encontra sua melhor forma aqui – altamente melódico e incrivelmente rápido – e, no decorrer dos quase oito minutos de duração da canção, todos os membros da banda estão no seu auge. O "sinal" é seguido por uma faixa instrumental, "E5150", atribuída a Geezer tocando seu baixo usando uma unidade de efeitos, mas que provavelmente tenha recebido também um tratamento na mesa de som (há uns vocais lentos) para surtir o efeito fantasmagórico.

Como a maioria dos álbuns do Sabbath, a faixa título está sempre entre as melhores: "The Mob Rules" é rápida, mas ainda mantém o lado melódico e pesado, com refrão e solos que mostram como essa nova formação está se dando bem como uma unidade de composição e performance. "It's over, it's done / The end, the big death / If you listen to the fools, the mob rules..." ["Acabou, está feito / O fim, a grande morte / Se você dá ouvidos aos tolos, o povo manda…"], canta Ronnie, embora não fique claro sobre o que ele está cantando. A canção serviu de trilha sonora para uma produção canadense chamada *Heavy Metal*, de 1981, um filme de animação caracterizado pelo excesso de violência sanguinária e nudez e que foi ignorado pelos críticos como se tratando de lixo juvenil. Hoje em dia, no entanto, *HM* é considerado um filme cult, com toda uma cultura de espectadores voltada ao assunto, embora sua continuação fracassasse em 2000. Como Vinny Appice me contou, "durante a turnê *Heaven and Hell,* a Warner Brothers pediu uma canção para o *Heavy Metal*, que foi uma coisa muito legal porque tínhamos uns dias livres na Inglaterra, então fomos até uma casa em Ascot que pertencia a John Lennon e compusemos a canção juntos – não ganhei crédito por isso, mas eu estava lá. Nós já tínhamos a canção escrita, foi do tipo, esse é um riff legal, vamos tocar. Todos tiveram uma participação nela. E montamos a canção toda, gravamos lá mesmo e enviamos à Warners. Eles adoraram e essa foi uma ótima introdução para todos nós fazermos o álbum juntos. Tudo transcorreu de forma tranquila".

As próximas duas canções, "Country Girl" e "Slipping Away", são menos impressionantes, sendo a primeira um rock pesado padrão sobre o tema de uma fêmea demoníaca ("She was up from the nether world, just to bust another soul / Her eyes were na endless flame, unholy lady..." ["Ela se ergueu do submundo, apenas para buscar outra alma / Seus olhos eram chamas infinitas, dama profana..."]) e a última, quatro minutos dispensáveis de riffs que nada trazem de original e de animador, apesar de alguns interlúdios de solo de Appice demonstrarem de forma ampla seu talento.

A introdução da guitarra com um toque de violino em "Falling Off the Edge of the World", acentuada pelo coro e as cordas, combina com o tenor sutil de Ronnie, mesmo se algumas partes do teclado pareçam um pouco desordenadas em determinados pontos. Mas, como Iommi disse, "Acho que o que o Black Sabbath estava fazendo era expandir. Não ficamos fechados em um único pacote. Eu trouxe o Coral de Londres completo... para uma música instrumental que fiz. É isso o que significa para nós. Pensamos em expandir e tentar coisas novas. Todos acabaram gostando no final, então ninguém ficou reclamando. Eles acharam que foi uma grande ideia. Quero dizer, não fiz isso tudo por conta própria. Perguntei a todos, 'O que acham disso?', e eles responderam, 'Sim, vamos tentar'". Nesse caso a introdução revela um riff complexo e eficaz que dá peso à entoação de Dio em "I should be at the table round / A servant of the crown / The keeper of the sign / To sparkle and to shine" ["Eu deveria estar na távola redonda / Um servo da coroa / O guardião do sinal / Para flamejar e brilhar"]. O LP termina com "Over and Over", cuja introdução de guitarra-harmonia viria a ser roubada, por atacado, por uma série de bandas que estavam emergindo nessa época, especialmente o Metallica (que estaria gravando demos de seu próprio material no mesmo ano do lançamento de *The Mob Rules*). Ronnie encerra com sentimentos do tipo "Life's only made of paper / Oh how I need to be free of this pain" ["A vida é feita apenas de papel / Oh, como eu preciso me livrar desta dor"], com alguns backing vocals, enquanto Iommi entrega o solo mais frenético que ele já empenhou em um disco até então.

O álbum pode ter sido considerado moderadamente bom em vez de brilhante, mas o Sabbath estava rejuvenescido – talvez graças ao trabalho árduo de Appice empurrando-os juntos – e, como a turnê se aproximava, a banda elaborou planos para a gravação e o lançamento de um álbum ao vivo em 1982. O novo show teria "E5150" como sua faixa de introdução – as excursões anteriores usavam "Supertzar" – para animar o público e colocá-los no clima certo antes de a banda entrar com sua canção de abertura.

Embora *The Mob Rules* fosse lançada logo após *Diary of a Madman* de Ozzy – e de não ter tido um grande impacto como esse LP –, ele atingiu o 12º lugar no Reino Unido e a turnê foi um sucesso, com datas no Canadá e nos Estados Unidos durante novembro e dezembro, atraindo lotação máxima de público. Uma data na noite de Ano-Novo no Hammersmith Odeon de Londres serviu como um encerramento triunfante para o ano de 1981, e o futuro, por mais incerto que fosse, pelo menos parecia promissor. Janeiro de 1982 viu a banda atravessar o Reino Unido antes de mais datas nos lucrativos Estados Unidos em fevereiro e março, embora algumas datas fossem adiadas por causa da morte do pai de Iommi.

E assim o Sabbath retornou com força total. A carreira de seu único equivalente razoável no cenário do rock, entretanto – o próprio Ozzy – estava prestes a ser abalada por uma tragédia.

No dia 19 de março de 1982, Ozzy e sua banda estavam a caminho de um show em Orlando, na Flórida, vindo de Knoxville, Tennessee. O ônibus da turnê precisava de alguns reparos, e então o motorista, Andrew Aycock, parou em uma cidade da Flórida chamada Leesburg, onde ele tinha uma casa. Enquanto faziam os reparos, Ozzy foi dormir no ônibus e Aycock convidou o tecladista Don Airey e o manager da turnê, Hake Duncan, para dar um giro em um pequeno avião Beechcraft Bonanza que ele tinha em sua casa. Em seu retorno, ele pegou Randy Rhoads e a costureira da turnê de Ozzy, Rachael Youngblood, para um voo curto.

Aycock – depois descobriram que havia vestígios de cocaína em sua corrente sanguínea – tentou fazer um mergulho rasante sobre o ônibus da turnê (tem sido sugerido que ele estava tentando assustar sua ex-esposa, que estava perto do ônibus), mas calculou errado a distância e bateu no veículo com a asa. O avião perdeu o controle e voou diretamente para uma fazenda nas proximidades, explodindo no impacto e matando todos a bordo instantaneamente.

Ozzy ficou profundamente chocado, e disse posteriormente: "Acho que existe uma coisa chamada sorte. Acho também que existe uma coisa chamada destino. Quando Randy Rhoads morreu no avião... Eu sei, sem sombra de dúvida, que se eu estivesse acordado naquele momento teria entrado naquele avião com ele, mas eu ainda estava dormindo". Muito tempo depois, ele acrescentou: "Perdi um amigo muito querido e uma pessoa maravilhosa... Ele foi a primeira pessoa a se juntar a mim e me dar um propósito, porque sentava ali pacientemente comigo e tentava montar as canções. Eu sempre me lembrarei dele... A vida, você sabe, passa como um flash".

Sharon Arden sabia que Ozzy precisava continuar sua turnê ou ele entraria em colapso profundo, e dentro de alguns dias o ex-guitarrista do Gillan, Bernie Torme, fora recrutado. Como Torme se recordou mais tarde, "Várias outras pessoas fizeram o teste antes de minha chegada. Tive de passar por um teste durante dois dias em Los

Angeles com outros quatro guitarristas, que, devo admitir, não era o que eu estava esperando, e não o que o gerenciamento do Reino Unido de Ozzy havia me contado!... Mas, se não tivesse sido tão trágico, eu poderia dizer honestamente que foi uma grande experiência. E Ozzy é um cara muito legal".

No entanto, Torme permaneceu na banda de Ozzy em apenas sete shows, por motivos que não foram totalmente revelados. Alguns dizem que ele achou o obstáculo de espaços médios com Gillan para arenas de 20 mil cadeiras com Ozzy muito difícil de encarar. De qualquer modo, ele informou a Ozzy que não podia mais continuar, e outro guitarrista, Brad Gillis do Night Ranger, assumiu o posto. Torme recorda: "Nos últimos dias, quando contei a Ozzy que não queria continuar, várias outras pessoas, incluindo Brad, já estavam fazendo testes nas checagens de som enquanto eu fazia os shows. Logo, havia muitas pessoas querendo assumir meu lugar".

Junto com Sarzo, Aldridge e Gillis, Ozzy continou até completar sua turnê em um estado de choque e sofrimento contido, que pagaria miseráveis dividendos mais tarde.

Enquanto isso, o Sabbath se empenhava em uma estupenda turnê dando sequência a *The Mob Rules*, que cruzou os Estados Unidos e o Canadá novamente durante abril, maio e junho. Havia rumores de que em alguma etapa no verão o vocalista David Coverdale – uma vez parte da formação do Mark III do Deep Purple e, em 1981, no meio de uma passagem de 13 anos de sucesso com o Whitesnake – fora convidado para se juntar ao Sabbath. Ele me contou que isso nunca seria uma possibilidade, dizendo: "Eu nunca conseguiria me ver cantando as canções de Ozzy".

As gravações ao vivo foram realizadas durante a turnê do Sabbath para o álbum, e Iommi, Dio, Butler e Appice passariam um tempo escolhendo as fitas e as montando. Ao mesmo tempo, Ozzy – que havia terminado sua própria turnê – estaria montando seu próprio álbum ao vivo. É como se sua intenção fosse, sem dúvida, competir com o álbum do Sabbath; pior ainda, o álbum que Ozzy pretendia lançar não era uma coletânea de suas próprias canções, e sim de material antigo do Black Sabbath. Como essas questões óbvias seriam atiradas nele, ele se defendeu com um sorriso maroto, dizendo: "Não era intenção 'atrapalhar' o Sabbath. Eu apenas fiz. Eu entendo que o Sabbath teve a ideia de fazer um álbum ao vivo...".

À medida que as duas equipes trabalhavam no estúdio, Ozzy tirou um tempo para gravar o backing vocal com Was (Not Was), a atração de dança soul centrada no produtor Don Was. Uma parceria um pouco improvável, mais ainda quando foi revelado alguns anos depois que Madonna, na época com 24 anos de idade, também contribuiria nos backing vocals na faixa ao lado dele. A canção "Shake Your Head (Let's Go to Bed)" não alcançaria as paradas até 1992, quando seria relançada como parte de um álbum de maiores sucessos da WNW. Nesse último lançamento, Madonna pediu que seus vocais não fossem usados: eles foram regravados pela atriz Kim Bassinger.

Sobre essa parceria inesperada, Ozzy explicou mais tarde: "Nunca havia ouvido falar de Was (Not Was). O que aconteceu foi que o vocalista original não apareceu em algumas sessões. Eu nem sequer sei quem era o vocalista original, mas Don e eu estávamos hospedados no mesmo hotel em Nova York naquela época, e eu me voluntariei. Fui até o estúdio e a canção se chamava "Shake Your Head". Dois meses depois, eles decidiram fazer uma versão diferente, então eu gravei duas versões. Tempos depois, eu me encontrei com Don em Los Angeles e ele disse: 'Você nunca vai adivinhar quem era a garota vocalista que estava na primeira versão: era a Madonna! Ozzy e Madonna: tem de ser a melhor'. Ele deve ter entrado em contato com Madonna e ela deve ter se recusado na hora, porque ele teve de colocar outra pessoa no lugar dela. Kim Bassinger substituiu Madonna. Nunca me encontrei com ela. Mas foi um sucesso estrondoso na Inglaterra e na Europa, porque era nisso que eles estavam interessados – toda aquela coisa techno. Eu simplesmente disse a Don, 'Isso seria muito legal: Ozzy e Madonna', mas a gravação da Kim Bassinger deu conta do recado muito bem".

De volta ao verão de 1982, Ozzy estava alcançando seu auge comercial e de crítica, com tudo aquilo que obstruía seu progresso: sua instabilidade emocional logo após a morte de Rhoads e seus vícios. Sobre o assunto das drogas, ele ponderou: "Quanto mais para baixo você fica, mais alto fica. É como dar a primeira inalada de cocaína: você vai lá para cima, acha que é o máximo. Mas todos se esquecem de que, quando você está voando mais alto que uma pipa, vai chegar uma hora em que vai ter de descer. O básico está na realidade. E é por isso que as pessoas ficam viciadas. Sou viciado em bebidas... mas tenho um gerenciamento que me recompõe. Eu sou um cara que não posso tomar um comprimido – eu tenho de tomar 15. Tenho de ir até o final das coisas. Não consigo tomar uma bebida, tenho de encher a cara. Tenho de ir até o final. Em tudo na vida!... Transo como um louco durante três meses, depois paro e me sinto péssimo... meu maior pavor é pegar uma doença de que eu não possa me livrar, e existem muitas dessas doenças por aí de que você não consegue se curar. Não quero fazer mais isso. Escolho não fazer isso, pois prefiro me preservar. Eu sou um canalha temperamental, porque quero ter as pessoas ao meu redor, mas também não quero".

Ele acrescentou: "Sei que não vou viver até chegar à velhice. Sei muito bem disso. Não estou planejando me matar. Mas sei que algo vai acontecer comigo logo. E daí? Prefiro estar bonito em meu caixão do que arrebentado. Vá em frente. Você consegue me imaginar com 65 ou 70 anos cantando, 'Eu já fui um vaudevile, lembra-se dele?'. Esse não é meu estilo, rapaz. Queimado pelos flashes. Não dou mais a mínima para mim".

Algumas de suas frustrações podem ser atribuídas ao divórcio que acabara de finalizar com sua primeira esposa, Thelma Mayfair, e os arranjos que precisavam ser feitos quanto ao acesso aos seus filhos. Como ele disse: "Acabei de me livrar do trauma de meu primeiro divórcio, mas ainda sinto amor por minha ex-mulher. Quando você se divorcia, tem todos esses jogos mentais que acontecem, sabia? Jogos mentais insanos; muita loucura".

Era óbvio que ele se sentia feliz por estar livre novamente: afinal de contas, ele e Sharon Arden formavam agora um casal sólido, com planos de matrimônio. Sobre Thelma, Ozzy contou ao repórter David Gans: "Eu a conheci no Halloween, quando ela caiu da vassoura, em 1971. Agora, ela tem um emprego de meio período nadando de um lado ao outro no Lago Ness, enquanto o monstro curte suas férias. Ela é muito furiosa – parece a esposa do monstro... Uma vez eu sonhei sobre o casamento, uma casa no campo e no final nós nos aposentávamos. Minha ex-mulher me disse um dia: 'O que você vai fazer quando tiver 57 anos?'. Eu respondi: 'Escute, sua vadia, nunca vai haver uma estrela do rock com 57 anos de idade – eu serei a primeira'".

Com a idade, toda essa amargura passaria. Ozzy contaria mais tarde à revista *Launch*: "Fui casado antes com uma mulher, mas por causa de meu alcoolismo e consumo de drogas, eu destruí o casamento e isso afetou demais as crianças. Elas são as sofredoras silenciosas. Eles não entendem por que o papai não está mais voltando para casa. Isso sempre afeta as crianças. A única coisa estranha na América é que você se casará, eu me casarei; nós iremos jantar juntos, nós nos divorciaremos, eu me casarei com sua esposa, você se casará com a minha... por que simplesmente não fazer uma troca de casais por uma noite? Se eu quiser ser amigo de minha esposa, terei de me divorciar dela, entende? O casamento é muito irreverente por aqui: 'Oh, estou entediado, vamos nos casar esta semana'. Quando me casei, eu não entendia o que significava. Mas o contrato matrimonial é um dos contratos mais sérios que você assinará em sua vida. E quando há crianças envolvidas... elas automaticamente vêm antes. Eu fiz um belo trabalho destruindo meu primeiro casamento".

E assim, Sharon Arden aparece de forma plena na foto. Com apenas 30 anos em 1982 (Ozzy com 34), ela já tinha mostrado sua coragem e seu valor como manager colocando Ozzy em sua vida normal duas vezes – uma, após ter saído do Black Sabbath e se afundado no álcool durante três meses em 1979 e, novamente, após a morte trágica de Rhoads em março de 1982. Além disso, ela havia recentemente suportado uma dura separação de seu pai, Don Arden. Ele andava furioso por ela ter assumido o gerenciamento de Ozzy e, além dessa questão de negócios, pai e filha pararam de se comunicar completamente. Supostamente, Ozzy e Sharon teriam de pagar a Don 1,5 milhão de libras pelos direitos do contrato de Ozzy naquela época. (Lembre-se das palavras de Jim Simpson: "Com Donnie, se você trabalha com ele e ele gosta de você, ele o trata como família. E a família não faz sacanagem com você e vira as costas...".)

A situação ficou mais trágica quando, ao visitar seu pai em sua casa, os cães a atacaram: como ela contaria ao jornal *The Guardian*, em 2001, estava grávida e perdeu o bebê como resultado. "Foi horrível", disse ela.

Mas Sharon era extremamente resistente e assumiu uma postura com Ozzy, avançando sua carreira o mais longe que poderia ir. Como seu amado, ela também gostava de beber e foi presa uma vez em Los Angeles por dirigir embriagada. Libertada da prisão com a fiança paga por sua amiga Britt Ekland, foi informada no dia seguinte sobre o ocorrido, já que não se lembrava dos eventos do dia anterior. Depois disso, ela abandonou a bebida, já que Ozzy e ela estavam se tornando conhecidos por suas brigas enfurecidas movidas pelo álcool: "Nossas brigas eram homéricas. Batíamos feio um no outro. Em um show, Ozzy desceu correndo do palco durante um solo de guitarra para brigar comigo, em seguida correu de volta ao palco e terminou a canção! Estávamos na sarjeta, moralmente falando, e percebi que, se ambos continuassem daquele jeito, acabaríamos como um par de velhos bêbados arrebentados e morando em um barraco qualquer. Então, parei de beber".

Tamanha frieza em suas estratégias em prol do sucesso gerou um pouco de ressentimento em uma indústria extremamente rancorosa, com Sharon marcada por insultos quanto ao seu estilo abrasivo de gerenciar. Ela explicou: "As pessoas diziam abertamente 'Você e Ozzy não vão durar muito'. Elas esperavam que ele fosse preferir uma esposa-troféu, loira e peituda, e ele optou por mim, uma baixinha, gorda, cabeluda e metade judia. Tive de lutar muito contra isso... Se eu fosse homem, seria visto como o homem de negócios mais duro no mercado. Como sou mulher, os homens dizem, 'Oh, ela é uma vadia, uma puta, uma sem-vergonha'. Receio que seja exatamente isso o que os homens fazem. Além do mais, eu trabalho para meu marido, e toda mulher protege sua família".

Quanto a Ozzy, ficou claro que ele já se acomodou, pelo menos relativamente falando. Afinal de contas, ele certamente tem feito sua parte – e mais – trabalhando rodeado de infinitas fãs que cercam qualquer banda com um sucesso razoável, imagine uma de enorme repercussão como o Sabbath. Uma vez ele explicou de forma explícita: "No início, quando vim pela primeira vez aos Estados Unidos, transava com tudo o que via em minha frente. Peguei gonorreia mais vezes que sei lá quem. Mas de repente percebi: por que estou dizendo a essas garotas que 'eu amo você' se não estou sendo sincero? Tudo o que queria era pegá-las na cama e transar até me cansar. Eu me lembro de uma ocasião, quando tocamos em Virginia Beach. Tinha acabado de falar com minha ex-mulher, coloquei o telefone no gancho e alguém bateu à porta. Entra uma linda garota e: 'Cacete, vai rolar hoje à noite!'. Levei ela para a cama e transei muito com ela. Ela vai embora. Toc-toc-toc, batem à porta. Pensei que ela estivesse esquecido algo... é uma garota diferente à porta. Linda como ninguém! Juro que ela se parecia com um anjo. E eu transei muito com ela. Ela vai embora. Toc-toc-toc, e fiquei pensando, 'Não acredito nisso'. Três – cinco garotas vieram, e eu transei com cinco diferentes – de onde estão vindo todas essas garotas? De onde estão vindo todas essas garotas? Comecei a andar pelo corredor, pensando, 'Que loucura!'...".

Ele raciocinou: "Quando você é jovem de 24 ou 25 anos, vindo de Aston aos Estados Unidos, e vê todas essas garotas querendo transar com você, você fica como um touro querendo arrebentar a cerca. Fica feito um lunático – eu estava tendo cenários muito pervertidos, transando... todo o tipo de loucura estava acontecendo em minha vida sexual. É bizarro, mas era selvagem".

Selvagem ou não, no dia 4 de julho de 1982, Ozzy e Sharon se casaram em uma praia no Havaí. O álbum ao vivo de Ozzy com canções do Sabbath intitulado *Speak of the Devil* estava pronto para ser lançado – concluiu o negócio de Ozzy com Don Arden, ambos como produtores e com o selo Jet, de Arden – e tudo parecia decorrer normalmente.

Se o mesmo pudesse ser dito em relação ao Black Sabbath... Concluindo sua turnê nos Estados Unidos e no Canadá em agosto – acompanhado em algumas datas pela atração canadense Exciter, uma das primeiras bandas de thrash metal que abriu para o Sabbath –, a banda se recolheu no estúdio para a mixagem final do seu próprio LP ao vivo, *Live Evil* (coincidentemente *Live-Evil* era o título do LP de 1970 do grande trompetista Miles Davis).

O relacionamento entre Ronnie James Dio e o duo Iommi-Butler havia esfriado um pouco nos últimos meses, com o vocalista aparentemente tentando assumir mais controle sobre a banda e com os demais nada felizes com a situação. Como Geezer me contou, "nós vimos aquilo como se ele estivesse tentando controlar a banda, e não gostamos daquilo".

Vinny Appice testemunhou o rompimento em primeira mão. Como ele conta: "Eu não acho que a coisa começou realmente a desmoronar antes do álbum ao vivo. Quero dizer, eu me dava bem com todos. Adoro Tony. Ele é brincalhão e eu também, e Geezer era muito legal. Mas o único problema aconteceu perto do final, quando estávamos gravando o álbum ao vivo – os relacionamentos entre Tony e Ronnie, e Geezer e Ronnie, começaram a desmoronar. Tornou-se algo do tipo americanos *versus* ingleses. Mas eu tentei fazer com que isso não acontecesse. Por exemplo, sempre andávamos com duas limusines, e em vez de sempre andar na limusine de Ronnie, eu entrava na limusine de Geezer! Não tinha problema com ninguém – estava me divertindo – e Tony e Geezer não tinham problemas comigo, era apenas com Ronnie. Sabe, era uma questão de muitos egos!".

A tensão cresceu para um conflito verbal que acontecia de vez em quando, como o baterista se recorda: "Houve algumas brigas nos bastidores com Tony e Ronnie gritando um com o outro. Dois italianos esquentados! Eu não sei sobre o que eles estavam discutindo – eu apenas dizia 'parem, rapazes', e não queria me envolver naquilo. Então, perto do final da turnê, você conseguia sentir a vibração entre eles – Tony e Geezer entravam em um carro e Ronnie entrava no outro. Eu tentava me virar entrando em carros diferentes...".

Pior ainda, ao que tudo indica, parece que Dio tinha o hábito de chegar antes no estúdio e ajustar a mixagem sem contar para o restante da banda. Como Iommi contou à revista *Classic Rock Revisited*: "Nós entrávamos e mixávamos o álbum. Durante um período de semanas, eu via o engenheiro começando a parecer cada vez pior. Ele estava ficando mais bêbado o tempo todo. Fiquei pensando no que estava acontecendo. Então, um dia perguntei a ele se estava tudo bem. Ele respondeu: 'Não aguento mais isso. Tenho de lhe contar o que está acontecendo'. Eu disse a ele, 'Prossiga'. Ele disse: 'Vocês vão embora depois de fazer a mixagem e, em seguida, Ronnie fica esperando para entrar e fazer sua própria mixagem. Eu não sei o que fazer'. Basicamente, foi isso que aconteceu – essa foi a hora do aperto. Tentamos bani-lo do estúdio. A situação ficou muito feia".

No entanto, Appice contradiz a declaração de Iommi, dizendo: "Não foi o que aconteceu. Eu estava lá. O que aconteceu foi que, durante a mixagem do álbum ao vivo, eles agendaram o estúdio para as 14 horas. Mas eles não chegariam lá até as 16 ou 17 horas, e aquele era um estúdio muito caro. Ronnie e eu chegamos lá às 14 horas. Você me fala às 14 horas, eu vou estar lá às 14 horas. Então, você acha que nós íamos ficar sentados lá parados durante três ou quatro horas? Logo, começamos a trabalhar no material e, em seguida, eles apareceram e isso gerou um problema porque nós estávamos trabalhando um pouco no som da bateria. E imagino que Tony e Geezer não queriam que fosse feito daquela maneira.

Eles não se comunicam: quando ocorre um problema, ocorre um confronto. Tony não gosta de confrontos, ele parte para cima de outra pessoa. Quando Tony não fala com você, você sabe que há um problema. Você não pode chegar direto em Tony, a menos que você realmente sente e converse. Ele conversava comigo de vez em quando. Sabe, eu nunca tive problemas com esses caras – eu adoro esses caras. Eles tiveram um problema com Ronnie. Não tenho o que dizer quanto a isso, eu simplesmente entrei quando eles me quiseram. Mas Ronnie queria fazer algum trabalho, então ele começou a fazer o que precisava ser feito, e eles levaram isso como se Ronnie estivesse entrando escondido no estúdio e fazendo coisas contra a vontade deles. E eles possivelmente devem ter saído e ido ao pub, ou foram antes... bem, Ronnie estava lá, ele é uma pessoa viciada no trabalho. Sim, eu sou inocente na história. Não ia dizer, bem, eu não vou entrar enquanto eles não entrarem! Eu era apenas um jovem me divertindo – parem de brigar, rapazes!".

O esgotamento do relacionamento cresceu rapidamente para um confronto e, quando o final veio, ele veio rápido. Appice: "No fim, ele nos acusaram de ter ido ao estúdio fazer coisas às suas costas. Sim, foi um pouco injusto, porque eu realmente não tinha coisa alguma a ver ou a dizer na mixagem. Talvez eu dissesse a Martin Birch que a bateria precisava de um pouco mais de toque aqui ou ali, mas eu não iria dizer se as guitarras estavam com o som baixo demais ou coisas do gênero. Então, se Ronnie tivesse dito, vamos hoje às 17 horas, eu diria que sim, porque de qualquer forma estávamos indo ao estúdio saindo da mesma região.

Mas então Ronnie disse: 'Vou sair da banda e montar minha própria banda – você quer fazer isso comigo?'. Eu disse, claro. Pensei, eu consigo me relacionar com Ronnie naquele momento um pouco melhor do que com Tony e Geezer, e achei que seria legal estar em uma nova banda, depois de ter feito muito sucesso com o Sabbath. Seria muito divertido começar algo desde o princípio. Mas eu acho que eles ainda queriam que eu continuasse tocando com eles".

Dio e Appice saíram do Sabbath em outubro de 1982: o par continuou junto e formaram a bem-sucedida banda Dio, na qual o vocalista presumidamente teve liberdade total para executar a mixagem que bem quisesse.

E assim, o Black Sabbath chegou ao fim de outra era extremamente conturbada em sua história recheada de problemas. Dois vocalistas e dois bateristas já haviam os deixado; o baixista saíra e retornara. No fim de 1982, sobraram apenas Tony Iommi e Geezer Butler.

CAPÍTULO 13

1982-1984

Enquanto o Sabbath se debatia, Ozzy lançava seu controverso LP de covers de sua antiga banda, no dia 27 de novembro de 1982. *Speak of the Devil* trazia Brad Gillis na guitarra, fazendo um trabalho razoável com os riffs de Iommi, substituindo o falecido Randy Rhoads. O álbum foi gravado no Ritz, em Nova York, no dia 26 e 27 de setembro, mas logo em seguida Gillis seria substituído por Jake E Lee (nome verdadeiro, Jakey Lou Williams), outro guitarrista supertécnico e com influência clássica.

Era difícil saber como acolher *Speak of the Devil* na época, e o mesmo acontece ainda hoje. As versões originais do Sabbath das canções no LP – passando por "Simpton of the Universe", "Snowblind", "Black Sabbath", "Fairies Wear Boots", "War Pigs", "The Wizard", "N.I.B", "Sweet Leaf", "Never Say Die", "Sabbath Bloody Sabbath", "Iron Man/Children of the Grave" e "Paranoid" – tinha muito mais a ver com os riffs ferozes de Iommi e a seção rítmica pesada de Ward/Butler do que com a voz de Ozzy. Nessas novas encarnações, os vocais – que pareciam ter sido tratados e encorpados com um peso extra – se apresentavam de forma predominante, com os demais instrumentos – deixando de lado os solos brilhantes de Gillis – ficando relativamente baixos na mixagem. Como resultado, e talvez por causa da relutância dos fãs metaleiros em endossar o sequestro que Ozzy fez com sua antiga banda, o álbum travou em 21º lugar nas paradas do Reino Unido e desabou de vez após duas semanas apenas. "Eu não acho que Ozzy faz jus às canções", Geezer contou à revista *Circus*.

No entanto, o álbum contribuiu para a mitologia do rock'n'roll por seu próprio mérito, graças à arte da capa – uma visão de Ozzy com caninos de lobisomem e o que parecem ser pedaços de carne crua em sua boca, rosnando em uma moldura feita de algum desenho de runas. Houve muitas especulações sobre o significado das runas até que foi revelado que sua tradução era: 'Olá! A Disque Ao Demônio Produções, em conjunto com a Gráfica Cemitério, orgulhosamente apresentam o maluco do rock cagando no vaso sanitário do El Satano': uma piada à custa daqueles que levam muito a sério sua imagem diabólica.

O Black Sabbath revelaria seu próprio álbum ao vivo no dia 22 de janeiro de 1983, finalmente polido por Iommi, após a saída de Dio e Appice, e – contrastando com *Speak of the Devil* – um trabalho profissional de alta qualidade. Oferecendo ao ouvinte conversas entre uma canção e outra, com o vocalista extremamente seguro (alguns diriam um pouco arrogante) Ronnie James Dio, revela muito sobre a apresentação ao vivo da banda naquela época. Como ocorre também no momento de participação do público, no qual Dio comanda os espectadores a gritar "Heaven and hell" ["Céu e inferno"], e com um riso forçado, respondendo, "Está excelente!".

A banda percorre uma lista de sucessos da era Dio e da era Ozzy (a faixa de introdução "E5150", seguida por "Neon Knights", "N.I.B.", "Children of the Sea", "Voodoo", "Black Sabbath", "War Pigs", "Iron Man", "The Mob Rules", "Heaven and Hell", "The Sign of the Southern Cross", "Paranoid", "Children of the Grave" e a excelente instrumental "Fluff"), e não há como evitar perguntar por que o lançamento não foi adiado na sequência do LP do próprio Ozzy, pelo menos até o momento em que os fãs pudessem estar preparados para outra coletânea com muitas das mesmas canções.

Após observar o LP ir consideravelmente bem – chegou ao 11º lugar e ficou nas paradas por 13 semanas –, Iommi e Butler focaram no futuro. Se a banda fosse continuar, eles precisariam de um novo baterista e vocalista – e candidatos adequados foram incluídos em uma pequena lista.

Uma noite no início de 1983, Tony e Geezer foram se encontrar com um velho amigo no pub. Uma noite para beber até mais tarde, pelo menos metade de seus problemas já estariam resolvidos...

Ian Gillan é um homem sensato. Ele responde às perguntas de forma inteligente e tem consciência do que sua carreira no passado representa para a história da música.

Por exemplo, compôs uma série de sucessos inovadores com uma de suas bandas antigas, o Deep Purple, que é referência até os dias de hoje – tudo sem ter noção de como eles seriam importantes no passado: "Não me lembro mais como criei 'Speed King'", ele pondera, "do mesmo modo que não sei como Ian Paice começou a tocá-la ou como Ritchie Blackmore começou a tocá-la. É um acúmulo. Eu vejo muitas estrelas do rock jovens em programas de auditório negando qualquer conhecimento na época de formação ou qualquer influência no início de suas vidas, e eu acho que todos nós tivemos. O que você encontra no Deep Purple é uma mistura de tudo o que mais ouvimos – por exemplo, acho que Ian é o Buddy Rich personificado. Você junta tudo, com o lado clássico de Jon Lord e o histórico de Jimmy Smith, e acaba criando algo exclusivo. Se você separasse um de nós, não seria o mesmo. Em meu caso, minhas influências foram Elvis Presley, Little Richard, Chuck Berry, Fats Domino, Ella Fitzgerald, Jerry Lee Lewis. Para mim, a música rock era uma atitude, uma postura".

Ele é também incrivelmente honesto sobre as pressões que se escondem atrás da liderança de uma banda de rock: "Todos nós temos nossos pontos de fragilidade. Mas existe uma bombástica, entende, que posteriormente na vida seria chamada de arrogância – mas que, no começo da vida, esperamos que ela nos ajude, até certo ponto, a atravessar muitos obstáculos".

Nesse caso, isso o levou a ser convidado a cantar para o Black Sabbath depois que ele, Tony e Geezer beberam demais naquele pub naquela fatídica noite. A princípio ele teve suas ressalvas, como contou à revista *Recension*: "No início eu não queria saber. Nunca gostei muito da imagem deles e talvez tivesse também olhado para as pessoas na banda de forma negativa. Meu manager achou que eu poderia pelo menos me encontrar com eles [Geezer Butler e Tony Iommi] e discutir o assunto, então nós nos encontramos em um pub e eu realmente fiquei impressionado com o quanto eles eram legais. Tínhamos o mesmo senso de humor e partilhávamos muitos pontos de vista em comum. Geezer foi o primeiro a ficar bêbado naquela noite e, no final das contas, eu achei que talvez fosse algo para pensar".

Quando surgiram as notícias de que Gillan, que havia recentemente dissolvido sua banda que levava seu próprio nome, ira trabalhar com o Black Sabbath – em termos de rock pesado, o mesmo que Mick Jagger se juntar aos Beatles – tanto os fãs do Sabbath como os do Deep Purple ficaram intrigados. Alguns eram contra, embora houvesse motivos para manterem o otimismo: as linhagens do Purple e do Sabbath já haviam se cruzado antes, graças ao recrutamento de Ronnie James Dio (durante muito tempo um membro do Rainbow junto com Blackmore, a base do Purple) e a presença de Martin Birch como produtor. Ambas as combinações haviam dado excelentes resultados antes.

Vale ressalvar, no entanto, que a ideia era de que Gillan não estaria "se juntando" e sim "trabalhando" com o Black Sabbath – uma diferença sutil, mas crucial. Como Geezer me contaria: "Terminamos com a versão Ronnie da banda e eu disse ao Tony, 'Vai ficar parecendo uma piada nos chamar de Sabbath, não é?'. E ele concordou plenamente. Acho que o gerenciamento na época sugeriu trazer Ian e chamar o álbum de Gillan/Iommi/Butler/Ward, não um álbum do Black Sabbath, que foi a forma que nós e o Gillan sentimos. Apenas achamos que seria interessante fazer uma única vez".

Entretanto, Gillan – a voz da formação mais respeitada do Deep Purple até hoje, de Mark II e várias outras formações nos anos 1980, 1990 e além – parecia essencialmente tão "Purple" que ficava difícil imaginá-lo dando um passo atrás do rock eloquente do Purple para o pântano do heavy metal habitado pelo Sabbath (mesmo que tenham reparado seus erros cometidos nos últimos anos). Ele notou esse ponto, contando à *Recension*: "Eu componho em meu próprio estilo, e não desejo cantar um monte de tolices simplesmente porque outros fizeram antes de mim na banda. As letras são apenas observações do dia a dia, como no caso de Gillan em que muitas canções eram um tanto sombrias e sérias por natureza... Para ser honesto, você somente consegue ter êxito nos Estados Unidos, hoje, se fizer música para tocar no rádio. Tem de ser voltada ao sucesso, que agrade às rádios. Nada de muita energia – elas não vão tocar se você for muito agressivo. Na realidade, vi o Journey em San Francisco algumas semanas atrás. Eles eram legais de se assistir, e os pequenos computadores [os preveniam] de cometer o mínimo de erro. O público adorou, mas eles falharam na experiência que nos dá arrepios por todo o corpo – aquele tipo de energia bruta. Para mim, esse é o verdadeiro poder. Na América, tudo gira em torno do espetáculo".

Ele explicou que a separação recente de Gillan, em virtude dos problemas de voz por que ele passou, e nem um possível reencontro do Deep Purple ("John Lord e Ian Paice estavam prontos para fazê-lo, mas alguém mudou de ideia e não deu certo") iriam atrapalhar o caminho com o Sabbath, em grande parte porque a carga de trabalho com sua nova banda seria muito mais leve do que estava acostumado: "Em minha própria banda, nós fizemos acima de 200 shows por ano em seis anos, então para mim o Black Sabbath é como tirar férias. O Sabbath tem um sistema que garante um dia livre regularmente".

Antes que os ensaios pudessem prosseguir em grande ritmo, é claro, eles tinham de resolver uma pequena pendência de encontrar um baterista. Entra – ou melhor, reentra – Bill Ward, que havia começado a lidar de forma bem-sucedida com períodos curtos de sobriedade no final de 1982, e que estava disposto a tentar a sorte em um novo álbum do Sabbath.

"Antes de 1983", contou Bill à *Sabbathlive*, "meu consumo de álcool e uso de drogas piorou muito, até que eu finalmente comecei a ir ao hospital em busca de tratamento. Houve um momento em particular em que eu consegui ficar sóbrio. Os rapazes [Tony e Geezer] ficaram sabendo naquela época que eu estava tentando ficar sóbrio. Eles ficaram felizes com a notícia e me deram muito apoio.

Fui convidado para vir e ver se eu poderia gravar um disco. E o resultado, é claro, foi *Born Again* com Ian Gillan em 1983. Fiz esse álbum sóbrio. Estou completamente limpo e sóbrio nesse álbum. Em 1980, quando fizemos *Heaven and Hell*, eu estava completamente inconsciente. Estava totalmente embriagado e não me lembrava sequer de ter gravado *Heaven and Hell*. Tenho apenas uma vaga memória."

Sobre sua nova clareza mental, Ward explicou: "Eu estava concentrado em [fazer] um bom trabalho... mas ao mesmo tempo me sentindo muito frágil e muito assustado. Esse é o tipo de atmosfera que estava sentindo naquela época. Estava assustado porque não queria beber de novo e estragar tudo. Então para mim foi muito desafiador fazer *Born Again*. Mas curti muito estar junto de Tony, Geezer e Ian. Foi excelente. Apenas fazendo, tocando e gravando, foi simplesmente fantástico. E acho que todos estavam muito bem. Não tenho más recordações do álbum *Born Again*.

A única coisa que eu tinha em mente eram minhas próprias questões que nada tinham a ver com a banda ou com o álbum. Apenas as coisas que estavam acontecendo e que eram problemáticas para mim, porque minha recuperação era algo muito, mas muito novo para mim. Estava tentando fazer um bom trabalho e já tinha arruinado muita coisa abandonando a turnê *Heaven and Hell*. E sinto muita vergonha disso. Eu sei que decepcionei muitas pessoas. Então, quando chegou a vez de fazer *Born Again*, eu não queria passar ou repetir tudo aquilo de novo".

De fato, a sobriedade que Ward conquistou para – pelo menos, em seu caso – o acertado título do álbum *Born Again* não foi a primeira tentativa para largar do vício. Como ele me contou: "Na época em que fiz *Born Again*, estava em minha décima ou 12ª tentativa de ficar sóbrio, então quando nós o fizemos, eu estava totalmente sóbrio". Ele deve ser parabenizado por ter se livrado de sua autoflagelada miséria, mas, infelizmente, a jornada de Ward em busca da sobriedade teve de ficar muito pior antes de melhorar.

"Foi o álbum mais desafiador que eu já fiz", Bill contou ao escritor Jeb Wright. "Isso foi em 1983. Assim que o álbum ficou pronto, eu queria dar uma recompensa para mim mesmo. Também tive medo antecipado sobre a turnê. Não contei para ninguém sobre isso. Optei por beber naquela época como uma recompensa e por causa do medo. Pediram que eu voltasse com o Sabbath em 1984, mas eu já sabia que não ia dar certo para mim. Não deu certo com Ronnie James Dio e não deu certo com Ian Gillan – apesar de ter um bom relacionamento com esses dois homens. Algo diferente aconteceu. Quando saí em 1983, estava completamente envergonhado."

Ward, que havia colaborado com uma excelente bateria na gravação de *Born Again*, teve uma recaída com a bebida assim que concluiu a gravação e sabia que não teria condições de fazer a próxima turnê. Mas, como ele explicou, tratava-se de uma questão complexa: ele bebia para perder o medo da turnê – especialmente sóbrio – e o sentimento de que o Sabbath não era mais o mesmo sem Ozzy (um ponto que os fãs têm debatido incansavelmente desde 1979), mas optou por fazer com que Iommi e Butler acreditassem que ele era fisicamente incapaz de fazer a turnê, em vez de explicar que, de fato, ele não queria fazê-la sóbrio.

Durante quatro meses Bill foi até o fundo do poço da garrafa. Como ele me contou, o alcoolismo pode ser comparado com uma doença fatal: "É uma doença. É um assassino; uma enfermidade espiritual e, em seguida, existe a doença física que vem junto com ela. Não é uma questão de dizer, ah, foda-se, vou dar a volta por cima e começar de novo, vou arregaçar as mangas e lutar contra essa coisa chamada alcoolismo. Toda vez que você tenta lutar contra ele, ele ganha. É muito poderoso e uma doença absolutamente fatal".

Bil também estava sofrendo de depressão clínica, para tornar as coisas ainda piores: "Não sabia na época que estava com a maldita depressão. Eu não sabia que estava sentindo muita pena de mim mesmo, uma situação horrível de se estar. Naquela época, era depressão mental: provavelmente havia um pouco de depressão clínica também, mas não havia medicação. Eu já tinha tentado e fracassado em me manter sóbrio, e não aguentava mais beber, então não havia mais espaço para viver".

No fundo de seu poço pessoal, Ward encontrou uma solução: suicídio. Ele pegou uma arma e apontou para a cabeça... mas não conseguiu dar o próximo passo. "Não consegui puxar o gatilho", disse ele. "Tentei me matar três vezes. E não tive coragem de puxar o gatilho, então não tive escolha. Tinha de ficar sóbrio. E eu não queria ficar sóbrio: queria morrer. E, é claro, fracassei miseravelmente, graças a Deus, e não consegui beber mais. Simplesmente não conseguia. Então, optei por ficar sóbrio, e não foi fácil. Não era nada fácil."

No início de 1984, Ward se internou por conta própria em uma clínica de reabilitação, determinado a conquistar sua vida de volta.

Enquanto isso, o Sabbath convidou o baterista Bev Bevan, do Electric Light Orchestra, para fazer parte da turnê *Born Again*. Velho amigo de Tony e Geezer da época de Aston, Bevan ficou feliz em ajudá-los, e a nova banda tomou forma imediatamente.

No dia 24 de setembro de 1983, *Born Again* foi lançado e atingiu o quarto lugar no Reino Unido – um feito impressionante, atribuído talvez pela presença de Gillan, cuja popularidade estava em alta naquela época. De forma bizarra, o álbum saiu com o nome de Black Sabbath, embora claramente isso não fizesse parte da intenção da banda. Geezer me contou: "*Born Again* não era para ser um álbum do Sabbath. Foi nesse ponto que a gravadora [Vertigo] nos enganou novamente... nós o concluímos e o entregamos à gravadora, que disse, nós pagamos por um álbum do Sabbath e é isso que estamos distribuindo. Não havia nada que pudéssemos fazer sobre isso. Havia boas canções nele, mas a produção era muito ruim. Nós ainda estávamos tentando fazer a mixagem por conta própria, ao invés de ter chamado uma pessoa competente em mixagem para fazer o serviço".

Ele tem razão: *Born Again* sofre de uma mixagem estranhamente irregular que não favorece as canções de maneira alguma. As guitarras não são suficientemente pesadas, enquanto o baixo está demasiado proeminente e os vocais não têm muita presença. Como Geezer disse em resposta à observação de um entrevistador, que Gillan supostamente o acusou de ter manipulado a mixagem: "Isso é um monte de asneira. Sou eu que estou dizendo que o som está horrível. Gillan saiu de férias, então ele nem estava lá. Gillan veio, colocou seus vocais e, em seguida, saiu de férias por cerca de seis meses, então ele não sabe o que está dizendo. Eu estava dizendo que a base inferior ficou pesada demais e com o baixo muito grave. Cansei de dizer a todos que o som não estava adequado. Quando provei que estava certo, Gillan voltou e disse: 'Que há de errado com isso?'. Muitos me culparam porque eu era o único que não estava lá quando isso aconteceu".

Junto com a produção esquisita, os fãs ficaram um pouco frustrados com a arte da capa, um retrato absolutamente malévolo de um bebê recém-nascido com dentes caninos, chifres e unhas compridas. De forma bizarra, a imagem era idêntica à usada na capa do single *New Life,* de junho de 1981, do quarteto de pop eletrônico Depeche Mode, embora com um tratamento de cor e linha diferentes. Como o próprio Gillan escreveria mais tarde: "A arte da capa era uma imitação chocante e grosseira de um bebê recém-nascido em vermelho vivo com unhas longas amarelas e dois chifres amarelos na cabeça", embora ele, como muitos outros, não reconhecessem a coincidência com o Depeche Mode.

Em suma, *Born Again* dificilmente se assemelha a um álbum padrão do Black Sabbath. E quanto à música?

Curiosamente, há similaridades em atmosfera, ritmo e letra entre o clássico do Purple "Speed King" e a canção de abertura "Trashed", uma aventura em alta velocidade com Gillan abrindo caminho gritando em frases do tipo "I was going down the track about a hundred and five / They had the stop-watch rolling / Had the headlights blazing I was really alive / And yet my mind was blowing" ["Eu estava descendo a pista a quase duzentos por hora / Eles tinham o cronômetro rodando / Havia os faróis iluminando, eu estava realmente vivo / E, ainda assim, minha mente estava estourando"]. Um conto de tequila, uísque e, hum, manchas de óleo e canais, a canção é um estrondo do começo ao fim. Na sequência entra "Stonehenge", um instrumental de teclado de dois minutos altamente atmosférico, mesmo parecendo um pouco com uma trilha sonora de filme de terror por comodismo.

Sobre "Disturbing the Priest", Geezer contaria mais tarde à *Metal Sludge*: "Estávamos gravando no estúdio de Richard Branson, e bem ao lado havia um mosteiro. Tocávamos tão alto no estúdio que os padres começaram a reclamar do barulho, então acabamos chamando a canção de 'Disturbing the Priest'". É uma bela canção, com Gillan quase perdendo as estribeiras – ele chia e cacareja no decorrer da canção, vociferando frases confusas, tais como "The force of the devil is the darkness the priest has to face / The force of the night will destroy him but will not disgrace" ["A força do diabo são as trevas que o padre deve encarar / A força da noite o destruirá, mas não desgraçará"] e acrescentando uns vocais harmônicos esquisitos, quase falados, para diferenciar dos gritos. Geezer está em sua melhor forma nessa canção, preenchendo-a com algumas notas elaboradas.

"The Dark" é uma descarga de teclado eletrônico de 45 segundos, um tanto descartável, ligando-se à majestosa e multifacetada maratona de riffs com mais de sete minutos chamada "Zero the Hero". Com um punhado de excelentes riffs assustadores, a canção é um dos pontos altos de *Born Again*, auxiliada pelos sons do teclado aplicados de forma criteriosa. Embora os vocais de Gillan estivessem muito sobressalentes na mixagem – sonoridade incompatível com a massa levemente distante de riffs –, ele interpreta frases do tipo "Your head is firmly nailed to your TV channel / But someone else's finger's on the control panel" ["Sua cabeça está firmemente pregada em seu canal de TV / Mas é o dedo de outra pessoa que está no painel de controle"] com absoluta convicção, a parte do baixo de Geezer está bastante sólida (soando mais estalado do que o normal) e Ward, não importa o que ele estava passando, toca de forma impecável. Os solos de Iommi são tanto infinitos como infinitamente criativos.

"Digital Bitch" envelheceu bem, com o conceito – a ameaça dos computadores e as pessoas que lucram deles – um tanto ultrapassado para os dias de hoje. "There ain't one thing she can't afford to buy / She's the richest bitch in town / Her big fat daddy was a Money machine / He made a fortune from computers" ["Não há nada que ela não possa comprar / Ela é a vadia mais rica da cidade / Seu papai gordo e enorme era uma máquina de dinheiro / Ele ganhou uma fortuna com os computadores"] funciona muito bem no contexto, mas o animado e crescente refrão se apresenta de forma estranha e os riffs, um tanto normais se quisessem se destacar.

Os seis minutos da própria "Born Again" valem o investimento: com um banho de estúdio aplicado tanto à guitarra quanto ao baixo, o som é intrigante. Em termos de letra, Gillan pisou de volta no território dos dragões de Dio, gritando sinceramente frases do tipo "The thrust of my challenge is aimed at the hearts of mutant gods who think we're all the same" ["O ímpeto de meu desafio está apontado para os corações dos deuses mutantes que pensam que somos todos iguais"], que talvez tivesse algum significado profundo na época. Ainda assim, os sentimentos se encaixam na natureza épica e lenta da canção, sendo que a longa vinheta final – Iommi subindo à estratosfera em uma nuvem de reverb – funciona perfeitamente.

"Take me to the river baby drink my wine / When I'm going down won't you throw me a line?" ["Leve-me ao rio, baby, beba meu vinho /

Quando eu estiver caindo você me lançará uma corda?”] sugere Gillan em “Hot Line”, um respeitável, senão incrível, passeio no rock com um riff encorpado e alguns efeitos levemente intrusivos do teclado. Ocasionalmente, os gritos constantes que o vocalista lança na mixagem soam um pouco forçados: talvez umas regravações a mais pudessem ter resolvido esse problema.

O álbum termina com “Keep It Warm”, o conto de um homem dilacerado por seu envolvimento com uma mulher: “D'ya hear the rumour that's going around? Say I'm ruined ‘cos I've settled down / It's not true, well maybe half and half / You know I love you but I still like a laugh!” [“Você ouviu os rumores que falam por aí? / Dizem que estou arruinado porque me acomodei / Não é verdade, bem talvez meio a meio / Você sabe que eu te amo, mas ainda gosto de rir!”], explica Gillan. Os solos de Iommi transcorrem sem esforço algum, Ward executa uma mudança de ritmo com tremenda ousadia e a canção se estende até abaixar no final.

Com todos os seus defeitos, na maioria de natureza sonora e de letra, *Born Again* alcançou um imenso sucesso popular, apesar da sensação de muitos seguidores do Sabbath de que Gillan era basicamente um estranho no ninho. O próprio Ian gostou demais da experiência, e me contou: “Foi muito divertido. Definitivamente, foi uma coisa de curto prazo. Surgiu da forma mais bizarra, nós ficamos bêbados, aconteceu e eu já estava na banda antes que pudesse me dar conta – muito feliz e também sem nenhum arrependimento, eu diria. Tivemos de terminar o álbum inteiro, ensaiar e, como de costume, tive de recuperar o atraso na composição. Eu não via muito a banda porque eles eram pessoas noturnas, e eu sou uma pessoa totalmente diurna. Eles iam para casa depois de sair dos clubes em Birmingham, enquanto eu estava levantando e fazendo meu café da manhã”.

“Como o LP acabou ficando tão bom?”, eu perguntei a ele. “Qualquer pessoa hoje em dia consegue produzir sons incríveis de rock pesado com os equipamentos modernos, mas não são os acordes – é como você os planeja. É o indivíduo que conta. Isso foi muito importante. Se você falar sobre regressar as coisas até suas raízes – se eu pudesse traçar uma linha direta de Seattle até Birmingham, ela seria Tony Iommi, de volta onde tudo começou. Nunca tinha visto alguém tocar como ele naquela época. Não, não é melhor que Ritchie: como ele poderia ser melhor? É como os Jogos Olímpicos do rock: quem consegue tocar, gritar ou tocar bateria mais rápido ou mais alto? É um conceito ridículo, em meu ponto de vista. Eles são o que são – nem melhor e nem pior um que o outro."

A próxima turnê se tornaria objeto de lenda, graças a Don Arden, que veio com a ideia de um cenário de palco extravagante para se encaixar com as canções antológicas, e o filme *Spinal Tap*, que seria ridicularizado sem piedade no ano seguinte. Como Geezer contou a Jeb Wright: "Não tinha nada a ver comigo! De fato, eu fui o único que achava que era muito brega. Tínhamos o pai de Sharon Osbourne, Don Arden, nos produzindo. Ele surgiu com a ideia de ter um palco igual a Stonehenge. Ele escreveu as dimensões e as entregou ao nosso manager da turnê".

Até aí, tudo bem – mas Arden cometera um erro crucial. "Ele escreveu as dimensões em metros, quando deveria ter escrito em pés.* As pessoas que o fizeram viram 15 metros, ao invés de 15 pés. O cenário tinha 14 metros de altura e o palco não cabia em lugar algum, então tivemos de abandoná-lo no galpão de armazenamento. Custou uma fortuna, mas não havia uma edificação na Terra em que pudéssemos encaixá-lo!"

Iommi acrescentou: "Na realidade, não sabíamos o quanto ficaria grande em dimensões reais, e no final nos apresentamos com o cenário completo do palco em um único show, em Reading, em um festival naquela localidade. Ou seja, não conseguiríamos encaixá-lo sequer nos grandes espaços na América. Não nos demos conta, quando vimos os pequenos modelos, de que iria ficar maior que um hotel. O *Spinal Tap* roubou a ideia, mas eles colocaram em um filme!".

Posteriormente, Gillan escreveria sobre o gigantesco cenário: "Ele foi repartido em seções que se encaixam uma dentro da outra, embaladas em contêineres e enviadas ao Canadá, onde iríamos dar início à turnê no Maple Leafs Gardens, uma arena de hóquei no gelo em Toronto. A maior parte do cenário ficou nos contêineres e, com muita dificuldade, conseguimos erguer apenas três dos monólitos, com duas peças cruzadas, alcançando cerca de dez metros no ar".

A loucura foi ainda mais longe. Foi arranjado que na abertura do show, um anão fantasiado como o bebê diabólico da capa do LP *Born Again* apareceria sentado no topo da Stonehenge falsa, fazendo mímica de sons medonhos de um bebê chorando. Ele então "cairia" na parte de trás da "pedra" em um colchão para amortecer sua queda. Em seguida, uma parada de figurantes (Gillan: "vestidos como druidas com capuzes

*N.R.: A medida em "pés" é um cálculo utilizado pelos norte-americanos. Um pé corresponde a 12 polegadas.

cobrindo seus rostos e seus tênis Reeboks quase aparecendo debaixo dos roupões") cruzaria o palco, tentando dar a impressão de se tratar de monges possuídos de forma demoníaca.

Havia apenas uma forma para que toda essa tolice teatral pudesse dar certo, e isso veio no início do show. Apesar de o baterista Bevan e Gillan terem esboçado suas preocupações sobre os possíveis problemas de uma produção muito elaborada (para não dizer pretenciosa), Arden aparentemente havia dito, "Não se preocupem, os jovens vão adorar", e o show prosseguiu. Infelizmente, Gillan ainda tinha de aprender algumas palavras de algumas canções, colocando uma partitura da letra no palco por questão de segurança, e, quando uma enorme nuvem de gelo seco pairou no palco, ela obscureceu completamente sua visão. Como ele conta: "Por algum motivo, o único elemento que faltou no ensaio da produção foi o gelo seco; e então uma nuvem branca na altura do peito surgia em uma velocidade assustadora em frente ao palco... corri desesperadamente para salvar minhas letras. Mergulhei na nuvem e comecei em vão abanando a névoa em busca de minha primeira letra. Nesse momento, os holofotes acenderam, aumentando ainda mais meu problema. Bem na hora de entrar com a voz, fiquei de pé, não completamente, apenas com a cabeça acima do gelo seco, e cantei algumas linhas totalmente incompreensíveis... à medida que o gelo seco começou a assentar e desaparecer, dava para me ver virando as páginas agachado em uma situação mais bizarra ainda, junto com o público caindo na gargalhada".

E assim o Black Sabbath – Gillan, Iommi, Butler, o tecladista Geoff Nicholls e Bevan – caiu na estrada. A Europa estava chamando e o som das caixas registradoras rolando devia ser algo ensurdecedor.

Atravessando a Noruega, Suécia, Finlândia e Dinamarca, a banda concedeu sua habitual série de entrevistas. Em um determinado ponto, Geezer explicou de forma um tanto indelicada sobre a presença de Bevan com as seguintes palavras: "Bill Ward estava completamente arrasado pelo álcool e as drogas. Ele teve de ir ao hospital, caso contrário, teria morrido. Quando começamos a gravar *Born Again,* Bill estava sóbrio o suficiente para ir ao estúdio e tocar. Mas ele não teve como se juntar a nós na turnê. Ele tem de permanecer em constante tratamento médico, então deve ficar junto com seu médico. Além disso, ele costuma beber muito nas turnês, e não iria sobreviver...".

O circuito de festivais incluiria uma notável passagem por Reading com uma gama de bandas de rock progressivo e até punk (ou pseudopunk) como atrações – incluindo Strangers, Marillion, Steve Harley &

Cocknew Rebel – e também uma data em Dublin com o Motörhead e o Twisted Sister. O cenário Stonehenge completo cruzou a Europa em setembro, e o Canadá e os Estados Unidos em outubro e novembro, contraindo um gasto enorme em transporte, mas na maioria das vezes deixando as multidões fascinadas – pelo menos depois dos pequenos problemas iniciais terem sido solucionados. Para o delírio de muitos fãs, na maioria das vezes o Sabbath terminava os shows com uma versão de "Smoke on the Water" do Deep Purple, uma canção emblemática da antiga banda de Gillan.

A atividade do rock estava frenética em outros cantos também. No dia 10 de dezembro de 1983, Ozzy Osbourne lançaria seu novo álbum, *Bark at the Moon*. Sua banda – Jake E Lee, Aldridge e Airey assumindo seus antigos postos nas guitarras, bateria e com os teclados de Bob Daisley retornando ao baixo no lugar de Rudy Sarzo – produziu um trabalho bem modelado, e do tipo que (como todos os seus álbuns dos anos 1980) conquistaria seu lugar na história.

A canção de abertura, "Bark at the Moon", é um estratagema ao estilo de terror, uma marca que Ozzy ainda propagaria anos depois de o Sabbath ter aberto mão desse ângulo em particular. "Years spent in torment / Buried in a nameless grave" ["Anos gastos em tormenta / Enterrado em uma cova sem nome"], ele grita sobre o riff staccato de Lee ao estilo de Rhoads, como se estivesse contando a história da criatura da capa do álbum – Ozzy em um traje de lobisomem e retratado um tanto afeminado apoiado em um tronco de árvore. Mesmo assim, os fãs adoraram todo esse contrassenso demoníaco, como também gostaram de "You're No Different", em que Ozzy questiona, "Everything that I say and do / In your eyes is always wrong / Tell me where do I belong / In this sick society" ["Tudo o que digo e faço / Aos seus olhos está sempre errado / Diga-me a que lugar eu pertenço / Nesta sociedade doente"]. O backing vocal – um rock fraco sintetizado e hesitante – decepciona diante de uma letra um tanto competente, e a canção não é um clássico.

"Now You See It (Now You Don't)" é Osbourne em seu lado mais obscuro, referindo-se a uma "mulher prepotente" e questionando se ela aguenta como um homem. Ele acrescenta: "Everybody's feeling everything you've got to feel / I've got something that you can conceal" ["Todos estão sentindo tudo o que você tem de sentir / Eu tenho algo que você pode esconder"] sobre um riff de sucesso moderado. "Rock'n'Roll Rebel" também é uma canção mediana de rock, com as acusações vagas de Ozzy ("The ministry of truth that deals with pretence / The ministry of peace that sits in defense" ["O ministério da verdade que lida com pretextos / O ministério da paz que fica na defesa"]) e não é sua melhor nem sua mais memorável.

"Centre of Eternity" é bem melhor, graças ao som do órgão completamente ao estilo do Sabbath e da letra épica e apropriada, como no trecho honesto de forma louvável, "There's no present / There's no future / I don't even know about the past" ["Não existe presente / Não existe futuro / Nem sequer sei sobre o passado"]. "So Tired" é outra homenagem ao Beatles, com as cordas ao estilo de "Eleanor Rigby" e tudo, e – embora, adocicada demais – dá ao "maluco do rock" a oportunidade de mostrar suas influências. "I stayed at home remaining true / While you were out with you know who" ["Fiquei em casa permanecendo fiel / Enquanto você estava fora com você sabe quem"], ele canta, uma cena de fato improvável.

"Slow Down", com um tema melódico no teclado descendo após cada grito da frase do título não dá para se levar muito a sério, como no caso de sua mensagem – um alerta de Ozzy (de todas as pessoas) a um assunto desconhecido de que a vida é uma maratona, e não uma corrida: "I tried to tell you time and time again / You know you'll have to pay the consequence / Now you're obsessed with such a pace / Now slow and steady wins the race" ["Tentei lhe contar várias vezes / Você sabe que terá de lidar com a consequência / Agora você ficou obsecado com esse ritmo / Agora é devagar e sempre que se chega mais longe"].

Don Airey recheia também toda a "Waiting for Darkness" com um teclado brega, que – embora fosse uma técnica favorável na maior parte pop rock dos anos 1980, desde o Journey ao Bryan Adams adiante – soa muito plástico nos dias de hoje. Mas Ozzy está em boa forma, executando um refrão melódico memorável que ajuda a canção a se destacar. A canção "Spiders in the Night", a mais horripilante, pelo menos faz o ouvinte se sentir envolvido: com Ozzy cantando "Spiders in the night / Creeping round the walls / Now you'll feel them crawling over you ["Aranhas na noite / Rastejando pelas paredes / Agora você vai senti-las rastejando sobre você"] sobre uma guitarra dedilhada dando uma qualidade de filme de terror, finalmente acertando na veia.

"Bark at the Moon" e "So Tired" foram lançadas como singles, atingindo os 20º e 21º lugares, respectivamente, cada um aparecendo em vídeos memoráveis quando o fenômeno da MTV alçou voo, com Ozzy representando um cientista maluco na primeira. Quanto a "So Tired", um efeito especial envolvendo um espelho quebrado mostrou Ozzy sendo banhado por estilhaços de vidro, embora ele não sofresse ferimentos.

O álbum gerou um pouco de controvérsia quando um jovem canadense, chamado James Jollimore, apunhalou uma mãe e seus dois filhos na cidade de Halifax, na noite de Ano-Novo de 1983. A agência de notícias canadense [Canadian Press Wire Service] citou um amigo do assassino dizendo: "Jimmy disse que toda vez que ouvia a canção ele se sentia estranho por dentro... Ele disse que, quando a ouviu na noite do Ano-Novo, saiu para apunhalar alguém". Outra tragédia sem sentido, esse incidente serviu para colocar mais lenha na fogueira da lenda de Ozzy.

Bark at the Moon não fez um enorme sucesso – atingiu o 24º lugar nas paradas de álbum –, mas pelo menos conseguiu manter o momento de Ozzy, em um período no qual o heavy metal tradicional passava por uma competição acirrada. Embora a NWOBHM [New Wave of British Heavy Metal – Nova Onda do Heavy Metal Britânico] – além do Maiden, Leppard e algumas bandas que tocavam em clubes – já tivesse mais ou menos desaparecido do cenário em 1984, os fãs do metal podiam agora recorrer à enorme onda de bandas de thrash metal, que estavam surgindo na região da Baía de San Francisco e na Costa Leste dos Estados Unidos. Essas bandas – lideradas até meados dos anos 1980 pelos quatro grandes nomes do thrash metal (Metallica, Megadeth, Anthrax e Slayer) – representaram um fenômeno poderoso comparadas com a velha guarda, convertendo legiões de ex-seguidores do Sabbath e Purple com sua velocidade extrema e precisão técnica. Tanto Ozzy como o Sabbath agora sofriam a ameaça de competição por uma segunda onda do metal, que pelo menos lhes deu algo em comum, à medida que se enfrentavam um ao outro no território inóspito da imprensa. Embora ainda houvesse uma rivalidade entre as duas atrações ("Deixar aquela banda foi a melhor amputação que já fiz em minha vida", zombou Ozzy à revista *Circus*), os dois lados estavam começando a suavizar o tom da voz um com o outro, talvez movidos pelo sucesso de suas novas bandas. "É difícil manter um relacionando com pessoas novas", disse Geezer, acrescentando: "Com Ozzy é diferente, ou seja, nós crescemos juntos. Sim, nós podemos acabar juntos de novo daqui a alguns anos". Ozzy disse: "É uma competição, eu imagino. Mas todo o ramo da música é um jogo, igual ao jogo do Banco Imobiliário: eu viro uma carta e descubro que vou tocar com o indivíduo X, que na semana anterior estava tocando com o cara que eu dispensei três semanas antes. Por volta do ano 300000000004, eu provavelmente estarei tocando com o Sabbath novamente. Mas não tenho planos firmes para isso". Ozzy estava feliz, ao que tudo indica, em recrutar músicos de estúdio ocasionalmente, sob o olhar atento de Sharon. "As pessoas que trabalham comigo não estão de forma permanente", disse ele. "Elas estão trabalhando comigo quando eu estou trabalhando, e se elas preferirem trabalhar com alguém diferente quando eu não estou trabalhando, estão livres para ir."

Do mesmo modo que saíram de problemas com a formação e entraram em um período de semiestabilidade, Iommi e Geezer fecharam também um novo contrato de gerenciamento com Don Arden: "Nós não sabíamos qual seria o próximo passo", explicou Butler. "Não queríamos que a banda prosseguisse da forma que estava. Don disse a mim e a Tony para nos mantermos coesos, mantermos o pensamento positivo. Enquanto estivermos juntos, ele disse, podemos ser capazes de nos manter avançando. Ele nos ajudou com muitas coisas em um momento difícil."

Foi estimulante saber que Ozzy e Geezer passaram um tempo valioso juntos no fim de 1982, quando Ozzy, com sua nova aparência com um corte de cabelo estilo skinhead, fez uma visita surpresa ao seu antigo parceiro de banda. "Eram 3 horas", disse o baixista. "Havia um lunático careca do lado de fora da porta. Não tinha a menor ideia de que ele tinha raspado a cabeça... Nós nos demos muito bem. Conversamos sobre o passado. Ozzy e eu voltamos para sempre, e você simplesmente não consegue se distanciar das pessoas que estavam lá na banda original."

Do mesmo modo que essa história foi sem dúvida alguma animadora, Butler também estava – como em 1979 – deparando com algumas dúvidas sobre seu futuro no Sabbath. Como contou a uma revista finlandesa, enquanto a turnê *Born Again* estava terminando, "às vezes eu me sinto muito cansado. Estou no Black Sabbath há quase 15 anos, e há momentos em que deixa de ser empolgante. Mas também não quero tocar com outras bandas. Então você nota que não deve permitir que as coisas [escapem] de suas mãos, você tem de tentar o tempo todo e estar consciente de tudo".

Ao que tudo indica, não era fácil para ninguém ter de ficar no Black Sabbath nessa etapa da carreira da banda. À medida que a turnê seguia seu curso ao redor do mundo, entrando em 1984, tanto Ian Gillan como Bev Bevan deixaram claro que seu tempo na banda terminaria com a turnê.

O ano de 1983 foi cheio de renascimentos: mas, nos três primeiros meses de 1984, apenas Iommi e Geezer permaneceram. Eles não tinham ideia da enorme turbulência que se seguiria e, dessa vez, sobraria apenas um único homem...

CAPÍTULO 14

1984-1985

Enquanto o Sabbath terminava sua turnê com Ian Gillan, o ex-baterista Bill Ward finalmente encontrara forças para entrar em uma clínica de reabilitação para tratamento contra seu alcoolismo – e aderira ao estrito regime prescrito. Dessa vez sua recuperação seria verdadeira e, quando Gillan e Bev Bevan deixaram o Sabbath em março de 1984, pediram que ele voltasse à antiga banda. Lúcido, mas fisicamente mais debilitado do que nos anos anteriores, ele entraria de cabeça nos preparativos para um novo álbum.

Enquanto isso, Iommi e Butler ficavam repassando centenas de fitas enviadas ao escritório do Sabbath pelos vocalistas que sonhavam substituir Gillan. Após ouvir centenas de horas de vocalistas (como Iommi explicaria mais tarde, a única coisa boa nesse exercício era que todos os candidatos conheciam bem o catálogo do Sabbath), em maio de 1984 eles selecionaram um norte-americano chamado David Donato, que havia cantado na banda de glam metal White Tiger e outras atrações. Donato, um ex-modelo, havia trabalhado com Keith Relf do Yardbirds e outros músicos respeitáveis, e isso trazia um certo glamour de voltar à banda, que agora se encontrava suavemente envelhecida.

A banda – Iommi, Butler e Ward – se sentia confiante o suficiente com seu novo recruta para conceder algumas entrevistas à imprensa com ele. Apesar de seu trabalho de gravação juntos não passar de fato de algumas faixas demo, o quarteto demonstrou um pouco de segurança em destaque na revista *Kerrang!* publicada na época, que trazia fotos de Donato fazendo bico e com laquê no cabelo, um Ward barbudo, que se lançou em um monte de queixas de autoanálise que o autor se abstém de ridicularizar.

"Eu sento na praia e medito", disse o barbudo baterista, "e, em seguida, descubro que tudo não passa de uma total perda de tempo, então desço e saio para arrebentar, isso é o mais importante, não é? Atravessei uma fase no ano passado em que não queria tocar mais, e foi o período mais deprimente de toda a minha vida. Passei por aquela porcaria de autopiedade durante meses em que não sentia absolutamente nada... [Mas, então] comecei a compor e a tocar e, em seguida, Tony e Geezer me chamaram por volta de fevereiro ou março, e eu estava começando a me sentir bem comigo mesmo novamente. Eu saí da depressão ou seja lá no que for que tinha entrado. Agora, não bebo já faz um bom tempo, o que é bom para mim."

Donato e Iommi não fizeram muitos comentários, embora o primeiro se sentisse confiante o suficiente para dizer, talvez de forma não aconselhável: "Tudo parece transcorrer muito bem. Eu sempre tive uma imagem do que seria o vocalista ideal para o Sabbath – e era eu!". Ao passo que Iommi já tinha aprendido sua lição depois da saída de três vocalistas até então, preferindo se limitar a não mais do que "Eu não vou dizer muito, porque toda a vez que digo algo, que estamos indo em uma nova direção, meto os pés pelas mãos" e, quanto a Gillan, "pessoalmente, eu acho Ian um camarada muito legal, mas não acho que deu certo no palco".

Coube a Geezer preencher os detalhes. Revelou-se que houve algum tipo de ressentimento durante a saída de Gillan, como ele explicou: "A primeira parte da turnê americana foi excelente. Na segunda, não estava acontecendo praticamente nada. Ian simplesmente não parecia interessado. Então, no meio da turnê, ficamos sabendo que o Deep Purple estava se juntando outra vez. Ian não nos contou nada. Na realidade, ele nunca nos contou que estava deixando a banda".

De fato, Gillan se juntou ao Purple depois de sair do Sabbath, embora todos os subsequentes relatos indicassem que a separação com Butler e os demais se deu de forma amigável.

Butler tentou também acalmar os leitores com uma referência indireta sobre o retorno triunfante de Ozzy, dizendo: "Estamos tentando voltar a compor letras como antigamente, porque antes, quando Ozzy estava conosco, eu costumava compor todas as letras para ele, e alguns de nossos fãs têm criticado nossas letras desde que Ronnie e Ian entraram em cena".

Quanto à turnê com Gillan, Iommi acrescentou: "Toda a turnê *Born Again* acabou sendo um pouco decepcionante. Antes disso, tínhamos ficado chocados com a péssima qualidade de impressão do álbum. Já estávamos na estrada quando isso aconteceu, então não tivemos como evitar que o disco saísse. Não demorou muito para sabermos que as coisas estavam rolando com o Deep Purple, mas Ian não sabia que nós sabíamos disso. Ficamos sabendo cerca de seis meses antes de ter acontecido... nós tocamos muito bem, mas, para mim, Gillan se dá melhor cantando com o Deep Purple. Eu talvez tenha sofrido um pouco porque éramos quatro estrelas subindo ao palco. Eu gosto de Ian. Ele fez um bom trabalho no álbum e eu gosto dele".

Após algumas semanas, Donato estava fora da banda, para surpresa de ninguém. Desde então, seu papel raramente fora discutido, embora Bill se referisse uma vez sobre o assunto à *Sabbathlive*: "Sim, eu conheci David. Ele é um grande cavalheiro. Gostei muito dele".

Depois que a poeira baixou com o fiasco de Donato, Iommi transferiu a culpa – de forma plausível – à gravadora, dizendo: "A gravadora se apressou em mostrar que a banda iria continuar. David estava dentro, mas nada era definitivo... a questão de Donato foi feita às pressas, nunca deveria ter ido tão longe assim. Nós divulgamos ao público antes de ter certeza. Isso é típico, cometemos muitos erros como esse em nossa carreira. No passado, todos costumavam vir até mim, eu lidava com tudo. Eu escolhia os rapazes e os levava aos ensaios e assim por diante. Era um pouco mais velho e eles sempre pediam minha opinião. Eu era como um pai na banda, e acho que precisávamos disso na época. Foi assim na época dos três primeiros discos, eles sempre recorriam a mim pedindo minha opinião sobre todas as coisas, mas na realidade eu não queria que fosse desse jeito. Queria apenas ser mais um na banda. Queria o envolvimento de todos. Quando isso finalmente aconteceu, tudo virou um caos. Decisões não eram tomadas e passava do ponto em que eu dava a última palavra, porque éramos uma banda".

A loucura continuou com o vocalista Ron Keel, que havia impressionado muitos observadores com sua interpretação vocal ao lado do guitarrista virtuoso Yngwie J Malmsteen na banda Steeler. Keel explicou mais tarde: "Eu estava fazendo os demos Keel no estúdio Pash em Hollywood, que era de propriedade de Spence Proffer, produtor do Quiet Riot. O Quiet Riot acabara de vender 10 milhões de discos e Spencer era o produtor de sucesso da hora, e ele estava preparado para fazer o próximo álbum do Sabbath. Ian Gillan tinha acabado de abandonar a banda e Spencer tinha ouvido os demos Keel, então me apresentou a Tony e a Geezer e eu fiz um demo com alguns dos materiais que Spencer queria que eles gravassem, e, em seguida, nos reunimos por alguns dias traçando o futuro (basicamente, com Tony e Geezer desejando o retorno de Ozzy). A MTV, as rádios, enfim, todos anunciavam que Ron Keel seria o novo vocalista do Sabbath, mas algo deu errado nas negociações deles com Spencer Proffer, e eu fui junto. Eles testaram vários vocalistas, mas tudo o que realmente queriam era Ozzy. Eu sabia de fato que nenhum vocalista, inclusive eu, jamais 'seria' um Black Sabbath, exceto Ozzy Osbourne". Pelo menos Keel, ao contrário de Donato, teve o luxo de continuar em uma carreira bem-sucedida: enquanto Donato desaparecia no anonimato, a banda Keel de Ron se tornava uma atração respeitável do metal até o final de sua carreira, no início dos anos 1990.

Apesar de todas as garantias que a banda (com exceção do sensato e reticente Iommi) dera à revista *Kerrang!*, o retrocesso foi mais acentuado ainda com a saída de Bill Ward, pela segunda vez, no verão de 1984. Embora ainda mantivesse sua sobriedade, não seria uma tarefa fácil se manter longe da garrafa no ambiente do Sabbath. E o mais importante ainda é que ele finalmente admitira a ele mesmo e aos seus companheiros de banda que achava que o Sabbath sem Ozzy não era o Sabbath.

"A melhor coisa que estava acontecendo comigo durante aquele período", ele disse, "era que eu estava lutando por minha vida naquela época. Após *Born Again*, caí na bebida de novo e passei um período horrível que durou cerca de quatro meses... no final, acabei voltando à realidade. Acho que foi no dia 2 ou 3 de janeiro de 1984. Quando consegui ficar sóbrio em 1984, a sobriedade se tornou meu objetivo número um. Tinha de ser assim. Sabia que era uma questão de vida ou morte, então tinha noção do ponto que devia focar. Estava lutando por minha vida na época... Minha sobriedade me fez sentir diferente no sentido em que sabia que deveria ser extremamente honesto com os rapazes, algo que fui incapaz de fazer em 1983. Tive uma experiência muito amarga em 1983, apesar de ter adorado fazer o álbum. Sabia que precisava ser honesto comigo mesmo e com todos ao meu redor.

Durante os ensaios com David Donato, aprendi que um dos motivos que me deixavam muito triste e que não me permitia mergulhar a fundo na banda era porque Ozz não estava lá... e era a pura verdade. Foi uma conclusão a que eu tinha de chegar e, logo no início de 1984, descobri que essa era a verdade. Fui honesto o suficiente em admitir isso para mim mesmo, e admitir isso a Tony e Geezer naquela época.

Então, com muita tristeza, saí do Black Sabbath. E na época eu não bebia. Eu não fazia o que fizera em 1983, e me mantive sóbrio. E saí com um pouco de honra e dignidade."

Ele acrescentou quando eu o entrevistei: "Tive a mesma sensação de quando Ronnie e Ian estavam na banda, que basicamente era a que não transmitia a mesma coisa quando tinha Ozzy. Eu teria adorado ter continuado, mas senti que estava sendo desonesto comigo mesmo. Então, disse adeus. Depois disso, eu basicamente sabia que não haveria retorno. E foi naquela época que decidi – seguindo minha própria convicção – que não podia mais fazer parte do Sabbath sem Ozzy".

Como os outros reagiram? "Eles me apoiaram muito. Eles sabiam. Eu disse apenas que não conseguia. Houve tantos momentos depois disso que fiquei com vontade de voltar a tocar com eles, porque eu me sentia muito mal. Queria apenas tocar música com os rapazes com quem tinha tocado toda a minha vida, mas o motivo que me impedia de retornar era que eu sabia que as coisas não seriam mais as mesmas com alguém diferente."

Enquanto Iommi pensava sobre o futuro da banda sem um vocalista e sem Ward, ele seria abalado logo em seguida pela notícia de que Geezer, também, tinha decidido sair. A turnê com Gillan, com toda aquela parafernália teatral e o desinteresse que ele sentia no vocalista, o deixou revoltado, assim como os recrutamentos ridículos e os retrocessos vergonhosos tanto com David Donato como com Ron Keel. Ele saiu para formar sua própria banda, The Geezer Butler Band, embora não chegasse a uma gravação séria. Como disse mais tarde: "Era um grupo divertido que tocava na Inglaterra com várias canções que eu tinha guardado no bolso durante 14 anos".

Entretanto, Geezer tinha outras motivações além de apresentar suas novas músicas. Como ele disse: "Foi muito bom porque eu não via muito meus filhos. Meu segundo filho nasceu em 1984 e ele tinha muitos problemas. Queria ficar ao lado dele e tirar umas férias".

E, assim, Tony Iommi foi o último que sobrou no Black Sabbath. No segundo semestre de 1984, o silêncio reinou no campo do Sabbath.

Nos anos 1970, enquanto o heavy metal sofria suas dores do parto e a discoteca, o glam rock e o punk corriam soltos, a maioria da população dos Estados Unidos – como também em outros países – ignorava isso, simplesmente porque estava consumindo música que soava fácil aos ouvidos de artistas com boa aparência física e que não ofereciam muitos desafios. Se você estivesse em Nova York, em qualquer momento dessa década, talvez tivesse assistido a um show na Broadway, em que a maioria dos espetáculos bem-sucedidos se baseava em vidas encantadoras, que ficavam em cartaz durante centenas, e às vezes milhares, de apresentações. Em 1971, a produção de *Jesus Cristo Superstar* atraiu a atenção do público e foi encenada 718 vezes, um feito surpreendente.

O cantor no papel principal, um nativo do estado de Ohio chamado Jeff Fenholt, com seus cabelos compridos e voz lírica, era perfeito como protagonista. A produção fez tanto sucesso que sua reputação se espalhou pelos lugares mais imprevistos, despertando o interesse daqueles mais convictos no lado do rock'n'roll e motivados pelos rumores de consumo de drogas e bebidas em que as estrelas se envolviam, incluindo Fenholt. Mais tarde, o cantor encontraria trabalho na banda de rock Bible Black, com os membros do Rainbow, embora a banda ainda não tivesse gravado.

As gravações ocorreram no início de 1985. Pelo que Fenholt diz, parece que ele foi levado inicialmente a bordo com a expectativa de se juntar ao grupo do Sabbath, mas isso mudaria rapidamente para uma gravação demo para um álbum solo de Iommi com músicos de estúdio – o baterista Eric Singer e o baixista Gordon Copley do Lita Ford Band (Iommi e Ford eram apenas uns itens nesse ponto). Como Singer escreveria mais tarde: "Jeff Fenholt cantou em alguns demos para Tony Iommi em 1985, Los Angeles. Ele nunca fez parte do Black Sabbath. Tony estava procurando um vocalista para o que supostamente seria seu álbum 'solo'. Jeff veio até aqui e cantou algumas ideias no estúdio para o que seriam apenas demos... isso é praticamente tudo que tem a ver na história. Jeff tinha uma excelente voz, mas simplesmente não deu certo".

E assim, o Black Sabbath, com apenas Tony Iommi nessa ocasião, sofreu novamente uma parada brusca. Em maio de 1985, Fenholt tinha saído, Geezer tinha saído, Ward tinha saído e Gordon Copley tinha retornado à banda Lita Ford. O baterista Eric Singer tinha optado por permanecer a bordo, Iommi ainda tinha seu manager Don Arden e a namorada – e em breve noiva – Lita estava ao seu lado.

Na realidade, a banda queria surpreender a todos com um passo inesperado – embora fosse um passo que pudesse marcá-los permanentemente como uma banda que vivia no passado. Em um horário atípico, às 10 horas no dia 13 de julho de 1985, 20 mil fãs iriam ao delírio com a entrada no palco de Ozzy Osbourne, Tony Iommi, Geezer Butler e Bill Ward, que arrebentaram com uma interpretação de "Children of the Grave". Como se tratava dos meados dos anos 1980, Geezer e Tony estavam usando calças de lycra justas, enquanto Geezer empunhava um baixo BC Rich Ironbird, um símbolo da época – escarlate na cor e todo dentado no formato –, e Iommi despontava de óculos escuros espelhados. Enquanto isso, Ozzy tinha ganhado alguns quilos nos anos anteriores e, com suas mechas tingidas de louro, com sua pele noturnamente clara, vestindo um casaco longo prateado, não estava em sua melhor forma.

Reunida depois de muito tempo, a banda se soltou novamente assim que começaram a tocar, aderindo à regra dos organizadores do Live Aid de apenas 15 minutos por atração, embora eles interpretassem versões de "Iron Man" e "Paranoid" antes de saírem do palco. Os fãs do metal ficaram em estado de choque com o próprio evento e com Ozzy visivelmente embriagado e, imediatamente, perguntaram se um retorno permanente estava nos planos da banda – o óbvio a se fazer depois dos desastrosos últimos dois anos que o Sabbath enfrentara.

De fato, havia negociações ocorrendo nos bastidores sobre uma possível reunião, mas logo seriam inviabilizadas quando a logística do gerenciamento entrou no meio do caminho. Geezer explicou uma vez que as questões legais entre Don Arden e sua filha Sharon ainda geravam obstáculos: "Ozzy recebeu os documentos de ação judicial de seu sogro. Ele recebeu pessoalmente das mãos de Tony, embora Tony não tivesse nada a ver com isso". Apesar disso, os fãs nunca abandonaram a ideia de uma reunião com a formação clássica da banda, fazendo com que ficasse ainda mais difícil para o Sabbath seguir sua carreira sem Ozzy, pelo menos com os rumores de que ele voltaria a bordo na banda.

Independentemente de todos os boatos, Tony Iommi retornara ao árduo trabalho de montar uma nova formação do Sabbath e gravar um novo álbum. As faixas básicas de baixo e bateria já haviam sido gravadas durante as sessões com Fenholt: o que ele realmente precisava era de um vocalista. Ele explicou: "Tivemos uma reunião com a banda original depois que Gillan e nós decidimos nos reunir dentro de 12 meses. Nove meses depois, nós estávamos fazendo o Live Aid juntos na Filadélfia e, de repente, ficou claro que os problemas no lado dos negócios eram muito grandes para nós, [então] foi o final daquilo tudo. Geezer estava compondo coisas que não soavam como o Sabbath de maneira alguma, e ele já estava cansado e queria tentar trabalhar com aquele material em outro lugar. Imediatamente, eu decidi seguir então como Sabbath, com ou sem os outros rapazes, e gravar meu LP solo com esse nome nele. Todas as canções foram compostas para ele".

Entra Glenn Hughes, o viajado vocalista e baixista, cujos incríveis vocais lhe agraciaram álbuns com o Trapeze, Deep Purple e uma gama de outros projetos de rock pesado desde o fim dos anos 1960, que lhe rendeu o apelido de "A Voz do Rock". Amigo de Iommi de longa data, Hughes adicionou ousadia instantânea às letras compostas por Tony (e rejeitadas por Fenholt) durante as sessões de gravação no Cherokee Studios e em outros espaços, durante julho e agosto. Outras letras vieram de Geoff Nicholls, do produtor Jeff Glixman e do próprio Hughes. Iommi, que ainda contava com os serviços do baterista Eric Singer, trouxe o baixista Dave Spitz (apelidado de "The Beast" por causa de seu penteado extravagante), irmão do guitarrista Dan do Anthrax, para completar a formação.

"Glenn tem sido meu amigo durante anos", disse Iommi. "Eu o conhecia desde a época do Trapeze, bem antes do Deep Purple. Na realidade, quando Ozzy saiu, nós pensamos em Glenn para se unir ao Sabbath na época. Nós improvisamos juntos, mas, por motivos diferentes, o momento não foi propício. Mas agora, quando eu pedi a ele para contribuir com sua voz e, depois, quando disse que chamaria de Black Sabbath, ele se mostrou muito disposto em ajudar."

Eric Singer disse, em uma entrevista na época: "O Black Sabbath era uma espécie de hiato, e Tony perguntou [a Gordon Copley e] a mim se gostaríamos de trabalhar em alguns demos com ele. Nós nos tornamos amigos e, em seguida, ele me pediu para tocar no álbum. No final das contas, ele conseguiu Glenn Hughes como vocalista e, então, decidimos lançar como um álbum do Black Sabbath... Nunca tinha conhecido Tony antes, mas todos que o conheciam me contavam que ele estava muito animado com a nova formação. Ele é uma pessoa muito quieta e tímida. Guarda tudo para si mesmo... acho que ele está feliz porque agora conseguiu um pessoal jovem em sua banda. Ele chama de sangue novo. Diz que nós estamos sedentos, e isso lhe transmite uma energia renovada... É engraçado, eu me lembro de ter ido assistir [o Sabbath] no Coliseum em 1976, quando o Boston abriu para eles. Eu nunca imaginaria que um dia iria acabar tocando nessa banda".

Enquanto o novo álbum era gravado, mixado e masterizado no fim de 1985, parecia – como ocorrera muitas vezes antes – que Iommi talvez tivesse finalmente encontrado uma banda para trabalhar e manter com solidez. Ele e Hughes eram veteranos, embora ambos ainda estivessem nos seus 30 anos, e sua seção rítmica era composta de músicos jovens, sedentos e com energia de sobra.

E, mesmo assim, quando *Seventh Star* foi lançado no dia 1º de março de 1986, recebeu a crítica de sempre, comparado com a era inicial de Ozzy. Um pouco disso talvez tenha a ver com seu cartaz ambíguo – "Black Sabbath Destacando Tony Iommi" –, em vez de optar por um lançamento mais honesto do LP usando seu próprio nome. Inclusive, a arte da capa trazia um retrato apenas do guitarrista. Como Glenn Hughes se recordaria mais tarde, "para mim, quando gravamos, o álbum se chamava *Tony Iommi*, e ponto final! Mas, depois de tudo mixado, seu manager disse: 'Vamos chamá-lo de Black Sabbath!'. Para ganhar mais dinheiro. Logo, se você o ouve como sendo um álbum de Tony Iommi, é excelente. Agora, se você o ouve como sendo um álbum do Black Sabbath, não é muito bom. Vamos deixar claro que eu não pertenço ao Black Sabbath. Tenho repetido isso o tempo todo".

De forma reveladora, Iommi disse que um álbum solo verdadeiro soaria "exatamente como *Seventh Star*. Eu sempre tentei fazer exatamente como eu me sentia nos álbuns do Sabbath, como coisas do tipo jazz, por exemplo. Como em *Never Say Die!*. Nós também fizemos um lance de guitarra com a Filarmônica de Londres em *Sabotage*. Montei o material para o próximo LP que soa muito parecido com o Sabbath. Tenho várias canções prontas para lançar e o único motivo pelo qual não as gravei ainda é a falta de tempo".

Escrever letras de música era um novo passo para Iommi, como ele explicou mais tarde: "Era uma nova experiência para mim. Glenn e Geoff me ajudaram muito nisso. Quando Ozzy estava na banda, tudo era escrito por Geezer e, depois disso, tivemos Dio e Gillan fazendo a maior parte. Minha função principal sempre foi a música. O tema principal vem da profecia de Nostradamus que diz que haverá um renascimento quando os sete planetas se alinharem no céu. Coisas desse gênero sempre me interessaram. A ideia para a capa remete à faixa título, onde não há nada. Estou olhando para o nada, um renascimento".

Isso se estende até o ponto em que o guitarrista permitirá ou não que uma segunda guitarra seja usada no palco. Afinal de contas, nos círculos do metal da época, uma formação com duas guitarras se fazia necessária tanto para dar peso como pela versatilidade do solo. Como ele disse, "você sabe, Geoff tem sido um membro da banda desde 1980 e eu tenho pensado em deixá-lo subir ao palco tocando uma guitarra sintetizada. Ele toca guitarra muito bem. Mas, eu não sei, talvez as pessoas vão achar estranho com dois guitarristas? Quero que agora ele seja visto".

A primeira canção, "In For the Kill", diz tudo. É uma canção melódica de rock pesado, acompanhada pelos teclados de Geoff Nicholls, que não acrescenta muito aos amantes da guitarra – à parte dos solos incríveis de Iommi –, enquanto a mixagem enfatiza as melodias elevadas de Hughes. Com frases do tipo "Raging with fury, the king has come" ["Com uma fúria devastadora, o rei chegou"], a banda retorna diretamente ao território de Ronnie James Dio – entretanto, essa é mais preferível do que a balada escorregadia chamada "No Stranger to Love", que é uma canção lenta e escorregadia carregada de sintetizadores e guitarras excessivamente longos. Hughes solta a voz, "Living on the streets, I'm no stranger to love" ["Vivendo nas ruas, eu não estranho ao amor"], uma abordagem da qual os roqueiros de cabelos longos, como Bon Jovi, eram mais adeptos em 1986 e que sairia logo de moda.

Em "Turn to Stone", o Sabbath (ou pelo menos Iommi) tenta uma explosão mais pesada como o Motörhead, como um estilo de rock motoqueiro, controlando para não exagerar nos elementos do teclado ou nas melodias vocais. As partes de baixo de Spitz estão sólidas e as camadas de riffs revelam que, de fato, no auge, a nova banda podia transmitir algo aproximado ao heavy metal na era do Metallica e do Slayer. "Sphinx (The Guardian)" é um instrumental ambientado com um sintetizador eficaz que prepara o cenário para a própria "Seventh Star", uma marca épica do Sabbath repleta de pirâmides e faraós por todos os lados: a letra de Iommi focada na egiptologia escapou de se tornar ridícula por não ter exagerado na imagética, mencionando apenas os ícones, enquanto Nicholls tece as canções com melodias orientais.

O rock leve ao estilo dos anos 1980 continua com "Danger Zone", exigindo que Hughes pronuncie sentimentos machistas vagos, tais como "I'm gonna take a chance in the danger zone" ["Vou ter uma chance na zona de perigo"] sobre uma artilharia de camadas de guitarra. Até agora, *Seventh Star* vem sofrendo do fenômeno pós-Ozzy que comprometeu todos os álbuns do Sabbath desde *Never Say Die!* – excelente música afetada por letras fracas ou clichês. "Heart Like a Wheel" é melhor, com um som bluesístico e espaçoso que permite a Hughes exercitar um alcance mais grave do que o normal e uma letra que reclama de uma amante cheia de caprichos. Com mais de seis minutos, parece um pouco exagerada, mas os fãs de Iommi aproveitam a oportunidade para ouvi-lo satisfazer seus caprichos criativos em uma sequência de solos, enquanto uma alusão ao esmagador Sabbath de antigamente sobe à tona em alguns dos riffs principais.

O disco finaliza com "Angry Heart", que se sobrepõe com "In Memory...": a primeira é uma canção de rock genérica de pouca expressão comparada com "Seventh Star" e "Heart Like a Wheel", mas a última – embora para alguns se refira ao falecido pai de Iommi – é uma canção meio acústica e sensível com certo peso. "It's still haunting me..." ["Isso ainda me persegue..."], canta Hughes, usando todos os truques vocais que reúne para levar a canção até o final.

Seventh Star atingiu o 27º lugar em março de 1986 e saiu das paradas depois de apenas cinco semanas, um lançamento de segunda categoria no ambiente do rock da época. A subsequente turnê parecia pronta para melhorar o desempenho do LP, no entanto mais problemas aguardariam a banda: o mais significativo foi o próprio Glenn Hughes, que estava naquele período se recuperando de um vício de drogas que era muito conhecido e bem documentado. Depois de apenas seis datas, Hughes foi demitido.

A história por trás da expulsão de Hughes é um dos contos mais sórdidos tanto de sua carreira como do Sabbath. Afinal de contas, o próprio Iommi havia contado a um repórter que Glenn havia controlado seu vício: "Ele tem sob seu controle agora. Teve problemas, mas isso todos nós já tivemos. Ele passou por um período difícil em sua vida quando ficou doente e ganhou peso, mas agora está em uma nova fase, em que quer focar sua carreira novamente. É difícil parar alguém que tenha se comprometido de verdade e ele sabe que estamos todos aqui para apoiá-lo".

A turnê *Seventh Star* estava toda montada para ser o auge da carreira, se você acreditar na coletiva de imprensa feita pela banda na época: "Ainda será um grande show. Acho que vai ficar lindo", disse Iommi. "No lado esquerdo do palco, haverá uma espécie de cidade, com chaminés e outras coisas e, então, haverá uma ponte que atravessa a bateria até o outro lado do palco, que irá representar o futuro com lasers e coisas do gênero. Logo, estamos diante de uma ponte para o futuro. Uma máquina do tempo. A ideia é apresentar o Black Sabbath entrando no futuro. Nós já ensaiamos três meses. Tocaremos 'Zero the Hero' do último álbum e o restante serão os clássicos e as canções do novo álbum. Mas Glenn não quer fazer as canções do Purple; para ser honesto, eu não acho que ele queira sequer se lembrar daquele período. É legal vê-lo curtindo este momento."

"Não quero repetir os velhos erros novamente", ele acrescentou, "e a última banda era tão falsa. Quero fazer a coisa certa desta vez. Os rapazes com quem estou trabalhando agora estão muito dispostos a provar sua competência. Muitas pessoas reconhecidas entraram em contato comigo, mas eu queria rapazes sedentos ao meu lado, pessoas sem passado. Glenn tem uma reputação, mas ele ainda tem a força de vontade que eu estou procurando. Ele tem algo a provar por si mesmo".

Então, o que causou o desastre? Glenn me contou pessoalmente o que aconteceu...

"O que aconteceu foi que, três dias antes da pré-produção, estávamos em um imenso estúdio onde todos tocam em exibições. Na noite anterior, a mãe de minha namorada tinha chegado em um voo – eu não a conhecia antes e ela revelou ser uma filha de Satã vinda direto do inferno. Ela era um pesadelo. Tivemos uma discussão feia com ela sacando uma arma e tudo. Esse era o tipo de pessoa com quem eu costumava sair antes de ficar sóbrio. Estávamos muito bêbados e um rapaz, John Downey [manager da turnê do Sabbath], que hoje já faleceu, se meteu comigo. Ele me acertou."

Por que ele bateu em você? Você bateu nele primeiro?

"Não, não, não. Eu provavelmente o provoquei verbalmente. Ele assumiu para si mesmo a responsabilidade de bater no vocalista de uma banda que estava para entrar em turnê no dia seguinte. Até Don Arden disse, você não poderia ter batido nele nas costas ou em outro lugar? Ele me acertou tão forte, mas tão forte, que a parte de baixo de minha órbita ficou fraturada, sem que eu soubesse, e entrou em meu nariz, o que fez com que um coágulo – um coágulo sanguíneo – se acumulasse em minha laringe. Então, no período de uns dias, continuou acumulando e fechou o ar... então eu estava fazendo um tipo de som arranhado. Em meu quinto show com o Sabbath – em Worcester, Massachusetts – eu não conseguia cantar, mesmo depois de um mês de ensaios com Tony e os rapazes quando eu soava bem."

Para o terror de Glenn, ele não conseguia cantar as notas exigidas: "Eu não conseguia cantar fisicamente por causa do ferimento. Nunca aconteceu de eu estar em cima do palco antes – em toda a minha carreira – e não conseguir cantar. E eu não sabia qual era o problema. Sabia que tinha sido atingido no rosto, mas dá para você imaginar ser essa grande e talentosa Voz do Rock e não ser capaz de cantar? Para mim foi o pior pesadelo que já tive".

A reação de Iommi foi rápida. Glenn foi deposto, no estilo típico sem confronto. "Você sabe o que ele fez?", sorri Glenn, nem um pouco magoado depois de todos esses anos. "Ele ficou tão decepcionado – enfurecido, mas ainda decepcionado ao mesmo tempo – que colocou uma passagem de avião debaixo de minha porta!"

Hoje, Hughes tem uma visão racional sobre o incidente, depois de se manter saudável e livre das drogas desde 1991. "Fui chutado, ou mandado embora da banda porque estava usando drogas: foi simplesmente uma infelicidade que isso tenha acontecido, e uma intervenção de Deus também. Não era para eu estar no palco fazendo aquelas coisas, e eu realmente não estava bem. Eu até que tentei, mas você entende, isso faz tanto tempo e eu não estava dando o máximo de mim. Não estava tão bem quanto deveria. A questão é que eu não conseguiria cantar de qualquer jeito... Sabe, essas coisas nos fazem compreender melhor, mas você sabe que as piores coisas que acontecem na vida de uma pessoa acabam servindo para o melhor. Toda pessoa que conheci na vida já passou por um período difícil, e esse foi o meu."

Iommi vê em perspectiva esse caso de Hughes com arrependimento, embora os dois homens conseguissem, no final das contas, salvar sua amizade de longa data. Como ele explicou, "*Seventh Star* não deveria ter sido um álbum do Black Sabbath. Glenn achava, e eu também, que ele estava cantando os vocais do que deveria ser meu primeiro álbum solo. Quando a gravadora insistiu que eu o lançasse como um álbum do Black Sabbath, nós teríamos de fazer a turnê como Black Sabbath, e isso não era algo que Glenn queria fazer ou sequer imaginasse que faria. Ele é um grande vocalista, mas não é o vocalista do Black Sabbath, como aqueles poucos shows que fizemos com ele provaram. E também não ajudou muito o fato de que Glenn estava em uma fase pessoal muito ruim naquela época. Ele estava pegando pesado com as drogas e o álcool e estava constantemente rodeado de traficantes e todos os tipos de pessoas de caráter duvidoso. Eu de fato contratei uma pessoa para cuidar de Glenn – essa pessoa acabou se tornando o manager de turnê do Guns N'Roses – e contei ao Glenn que aquele cara era seu guarda-costas! Na realidade, eu havia contratado aquele rapaz para ficar de olho em Glenn e manter os traficantes longe dele. Ou seja, toda vez que eu virava as costas, aparecia um monte de traficantes andando com ele. Eu era do tipo, 'Glenn, que inferno é tudo isso?'".

Iommi recrutou seu nono vocalista em sete anos (Ozzy, Dio, Gillan, Donato, Keel, Donato, Fenholt, Hughes) na figura de Ray Gillen, um jovem desconhecido de 25 anos nascido em Nova Jersey, que vinha cantando em bandas de bar até então. Sua maior exposição antes daquele momento tinha sido com o Rondinelli, o projeto do ex-baterista do Rainbow, Bobby Rondinelli, com seu irmão Teddy nas guitarras e o baixista James Lomenzo, que mais tarde tocaria com o futuro guitarrista de Ozzy, Zakk Wylde. Como sempre acontecia, Gillen era amigo de Dave "The Beast" Spitz – e assim, ele foi devidamente convocado.

Depois de dois dias ("eles me deram um tratamento no ouvido, nariz e garganta"), Hughes foi colocado em um avião – mas não sem antes descobrir que já havia um substituto em cena. "Não percebi o velhaco Ray Gillen bisbilhotando ao redor", disse ele. "Ele era muito querido." Isso confirma os rumores de que Gillen já fora trazido antes da saída de Hughes: para aprender o catálogo do Sabbath, Gillen precisaria de uns dois dias com a banda. No entanto, "eu não tive tempo [de preparar]", disse Gillen. "Eles me disseram que eu tinha dois dias para aprender tudo!"

Um show no Glens Falls Civic Center, no Estado de Nova York, foi cancelado no dia 28 de março, em virtude dos protestos de cristãos (Iommi disse, "Acho que é ridículo que certos grupos de pressão sejam interessados em censurar a liberdade de expressão"), mas a banda aproveitou a oportunidade para ensaiar com Gillen, que estrearia no dia seguinte em New Haven, depois de aprender as canções em apenas dois dias. O show transcorreu bem – embora Gillen recorresse aos cartões de memória em algumas ocasiões – e o público, levemente mistificado pela troca de pessoal, parecia ter aceitado o novo recruta.

Como Gillen diria mais tarde: "Eu entrei durante o auge da reação ao *Seventh Star*. Tudo girava em torno de Glenn, Glenn, Glenn. Ele saiu e gerou um monte de controvérsias. Ninguém sabia quem eu era! Os shows que fiz me ajudaram a divulgar meu nome. A banda começou a recuperar um pouco da confiança perdida... Não fiquei intimidado pelo nome do Sabbath ou pelo público – embora a multidão me fizesse pensar! Eu cantava como se fizesse parte daquela banda por toda a minha vida. Esse era o tipo de postura que eu tinha de tomar e tinha de mostrar isso a eles, que era do jeito que eu iria ser. Vou transmitir o melhor, caso agrade ou não. Interpretar todas as canções de Ozzy e de Ronnie é muito divertido, mas não vejo a hora de colocar meu próprio material lá com a banda".

Ele acrescentou: "Venho da velha escola do rock'n'roll. Que nunca vai morrer. Está dentro de todo mundo, mas isso vem em ciclos em que as bandas simplesmente sobem ao palco e tocam sem se importar com a imagem. Com a música, ou você consegue ou não. Você não vai conseguir com roupas ou maquiagem. Vem de dentro ou abaixo da cintura. Ao vivo, eu prefiro ficar parado e cantar que correr e pular feito um idiota".

A turnê atravessou abril sem maiores obstáculos, mas – interpretado por muitos como o prenúncio do fim da banda – as datas seguintes foram canceladas sem anúncio prévio, levando a revista *Kerrang!* a imprimir de forma arrogante: "O Black Sabbath cancelou sua turnê nos Estados Unidos, aparentemente por causa dos resultados desanimadores nas vendas de ingresso. E um dos resultados disso é que a *Kerrang!* não terá mais como levar um leitor de sorte aos Estados Unidos para ver a banda se apresentar ao vivo. Se você se recorda, anunciamos uma competição exclusiva na Edição 117, o prêmio que dava a oportunidade de ir a uma data do Black Sabbath no Texas, durante o fim de abril. Uma verdadeira enxurrada de inscrições invadiu nossos escritórios e esperamos que todos os candidatos entendam que a decisão de cancelar os concertos norte-americanos dos Sabs obviamente não saiu de nossas mãos e muito menos da gravadora Vertigo da banda, que iria financiar a viagem".

Entretanto, a nova formação realizou uma série de shows no Reino Unido em maio e junho, com plateias em grandes números, apesar de um pouco de confusão local sobre quem é que estava exatamente na banda (a similaridade dos nomes Gillen e Gillan foi a causa). Gillen ficou aliviado com a receptividade positiva: "A princípio, achei que iriam reagir de forma negativa porque o Sabbath é de Birmingham, Inglaterra, e eu achei que eles eram fanáticos por Ozzy e Ronnie. Não foram assim de maneira alguma. Se você consegue provar para eles que é capaz de cantar as canções e que é uma pessoa boa e talentosa, você irá convencê-los. Eles tentam intimidá-lo. O público é muito delicado. O Black Sabbath é como os rapazes da cidade. Mesmo não se tratando da formação original, as pessoas fazem você trabalhar. Se você está naquela banda, eles esperam que você seja aquilo que a banda tem sido durante todos esses anos. Eles querem que a banda seja pesada... Em algumas ocasiões, tive pessoas que vieram até mim dizendo, 'E aí, Glenn, tudo bem?'. Eles não sabiam. Tudo o que eles faziam era ouvir Glenn Hughes e me viram ao invés dele. Acharam que eu era ele. As plateias norte-americanas são as melhores. Não estou dizendo isso porque sou norte-americano. Elas são muito legais. As garotas e os rapazes são amigáveis. Eles ficam muito excitados com a música. Vêm ao show com vontade. Você desce do palco e vê as pessoas salivando por música alta, dura e pesada. Eles querem isso. E você tem de entregar isso a eles. Se você não entregar isso, viram as costas para você. Eles fazem com que você saiba se é bom ou não. Se o público americano gosta de você, é a melhor coisa".

Assim que a turnê chegou ao fim, o Sabbath com seu novo visual fechou com o Air Studios, em Monserrat, para a pré-produção de outro álbum novo. Jeff Glixman foi agendado para produzir, e – em uma troca repentina que nunca seria totalmente esclarecida – o baixista Spitz foi substituído pelo corajoso Bob Daisley, embora Spitz fosse incluído nos créditos do próximo álbum.

Sobre a situação do baixista, Gillen explicou: "Dave tinha de sair. Ele estava com algumas dificuldades com sua vida pessoal na época. Isso o estava afetando mentalmente. Tony achou que devia resolver o que tinha. Ele teve de se afastar da música porque estava tornando as coisas mais difíceis para ele. Às vezes isso acontece, e você tem de dar um passo atrás e ver o que está diante de você. Isso é o que o Dave tinha para fazer. Ele tinha de avaliar quais eram suas prioridades... Ele definitivamente irá resolver isso. Quando algo como isso acontece, você realmente começa a ganhar uma atitude, um fogo. É um tipo de sentimento de revanche. Você quer reagir. É de onde você consegue extrair esse fogo. Ele não tinha esse fogo antes. Dave Spitz retornará com uma vingança... Bob [Daisley] é excelente. Ele é como Tony, tem estado por aí durante todos esses anos. Ele tocou com Gary Moore e com Ozzy... Achamos que realmente vamos conseguir algo com isso. Bob gosta muito da música e quer ficar na banda. Estou feliz porque estou trabalhando com essas lendas que eu costumava ver na TV e em outros lugares, e agora estou trabalhando junto com eles".

Questionado sobre os métodos de trabalho de Iommi, Gillen disse: "Ele faz você trabalhar muito e ao mesmo tempo é flexível e permite que você ande em seu próprio ritmo. Você tem de fazer com que as coisas se realizem. Quando ele está pronto para ir ao estúdio, você tem de ter sua lição de casa pronta. Ele não me fala como cantar. Ele simplesmente me deixa perceber se está bom ou ruim; não pressiona. Ele apenas deixa você fluir em tudo... tem aquele olhar de que é muito dominante e intenso. Eu observo os rapazes sentarem lá e olhá-lo. Ficam paralisados. Ele consegue jogar um olhar que faz você cair sentado na cadeira. Eu me abasteço com Tony. Ele é sem sombra de dúvida a principal fonte de energia da banda. Todos parecem plugar em sua energia, e todos nós ficamos ligados... Ele tem estado ao redor por tanto tempo que toda a sua experiência jorra dele. Quando ele senta ao seu lado e lhe conta algo, você sabe que ele já passou por isso. Ele me conduziu em termos musicais que me ajudaram a ver a música um pouco diferente e ele me ajudou com meu enfoque. Ele sentava ao meu lado, conversava e descrevia o que percebia sobre o sentimento da canção, e não necessariamente sobre o que se tratava. Ele descrevia a essência da canção e a transformava em algo visual para mim".

A gravação das faixas básicas para o que se tornaria um LP intitulado *The Eternal Idol* foi concluída em setembro de 1986, com letras e solos acrescentados no mês seguinte. O álbum ficou pronto no final do ano. Como Ray contou a Sydelle Schofield na *Metal Mania*, os resultados eram promissores. "O resultado final está maravilhoso! Quando ouço a fita, gosto cada vez mais. É bom saber que é meu primeiro álbum. Não queria fazer algo de que me arrependeria. Quero poder olhar para isso daqui a uns dois anos e me sentir bem. E eu acho que vou. Mas, como alguém diria, eu provavelmente vou sentir que deveria ter feito algumas coisas de forma diferente. Isso sempre acontece quando olhamos em retrospectiva. Estou confiante sobre isso. Ao ouvir o álbum pela primeira vez, eu levei um tempo para me acostumar e fui um péssimo crítico comigo mesmo. É minha primeira aparição em vinil, então acho que isso deve ser normal. Não posso esperar até as gravações ficarem prontas e o disco ser lançado".

Os leitores perceberão o otimismo jovial em declarações como essa, considerando a parada de vocalistas que desfilou pela passarela do Sabbath nos últimos anos. Gillen passou a falar sobre *Seventh Star*: "Tony estava apenas retornando às canções pesadas. O último álbum, *Seventh Star*, ele meio que se livrou dele... Nesse álbum, ele está voltando ao metal. Ele é o Tony Iommi que todos conhecem e amam... eu concordo que deva ser Black Sabbath. É uma coisa do Tony e, se é assim que ele quer chamá-lo, é assim que vai ser e as pessoas devem simplesmente aceitar".

Ele também se referiu com certo lirismo sobre a imprensa e seu ponto de vista sobre o Sabbath: "Não importa quem esteja nela ou não, a banda deveria ser previamente informada sobre o que eles estavam fazendo na época. O Black Sabbath é um nome lendário e as pessoas vão pegar no pé dele. Assim que esse álbum sair, não terão mais de pegar no pé. Ele vai falar por si mesmo e vai mudar muitas mentes. Eu acredito que o álbum é excelente. O material é excelente e Tony está tocando muito bem... Eu acho que Ronnie irá ouvi-lo e apreciá-lo por aquilo que é. Quanto a Ozzy, ele pode dizer o que quiser. Eu nem sequer defenderia o que ele teria para dizer. Para mim não importa, eu realmente não me preocupo. Se ele gosta de dizer coisas para chamar a atenção da imprensa, tudo bem".

Deve-se admirar o otimismo de Gillen. No entanto, em março de 1987, ele já estava fora da banda.

O BLACK SABBATH ORIGINAL REUNIDO PARA A ETAPA DO LIVE AID NA FILADÉLFIA EM 1985. O RECÉM-SÓBRIO BILL ENCONTROU DIFICULDADES NO SHOW, MAS A BANDA FICOU FELIZ O SUFICIENTE COM A APRESENTAÇÃO PARA CONSIDERAR UM REENCONTRO PERMANENTE – PELO MENOS, BREVEMENTE. *(LFI)*

RONNIE JAMES DIO (PRIMEIRO PLANO) SE JUNTA À BANDA, 1982: OBSERVE O SINAL DOS CHIFRES DO DIABO AGORA ONIPRESENTE NO CENÁRIO DO HEAVY METAL. *(Fin Costello/Redferns)*

BLACK SABBATH EM 1983 COM IAN GILLAN, TONY IOMMI, GEEZER BUTLER BARBUDO E (SENTADO) O BATERISTA TEMPORÁRIO BEV BEVAN. *(LFI)*

SABBATH – OU PELO MENOS TONY IOMMI – COM (DA ESQUERDA) O BAIXISTA NEIL MURRAY, O VOCALISTA TONY MARTIN E O LENDÁRIO BATERISTA COZY POWELL. *(LFI)*

OUTRA FORMAÇÃO DE CURTA DURAÇÃO (E LAMENTAVELMENTE ESTILIZADA) EM 1986: O BAIXISTA DAVE "THE BEAST" SPITZ, O BATERISTA ERIC SINGER, O EX-VOCALISTA DO DEEP PURPLE GLENN HUGHES, IOMMI E O TECLADISTA DE APOIO GEOFF NICHOLLS. *(Richie Aaron/Redferns)*

OZZY ARRANCA A CABEÇA DE UMA POMBA COM UMA MORDIDA EM UMA COLETIVA DE IMPRENSA PARA PROMOVER O *BLIZZARD OF OZZ*, NOVA YORK, ABRIL DE 1981. A INDÚSTRIA FONOGRÁFICA E A IMPRENSA SENTIRAM REPUGNÂNCIA E ATRAÇÃO NA MESMA MEDIDA. *(Jeffrey Mayer)*

BOB DAISLEY, OZZY E RANDY RHOADS GRAVANDO *BLIZZARD OF OZZ* NO RIDGE FARM STUDIOS, EM SURREY, MAIO DE 1980. A BATERIA FOI GRAVADA POR LEE KERSLAKE. *(Fin Costello/Redferns)*

OZZY E RANDY RHOADS NO PALCO NO HEAVY METAL HOLOCAUST FESTIVAL, NO ESTÁDIO DE FUTEBOL PORT VALE, AGOSTO DE 1981, APÓS O SABBATH TER DESISTIDO NO ÚLTIMO MINUTO. *(Alan David Perry)*

OZZY APARENTANDO ESTAR NOTAVELMENTE SAUDÁVEL APÓS TER CORTADO SEU CABELO COMPRIDO, NOVA YORK, 1983. *(Ebet Roberts/Redferns)*

FOTOS DE OZZY DA POLÍCIA APÓS SUA DETENÇÃO POR "PERAMBULAR EMBRIAGADO PELA BEALE ST, MEMPHIS, TENNESSEE", EM MAIO DE 1984. *(Rex Features)*

OZZY SE CASA COM SHARON, FILHA DO PRODUTOR DON ARDEN (SEGUNDO DA ESQUERDA), HAVAÍ, 4 DE JULHO DE 1982. O CASAMENTO OCORREU EM MEIO A UM TURBILHÃO DE PROBLEMAS DE NEGÓCIOS PARA O NOVO CASAL. *(Neal Preston/Retna)*

OZZY EM 1989, EM UM DOS ÚLTIMOS "MADMAN" – FOTO TEMÁTICA EM QUE ELE ATUOU. DEPOIS DISSO, SUA CARREIRA SE TORNARIA MAIS SÉRIA E SÓBRIA... *(Rex Features)*

CAPÍTULO 15

1986-1987

Enquanto isso, tem sido um par de anos movimentados no Planeta Ozzy. À medida que o Black Sabbath pelejava com uma sequência de vocalistas e se preparava para o lançamento de *The Eternal Idol*, Ozzy se encontrava na outra ponta desfrutando os aplausos da crítica, graças aos seus dois LPs bem-sucedidos, *The Ultimate Sin* (lançado no dia 22 de fevereiro de 1986) e *Tribute* (editado no dia 23 de maio de 1987). O primeiro restabeleceria a marca Ozzy após o sucesso moderado do álbum *Bark at the Moon* da época pós-Rhoads, três anos antes. Embora o show do Sabbath no Live Aid tivesse rendido algumas vantagens a Ozzy, a extensa turnê *Ultimate Sin* – abrangendo o período de março a agosto de 1986, com o destaque decisivo do Metallica no apoio – arrecadou vastas somas em dinheiro e o impulsionou de volta ao topo da árvore do metal em termos comerciais. Como o Sabbath, ele agora alcançara o status de "metal clássico", apesar de estar no circuito das turnês por conta própria por apenas seis anos (os Sabs estavam se aproximando de seu 20º aniversário como atração ao vivo). Trabalhar junto com o Metallica, à época no auge comercial e de crítica com seu melhor álbum da carreira, *Master of Puppets,* foi uma tática inteligente – os fãs do thrash metal iam aos seus shows para ser convertidos à causa de Ozzy, enquanto que os fãs mais velhos eram atraídos pelo fato de que ele e Sharon ainda tinham os dedos apertando o botão da guerra fria comercial.

Talvez muito comercial para alguns: *The Ultimate Sin* era um álbum que agradava as rádios, apesar da caricatura de Ozzy na capa como um demônio emergindo das lavas do inferno, acompanhado por uma bela modelo possuída. Sua banda – Jake E Lee na guitarra, mais a seção rítmica de Phil Soussan no baixo e Randy Castillo na bateria, incluindo também o tecladista Mike Moran – deu seu recado virtuoso em uma série de canções agradáveis de rock que, um tanto parecido com *Seventh Star*, representou muito pouco para os metaleiros, mas muito para os fãs do rock melódico retocado. A própria canção "The Ultimate Sin" é um exemplo claro dessa tendência com seus riffs bem polidos e as melodias incertas de Ozzy, ao passo que "Secret Loser" é um hino clássico de punhos ao alto, à medida que Ozzy grita "Underneath the surface is a wound that cannot heal" ["Sob a superfície existe uma ferida que não pode ser curada"], com Lee arrebentando com riff ligeiro e hábil.

"Never Know Why" é um ponto baixo nesse álbum inconsistente, com Ozzy se rebaixando a ponto de cantar "We rock, rock, rock" ["Nós detonamos, detonamos, detonamos"] com um espírito de rebeldia que deve ter parecido extremamente obsoleto no palco em 1986 após o discurso social elegante e malévolo do Metallica. "Thank God for the Bomb" é tão ruim quanto a anterior, com o vocalista-líder assumindo um enfoque irônico sobre o mesmo assunto que ele abordou na faixa título, embora "Over and Over" pelo menos acrescentasse um pouco de letra cantável em uma mistura enjoativa de batida de rock saltitante com uma guitarra technoflash. "Lightning Strikes" e "Fool Like You" são semipesadas e faixas semimemoráveis, mas entre elas está "Killer of Giants", um excelente lamento antinuclear sobre os acordes acústicos dedilhados e soberbos de Rhoads. Entretanto, o destaque óbvio do LP é "Shot in the Dark", cujo single atingiu o 20º lugar em fevereiro de 1986: a canção é memorável por sua linha de refrão repetida e um teclado que fizeram sucesso nas rádios FM.

O vídeo de "Shot in the Dark" é ainda considerado um fragmento da era dos anos 1980, causando uma mistura de humor com nostalgia entre os fãs até hoje. Graças ao seu traje ridículo, atuação exagerada e o físico fora de forma, fica impossível levar a sério, como ele mesmo admitiria. Como disse à MTV tempos depois, "Não gostei de maneira alguma de *Ultimate Sin*, porque era do tipo, bem, afeminado. Eu usando trajes de lantejoulas e caminhando feito um abajur não era minha ideia de diversão, você entende? Era como um traje de chumbo, saca? Na Inglaterra foi muito engraçado porque eu tinha feito alguns shows na TV e eles diziam 'Sim, é Ozzy Osbourne', e eles sempre exibiam esse vídeo do "Shot in the Dark", ou seja lá o que for... nem sequer parece comigo. Sou um porco inchado. Pareço com o Elvis em uma noite ruim, sabe? Isso era quando eu bebia e ficava chapado o tempo todo, algo que não faço mais, você sabe. É como se fosse uma vida diferente. Quero dizer, eu atravessei os anos 1970 quando era legal ficar chapado, cara. Atravessei os anos 1980 quando a moda era do tipo, compre um traje de paetês, um vidro de laquê, pinte o cabelo, leve um saquinho de pó branco e uma caixa do que você estiver bebendo, eram assim os anos 1980".

Mais eventos sérios aguardariam Ozzy em 1986. Sua antiga canção "Suicide Solution", que supostamente havia provocado a tentativa de suicídio de mais do que alguns adolescentes perturbados, estava novamente no noticiário: havia até um julgamento em curso em que a família do jovem finado John M contratara uma organização chamada Institute for Bio-Acoustic Research [IBAR – Instituto de Pesquisa Bio-acústico] para avaliar a canção. O IBAR constatou ter localizado mensagens subliminares na letra da canção, gravadas a 50% mais rápido que a fala normal e "audível o suficiente, fazendo com que seu significado e intenção se tornem mais claros depois de ser ouvida repetidas vezes". As frases eram "Why try, why try? Get the gun and try it! Shoot, shoot, shoot" ["Por que tentar, por que tentar? Pegue uma arma e tente! Atire, atire, atire"], seguida por uma gargalhada. Todo esse absurdo foi rejeitado pelo tribunal, mas o assunto atraiu muito a atenção da imprensa.

Como Ozzy contou à revista *Spin* no mesmo ano, "para ser Ozzy Osbourne, você tem de ser muito especial. Porque eles batem muito em você. Se você for mole, morre".

Independentemente disso, Ozzy finalmente largaria a bebida e as drogas – "finalmente" fica aberto para interpretações, como os anos seguintes mostrariam – e ficaria com uma aparência bem melhor, após ter perdido alguns quilos. "Comecei a correr bastante", disse ele. "Durante algum tempo, eu estava correndo cinco quilômetros por dia... Conheço um cara que é um quebrador de ossos – como é que se chama mesmo? – um quiroprático! Ele também tem uma espécie de clínica onde faço hidro. Hidro! Sabe, ela chupa toda a porcaria de seu corpo, limpa todo o seu sistema. Ele disse que carne vermelha é uma porcaria nojenta. Fica no sistema para sempre".

Ele acrescenta: "Não estou sóbrio. Ainda bebo. Não tão pesado. Quando eu estava nas drogas, sempre tentava nunca subir ao palco drogado. Costumava ficar chapado depois do show. O motivo que me fez abandonar as drogas é que fiquei entediado. Fiquei entediado de ficar entediado, enojado e cansado de ficar enojado e cansado. Eu deveria tentar largar da bebida, mas preciso de alguma válvula de escape. Não bebo tanto como costumava beber antes. Bebo um pouco de vinho e algumas cervejas. Não é tão ruim como antes. Não deveria estar fazendo isso. Deveria ficar totalmente sóbrio. Não consigo controlar isso. É uma coisa difícil de fazer".

Ele descreveu sua rotina diária da seguinte forma: "Vivo à noite mais do que de dia. Viajo durante a noite. Isso ajuda a me manter longe de problemas. Se nós ficamos na cidade após o show, vira uma loucura. Um fotógrafo de sua revista foi ao show ontem à noite, e ele ficou pálido de medo no final do show. A plateia começou a ficar muito, uh... não sei por que, talvez a última turnê... Observei um monte de violência e destruição das pessoas. Não sei se tem a ver com a mudança dos tempos ou o quê. Quando tocamos no Meadowlands, houve 172 mil dólares em danos no local. Eu me lembro das diferentes turnês pelos diversos incidentes. Mas parece que as pessoas estão muito mais tensas ultimamente".

Ele acrescentou que sua carreira deu uma guinada inesperada: "Vou fazer um papel em um filme na quarta-feira. O filme se chama *Trick or Treat*. É muito interessante. Estou ansioso com isso. Eu faço um vigário, um padre. Um desses pregadores da Bíblia que falam mal do heavy metal. Eu vou até um programa de auditório. A história é sobre um garoto que encontra algo secreto em um disco e se torna possuído pelo demônio em um disco de heavy metal. E ele consegue fazer coisas".

Trick or Treat saiu em outubro de 1987 e foi considerado gloriosamente piegas: baseado no tema contemporâneo da época sobre as influências de mensagens subliminares, os produtores ficaram surpresos por terem conseguido a participação de Ozzy.

Questionado se ele levou as acusações das letras com mensagens subliminares totalmente a sério, ele respondeu: "Você pode fazer o que quiser daquilo que você quiser. Eles estavam tentando me processar na Califórnia por causa do garoto que se matou. A letra diz nesta frase, 'Breaking the laws, locking doors, but there's no one at home / Make your bed, rest your head, but you lie there and moan / Where to hide? / Suicide is the only way out' ['Infringindo as leis, trancando portas, mas não há ninguém em casa / Faça sua cama, repouse sua cabeça, mas você deita ali e lamenta / Onde se esconder? O suicídio é a única saída'], ou algo parecido. Mas esse é apenas um parágrafo na canção, e ela é sobre o alcoolismo. O perigo do álcool. Certa porcentagem dos alcoólatras não suporta mais, e eles pulam dos prédios. Eles não conseguem mais conviver com isso. Mas, a imprensa escolhe uma única frase da canção e fica enfiando na goela do povo. Eles estão dizendo que essa porcaria de canção forçou o garoto a se matar. O garoto estava muito doente da cabeça bem antes sequer de ter ouvido um disco de Ozzy Osbourne... E eu não posso de forma alguma assumir a responsabilidade se alguns rapazes colocam uma arma na cabeça. Um cara em Nova York alguns meses atrás recebeu uma sobrecarga de imposto para pagar, e ele não tinha como pagar, então ele pulou da janela de um apartamento de 50 andares. O que sua esposa fez? Processou o governo!

"Essas pessoas são tão ignorantes. Nunca escutaram a banda. Elas olham para a capa do disco e pensam que é uma porcaria. Elas devem parar e ouvir as letras. Eu escrevo tanta coisa positiva! Material para refletir. Como 'Killer of Giants', 'Revelation Mother Earth', 'War Pigs' – eu poderia continuar falando anos. Se alguém pensar por um minuto que eu sou uma pessoa negativa, então ele está fodido. Porque eu não sou uma pessoa negativa. Sou uma pessoa muito verdadeira, verdadeira naquilo que acredito. Só posso fazer o que acredito. Se eu fosse falso naquilo que estivesse fazendo, eu não conseguiria fazê-lo."

O álbum *Tribute* de Ozzy de 1987, um LP ao vivo da formação com Randy Rhoads, gravado em seu auge em 1981, foi muito melhor, consistindo em canções de *Blizzard of Ozz*, algumas de *Diary of a Madman* e alguns clássicos do Sabbath – "Children of the Grave" e as inevitáveis "Paranoid" e "Iron Man" entre elas. O LP foi dedicado ao guitarrista falecido e mexeu muito com as emoções dos fãs de Ozzy, mesmo quatro anos após o trágico evento. De maneira óbvia, Rhoads é totalmente representado no álbum, com sua técnica única realçada na mixagem, e o álbum permanece como um dos melhores de Ozzy: o próprio vocalista também se mostra em excelente forma do começo ao fim.

Ozzy contou a Sylvie Simmons da revista *Creem* que sua nova banda era de grande valor: "Acho que a banda se revitalizou com uma espécie de energia vinda de algum lugar. Phil e Randy são pessoas muito positivas. Quando eu tinha Don Airey, era sempre do tipo, 'Oh, não vamos conseguir fazer isso, é muito duvidoso', e você não quer ter uma situação em que as pessoas estão sempre desmotivadas. Porque, se elas ficam repetindo algo desse tipo por muito tempo, você acaba achando que elas estão certas. O mais engraçado é que, se você pensa positivo, coisas positivas começam a acontecer. Por exemplo, eu voltei a sorrir no palco. Estou desfrutando esta turnê pela primeira vez em muito tempo, porque perto do fim da turnê *Bark at the Moon*, eu estava me sentindo totalmente péssimo".

Sobre a política de porta giratória com o pessoal da banda, ele disse: "Formamos uma boa equipe – hoje. Você nunca sabe como as coisas irão mudar no futuro, então não gosto de olhar para alguém ou algo como sendo permanente, exceto eu. Porque se acontecer o pior e você se separar, você vai ficar chocado. Então, eu tento levar as coisas com a mente aberta: qualquer um pode entrar, qualquer um pode sair... O Black Sabbath tinha os mesmos membros o tempo todo e isso era maçante. Esse era o problema com o Sabbath – nós todos queríamos nos separar, mas não sabíamos onde nos separar e como nos separar. Eu realmente não sabia como conduzir testes com as pessoas. O que eu poderia saber sobre bons guitarristas, bateristas ou qualquer coisa? Eu apenas canto. Tudo o que eu quero nesta banda é um pouco de técnica e um pouco de atitude. Não quero pessoas metidas a besta, pessoas egocêntricas. Não quero 'estrelas de rock'. Quero um pouco de fagulha".

Ele sentiu que a reunião do Live Aid lhe serviu muito bem como um lembrete de por que ele não precisaria mais tocar com o Sabbath: "O Sabbath é como surge e desaparece, 'Lembra-se de mim? Frequentamos a mesma escola juntos quando tínhamos 14 anos...'. Nada saiu disso. Você fica lutando uma batalha infinita, mesmo antes de sair da porta. Na realidade, o Live Aid foi muito bom no que diz respeito a resolver umas poucas questões não respondidas em minha cabeça. Eu pensei, 'Bem, eu estou diferente e minha atitude em relação a isso é totalmente diferente do que era antes. Estou quilômetros adiante na estrada'".

Sobre o último álbum do Sabbath, *Seventh Star*, ele disse: "Acho tão triste eles chamarem de Black Sabbath, porque está longe de ser como o Black Sabbath. É um álbum muito bom como um projeto solo de Tony Iommi; ele devia ter tido a coragem de usar apenas seu nome e salvar o que sobrou da memória do Sabbath. Talvez um dia, quando eu sentir que tudo já passou, todos retornarão e farão um álbum ou sei lá. Mas, neste momento, está totalmente fora de questão".

Enquanto Ozzy saboreia seu imenso sucesso internacional, sua nova banda, sua nova silhueta e nova cabeça sóbria, no campo do Sabbath as coisas estão indo de mal a pior.

No início de 1987, a banda, sem o baixista – Dave Spitz estava resolvendo problemas pessoais e Bob Daisley havia concluído suas sessões –, também perderia seu baterista, Eric Singer, que a abandonou depois de decidir que a banda não tinha futuro após *Seventh Star*. De forma surpreendente, Ray Gillen – que se exaltara com tamanho entusiasmo poucos meses antes – saiu em março, supostamente porque compartilhava do ponto de vista de Singer, embora isso pareça uma explicação pouco convincente. Infelizmente, Gillen não está mais acessível para comentários: ele seguiu uma carreira bem-sucedida com Jake E Lee na banda Badlands, assim que Lee saiu da banda de Ozzy, mas sua carreira foi interrompida com sua trágica morte de *aids* em 1993, quando ele tinha apenas 33 anos de idade. Bootlegs do novo álbum do Sabbath concluído pela metade – *The Eternal Idol* – vazaram no mercado e estão disponíveis, destacando seus vocais nos demos até hoje.

Deixado novamente com seu único músico de estúdio de longa data, Geoff Nicholls (que, apesar de seu status de "músico de estúdio", seria agora o membro da banda mais antigo depois do quarteto original), Tony Iommi foi obrigado a recrutar uma banda totalmente nova para terminar o álbum. Ele começou com o vocalista Tony Martin, cujo manager havia trabalhado com o Sabbath anos antes, mas que – como ele revelaria mais tarde – ficaria um pouco apreensivo ao pensar em se tornar o último em uma longa sequência de vocalistas que entram e saem com muita facilidade: "Eles realmente estavam passando por um período difícil quando eu cheguei, porque já haviam tentado vários vocalistas e estava começando a parecer uma piada tanto aqui como em outros lugares. Então, eu me juntei em uma época que não era nada fácil!".

Em seguida, Iommi chamou de volta Bev Bevan e Dave Spitz para se unir à banda, o primeiro havia se tornado um músico de estúdio confiável com muitos projetos em andamento, o outro já se encontrava agora recuperado dos problemas que haviam resultado em sua saída meses antes. Uma turnê no verão foi agendada e os arranjos foram feitos para as novas faixas de vocal serem inseridas nas fitas de *The Eternal Idol* por Martin, que assumiria rapidamente o lugar deixado de forma misteriosa por Gillen.

As gravações foram interrompidas temporariamente quando o Sabbath foi à Grécia e, em seguida, à África do Sul para fazer shows. Na Grécia – uma participação em um festival –, permanece até hoje como o único show feito pelo Sabbath no país. Já na África do Sul, seis concertos no curso de três semanas que seriam altamente lucrativos para a banda (Iommi ganhou um Rolls-Royce como parte do negócio), mas – é claro – extremamente controverso. Na época, com o *apartheid* a todo vapor, concordar em se apresentar em um resort em Sun City – um parque de diversões com cassinos, shows de strip tease e coisas do gênero para os turistas ricos – era considerado por muitos como o equivalente a apoiar a política de segregação racial da África do Sul. O Status Quo e o Queen, ambos tocaram no estádio do resort com capacidade para 6 mil pessoas e foram criticados por isso de todos os lados, mas isso não impediria Iommi, que levou sua banda até lá (exceto Bevan, que se recusou a ir). O novo baterista era Terry Chimes, que tinha sido um membro original do Clash, e que também tocou em sessões com Johnny Thunders & The Heartbreakers e o Hanoi Rocks.

Após retornar da África do Sul, Iommi e Martin concluíram o LP *The Eternal Idol*, visando a uma data de lançamento próxima ao fim do ano. As canções já haviam sido interpretadas por Ray Gillen, é claro, o que significava que Martin teria apenas de replicá-las, como ele disse: "As letras e a melodia de *Eternal Idol* já haviam sido compostas e eu tinha apenas de cantar as canções como eram".

Quando o álbum foi lançado no dia 28 de novembro de 1987, os entrevistadores estavam ávidos para pressionar Iommi sobre os shows que fizera na África do Sul. Ele ficou na defensiva, mas resoluto, insinuando que havia sido mal informado: "Muitos artistas se apresentaram lá, então achei que não seria um problema se nós também fôssemos, mas eu estava errado. Pessoalmente, eu não acho que política e música andam juntas de forma alguma. Nós temos fãs na África do Sul também e tocamos para eles e não para os políticos ou para a política de alguém".

A capa de *The Eternal Idol* ficou melhor, comparada à capa fúnebre do retrato de Iommi em *The Seventh Star*, retratando uma imagem da escultura de Rodin do mesmo nome do título, como Iommi explicaria: "Leva o mesmo título da famosa escultura que eu vi em uma exibição em Londres. Originalmente, eu tinha em mente outra obra do mesmo artista [Auguste Rodin] chamada The Gates of Hell [As Portas do Inferno], mas seria mais complicado transformá-la em uma boa capa de disco, então em vez disso nós ficamos com o *Eternal Idol* [Eterno Ídolo]. Tenho muito interesse pelas artes".

O álbum começa bem com "The Shining" – uma peça sutil e dedilhada com implicações épicas adequadas. Embora as faixas da bateria de Eric Singer sofressem com o ruído de portão batendo da caixa picotada e típica de meados ao fim dos anos 1980, e os riffs de Tony, quando entram, estejam processados de forma inofensiva, a canção é melhor do que qualquer outra de *Seventh Star*, simplesmente porque apresenta boas ideias em termos de letra e música. Os vocais de Tony Martin são claros e afinados, como os de Glenn Hughes ou Ronnie James Dio, mas sem o vibrato um pouco exagerado de ambos.

"Ancient Warrior" é menos imponente, pelo som intruso da bateria e os vocais com leve ressonância. Traz também um recheio de teclados, embora as harmonias dos acordes e dos solos sejam, como sempre, impressionantes. Preste atenção na escala levemente árabe aplicada também por Iommi na guitarra. Entretanto, "Hard Life to Love" é um retorno à forma de todos os tipos, com um riff central simples e um pouco funk mantendo tudo coeso de forma inteligente. É um pouco leve, talvez, mas esse tem sido o caso desde *Never Say Die!*, afinal de contas...

"Dressed to kill where the eagles dare" ["Vestidos para matar onde as águias se atrevem"] e frases similares "bem metaleiras" não ajudam muito "Glory Ride", muito menos o enchimento de teclado que como uma erva daninha se espalha pela canção. Um refrão em falsete e versos inteiros em que as guitarras ficam virtualmente ausentes tornam a canção decepcionante, embora a inclusão do dedilhado acústico ajude a dar uma leve levantada. "Born to Lose", apesar de soar como um título do Motörhead, não é tão pesada assim, e é mais um enchimento do álbum. As harmonias vocais são puras AOR [Álbum Orientado ao Rock] e – como em todos os últimos LPs do Sabbath – a energia pop rock é bastante difícil de ouvir.

"Nightmare", com sua introdução de filme de terror nos teclados ao estilo de sinos tubulares e a gargalhada demoníaca no final – a única contribuição gravada de Ray Gillen no álbum *Eternal Idol* – é notável apenas por causa do excelente solo de guitarra e uma mudança de ritmo que alegra a canção no final. O instrumental obrigatório vem com "Scarlet Pimpernel", uma faixa incluída no LP depois das sessões com Ray em 1986, baseada em mais um dedilhado soberbo e uma cama de teclados, e evita ser nauseante por durar apenas dois minutos.

O hino aos enforcados, "Lost Forever", é um rock pesado com frases tradicionais ("As you look the hangman in the eye / Now around your neck you feel the noose" ["Enquanto você olha o homem da forca nos olhos / Você sente agora o nó em seu pescoço"]), mas dá a sensação de ter sido montado em uma sessão rápida de dez minutos, mesmo com o solo de Tony habilmente variado e o próprio riff simples e eficaz. Finalmente, "Eternal Idol" é uma punhalada muito boa ao estilo pesado de "Sabbath Bloddy Sabbath" – a canção que esse LP estava esperando. Embora tivesse vindo tarde para redimir esse disco incoerente, a canção mostra que Iommi ainda tinha visão para compor uma canção com séria intensidade. Talvez pelo fato de ser auxiliado por um time cujas personalidades se mesclam de forma eficiente com a sua própria – como, por exemplo, na formação Osbourne/Ward/Butler, mas neste caso com o vocalista Martin –, tudo acaba combinando.

Sejam quais forem seus méritos, *The Eternal Idol* foi um fiasco total, atingindo apenas o 66º lugar no Reino Unido e permanecendo nas paradas por uma mísera semana. A banda gravou um vídeo de "The Shining", mas nenhum single do álbum foi lançado. Esperava-se que a turnê ajudasse a limitar os prejuízos causados pela apatia em massa em relação ao LP exibida pelos fãs cada vez mais escassos do Sabbath, que nesse período contavam com o cenário novo do death metal para desfrutar, junto também com o auge do cenário do thrash metal.

Iommi permaneceu firme e impassível como sempre, raciocinando durante uma entrevista que a turnê seria um espetáculo com gasto moderado ("Vamos apará-lo um pouco, não há razão para exagerar com isso. É uma lição que aprendemos com a turnê *Born Again*. Conseguimos usar o cenário inteiro em um único show em toda aquela turnê") e que, sim, uma reunião plena poderia acontecer um dia ("Geezer já ensaiou conosco durante três semanas cerca de um mês atrás, mas decidimos não fazer no final... eu não tenho problemas com Geezer e nem com os outros"). Tony Martin também se mostrava corajosamente otimista, considerando que ele seria aquele que realizaria o show ao vivo: como ele contou a Joe Siegler do www.black-sabbath.com, "a maioria do álbum foi gravada em Monserrat, e eles estavam ficando sem dinheiro para terminá-lo... eles me deram oito dias para concluir toda a parte vocal!... Eu entrei em um período que não havia muitas pessoas interessadas em trabalhar com a banda. Naquela época, alguns vocalistas entravam e saíam... Assumir um vocalista jovem e desconhecido era uma estratégia insegura para eles".

E assim, a turnê *Eternal Idol*, iniciou uma excursão de curta duração pela Alemanha, Itália e Holanda em novembro e dezembro de 1987. Dave Spitz saiu da banda definitivamente durante a preparação da turnê, e Iommi recrutou o músico de estúdio Jo Burt (que havia trabalhado com Freddie Mercury nas gravações do disco solo do líder do Queen) para a turnê. Terry Chimes também permaneceu a bordo como baterista. A turnê correu suficientemente bem, mas alguns fãs britânicos ficaram decepcionados no dia 28 de dezembro quando o Sabbath cancelou um show no Hammersmith Odeon em Londres sem aviso prévio. A *Kerrang!* escreveu: "O Black Sabbath está mais uma vez cortejando a controvérsia após cancelar sua única data britânica no Hammersmith Odeon no dia 28 de dezembro. As pessoas que compareceram ao show apenas para ver os letreiros de 'cancelado' incluíam um ônibus lotado que percorreu todo o trajeto desde a Escócia e fãs que vieram de lugares mais longínquos, como Sutherland. A nota oficial da produção do Black

Sabbath é de que Tony Iommi retornou da Europa acometido por uma febre aftosa e foi aconselhado pelos médicos a se manter em repouso pelo menos até meados de janeiro. O show será reagendado assim que houver uma data oportuna, e os reembolsos totais dos ingressos estão disponíveis.

A produção pede desculpas a todos que compareceram em vão, mas explica que o show não havia sido cancelado até o Natal, altura em que ficou muito tarde para notificar qualquer um sobre o cancelamento. A produção categoricamente também nega os rumores que atualmente estão circulando de que os membros restantes do Sabbath, exceto Iommi, não passam de mãos de obra contratados e que eles se recusaram a tocar no show do Odeon porque não tinham sido pagos. Eles também insistiram que a fraca venda de ingressos não forçou o cancelamento".

O moinho dos rumores estava rodando em plena força, com questões voando às alturas sobre a situação financeira da banda, a estabilidade do grupo, a veracidade de a banda carregar o nome Sabbath... o repórter Malcolm Dome apertou Iommi sobre esses assuntos no dia 2 de janeiro de 1988 na mesma revista, obtendo a seguinte resposta: "Nosso equipamento tinha sido apreendido e eu estava com um problema de saúde que achavam que era cotovelo de tenista, mas além disso peguei febre aftosa enquanto estava na Europa e fiquei muito doente. Não conseguia me livrar disso e me sentia péssimo. Até agora, os efeitos ainda não desapareceram completamente. É horrível. Eu realmente estava ansioso para fazer o show. Mas nós não tivemos escolha e tudo o que eu posso fazer é pedir desculpas aos fãs. Mas nós temos a intenção de reagendar essa data o mais rápido possível, e esperamos também encaixar mais shows na Inglaterra".

Em termos comerciais e de crítica, 1987 foi o pior ano do Black Sabbath até então, apesar das tentativas persistentes de Tony Iommi em manter a banda viva. Poderia ficar pior antes de melhorar?

CAPÍTULO 16

1988-1989

Como o escritor da *Kerrang!* Malcolm Dome escreveria em janeiro de 1988: "Shows cancelados. Controvérsia sobre Sun City. Produções desastrosas. Problemas financeiros. Os últimos meses parecem ter sido nada mais que um pesadelo para Tony Iommi e suas tropas de choque. Então haverá futuro para um dos fundadores do metal?".

Uma pergunta saliente, mas que Iommi – apenas a um mês de seu 40º aniversário – confrontou com sua típica indiferença. Apesar dessa amarga realidade de que o Sabbath ensaiava no momento para uma possível turnê nos Estados Unidos que nunca se materializaria, ele não via razão para o pessimismo – a mesma atitude que ajudou a manter sua banda flutuando, mesmo em sua forma mais diluída, desde 1979. Sobre os rumores de que o recém-recrutado Tony Martin pudesse fugir da gaiola logo após sua chegada, Iommi respondeu: "Ele recebeu uma oferta de trabalho de John Sykes [guitarrista do Thin Lizzy/Whitesnake/Blue Murder] e estava pronto a aceitá-la, mas foi convencido a ficar conosco e, contrariando outras reportagens, nunca deixou oficialmente o Sabbath".

Mas Tony, agora sendo identificado com rótulos nostálgicos, tais como Godfather of Metal [Padrinho do Metal] e outros apelidos bastante retrógrados, precisava produzir algo bom para sustentar sua confiança. Infelizmente, não era isso que o aguardava no futuro. O Sabbath já havia até terminado seu contrato com o selo Vertigo como consequência do desempenho desanimador de *Eternal Idol*, assinando um contrato com a IRS Records, uma empresa norte-americana fundada pelo produtor do Police e de Sting, Miles Copeland, em 1979, que destacava R.E.M., Buzzcocks, The Go-Gos e outras atrações influentes em sua lista. O rompimento de 18 anos de relacionamento com a Vertigo, que foi engolida pela Polygram e, em seguida, pela gigantesca Universal Music na década seguinte, não foi um passo promissor.

Na realidade, à época o Sabbath ficou quase totalmente inativo até agosto, exceto por um único show de caridade no dia 29 de maio realizado pela formação Iommi/Martin/Chimes/Nicholls (Nicholls tocou baixo nessa ocasião). Martin trabalhou por algum tempo com John Sykes, compondo junto com ele uma canção chamada "Valley of the Kings", mas permaneceu como membro do Sabbath enquanto a banda se preparava para se reagrupar para um novo álbum. A ligação com Sykes foi notável, visto que Ray Gillen havia sido testado por ele (ele foi rejeitado), assim como o baterista do Blue Murder, Cozy Powell, que foi questionado logo em seguida se queria se juntar ao Sabbath.

O recrutamento de Powell foi um elemento crucial. O baterista britânico de 41 anos de idade, cujo nome verdadeiro era Colin Flooks, tinha conquistado uma sólida reputação por causa de seu incrível talento na percussão, refletido por artistas de grande calibre com quem ele havia trabalhado – Jeff Beck, Rainbow, Whitesnake, Michael Schenker e o time de Keith Emerson/Greg Lake. Ao lado de Ian Paice e Carl Palmer, Powell foi considerado um dos melhores e mais prestigiados bateristas de todos os tempos: ele inclusive entrou para o *Livro dos Recordes* pela velocidade com que toca após uma demonstração televisionada nos anos 1980.

Powell e os dois Tonys, mais o vigoroso Nicholls e um baixista de estúdio, Laurence Cottle (que havia contribuído com Eric Clapton, Brian Eno e o próprio Cozy, assim como muitos outros) se reuniram em agosto de 1988 para ensaiar para um novo álbum, intitulado *Healess Cross*. Entre os planos para o futuro, incluía-se o possível retorno ao grupo de Geezer Butler, cuja esposa e manager, Gloria, havia aparentemente contatado Iommi por volta dessa época. As sessões de gravação – com Cottle colocando as faixas do baixo – levaram o Sabbath até dezembro, enquanto uma turnê era agendada para o ano seguinte.

No dia 22 de outubro, Ozzy Osbourne lançou *No Rest for the Wicked*, destacando uma nova formação após o vocalista ter brigado com o guitarrista Jake E Lee. Quem substituiu Lee foi o incrível Zakk Wylde (cujo nome verdadeiro é Jeffrey Wielandt, ou uma variante, dependendo da pronúncia), um prodígio de 21 anos de idade, cuja experiência em assimilar a guitarra base e solo de Randy Rhoads fez com que conseguisse o emprego, sem contar sua personalidade explosiva.

Ozzy, que recentemente passara por um programa de recuperação dos alcoólicos anônimos e parecia estar a caminho da sobriedade permanente junto com seu ex-parceiro de banda Bill Ward, ainda era uma pessoa imprevisível de lidar, como Wylde disse: "Pense desta maneira, quando bebia ele ficava fora de controle. Há algo insano acontecendo com ele todo dia. Nada é normal com ele. Todo dia que você fica perto dele, algo maluco acontece, e é impressionante. Agora que ele está sóbrio, as loucuras ainda acontecem o tempo todo".

Enquanto Randy Rhoads e Jake E Lee estavam sempre dispostos a deixar que Ozzy falasse mais, Wylde tinha uma personalidade supermachista e intransigente, especialmente depois de ter montado e promovido sua própria banda, Black Label Society. Como ele disse: "Gosto de manter as coisas simples, como um homem das cavernas. Tudo o que faço na vida é garantir que tenha muito sexo com minha esposa, cuidar de meus filhos, tocar guitarra, compor canções, levantar pesos e limpar a merda de meu cão rottweiler. Se algo ultrapassa isso, fico confuso... É por isso que as cores do Black Label Society são pretas e brancas. Não há tonalidade cinza. A vida é preta e branca. Não existe o meio-termo. Ou você é um babaca ou é uma pessoa bacana. Não tenho tempo para o drama".

Ele sempre respeitou muito Ozzy e Iommi, dizendo: "Ozzy me disse no dia em que eu me encontrei como ele para fazer o teste: 'Zakk, apenas seja você mesmo, toque com o coração e faça o que você faz'. Vou levar isso até depois da morte. Você não pode fingir ser algo que não é. Jimi Hendrix e Jimmy Page não fingem ser o que eles são, e o mais bonito sobre esses dois caras é que eles são isentos de babaquices. Ozzy não esconde o que ele é. Ele é autêntico".

Wylde passou meia hora com o autor em 2003, desabafando em uma entrevista fantástica e sem limites à revista *Total Guitar*: "O primeiro riff que eu aprendi na guitarra ou foi 'Iron Man' do Black Sabbath ou 'Smoke on the Water' do Deep Purple. Eu tinha 8 anos de idade e tinha um violão vagabundo com muita energia. Posteriormente, quando passei para a guitarra elétrica, consegui uma Gibson L6-S, igual àquela que Carlos Santana toca. Uma cópia, não a verdadeira – meus pais não tinham dinheiro para tanto. E passei a tocar Gibsons desde então. As pessoas reclamam muito delas por não manterem a afinação – você está em Nova York quando pisa no pedal do trêmulo e você está em Cleveland quando solta o pedal, entende o que eu estou dizendo? Mas esse é o charme dela. Eu gosto do trêmulo simples e não a trava, a coisa toda. Sempre dou risada quando vejo esses caras com 15 patrocinadores que dizem, 'Ei, estou tocando esta guitarra agora, não aquela!'. Bem, eu tenho novidades para vocês. Eu sou um cara Les Paul e sempre serei. A Gibson corre em minhas veias. Se alguém diz, sabe de uma coisa, foda-se a Les Paul, a corda sol [G] sempre desafina, eu agora estou tocando uma Strat [Fender Stratocaster]. Bem, eu tenho uma novidade para você, babaca – *todas* elas desafinam! Escolha uma e fique com ela".

Expressando sua admiração ao longo da vida por Tony Iommi, Zakk esbravejou: "Sempre fui louco pelo Sabbath. A maneira como esses rapazes duraram é incrível. Eles são uma prova viva de que a qualidade sobrevive. Nos anos 1970, o Bay City Rollers venderam mais discos do que o Sabbath jamais conseguiu vender, mas onde eles estão agora? É a mesma coisa hoje. Se eu fechar um contrato como o Interscope, isso significa que vou ter de usar boné de beisebol como Fred Durst? Limp Bizkit é uma porcaria total! Onde eles estão agora? Talvez eu tenha de botar silicone nos peitos e mostrar meu umbigo se quiser ser também a próxima Britney Spears. Isso venderia discos, certo?".

Junto com o confiável Bob Daisley e Randy Castillo no baixo e bateria, Ozzy e Zakk montaram um time formidável, com suas presenças estampadas firmemente no álbum *No Rest*. Em "Miracle Man", o conto sobre um evangelista de TV arruinado, Zakk executa algumas harmônicas artificiais – sua marca registrada –, enquanto Ozzy aponta o dedo com aparente êxtase sobre a queda do "our little Jimmy sinner on the screen" ["nosso pequeno Jimmy pecador na tela"] (uma referência a Jimmy Swaggart, que presumidamente havia confessado o escândalo de prostituição oito meses antes). É uma canção de abertura de Ozzy – um riff rápido com oportunidade de sobra para Wylde mandar uns enchimentos – com um ritmo forte e muito mais revigorado do que praticamente qualquer coisa que o Sabbath produzira nos últimos anos.

"Devil's Daughter" é a mesma coisa, com Ozzy alertando contra uma "guerra santa", enquanto Zakk solta os seus lamentos na guitarra, e "Crazy Babies" é um hino influenciado pelo blues ao estilo do Aerosmith, destacando o humor seco de Ozzy com "Walk that walk / Talk that talk" ["Fazer o que se fala"]. "Breaking All the Rules" também não amplia tanto o horizonte de Ozzy, embora o solo de Wylde seja agradavelmente exagerado, e "Bloodbath in Paradise" – interessante em termos de letra, com suas referências aos assassinatos de Tate-La Bianca orquestrados por Charles Manson em 1969 – não apresenta nada de especial em termos de música, apesar de colocar mais lenha na fogueira de controvérsias de Ozzy, agora alertando sobre assuntos "chocantes" à medida que os fãs da música se tornaram um pouco habituados com isso no decorrer dos anos 1980.

"The introduction to his heartache began as a child" ["O início de seu sofrimento começou quando criança"], começa Ozzy no esparso "Fire in the Sky", o conto sobre um homem condenado por suas primeiras experiências: Wylde se aproveita plenamente do arranjo esparso, resistindo à oportunidade de se exibir em acrobacias. "Tattooed Dancer" é – em termos de letra pelo menos – outra canção ao estilo de "Evil Woman" que nem o Sabbath ou Ozzy jamais tiveram êxito em melhorar a forma mundana, embora a precisão da técnica de palheta alternada (tremolo picking) de Zakk em uma faixa de guitarra rítmica em alta velocidade deva ser ouvida para crer.

Entretanto, é "Demon Alcohol" que mais se destaca em *No Rest...* "Although that one's too much / You know 10's not enough" ["Embora um seja muito / Você sabe que dez não é suficiente"], diz Ozzy nesse hino contra a bebida, que poderia ter sido escrito apenas por um homem recém-saído da reabilitação e que ainda não sucumbira a uma recaída. Como ele contaria à imprensa, a notícia de sua recente estadia no Betty Ford Center – a melhor clínica de reabilitação para muitas estrelas do rock, tanto na época como agora – fora recebida com muito apoio por seus fãs: "Eu subo no palco agora e as crianças me jogam moedas de sobriedade que você consegue somente em programas de reabilitação... [os fãs] ainda estão aqui, embora hoje eu seja diferente. Agora é isso o que eu chamo de lealdade". Ele se recorda de que a decisão de largar a bebida veio depois de perceber que "eu acordava em uma cela de prisão pelo menos uma vez por semana nos últimos dez anos", e um fim de semana bêbado em que ele se esqueceu do aniversário de sua filha, acordando "no chão enlameado de um traficante – não sei como cheguei até lá. Então, naturalmente, eu tinha começado a beber, entrei em um avião e fui a Londres e, até hoje, não tenho a mínima ideia do que aconteceu naquele voo. Fiquei com muito medo que alguém pudesse chegar para mim e dizer, 'esse é o homem que atropelou minha criança', ou 'esse é o homem que esfaqueou meu marido', então eu cancelei toda a turnê e me internei".

Embora ele pudesse ter incomodado os ouvintes que o ridicularizaram como um hipócrita graças às canções do tipo "Demon Alcohol", ele firmemente defendeu – um pouco sério em retrospecto – com as seguintes palavras: "Se eu não puder impedir qualquer beberrão que anda por aí de passar um segundo da agonia que eu já passei, subirei ao topo do edifício Empire State e gritarei".

Ele concluiu com estas novas palavras (pelo menos para ele): "Tantas coisas boas estão acontecendo comigo agora que eu não estou bebendo. Não fui mais detido, e também não tenho tido maiores problemas. Eu me sinto formidável... tenho lutado por minha vida por muito, muito tempo e, você sabe, acho que ainda tenho um pouco dela pela frente".

Enquanto isso, o Sabbath e Ozzy se juntaram – de algum modo – quando Jake E Lee, Ray Gillen e Eric Singer (junto com um baixista chamado Greg Chaisson) formaram o Badlands, uma banda de rock que recebeu bastante atenção desde o início, graças à linhagem dos protagonistas principais. Lee estava obviamente contente de ter saído da banda de Ozzy, embora não estivesse disposto a revelar os motivos, limitando-se às desculpas habituais. "Estou muito mais feliz", ele disse. "Amo tocar guitarra, amo a música, mas odeio tudo o que tem a ver com o lado do negócio. Era muito mais do que eu podia lidar. O fator motivação tinha de entrar. Além disso, eu queria dar um tempo depois de ter saído da banda de Ozzy. Li umas entrevistas em que ele não foi generoso em relação a mim. Isso me desencantou mais ainda por causa de toda a confusão. Achei que ele era um amigo".

Questionado por que saiu da banda de Ozzy, ele respondeu: "Porque ele me pediu. Ele me despediu. Ele está mudando a história tanto que eu nem sei. Basicamente me disse que era o momento para eu seguir meu próprio caminho. O fato é que descobri isso por intermédio de amigos, e então liguei para ele e ele confirmou". Por que Ozzy o demitiu? Aparentemente porque o vocalista achou que Lee era "difícil de lidar": "Ele está dramatizando a coisa toda. Eu sempre chego atrasado, mas ele sabe disso. Várias vezes eu disse a Ozzy que ele era um babaca e o mandei calar a boca. Eu não mudo minhas palavras. Não saio por aí mexendo nas cabeças das pessoas. Se eu não gosto de algo, eu digo. Estou sempre atrasado. Cheguei atrasado para meu teste. Na primeira data da turnê americana, logo em seguida, eu perdi o voo porque estava atrasado. Ele está usando isso como uma desculpa para se livrar de mim, mas eu me atrasava desde o primeiro dia. Isso é uma das coisas sobre ele que me incomoda. Ele fez com que parecesse algo que eu tivesse contraído durante o período que estava com ele. Eu tento chegar no horário, mas nunca deu certo".

Gillen tinha também umas pistas para dar sobre seu emprego anterior, observando: "O último guitarrista com quem eu trabalhei era um pouco estranho, a banda não era estranha, mas eles tinham sua própria visão de como queriam trabalhar e não eram abertos a coisas novas, ideias". Ele disse sobre estar em sua própria banda que: "Com o Sabbath e Ozzy, Jake e eu tínhamos de cumprir determinadas obrigações e você não tem como projetar os sentimentos internos sobre aquilo que gostaria de fazer, você segue as diretrizes da banda. Agora eu canto minhas próprias melodias, componho minhas próprias letras e faço o que gosto de fazer. Não é que eu queira que seja desta ou daquela maneira. O estilo da banda é dessa forma".

Em 1989, a carreira de Ozzy estava em ascensão novamente, como de fato vinha acontecendo desde 1982, enquanto a do Sabbath escorregava irrevogavelmente na direção contrária. Ele marcaria um gol em cima de sua antiga banda – e ainda por cima confundiria totalmente suas expectativas – ao recrutar nada menos que Geezer Butler para tocar com ele na turnê *No Rest for the Wicked,* mais tarde no mesmo ano. Iommi, Nicholls, Chimes e Martin estavam esperando Geezer se juntar a eles depois da conversa que tiveram no ano anterior com Gloria Butler e, presumidamente, foram pegos de surpresa – e assim começou a busca por outro músico.

Em março, enquanto Geezer alçava voo com Ozzy (como ele disse: "Meus filhos brincavam com [os filhos] de Ozzy e ele vivia me pedindo para fazer um álbum com ele. No final das contas, fiz a turnê *No Rest for the Wicked* com ele e foi muito divertido".) Iommi convidaria o respeitado músico de estúdio Neil Murray para participar da turnê *Headless Cross* naquele verão. Murray, que já tocou baixo com o Whitesnake, Gary Moore e muitas outras bandas inglesas, seria uma excelente escolha para o posto, mesmo considerando que as formações recentes do Sabbath lembrassem um arrastão trazendo a bordo o que havia de melhor na safra de músicos de estúdio durante vários anos.

Lançado no dia 29 de abril de 1989, *Headless Cross* se beneficiaria de uma produção brilhante: as guitarras ficaram bem pesadas para a maioria dos fãs do Sabbath carentes do peso do metal, mesmo que o baixo impassível de Cottle com sua técnica do "fingerstyle" fosse o protótipo do estilo do músico no fim dos anos 1980 e o pavoroso "portão de ruído" [noise gate] estivesse presente na bateria um tanto reprimida de Cozy Powell. A qualidade se sobressairá, como eles dizem, e o calibre dos músicos no álbum – incluindo a garganta de ouro de Tony Martin – ajudou a fazer com que o álbum apresentasse uma melhoria genuína nos últimos dois ou três.

"There's been no escape from the power of Satan" ["Não há saída diante do poder de Satã"], canta Martin na faixa título, um passeio lento e ardente impulsionado pela seção rítmica e carregado com os riffs limpos da guitarra de Iommi. Não se trata de um retorno à suposta música satânica do início dos anos 1970, é claro, mas por outro lado apenas o crítico mais impiedoso a desprezaria como sendo da mesma qualidade de *Seventh Star* ou *The Eternal Idol*. Entretanto, quando foi lançado como single, a canção atingiu apenas um mísero 62º lugar.

"Devil and Daughter" é uma canção ocultista mais delicada ("Satan never listens, to the words that they send" ["Satã nunca ouve as palavras que eles transmitem"]) e que se sobressai perfeitamente bem como um rock para tocar nas rádios, mesmo que não tenha uma pitada de malevolência. Os sete minutos de "When Death Calls" são muito mais reconhecíveis, com os teclados de Nicholls complementando um riff épico um tanto abafado: os backing vocals também impulsionam a canção até sua conclusão com pompa e circunstância de forma adequada.

"Kill in the Spirit World" é muito escorregadia e insignificante para os fãs mais dedicados, oscilando entre um verso mais pop e um pouco cansativo depois de um minuto e que acaba se tornando um riff de rock progressivo bem melhor e mais complexo, com a banda tocando com uma solidez suprema. A canção também exibe a estrutura mais ambiciosa que Iommi não tentava há um bom tempo, com uma seção central que desaparece quase ao silêncio antes da entrada de um solo ardente de guitarra e uma variedade de ambientações. "Call of the Wild" é um hino mais inofensivo, embora a canção pudesse ser bem melhor se ganhasse uma produção mais agressiva.

"Black Moon" exibe alguns riffs inspirados, impulsionados pela batida sólida de rock de Powell e a excelente dramaticidade na interpretação de Martin, que neste momento vai ganhando seu espaço como o melhor vocalista do Sabbath da era pós-Dio até então. Entretanto, novamente, a canção se vê limitada por uma produção muito polida que não ajuda muito, a não ser para o vendedor de aparelhos de som (lembre-se de que a era do CD estava apenas começando, e os consumidores estavam focados mais na clareza do som do que no conteúdo musical).

O álbum encerra com "Nightwing" – mais tarde seria o nome de uma banda de rock gótico que a adotaria como forma de tributo – que começa com as guitarras acústicas tocadas por Iommi com maestria e alguns solos clássicos dos anos 1980 de baixo fretless [sem trastes] de Cottle, que – junto com Pino Palladino e outros – fizeram desse período da música inglesa um momento particularmente popular para esse instrumento. A canção continua como uma balada épica, e funciona de forma excepcional, mesmo com as letras de Martin se mostrando um pouco elevadas em alguns pontos.

Nada parecido com *Paranoid* em termos comerciais, o álbum fez pouco para aliviar os danos causados à reputação do Sabbath pelo fraco desempenho de *Eternal Idol*, atingindo o 32º lugar. Entretanto, a banda alegou que poderia ter sido melhor se o selo IRS tivesse se empenhado mais em promovê-lo, com Iommi dizendo: "Sei que sempre irão colocar a culpa em alguém, mas neste caso é definitivamente do IRS – eles foram muito fracos... embora tivessem tentado o melhor. Se ninguém sabe que o álbum vai sair, qual é o ponto em fazê-lo? Isso eu nunca vou entender. Eles pegam o álbum e depois simplesmente o largam, não fazem nenhum tipo de promoção... Cozy e eu pessoalmente fomos às lojas de discos em Toronto, no Canadá, onde eram lojas bem grandes – ninguém conseguia achar o disco, não estava disponível nas lojas, ninguém conseguia encontrar um – inacreditável. Tivemos uma discussão enorme com o representante local – quase dei um murro nele! Foi mal assim. No final das contas, somos nós que sofremos: eles dizem, 'Oh, não vendeu'. Como é que poderia vender se vocês não levaram o disco às lojas?".

Tony Martin acrescentaria durante a seguinte turnê: "A gravadora não fez nada, e isso é muito importante quando você está na estrada. As pessoas não sabiam que nós estávamos lá. Sabe, é um pouco estranho porque a América costumava ser o mercado mais forte do Sabbath e agora não é mais o caso. Estamos recebendo um apoio enorme da Europa agora, e *Headless Cross* já vendeu mais de 100 mil cópias apenas na Alemanha Ocidental. A prioridade agora é simples, temos de firmar o nome do Black Sabbath novamente e torná-lo melhor do que era antes de esse transtorno ter começado. Então, agora vamos ter de trabalhar muito".

Ele continuou de forma razoável: "*Headless Cross* é o disco mais importante que o Black Sabbath já lançou desde *Heaven and Hell*. Aquele foi feito também em um momento muito crítico para a banda e devo dizer que Ronnie James Dio fez um excelente trabalho na época, ele foi o primeiro a substituir Ozzy... a coisa mais importante com o Black Sabbath no momento é que se trata de um novo começo. Nós inclusive notamos que temos um público totalmente novo que nos apoia, e que eles nem sequer tinham nascido, a maioria deles, quando essa banda começou, ou mesmo quando saiu *Heaven and Hell*. Nós nos orgulhamos muito de ter fãs que se importam profundamente com a banda, apesar de todas essas mudanças na formação, os problemas com os produtores e as gravadoras e todas essas coisas ruins que tiverem um efeito negativo no nome. Havia fãs na Inglaterra que viajaram conosco de cidade em cidade para assistir ao maior número de shows possível. Os fãs do rock são muito mais leais com sua música do que os fãs de discoteca. O fã de rock venderia a própria camisa para assistir a um show. Ele apoiará sua banda durante anos, faça chuva ou faça sol".

O Sabbath caiu na estrada, cheio de entusiasmo e ponderado pela experiência que todos eles, Iommi, Powell e Murray, adquiriram depois de décadas no ramo. As datas americanas em maio e junho foram acompanhadas pelos clones do Led Zeppelin, Kingdom Come, abrindo os shows – como o mundo gira –, e seguiu-se uma excursão bem mais longa pelo Reino Unido e Europa até o outono. Finalmente, uma série de shows promovendo *Headless Cross* no Japão e – surpreendentemente – uma longa estadia (quase duas semanas) em Moscou, Leningrado [hoje São Petersburgo] e outras cidades na Rússia (que se fragmentava sob a *glasnost* bem naquele momento), viram a banda, inspirada por seu leve retorno à forma, expandindo-se em vez de meramente manter seus fãs no âmbito internacional.

Ninguém menos que Bill Ward estava fazendo seu retorno à música nessa etapa, depois de tocar com o Blue Thunder, um grupo descompromissado de músicos que incluía Walter Trout e Tim Bogert. "Nós apenas nos reuníamos", ele contou à *Sabbathlive*, "e eram apenas improvisos que fazíamos. Na realidade, não durou tanto assim. Eu ainda estava tendo problemas com minha sobriedade – não que estivesse bebendo mais, eram apenas problemas do dia a dia. Então, nós nos reuníamos sem compromisso para nos divertir. Apenas improvisávamos, entende? Era pura diversão. Houve uns dois shows que eu tive de perder, mas sou a mesma pessoa que tocou com o Blue Thunder".

Questionado para recapitular sua carreira pós-Sabbath até o momento, ele revelou que – à parte do Live Aid em 1985 – passou a maior parte do tempo longe dos holofotes, cuidando de sua recuperação: "O que aconteceu comigo desde 1984? Bem, fui convidado ao Live Aid. Fui e fiz aquele show sóbrio. Estava um pouco fora de forma. Estava há cerca de um ano e meio, ou talvez 14 meses, sóbrio na época, então o Live Aid foi muito importante. Lembre-se de que foi muito importante para mim também pegar um voo e ir até Filadélfia me encontrar com a banda. Foi muito importante porque, em meus anos de bebida, um avião sempre servia como um bar flutuante – um bar voador – para mim. Agora eu tinha de entrar totalmente sóbrio em um avião, ir à Filadélfia e fazer um show. Nunca havia passado por isso antes. O Live Aid foi meu primeiro show sóbrio. E esse era o show que eu mais temia. Tive medo quando estava fazendo *Born Again*. Bebi aquele tipo de coisa. Mas, desta vez, não bebi novamente e o Live Aid foi meu primeiro concerto sóbrio. O que aconteceu depois disso? Bem, tentei trabalhar por conta própria e comecei a tentar compor minha própria música. Era isso que eu estava fazendo e que continuo fazendo até agora...".

Ozzy, é claro, não ficava parado, e coincidentemente também estava causando sensação na Rússia com Zakk Wylde, Geezer Butler e Randy Castillo. Nos dias 12 e 13 de agosto, a banda tocou no gigantesco Festival da Paz em Moscou [Moscow Music Peace Festival], junto com Bon Jovi, Scorpions, Mötley Crüe e muitos outros, recebendo uma acolhida arrebatadora.

Entretanto, um momento decisivo na suposta vida sóbria de Osbourne viria em seu retorno do show. Em casa, em sua mansão em Buckinghamshire, o vocalista encarou o que foi relatado como sendo mais de quatro garrafas de vodca de uma única vez, antes de abordar sua esposa Sharon, dizendo, "Eu decidi que você tem de ir embora". Em seguida, ele tentou estrangulá-la. Conseguindo escapar, Sharon ligou para a polícia local, que chegou, prendeu o vocalista e o levou para a delegacia de Amersham para passar a noite.

Anos depois, Sharon vê em retrospectiva o incidente com certa ironia. "Liguei para a polícia, e eles o prenderam", ela disse. "Eu não prestei queixa, mas ele foi para a clínica de reabilitação por três meses. Ele ficou totalmente insano com toda a bebida e drogas que havia consumido e, fazer o que, essas coisas acontecem."

De fato, essas coisas aconteciam. Mas algo tinha de mudar. As carreiras paralelas de Ozzy – por muito tempo em ascensão – e do Sabbath, cujas fortunas pioravam de forma progressiva, parecem ter chegado a um divisor de águas. De agora em diante, as coisas serão bem diferentes em ambos os campos.

Talvez seja o momento de juntar as forças uma vez mais...

CAPÍTULO 17

1990-1991

Após o sucesso relativo de *Headless Cross*, embora não mostrasse sangue, o futuro parecia mais promissor para o Black Sabbath como não acontecia havia um bom tempo. De forma crucial, o relacionamento entre Tony Iommi e Tony Martin floresceu (como Martin comentaria mais tarde, "talvez eu fosse o menor dos problemas!") e os músicos de apoio – o sempre fiel Geoff Nicholls e a seção rítmica profissional e sólida com Neil Murray e Cozy Powell – eram uma unidade sólida, coesa e, acima de tudo, cooperativa. Apesar do enorme talento que possuíam entre eles, nenhum membro do quinteto parecia ter o tipo de egocentrismo intruso de criar casos.

Iommi e a IRS não perderam tempo e as sessões de gravação ocorreram em fevereiro de 1990, no Rockfield no País de Gales e no Woodcray Studios em Berkshire. Uma turnê foi agendada para o verão e a banda se preparava para uma excursão prolongada que pretendia tirar total proveito de seu retorno a uma posição razoável de respeitabilidade.

No mês seguinte, Ozzy lançaria um EP ao vivo das gravações de sua extensa turnê realizada no ano anterior, intitulado *Just Say Ozzy*. Se o Sabbath quisesse se igualar ao seu antigo vocalista, eles teriam de trabalhar muito: o miniálbum de seis canções foi excelente, captando uma banda fenomenal ao vivo em seu auge. Mixado com o baixo de Geezer Butler bem realçado – e destacando seus excelentes enchimentos melódicos, que executou com mais ímpeto do que nas gravações de estúdio –, o disco também mostrou o quanto o estilo de Zakk Wylde (com a implacável "pinch harmonics" e tudo) se ajusta perfeitamente não apenas aos riffs do antigo Sabbath, como também ao material da era de Randy Rhoads e Jake E Lee. As canções escolhidas – "Miracle Man", "Bloodbath in Paradise", "Shot in the Dark", "Tattooed Dancer", "Sweet Leaf" (uma escolha incomum, mas bem-vinda) e a inevitável "War Pigs" – foram bem adequadas ao gosto de todos, desde os fãs do Sabbath a Ozzy e além.

Ozzy ficou extremamente entusiasmado com o grandioso festival em Moscou em que tocou, apesar de alguns problemas logísticos que Sharon explicaria mais tarde à imprensa: "Eles nos prometeram um determinado lugar na lista de atrações e, quando chegamos lá, é claro, a coisa não foi bem assim. E não foi legal para Ozzy porque saímos uma semana antes. Sabíamos que não iríamos uma semana antes, porque descobrimos que o que eles haviam prometido para nós não era realidade. As pessoas que estavam montando o show em Moscou nos ligaram e disseram que as coisas não iam do jeito que haviam prometido, e o que estava acontecendo por lá. Então, eu liguei para Doc McGhee [organizador e às vezes o manager do Mötley Crüe] e disse, 'Doc, isso não é nada. Nós realmente queremos ir à Rússia, mas essa é sua viagem. Esse é o show de Doc McGhee. Então estamos dentro. Deus o abençoe, nós amamos você, tchau!'. E ele literalmente nos implorou para ir, e disse que conseguiria o espaço original de Ozzy que havia prometido.

Nós juntamos todo mundo e em menos de dez horas já estávamos no aeroporto. E, é claro, quando chegamos à Rússia, ele não havia alterado nada. Então, Ozzy disse que não iria cair nessa outra vez, e era apenas por causa do público e do jeito que as pessoas eram que Ozzy disse, 'Ok, eu farei o show, porque não posso decepcionar as pessoas'. Depois, ele subiu ao palco e fez seu show.

Mas para nós isso foi muito humilhante, basicamente porque mentiram, fazendo com que fôssemos até lá. E nós não tínhamos noção de o quanto Ozzy era importante na Rússia. Não tínhamos a mínima ideia de o quanto ele era importante! Doc sabia que Ozzy era importante na Rússia – entende, ele havia feito várias viagens para lá. Ele virou e nos disse, 'Eu sabia o tempo todo que Ozzy era importante por lá...' Agora nós rimos sobre isso, mas na época não foi divertido como deveria ter sido porque estávamos dentro e fora o tempo todo, foram duas semanas infernais".

Ela acrescentou: "Quando estávamos voltando para casa, recebemos uma ligação da empresa aérea Varig, e eles disseram que o chefe da Varig estava a caminho. Estava indo para lá para ficar apenas um dia e perguntaram o que ele queria fazer – e ele queria conhecer Ozzy Osbourne. Nós poderíamos por gentileza dispor de meia hora de nosso dia para ir encontrá-lo? E nós fomos, fomos até lá e nos encontramos com ele no escritório da Varig. E ele foi muito, muito legal e disse para nós, 'Sempre que vocês quiserem vir à Rússia, podem me ligar que eu mandarei um avião para buscá-los. Exclusivamente para você. Você pode encher o avião com sua família e convidados e quem mais desejar. Você virá à Rússia e nunca pagará uma passagem de avião e eu o levarei aonde quiser'. E eu sei que isso não era asneira típica inglesa ou americana. Não era asneira, eles não falam asneiras. Nós ficamos comovidos com a forma que todos eram".

Após sair da banda de Ozzy, Geezer Butler passou um período inativo no verão de 1990 com sua família. Enquanto visitava seus sogros em Minneapolis, ficou surpreso ao receber um telefonema de nada menos do que Ronnie James Dio, cuja banda, Dio – agora uma atração de sucesso por conta própria –, estava tocando no The Forum. Como Geezer se recorda, "Eu não sabia o que esperar porque não falávamos há oito anos. Não sabia se ele iria me receber calorosamente ou se tinha arrumado um pistoleiro para me matar. Nós nos demos muito bem. Tomei algumas Guinness de seu camarim bem abastecido, enquanto ele estava no palco, e ele me arrastou para tocar". Após ser convidado para o bis, Butler considerou uma ideia – que mesmo se a primeira formação não tivesse dado certo, talvez uma segunda poderia.

No dia 1º de setembro, o novo álbum do Sabbath, *Tyr*, foi lançado pela IRS. Envolvido em uma capa influenciada pela mitologia clássica e adornada com letras ao estilo de runas, o álbum parecia intrigante, como provou ser, começando com um arpejo de guitarra e um coral cantando em latim (na realidade, os vocais em multicanal de Tony Martin). A canção – "Anno Mundi (The Vision)" –, que começa com "Spirito sanctus, anno anno mundi", passa a destacar uma correnteza pesada com camadas de riffs e teclados, sobrepondo os vocais elevados de Martin atingindo o auge. Aos quatro minutos, a canção volta silenciosamente à figura etérea da abertura, antes de se relançar ao estilo épico, quase power metal, que a precedia.

"The Law Maker" é mais convencional, começando com uma efusão do rufar dos tambores de Powell. "He's evil and misterious. People fear his name" ["Ele é malévoso e misterioso. As pessoas temem seu nome"], Martin entoa com um gracejo exagerado sobre um riff simples de rock que não acrescenta novidade alguma. Uma seção longa de solo mostra Iommi abrindo sua caixinha de surpresas em seu estilo hábil, como faz também em "Jerusalem", uma canção lenta e antológica com muitas camadas de sintetizador para seu próprio bem. Mesmo assim, todos os músicos estão em grande forma – Murray, no entanto, está enterrado profundamente dentro de camadas pesadas de guitarra e teclado – e, no geral, trata-se de uma avanço decisivo em relação aos álbuns anteriores.

"The Sabbath Stones" com quase sete minutos, encontra-se no centro de *Tyr,* na grande tradição do Sabbath de incluir uma canção tão massiva a algumas faixas de qualquer álbum. Referindo-se ao conceito demonstrado nos Dez Mandamentos, a canção se estende com total grandiosidade, permitindo que Martin exercite todo o seu alcance vocal em várias seções silenciadas em que Iommi e os demais abrem para dar espaço. Uma aceleração rítmica a partir da metade dá à canção uma certa atmosfera clássica.

Também na tradição Sabbath, "The Battle of Tyr" – presumidamente composta no mesmo estado de espírito em que Iommi chegou ao conceito do álbum – é um instrumental de teclado etéreo apropriado. Tyr, como o guitarrista explicaria em entrevistas posteriores, era um deus nórdico, o filho de Odin, cuja lenda levantou várias questões sobre uma crença sobrenatural, a natureza do combate e da guerra e outros assuntos "metaleiros". A ideia nórdica foi explorada mais profundamente em "Odin's Court" e "Valhalla", a primeira é uma balada acústica bem impressionante e a outra é um hino de rock mais convencional. Em ambas as canções, Martin grita muito sobre horizontes nebulosos, olhos de corvo, embarcações vikings e outros fenômenos apropriadamente fantásticos em um estilo exagerado que pareceria ultrapassado nos dias de hoje, mas que ainda convida a uma suspensão necessária da descrença, se apenas tudo soasse muito bem.

"Feels Good to Me" é mais prosaica, com frases do tipo "You're wrong if you think that I'm afraid to love" ["Você está errada em achar que eu tenho medo de amar"], transformando-a em um lamento digno de uma banda de glam rock. Mesmo assim, as ambientações são excelentes e a última – "Heaven in Black" – é uma maneira hábil de se despedir, com um riff rangendo e uma batida de ferro de Murray e Powell. "Don't be afraid, you will never lose your love" ["Não tenha medo, você nunca perderá seu amor"] promete Martin, e *Tyr* termina com um show de pirotecnia.

A seguinte turnê – realizada pela mesma formação – foi também um sucesso, com datas no Reino Unido e na Europa, levando o Sabbath às regiões centrais até novembro. Os fãs estavam lá para ver o Sabbath, sem sombra de dúvida.

À medida que os anos 1990 chegavam, uma nova geração de fãs do metal emergia e, para eles, o metal de agressão extrema era simplesmente demasiado. Preferindo a natureza épica do melhor heavy metal tradicional e a precisão do thrash, essa mudança demográfica – concentrada nos países de idioma alemão e, em menor escala, na Escandinávia – desfrutava mais do trabalho rápido e melódico de bandas, tais como o Halloween, que inventou o gênero power metal. Essa era a nova linhagem de fãs do Sabbath, que mais tarde exigiriam bandas "verdadeiramente metaleiras", tais como o Hammerfall, de meados ao fim dos anos 1990.

Destaques da turnê incluiriam participações de convidados especiais em alguns shows, com músicos relacionados ou não ao Sabbath, tais como Ian Gillan e Brian May, para não falar de Geezer Butler, cuja presença alimentou os rumores de que uma reunião da formação original poderia estar novamente nos planos da banda. Na realidade, Butler assumiria o posto de baixista outra vez em dezembro, deslocando Murray, que continuou com sua carreira bem-sucedida de músico de estúdio que havia traçado antes de se juntar ao Sabbath. Durante um pouco mais de um mês, a banda, agora formada por Iommi, Butler, Martin, Nicholls e Powell, debateram qual seria o próximo passo, mas a febre pelo reencontro estava definitivamente no ar – e o anúncio de que Ronnie James Dio substituiria Tony Martin viria em janeiro de 1991.

Um tanto surpreso com a notícia – afinal de contas, ele havia tirado o Sabbath de um buraco tenebroso em que eles se encontravam na época de *Seventh Star* e *The Eternal Idol* –, Martin não perdeu tempo em fechar um contrato com um selo europeu para montar seu próprio álbum solo. Como ele diria mais tarde: "Enquanto Ronnie estava na banda, eu estava fazendo um álbum solo. Eu ainda tenho, até o momento, um contrato com a Polydor na Alemanha. É um álbum solo de Tony Martin chamado *Back Where I Belong*. Havia 32 músicos no álbum, incluindo Brian May do Queen e o filho de Ringo Starr, Zak, tocando bateria. Contei com um coral gospel em uma faixa". Ele se recorda de sua época no Sabbath com emoções misturadas, especialmente em relação à própria indústria: "Tivemos um problema com a gravadora na época. Eles não estavam divulgando os shows ou o disco de forma adequada. Nós poderíamos ter feito muito mais sucesso se a gravadora tivesse nos ajudado. A maioria dos problemas que o Sabbath enfrentou em sua história não tinha a ver com o que a banda produzia, muito tinha a ver com contratos e gravadoras".

Iommi ecoou isso, dizendo mais uma vez: "Para mim, isso era muito difícil. A [IRS] não estava enviando os álbuns às lojas. Não foi do jeito que eu esperava que fosse. Miles Copeland pessoalmente queria assumi-los. [Ele é] o motivo por que eu assinei o contrato com eles em primeiro lugar, pois todas as outras gravadoras que mostravam interesse queriam o envolvimento artístico. Eu não queria isso. Queria fazer minha própria coisa. Miles entendeu isso. Ele disse: 'Veja bem, você sabe como o trabalho do Black Sabbath deve ser. Você compõe; eu vendo'. E eu gostei do jeito que ele abordou o assunto. Assim que fechei com eles, Miles, por mais que quisesse estar envolvido, não estava. Ele passou para outra pessoa – e era essa outra pessoa que não gostava de nós. Então, ficou muito difícil". E mesmo assim, nos últimos tempos, tem dado resultados, com Iommi concluindo: "*Headless Cross* foi o melhor álbum que eu já tive na Europa. Melhor do que qualquer outro álbum do Sabbath".

De forma clara, as fortunas estavam aumentando – finalmente – no campo do Sabbath, e se esperava que o novamente recrutado Dio ajudasse a aumentar essa tendência. Entretanto, assim que ele voltou à banda, muito pouco aconteceu no restante de 1991, além das ocasionais sessões de composição: o entusiasmo inicial sobre a nova formação desapareceu e as atenções dos fãs se voltaram a Ozzy, que tinha um novo álbum a caminho.

Um incidente um tanto lamentável abalaria o silêncio do Sabbath em setembro de 1991, quando o baterista Powell se machucou em uma cavalgada. O cavalo que ele estava montando sofreu um ataque cardíaco e desfaleceu, ferindo o baterista severamente na queda. Como Geezer se recorda, o incidente promoveu a ideia de uma reunião em grande escala da formação de *Mob Rules* de 1981: "Ronnie sugeriu uma reunião da formação de *Mob Rules* quando Cozy Powell quebrou a pélvis em um acidente a cavalo". Isso significava o recrutamento de Vinny Appice, que voou para lá logo em seguida.

Powell ficou indignado sobre essa cadeia de eventos, dizendo: "Fui expulso da banda porque um cavalo caiu em cima de mim e eu não podia tocar por seis meses. Houve também jogo sujo quando Tony de repente fugiu com uma versão americana do Black Sabbath. Ronnie James Dio foi contratado como vocalista e ele exigiu que Vinny Appice fosse contratado como baterista. Não concordei com a escolha de Dio porque eu já havia trabalhado com ele no Rainbow. Fiquei decepcionado com as escolhas de Tony e, especialmente, porque ele não quis esperar por minha recuperação. Se eu gostaria de tocar com Dio é algo que resta por saber, mas eu achava que Tony era meu amigo. Fui muito ingênuo, é claro, devia entender mais sobre as coisas neste ramo. Você aprende mais rápido cometendo erros. Se eu levasse todas as decepções que tive no ramo da música pelo lado pessoal, não estaria mais nele. Você tem de manter o profissionalismo e não pensar que irá fazer amigos. Eles precisam de você ou não".

Como Vinny me contou, a história era mais complicada do que isso: havia algumas correntes de ressentimentos correndo soltas, como sempre. "Eu me encontrei com Ronnie em um show por aqui e nós conversamos e, em seguida, Cozy caiu do cavalo e quebrou a pélvis. Então, eu me encontrei com eles, e eles disseram, por que não convidamos Vinny? Eles me ligaram, perguntaram se eu queria fazer e eu disse que sim. Cozy era um grande músico naquela banda, outro ego na banda, e eles estavam gastando muito dinheiro e não conseguiam chegar a lugar algum. Eles estavam tentando trabalhar aqui nos Estados Unidos, mas não queriam ficar aqui – eles gostavam de ficar na Inglaterra. Havia muitas coisas diferentes complicando a vida com Cozy, então eu entrei na banda e tudo ficou mais tranquilo".

Ronnie relembrou com muita ironia o início dos anos 1980, quando ele se juntou à banda pela primeira vez. Como ele me contou: "O motivo de minha participação no grupo ter tido êxito era porque eu havia levado musicalidade à banda. Antes, o que eles faziam era excelente, mas agora a banda tinha de progredir, e o que aconteceu foi que ela entrou nos anos 1980. Havia se tornado importante naquele gênero porque a música ficou mais acessível. Não era algo que havia morrido dez anos antes, e que já havia acontecido. Tony não podia estar mais feliz quando eu trouxe a musicalidade, e era a pessoa com quem eu estava compondo, porque Geezer já tinha saído. Ele ficou lá por dois dias durante o tempo que eu me juntei pela primeira vez à banda, quando eles estavam morando em Beverly Hills. Dois dias depois, Geezer já tinha ido embora: ele não estava mais na banda. Ele saiu. Então, o fardo da composição sobrou para Tony para mim, o que foi bom para mim – prefiro trabalhar com um guitarrista que ter muitas mentes envolvidas no processo, muitos dedos no bolo, então fomos capazes de consolidar essa maravilhosa capacidade de compor juntos".

Ele continuou: "É maravilhoso quando você consegue fazer isso – o vocalista e o guitarrista não são necessariamente os membros mais importantes de uma banda, mas eles são os mais visíveis, e assim nos tornamos muito bons nisso. Eu acho que proporcionei a Tony uma espécie de lugar onde ele pudesse ir para se tornar um músico melhor, algo que ele não conseguira antes – mudanças na forma de tocar, ele não conseguia fazer antes, ouvir uma melodia que ele não ouviu antes que poderia tocar. Então, essa foi minha participação nisso. Entusiasmado? Sim, eu sou entusiasmado, simplesmente porque entro em qualquer projeto com muito entusiasmo: se eu não fizesse isso, o que iria fazer lá então? Quero estar lá avançando, isso é ótimo. É isso que os líderes fazem de verdade. Não estou dizendo que eu era o líder da banda, não estou dizendo nada disso, mas, se havia um, provavelmente era eu naquela época".

Ele manifestou seu respeito também, dizendo: "E, se não era eu, era Bill Ward. O que pode soar estranho, eu sei, mas Billy pegou o touro pelos chifres e ele queria que triunfasse. Era importante que todos nos sentíssemos dessa maneira. Geezer não voltou até que já tivéssemos pelo menos duas faixas prontas. A forma que eu via era, eles tinham uma oportunidade de ser tão bons quanto já foram, e eu acho que você consegue ouvir em *Heaven and Hell* o quanto eles estão bem. Você ouviu isso, e isso me deixou mais orgulhoso que qualquer coisa. Aquela banda tinha chance de ser bem-sucedida novamente, porque eles mereciam aquele sucesso. Foi uma grande época para mim, saber que eu estava lá ajudando o Black Sabbath a ser o Black Sabbath novamente e não, oh, um bando de perdedores".

O mesmo foi posto em prática em *Mob Rules* e outra vez: "Quando nos reunimos para *Mob Rules*, já tínhamos o processo pronto, então podíamos compor as canções. Isso não significa que as canções eram melhores que as de *Heaven and Hell*, mas eram canções. Era mais confortável, mas você sabe que isso às vezes pode se tornar também contraproducente. Às vezes você fica mais sedento quando faz seu melhor trabalho. Tivemos um grande sucesso de vendas com *Heaven and Hell* e o próximo álbum ficou um pouco difícil de fazer porque o sucesso entrou no meio do caminho".

O que causou a separação por volta da época de *Live Evil*? "Todos estavam bem-sucedidos novamente e era como, bem, preciso pensar sobre isso... o que, você está ganhando mais que eu? Espere um minuto, cara... todas essas coisas, essas paranoias que impregnam dentro da banda brotaram para fora e tornaram as coisas bem mais difíceis. Tivemos uma troca de baterista, e os rapazes não gostam muito de mudanças. Tony não se importou muito, mas Geezer ficou bastante incomodado. Acho que ele queria que sempre fosse ele, Ozzy, Tony e Bill. E eu entendo isso, tudo bem, foi assim que chegaram aonde chegaram. Mas não refletia mais a realidade, não iria acontecer. Se Tony não estava mais feliz tocando com Ozzy, então foi o fim, ele não iria estar mais lá. No final das contas, era Tony que impulsionava tudo. Minha alegria era trabalhar com Tony do ponto de vista da composição".

E assim, mais uma formação colocou a mão na massa, esperando que a história se repetisse.

Enquanto isso, Ozzy vinha sendo bem-sucedido em sua própria batalha contra o álcool. Desde que tentou matar sua esposa em um ataque de loucura com o efeito da bebida, ele superaria vários meses de terapia de reabilitação e se recuperou suficientemente bem para gravar outro álbum novo, intitulado de forma apropriada *No More Tears*. Com sua arte da capa pertinentemente sóbria – um retrato do rosto em sépia, com seus olhos protegidos por um corte de cabelo sensível e tingido de castanho e o queixo mais fino e delicado –, torna-se evidente que um novo período de bom senso se manifestou. Ozzy acrescentou que era hora de se restabelecer longe dos clichês do passado, explicando: "Eu realmente não entendo por que as pessoas têm uma imagem negativa de mim. Parte de mim é feliz, porque o rock'n'roll é um negócio sensacionalista. Se você não entra em controvérsias, não faz parte do rock'n'roll, você é da turma do Phil Collins".

Gravado com os parceiros de longa data Zakk Wylde, Randy Castillo, Bob Daisley e o novo baixista Mike Inez (que mais tarde se juntaria ao Alice In Chains, Black Label Society do Zakk e outras bandas), o álbum é um recomeço à década, mesmo estando longe de ser um disco heavy metal. Como seu criador disse, ele queria explorar uma nova abordagem agora que estava finalmente sóbrio – por isso o título nada berrante ("Eu não quero chamá-lo de *Return of the Madman* ou *Black Death* ou algo parecido com isso. Isso tudo ficou muito tedioso para mim") – e para isso pediu a Ian "Lemmy" Kilmister do Motörhead para acompanhá-lo com a composição. O ângulo funcionou de maneira óbvia, apesar de meticulosos 18 meses de composição, pré-produção, gravação e mixagem que *No More Tears* exigiu da banda e dos produtores do Mötley Crüe e do LA Guns John Purdell e Duane Baron. Uma das canções, "I Don't Want to Change the World", ganhou o prêmio Grammy no ano seguinte.

Sobre o ciclo prolongado de produção, ele riu: "Eu me lembro de dar uma entrevista para um cara de San Francisco. Ele era muito fã do Metallica e disse que eles entraram no estúdio, tocaram e fizeram tudo muito rápido. E eu disse: 'Espere até que eles estejam no ramo mais tempo'. Meu primeiro álbum levou 12 horas para ser feito. Eu gostaria de poder fazer agora um álbum em 12 horas! Com o sucesso, você tem de tentar aparelhos diferentes e tentar coisas estereofônicas e do gênero, porque estão aí para você usar. Faz com que você se sinta bem. Você tem de meter o dedo no bolo. Você deve testar coisas diferentes. É como uma criança em uma doceria. Simplesmente porque estão aí". (Ele estava correto: em 1990 e 1991, quase como ele disse em suas próprias palavras, o Metallica passaria 12 meses inteiros gravando seu quinto álbum homônimo no estúdio.)

No More Tears começa com "Mr Tinkertrain", um conto horripilante de um molestador de crianças que entoa em frases apropriadamente angustiantes, "Would you like some sweeties, little girl?" ["Você gostaria de uns docinhos, garotinha?"]. Um riff estranhamente bombástico – considerando o assunto – acompanha a canção, fazendo dela uma canção estranha, mas memorável.

A ganhadora do Grammy "I Don't Want to Change the World" é a próxima, na qual Ozzy canta, "I don't want to change the world, and I don't want the world to change me" ["Eu não quero mudar o mundo, e não quero que o mundo me mude"]. É extremamente contagiante, o que explicaria seu apelo comercial, sem contar com a guitarra brilhante e trabalhada de Wylde. A próxima faixa, uma balada para tocar na rádio, em coautoria com Lemmy, chamada "Mama, I'm Coming Home", permanece como uma das melhores canções na carreira de Ozzy, com seu compassivo acompanhamento acústico. "I could be right, I could be wrong, hurts so bad, it's been long" ["Posso estar certo, posso estar errado, dói muito, faz muito tempo"] pode não ser uma frase original, mas não deixou de fazer um sucesso moderado, rendendo direitos autorais a Lemmy em décadas futuras.

"Desire", uma simples canção de rock na qual Zakk se encontra admiravelmente contido, é um alerta desafiador a qualquer um que tenha zombado da idade relativamente avançada de Ozzy – um moderado 43 nessa época – com a frase "Who wants to be cool? Life's amazing" ["Quem quer ser legal? A vida é maravilhosa"].

"No More Tears", outro single diferenciado pela pausa em falsete de Ozzy e uma performance de slide guitar, não é tão audível como "Mama..." ou as outras "grandes" canções, o mesmo serve para "S.I.N.", que possui um refrão descendente um tanto pop. A banda toda está em sua melhor forma, é claro, mas todo álbum de Ozzy (e do Sabbath) apresenta faixas de enchimento, e aqui estão elas. Sobre o resultado balada pesada de *No More Tears*, Ozzy disse: "Acabei de ler uma crítica, 'Ozzy Osbourne nunca fez uma balada'. Asneira. Durante 20 anos eu venho cantando baladas. Fiz baladas em vários álbuns, sabe, e eles nunca prestaram atenção nelas. Eu gosto de música dos anos 1970. A música dos anos 1970 era muito mais musical do que antes. As técnicas de gravação eram selvagens. Nos anos 1970 havia uma variedade de músicas. A música não era categorizada".

"Hellraiser" é boa, composta obviamente para atrair os momentos de participação da plateia em um típico show de Ozzy, e tirar vantagem de um refrão para cantar junto apropriado para o início dos anos 1990. Enquanto isso, "Time After Time" pode ter uma letra um pouco fraca ("It was written in your eyes / I guess it's no surprise" ["Estava escrito em seus olhos / Acho que não é surpresa"]), mas, se tratando de baladas, é benfeita. "Zombie Stomp" é bem melhor, uma ressaca musical em que Ozzy debate os "demons in my brain" ["demônios em meu cérebro"] que o torturam após uma sessão de bebedeira. Zakk e a seção rítmica fazem um trabalho excelente criando uma atmosfera de tensão, e tudo transmite uma sensação de realidade – vindo de um homem que sabia sobre o que estava cantando.

"A.V.H.", um rock muito melódico do tipo que Ozzy e sua banda poderiam tocar dormindo, é um simples prelúdio ao verdadeiro clássico do álbum, "Road to Nowhere", na qual nosso herói olha para sua vida em retrospectiva. "The wreckage of my past keeps haunting me" ["Os destroços de meu passado continuam me assombrando"], ele reclama, mas conclui usando uma linguagem terapêutica de superação, "A estrada para lugar nenhum me conduz".

Ozzy ainda não tinha a mínima ideia se seu álbum era bom, reclamando: "Com o Black Sabbath, eu não tinha a mínima ideia se nós impressionávamos alguém. Nós não frequentávamos as rádios, não tínhamos assessoria de imprensa, nunca usamos qualquer artifício. Somente agora, 11 anos depois que me separei do Black Sabbath, que comecei a notar isso... Porque quando você fica envolvido no trabalho, você não tem tempo para pensar em outra coisa. Você simplesmente faz. Sempre fui uma pessoa autocrítica. Acho que é isso que me manteve me esforçando em várias maneiras, porque eu sempre tento dar meu melhor.

Cada disco que eu fiz, eu tinha algo para compor; eu queria me trancar no quarto com uma garrafa de vodca. Fico maluco, sabe? Não é tão ruim para mim, mas o que eu já fiz minha esposa passar é inacreditável. 'Seu vadio', lamento toda noite. Não entendo por que eu me sinto dessa forma. Não sei como eu me sinto, então busco algo para justificar o porquê de estar me sentindo dessa maneira. Na maioria das vezes, as coisas que se encontram mais próximas são minhas garrafas. Tenho de me acalmar. Não é culpa de minha esposa se eu não consigo lidar com a luz do sol. Não é culpa de minha esposa se eu estou perdendo a confiança neste período, porque é duro, você entende? Não é culpa de minha esposa se eu não vendi, ou se eu vendi, ou qualquer coisa... Ela é a minha manager e minha esposa. À medida que o tempo passa enquanto eu atravesso esta fase, eu fico pensando, 'Tem de ser bom, não precisa ser incrível. É incrível? Consegui fazer um álbum incrível?'. E fico pensando: 'Talvez não, talvez sim'. Mas, agora estou pensando, 'Você não tem desculpa, você tem de aparecer com um álbum explosivo!'. Estou constantemente andando e rasgando meu álbum em pedaços, e eu nem sequer o gravei ainda".

Era de rock? Era de metal? Ozzy não se importou, dizendo: "É ridículo, porque você tem de enfiar tudo no mesmo saco. Nos anos 1970, você se identificava como um indivíduo, em vez de ter milhares de bandas como esta e milhares de bandas como Ozzy Osbourne e milhares de bandas como qualquer coisa. Havia individualidade. Fiz uma atração com o Eagles, o Lynyrd Skynyrd e o Black Sabbath. Toquei em várias atrações com o Jethro Tull!".

Atingindo o 17º lugar no Reino Unido, *No More Tears* foi um sucesso respeitável na nova era, mais incrível ainda considerando o quanto a moda musical atravessava uma mudança radical nessa época. Em 1991, o grunge era a nova música, e o heavy metal se viu forçado a se reinventar – ou seria varrido para longe. Restava saber se Ozzy e o Sabbath conseguiriam superar a tempestade que se aproximava.

CAPÍTULO 18

1992

Apesar da popularidade de *No More Tears*, o luxo de ter uma banda extremamente talentosa que compunha uma unidade estável e considerando sua nova forma física e sóbria em 1992, Ozzy Osbourne começou a sentir o peso do estilo de vida de músico de turnês. Afinal de contas, ele vinha liderando uma banda de rock por quase um quarto de século, sem mencionar o uso desenfreado de várias substâncias, entretenimentos e distrações que o membro de uma banda de rock famosa tem de ceder.

No mesmo ano, a família de Ozzy – sua esposa Sharon e seus seis filhos (Jessica, Elliot e Louis da primeira esposa Thelma, e Aimee, Kelly e Jack com Sharon) – ficou abalada com a notícia de que ele podia sofrer de esclerose múltipla. Embora a manifestação inicial da doença fosse geralmente lenta, ele decidiu que a aposentadoria seria a melhor opção e que deveria organizar uma turnê de despedida, de qualquer forma, uma decisão apropriada na esteira de sua nova fase de vida com *No More Tears*. A turnê *No More Tears Tours* foi prontamente montada para o verão e o outuno.

As últimas datas, ele anunciaria, iriam contar com convidados especiais.

Enquanto isso, o Black Sabbath – Dio, Iommi, Butler, Appice e Nicholls – estava preparando o lançamento do novo álbum com a formação de *Mob Rules*, *Dehumanizer*. Como Geezer disse, "musicalmente, é um retorno ao som original do Sabbath; é isso que todos nós queríamos. Em termos de letra, acho que Ronnie avançou. Então, é um pouco dos dois. Um retorno às raízes e, ainda assim, avançando... é muito bom, porque após todos esses anos de ataques dos críticos e tudo mais, as bandas estão nos apontando como sendo sua maior influência. Isso é especialmente bom porque ajuda a manter nosso som meio que inovador e atual".

Como Vinny Appice se recordaria: "Peguei um voo para a Inglaterra, nós começamos a compor e a mesma coisa aconteceu. Montei um pequeno estúdio de gravação – encarregado das fitas, novamente! – e assim que cheguei lá eles já tinham três ou quatro canções prontas. Fizemos o resto das composições em torno de duas semanas; tudo transcorrendo tranquilo outra vez. Fomos ao estúdio e, nas primeiras seis semanas, Ronnie e eu tínhamos uma casa em Stafford: nós ensaiávamos na sala com pequenos amplificadores – era muito engraçado! Fizemos uma demo em Monnow Valley, voltamos para casa por duas semanas e, em seguida, retornamos e gravamos em Rockfield. Portanto, no total, levou dois turnos de seis semanas para gravar".

As letras se distanciariam do enfoque fantasioso de antigamente, para entrar em sintonia com as tendências musicais atuais mais realistas. Geezer disse: "Ronnie e eu nos sentamos para discutir o rumo das letras, e ele não queria fazer nada que tivesse a ver com masmorras, dragões e arco-íris, e muito menos eu. Então refletimos: 'Vamos lidar com o que está acontecendo no mundo agora'. Havia muito material para examinar e usar na composição".

Ao que tudo indica, a formação com Cozy Powell realmente havia sofrido uma mudança quando o assunto era composição: "Após os primeiros seis meses, nós não achávamos que as sessões estavam funcionando", disse Butler. "Somente depois que Vinny voltou à banda é que nós realmente sentamos e improvisamos, tocando em torno de oito horas todo dia. A coisa decolou a partir desse ponto. Os primeiros seis meses pareciam uma perda de tempo, apenas uns sentindo os outros e sendo um pouco educados uns com os outros... O que aprendemos é que, se você fica polindo o trabalho, você perde a alma da banda. Além disso, sabíamos que não iríamos tocar no rádio, então não havia motivo para tentar ser comercial."

Questionado como Tony Iommi e seu velho parceiro Ritchie Blackmore se diferenciavam como parceiros de composição, Dio disse: "Bem, Ritchie era bem mais engajado naquilo que compunha para um riff, ou nas mudanças dentro da canção. Você sabe – eu quero *desta* maneira. Ele sabia quem era, imagino, e sabia o que queria. A maior diferença, eu acho, é que Tony era mais aberto a tudo. Sabe, podemos ir nessa direção? O que você acha disso? Sim, vamos tentar isso. Ele estava aprendendo meu método do Rainbow, para dizer a verdade, porque eu tinha de sobreviver dentro daquilo e compor em cima dos riffs, algo que Ritchie gosta muito de fazer. É difícil para um vocalista, mas é assim que você se torna bom nisso. Ritchie foi um grande centro de treinamento para que eu conseguisse chegar ao Sabbath e, como eu disse, Tony tinha uma mente aberta e mostrava muito entusiasmo com as coisas que nós compúnhamos. Os músicos não consideram os vocalistas como verdadeiros músicos, então, quando você mostra que conhece seus instrumentos e que de fato talvez saiba mais sobre eles do que eles mesmos, então você passa a ser respeitado. Não acho que o Sabbath precisava entrar nessa região semiclássica pela qual Ritchie enveredou: isso não faria parte do Sabbath".

Embora Geezer e Iommi flertassem com um retorno do velho estilo clássico do Sabbath havia vários álbuns, a associação da composição que eles agora alcançariam não pode ser negada: "Nós nem sequer falamos sobre compor canções, sabemos o que vai acontecer", ele disse. "Não há explicações, não há monotonia. É incrível. Tony consegue fazer riffs para sempre – às vezes temos de fazê-lo parar. Ele era um grande músico de jazz quando nos encontramos pela primeira vez. Ele cobre todos os estilos. Esta banda, na realidade, limita suas habilidades".

Sobre a próxima turnê, Geezer avaliou: "Não dá para ganhar dos shows ao vivo. Você pode ser o mais esperto que quiser no estúdio, mas nada ganha da atmosfera de uma boa plateia. Quando você toca... só tem gente do Sabbath. Em nosso último show tivemos um público pequeno de 3 mil pessoas, mas eles conheciam tudo nosso. Em alguns shows, vemos que as multidões não têm a mínima ideia do que está acontecendo". Entretanto, ele não comentaria sobre o futuro do Sabbath pós-*Dehumanizer*, dizendo: "Aprendi a não prever qualquer coisa sobre esta banda. Fiz isso muitas vezes apenas para me arrepender três anos mais tarde!".

Quando o álbum foi lançado, no dia 4 de julho de 1992, teve um impacto, graças aos acenos de som antigo que Geezer vinha prometendo e aos vocais vigorosos de Dio. A capa traz uma imagem um tanto cruel da Morte robotizada, semelhante a um tipo de Exterminador do Futuro heavy metal, "desumanizando" um roqueiro cabeludo e desafortunado recebendo raios em seu peito, enquanto um altar malévolo exibe um computador. Piegas, é claro, especialmente olhando em retrospectiva na era da internet, mas na época muitas bandas abordavam muito o tema dos efeitos nocivos em potencial da ascensão da tecnologia da informática, e não resta dúvida de que tudo isso parecia vanguardista na época.

"Computer God" diz tudo, com os vocais de Dio surpreendentemente graves ("Man's a mistake so we'll fix it, yeah" ["O homem deu errado, então vamos consertá-lo, sim"]) sintetizando o tema de ficção científica. Duas mudanças de ritmos dão peso à guitarra de Iommi, que nessa época se aproximara em velocidade e conhecimento técnico aos líderes do gênero, tais como Steve Vai e Joe Satriani. Mas, como "After All (The Dead)" demonstra, Iommi não entra na velocidade por mero capricho, arrancando um riff digno da era de 1972 que, provavelmente e de forma deliberada, trata-se de uma retrospectiva de duas décadas de progressão musical, como a rápida "War Pigs" e tudo mais.

A rapidez ao estilo doom metal (se é que pode existir tal gênero) de "TV Crimes" é o ponto alto de *Dehumanizer*, com Dio não exagerando nos vocais arabescos e um riff extremamente técnico partilhado por Geezer e Iommi, algo para se contemplar. A canção foi lançada como um single, atingindo o respeitável 33º lugar. "Letters From Earth" é também uma canção lenta e pesada que remete ao passado glorioso, com o conto de Dio sobre alienação ("What if I send you confusion?" ["O que aconteceria se eu te enviasse confusão?"]) sendo uma mistura muito prática com uma sequência de lamentos e múrmuros trabalhados na guitarra que soa 15 anos mais antigo do que sua idade atual.

Os seis minutos de "Master of Insanity", começando com um riff complexo da guitarra de Geezer, valem o investimento: a banda atravessa uma tempestade com camadas de guitarra semiarpejadas em um ritmo que se ajusta perfeitamente, mesmo se a letra de Dio nunca tenha alcançado uma verdadeira sofisticação ("You'got to hold on, open your eyes" ["Você tem de aguentar, abra seus olhos"] e assim por diante). "Time Machine", que apareceu nas trilhas sonoras de *Spinal Tap* e dos filmes *Bill & Ted: Uma Aventura Fantástica* e *Quanto Mais Idiota Melhor* no mesmo ano, não tem muito para se recomendar, a não ser pelo ritmo desenfreado e o vigor da produção.

Quando "Sins of the Father" começa com a frase "I am the crazy man who lives inside your head" ["Eu sou o louco que vive dentro de sua cabeça"], fica claro que se trata de um retorno ao início dos anos 1970: a tonalidade da canção ficaria perfeita na voz inexperiente de Ozzy, enquanto o riff simples ecoando reflete Iommi em seu auge. É um clássico, diferentemente de "Too Late" com seus sete minutos – que traz a indispensável atmosfera suave e uma estrutura épica que vimos em cada álbum do Sabbath até agora, mas que não consegue gerar um impacto verdadeiramente memorável. Entretanto, os vocais de Dio são excelentes, apesar de uma instrumentação um tanto mundana.

Dehumanizer termina com "I", uma faixa um tanto experimental e sem brilho com variações de ambiente entre o acústico e o elétrico, e "Buried Alive" – uma canção muito mais impressionante em que os arranjos parecem ter saído do álbum da contemporânea Pantera, tais como *Cowboys from Hell.* O riff staccato com sua guitarra rolando uníssona e batidas descendentes no baixo soa totalmente influenciado pelo cenário do metal na época, do Metallica para trás.

Para os fãs do Sabbath que desejavam ouvir a banda invocar alguns de seus sons mais antigos, *Dehumanizer* era o maná que caiu dos céus. Apenas o som dos riffs simples e brutais em algumas canções foi suficiente para que um número considerável de críticos babasse no álbum, e o público consumidor de metal ficou satisfatoriamente interessado, tanto que o conduziu ao 28º lugar, uma proeza razoável na era do Nirvana.

Vinny Appice é orgulhoso de *Dehumanizer* e me conta: "Eu amo esse álbum, tem muito fogo nele. É muito agressivo e é um grande som. A bateria também está bem alta nesse álbum! O que é engraçado, porque assim que terminamos já começamos a mixá-lo. Rockfield era muito tedioso, então eu disse, por que eu não pego um voo para casa? Vocês são capazes de mixá-lo sozinhos. E, em seguida, sem que eu estivesse lá, eles ficaram preocupados que a bateria não estivesse suficientemente alta! Por isso que a bateria ficou tão alta: se estivesse lá, eu teria sugerido que eles abaixassem um pouco. Quando Ronnie e eu colocamos o disco para tocar depois, pensamos, caramba, a bateria está muito *alta*!".

Os membros da banda ficaram encantados com a qualidade de *Dehumanizer*, com Ronnie James Dio me contando muito tempo depois: "Eu acho que *Dehumanizer* é um disco muito subestimado. Depois que nos reencontramos, tenho certeza de que a mídia ficou pensando, agora vamos ter outro *Heaven and Hell.* E a reação foi exatamente contrária, porque não era o que queríamos fazer. Apelando para o lado mais sombrio, nós acabamos nos alienando um pouco das pessoas que esperavam isso. Era provavelmente muito, mas muito pesado para seu tempo: o mundo estava mudando na época, entrando bandas de garotos e todo tipo de coisa, inclusive o grunge. Então, possivelmente poderia ter se tornado um dinossauro de cara, porque estava fora de seu tempo. Mas a maioria dos álbuns em que eu tenho trabalhado – e espero que continue sempre assim – acaba se tornando atemporal, por causa da estrutura das canções e a forma que elas têm, e pelo fato de serem tão exclusivas e tão diferentes na maioria das vezes. Você consegue ouvi-las 20 anos depois e pensar, uau, esse é um belo álbum – e não, uau, isso está ultrapassado. Talvez daqui a 20 anos ele seja ultrapassado, mas talvez até lá nós estejamos tocando tijolos, e isso seria um novo som. Mas eu acredito que a maioria de meus álbuns resistiu ao tempo e, provavelmente, é isso o que me deixa mais orgulhoso. Sou sempre consistente com as coisas em que eu me envolvo".

A subsequente turnê, que começou atravessando a América do Sul um mês antes do lançamento do álbum, adquiriu uma nova dinâmica quando *Dehumanizer* alçou voo e cruzou os Estados Unidos com muito sucesso. A banda híbrida metal/blues Danzig o acompanhou, como fez também a incrivelmente brega Love/Hate, uma banda hair metal que de alguma forma conseguiu escapar de ser varrida pela onda grunge. Em agosto, mais datas nos Estados Unidos refletiram o poder de atração do Sabbath, enquanto as bandas de apoio variavam no rap metal (Prong), power metal (Helloween), vintage thrash (Slayer, Testament), shock rock sub-Ozzy (WASP) e, de forma bizarra, Iron Maiden, cujas fortunas comerciais se encontravam em um nível relativamente estável na época.

Uma turnê europeia e no Reino Unido foi marcada por um espaço no cartaz da prestigiada Festa Nazionale Dell' Unita da Itália, que tinha também como destaque Pantera e Megadeth. Esse foi o auge do metal extremamente comercial (excluindo a menor, porém mais intensa onda do death/black metal do próximo século), e bandas como o Black Sabbath estavam sendo expostas a um grupo de fãs totalmente novo, tocando junto com essas atrações. "Começamos com turnês menores – 2 mil a 3 mil lugares –; e estávamos conseguindo lotá-los", relembra Appice. "Em seguida, fizemos uns dois shows com 10 mil pessoas, e naquela época a música estava mudando – estávamos atravessando a onda grunge –; portanto, nossa banda estava indo muito bem."

A próxima etapa da turnê dos Estados Unidos de 1992 continuou em outubro e novembro, e estava preparada para culminar em um evento que seria uma experiência única na vida – o último show de Ozzy Osbourne em Costa Mesa, na Califórnia, após o qual ele prometera se aposentar das turnês para sempre. A ideia que ele e Sharon tiveram era de que ele começou e que terminaria sua carreira ao vivo como um membro do Black Sabbath: o quarteto original tocaria junto para encerrar o show, após a atual formação liderada por Dio realizar seu show regular. Como Butler contou à revista *Vintage Guitar*: "Fizemos algo em 1992 que supostamente seria o último show de Ozzy. Era para ser o derradeiro, o concerto de despedida, e ele queria encerrar a coisa toda conosco".

Uma oferta generosa, considerando as circunstâncias, mas que exigiria um esforço enorme de produção. Tony Iommi, o primeiro a se manifestar, ficou entusiasmado, do mesmo modo que Vinny Appice, Geoff Nicholls e Bill Ward, que disse: "Para fazer o reencontro em Costa Mesa em 1992, eu recebi um telefonema de Gloria Butler. Ela me contou que iria acontecer uma reunião lá em Costa Mesa. Perguntou se eu podia descer até lá para o show. Recebi o telefonema um dia antes do show. Eu estava no norte da Califórnia, mais de mil quilômetros de onde seria o show! Então, entrei no carro, dirigi feito um louco na rodovia e cheguei lá. Fiquei lá esperando. Fiquei atrás do palco esperando".

Geezer Butler também ficou interessado, mas indicou que um membro chave da banda – Ronnie James Dio – estava tornando as coisas difíceis: "Não estava dando certo. Quanto à performance, [a turnê *Dehumanizer*] era excelente. Mas tinha algo que não batia certo. As coisas culminaram em uma série de questões. Ronnie teve uma atitude diferente e se recusou a fazer o show".

Vinny confirma essa versão e me contou que os relacionamentos internos da banda estavam se tornando tensos novamente, do mesmo modo que acontecera em 1982. "A mesma coisa começou a acontecer com o relacionamento deles, e o que agravou a situação foi o show de Ozzy em Costa Mesa. Tony e Geezer queriam fazer, mas Ronnie não queria. Ele não gosta do Ozzy, não gosta da Sharon e não queria tocar – assim por dizer – antes do Ozzy. O que também o preocupava era que, se ele entrasse antes do Ozzy, Sharon desligaria seu microfone ou algo parecido... sabe, um problema técnico! Esse tipo de coisa. Então, ele não queria fazer, e esse foi o final da banda. Ele disse, eu não vou fazer e San Francisco é meu último show."

A banda, em que todos queriam fazer o show com Ozzy, ficou sem vocalista para a abertura. Geezer tentou buscar em outro lugar: "No início pedimos a Tony Martin para substituí-lo, mas ele não tinha como conseguir um visto em tão curto espaço de tempo". Felizmente, outro candidato estava disponível: "Então, Rob Halford do Judas Priest se ofereceu para tentar. Ele é de Birmingham como nós".

Vinny: "Agora eu estou no meio novamente, então conversei com Tony e Geezer, conversei com Ronnie, eu não queria deixá-los. Se eu saísse, eles realmente iriam ter problemas, porque eles teriam de arrumar um vocalista e, em seguida, um baterista em apenas duas semanas antes do show. Eu queria tocar, então expliquei a Ronnie que não poderia deixá-los na mão – nada contra nosso relacionamento, a menos que você não queira que eu faça – então eu tranquilizei as coisas e eles conseguiram Rob Halford para cantar".

Talvez o melhor vocalista de heavy metal que o Reino Unido já produziu depois de Ozzy, Halford era o candidato dos sonhos para trabalhar com o Sabbath. Como Appice relembra: "Na noite seguinte estávamos no Arizona, e tínhamos a próxima noite livre, então ensaiamos com Rob e passamos a lista de canções. Foi legal, mas não havia muito tempo para ensaiar. Coitado do Rob – ei, Rob, aprenda 11 canções e letras! E, então, mudamos a lista porque não queríamos fazer muita coisa de Dio. Então, agora estávamos tocando 'Symptom of the Universe' e todas aquelas outras canções que eu realmente nunca tinha tocado – então, agora era minha vez de aprender também novas canções!".

E assim, no dia 15 de novembro de 1992, o inacreditável realmente aconteceu. Halford executou uma lista de clássicos do Sabbath, apesar de todas as dificuldades aterrorizadoras (Appice: "Fizemos o show e deu certo, todos disseram que o som estava excelente, mesmo que o teleprompter que Rob tinha para ler as letras tenha quebrado! E ele não tem mais 20 anos de idade, então não consegue ver as folhas com as letras – ele tinha de se ajoelhar para se aproximar das folhas! Estava fazendo todo aquele movimento no palco, mas, na realidade, ele estava apenas tentando ler as letras..."), em seguida, um grande aplauso, Ozzy se junta à banda para cantar quatro canções. Ward entrou em êxtase: "Ozzy... ele veio! E eu fiquei absolutamente extasiado. Não conseguia encontrar algo mais plausível do que subir lá em cima com meus amigos e tocar. Fiquei absolutamente extasiado... entende, nós nos divertimos muito lá em cima. Foi um momento maravilhoso".

A música acaba, Ozzy se despede da multidão, desce do palco e as luzes se apagam. Aqueles que estavam presentes acreditaram que havia acabado uma era.

Planos para uma atividade futura circularam, com Appice inclusive dizendo: "Houve até uma conversa sobre a continuação com Rob. Tony gostou e disse que foi muito bom com Rob, e eu achei que eles iriam lhe pedir para ficar e fazer um álbum. No entanto, nada se materializou!".

Por outro lado, Dio e Appice estavam dispostos a continuar como membros do Sabbath. Mas, como Vinny se recorda, havia outros fatores em jogo: "Aquele foi o último show e eles queriam que eu continuasse e fizesse outro álbum com eles. Tanto Ronnie como eu iríamos continuar.

Mas o problema era que eles me deviam dinheiro e isso me deixava com um gosto amargo na boca. Eu tinha um contrato em diferentes níveis e eles não pagavam, então eu me posicionei, Ok, não vou lidar com esse tipo de coisa, vocês me pagam o que foi concordado. Então, foi por isso que não fiz outro álbum. Não, eu não os processei – e, de qualquer forma, processá-los custaria quase o valor que eles me deviam. Na realidade, acabei recebendo o dinheiro deles no final, mas não de forma voluntária. Quando os vi novamente, não havia qualquer tipo de problema – isso foi muito tempo atrás e, de qualquer modo, meu problema era com a produção, e não com eles".

Nem todos ficaram satisfeitos com a reunião em Costa Mesa. Cozy Powell contou à *Aardschok*: "Eu estava muito ocupado com a turnê de Brian May para saber o que tinha acontecido em Costa Mesa. Mais tarde, fiquei sabendo e achei aquilo tudo patético e vergonhoso. É como se todos os antigos tivessem sido desenterrados novamente. Vi as fotos na MTV de Ozzy Osbourne, Bill Ward, Geezer Butler, Ronnie James Dio e até Rob Halford que substituiu Dio. O Black Sabbath parecia um circo itinerante e todos nos bastidores tentavam não rir. Afinal de contas, com todas essas mudanças na formação, especialmente nos últimos cinco anos, torna-se impossível estabelecer ou manter a credibilidade como banda. Se o Black Sabbath deseja manter qualquer direito de existir, deveria pelo menos manter uma [única] formação durante alguns anos".

O que estava realmente acontecendo nos bastidores, de acordo com todos os envolvidos – além dos protestos sobre a "aposentaria" de Ozzy –, eram planos para um reencontro em larga escala de Osbourne/Iommi/Butler/Ward. No entanto, era para uma turnê, e não um novo álbum, como Butler disse: "Nós nunca iríamos fazer um álbum porque as gravadoras com quem tínhamos contratos não permitiriam. A turnê era definitiva – passamos seis meses assinando contratos. Em junho passado, nós assinamos os acordos e no dia seguinte Ozzy recuou via fax. Nós já passamos por isso antes em 1985, quando Ozzy disse que estava brincando depois que conversamos quando fizemos juntos o Live Aid". Por agora, cabe salientar que os médicos haviam afastado de Ozzy qualquer possibilidade de esclerose múltipla, declarando que ele havia sido mal diagnosticado.

Iommi, em particular, disse em várias entrevistas na época que os contratos foram feitos e trocados entre os managers dos campos rivais (Sharon Osbourne do lado de Ozzy e a equipe de seu pai Don Arden do lado do Sabbath), mas o passo final – uma assinatura de Ozzy – não se materializou. Como ele disse: "Na época, sinto que Ozzy decepcionou muitas pessoas. Foi Ozzy que colocou a ideia na cabeça de todos para fazer isso. E a coisa se arrastou por oito meses de negociações, entre produtores, advogados e todos os envolvidos. Assinamos nossos contratos, Bill Ward, Geezer e eu, e foi Ozzy que pulou fora no final. Foi ele que decepcionou todo mundo, e não outras pessoas... A coisa mais fácil de fazer, você pensaria, seria subir no palco e simplesmente tocar. Mas existe um monte de porcaria envolvida e isso realmente atrapalha. Faz com que não aconteça nada. Existe muita inveja nesse ramo. Infelizmente, foi isso o que aconteceu entre Ozzy, Geezer, Bill e eu. Há muita coisa ruim, coisas jogadas a torto e a direito. Não há necessidade para isso. Na idade em que estamos agora, você não deveria tentar passar por cima dos outros. É ridículo".

Ele acrescentou: "Na minha opinião, quero apenas seguir com minha própria vida, em vez de andar para trás o tempo todo. É legal fazer esses reencontros e coisas do gênero, mas de alguma forma é um passo para trás. Nem sempre funciona. Pode até dar certo no papel. Mas, quando você começa a tocar, o time não joga do mesmo jeito".

A principal vítima foi Bill, para quem a presença de Ozzy era muito crucial psicologicamente e que havia cancelado outros compromissos para se preparar para a suposta turnê de Ozzy. Como Iommi disse, "custou muito esforço. O mais decepcionante foi que eu senti muita pena de Bill Ward, ele realmente parou tudo. Ele estava fazendo um projeto e o colocou na gaveta, esperou meses, achando que tudo ia dar certo. E isso foi muito triste porque Bill não merecia esse tipo de tratamento".

O próprio Ward disse: "Trabalhamos durante nove meses nesse projeto. Depois dos shows em Costa Mesa, nós nos empenhamos nisso durante pelo menos nove meses... Conversávamos [com Ozzy] pelo telefone, e nossos managers mantinham contato. Muitas datas já haviam sido agendadas antes de Ozzy decidir que não daria continuidade com o projeto. Nós já tínhamos assinado os contratos, e ele tinha de nos dizer aquilo pelo fax. Ficamos muito desapontados. Dois meses depois, ele entrou em contato com aquelas pessoas. Minha equipe e eu passamos dois meses enviando cartas a todos. O público ficou chateado e desapontado, mas não havia algo que pudéssemos fazer. Passamos aqueles dois meses tentando pedir desculpas a todas aquelas pessoas que ficaram tristes e magoadas... depois do que aconteceu, ele me ligou apenas duas vezes, e isso não era normal, porque ele é do tipo de pessoas que liga pelo menos cinco ou seis vezes por dia, e desde então ele me ligou apenas duas vezes em dez meses. No começo eu fiquei um pouco irado, mas agora não tenho problema algum em falar com ele e compartilhar as coisas".

Geezer disse de forma pragmática: "Toda a tarefa difícil foi feita, reunir-se novamente. Era mais fácil depois disso, mas, no último minuto, Ozzy mudou de ideia e foi isso. Não vai acontecer agora". Questionado se tem algum arrependimento, ele ponderou: "Já que você perguntou, sim. Teria sido maravilhoso para os fãs jovens que nunca nos viram juntos; maravilhoso para os mais antigos que se lembram de nós e maravilhoso para nós porque ganharíamos uns 2 milhões de dólares".

Finalmente, o próprio Ozzy disse em um chat online para a AOL em novembro de 1995 sobre um possível reencontro no futuro: "Absolutamente 100% não".

E assim o clássico reencontro fracassou pela segunda vez em sete anos. Os fãs queriam que isso acontecesse, a maioria dos membros da banda queria que isso acontecesse, mas suficientes produtores, promotores, advogados, agentes, contadores e outras escórias ligadas à indústria fonográfica não queriam que isso acontecesse, o bastante para garantirem que não acontecesse.

Como é que ficaram os personagens da história? Bem, Ozzy supostamente se aposentou. Tony Iommi e Geezer Butler ainda continuaram uma variante do Black Sabbath. Bill Ward ficou inseguro sobre o que queria fazer. Vinny Appice e Ronnie James Dio voltaram à banda Dio. Entretanto, Dio não descartava a ideia de trabalhar futuramente com Iommi em alguma época da vida, como ele disse: "Com Tony, eu considero. Eu não consideraria com outras pessoas porque nós nos demos bem musicalmente e nos demos muito melhor do que com qualquer outra pessoa na banda... Sabe, tento não dizer muitas coisas más sobre as pessoas, mas às vezes você se machuca e diz coisas que não devia. Eu ignoro a maioria das coisas que dizem... Tentei elogiar Tony quando ele merecia e não colocá-lo para baixo, embora ele merecesse e eu também merecesse, e ele fazia o mesmo. Acho que ele está bem... Eu sei que o relacionamento de trabalho que nós tivemos e as canções que compusemos são coisas de que Tony pode se orgulhar. Esse é um legado tanto tendo em mãos com *Heaven and Hell*, quanto com *Mob Rules* e *Dehumanizer*, que eu acredito que foram excelentes álbuns".

Enquanto Ozzy lidava com sua suposta aposentadoria das estradas, foi questionado como se sentia sobre seu status de "pai do metal" no início dos anos 1990, uma eternidade desde os primórdios do Sabbath.

Ele respondeu um tanto sarcástico: "Na realidade, não me sinto como o pai do metal ou do rock, e sim mais como um grande irmão. E, é claro, não me sinto orgulhoso daqueles que proclamam ser fãs e acham que eu os influenciei. Eu me lembro de umas bandas pop horríveis dos anos 1980 que me consideravam como sendo sua inspiração. Uma delas queria que eu autografasse todos os seus álbuns do Black Sabbath. Por coincidência, estávamos tocando no mesmo festival, e um rapaz, Limahl [do Kajagoogoo], pediu para que eu autografasse todos os seus álbuns. Eu disse a ele para ir se catar e que eu não queria ter nada a ver com sua música, e muito menos ser responsável por seu gosto musical. Bem, você pode cutucar seu nariz, mas não pode cutucar o dos seus fãs, infelizmente".

Ele acrescentou: "Muitas bandas se levam muito a sério. Existem tantos idiotas no ramo da música e todos eles acham que sua própria merda não fede, que cheira a rosas. Você não pode se levar muito a sério. Eu mesmo não me levo tão a sério assim. Um pouco de comédia é saudável. Você precisa ser capaz de rir de você mesmo".

Em 1992, três álbuns importantes reformulariam a música pesada. *Nevermind* do Nirvana introduziria o grunge, um híbrido alternativo de metal/rock, ao mundo. O quinto álbum autointitulado do Metallica mostraria que dali para frente o heavy metal despojado podia reinar o mundo. E o inspirador *Blood Sugar Sex Magik* do Red Hot Chili Pepper deixou claro que o mundo gostava de uma dose de funk e balada suave com seus riffs. Com todas essas incertezas amorfas introduzidas pela mídia no mundo previamente branco e preto do rock, não era de estranhar que as categorias começassem a ser vistas como insignificantes. O próprio Ozzy estava cansado de gêneros rotulados, como ele contou à MTV: "Sempre tive uma cerveja entalada em meu traseiro com as palavras 'heavy metal', porque, nos anos 1970, você tinha bandas como o Black Sabbath, The Eagles e Yes no mesmo cartaz, então, se você gostava do Eagles, do Black Sabbath e do Yes, você via o que gostava. Mas, ao ser categorizada como rock pesado, heavy metal, punk, grunge, industrial, alternativo, Seattle, seja lá o for, eu odeio classificações. O que aconteceu foi, nos anos 1980, em minha opinião, eu não fui, Ok, eu tenho de começar a vestir roupas cor-de-rosa e toda aquela porcaria... eu fazia o que o minha esposa dizia: 'Eu quero que você se pareça com isso'. Eu acordava de manhã e ela dizia: 'Você não vai usar aquilo, vai? Use isso'. E ela praticamente me diz o que fazer e dizer, porque é ela que tem mostrado isso para mim durante toda a sua vida e ela sabe o que está acontecendo lá fora. Eu vivo uma vida muito privada. Não frequento clubes, não vou a bares, e, quando eu ia, ficava fora de mim. Eu nem sequer me lembrava do que estava ouvindo".

Ele acrescentou: "Portanto, nos anos 1980, o metal ficou muito confuso porque foi do Poison ao Metallica, Motörhead, Ozzy, Mötley Crüe, em todos os domínios. E qualquer indivíduo com um simples cabelo loiro ou um simples cabelo castanho, um baixo, maquiagem pesada, cantando uma balada de rock, e, sabe, lindo e com o rostinho meigo, era chamado de heavy metal... entende, estamos em uma indústria que é chamada de variedade, mas não há variedade. É tudo ou nada. E eu acho que muita coisa faz mal, você come muita torta e vai acabar com uma dor de barriga. Você entende o que eu quero dizer? Estou bem no meio. Eu me lembro de quando estava no meio disso, pensando, 'Jesus Cristo, o Bon Jovi está vendendo 30 milhões de álbuns'. Metallica vendendo todos aqueles milhões de álbuns, eu estava vendendo, o Def Leppard, Mötley Crüe... É como um caramujo em uma corrida de lebres [sic], você entende? Eu já passei por isso e não sei a resposta. Na realidade, eu *não quero* saber a resposta. Estou feliz porque sobrevivi".

Feliz, de fato. Os anos 1980 foram como uma década perdida para o Black Sabbath, e como uma série de triunfos para Ozzy. Mas nada era certo para ambos. O que o futuro reserva?

PARTE TRÊS

Ressuscitando a Besta: 1993-2006

CAPÍTULO 19

1993-1994

O show controverso em Costa Mesa, do mesmo jeito que veio, foi embora – e o Sabbath se reagrupou no início de 1993, após assistir à saída de Ronnie James Dio e Vinny Appice, que remontaram a banda Dio. Começava a busca por uma nova formação que não se fragmentasse ou atrapalhasse o belo trabalho de restauração da credibilidade da banda após o êxito de *Headless Cross*, *Tyr* e *Dehumanizer*.

Encontrar um vocalista era a primeira prioridade, e Tony Martin, que estava trabalhando em seu projeto solo, receberia uma ligação de Tony Iommi. "Assim que eu comecei meu álbum solo, recebi uma ligação para me juntar à banda novamente", ele recorda, "mas decidi continuar com meu projeto solo. Depois, recebi outra ligação alguns meses depois, e decidi tentar. Eu me encontrei com os rapazes em um concerto no NEC em Birmingham e eles foram muito legais comigo, então acabei entrando. Tony apenas me contou que foi difícil trabalhar com Ronnie e não queria mais falar do assunto, então nem perguntei mais..."

Em fevereiro, um novo baterista, Bobby Rondinelli – que teve como vocalista Ray Gillen em 1986 –, foi recrutado. Como ele me contou, "toquei com Doro Pesch durante algum tempo, e seu manager de turnê, Robert Gambino, costumava trabalhar para o Sabbath". Rondinelli ouvira que Appice havia retornado ao Dio e estava disposto a saber se o posto de baterista estava disponível: "Então eu lhe contei que gostava muito deles e que era algo que eu realmente gostaria de fazer, e um dia recebi uma ligação de Gambino me contando que o Sabbath estava à procura de um baterista. Então, eu disse, você poderia ligar para eles e me indicar? E ele respondeu, eu não posso, porque tive um problema com Iommi ou algo parecido... talvez fosse com a mulher de Tony na época. Então ele me passou o número de Tony e liguei para ele. Sua esposa Val atendeu o telefone e eu me apresentei. Eu disse, ouvi que o Sabbath está precisando de um baterista e eu adoraria tentar. Cerca de dez minutos depois, Iommi me ligou e disse, na realidade seu nome estava em nossa lista, eu ia entrar em contato com você. Conversamos durante uma hora".

O restante foi tranquilo, como ele se lembra: "Conversamos um pouco mais e ele disse, você quer se juntar à banda? Você sabe, com eles é assim, ou você está na banda ou não! Ele disse, você gosta de improvisar? Porque Tony gosta de tocar improvisando, e eu adoro isso. Eu fui desmamado nesse tipo de música – o Cream e bandas de formato livre com essa. Fizemos amizade à primeira vista e foi isso. A primeira vez em que improvisamos foi em uma casa em Hanley-on-Arden, perto de Birmingham. Lá havia uma casa onde a banda ensaiava e eu fiquei hospedado lá".

Tony Martin falou, sorrindo: "Ficamos um bom tempo sem baterista. Bobby nos ligou e disse, 'Eu sou seu novo baterista'. Pensamos, garoto, ele é muito atrevido para falar desse jeito! Então, retornamos à ligação dele para testá-lo, e ele acabou provando que era muito bom. Ele havia tocado com o Rainbow e é um grande baterista".

Assim que a banda completa – Martin, Iommi, Butler, Nicholls e Rondinelli – se instalou na casa em Henley, começaram os ensaios para o novo material, embora o debatido reencontro com Ozzy do ano anterior tivesse atrasado o ritmo das coisas. De fato, havia rumores de que Iommi e seu time começaram a trabalhar no novo álbum antecipando que, quando a aguardada turnê de Ozzy eventualmente terminasse, o novo material já estaria pronto para o Sabbath tocar, mas isso não foi confirmado. De qualquer modo, uma nova remessa de canções ficou pronta no verão de 1993, embora ninguém conseguisse pensar em um título adequado: no final, Geezer surgiu com *Cross Purposes*, uma referência ao logo do crucifixo que, de uma forma ou de outra, fez parte da imagem do Sabbath durante um bom tempo.

Como Rondinelli relembrou, algumas das novas canções já tinham sido gravadas antes de sua chegada em fevereiro, indicando que a banda vinha tocando e improvisando desde o inverno: "Algumas das canções em *Cross Purposes* foram compostas, algumas estavam em andamento e outras foram feitas depois de minha chegada. Era incrível tocar com eles, soava perfeito desde a primeira batida. Geezer e eu tocamos muito bem juntos. Ele é um grande músico: ele é totalmente espontâneo e um verdadeiro músico. Tony é muito descontraído e tem um ótimo senso de humor. Eu dizia, Tony, eu posso tocar deste jeito, ou posso tocar desse jeito? E ele respondia, você que sabe, cara, ambos soam bem! Geezer era mais quieto e mais seco, mas um cara muito engraçado quando você dava corda para ele. Um cara legal. Tony Martin, também, eu me dei muito bem com ele".

Iommi, claramente, não sofria nenhum tipo de bloqueio de criatividade, dizendo: "Eu provavelmente cortaria minha garganta por dizer isso, mas nunca tive problema algum em criar riffs e outras coisas. Parece mais fácil agora do que nunca. Não sei o que é isso... talvez eu tenha composto alguns horríveis; tenho certeza de que já fiz isso. Tenho milhares e milhares de riffs aqui em casa que nunca viram a luz do dia. Às vezes eu toco algo, gravo e coloco em uma caixa e ele não vê a luz do dia por anos".

Apesar de estar feliz por ter voltado à banda, Martin tinha dúvidas sobre o trabalho que o Sabbath fizera com Ronnie na segunda vez. Sobre *Dehumanizer*, ele contaria à imprensa mais tarde: "Acho que tem muita coisa boa naquele disco. Em geral, não vejo problema algum com o álbum, mas tenho um problema com o conceito em torno dele. Sinto como se fosse um grande passo para trás. No entanto, não há nada particularmente errado com o disco. Soa um pouco duro. Você percebe que, com aquela gravação, a banda compôs a música juntos, mas eles não tinham ideia de como seriam os vocais até que todos entrassem no estúdio. Ronnie realmente não acompanhou muito os ensaios, então eles não tinham ideia de como iria ficar no final".

Dessa vez, as gravações iriam ser feitas mais rápido, como Geezer disse: "Eu gosto do novo álbum porque não perdemos muito tempo. Gravamos a coisa toda em seis semanas. Mas, é claro, se você me contasse 25 anos atrás que levaríamos *seis semanas* gravando um álbum, eu teria dado risada. O nosso primeiro foi feito em dois dias. Tente dizer a um engenheiro que você deseja fazê-lo em dois dias hoje, e ele pensará que você está dizendo apenas para enrolar a fita... Nem mesmo o estagiário serve um chá *tão* rápido assim!".

Os atrasos com Ozzy significavam que o Sabbath ficaria efetivamente suspenso pelo restante de 1993, e somente no dia 12 de fevereiro de 1994 *Cross Purposes* seria lançado, dentro de uma capa com a imagem de um anjo com as asas em chamas. Talvez um passo em uma direção mais filosófica depois da arte repugnante de *Dehumanizer* – um paralelo com o passo mais sutil dado pelo próprio Ozzy em *No More Tears* – a arte do álbum parece oferecer a promessa de um Sabbath mais sofisticado e harmonioso.

Foi assim? A primeira faixa, "I Witness", era uma canção de rock moderadamente inspiradora com um ritmo rápido – menos peso-pesado que os riffs nostálgicos ao estilo dos anos 1970 de *Dehumanizer*, mas muito "melhor" em som que o material desanimador da era de *Eternal Idol*. De fato, tratava-se da combinação certa de ambos. Os vocais de Martin alcançam um ponto satisfatório entre a irritante improvisação exagerada de algumas canções antigas e o grito levemente artificial que Dio e outros trouxeram ao som do Sabbath. A canção tocava em um tema religioso que se propagaria por todo o álbum, como Martin explicou: "'I Witness' era sobre algo que eu vi na TV sobre a comunidade amish... Eles vivem em total reclusão. Eles não se relacionam de maneira alguma com o mundo exterior. As testemunhas de Jeová também são um pouco estranhas".

Soa como se a banda estivesse abordando temas medievais com frases do tipo "We're still waiting, losing patience, with all the lies of four hundred years" ["Ainda estamos esperando, perdendo a paciência, com todas as mentiras de 400 anos"] em "Cross of Thorns", carregada com corais no teclado e uma bateria bombástica (Rondinelli toca de forma desenfreada). O Sabbath poderia estar pisando em um território político sensível aqui, como Martin disse: "'Cross of Thorns' era sobre a situação na Irlanda do Norte. Os jovens de lá estavam muito frustrados e irados. Eu estava conversando com um jovem rapaz sobre religião e ele disse, 'religião por aqui é como carregar uma cruz de espinhos'. Eu peguei isso e transformei em uma canção sobre sua ira e frustrações".

"Psychophobia" é um exercício pesado de blues rock no qual Martin oferece sua melhor impressão de Steven Tyler. Como ele disse, a canção teve suas raízes na realidade sombria: "'Psychophobia' foi feita para falar sobre Waco, Texas. A palavra 'psicofobia' na realidade significa o medo da mente. As pessoas na Inglaterra diriam que o sujeito [David Koresh] era um maluco total e absoluto. Ele achava que era o segundo Messias ou algo parecido. Você tem de tomar cuidado com pessoas desse tipo. Eles surgem da obscuridade de tempos em tempos".

"Virtual Death" é o mais óbvio retorno ao estilo dos tempos gloriosos que o Sabbath já executou desde épocas remotas: começando com um riff rígido e gelado no baixo – evidentemente Geezer estava usando uma palheta para manter a precisão nessa ocasião, abandonando o dedilhado que é sua marca registrada –, a canção explode em um grande riff arrastado que as bandas de doom metal, tais como Cathedral, estavam então transformando em suas marcas registradas. E, ainda por cima, apresenta muita precisão de estúdio ao estilo dos anos 1990, com os vocais melódicos em multicanais de Martin, o sonho de qualquer produtor. Muitas sutilezas atmosféricas (a canção se decompõe em um ambiente ecoado de tempo em tempo) fazem de "Virtual Death" a melhor canção do Sabbath em anos.

"Immaculate Deception" é fascinante, com uma textura lenta e suave de teclado ao fundo e o vocal se sobrepondo em um riff pesado e diferente, com destaque também para a mudança de ritmo – um dos primeiros sinais de que Iommi e seu time estão pegando o caminho de volta e compondo canções semiprogressivas que caracterizaram sua obra do início a meados dos anos 1970. "Dying for Love" é mais convencional, apoiando-se em um fundo dedilhado de Iommi e uma cama simples de sintetizador, mas funciona bem como uma pausa para respirar, mesmo se algumas partes da letra sejam um pouco ingênuas ao estilo do twee pop: "There's someone out there holding candles to the sun" ["Há alguém lá fora segurando velas ao sol"], e assim por diante.

"Back to Eden" talvez tenha mais frases sem sentido, referindo-se aos "demônios das estrelas" e coisas do gênero, mas seu riff central é funk e pesado o suficiente para satisfazer a maioria dos ouvintes. Uma seção harmônica um pouco estranha leva a um dos solos tradicionais mais apurados de Iommi, tornando-se aparente que a banda não sofre com falta de ideias musicais. A deprimente "The Hand That Rocks the Cradle" – "The oath you take is sacred, to save not steal the life" ["O juramento que faz é sagrado, para salvar e não roubar a vida"] – é sobre uma tragédia da vida real. Martin explicou: "Ela fala de um massacre que aconteceu na Inglaterra. Havia uma mulher que trabalhava no hospital e que matava crianças. Isso já é bastante doentio. Dá para notar pelo jeito que está indo que todas as nossas canções tratam de assuntos atuais, sobre os problemas de hoje. Essa é a maior diferença dos outros alguns que eu compus. Os outros partiam de um ponto de vista histórico. *Headless Cross* era o nome de uma vila em que eu morei na Inglaterra". Com suas seções mais suaves, é uma das melhores canções intencionalmente leves do Sabbath.

Aparentemente um conto genérico de ameaça demoníaca, como por exemplo "Iron Man", com suas frases do tipo "How are your dreams? Do they claw at yoursleep?" ["Como são seus sonhos? Eles arranham seu sono?"], "Cardinal Sin" era na realidade outra canção inspirada em eventos reais. Martin: "'Cardinal Sin' era originalmente intitulada 'Sin Cardinal Sin', mas não foi impressa de forma adequada. Essa canção é sobre um bispo católico na Irlanda que tinha uma criança como amante e que escondeu o fato durante 21 anos. Quando a criança cresceu, ela saiu e contou para todo mundo. Consequentemente, ele foi expulso da Igreja". Sobre religião, o vocalista diz: "Tem muita coisa falsa e hipócrita em tudo isso. Eles dizem uma coisa e fazem outra. Você tem como realmente apontar a religião como sendo responsável por muitas guerras. É difícil ser otimista com a religião, mas tenho minhas próprias crenças pessoais. Não estou a desconsiderando completamente". Curiosamente, a canção é – pelo menos em algumas partes – muito parecida com "Kashmir" do Led Zeppelin, para suscitar algumas dúvidas entre os fãs de ambas as bandas.

O álbum conclui com "Evil Eye", outra canção à moda antiga com um riff de brontossauro que poderia ter vindo dos tempos de Aston, se não fosse pelos vocais melódicos. Uma canção sobre paranoia – o mau-olhado está observando o sujeito – é um encerramento perfeito, com seu jeito sombrio e misterioso, mesmo terminando mais rápido e menos ameaçador do que começou.

Cross Purposes era outro princípio e, portanto, precisaria ser levado em conta para se consolidar o trabalho feito pelo Sabbath nos anos anteriores. O próximo passo era a óbvia turnê descomunal, que agora se tratava de uma tradição duradoura do Sabbath e que não podia ser prejudicada pela fraca vendagem do álbum, que atingiria apenas o 41º lugar. As vendas de ingresso continuavam sólidas, talvez por causa do enorme esforço que a unidade de produção ao vivo colocava nos shows. As bandas de apoio vieram com o Motörhead (é interessante ressaltar que apenas o Sabbath e o Judas Priest vinham fazendo metal há muito mais tempo que o time de Lemmy) e, usando uma estratégia surpreendente, a atração brutal da Flórida, Morbid Angel, que se encontrava na vanguarda de um novo gênero na época: o death metal comercialmente viável.

Ao optar por essas duas atrações para apoiá-los, o Sabbath e sua produção demonstraram grande capacidade de tino comercial. Do mesmo modo que Ozzy mascarava sua voz mediana e seus movimentos básicos de palco com uma variedade de guitarristas incríveis nos espetáculos ao vivo, o Sabbath minimizava o fato de eles se tratarem de um grupo de homens longe de seu auge criativo, fazendo turnês com bandas cujos fãs ajudariam a aumentar seu próprio bando de seguidores. Cínicos? Nem um pouco – era uma situação de ganho mútuo em todos os ângulos, levando em conta que o Motörhead precisava da exposição (eles atravessavam um marasmo comercial e de crítica na época) e o Morbid Angel, apesar de todo o seu temível ataque e agressão, precisava de uma grande atração para alcançar uma exposição maior do que o cenário relativamente confinado do death metal poderia gerar.

Essa abrangência de gêneros como essa turnê devia ter sido algo de uma singularidade para se testemunhar com as batidas explosivas em velocidades distorcidas e as blasfêmias satânicas/lovecraftianas do Morbid Angel (sem mencionar o estilo vocal gutural de seu líder David Vincent), justaposto com o biker metal tranquilo de Lemmy e o show melódico e carregado de sintetizador do Sabbath. Entretanto, tudo correu bem: como Appice se recorda, "a banda era incrivelmente boa ao vivo. Nós gravávamos quase todas as noites e ouvíamos as fitas depois no ônibus. Muito consistente, muito pesada. Eu pessoalmente não gosto de death metal, mas o Morbid Angel era divertido. Amo o Motörthead. Foi uma turnê longa, mas muito boa. Eu desfrutei muito".

Martin se recordaria mais tarde da turnê com muito carinho, dizendo sobre um show: "Eu decidi pular no fosso perto do fim do show e corri junto à primeira fileira pegando nas mãos das pessoas e outras coisas, mas havia a mãe de todos os seguranças esperando por mim na outra ponta, e que não estavam assistindo ao show. O cara era enorme e, quando eu cheguei à sua extremidade do fosso, ele me agarrou pelo pescoço e tentou me jogar para fora! Aconteceu que um dos outros seguranças (que estava assistindo ao show) viu a situação e o afastou de mim... subi de volta ao palco e continuei o show".

A turnê passou pela Costa Leste dos Estados Unidos e do Canadá em fevereiro, antes de atravessar o Meio Oeste americano e, em seguida, pela Costa Oeste em março, com algumas datas em Tóquio. Uma excursão europeia e no Reino Unido em abril – agora acompanhada pelos especialistas do doom metal, Cathedral, em um caso um tanto bizarro de discípulos superando os mestres – levou a banda pela Alemanha até o leste da Europa. Após a última data na Finlândia, o Sabbath decolou para fazer três shows em São Paulo, no Brasil.

Para esses três shows o Sabbath substituiu Rondinelli com nada menos que Bill Ward, que pediu para voltar. Como Tony se recorda, Ward estava um pouco enferrujado comparado com seu predecessor mais jovem, mais forte e mais preparado na estrada: "Nós o levamos para fazer três shows no Brasil para tocar e ele desfrutou muito. Foi um pouco estranho para nós porque tínhamos acabado de sair de uma turnê muito puxada e, em seguida, fizemos três shows com Bill em que você tinha de se acostumar de novo. Foi bom para ele poder sair e tocar, porque ele não fazia um show conosco há 13 anos". Iommi, é claro, não incluiu os 15 minutos de apresentação no Live Aid em seus cálculos.

O próprio Ward sorriu: "A circunstância que me levou até lá foi uma reação de raiva. O que aconteceu foi que o Sabbath – quando eu digo 'Sabbath' refiro-me aos membros originais do Black Sabbath – estava procurando arrumar as coisas em relação à turnê. E na época estávamos todos prontos para assinar os contratos, que é o que fizemos. Mas, então, Ozzy não assinou. Eu fiquei muito chateado e decepcionado. Eu realmente tinha esperança de que todos nós iríamos nos reunir e tocar muito. Então, lá estava essa oferta na mesa: os Tonys [Martin e Iommi] tiveram uma oportunidade de ir fazer uma turnê na América do Sul. Eu não tocava já fazia muito tempo. Eu conhecia algumas canções do Sabbath, mas não conhecia todas as outras canções que Tony Martin e Tony Iommi estavam trabalhando. Então, havia algumas canções de que eu não tinha absolutamente a menor ideia. Eu dei um duro danado para estudá-las e tê-las prontas para aquela turnê".

Ele acrescentou: "Acho que fracassei miseravelmente tentando tocar as canções do jeito que Cozy as tocava... Eu toco como Bill, eu não sei tocar como outra pessoa! E aquela era uma oportunidade inesperada. Não conseguia me preparar a tempo para os primeiros shows, então eu tinha de me sentir tocando aquelas canções. Tentei aprendê-las com o tempo que nós tínhamos disponível. Tentei aprendê-las com toda a minha capacidade".

Os shows – nos quais o Sabbath tocou em terceiro do topo, antes do Slayer e da atração principal, Kiss – foram um sucesso estrondoso, como são a maioria dos concertos na América do Sul, graças à população sedenta pelo metal e faminta pela música ocidental. Como era de se esperar, Rondinelli não ficou nem um pouco satisfeito ao ser excluído da banda para dar lugar a Ward, e mais chateado ainda porque – em sua maneira de honrar com os compromissos – Iommi (como fizera com Glenn Hughes) se recusou a confrontar o baterista pessoalmente com a notícia de sua substituição. Como Bobby me contou, "não, não houve um único momento em que eu soubesse. Isso teria sido normal. Você sabe que você está fora do Sabbath quando ouve na MTV que a formação original se reuniu de novo! Oh, é verdade? Oh, tudo bem! Eu estava conversando com Tony dois dias atrás e ninguém mencionou nada... Eles nunca me contaram o que estava acontecendo! Eles nunca foram muito comunicativos com a informação... Estive dentro e fora algumas vezes. Honestamente, eu não me lembro das datas. Sempre que desmoronava, era porque eles tinham alguma oferta que não podiam recusar – e eu entendo isso –, mas nunca entendi por que eles não contam às pessoas o que está acontecendo. Você entende? Eu sou um adulto, conte-me e eu sigo com minha vida... mas, você sabe, eu sempre tive sorte com o trabalho. Eu gosto de Tony, não há rancor de maneira alguma. A vida continua. Achei que *Cross Purposes* ficou um ótimo disco. Eu curti meu envolvimento com a banda e toquei naquele disco. Afinal de contas, a música não fica mais pesada do que com o Black Sabbath".

Enquanto a turnê progredia, Martin contou à imprensa: "*Cross Purposes* é o novo álbum do Black Sabbath, o que é legal. Tem um som diferente. Durante toda a sua história, o Black Sabbath experimentou com diversos sons, estilos, ritmos e coisas do gênero. Desde a época de Ozzy, Tony incluía seções de guitarra clássica entre as faixas e elas traziam orquestras, gaitas e todos os tipos de coisas diferentes. É comum o Sabbath fazer algo levemente fora do padrão... Infelizmente, não vou ser capaz de tocar algumas de nossas canções mais antigas na turnê. Porque estamos muito concentrados no material inédito e estamos também tirando da gaveta algumas canções do Sabbath da era de Ozzy que nunca foram tocadas ao vivo antes".

A formação com Martin era agora a mais prolífica de todas as formações anteriores do Sabbath, à parte do quarteto original, algo que podia deixar o vocalista justificavelmente orgulhoso. Ele explicaria: "Uma das coisas que preciso deixar claro aqui é [que] o Black Sabbath não está se concentrando em uma única parte de sua história, é uma banda com uma história fenomenal no decorrer de 25 anos. Ozzy está fora da banda há 15 anos. E isso é muito tempo. Nesse espaço de tempo houve várias pessoas diferentes envolvidas com o Black Sabbath. Sem pessoas como Ronnie James Dio, você não teria *Heaven and Hell* e outras coisas. Sem mim não haveria *Headless Cross* ou *Tyr*. Todas essas eras diferentes têm suas seções no show, nós não nos concentramos em apenas uma parte, apresentamos a história inteira do Sabbath. Se você estiver interessado em ouvir as coisas de Ozzy, vá a um show de Ozzy, se você quiser ouvir apenas as coisas de Ronnie, vá a um de seus shows. Se você quiser ver o Black Sabbath, você deve se preparar para ouvir toda a história da banda e não apenas uma parte dela".

Isso significava também que finalmente a IRS estava dando ao Sabbath o apoio de que eles precisavam. Martin: "Está indo muito bem porque nós também temos o patrocínio da MTV na Europa com espaços a cada meia hora. Estamos gravando um vídeo para a canção "The

Hand That Rocks the Cradle"... a IRS está nos dando mais apoio do que eles fizeram tanto com *Headless Cross* como *Tyr*. Se eles tivessem dado a esses dois álbuns o mesmo apoio que estão nos dando agora, talvez não tivesse sido necessário Ronnie ter retornado à banda".

Como ele contou à revista *Psychedelic*, alguns dos espaços não eram exatamente grandes o suficiente – especialmente para bandas do porte do Sabbath/Motörhead/Morbid Angel: "Os lugares em que nós tocamos eram muito pequenos. Nós mal conseguíamos colocar os equipamentos de todas as três bandas no palco. As baterias do Motörhead e do Morbid Angel eram postas uma ao lado da outra. A parte frontal do bumbo ficava na frente do palco. Não havia espaço para qualquer um ficar no palco. Mas, mesmo com todas essas adversidades, ambas as bandas tocaram de forma incrível. O público era absolutamente animado, eles saltavam do palco na multidão, dançavam trombando violentamente uns nos outros e todo esse tipo de maluquice".

Tudo parecia bem no campo do Sabbath, com Geezer entusiasmado com a nova formação. Sobre Martin, ele disse: "Ele é demais! Não é egocêntrico e se considera uma pessoa comum. Ele é aberto às críticas do jeito que muitas pessoas – sem mencionar nomes – não são. Se você não gosta de algo, ele vai lá e muda. Ele é aberto para ajudar com as letras, também. Quando você chega à minha idade, a última coisa que quer é se tornar um egomaníaco. Ele é uma mudança agradável".

Iommi também estava curtindo a vida, planejando passar um tempo, quando a turnê terminasse, trabalhando com o fabricante de amplificadores Laney e o reconhecido luthier Patrick Eggle em uma linha de equipamento autografada. "Comecei a desenhar meu próprio amplificador e guitarra", disse ele. "Os amplificadores são feitos por uma empresa na Inglaterra chamada Laney, que comecei a usar originalmente em meus primeiros álbuns. Eles começaram na mesma época que nós há 25 anos. Fomos praticamente os primeiros a usar seus amplificadores na época. Costumávamos usá-los nas turnês. Achei que seria uma boa ideia me reunir com eles e redesenvolver um amplificador mais atualizado que eu preciso agora. Durante anos trabalhando com diferentes amplificadores, eu sabia exatamente o que queria. Então, eu me juntei com seus técnicos e acho que conseguimos chegar a um excelente amplificador, de verdade... Patrick Eggle [é] uma empresa relativamente nova. Tem apenas uns dois anos, mas eles fabricam bons instrumentos. Eu fiquei bem impressionado com a forma que eles trabalham e a qualidade do acabamento de sua produção. Então, fui a Londres e começamos a trabalhar nessa guitarra".

Questionado sobre como ele via a turnê *Cross Purposes* progredindo, ponderou: "Você ainda pode aprender muito mais... Alguns lugares grandes em que tocamos ficam mais difíceis, em alguns casos, porque você não consegue atingir metade das pessoas para quem você está tocando. Nos primeiros dois clubes cabiam provavelmente em torno de 1.500 a 2 mil pessoas, eu acho, mas eles eram muito bons. Você pode se confundir muito nessa altura do campeonato. Não poderíamos ir a um espaço para 20 mil pessoas aqui. É uma estupidez, do jeito que as coisas andam no momento. Não há muitos por aí que conseguem fazer esse tipo de coisa. Eu curto tocar no palco. Seja para 3 mil ou 20 mil pessoas, contanto que não seja 3 mil em um espaço para 20 mil. Assim fica parecendo horrível. Se você está tocando em um espaço para 3 mil, é uma atmosfera muito legal. Você consegue até conversar com as pessoas também!".

Quanto ao futuro, ele disse: "Somos extremamente populares na Europa. Nos próximos meses com certeza estarei muito ocupado. Em seguida, depois disso, quem sabe? Nós poderemos voltar e fazer mais umas datas no verão, ou outro álbum. Simplesmente não sei".

Na época de sua breve passagem pelo Sabbath novamente, Bill Ward disse que se sentiu bem nos shows: "Ainda estou aprendendo o material novo. Eu me sinto como o 'novo garoto do bairro', mesmo depois de ter tocado bateria desde que eu era garoto. Isso foi no passado e agora é o presente. Eu me sinto bem e estou tocando melhor do que acreditaria". Sobre uma das canções novas, ele disse: "É um rock'n'roll dos bons. Acho que elas são boas canções. Não me preocupei com o novo material durante um bom tempo – há algumas canções de que eu realmente gosto; há outras que não, mas não porque ache que elas são ruins. Elas simplesmente não chamaram minha atenção, talvez porque eu não tenha tocado nelas. Às vezes eu acho que dez anos chegarão e passarão e será muito interessante ver como as coisas deram certo".

Ele também indicou de forma clara que um material inédito poderia estar a caminho, quando perguntei se estava interessado em compor com o Sabbath: "Sim, gostaria. Depois desse show em Buenos Aires, teremos quatro semanas e, em seguida, vamos começar a compor canções inéditas para o próximo álbum".

Em outubro de 1994, um álbum com covers do Black Sabbath intitulado *Nativity in Black* foi agendado para ser lançado pela Sony, incluindo canções do Biohazard, Sepultura, Faith No More (sua marca registrada "War Pigs"), White Zombie e outras atrações do metal de meados dos anos de 1990. Ward revelou que ele, de fato, figurou no projeto: "Acredito que tenha de dez a 12 bandas", disse ele, "incluindo Tony, Geezer, eu, Rob Halford interpretando 'The Wizard' [usando o nome Bullring Brummies]". Ele acrescentou com otimismo: "A magia está começando a voltar, mas vai levar algum tempo. Nós nos conhecemos há muito tempo, mas sinto que eu reaprendendo a conhecê-los porque eles cresceram, eles mudaram. Quero me sentir bem comigo mesmo, e me pergunto se estou bem toda noite antes de dormir. Sempre respondo que sim, o que significa que estou trabalhando bem. Não estou com pressa – prefiro esperar e ver as coisas que dão certo e as que não. Estou apenas desfrutando cada momento".

Sobre o álbum de tributo, Iommi se expressou: "Eu me sinto muito honrado que as bandas nos homenageiam e mencionam o Sabbath como sua influência. É ótimo, eu sinto uma grande realização por dentro porque muitos anos atrás, 24 anos cravados, quando estávamos completando apenas dois anos e dando entrevistas na Inglaterra, eles diziam, 'O que vocês estão pensando? Vocês já deviam ter acabado!' – tentando nos derrubar depois de apenas dois anos! Não sabíamos o que iria acontecer. E agora, aqui estamos, vinte e poucos anos depois. Talvez seja porque – bem, é difícil, para mim, dizer, porque sou apenas um músico, você entende? Eu simplesmente continuo, gosto do que faço e acredito no que faço. É muito difícil de analisar quando se trata de uma coisa sua. Deveríamos perguntar isso aos fãs. É ótimo. Isso é ótimo. Estou muito contente. E são coisas desse tipo que realmente ajudam você a seguir adiante. Quero dizer, tenho correspondências de fãs, preciso ler algumas das cartas, e é muito bom ouvir o que as pessoas têm a dizer ou o que as crianças dizem. As pessoas realmente amam o que nós fazemos e elas dizem 'Sem vocês nossa vida seria monótona...' sabe, coisas desse tipo. Isso me faz sentir muito bem".

Todo esse otimismo parece um tanto estranho quando de fato em setembro tanto Geezer quanto Bill deixariam a banda – novamente.

No caso de Ward era simples e claro – ele ainda não conseguia encarar o Sabbath sem Ozzy. Ironicamente, ele descobriria que os shows em São Paulo não foram tão agradáveis como esperava. "Quando eu estava fazendo aqueles shows, independentemente do tanto que goste de Tony Martin, que é um cara legal, a mesma coisa aconteceu de novo", disse ele. "Eu estava no palco com um vocalista que não era Ozzy. E do mesmo jeito que aconteceu antes em 1984 com David Donato, eu não me senti o mesmo. [A América do Sul] foi apenas uma coisa. Eu não me arrependo de ter feito porque aprendi algumas coisas sobre mim mesmo e foi um grande aprendizado. Pude presenciar o horror na América do Sul, a pobreza extrema..."

Ainda tentando se recuperar – e com uma intensa introspecção que a terapia ajuda a expressar –, ele ponderou: "Assim, se eu olhar em retrospectiva em meu ponto de vista, eu poderia ter reagido de forma diferente. Eu poderia ter ficado dentro de meus limites. O que garanto é que naquela época eu nunca conseguiria me reunir com Tony ou Geezer sem Ozzy. Esses eram os limites, e eles têm estado lá durante muito tempo. Isso provavelmente seja o motivo pelo qual muitas pessoas não ouviram mais falar de mim ou terem me visto. Tomei essa decisão em 1984 de nunca mais tocar com o Black Sabbath, a menos que fosse com a formação original. E eu me agarrei a isso por um bom tempo. Muito disso tem a ver com honrar Ozzy. Eu tinha de me corrigir muito com Ozzy e a única maneira que encontrei para me corrigir de forma decente foi nunca tocar com o Sabbath sem Ozz. É assim que eu me sinto em relação a isso".

Mas dessa vez foi diferente, ele explicou. O próprio Ozzy atrapalhou o prometido reencontro: "Quando realmente surgiu a oportunidade para fazermos a turnê, Ozz não quis fazê-la, e durante alguns meses eu pensei que, se Ozzy não quisesse fazer, então ficaria tudo bem para que eu fosse e tocasse com outro vocalista. Agora sei que de alguma forma esse sentimento estava errado. Eu passei dos limites que havia colocado. Durante dez anos [1984-1994], houve várias vezes que eu realmente senti saudades de tocar com Tony e Geez. E com Ozzy, é claro. Muitas vezes em que eu adoraria ter pego o telefone e dito: 'Eu adoraria voltar e tocar'. Eu senti muito, mas muito mesmo a falta deles. Mas, eu tentava fazer a coisa certa. Eu estava fazendo a coisa errada quando estava bebendo e outras coisas, então tentei fazer a coisa certa para mudar um pouco o rumo das coisas".

Quanto a Geezer, várias teorias circularam sobre o motivo de ele ter deixado o Sabbath quando eles estavam justamente começando a alcançar uma posição de respeito, sucesso, álbum de tributo e tudo o mais. Tony Iommi disse em julho do ano seguinte: "Bem, há algumas coisas que realmente me incomodam. Tive uma espécie de discórdia com a esposa de Geezer [Gloria], e você sabe como as coisas são". Entretanto, o próprio Geezer indicaria que ele saiu porque queria montar sua própria banda, dizendo: "Estava tendo dificuldade em trabalhar com os outros músicos no Black Sabbath, não estava mais satisfeito com a música que o Sabbath estava criando, não estava indo na direção que eu queria ir. Achei que era o melhor momento para deixar o Sabbath, esquecer tudo aquilo e me concentrar em minhas próprias coisas... era uma carga pesada quando eu estava no Black Sabbath, porque a versão do Sabbath em que eu estava jamais poderia ser comparada ao Sabbath original. Esse é um dos motivos por que eu saí, era simplesmente impossível estar à altura da lenda. Vejo isso como um novo começo, longe de tudo aquilo. Sinto liberdade de fazer o que bem entender, em vez de ter "Paranoid", "Iron Man" e "War Pigs" me encarando feio. Agora não preciso mais comparar... não apresenta mais semelhança alguma com o conceito original do Black Sabbath".

No lugar desses músicos entraram, adivinhe quem? Nada menos que Neil Murray e Cozy Powell, de volta ao grupo depois do convite pessoal de Iommi. Powell contou a um entrevistador: "Devo admitir que tenho respeito por Iommi, e o fato de ele ter me pedido para retornar me fez sentir bem. Ele disse que gosta de minha maneira de tocar e achou que eu poderia fazer algo de novo para o Sabbath. Tudo tinha a ver com a banda, nada foi pessoal. O mesmo aconteceu com Neil. Trabalhamos juntos durante anos e aquele era o som que o Sabbath poderia usar novamente. Essa formação fez alguns dos melhores álbuns dos últimos anos. Se você perguntar a Tony, acho que ele irá admitir que não ficou muito satisfeito com *Dehumanizer* e *Cross Purposes*".

Powell continuou com uma espécie de um desabafo sobre a indústria que o tem maltratado muito nos últimos anos, dizendo: "A indústria da música é uma grande fossa séptica. As gravadoras dão oportunidade a poucas bandas jovens. Antigamente, eles contratavam muito mais bandas, mas hoje querem investir apenas naquelas que dão lucro. As bandas populares da atualidade são na maioria pré-fabricadas e criadas pelas gravadoras. As bandas são montadas no estúdio e, com muito equipamento e produtores caros, gravam uma canção de sucesso. Atualmente, não há muitas canções por aí que me chamam atenção – talvez tenha ver com a minha idade".

Entretanto, ele pondera: "É bom saber que muitas bandas ainda são influenciadas pelo Black Sabbath. O período do grunge não passou de uma fraca infusão de [suas] canções do início dos anos 1970. Para ser honesto, ficamos muito surpresos com o repentino sucesso do álbum de tributo *Nativity In Black* nos Estados Unidos. Nos últimos dez anos, quase ninguém se interessava pela banda e de repente ficamos famosos novamente. Especialmente a imprensa que ficou mais dócil em relação a nós. Apesar de toda a minha crítica, não posso negar que estou orgulhoso de ser um membro desta banda".

E assim, no vão entre 1992 e 1993, o Black Sabbath deu um salto gigantesco em direção à realidade em torno de um total reencontro com Ozzy, retrocedeu novamente, gravou e fez uma turnê com um álbum sólido com antigos e novos músicos, desmontou novamente e acabou no lugar onde começou. O restante dos anos 1990 será voltado apenas a reencontros e revisionismo?

CAPÍTULO 20

1995

Encantado com o desempenho da formação Martin/Iommi/Butler/Nicholls/Rondinelli no ano anterior, em março de 1995 o Sabbath lançaria um pacote CD/VHS intitulado *Cross Purposes Live*. Com canções de um show gravado no Hammersmith em dezembro do ano anterior, a coletânea – é questionável se isso se qualifica como um "álbum do Sabbath", um fato que veio à tona com sua reedição em DVD por uma empresa não relacionada à banda em 2003 – mostra Martin cantando de forma incrível, apesar do fato de que ele estava sofrendo de uma infecção na garganta naquela noite em particular. Na realidade, o show é totalmente de Martin, com seu jeito de interagir com o público, uma lição na arte de um vocalista. O setlist – "Time Machine", "Children of the Grave", "I Witness", "Mob Rules", "Into the Void", "Anno Mundi", "Black Sabbath", "Neon Knights", "Psychophobia", "The Wizard", "Cross of Thorns", "Symptons of the Universe", "Headless Cross", "Paranoid", "Iron Man" e "Sabbath Bloody Sabbath" – foi desvirtuado em relação ao álbum atual, é claro (alguns diriam que excessivamente), mas parece ter agradado aos óbvios seguidores da velha escola e aqueles que curtiram as eras de Dio e da primeira fase de Martin.

O lançamento do Sabbath verdadeiro de 1995 viria no dia 17 de junho na forma de um novo álbum, *Forbidden*. Qualquer novo lançamento nessa altura do campeonato na carreira do Sabbath inevitavelmente seria considerado como uma questão de "ou vai ou racha" por parte deles: nessa época, o movimento new metal encabeçado pela banda Korn estava ganhando terreno, e seus antecessores – por definição e implicação, o antigo metal – ficaram parecendo um pouco "passados".

Olhando em retrospectiva, parecia que o Sabbath e sua produção viam as mudanças no cenário do metal como uma oportunidade para angariar uma nova credibilidade entre os fãs mais jovens e, como resultado, ir atrás de uma fonte nada tradicional de inspiração. O cenário do new metal, que construiu seu nome incorporando o hip-hop, funk e outras influências em seus riffs simples e ruídos extraídos da fórmula do metal, estava se afastando dos fãs do metal convencional e se tornando, simultaneamente, mais inclusivo. Por sua vez, o público do metal havia se tornado mais receptivo às bandas novas e diferentes: um indício disso foi o surgimento em Los Angeles de uma banda chamada Body Count, liderada pelo carismático MC, ator e personalidade midiática Ice-T (nome verdadeiro Tracey Marrow). Propagando uma mistura de metal tradicional e punk hardcore com uma dose de thrash metal, Ice-T e sua banda – toda composta por músicos negros, algo singular no cenário do metal – ganharam notoriedade graças a uma de suas canções, "Cop Killer", que apareceu em seu álbum de estreia autointitulado em 1992. Na época, a América vivia sob uma névoa temporária que pairava sobre as questões de brutalidade policial nas comunidades étnicas – com a atenção da mídia focada em LA nos distritos de Compton e South Central – e havia sido abalada pelas revoltas generalizadas antipoliciais tanto em Los Angeles como também em outras cidades em abril de 1992. Portanto, Ice-T e sua banda estavam recebendo o máximo de atenção – o principal acionista de sua gravadora norte-americana, Warner Brothers, era nada menos que o ator veterano Charlton Heston, que ajudou a colocar lenha na fogueira do debate com seu longo discurso em público sobre a questão de "Cop Killer".

O guitarrista e produtor do Body Count, Ernie C (que compôs "Cop Killer" e produziu demos para atrações seminais, tais como o Rage Against the Machine e Stone Temple Pilots), foi abordado por Iommi e a produção do Sabbath e questionado se estaria interessado em trabalhar com o Sabbath em um álbum. Como fã do Sabbath de longa data, ele concordou e prontamente pegou um voo para o Reino Unido para trabalhar com a banda.

Iommi disse posteriormente: "Eu me encontrei com Ernie em um hotel e começamos a falar sobre música. Eles eram grandes fãs do Sabbath. Então, quando havia chegado a hora de arrumar um produtor para o álbum, alguém havia sugerido, 'Que tal Ernie C? Ele está realmente interessado em fazê-lo'. Quanto mais pensávamos sobre o assunto, mais parecia uma boa ideia tentar. Originalmente, pensávamos em trabalhar com ele em quatro ou cinco faixas".

As faixas, sendo que uma, "Illusion of Power", destacou a primeira participação especial em uma canção do Sabbath do próprio Ice-T, deram tão certo que o Sabbath pediu a Ernie que produzisse o novo álbum inteiro. Iommi continuou: "Ele trabalhou muito bem e nos motivou para compor o novo álbum. E ele estava entusiasmado com tudo. E, é claro, enquanto o usávamos, tentamos não ser autocomplacentes. No geral, não somos de ficar totalmente satisfeitos. Mas isso nos impediu de exagerar na dose e gastar mais tempo que o necessário... Foi um pouco estranho porque, normalmente, eu converso [com os produtores] e os escolho. Qualquer pessoa que trabalhou no álbum, engenheiros e produtores, eu que decidi depois de muitas entrevistas. Foi uma das poucas vezes que nós demos um tiro no escuro, mas funcionou muito bem. Ligamos o equipamento e prosseguimos. Tudo foi feito de forma muito rápida. Entramos em um estúdio durante dez dias e gravamos em oito dias. E ainda deixamos dois dias para ajustes aqui e ali".

Gravado muito mais rápido do que qualquer lançamento do Sabbath desde os anos 1970, o álbum foi deliberadamente projetado para ter um som mais orgânico e menos superproduzido, como Martin confirmou: "Eu queria apenas igualar a crueza que os rapazes captaram com a música. Se eu tentasse inserir muitas harmonias, talvez não tivesse funcionado. E abordei as letras de uma forma bem diferente dessa vez, em que nem precisei escrever qualquer coisa no papel. Tudo saiu do coração e da alma. Montamos o microfone e eu cantei. Logo, o que você ouve está exatamente do jeito que eu cantei. A primeira vez que as letras foram realmente escritas no papel foi na capa do álbum. Então, tive de ouvir as fitas para descobrir quais eram as palavras... Veja, o lance é o seguinte, nós sabíamos antes de entrar no estúdio que iríamos voltar às raízes, ao básico. Isso de fato significava montar o equipamento e tocar. E, para fazer isso, eu não queria sentar e escrever tudo no papel. O método para conseguir algo espontâneo com a música era simplesmente cantar. Então, foi exatamente o que eu fiz. Basicamente, nós montamos o microfone sem as folhas com as letras".

Como sempre, Iommi foi cuidadoso com seus comentários, dizendo sobre o Body Count – inferior em todos os níveis comparado ao Sabbath, apesar de seu perfil recentemente em destaque – : "Eu não diria que os ouvi muito, não. Apenas os ouvi quando foi mencionado o que eles estavam fazendo. Não estava tão familiarizado com eles.

Mas, claro, há muitas coisas boas neles". De fato, ele estava sendo tipicamente educado: o Body Count foi sempre considerado como uma banda de metal corriqueira na melhor das hipóteses, com muitas de suas canções ("KKK Bitch", "Evil Dick", "Momma's Gotta Die Tonight") deliberadamente pueris.

Ice-T sempre deixou claro que a banda não passava de uma vitrine para suas fantasias de rock: como ele me contou em 2006, "eu acredito que todo mundo gostaria de estar em uma banda de rock. Apesar de o hip-hop ser selvagem e de ser outra forma de rock, você não pode cair de costas e soltar sua imaginação". Com essa abordagem e o fato de que sua música não era tecnicamente deslumbrante nem particularmente pesada, o Body Count não era assim tão bom e perdeu a graça comercial e de crítica logo em seguida, enquanto a carreira do próprio Ice-T desceu da estratosfera e se tornou meramente respeitável.

Mas na época tudo parecia altamente progressivo, e Iommi e os demais estavam otimistas sobre o futuro da banda, especialmente com a potência e a estabilidade da seção rítmica de Powell/Murray. Iommi: "Todos nós estamos curtindo o momento. Estamos ansiosos para sair em turnê. É muito bom ter essa sensação. Poder estar no topo antes de começar. Se você sair com uma atitude do tipo 'Oh, eu não quero sair em turnê', isso então pode ser um problema. E nós já passamos por isso no passado, alguém não quer fazer isso, alguém não quer fazer aquilo. Se consegue apenas sair com uma atitude de que está realmente desfrutando e dando seu melhor, é maravilhoso".

Sobre a saída de Geezer Butler, o guitarrista disse: "Obviamente, havia algum tipo de barreira que nos fez separar, e a coisa está mais livre agora. Agora todos aguardam com ansiedade para sair na turnê porque ninguém está dizendo 'Eu não quero fazer' ou 'Eu não quero tocar naquele lugar' ou 'Eu não quero viajar desse jeito'. Não temos grandes problemas pipocando como aconteceu no passado. Não temos de lidar com pessoas por causa de pequenas besteiras. Todos estão se dando bem desta vez, e isso é uma parte muito importante mesmo antes de começar... Sempre acreditei no que nós fazemos. Eu era aquele que costumava sentar lá todas as noites no estúdio enquanto todos iam para casa ou tirar férias, e eu ficava lá. Então é assim que as coisas têm sido, e sempre tem sido a parte mais importante de minha vida, desde o primeiro dia".

Quando o álbum apareceu, um sinal de alarme soou nas mentes de muitos fãs que não gostaram da arte conscientemente "engraçada"

– um desenho animado da Morte (uma encarnação menos atraente do que aquela que nós vimos na capa de *Dehumanizer* há apenas dois anos) em um cemitério com várias caricaturas dos membros da banda e outros motoqueiros saindo das covas. Iommi a defendeu com convicção, explicando que havia uma necessidade de mudança de vibração: "É exatamente o que queríamos. Nós estávamos cansados, assim que você mencionou o Sabbath, de toda aquela negatividade e condenação. Eu queria um lado mais leve para olhar. Quando vi os rascunhos do desenho... pensei, 'isso é excelente, está mais parecido conosco, com o que queremos fazer'".

Entretanto, a canção de abertura "Illusion of Power" era boa – um monstruoso riff pesado com vocais fantasmagóricos e risos, incluindo os vocais do convidado Ice-T no formato de um discurso inflamado, meio cantado e meio falado. "You're caught in a complex catacomb of your own inadequacies and pitiful weaknesses!" ["Você é pego em uma catacumba complexa de suas próprias deficiências e lastimáveis fraquezas!"], ele solta com uma eloquência inesperada, antes de acrescentar mais algumas frases e desaparecer em meio a um emaranhado de gritos demoníacos e feedback de guitarra. Sobre a canção, Ice-T me informou: "O Sabbath admirou o Body Count, eles ouviram nossas canções, como 'There Goes the Neighborhood', e ouviram o Sabbath nelas, então, eles contataram Ernie e juntos produziram 'Illusion of Power'. Trabalhar com Iommi e os demais deixou uma marca nele: "Quando eles entram pela porta, você fica do tipo, caramba, tenho muita sorte de poder ter trabalhado com umas pessoas realmente legais!".

"Get a Grip", menos impressionante, é uma faixa muito padrão do Sabbath que destaca riffs simples e moderados que apareciam aqui e ali em cada álbum desde os anos 1970. Apesar da crítica posterior, a produção de Ernie C é perfeitamente útil nessa e em outras faixas, com muito mais ênfase aplicada no baixo de Murray e no som "maneiro" da bateria. "Can't Get Close Enough" é bem melhor, com seções assustadoramente quietas se alternando com partes mais altas, um truque testado e ensaiado do Sabbath que ajuda a manter uma sólida tensão ao fundo da canção de Martin que fala sobre frustração e alienação.

"Shaking Off the Chains" é prejudicada por um vocal uníssono irritante e uma harmonia de guitarra que não serve a propósito algum, mesmo que o restante da canção seja adequado de forma funcional. "I'm shaking off the chains, I'm tired of all the pain" ["Estou me livrando das correntes, estou cansado de toda essa dor"], grita Martin, e as guitarras se misturam como molho de macarrão em uma junção técnica impressionante.

A tão aguardada grande balada vem com "I Won't Cry For You", que começa com o violão, já considerado uma marca registrada, mais a cama do teclado. "It feels like you're drowning in your tears" ["A sensação é como se você estivesse se afogando em suas lágrimas"], anuncia Martin antes de a falange de guitarras invadir o espaço – nada de novo em uma gravação de apenas oito dias. A canção funciona bem, mas não apresenta novidade alguma comparada com outros momentos mais "mãos balançando ao alto com isqueiros acesos" que marcaram todos os álbuns do Sabbath desde a era de Ozzy.

"Guilty as Hell" revisita alguns acordes melodicamente ameaçadores de outrora, mas por outro lado não é algo com que dá para se empolgar, e muito menos "Sick and Tired", uma balada inaceitavelmente melosa que se apoia demais na bateria intrusa e carregada de Cozy e nos solos demasiados de Iommi.

"Rusty Angels" tem um revestimento de melodias mais alegre – começando com um estilo MOR de sucesso de rádio "bombado" –, mas o toque superior e talentoso de Iommi garante que a canção seja melhor do que as duas anteriores, incluindo o refrão melancólico em que Martin entoa, "Rusty angels, they can't fly" ["Anjos enferrujados, eles não conseguem voar"].

Na própria "Forbidden", Martin questiona "How the hell am I supposed to please everyone?" ["Como diabos eu deveria agradar a todos?"] – uma questão pertinente, enquanto os críticos se reuniam para destruir o álbum e outros para dar um tempo dessa vez ao sofrimento de longa data da banda. É uma canção que funciona de modo moderado e previsível, mas de novo – e essa crítica estava começando a ser aplicada demasiadas vezes – nada particularmente distinguível do conteúdo em ritmo de mid-tempo apresentado na maioria dos álbuns recentes do Sabbath. Felizmente, para *Forbidden*, o último lance de Iommi "Kiss of Death", é um exercício épico carregado de riffs lentos e enchimentos que mostram, de uma vez por todas, o quanto ele se tornou um verdadeiro virtuoso na guitarra.

À medida que *Forbidden* desaparece gentilmente em uma atmosfera de guitarra dedilhada e o eco do tique-taque de um gigantesco relógio, o ouvinte é deixado em um misto de emoções. Ernie C fez um trabalho competente na produção do álbum, sendo que a maioria das canções apresentava uma qualidade aceitável, mas algo estava faltando, uma qualidade que fizesse com que o álbum se destacasse. Isso seria confirmado quando o álbum atingisse apenas o 71º lugar, o pior desempenho do Sabbath nas paradas do Reino Unido até então.

Já um mestre do otimismo subestimado, Iommi disse: "Espero que esse álbum vá bem e que as pessoas gostem dele. Não sei o que está 'na moda' e o que 'está fora' porque não acompanho isso, apenas vou lá e faço o que precisa ser feito. Se eu começar a seguir as tendências, será o mesmo que colocar uma arma em minha cabeça. Gosto apenas de sair e curto muito tocar e, para ser honesto, tenho curtido muito mais tocar nos últimos anos do que jamais toquei. Especialmente agora, com essa nova formação. É legal porque nós não temos muitos problemas. Não há vibração negativa... Quando você tem alguém na banda que causa problemas, torna-se muito difícil quando você tem de enfrentar uma turnê".

Ele continuou: "Manter o frescor é a chave para manter uma carreira na música, e acreditar naquilo que eu faço, é claro, é também essencial. Sempre acreditei no que faço. O Black Sabbath está junto desde os últimos 26 ou 27 anos, e sempre foi meu objetivo fazer um álbum original! Aliás, antes disso, era conseguir shows. E, em seguida, é claro, tocar em Londres e depois nos Estados Unidos".

Sobre manter o exaustivo estilo de vida das turnês, Iommi explicou: "Quanto à vida na estrada, venho fazendo isso durante muitos anos e, mesmo assim, ainda acho que preciso me ajustar a essa condição. Porque quando você está em casa, faz as coisas de forma diferente; você não depende apenas de uma mala o tempo todo ou colocando-a nos ônibus, aviões ou seja lá onde for. Para mim, às vezes, pegar a estrada me ajuda a me organizar, porque eu entro em uma rotina e funciono melhor quando tenho rotina". Essa rotina o transforma em um homem difícil de lidar no trabalho? "Não, é assim que as coisas são", disse ele. "Veja bem, como Ronnie, ele tem sua própria banda por um bom tempo. Você se acostuma a fazer as coisas de sua própria maneira, de verdade, o mesmo com Ozzy, o mesmo acontece com muitas pessoas que têm suas próprias bandas. É difícil trabalhar como um time novamente quando você retorna. E é isso o que você tem de fazer quando está em uma banda – você tem de trabalhar como um time. Você não pode ter uma pessoa dizendo 'este é o jeito que eu quero', porque não funciona."

A banda foi rápida ao dar declarações otimistas sobre o lançamento do álbum, com Martin dizendo: "Eu apenas espero [que os fãs] vejam isso como a era que levou em direção ao futuro. Depois de ter tentando retornar ao Ronnie e não ter dado certo, e tentado com Ozzy e falhado novamente, você tem de ir adiante e parar de olhar para o passado. O único rumo a tomar é em direção ao futuro e tentar fazer com que isso se torne o maior possível. Já faz muito tempo que Ozzy saiu e nós ainda estamos tocando aquelas canções antigas. Mas eu acho que o novo álbum é bom e, à medida que o tempo passa, talvez não seja mais necessário complementar nossos shows com tantas canções antigas".

Iommi deu continuidade: "Queria fazer o álbum com o toque mais ao vivo, de voltar a entrar no estúdio, montar o equipamento e simplesmente tocar. O oposto de entrar e gravar a bateria durante três dias, em seguida as guitarras por mais três dias. Eu queria apenas entrar e tocar... Provavelmente não seja tão pesado quanto eu antecipei". Os críticos se expressaram de forma veemente sobre esse ponto e, aparentemente, ele já havia notado seus comentários, dizendo: "Esses críticos vão envelhecer um dia. Adoro sair e tocar. Eu realmente curto o que faço. Se eu estivesse nisso apenas para ganhar dinheiro, talvez [fosse] diferente. Mesmo assim, não há o que condenar. Na realidade, eu amo o que faço. Então, acho que condenar é errado, porque há espaço para todos. O Black Sabbath sempre foi minha vida. Estou envolvido com ele desde o princípio e sempre acreditei na banda. Se não fosse assim, eu não o faria. Ainda me sinto do mesmo jeito desde quando comecei".

Ele acrescentou: "As pessoas dizem, 'Você não se cansa de tocar 'Iron Man', 'Black Sabbath' e 'Paranoid?' Bem, não, eu não me canso. Talvez eu seja como um peixe e tenha uma memória de três segundos. Mas não me canso. Tiro o melhor proveito que posso e é assim que tenho feito ultimamente. Amo ainda mais esses últimos anos do que nunca, e é muito bom se sentir nessa posição".

A banda então entrou em turnê, assumindo uma sequência de datas que levaria até praticamente o resto do ano. Em junho de 1995, eles tocaram na Dinamarca e na Suécia antes de embarcarem para os Estados Unidos novamente (em julho eles foram acompanhados outra vez pelos velhos companheiros de palco Motörhead e a banda de death metal progressivo Tiamat), atravessando os Estados Unidos e o Canadá até chegar no dia 3 de agosto à Califórnia. Nesse momento, Iommi teve de se submeter a uma pequena cirurgia por causa de um problema no túnel cárpico que o vinha incomodando, retornando ao Reino Unido para fazer a operação.

Mais sério ainda foi que, quando terminou a turnê nos Estados Unidos, Cozy Powell decidiu deixar a banda alegando exaustão após anos de estrada. Seu substituto foi Bobby Rondinelli, que pegou um voo de última hora, mas foi capaz de assumir as baquetas novamente com a maior facilidade – tinha passado apenas um ano desde que fora substituído por Bill Ward.

O Sabbath então se reagrupou para uma turnê europeia, com o foco na Alemanha, Polônia, Hungria, Itália, Suíça e Áustria. Datas na Escandinávia, no Reino Unido e no Extremo Oriente os conduziram até dezembro, quando a banda se separou para tirar férias.

É interessante destacar o quanto as perspectivas da banda sobre *Forbidden* mudaram no decorrer do tempo – a saída de Cozy, por exemplo, foi menos que prazerosa, dizendo: "É claro que Ernie C tem uma visão diferente do material do Sabbath. Ele está acostumado com música diferente, mas foi ele que sugeriu a cooperação. Gravamos algumas canções com ele e deu certo. Ele é músico e fã do Black Sabbath e foi contratado baseado nesses fatos. No estúdio, nós trabalhamos com mais afinco porque queríamos provar nosso valor a ele. No entanto, o CD soa muito como um álbum de Ernie C, por isso eu nem sempre concordava com suas decisões. A música continua sendo do Black Sabbath, é claro, mas, por causa da produção, soa menos polida e mais bruta. É claro, ele nem sempre conseguia fazer as coisas à sua maneira. Ele preferiu usar seu próprio estilo, mas felizmente esses quatro músicos da antiga tinham algo a dizer".

Questionado sobre o que especificamente o incomodou no álbum, Powell disse: "Acho que o som da bateria foi o que mais mudou, simplesmente soa diferente. Ele é guitarrista e sabe tudo sobre guitarra e acho que não sabe muito sobre o som da bateria. Eu nunca teria optado por esse tipo de som de bateria... no geral, ele não entendia como eu queria que a bateria soasse. Eu estava mais envolvido com a produção de *Headless Cross* que com esse CD. Tive de dar um passo para trás por causa de meu retorno repentino e da escolha da gravadora em contratar uma pessoa objetiva para a produção. Inclusive Tony não pôde interferir na produção porque a gravadora achou que ele não seria objetivo com seu próprio produto. Nós mesmos fizemos a pré-produção e o som da bateria ainda andava com seus próprios pés na ocasião. Eu tinha consciência de que deveria estar preparado para permitir que alguém diferente decidisse o rumo a ser tomado, mas é difícil permitir que as coisas andem quando seu som em especial está envolvido nisso. Às vezes, as mudanças são para melhor, mas, se eu fosse o produtor, *Forbidden* teria soado diferente. Talvez essa mudança seja uma melhoria, quem sabe. O tempo dirá".

Infelizmente, Powell – que nessa etapa tinha planos claros para o futuro ("Fechei um contrato no Japão e, junto com Neil Murray,

Glenn Tipton e John West, eu talvez tenha uma banda no futuro para me apoiar") – estava destinado a uma morte prematura menos de três anos depois, quando seu carro se envolveu em um acidente na rodovia M4, perto de Bristol, no dia 5 de abril de 1998. Os fãs ingleses do rock ficariam chocados e sua ausência no cenário musical – como um dos poucos bateristas do rock britânico de reputação internacional – seria notável.

E assim o Sabbath chegaria ao fim de 1995.

Enquanto isso, dois dos três membros fundadores que saíram também se mantinham ocupados. Geezer Butler, que estava trabalhando em um material solo desde o fim de 1994, recrutou uma banda – que ele chamaria de G/Z/R – e lançaria um álbum, *Plastic Planet*, no dia 10 de outubro. A banda incluía o vocalista do Fear Factory, Burton C. Bell, um fantástico vocalista com um estilo totalmente melódico e agressivo, o novo baterista de Ozzy, Dean Castronovo, e um guitarrista desconhecido, Pedro Howse. Sobre o recrutamento de Bell – um golpe e tanto, considerando que o Fear Factory estava voando alto com seu álbum *Demanufacture*, hoje considerado um clássico que mistura o metal com a música eletrônica –, ele disse: "*Plastic Planet* seria apenas um único projeto com Burton Bell, por causa de seu compromisso com o Fear Factory... [esse] foi o primeiro álbum com meu próprio nome, ou minha banda, e eu realmente não sabia como seria aceito. Eu apenas queria dar seu próprio som em particular. Muitas pessoas acharam que *Plastic Planet* era na realidade um álbum do Fear Factory, porque eles não tinham ouvido falar do G/Z/R na época".

Embora a música fosse mais pesada do que qualquer outra feita pelo Sabbath durante algum tempo, isso era apenas uma parte de sua composição natural, ele explicou: "Alguns dos riffs já tinham sido feitos havia anos. É algo que eu sempre quis fazer – especialmente nos últimos dez anos, eu vinha compondo muitas coisas. Algumas delas acabaram nos últimos dois álbuns do Sabbath que eu fiz [*Dehumanizer* e *Cross Purposes*]... Musicalmente, é do mesmo jeito que eu sempre compus. Sempre achei que o Sabbath deveria continuar sendo uma banda pesada, em vez de ter suavizado e se tornado o Mark 10 do Deep Purple. Sempre quis fazer um álbum bem pesado".

Geezer também revelaria que o novo álbum de Ozzy – não um projeto apenas de estúdio, apesar da suposta filosofia do vocalista de "não fazer mais turnês" – trazia seu baixo como destaque, que foi sua forma de encontrar Castronovo. "Assim que conseguimos a maioria das canções compostas, começamos a fazer testes com bateristas e vocalistas na Inglaterra, mas eu não conseguia encontrar os músicos certos em lugar algum. Então, Ozzy me pediu para tocar em seu álbum e foi assim que eu conheci Dean, o baterista. Eu toquei para ele algumas coisas que estava compondo – ele adorou e me perguntou se poderia trabalhar no álbum. Em seguida, voltei à Inglaterra para testar mais vocalistas, mas não conseguia chegar a lugar algum. Então, perguntei a Scott Koenig, que gerencia o Biohazard e o Fear Factory, se ele conhecia alguns vocalistas bons em Nova York ou em qualquer lugar. Scott me enviou algumas fitas e também uma cópia inédita do CD do Fear Factory [*Demanufacture*]. Eu ouvi as fitas e, em seguida, escutei o CD do Fear Factory e soube naquele momento que a voz de Burton era exatamente o que eu estava procurando: alguém que conseguia cantar de forma agressiva, mas melodicamente bem. Perguntei a Scott se conhecia alguém que soasse parecido com Burton, e ele me disse que o Fear Factory não iria tocar durante seis semanas, e que o próprio Burton estava disponível. Em seguida, Burton veio até a Inglaterra, ouviu o material e realmente gostou, e assim ele concordou em participar do projeto."

Quanto a Howse, que ninguém havia ouvido falar antes: "Pedro tinha uma banda na Inglaterra chamada Crazy Angel, uma das primeiras bandas de thrash em 1982. Eles eram incrivelmente pesados, talvez pesados demais para o tipo de coisas que estávamos fazendo na época. Ele também esteve em outras bandas na região de Birmingham, mas nunca tinha feito algo de grande antes... venho trabalhando com Pedro em torno de dez anos. Ele é uma pessoa boa de lidar no trabalho, porque eu componho muito material no baixo, e ele consegue transpor perfeitamente os riffs do baixo na guitarra sem perder qualquer peso".

Tematicamente, *Plastic Planet* explora muitas das mesmas obsessões "cibernéticas" de ficção científica que o próprio Fear Factory havia adotado como seus argumentos, como ele disse: "Uns dois anos atrás, eu estava escrevendo uma história em quadrinhos sobre um cara que tentava descobrir quem eram Deus e Diabo usando seu computador, e ele se programa no computador. Ele se torna um espírito malévolo que habita dentro da máquina, um vírus humano de computador. Acabei pegando muita coisa do material que estava escrevendo para a história em quadrinhos e coloquei as letras para esse álbum... Acho que tudo isso tem a ver com o fato de eu ter dois filhos que estão crescendo de uma forma totalmente diferente que eu cresci, tudo o que eles fazem está no computador, desde jogos que se comunicam uns com os outros na internet. Os computadores são um mundo totalmente diferente para mim, é fascinante e assustador ao mesmo tempo... Eu ainda quero publicar uma história em quadrinhos um dia, e estou pensando em escrever também um livro de ficção científica. O problema é que, toda vez que tenho uma ideia para um livro, alguém já fez! Eles estão sempre na minha frente! Acho que é por isso que todas as minhas coisas acabam em minhas letras".

Geezer descreveria sua banda como um projeto de longo prazo, dizendo: "No entanto, não sei se a formação vai continuar a mesma nos álbuns futuros. Vai ser difícil para Burton, pois ele faz parte do Fear Factory. Mas, sem dúvida alguma, eu vou continuar compondo mais materiais com Pedro Howse no futuro. Adoraria que essa formação se tornasse uma banda no futuro, mas nós teremos de esperar para ver".

Finalmente, o baixista revelaria que tocaria baixo na turnê de Ozzy após o lançamento do novo álbum de seu antigo companheiro de banda, isso apesar do fato de o próprio Ozzy ter feito seus "shows de despedida" apenas dois anos antes. O próprio Ozzy estava em boa forma no fim de 1995, tendo perdido o excesso de peso que o perseguia em suas tentativas finais de se manter sóbrio e – tipicamente – "trocando seu vício pelo exercício", como ele falou à revista *Independent on Sunday*. "As endorfinas naturais brotam e eu consigo continuar para sempre", ele disse. Sobre as reuniões no AA [Alcoólicos Anônimos] que tentou acompanhar de forma esporádica, ele explicou: "Se você teve um de seus membros amputado, você não vai querer se sentar em uma sala com um monte de homens de uma perna só para falar sobre o assunto".

Recentemente fazendo uso do Prozac ("Você ainda tem as sensações de insegurança, mas acaba cortando pela raiz"), Ozzy passou por terapia e notou que a fonte de seu vício era um poço sem fundo de insegurança do passado. "Se eu não acordasse de manhã preocupado", ele disse, "eu me preocuparia porque não tinha com que me preocupar, então isso crescia até se tornar esse monstro enorme sentado em meu ombro... Meu terapeuta disse: 'Você é como um homem diante de duas portas. Você abre uma e vê um cara atrás dela com um bastão de beisebol que bate na cabeça. Toda vez que você abre a porta ele bate em você, então um dia você caminha até a outra porta e ele não está lá e você se sente estranho porque não levou uma pancada, então você retorna e atravessa a primeira porta porque é assim que está acostumado a fazer'".

Entretanto, toda essa sensação profunda não impediu Ozzy de trabalhar, e ele havia lançado apenas um álbum nos Estados Unidos chamado *Live and Loud*, no verão, para manter os fãs contentes enquanto trabalhava em seu novo lançamento, *Ozzmosis*. Esse último seria lançado no dia 4 de novembro de 1995, e foi um pouco lento para gerar um impacto, sobretudo graças ao fato de que entre suas dez faixas, nada menos que seis canções foram classificadas como baladas ou, pelo menos, baladescas. Ainda assim, na era do new metal – com o Metallica reduzido ao status de rock alternativo, o Iron Maiden e o Judas Priest sentindo falta de um vocalista de verdade, o Motörhead fracassando tentando avançar e com os rap-metaleiros imprestáveis de curto sucesso a caminho –, o fato de *Ozzmosis* atingir o 22º lugar no Reino Unido é uma realização e tanto.

Começa com um clássico na carreira, "Perry Mason", na qual Ozzy canta um hino ao detetive ficcional em tons claros com uma produção digital brilhante. "I Just Want You" é uma canção de amor de grande produção contra uma cachoeira de tons eletrônicos, enquanto que "Ghost Behind My Eyes" é outra homenagem suave aos Beatles, ao estilo de "Dear Prudence", com os coros de guitarra e tudo. "Thunder Underground" é um hino ao metal carregado de eco com alguns espaços inteligentemente abertos e "See You on the Other Side", embora se trate de uma composição de rock moderadamente afetuosa, não passa de uma balada melosa dos anos de 1980 que poderia levar qualquer outro nome.

"Tomorrow" é um estranho exercício com efeitos semiexperimentais de estúdio, seguida por "Denial" – material pós-terapia perfeito – outra fatia de riff solto com uma atmosfera que tipifica esse álbum incomum. "My Little Man" – "I must teach you wrong from right" ["Devo ensinar a você o que é certo e o que é errado"] – é uma canção agradável sobre o amor de pai, embora "My Jekyll Doesn't Hide" fosse um retorno à forma de Zakk e de Ozzy, repleto de gritos harmônicos distorcidos. Finalmente, "Old LA Tonight" (muitos fãs acharam de maneira amarga que "Velha Aston Hoje à Noite" teria sido mais apropriado) é uma ode piegas às suas raízes.

Ozzmosis, com seu elevado quociente adocicado e tudo, trouxe os resultados que Ozzy queria, manter seu nome sob os holofotes em quantidades suficientes. Não que o cenário comercial do rock ficasse impressionado: no início de 1996, o rock alternativo e o new metal seriam os novos rótulos de gênero a ser escrutinados pelo pessoal mais imprestável da indústria.

CAPÍTULO 21

1996

Pela primeira vez na história do Black Sabbath, Geezer Butler – talvez motivado pelas críticas positivas que vinha recebendo de *Plastic Planet* – declarou publicamente alguns comentários anti-Sabbath (e especificamente anti-Iommi) em decorrência de sua saída da banda. Como ele contou à revista *Bass Frontiers*: "Eu fiquei muito frustrado com o Sabbath depois dos últimos álbuns. Não gostava do rumo musical que o Sabbath estava tomando. Eu estava compondo muito, muitas coisas mesmo, e sentia mais satisfação com isso do que com o que estávamos fazendo no Sabbath, então pensei, bem, o Sabbath agora acabou e eu vou fazer meu próprio projeto... Senti que muitas bandas novas estavam fazendo o que o Sabbath deveria estar fazendo. Sempre quis voltar ao som mais pesado. Foi assim que começamos e era disso que o povo gostava em nós, e estávamos nos afastando cada vez mais para longe disso. Ninguém parecia entender. Eu estava compondo coisas pesadas e eles diziam coisas do tipo, você não pode isso... Tony Martin – que odeia todo tipo de música pesada – foi que disse, você não pode fazer isso, soa como o Pantera!".[8]

Entretanto, tinha apenas coisas positivas para dizer sobre Ronnie James Dio, acrescentando: "Achei que *Dehumanizer* foi particularmente um álbum mais brutal, porque Ronnie estava nele. Veja bem, Tony não faria as coisas que eu estava compondo, mas Ronnie vinha e ouvia

8. Mais tarde Martin desmentiria isso em um chat on-line, declarando que o comentário sobre o Pantera era uma brincadeira.

tudo o que eu estava fazendo e insistia em fazer também meu material, do mesmo modo que fazia o de Tony. Era como se fosse um grande avanço! Então veio *Cross Purposes*... eu provavelmente fiz duas canções, mas não fiquei nem um pouco feliz do jeito que as coisas saíram.

O lance de *Dehumanizer* era um conceito todo que eu tinha para aquele álbum, mas infelizmente apenas muito pouco foi usado. Dehumanizer é personagem, novamente, como Catatonic Eclipse [personagem de *Plastic Planet*], que programou Deus e o Diabo no computador e a coisa toda dominaria o mundo... Eu tenho milhões de riffs acumulados durante anos e, basicamente, nós apenas tocávamos algumas fitas e transformávamos os riffs em canções. Tínhamos cerca de 30 canções compostas na época em que Burton chegou... Quanto à comparação ao Sabbath ou Ozzy; nesse caso eu tenho o controle total".

Ele também expressou seu respeito a Bill Ward e outros bateristas do Sabbath, acrescentando: "Ninguém vai substituir Bill nas canções antigas, porque nós crescemos juntos. Eu nem sequer tocava baixo quando conheci Bill. Nunca peguei em um baixo antes do começo do Sabbath. Então, eu tocava baixo junto com o que ele estivesse tocando na bateria, e tudo se encaixava perfeitamente. Vinnie [Appice] era muito bom também em se encaixar com o baixo".

Além de gravar com sua própria banda, Geezer estava fazendo shows com a turnê *Ozzmosis* de Ozzy Osbourne e, ao que tudo indica, amando cada minuto: "O único motivo por eu ter feito o álbum de Ozzy foi porque tudo o que eu tinha de fazer era ir até lá, colocar meu baixo e ponto final. Ele nem sequer estava no estúdio quando gravei as faixas do baixo. Ozzy é muito legal para trabalhar junto. Ele sempre me incentivou a fazer meu próprio álbum – a ponto de até persistir comigo para fazê-lo. Ele me dizia que nada havia no mundo como isso – você não tem de lidar com todos aqueles egos. Ou seja, você faz o que bem entender. Assim que eu terminar de tocar na turnê de Ozzy, é exatamente isso que vou fazer. É isso o que vou fazer até não aguentar mais!".

Geezer era praticamente um músico de estúdio quando optou por participar, mesmo modificando seu estilo de tocar baixo para se ajustar ao material de Ozzy: "Com o material de Ozzy, uso bastante a palheta porque estou fazendo todas as linhas do baixo de Bob Daisley, e ele sempre toca com a palheta, e acho que soa melhor com a palheta. Além disso, é muito mais fácil de tocar! Se você procura um som mais agressivo ou mais rápido, se você estiver tocando com os dedos fica muito abafado se quiser ir mais rápido, portanto eu gosto de obter uma melhor definição usando a palheta. O fato de eu estar agora treinando muito com a guitarra, estou me acostumando a usar a palheta. Antes eu não conseguia".

Com todos os comentários positivos que ele fez sobre Ozzy, Bill e Ronnie, fica claro que o verdadeiro alvo da ira de Geezer seria Tony Iommi, que surgira nesse ponto da carreira da banda como um líder dedicado a manter sua banda flutuando a todo custo, seja qual fosse o obstáculo. Geezer falou sobre isso, indiretamente, quando comparou sua nova banda ao Sabbath: "Há um entusiasmo que estava faltando durante anos. Quando Ronnie veio a bordo [nós dissemos], 'Por que não cantamos isso?', e ele dizia, 'Que merda você sabe sobre cantar?'. Agora a situação é assim, 'Oh, sim, vamos tentar'. Trabalhar com Tony, por exemplo, eu compunha um riff, ele acrescentava algo nele e eu não podia dizer, 'Isso é uma porcaria, tente algo diferente'. Você não podia confrontar ninguém com medo de magoar seus egos. Era uma situação ridícula de se conviver. É por isso que a banda não conseguia chegar a lugar algum no final. Eu podia estar fazendo algo no baixo que fosse horrível e ninguém iria me contar... Nós não podíamos conversar mais no Sabbath. A maneira mais fácil de levar a coisa adiante sem incomodar alguém era simplesmente concordar com tudo".

Iommi, que o autor entrevistaria em 2004, é um homem afável e educado, mas quando está ligado no modo de composição e gravação passa a ser facilmente definido por três características: seu ritmo de trabalho lento e meticuloso (marcado por visitas aos bares locais, como Vinnie Appice lembrou); sua devoção de ferro; e sua falta de disposição em confrontar as pessoas em meio às questões polêmicas ou cuja presença não é mais requerida. Quanto a esse último ponto, leia os testemunhos registrados de Glenn Hughes e Bobby Rondinelli, que foram demitidos "remotamente" via intermediários ou de forma indireta. E, mesmo assim, por mais difícil que seja lidar com ele, ele é a força que fez do Sabbath o que foi e continua sendo.

O ano de 1996 foi uma época rara na qual Iommi, agora (como antes) o último membro da formação original, parecia se dispensar com a banda, pelo menos temporariamente. Assim que encerrou a turnê *Forbidden,* em dezembro de 1995 – e o consenso viria um pouco depois disso, como no caso do Body Count, de que o álbum não ficou tão bom –, o Sabbath seria colocado de lado. A conclusão do contrato com a gravadora IRS veio com uma coletânea, *The Sabbath Stones*, que resumiria moderadamente bem os anos pós-Ozzy. As faixas "Headless Cross", "When Death Calls", "Devil and Daughter", "Sabbath Stones", "Battle of Tyr", "Odin's Court", "Valhalla", "TV

Crimes", "Virtual Death", "Evil Eye", "Kiss of Death", "Guilty as Hell", "Loser Gets it All", "Disturbing the Priest", "Heart Like a Wheel" e "Shining" proporcionaram os maiores destaques da era Gillan e Dio, e provaram àqueles que haviam desistido do Sabbath da era pós-Ozzy que, enterrado no meio do que sobrou do gênero indefinido do AOR, descansa um excelente álbum de canções.

Iommi passaria a maior parte do ano trabalhando no material para um álbum solo, talvez um projeto já tardio, considerando o tiro pela culatra de *Seventh Star* e a reação cínica que recebeu como um álbum do Sabbath. Ele deixou claro que vários vocalistas foram convidados para cantar no disco, incluindo Rob Halford e Glenn Hughes, e deixou as faixas prontamente gravadas – mas, em seguida, optou por não lançá-lo. Inevitavelmente, a fita vazou e foi disponibilizada logo em seguida na internet, embora poucas pessoas tivessem acesso à rede em 1996, e muito menos ainda havia conexão de banda larga necessária para baixar o arquivo do álbum inteiro. No entanto, Iommi ficou chateado por causa dessa disponibilidade, e chegou até a jurar que sabia quem foi o responsável por tê-la liberado no domínio público. Os fãs apelidaram o álbum não lançado de *Eighth Star* e isso viraria um folclore do Sabbath nos próximos quatro anos.

Sobre o álbum solo, ele explicou: "Eu tenho de fazer isso. De fato, essa é uma de minhas coisas – fazer um álbum solo como Geezer fez o dele, mas sem que seja considerado um disco do Sabbath. E, se não for o próximo, então certamente será depois do encerramento da próxima turnê do Sabbath, perto do fim do ano. Não estou falando sobre a separação do Sabbath – mas quero fazer um projeto diferente, para que eu possa trabalhar um pouco mais musicalmente do que tenho feito no Sabbath. Talvez até esbarre em algumas coisas do Sabbath, mas não terei como evitar isso, é assim que eu sou. Mas, eu gostaria de fazer um pouco mais de jazz, blues e músicas instrumentais. Vou convidar outras pessoas também. Não sou tão egocêntrico assim para pensar que poderei tocar bateria em todo o restante do disco. Provavelmente, terei de usar pessoas diferentes daquelas com quem trabalhei no passado para me afastar do Sabbath, talvez convide um baterista e um baixista".

Apesar da atividade solo, Iommi ainda parecia otimista com o Sabbath e a sua atual formação, dizendo em março: "A combinação de *Forbidden* funciona bem, e todos nos damos muito bem. Com as outras bandas que tive, não conseguíamos nos livrar de todos os problemas para simplesmente sair tocando, o que não deixa de ser ridículo. O que eu gosto sobre essa formação é que posso dizer 'Nós estamos fazendo isso, estamos fazendo aquilo' e eles respondem de forma positiva, 'Certo, tudo bem', porque todos querem tocar e realmente gostam de tocar. Com algumas das últimas formações – sem mencionar nomes –, alguns deles reclamavam de coisas do tipo 'Onde vamos ficar hospedados?' ou 'Eu não quero isso', antes de começar sequer a tocar. Havia sempre esse ritual de resolver as coisas e se envolver com todos. Minha impressão é simples em relação a tudo aquilo. Eu diria, 'Isso é o que nós vamos fazer. Se você não quer, então caia fora'. Passei por tantos problemas em minha vida pessoal por causa do Sabbath, porque era o único que ficava lá sentado dia e noite no estúdio, trabalhando no material. E você sabe, isso consumiu a maior parte de minha vida e, consequentemente, comprometeu minha vida conjugal".

Evidentemente, Iommi sempre desfrutou comandar o Sabbath – sempre a sua banda – à sua própria maneira. Torna-se aparente também que Iommi, que passou por dois divórcios graças ao seu compromisso com o Sabbath, sentia que finalmente tinha conquistado o direito de sua soberania, como ele acrescentou: "Era muito desagradável quando as pessoas na banda ligavam e diziam, 'Tudo bem, estou saindo de férias', e me deixavam no estúdio enquanto eles saíam e se bronzeavam. Em seguida, eles voltavam e perguntavam 'Como está indo?', algo de que eu particularmente não gostava muito. Mas agora todos estão envolvidos com o trabalho, eles amam o que fazem e eu estou desfrutando mais. Se agora ocorre qualquer tipo de problema, todos compartilham juntos... todos apreciam o que estão tendo, especialmente depois de ter desfeito essa formação para fazer o projeto de Dio com *Dehumanizer*. Porque você somente percebe o que tem depois que o perde. Com Geezer e Dio, os velhos problemas começaram de novo. Agora temos algo parecido como uma equipe de trabalho, e não temos aqueles problemas antigos porque todos estão com uma atitude diferente".

É interessante comparar Iommi com seus contemporâneos. No grande panteão dos guitarristas britânicos de rock, Iommi foi comparado a outro gênio rebelde – Ritchie Blackmore – mais do que em uma ocasião. Ambos dominaram seus instrumentos em níveis sem precedentes, e expandiram os horizontes do rock durante o processo (o Blackmore com suas influências clássicas, Iommi com seus riffs pesos-pesados); ambos foram considerados "difíceis de lidar" por muitos de seus colegas; e ambos se apresentam diante do mundo sérios e ao estilo "homens de preto", que renderam a eles um fascínio de anti-heróis. Além disso, ambos bebiam da mesma fonte de talentos, como Iommi comentaria: "Há Cozy Powell, é claro, Glenn Hughes e Ian Gillan, e nós usamos inclusive o primeiro baixista do Rainbow durante algum tempo, Craig Gruber. E quase usamos também David Coverdale. Eu liguei para Coverdale quando Ronnie saiu pela primeira vez, e liguei para Cozy na mesma época, e Coverdale disse, 'Certo, ok', e em seguida, algo aconteceu, alguém voltou ou ocorreu algo e não rolou. Algum tempo depois, eu vi Coverdale novamente, quando estávamos prontos para arrumar outro vocalista, e ele disse, 'Ah, se você tivesse me ligado dois dias atrás, eu poderia ter feito! Mas acabei de assinar um contrato...' e, em seguida, ele foi para o Whitesnake. Então, quase que aconteceu". O tecladista Don Airey (que mais tarde se juntaria à antiga banda Deep Purple do Blackmore), o baterista do Rainbow Bobby Rondinelli e o produtor Martin Birch, todos caíram também na teia do "Black Purple".

Em termos puramente instrumentais, as similaridades entre Iommi e Ritchie Blackmore se tornariam mais óbvias novamente quando eu entrevistaria ambos em 2004. Blackmore me contou: "Quando comecei a tocar guitarra, meu pai insistiu que eu aprendesse a ler música e tocar coisas clássicas, Segóvia e Bach, algo em que fracassei de forma lastimosa. Mas as melodias e a disciplina não saíram de mim e, assim que assimilei a sensação da guitarra, retornei àquele território. Não como um puritano: eu não conseguiria sentar para tocar e tinha esquecido como se lia música. Não conseguia tocar mais os prelúdios e coisas do gênero, mas elas ainda estavam lá, no fundo de meu subconsciente, eu acho".

Como Iommi, Blackmore era fã de Django Reinhardt – mesmo sem ter perdido as pontas dos dedos, o guitarrista cigano daria a volta por cima em sua vida quase do mesmo jeito que Iommi: "Mas, quando comecei a tocar guitarra, as pessoas que eu mais ouvia eram Hank Marvins e Django Reinhardt. Eu também passei por um período em torno de seis meses ouvindo Wes Montgomery. Les Paul e Chet Atkins eram também meus heróis. Nunca fui um grande fã de blues. Gosto de BB King, mas eu pendia mais para o pop ou para o clássico. Agora gosto de tocar blues novamente, mas considero um pouco limitado. Adorava as coisas de Eric Clapton com o Cream – acho que o solo em 'I Feel Free' é brilhante – mas, além disso, o restante não entendi direito. Embora, com Hendrix, eu consiga entender sobre o que estavam falando. No entanto, novamente, acho que ele teria consigo algo melhor se não tocasse guitarra – ele sempre tinha aquele clima ao redor dele. O homem veio da lua".

As similaridades são óbvias. Iommi, por sua vez, me contou: "Eu absolutamente admiro Hank Marvin. Então, bem depois vieram Clapton e Hendrix. Curti muitos guitarristas de jazz como Wes Montgomery, mas não ouvia os guitarristas de música folk, preferia os caras que faziam um barulho mais alto que aquilo".

O início de 1996 foi marcado por uma série de relançamentos de álbuns do Sabbath, como se os demos do solo de Iommi e a coletânea *Sabbath Stones* não fossem suficientes para manter a atenção dos fãs longe de qualquer atividade futura da banda. O selo Castle Communications, que havia estabelecido uma reputação de uma empresa especializada em reedições, lançando versões atualizadas de CD de antigos clássicos da era do vinil, licenciou *Black Sabbath*, *Sabbath Bloody Sabbath*, *Sabotage*, *Technical Ecstasy* e outros, remasterizando-os para o lançamento no verão. De forma bizarra, até *Eternal Idol* foi reeditado, embora não dê para entender por que seria necessária outra versão.

Toda essa atividade focada na retrospectiva tomaria conta do mercado, porque Iommi não estava disposto a jogar no jogo lucrativo da reedição ao seu limite, ao seu favor. Questionado se o material antigo, como a versão liderada por Ray Gillen de *The Eternal Idol,* seria editado, ele encolheu os ombros: "Se nós fôssemos lançá-la, teríamos de lançá-la sem... antes de Tony Martin. Naquela ocasião, estávamos envolvidos com meu antigo gerenciamento e Ray tinha algumas divergências, e acho que Ray já estava cansaço de tudo aquilo... Era uma coisa mútua... Eu gostava de Ray, gostava muito dele, mas ele já havia passado dos limites e nós chamamos Tony Martin... nós não iríamos lançar nada e não estávamos nada orgulhosos daquilo. Eu tenho algumas coisas em casa, coisas muito antigas gravadas em 24 multicanais. Há algumas faixas que fizemos com Gillan que nunca lançamos. Não acho que seja realmente necessário; você lançar uma coisa que na época era a melhor para aquele álbum. Provavelmente, tenha algum valor para um colecionador... Fizemos muitas coisas boas no estúdio no decorrer de anos, relacionadas ao Sabbath... apenas tocando de improviso. Não vou começar a lançar coisas simplesmente para ganhar dinheiro em cima".

Ele acrescentou: "Você nem sempre tem os direitos sobre certas coisas. Em muitas situações eu tenho influência, mas há certos casos relacionados ao material antigo em que eu não tenho voz, porque tudo já foi passado. Embora agora muitas coisas tinham acabado voltando para nós, e nós assinamos de novo com a Castle, para que eles lancem em formato de estojo e embalagens do gênero".

Apesar de sua falta de interesse em explorar o catálogo antigo da banda de forma desnecessária, Iommi sabia exatamente o que estava fazendo quando assinou o contrato com a Castle, que mais tarde seria engolida pela gigante Sanctuary (lançada pelo manager do Iron Maiden, Rod Smallwood, e batizada com o nome de uma canção antiga do Maiden). Até o fim do século, uma enorme quantidade de receita estava entrando na indústria fonográfica com as versões reembaladas de produtos existentes, especialmente à medida que os novos formatos de áudio e de vídeo, tais como vídeo-DVD e áudio-DVD, se estabeleciam no mercado.

Além de cuidar das fortunas do Sabbath (ele era o proprietário do nome da banda, pelo menos até o início da primeira década do milênio), Iommi enterrou dinheiro em vários projetos durante anos, especialmente em uma agência de talentos. Recentemente, ele falou sobre o projeto: "Fechou há muitos anos. Era um cara do Ten Years After [Ric Lee] e eu. Alvin [Lee] queria cuidar durante algum tempo, mas não tínhamos tempo suficiente para ficar na agência, porque estávamos ambos ocupados fazendo turnês. Quando você fica longe, não sabe o que está acontecendo. Montamos algumas atrações com a agência. Eu fornecia os equipamentos e Ric dava o material necessário".

Nos primeiros anos, Iommi também investiu em um modelo de guitarra que tinha um toque interessante baseado na tecnologia de som: "Coloquei dinheiro na empresa porque iria conseguir usar guitarras fabricadas do jeito que eu as queria. Tive de provar isso aos fabricantes. Então, investi nas guitarras do John Birch, e ele fabricou minhas guitarras. Tinha de provar que funcionava. Tudo isso foi feito à base de experimentos, testes e erros. Eu mesmo paguei por aquilo naquela época para mostrar que poderia ser feita. E eu paguei todas essas empresas para conseguir os benefícios de hoje. Lá atrás, todos eles diziam que não podia ser feito. Eu também já usava o 'locking nut' há muitos anos sem o tremolo, antes até de o 'locking nut' ter se tornado a norma... eu também apareci com os captadores intercambiáveis que você podia encaixar na parte de trás. Era uma guitarra John Birch. Nós vendemos apenas uma, e foi Roy Orbison que comprou. Surgi com ela anos atrás e a primeira foi feita para que eu pudesse usar no estúdio. Naquela época eu tinha muitos problemas para afinar guitarras por causa do pescoço e das cordas leves da Gibson. Decidi então inventar uma guitarra que eu pudesse usar no estúdio com sons diferentes, para que não precisasse ficar trocando de guitarras. Você podia encaixar um captador nela e ter o som da Fender, em seguida encaixar outro captador e ter o som da Gibson. Essa era a ideia. Usei durante um bom tempo, mas elas eram muito caras para se produzir em grande escala".

Enquanto olhava em retrospectiva para aqueles dias, Iommi falou à revista *Rip*: "Meu conselho para outros músicos que estão apenas começando: arrumem um advogado! Tudo mudou desde que eu comecei. O ramo da música é um grande negócio, e você tem de ter muito cuidado, como sempre deve ter quando entra sem conhecer nada. Você deve pisar com muita cautela e com muito apoio jurídico, mesmo se tiver um manager. Acho que, do lado da música, apenas acredite no que faz, não siga as tendências, moda e coisas do tipo. Sei que é muito difícil nos dias de hoje. O público pula de uma coisa para outra repentinamente... e eu acho que é fácil cair nisso tentando agradar. Quando eu comecei, era muito mais simples. Você tinha de conquistar para criar um som. Era muito mais envolvente naquela época. Hoje em dia, você sai, compra algumas coisas, uns aparelhos que fazem um determinado som, e consegue tocar igual a Jimi Hendrix ou soar como este ou como aquele. Naquela época, você tinha de fazer seu próprio som, e a banda se tornava o som daquilo que você fez. Essa era a parte mais difícil na época. Não havia muito dessa coisa de tocar no rádio ou divulgação, certamente na Inglaterra não havia. Tudo era muito 'underground', se é que me entende, e divulgação de boca a boca mais do que qualquer coisa. E você dava um jeito de seguir adiante no ramo com o boca a boca. Não havia TV ou vídeos".

Ele admitiu que alguns períodos na história do Sabbath não eram compatíveis a outros também, esboçando uma perspectiva do que algumas décadas no ramo podem trazer. "Acho que todos devem passar por um bloqueio [branco] de escritor ou esgotamento; todos provavelmente já passaram por isso", ele pondera. "É uma coisa contagiante! Não tenho isso já faz muitos anos, mas anos atrás passei por uma fase e, na realidade, foi muito engraçado. Mas provavelmente tinha a ver – na realidade, *tudo* a ver – com as drogas e demais coisas que eu estava fazendo na época. O mais provável é que eu cedi àquilo tudo, o estresse do negócio e tudo o que estava acontecendo. Agora minha vida é bem mais fácil, e acho muito mais prazeroso viver... Para manter o frescor, você tem de colocar pessoas na banda que tenham energia, que realmente queiram tocar. Acho que, se você coloca alguém na banda que não esteja tão ávido para tocar, que perdeu a vontade de lutar, acho que torna as coisas muito difíceis. Mas, se você tem todos na banda que se dedicam aos objetivos da banda, isso realmente ajuda a manter a música com frescor e as ideias fluindo. Eu gosto de todo tipo de música, de verdade. Do Frank Sinatra ao Soundgarden. Há uma ampla variedade de música.

Gosto de tudo que seja musicalmente bom. Não gosto desse tipo de som eletrônico. Logo, se é musicalmente bom, estou dentro!"

Como muitas bandas que já alcançaram um determinado nível após muitos anos no ramo da música, uma fonte útil de exposição quando a mídia comercial não estivesse mais interessada eram as revistas de música, que têm a tendência de se mostrar interessadas por instrumentalistas virtuosos, não importa seu quociente supostamente legal. Tony Iommi sempre teve revistas de guitarra penduradas em seu pescoço, uma forma muito subestimada de conseguir algumas linhas na coluna sobre o Sabbath. Mas ele merece toda essa atenção: como vimos de forma consistente, ele sempre foi um músico incrível – e muito humilde. Como contou a um entrevistador, ele nunca foi elogiado como um herói da guitarra, apesar de seu talento óbvio, "provavelmente porque eu tenha sido considerado mais como uma parte da banda do que individualmente... é engraçado porque há muitas pessoas nos últimos dois anos que vêm dizendo muita coisa sobre [meu talento]. Não estou me vangloriando aqui, mas legal, estão falando mais. Mas eu não me importo. Não me preocupo. Se eu realmente tivesse feito um álbum de Tony Iommi, que tinha a intenção de fazer, talvez mais pessoas tivessem me conhecido dessa maneira... Recebi muita crítica no decorrer dos anos por ter mantido o Black Sabbath vivo, mesmo eu sendo o único que havia sobrado e com todas aquelas formações que tivemos. Você entende? Você não fecha a fábrica somente porque um empregado desistiu, não é? Não, você segue adiante. Eu continuei porque era importante para mim e eu acreditava no Black Sabbath. E estou feliz porque nos últimos anos alguns daqueles discos do Sabbath, especialmente aqueles com Tony Martin, estão começando a ser apreciados. Mas, mesmo assim, é legal trabalhar fora do Black Sabbath. Como certas canções nascem ou como você acaba as compondo, depende com quem você está trabalhando. Compor com Ozzy, Dio, Tony Martin ou Glenn Hughes – é tudo diferente".

Finalmente, há um lado de Iommi que surpreenderia muitas pessoas. O guitarrista, geralmente visto como o membro mais prático e despretensioso do Sabbath, admitiu um gosto por literatura espiritual em mais de uma ocasião: "Não leio ficção científica – bem, algumas pessoas chamam de ficção científica", ele disse à revista *Circus* em 1975, "mas acredito nisso... as obras de Losang Rampa sobre viagem astral e a próxima vida. Acredito na próxima vida [encarnação]. É fácil ser cético, mas eu entendo bastante e compreendo muita coisa lendo seus livros. Geezer, que compôs a maioria das canções no passado, estava envolvido com esse tipo de coisa muito antes de mim e eu acho que as influências estão em algumas daquelas canções".

Toda essa retrospectiva feita por Iommi foi oportuna, à medida que um grande divisor de águas na carreira do Black Sabbath se encontraria logo virando à esquina. Não como produto da mídia em 1996, é importante salientar, que era na maioria muito pretensiosa para reconhecer a presença da banda.

Agradeço a Deus por essa grande pretensão da mídia: pois, sem ela, tanto Ozzy como o Sabbath talvez tivessem desaparecido no esquecimento em poucos anos, tornando-se meras notas de rodapé na borda do rock, junto com atrações de sucesso e há muito tempo fora de moda como o Purple e o Def Leppard, ambos os quais foram muito rebaixados nesse momento de seus auges nos anos 1980. Essa fatalidade não aguardaria Ozzy, Tony e seus companheiros, graças a uma mulher perceptiva e a reação a uma conversa que ela teve com certas pessoas metidas no ramo...

MAIS VELHOS E MAIS SÁBIOS: BLACK SABBATH, MONMOUTH STUDIOS, PAÍS DE GALES, JUNHO DE 2005. *(Ross Halfin/Idols)*

BLACK SABBATH EM HOLLYWOOD, 1992. *(Robert Knight/Redferns)*

OZZY, TONY E GEEZER NA CALÇADA DA FAMA DO ROCK NO HOLLYWOOD BOULEVARD EM NOVEMBRO, 1992. *(Ron Galella/Redferns)*

BLACK SABBATH EM 2001. *(Ross Halfin/Idols)*

GEEZER NO ROSKILDE, DINAMARCA, 2005. *(Ross Halfin/Idols)*

BILL NO MONMOUTH STUDIOS, PAÍS DE GALES, 2005. *(Ross Halfin/Idols)*

TONY E OZZY. *(Ross Halfin/Idols)*

A FAMÍLIA OSBOURNE COM SEUS CÃES EM BEVERLY HILLS, 2002, ESQUERDA PARA DIREITA: KELLY, OZZY, SHARON E JACK. *(Stewart Volland/Retna)*

OZZY, GEEZER E TONY NO ROSKILDE, DINAMARCA, JUNHO DE 2005. *(Ross Halfin/Idols)*

A BANDA NO SALÃO DA FAMA DO REINO UNIDO, LONDRES, NOVEMBRO DE 2005, E NA PREMIAÇÃO DO SALÃO DA FAMA DOS ESTADOS UNIDOS, NOVA YORK, MARÇO DE 2006. *(LFI)*

CAPÍTULO 22

1996-1997

No início de 1996, enquanto procurava um show para Ozzy, Sharon Osbourne abordou os organizadores da turnê de rock mais legal e mais invejada disponível – a turnê Lollapalooza, uma instituição desde 1991. Lançada pelo vocalista do Jane's Addiction/Porno For Pyros, Perry Farrell, como um veículo itinerante para os movimentos do novo rock alternativo e do grunge da época, no início dos anos 1980 o Lollapalooza era *a* turnê para se apresentar, apelando a todos os subtratos culturais ao recrutar atrações do metal, punk e hip-hop, além do gênero grunge.

"Eles riram da ideia", disse Sharon mais tarde. "Eles todos achavam que Ozzy era tão baixo nível. Então eu pensei: 'Tudo bem, eu organizarei meu próprio festival'".

A ideia que ela teve se chamaria Ozzfest, e assumiria a forma de um festival itinerante com dois palcos – como o próprio Lollapalooza – com múltiplas bandas, sobre as quais Ozzy seria a atração principal. No verão e no outono de 1996, Ozzy prontamente realizou uma turnê com 20 datas, acompanhado por Slayer, Danzig, Biohazard, Sepultura e Fear Factory no palco principal ao lado de um segundo palco destacando Earth Crisis, Powerman 500, Neurosis, Coal Chamber e Cellophane. Os shows fizeram um sucesso estrondoso, sobretudo graças à escolha criteriosa das atrações em cartaz. No macrocosmo da estratégia de Ozzy em usar um guitarrista poderoso em sua própria banda, Sharon recrutou as bandas mais influentes da época para o palco de Ozzy, crucialmente garantindo a credibilidade convidando bandas desconhecidas (Cellophane e os novos metaleiros góticos, na ocasião Coal Chamber, que ela gerenciava) no cartaz.

No palco principal, em especial, ficava a atração dos veteranos, com Slayer em alta após a turnê de sua carreira apoiada pelo Machine Head, e Danzigo e Biohazard atingindo a respeitabilidade no meio da carreira depois de ter gravado uma série de álbuns (também com sons idênticos) muito elogiados. Enquanto isso, a incrível atração brasileira de thrash metal, Sepultura, encontrava-se no auge de sua carreira, tendo estabelecido uma modelo esmagador com seu álbum *Roots* (produzido pelo futuro porta-voz do gênero new metal, Ross Robinson). O Fear Factory (cujo vocalista Burton C. Bell tinha acabado de fazer o álbum solo especial de Geezer Butler) estava em uma posição similar.

Ironicamente, enquanto o Ozzfest de 1996 chegava ao final, com organizadores, músicos e fãs testemunhando o que havia sido um grande sucesso, o Lollapalooza estava em declínio. Sua última projeção viria no ano seguinte, quando no fim de 1997 a política baseada no grunge na qual Farrell havia apoiado seu evento estava sendo suprida. A inclusão do Metallica no cartaz em 1996 foi vista por muitos como um sinal de que Farrell estava se rendendo aos interesses das grandes gravadoras, e os fãs da música começaram a buscar curtição em outro lugar. Sharon e Ozzy não viam motivos para recuar, e as datas do Ozzfest foram agendadas em 1997, reforçando seu domínio no circuito de festival de rock dos Estados Unidos.

Tudo isso chamaria a atenção de Iommi e os demais. No fim de 1996 surgiram rumores que assolariam o campo do Sabbath. Falaram em outubro que Tony Martin estava prestes a deixar a banda, mas ele descartou tais ideias nas entrevistas concedidas. Inclusive, em dezembro daquele ano, era óbvio que Iommi ainda tinha a intenção de usar Martin no Sabbath, embora o vocalista se mostrasse indeciso sobre seu futuro, dizendo: "Na realidade, nunca me senti confortável nos sapatos que me deram para usar, mas durante algum tempo pensei que pudesse continuar usando-os. Você sabe, *Headless Cross*, *Tyr*. Mas, então veio a primeira separação, e foi um choque. Logo depois disso, eu passei a ler sempre entre as linhas para tentar entender qual seria o próximo passo. Felizmente, eu tinha meu manager Albert, que os conhecia muito bem, e foi capaz de esclarecer muitas coisas. *Cross Purposes* fez com que eu me sentisse bem, mas em seguida *Forbidden* foi péssimo, então acabou sendo uma época muito insegura para mim, de verdade".

Ele tinha razão de se sentir tão inseguro. No início de 1997, Sharon Osbourne ligaria para Tony Iommi perguntando se ele estaria interessado em reagrupar a clássica formação do Black Sabbath dos anos 1970. Você pode imaginar qual foi sua resposta.

No verdadeiro estilo de Iommi, Martin ficou fora da banda – embora ninguém tenha se dignado a lhe informar sobre o fato. Como ele disse: "Tony decidiu que era o momento certo para fazer um reencontro com Ozzy, e logo imaginei que estava despedido, embora ninguém sequer me ligasse para me contar. Queria me desligar da indústria por algum tempo, e aproveitei para cuidar de minha família e construir uma casa... e acabei me divorciando no final!". Mas ele não se mostrou amargo, ponderando: "Provavelmente, era o único rumo que o Sabbath tinha para seguir adiante. Nós o levamos até o máximo que pudemos, com todo tipo de interferência, conseguimos fazer álbuns com artistas do rap, então acho que foi planejado para cair fora do negócio que tínhamos e levar a banda adiante. Certamente rendeu muitos ingressos!".

Martin acrescentou: "Estou absolutamente convencido de que a banda não seria capaz de seguir mais adiante comigo ou com qualquer outra pessoa que não fosse Ozzy. A reunião com Ronnie não deu certo, não havia outro vocalista que pudesse se juntar sem que houvesse outra alteração na formação, e um estilo que pudesse fazer com que o reencontro funcionasse... Não estava acontecendo do jeito que gostaríamos que fosse quando eu estava lá. Mas, se você consegue reunir qualquer formação original, os Beatles ou o Black Sabbath, isso chama muita atenção".

Consequentemente, isso significa que Neil Murray e Bobby Rondinelli também estavam fora da banda, mas, como eles já estavam acostumados com a vida dura de músicos de estúdio (e esta não era a primeira vez que foram convidados para se retirar do Sabbath), o impacto neles era bem menor. Murray prontamente se juntou a Cozy Powell no Splinter Group de Peter Green, e Rondinelli passaria por várias bandas, Blue Oyster Cult e o The Lizards, entre outras. Entretanto, Geoff Nicholls acompanharia Iommi na reunião do Sabbath.

Geezer Butler, que passara a maior parte de 1996 esculachando a banda – ou pelo menos Iommi – também agiu rápido na hora de assinar o contrato com a nova formação com Ozzy, contando para mim de forma arrependida: "Sempre me lembro, acabei de fazer meu primeiro projeto solo, *Plastic Planet*, e estava cuidando da imprensa sobre o assunto quando eles me perguntaram se o Sabbath não voltaria a tocar juntos. E eu disse, de jeito nenhum! Nunca nos meses que têm domingo. E, em seguida, logo na semana seguinte, Ozzy me telefonou e disse, você quer participar do Ozzfest neste ano com o Sabbath? E nós dissemos que sim, claro".

Ele acrescentou: "Sharon me ligou e me perguntou se eu queria fazer. Ela queria que nós fôssemos a atração principal com Ozzy nesse ano do Ozzfest por causa do sucesso do festival no ano passado. Eu disse que sim, em seguida tivemos de montar tudo muito rápido porque havia apenas dois meses para ensaiar".

A inspiração de Sharon e Ozzy era convidar o Black Sabbath para fechar o show dos eventos do Ozzfest 97, assim que Ozzy terminasse de interpretar suas próprias canções com sua própria banda. A ideia de trazer a banda de volta em um estilo triunfante teria sido uma tacada de gênio, se não fosse por um pequeno detalhe: Bill Ward não fora convidado para tocar, fazendo com que o conceito de "reunião" se tornasse redundante. Seu posto no Ozzfest seria ocupado por Mike Bordin, às vezes baterista do Faith No More e, de vez em quando, o homem das baquetas de Ozzy.

Ward me contou: "Fui ignorado, e não gostei disso. Fiquei muito, mas *muito* chateado. Eu me senti totalmente traído, mas tenho a sensação de que havia algum tipo de influência da Sharon por trás disso. Talvez eu fosse considerado como um inconsequente, ou que não estivesse realmente interessado, mas tenho a sensação de que talvez algumas decisões foram tomadas sem que me consultassem em primeiro lugar. Eu estava pronto para subir lá e tocar muito".

Entretanto, Bill reflete que não havia sido um músico muito confiável nos anos anteriores, primeiro sacrificando seu bem-estar em prol da bebida e, em seguida, entrando e saindo do Sabbath de forma esporádica: "Para ir lá e tocar bateria no Black Sabbath, você tem de estar se sentindo muito bem, não dá para simplesmente aparecer e tocar. Preciso de um tempo para colocar tudo de volta no ritmo e fazer tudo funcionar".

A ideia do Ozzfest como uma instituição comercial viável – e um veículo para o Sabbath – sem dúvida alguma desempenhou um papel importante na reunião. Afinal de contas, sem seu próprio festival, onde Ozzy e o Sabbath poderiam tocar? Não no Lollapalooza, com certeza. Como Ozzy contou à MTV, o conceito original soava estranho na teoria – mas funcionou perfeitamente na prática: "Minha esposa apareceu primeiro com a ideia no ano passado quando eu estava fazendo a turnê *Ozzmosis*: perto do final da turnê ela disse: 'Eu quero fazer um Ozzfest', e isso soou muito parecido com uma barraca de cerveja alemã com um montão de gente enchendo a cara. E eu disse: 'O que é um Ozzfest?'.

Ela me explicou e eu disse, 'vá em frente'. Em seguida, ela me perguntou, 'O que você gostaria de fazer com este Ozzfest?'. E eu respondi, 'Nós mal causamos um impacto no ano passado. Tivemos apenas cinco shows, é melhor fazermos alguns neste ano'. Começamos com dez, em seguida subimos para 15, depois 20 e, então eu disse, 'Ei, vou acabar fazendo uma turnê completa novamente', você sabe".

Maluco do rock ou não, Ozzy entendia o valor de construir uma marca: "Com o Ozzfest, o que eu queria realizar era, em vez de sair e fazer em torno de 5 mil shows, ou seja lá o que for, e conseguir pagar um e o restante morrer na praia, eu queria apenas fazê-lo de forma lenta e, progressivamente, emplacar uma sequência. Acredito fielmente no boca a boca. Foi realmente muito bom, não apenas na frente do palco, mas nos bastidores a atmosfera era muito legal, você entende? Todos nós nos demos muito bem. Ninguém se achava melhor do que o outro".

Iommi considerou o fato de que a reunião levou muito tempo para ser organizada: "Eu precisava de um tempo para cicatrizar tudo e para que todos se aventurassem com suas próprias coisas e percebessem o que tínhamos antes. Tivemos muita sorte de ter o que tínhamos. E você não percebe isso até que tenha perdido... Foi muito legal estar de volta juntos. Estávamos todos no mesmo estado de espírito para apreciar o que tínhamos. Levou anos para tranquilizar, perceber e seguir em frente, 'Diabos! Temos sorte por poder estar de volta juntos, poder subir ao palco e tocar'. E a coisa mais importante para mim foi poder subir ao palco com os rapazes novamente e fazer shows, porque nós nunca pensamos que isso iria acontecer... Com essa formação você nunca imaginaria. As coisas acontecem assim, então nunca vou fechar a porta para essa possibilidade. A menos que todos caiam mortos, então eu fecharia".

E assim, no dia 24 de maio de 1997, o Ozzfest liderado pelo Black Sabbath como atração principal começou sua jornada. A primeira data foi em Bristow, na Virgínia, e destacou no palco principal (de baixo para cima no cartaz) Powerman 5000, Machine Head, Fear Factory, Type O Negative e Pantera, antes da extravagância das duas bandas de Ozzy. O segundo palco destacou Vision of Disorder, Drain STH, Coal Chamber, Slo-Burn e Neurosis antes da atração principal Downset, fazendo do evento uma parada obrigatória para todos os fãs do punk hardcore, stoner rock, goth metal e heavy metal tradicional.

A lista de Ozzy incluía os clássicos de sua carreira, tais como "Mr. Crowley", "Suicide Solution", "I Don't Want to Change the World", "Crazy Train", "Mama I'm Coming Home" e "Bark at the Moon" –

como também uns fragmentos vocais de "Symptom of the Universe" durante os solos – antes de uma pausa de quinze minutos para ele se trocar e se reidratar para a apresentação com o Sabbath. Tipicamente, ele não imaginou antes o quanto a rotina de dois shows seria exaustiva, dizendo: "Ou seja, eu sou o rei da montanha. Posso fazer tudo. Não consigo fazer nada com moderação, então minha esposa me diz, 'O que você acha de fazer seu show e o do Sabbath? Com um pé nas costas. Três shows depois eu me senti como se tivesse levado uma surra. Não imaginava aquilo... pensava que toda música é música, você entende? São duas emoções separadas. Você tem de se poupar para o próximo show, em seguida você sai, troca de roupa e volta dez minutos depois. Você fica correndo de um lado para o outro como se fosse um homem da vila de Satã, 'arfando', e tudo mais. Foi uma grande experiência. Quero dizer, tive alguns problemas com minha voz... Não quero mais fumar charutos. Eles estão me matando. Comecei a fumar charutos porque estava fumando muitos cigarros e, em seguida, comecei a inalar os charutos e passei a gostar, então comecei a fumar mais charutos e acabei com um pulmão parecido com um realejo com um buraco do lado. Quase me matou, então todos os meus milhares de dólares em charutos cubanos voaram pela janela, você sabia? Ou seja, parei de vez. Acabou comigo. Eu me diverti muito naquele Ozzfest".

Iommi se recordou: "Curiosamente, quando voltamos a tocar juntos, percebemos o quanto as coisas eram diferentes entre uma fase e outra. Ninguém toca aquelas canções como a formação original. Você não consegue substituir qualquer um, simplesmente leva adiante. E foi isso o que aconteceu. Foi apenas quando tocamos juntos novamente que percebemos como aquelas canções deveriam soar e voltamos à forma que as tocávamos. Foi uma sensação muito boa ter as canções soando do jeito que elas deveriam. É engraçado, tocar os solos novamente e todos aqueles riffs. Fizemos com que soassem do mesmo jeito que eram quando os fizemos originalmente. No decorrer de todos esses anos, nós fizemos álbuns diferentes em que havia mais solos e outras coisas rolando, mas há provavelmente menos solos neste material, e mais riffs".

A lista do Sabbath incluía as típicas "War Pigs", "Into the Void", "Sweet Leaf", "Iron Man", "Children of the Grave", "Black Sabbath", "Fairies Wear Boots" e "Paranoid" – uma apresentação relativamente breve de uma hora para fechar a noite. Ozzy se excedeu, correndo ao redor do palco e atirando baldes de água nos músicos e na plateia: para a plateia ele também havia instalado enormes pistolas de água ("supersoakers") que alcançavam longe na plateia – um alívio bem-vindo para o público nos dias mais quentes. Ele diria mais tarde em um chat na rede: "Comecei uma vez com uma garrafa de água, em seguida um balde, e depois veio alguém com os supersoakers. É muita diversão, sabia? Agora, é uma espécie de nova marca registrada de Ozzy. No próximo ano serão mangueiras de incêndio... em seguida, no próximo depois desse, eu provavelmente vou fazer um concerto debaixo d'água. Patrocinado por Jacques Cousteau...".

A turnê tocou em estádios na Flórida, Carolina do Norte, Texas, Illinois, Pensilvânia, Nova Jersey, Missouri, Michigan, Minnesota, Wisconsin, Colorado, Nevada e Arizona antes de chegar ao encerramento no dia 29 de junho em San Bernardino, na Califórnia. A seção Ozzy/Sabbath de um único show, agendada para o dia 17 de junho no Polaris Amphitheater em Columbus, em Ohio, teve de ser cancelada, pois a garganta de Ozzy começou a dar sinais de problemas: ele foi orientado a cancelar o show ou poderia comprometer o restante da turnê. Infelizmente, o espaço estava lotado de fãs no momento em que saiu a notícia, alguns dos quais ficaram irados com o anúncio de que Ozzy não apareceria. Entretanto, eles foram recebidos por uma banda tributo montada às pressas com os membros do Pantera, Type O Negative, Fear Factory e outros que tocaram "I Don't Know", "Mr. Crowley", "Suicide Solution", "Crazy Train" e "Bark at the Moon". A multidão não se dispersou após as luzes se acenderem, metade achando que Ozzy ainda poderia aparecer no final: somente após o anúncio feito pelo líder do Pantera, Phil Anselmo, de que o show havia realmente acabado os persuadiu a ir embora.

A MTV News reportou: "A multidão de 20 mil pessoas que compareceu não ficou feliz com a notícia, e cerca de mil pessoas descontaram sua ira no espaço. Os fãs quebraram as bilheterias, rasgaram os painéis de uma cerca de madeira e iniciaram pequenos incêndios nas instalações do anfiteatro. De acordo com o jornal *Columbus Dispatch*, "a multidão também causou sérios danos em pelo menos um automóvel e destruiu árvores e cercas na propriedade vizinha. O tumulto resultou na prisão de 23 pessoas. 'Quando um dos membros da banda anunciou que Ozzy não estava presente, os caras começaram a correr até a cerca para quebrá-la', um fã contou sobre a situação à equipe do noticiário local. 'De repente surgiram pequenos incêndios no gramado e as pessoas começaram a jogar as cadeiras no fogo, ateando fogo na parede...' Cinco fãs foram tratados com ferimentos leves, um foi indiciado pela polícia por desrespeito à ordem pública, e o espaço espera anunciar informações sobre o reembolso em alguns dias".

O Ozzfest retornou a esse espaço no dia 1º de julho para fazer um show para compensar, dessa vez com Ozzy de novo no comando. Mike Bordin não estava disponível para essa data, e então Ozzy e o Sabbath usaram o baterista Shannon Larkin do Ugly Kid Joe e Godsmack nessa ocasião.

Exausto após a turnê, Ozzy contou à imprensa que não tinha mais energia para pensar sobre uma possível formação do Ozzfest 1998, colocando a responsabilidade das decisões diretamente sobre os ombros de Sharon: "Você sabe, com toda a honestidade, eu não observo as bandas. Não saio para comprar a última edição da revista *Billboard*, ou tentar descobrir quem é a sensação desta semana e coisas do gênero. Tudo o que faço é juntar minhas coisas e seguir em frente. Minha esposa é quem me gerencia. Ela gerencia o Coal Chamber. Eu estarei em um Ozzfest em algum lugar do mundo, provavelmente no próximo ano, e sem dúvida alguma o Coal Chamber estará em algum lugar aqui, ou ali ou em sei lá. Mas, quanto a escolher as bandas, isso é responsabilidade de minha esposa. Ou seja, atrás de mim tem minha esposa. Eu dou duro, mas ela trabalha 20 mil vezes mais árduo que eu".

Ele também explicou que um pouco da inspiração que levou às bandas menos conhecidas veio de seu filho Jack, com apenas 12 anos de idade em 1997. Ele e sua irmã, Kelly, estavam acostumados a viajar com seus pais quando Ozzy estava em turnê, e já estavam familiarizados com as legiões de fãs que seguiam Ozzy e o Sabbath desde seus anos de pré-adolescência. Sharon e Ozzy sempre falavam à imprensa sobre os conflitos entre os compromissos familiares e a vida na estrada, como ela relatou uma vez: "Eu peguei as crianças rindo uma vez dos fãs de Ozzy. Fiquei tão brava. Eu disse a eles, 'Jamais tirem sarro dessas pessoas, porque elas são o motivo pelo qual nós moramos na casa em que moramos, dirigimos o carro que temos e você frequentam as escolas que frequentam. Demonstrem um pouco de respeito'".

Jack e Kelly – os dois mais jovens dos seis filhos de Ozzy, e aqueles que se tornariam bem conhecidos do público graças aos eventos subsequentes – haviam se tornado sofisticados em uma idade prematura, por causa do ambiente em que viviam. Como Ozzy disse, "meu pai nunca se sentou comigo para me contar sobre os fatos da vida, sexo, os perigos do álcool, tabaco ou seja lá o que fosse. E eu sobrevivi ao uso excessivo do álcool e do vício em drogas, então é minha responsabilidade sentar com meu filho e dizer coisas do tipo, 'Se você vai fazer sexo, não entre na chuva sem uma capa de chuva. Use proteção. Não seja estúpido'. Ou seja, sexo é tão natural como respirar. Mas, eu vou lhe dizer algo, eu não gostaria de ser um adolescente nesta época com o vírus do HIV circulando ao redor. Muitas pessoas acham que essas coisas nunca vão acontecer com seus filhos. 'Oh, meu filho nunca vai ser pego dirigindo embriagado', e assim por diante. Mas, no final de cada show que eu faço, eu digo, 'Se você esteve bebendo ou usando drogas, por favor, encontre alguém para levá-lo para casa, ou deixe seu carro e pegue um táxi, porque quero voltar no próximo ano e fazer este show novamente'. E essa é a última mensagem que deixo para as crianças, porque algumas delas realmente passam dos limites – em qualquer concerto –, é um ambiente de festa".

Em meio à conclusão dos acontecimentos do imenso Ozzfest, o novo álbum solo de Geezer Butler, *Black Science*, foi de certo modo ignorado. Talvez fosse para seu próprio bem: o álbum, gravado com seu aliado Pedro Howse na guitarra e carregado de sons eletrônicos feitos pelo próprio Geezer, não foi um dos melhores. Inclusive ele não o trataria com muito afeto dois anos depois, dizendo: "*Black Science* tinha muito teclado e não deu certo. Soou muito bem no estúdio, mas, quando o levei para outro estúdio, percebi que levaria meses para fazer. Quando entro em um estúdio, o som tem de ser bruto e no ponto. Gosto de fazer as coisas de forma rápida porque não tenho muita paciência... se você fica polindo muito, acaba perdendo a emoção, imagino. Perto dos últimos dias do Sabbath, em vez de entrar e gravar as canções que fizemos no ensaio, acabávamos polindo-as ao máximo".

No outono de 1997, todos os membros da banda deram uma pausa para trabalhar em seus próprios projetos. Bill e sua banda autointitulada fez um show no Roxy, em Los Angeles. Iommi voltou às sessões de gravação de seu solo que havia deixado de lado desde o verão do ano anterior. Geezer tocou em alguns clubes modestos para promover *Black Science*. E Ozzy montou um pacote de CDs duplos com seus grandes sucessos intitulado *The Ozzman Cometh*, agendado para ser lançado em novembro. Ele contou à MTV: "Olho para trás e tudo o que vejo daquela época é uma enorme ressaca, rapaz. Eu costumava subir ao palco com uma péssima ressaca. Eu olho e percebo que é um milagre eu estar aqui fazendo os melhores sucessos, ou seja lá qual for o nome que eles chamam esse álbum. *The Ozzman Cometh* era quase *The Ozzman Wenteth*, você entende o que quero dizer, eu estava em overdose em todos os lugares nos anos 1980. Era uma loucura. Eu era como o *Calígula* na estrada, você entende".

Sobre as primeiras gravações do Sabbath que ele desenterrou para a nova coletânea – incluindo as versões demo de "Black Sabbath" e

"War Pigs" –, ele comentou: "Você olha para as velhas fotografias do tempo de escola ou sei lá, e pensa, 'Eu tinha essa cara de *geek*?' ou 'Fico feliz que essa época passou'. Mas, ao dizer isso, ou seja, falar sobre o Black Sabbath [as canções], sou uma dessas pessoas que não gosta de jogar nada fora, certo? Então, nos anos 1970, era a época da bota plataforma. Costumávamos andar por aí como Herman Munster no palco com aquelas plataformas enormes, e minha esposa dizia: 'Não olho nunca mais para elas'. Ela disse: 'Jogue essas porcarias fora!'. Então, joguei uns 30 pares na lata de lixo. Agora elas estão de volta. Eu poderia tê-las vendido, sabia? Ou seja, o Kiss pegou a estrada e guardou todas as suas recordações, e há um interesse aí fora em querer saber o quanto nós somos loucos. Ou seja, Elton John costumava usar umas plataformas enormes e bacanas. Então, eu fui ontem a uma loja em Toronto para fazer um trabalho para a TV, e as lojas... eu disse, 'Meu Deus, elas não voltaram à moda, voltaram, essas plataformas?'. E eles responderam, 'Sim, estão na moda'. Comigo, nada está na ordem cronológica. Está tudo jogado em uma pilha, e minha esposa está sempre... ela é muito limpinha e muito asseada. Eu não. Sou um porcalhão, sabia? Então, tenho uma sala de entulhos meus e os restos dela. Ela tranca tudo quando eu não estou lá para manter as moscas longe do resto da casa. Há uma pizza velha em um canto e meus velhos amigos bêbados ainda deitam debaixo da mesa de sinuca...".

O álbum fracassou – atingindo um mero 68º lugar –, mas seu objetivo, manter o perfil de Ozzy na sequência da atividade renovada do Sabbath, e abastecer as lojas de discos com um produto caso o Ozzfest decole – foi garantido. As rodas da indústria que movem ambos os campos estavam girando, e girando rápido...

CAPÍTULO 23

1997-1999

Mas 1997 não havia acabado ainda para a nova (e um tanto antiga) formação do Black Sabbath.

Um álbum ao vivo foi agendado para gravação em dezembro e, dessa vez, Bill Ward foi convidado a participar. Como ele me contou, isso foi um passo positivo – os fãs do Sabbath ficaram à beira de uma rebelião quando Mike Bordin havia assumido o lugar de Bill naquele Ozzfest de verão: "Os fãs não deixaram passar batido. Muitos deles ficaram revoltados. Aqueles que conheciam a banda original se sentiram do tipo, que *merda* está acontecendo, você entende? Foi algo muito desagradável o que passaram. Eu apenas vi aquilo acontecer. Ou seja, eu conheço Mike Bordin, ele é um grande amigo meu, e ele sempre fez referências a mim e às minhas baquetas em algumas canções e me perguntava, como isso funciona em certas canções?

Mas não precisou de muito tempo para Bill se acalmar e ver a situação em perspectiva: "No final, tudo acabou dando certo. Assim que terminaram de fazer o primeiro Ozzfest com Mike Bordin, Tony foi o primeiro a me telefonar. Eu me senti muito feliz quando me convidaram para fazer parte da reunião, quando finalmente aconteceu... O retorno de Ozzy em 1997 abriu a porta para mim. Ele me libertou de meu próprio exílio voluntário, entende? Porque era assim como eu me sentia. Era muito difícil não querer atender ao telefone. Uma das coisas que me encorajou a tentar fazer com que as coisas dessem certo para mim foi saber que não dava mais para ficar sentado em casa e parado... era doce e amargo ao mesmo tempo. Comecei a adiantar o processo e criar meus próprios materiais, mas sentia muito a falta deles o tempo todo. Sentia falta deles espiritual e fisicamente, tudo ao mesmo tempo. Especialmente quando ouvia sua música nova, ouvia o trabalho de Tony e via Geezer saindo com Ozzy e tudo mais".

Tony Iommi ofereceu uma desculpa sobre o motivo da exclusão de Bill uns dois anos mais tarde, quando contou ao escritor Doug Roemer: "Recebi uma ligação de Ozzy e Sharon dizendo: 'Você gostaria de tocar umas duas canções no palco?'. Eu respondi, 'Claro que sim. Por que não convidamos também Geezer? Isso seria legal, nós subirmos e tocarmos umas canções, você entende? E a reação foi muito boa e nós acabamos tocando mais do que duas canções. Então pensamos: 'Da próxima vez vamos chamar Bill'. E foi o que fizemos...".

Ward havia lançado também seu próprio material – um álbum de estreia em 1990 intitulado *Along the Way* (que rapidamente esgotaria a impressão) e um trabalho mais elaborado em 1997 chamado *When the Bough Breaks*. Ambos os discos se destacaram pelos vocais competentes, uma produção profissional e atuações positivas de músicos menos conhecidos, mas ambos sumiriam mais ou menos sem deixar traços, embora os dois fossem lançados por um selo razoavelmente conhecido, o Cleopatra. Mesmo assim, no fim de 1997, tanto o trabalho solo de Geezer como o de Bill foram ofuscados pelo próximo álbum ao vivo do Sabbath, que seria intitulado (com incrível originalidade) de *Reunion* e lançado pela Epic, o selo com o qual Ozzy tinha contrato havia muitos anos.

Dois shows ocorreram com o Fear Factory acompanhando nos dias 4 e 5 de dezembro de 1997. Em verdadeiro estilo de volta à casa, o espaço era o gigantesco NEC em Birmingham. A cobertura da mídia foi intensa, com a escritora Sylvie Simmons escrevendo ironicamente na revista *Rolling Stone*: "A arena parece um salão de exposição de vendas de jaquetas de couro com franjas. Uma olhada rápida pela arena e vemos celebridades do metal (Henry Rollins, Cozy Powell, Neil Murray) salpicadas entre a multidão. Os telões de vídeo nas laterais do palco nos provocam com imagens dos Sabs em seu apogeu, e aqui estão eles em carne e osso...".

Os shows foram um tremendo sucesso: com dúvidas na mente sobre o álbum ao vivo, Ozzy descreveu a segunda noite como "um dos melhores shows que já fez". Iommi também ficou encantado com os resultados, dizendo: "É muito tarde para dizer que eu não deveria ter feito, mas posso dizer que ninguém soa melhor nesta banda como nós quatro. É a mesma coisa que voltar para casa". Geezer ficou muito contente e me contou:

"Quando Ozzy voltou, foi excelente. Nós dissemos, vamos enterrar todo o passado, todo o sangue ruim derramado e tudo, e começar de novo. Era como se estivéssemos em um nível diferente. Gravamos o álbum ao vivo *Reunion* porque havia um monte de álbuns ao vivo piratas por aí, então pensamos, vamos fazer um adequado".

As faixas eram na maioria as mais conhecidas, com duas canções pouco tocadas que foram apresentadas de surpresa – "War Pigs", "Behind the Wall of Sleep", "N.I.B.", "Fairies Wear Boots", "Electric Funeral", "Sweet Leaf", "Spiral Architect", "Into the Void", "Snowblind", "Sabbath Bloody Sabbath", "Orchid/Lord of This World", "Dirty Women", "Black Sabbath", "Iron Man", "Children of the Grave" e "Paranoid". Enquanto que "Dirty Women" é uma faixa longe de ser um clássico do Sabbath, "Spiral Architect" e "Electric Funeral" eram monólitos musicais que há muito aguardavam uma gravação ao vivo digna.

Aqueles que presenciaram o show se lembram de Ozzy pulando no palco e gritando "Nós amamos todos vocês!" e, convenientemente se esquecendo do Live Aid, acrescentando "faz cerca de 17 anos desde que fizemos um show com estes caras, e eu sinto falta deles", em que tudo fazia parte do clima e com as exortações para "vamos ficar fodidamente loucos" captadas na fita.

Os shows foram gravados em um estúdio móvel instalado e produzido por Bob Marlette no Rockfield Studios e em outro lugar. Marlette recebera também a incumbência de gravar duas faixas novas no estúdio para acrescentar ao álbum *Reunion*, dizendo: "Tony e Ozzy me ligaram e eu fui ao estúdio montar as faixas. Em seguida, assim que estávamos lá trabalhando nas faixas de estúdio, eles me pediram para remixar [as faixas ao vivo]... Na maioria era uma combinação entre acrescentar e subtrair frequências. Começo sempre extraindo primeiro o que não gosto e, em seguida, focando na qualidade da totalidade".

A banda ficou encantada com sua apresentação e não queria que o álbum ficasse muito perfeito no estúdio, com Bill dizendo: "Acho que perdi duas batidas na caixa. Ninguém vai entrar lá e gravar em cima ou refazer algo. É um álbum ao vivo bruto".

Iommi acrescentou: "Deixamos alguns ruídos nele. Tentamos mantê-lo como era, portanto, se a afinação estivesse um pouco fora, ficaria assim. Não queríamos entrar no estúdio e polir tudo. Você consegue ouvir tudo".

"Queria mantê-lo o mais puro possível", disse Marlette. "Queria que o público sentisse como se estivesse vendo um show, não uma coisa editada, polida, regravada com sobreposições. Qualquer pessoa na plateia que comprasse o disco saberia melhor. Queria que sentissem do tipo 'Eu estava na 27ª fileira e estava assistindo a um grande show do Sabbath'. Na realidade, usei algumas caixas para intensificar o som estéreo. Há algumas partes em que você sente que uma parte da plateia está vindo por trás."

As duas canções inéditas, "Psycho-Man" e "Selling My Soul", foram devidamente incluídas. Como Geezer me contou, as canções eram válidas o suficiente, mas não eram tão simbólicas como sessões de uma banda inteira: "Eu não conto com essas duas faixas bônus – Tony e Ozzy as compuseram, eu entrei e coloquei o baixo nelas, em seguida fui embora!". Nas sessões, Ozzy foi apresentado ao Pro-Tools, um programa de gravação revolucionário, dizendo: "É muito mais fácil, para ser honesto com você, mas não conseguia ligar aquela porcaria! Você pode cortar partes sem se perder, e é muito fácil. Compomos duas canções de forma muito rápida sem perder tempo".

Iommi acrescentou: "Éramos apenas Ozzy e eu no estúdio. Isso fez com que as ideias fluíssem rápido e, se não funcionasse, então apagaríamos e colocaríamos outra coisa no lugar... em seguida, veio Bill e colocou a bateria. Você tem de ser muito cauteloso usando a trilha de cliques [metrônomo] por causa da sensação".

Sobre as canções inéditas, Iommi disse: "Quando entramos no estúdio para fazer a mixagem, eles perguntaram se nós poderíamos arrumar duas faixas novas como bônus para o álbum. Isso veio totalmente do nada, enquanto estávamos no meio de algo na mixagem. Tinha de ser feito de forma rápida, então não tivemos muito tempo para pensar no assunto. Tivemos algumas ideias e apresentamos. Em seguida, Ozzy veio com uma linha melódica, tocamos tudo junto e foi simples assim, de verdade. Eles queriam isso rápido e fizemos em apenas dois dias... Eu apareci com o riff, em seguida Ozzy veio com uma linha melódica e nós simplesmente montamos tudo. As canções foram feitas da mesma maneira que sempre fizemos. Compusemos essas duas canções no estúdio e, no geral, levou em torno de quatro dias no estúdio para compô-las e gravá-las do princípio ao fim".

Assim que as faixas foram montadas, os planos foram anunciados para uma turnê do Black Sabbath em 1998, e a especulação cresceu em torno de um novo álbum inteiro com a "reformada" banda. Geezer, por sua vez, não revelaria muito: "Pode ser. Depende, mas não vamos forçar a barra. Seria maravilhoso – ou acontece ou não".

Iommi acrescentaria: "Existe uma possibilidade. Eu prefiro pensar que, quando estivermos prontos, faremos. Adoramos fazer isso, mas, até que isso aconteça, vamos continuar fazendo o que estamos fazendo".

Em um desenrolar final, Ozzy foi visto em alguns shows na TV em torno dessa época. Ele não era visto sendo convidado para sentar na cadeira do entrevistado com muita frequência antes, mas havia algo no ar. Será que havia forças por trás o conduzindo a uma maior exposição midiática fora do mundo do rock?

No dia 22 de dezembro, Ozzy foi o convidado especial de um show de grande audiência nos Estados Unidos, *Late Night With Conan O'Brien*. Os telespectadores mal podiam acreditar quando seus olhos o testemunharam vestindo preto e usando óculos escuros ao estilo John Lennon, gaguejando e agitado durante a entrevista, como se estivesse com os nervos abalados ou dopado com alguma medicação para controlar a pós-dependência, era difícil de dizer.

E, mesmo assim, ele era carismático. O apresentador, a plateia do estúdio e milhões de telespectadores riam muito enquanto ele contava várias histórias do período da guerra, em um monólogo com seu sotaque carregado de Birmingham, que devia soar como uma espécie de gíria alienígena à mentalidade simples do cidadão comum norte-americano. Sobre o reencontro do Sabbath, ele vacilou: "Bem... Eu sou do tipo de pessoa que, que, que, que sempre diz coisas para se arrepender mais tarde. Sabe, e essas pessoas? E as pessoas – agora é como se elas me dissessem, 'Vai haver mesmo um reencontro do Black Sabbath original?'. E eu diria, 'Vamos esperar e ver', porque eu, se eu disser, 'Claro', e não acontecer, se eu disser, 'Não', e acontecer... Acho que 'Excelente'. Ainda prevaleço, ainda tenho fôlego em meus pulmões, ainda posso ver, não preciso ainda de uma bengala, e não preciso... ainda não tenho – o que – uma bolsa de colostomia".

Como eles gargalharam muito com o coitado, chapado, inglês maluco e homem do metal. E ainda assim, alguém do alto escalão do círculo da mídia estava assistindo, e a fagulha de uma ideia estava começando a arder.

Agora que a banda estava de volta – suavemente massageada na posição por Sharon e seus associados – as coisas começaram a avançar rapidamente. Uma turnê do Sabbath seria agendada para junho de 1998 e o álbum ao vivo *Reunion* seria agendado para lançamento, mas não até outubro, presumidamente para evitar um conflito de interesse com

The Ozzman Cometh e, em seguida, com o próprio Ozzfest, no qual o Sabbath não apareceria nesse ano.

Infelizmente, o primeiro semestre do ano seria marcado por uma tragédia. No dia 4 de abril, Cozy Powell morria em um acidente automobilístico perto de Bristol, estragando o resto do ano para muitos de seus amigos e fãs, alguns dos quais se reuniriam para planejar um concerto tributo: isso finalmente acabaria ocorrendo no dia 5 de janeiro de 1999, com Tony Martin, Neil Murray e Bobby Rondinelli tocando juntos.

Dois meses depois, o Sabbath começou seus ensaios para a turnê de verão na antiga casa em Monmouth, que eles usavam desde o início da carreira – sendo abalada apenas quando Bill Ward sofreu um ataque cardíaco. O episódio, no dia 9 de maio, foi tão sério que Bill precisou passar por cirurgia (fez uma angioplastia no dia 3 junho) e tratamento, mas controlável a ponto de os médicos prognosticarem uma total recuperação caso Ward mantivesse um estilo de vida saudável.

Em uma entrevista à revista *Vintage Guitar*, Tony e Geezer recordaram o episódio daquele dia fatídico, com Iommi lembrando que, "nós voltamos para lá e foi como se estivéssemos voltando ao princípio, ao mesmo lugar onde começamos. Foi muito bom. Tiramos umas férias e todos moravam juntos na casa e nos familiarizamos novamente. Nós ríamos, contávamos piadas e comíamos. Em seguida, começamos a tocar de novo e foi legal porque tudo se encaixou".

Geezer acrescentou: "Era tudo natural, de verdade. Não tocávamos juntos com Bill uma lista inteira por 18 ou 20 anos desde a época original. Seu trabalho era o mais difícil, então tínhamos de rever o material com Bill apenas para ter certeza de que estava tudo bem com ele".

Os ensaios estavam transcorrendo inesperadamente bem, como Iommi explicou: "Tínhamos de tocar como atração principal em alguns festivais europeus. Então, nós nos reunimos na casa em Monmouth e começamos a ensaiar... Vou lhe contar, ficamos todos chocados! Em seguida, abrimos nossas bocas e dissemos, 'Caramba! Está indo mais rápido do que esperávamos!'. E, é claro, a próxima coisa que aconteceu, Bill teve um ataque cardíaco. Achávamos que estava indo até bem demais".

Com apenas três semanas sobrando antes da grande turnê europeia, Bill foi informado de que, após sua operação, ele não teria permissão de voar por mais seis semanas. Ao ouvir isso, Iommi telefonou para o velho parceiro Vinny Appice e o convidou para ocupar o posto na banda durante aquele período.

Vinny me contou: “Bill teve um ataque cardíaco e Tony me deixou uma mensagem em casa enquanto eu estava em turnê com Dio. Em seguida, retornei sua ligação e ele disse: ‘Bill teve um ataque cardíaco, você poderia ligar para Sharon? Queremos que você toque’. Liguei para Sharon e ela queria que eu fosse, tipo, naquela tarde! A banda Dio tocava naquela noite, então eu expliquei a ela que precisava de uns dois dias para conseguir um substituto: não podia apenas abandonar a turnê. Precisei de quatro dias para conseguir Simon Wright – ele foi a alguns shows de Dio e ensaiamos”.

Presumidamente, Ronnie James Dio não ficou nada feliz que seu baterista fosse arrancado dele no meio da turnê, eu pergunto, e pensando na separação nada amigável antes dos shows do reencontro há cinco anos em Costa Mesa? Appice ri: “Bem, ele se mostrou o mais legal que pôde... ele não achou tão legal assim! Mas, eu disse, é apenas por seis semanas – é uma boa oportunidade e pode servir como uma boa divulgação para a banda, você entende? Mas isso não caiu bem com ele.

De qualquer modo, peguei o voo para lá e ensaiei com a banda no Monnow Valley, no País de Gales. Fiquei lá em torno de uma semana. Ozzy apareceu, mas ficou apenas um dia, portanto nunca tocamos realmente com ele. Ele já conhece as canções, ele não precisa ensaiar! Em seguida, toquei seis semanas com eles, e isso foi muito legal porque eu nunca havia tocado com Ozzy antes. Tocar ‘Paranoid’ olhando para a frente e vendo Ozzy foi incrível”.

Na maioria em apresentações nos festivais europeus, os shows foram um estrondo para todos os envolvidos (embora Ward, recuperando-se na Inglaterra, deva ter se sentido um pouco pesaroso, tendo esperado tanto tempo para um reencontro liderado por Ozzy, mas podendo desfrutar apenas dois shows no NEC, em Birmingham, antes de que sua saúde o abalasse). Shows no início de junho acompanhados pelo Pantera, Helloween e Coal Chamber na Hungria e na Áustria deram o tom da turnê, seguida por um espaço no festival Gods of Metal [Deuses do Metal] em Milão e eventos em larga escala na República Tcheca, Polônia, Suécia e Finlândia. Essa última foi um evento finlandês peculiar, no qual o Sabbath se apresentou junto com a atração de rock comercial Garbage, uma banda de punk da velha escola chamada Misfits e os metaleiros de symphonic black Dimmu Borgir, de quem Geezer disse: “Eu não entendo [eles]... Eles são alemães, suecos ou algo parecido. Não entendi nem um pouco daquilo!”.

No dia 20 de junho, Ozzy e o Sabbath se apresentariam consecutivamente de novo no topo do cartaz que incluía Foo Fighters, Therapy?,

Pantera, Slayer, Soulfly e Fear Factory. O segundo palco destacava os assíduos membros do Coal Chamber junto com o Life of Agony, o inédito Limp Bizkit (cuja fortuna comercial cresceria e declinaria nos próximos cinco anos), Neurosis, Human Waste Project, Entombed e Pitchshifter. O show, no Milton Keynes Bowl em Buckinghamshire, seria o mais recente em uma sequência de shows de rock naquele espaço (o local fora o palco de uma apresentação abominável do Metallica e do Megadeth em 1993).

A turnê se encerrou com datas na Espanha, Dinamarca (o lendário evento Roskilde), Suíça, Bélgica (um evento completo, incluindo os melhores do metal moderno – In Flames, Moonspell, Paradise Lost, Primus, Spiritual Beggars, Obituary, Soulfly, Deftones, Dream Theater e outros) e Oslo. Servindo como um veículo reintroduzindo o Sabbath a uma nova geração de fãs da música, a turnê não poderia ter sido melhor: nessa etapa, o metal havia se diversificado várias vezes e cada subgênero atraía seu próprio grupo de seguidores, todos os quais eram novos consumidores em potencial na loja do Sabbath.

Quando o álbum *Reunion* surgiu em outubro, talvez não tenha surtido um grande impacto nas paradas, mas atingiu as manchetes graças à "turnê" de autógrafos que a banda (agora com Ward já recuperado) realizaria em oito cidades dos Estados Unidos. Começando na loja Virgin Megastore na Times Square, a sessão de autógrafos – de forma previsível – foi um verdadeiro desastre, com milhares de fãs barrados na entrada de lojas relativamente pequenas, transtornos no trânsito, prisões, vandalismo, brigas e as consequências comuns que envolvem uma "multidão enfurecida". Não ajudou muito a política das lojas de emitir uma senha para cada comprador do álbum com a promessa de um autógrafo, e que alegadamente não conseguiam cumprir em alguns casos.

No fim, a sessão de autógrafos que ocorreria três dias depois em Vancouver foi cancelada depois que um evento no Phoenix Club de Toronto presenciou os seguranças sendo agressivos com os fãs. A banda circulou uma declaração: "Especialmente Ozzy sentiu que a segurança estava agindo com muita agressividade com os fãs em Toronto que eles não puderam conhecer, mas sentiu que para a segurança de todos foi melhor cancelar prontamente as festividades. A experiência em Toronto deixou a banda se sentindo preocupada com outra situação de encontro e saudação sem que haja uma segurança adequada. Infelizmente, eles não puderam confirmar que isso pudesse ser feito a tempo para o evento com os fãs na segunda-feira, portanto a banda cancelou sua presença, que seria a última parada de sua exausta turnê promocional de seis semanas... Ozzy, Tony, Geezer e Bill se sentem muito tristes por não poder se encontrar com seus fãs em Vancouver, mas sentem que eles têm a obrigação de oferecer um ambiente seguro para todos".

Entretanto, a banda continuou na trilha promocional pelo restante do ano, fazendo uma apresentação notável de "Paranoid" no programa de TV altamente popular *David Letterman Show*, no dia 29 de outubro. Uma turnê mundial seria agendada para ter início na noite de Ano--Novo, tendo como única preocupação saber se Bill Ward teria ou não condições aptas para tocar.

Como salvaguarda, Sharon contatou Vinny Appice outra vez e pediu que acompanhasse o Sabbath na turnê, caso Bill fosse forçado a parar. Embora se tratasse de um acordo um tanto excepcional – Appice foi literalmente requisitado para que ficasse ao lado do palco, pronto para tocar em uma segunda bateria se Bill começasse a se sentir mal –, o baterista concordou prontamente, feliz por apenas estar junto à família Sabbath de novo. Como ele recorda: "Sharon disse, bem, quero você junto caso algo aconteça. Bill sofreu um ataque cardíaco moderado, ninguém sabia o que poderia acontecer com o cara. Portanto, durante os dez primeiros dias ou duas semanas de turnê, eu ficava no lado do palco, baquetas em mãos, vestido e pronto para entrar em cena se ele caísse ou algo estranho com ele acontecesse. O mais engraçado era que, pelo fato de eu estar do lado do palco, Ozzy sempre tentava jogar um balde de água em cima de mim. Ele nunca conseguiu me acertar por inteiro, eu sempre saía do caminho na hora certa!".

O show do dia 31 de dezembro em Phoenix, no Arizona, acompanhado pelos pesos-pesados Pantera, Megadeth, Slayer e Soulfly, transcorreu sem nenhum contratempo. Era evidente que Ward estava à altura de executar um show do Sabbath: a questão era se ele estava bem o suficiente para tocar bateria duas horas por noite durante meses sem parar. Entretanto, com o passar do tempo, Appice se lembraria: "Ficou claro que Bill não estava tendo problemas, então comecei a caminhar no meio do público para checar o show. Na realidade, comecei a tirar fotos digitais para a Sony e a postá-las em minha página na internet para que os fãs pudessem ver os shows da noite anterior, porque eu tinha acesso a todo lugar – os camarins, lugares que você nunca vê. Então comecei a tirar fotos da plateia. Após três semanas, eu estava lá na mesa de som pensando, se algo acontecer com Bill, eu saio correndo! Mas, à medida que o tempo passava, fui ficando mais solto para onde ia. Na realidade, todos ficaram doentes – Tony pegou uma gripe terrível, Ozzy estava resfriado, mas Bill seguia embalado!".

O fato de Appice ser pago para fazer muito pouco pode parecer a turnê mais fácil que se possa fazer, mas na realidade ele achava frustrante ter de ficar preparado caso fosse necessitado, mas nunca sendo chamado para tocar: "Foi a turnê mais estranha de minha vida. Sim, foi um bom bico e me pagaram, é claro, mas para um músico é um pouco frustrante estar em um show, mas não poder tocar – depois de um tempo você começa a ficar um pouco duro e fora de forma para tocar. Mas foi divertido, prefiro assim do que não fazer. Além de estar junto de todos, foi muito engraçado".

Bill achou estranho ter um substituto pronto caso não estivesse apto para o trabalho? Aparentemente não: "Bill e eu nos damos muito bem. No princípio, quando nos reunimos para ensaiar no País de Gales, eles me hospedaram em um hotel e Bill ficou na casa em que eles estavam, porque pensavam que, oh, não podemos ter esses dois ficando juntos no mesmo lugar. Mas não havia muitos hotéis em Monnow Valley e fazia muito frio porque estávamos no meio do inverno, então, quando Ozzy não aparecia, eu ficava na casa no quarto de Ozzy. E Bill e eu passávamos o tempo juntos – nós conversávamos e era muito legal. Bill é um cara muito legal".

E assim, a turnê do reencontro – apoiada pelo Pantera outra vez, além de outras bandas, tais como Incubus, Deftones e System of a Down – seguiu seu caminho cruzando a América até a primavera de 1999. Alguns cancelamentos foram inevitáveis por causa de uma variedade de vírus malévolos que assolou a turma do Sabbath, sendo que a primeira data a ser excluída foi no dia 14 de janeiro no Delta Center em Salt Lake City. Iommi estava abatido pela gripe e Ozzy enfrentava uma gripe e dor de cabeça. No final das contas, o show acabou sendo feito no dia 23 de fevereiro.

Outra parada em Denver foi reagendada, não uma, mas duas vezes quando a garganta de Ozzy se recusava a melhorar de forma satisfatória. No final, a banda desistiu da cidade, com o jornal local, *Rocky Mountain*, relatando: "Os pioneiros do heavy metal Black Sabbath anunciaram na quarta-feira que o grupo não reagendará o show no McNichols Sports Arena. Seria o primeiro concerto em Denver em duas décadas com os quatro membros originais do Black Sabbath, mas as condições precárias de saúde vêm perseguindo o grupo, e o show já foi adiado duas vezes".

A turnê se encerrou em março, um pouco antes do planejado, como a MTV colocou: "O Black Sabbath foi forçado a adiar suas quatro datas finais de sua turnê de reencontro esta semana quando os médicos ordenaram que o líder Ozzy Osbourne descansasse sua garganta. Por causa desse episódio, os fãs em Denver, Salt Lake City, Peoria e Ames, em Iowa, terão de esperar um pouco mais para ver a banda. Ozzy e seus Sabs (Tony Iommi, Geezer Butler e Bill Ward) estão torcendo para reagendar os shows perto do fim de maio. Um porta-voz do Sabbath disse que a garganta de Ozzy não deve ser um problema nos planos futuros de turnê da banda".

O fato de um anúncio ter sido feito em abril de 1999 de que, após se apresentar como atração principal no próximo Ozzfest, com Ozzy executando duplas funções como fez em 1997, mais datas seguiriam em dezembro, até chegar a uma extravagância final que levaria o título de "The Last Supper" ["A Última Ceia"], isso tudo poderia muito bem significar o derradeiro show do Sabbath. De forma apropriada, o show final ocorreria no NEC de Birmingham, onde o reencontro da formação clássica ocorrera em dezembro de 1997.

As reações quanto a essa declaração foram variadas. Vaias com uma descrença sarcástica eram ouvidas nos círculos da imprensa e nas rodas de fãs, que sumariamente descartaram a ideia de que uma marca tão lucrativa como o Black Sabbath jamais se aposentaria de forma voluntária – ou que seu gerenciamento permitisse isso, visto que a renda que geravam era muito consistente. Por outro lado, muitos acreditavam que tudo isso podia ser verdade – garantindo um rendimento robusto com os ingressos da turnê Last Supper quando foram postos à venda.

Enquanto os fãs presenciavam o Ozzfest franzindo a testa, pensando exatamente o que aconteceria com sua banda, o Sabbath fazia um show espetacular. Com o palco principal estrelando Rob Zombie, Deftones, Slayer, Primus, Godsmack e System of a Down, e o segundo palco destacando Fear Factory, Static-X, Slipknot, Puya, Drain, STH, Hed(pe), Apartment 26, Flashpoint e Pushmonkey (essas últimas atrações eram virtualmente desconhecidas), o Ozzfest estreou em West Palm Beach, na Flórida, seguiu para a Georgia, Tennessee, Carolina do Norte, Virgínia, Nova Jersey, desceu cruzando os estados sulistas e do oeste, arrematando Nova York em agosto, após cruzar os Estados Unidos duas vezes.

Após quatro meses de descanso e recuperação, o Sabbath se reagrupou no dia 5 de dezembro para a turnê Last Supper. Depois de cumprir as datas em Londres, Alemanha, Holanda, Finlândia, Suécia e de novo na Alemanha, o palco final foi montado para os dias 21 e 22 de dezembro em Birmingham, enquanto o Sabbath ainda indicava que seria sua apresentação final. Embora um DVD e um VHS intitulado *The Last Supper* viriam a ser lançados em junho de 2000, incluindo imagens e entrevistas gravadas durante a turnê, esta parecia a última chance para qualquer um vê-los tocar ao vivo.

O último show foi apropriadamente emocional e, de algum modo, acabou fazendo uma ligação com a febre da virada do milênio que estava temporariamente prendendo a atenção da nação naquela época. Tudo parecia um tanto apocalíptico enquanto a banda subia ao palco naquela noite final: os Sabs fizeram um passeio com seus grandes sucessos, Ozzy falou à multidão que os amava e soltou um grito trágico e sarcástico de tristeza enquanto saía do palco, antes de as luzes se acenderem.

E esse, ao que tudo indicava, era o fim. No entanto, novamente, como os eventos provaram, o fim do Black Sabbath trazia um estranho hábito de ser adiado indefinidamente.

CAPÍTULO 24

2000

E assim, Ozzy Osbourne dera início à sua suposta "aposentadoria" pela segunda vez.

Com seis filhos, uma imensa fortuna e várias propriedades em seu portfólio – e tudo em uma idade relativamente jovem, 51 anos –, você poderia pensar que ele não teria dificuldade em encontrar coisas para fazer com seu tempo livre. E, de fato, ele se dedicou à sua família, como sempre fez: afinal de contas, três de seus filhos (Aimee, Kelly e Jack – cuja mãe era sua segunda esposa Sharon) eram ainda adolescentes nessa época, com tudo o que isso implica.

O passar dos anos permitiu que a percepção popular sobre o conceito de "Ozzy" suavizasse e desenvolvesse, especialmente quando a ideia de aposentadoria fosse aplicada na equação: "Eu tenho um ditado: 'Nunca julgue um livro por sua capa'. Digo isso porque nem eu sei quem Ozzy é; eu acordo como uma pessoa nova todos os dias. Mas, se você tem uma fantasia de Ozzy, quem sou eu para dizer? Ou seja, se você acha que eu durmo de cabeça para baixo no telhado, voo por aí à noite e mordo os pescoços das pessoas, então isso é uma coisa sua. Mas, posso lhe dizer agora, tudo o que eu queria era que as pessoas fossem aos meus concertos e se divertissem. Não quero ver ninguém se machucando de modo, forma ou jeito algum – e minhas intenções são boas, queiram as pessoas acreditar ou não. Não vou de repente me tornar um lunático por Jesus ou qualquer coisa. Mas tenho minhas crenças, e elas certamente não são satânicas".

É estranho que um homem que amava viver com a carga de adrenalina à flor da pele como Ozzy escolha abandonar tudo isso, especialmente agora que ficara saudável e sóbrio, e sem uma agitação disponível para ele em lugar algum. Como ele disse nostalgicamente, "Se você consegue um show em que está indo muito bem, não há sexo, droga, bebida ou recompensa melhor que essa sensação... E quer saber de uma coisa? Isso é uma dádiva de Deus. É o mais próximo da espiritualidade que já cheguei. Muitos vocalistas agora ficam lá em cima como uns babacas. Meu trabalho é subir naquele palco e fazer a plateia pular em suas cadeiras, e farei absolutamente qualquer coisa para conseguir realizar isso. Eu não ensaio; eu simplesmente vou e faço. Algumas noites eu não vou bem, outras estou ok; mas, na maioria das vezes faço um show de arrebentar a boca do balão. Não bebo nem uso mais drogas, mas entendo muito bem por que as pessoas querem se dopar depois de um show... minha carga de adrenalina é como uma mega-anfetamina. Fico zumbindo pelo quarto do hotel a noite toda. Não quero parar... estamos todos lá para fazer um único trabalho, e é proporcionar às crianças o melhor dia da vida delas".

No entanto, Ozzy reconhece também suas responsabilidades como pai, e se expressou com veemência sobre o assunto no passado. Ele contou à *Cornerstone*: "Eu gosto do rock'n'roll porque o rock'n'roll para mim significa liberdade. A maioria dos caras de minha idade são seres humanos tediosos. Eles sentam no bar, ficam bêbados e, em seguida, voltam para casa para contar aos seus filhos como devem levar suas vidas, enquanto eles fritaram seus cérebros por completo. Eu não me esqueço do que costumava fazer e então não posso dizer justificavelmente ao meu filho, 'Não pense em fazer isso', ao passo que eu mesmo costumava fazer". Esse lado mais humano do mito do monstro-Ozzy pode ser o que o tornaria tão aprazível para o consumo em massa alguns anos depois...

Enquanto estamos no tema sobre família, é importante ressaltar que é algo que exige uma atenção especial relacionada com a figura de Ozzy Osbourne. Inclusive na escola, a família de Ozzy não é imune ao vírus anti-Ozzy, como ele relatou à revista *Guitar World*: "Eu matriculei meus filhos em uma escola cristã em Los Angeles. Outro dia meu filho chega em casa da escola e diz: 'Pai, é verdade o que meu professor me disse hoje? Ele disse que foi assistir a um de seus shows alguns anos atrás, e que você pegou uma grande bacia, entregou para que toda a plateia cuspisse nela e que você não tocaria até beber todo o cuspe'. Eu respondi ao meu filho, 'Jack, você acha que eu faria uma coisa dessas? Você acha que isso é verdade?'. E ele respondeu, 'Não, parece uma bobagem. É mentira'. Não deixei que meus filhos fossem batizados, crismados ou coisas do gênero. Não lhes transmiti religião alguma. Acho que eles devem escolher. Mas uma professora nessa mesma escola contou à minha filha: 'Bem, você sabe, se você não for batizada, você não vai para o céu'. Isso é um monte de asneira na minha opinião. Não acredito que haja um céu no andar de cima e um inferno no andar de baixo. Acho que estamos tanto no céu como no inferno aqui na Terra. Está tudo aqui para nós".

Ele contou a um entrevistador, intencionalmente ou desmascarando seu lado escuro: "Sempre serei um personagem ultrajante... Mas, deixe-me contar uma história para provar que não sou um homem mau. Uma vez eu participei de um show em que os garotos telefonavam e me perguntavam qualquer coisa... um garoto ligou e eu perguntei, 'Você virá ao show hoje à noite?'. E ele respondeu, 'Não, minha mãe não deixou'. Então eu falei, 'Coloque sua mãe na linha', então ela pegou o telefone e disse: 'Você é um ser humano desprezível! Como ousa ligar aqui?'. Eu respondi, 'Ele me telefonou'. Ela disse, 'Você deveria ser proibido de andar pelas ruas'. Eu disse, 'Vou dizer o que eu vou fazer. Eu vou dar aos seus filhos os melhores lugares no show, minha equipe irá cuidar de vocês e, em seguida, depois de me assistir e me conhecer, se você ainda tiver a mesma opinião, terei todo o motivo justificável para concordar com você'. Ela respondeu, 'Não tente me enganar, sei o que você está tentando fazer com as crianças da América. Não funciona nesta casa, então saia já do telefone!'. Então eu pensei, 'Bem, o que eu posso fazer?'".

As famílias se alimentam muito do mito Osbourne, muito mais do que no caso de Tony Iommi, Geezer Butler ou Bill Ward, todos os quais têm suas próprias esposas e filhos, mas não os expõem aos holofotes. Na realidade, muito da formação emocional de Ozzy parece ter vindo de seus próprios pais e irmãos. No decorrer dos anos, ele tem se expressado tanto de forma positiva como contrária em relação a eles, dizendo em uma ocasião em 1982: "Minha família inteira é maluca; minha irmã tentou cometer suicídio duas vezes. De verdade, ela excede os limites. Minha outra irmã é totalmente neurótica. Minha família inteira tem alguma coisa de lunático, você sabia? Uso meu lado lunático para objetivos melhores.

"Minha irmã neurótica Iris... um dia, era um domingo. Um dia ela limpou a casa e você não podia se mexer. Não podia respirar, não podia tocar em nada, não podia comer... Então, eu me levantei e dei uma surra pesada nela. Bati nela demais – deixei os dois olhos roxos e saí batendo nela pela casa. Pensei que era melhor falar com meu pai assim que fosse jogado para fora do ônibus, porque ele vai me matar quando voltar para casa e vir o rosto dela. Sentei em um muro e o ônibus já vinha chegando, ele desce do ônibus cantando e todo animado... Eu disse, papai, acabei de dar uma surra na Iris. Ele respondeu, 'Bom trabalho. Já era hora de você dar uma surra nela'. Meu velho sabia... ele entendia muito bem a situação, porque vivíamos muito mal, cara. Vivíamos com nada."

Apesar dessa memória sombria de sua infância, Ozzy demonstra muito respeito por seus pais, acrescentando: "Meu pai é uma das melhores pessoas que já viveu nesta droga de mundo... Meu pai sempre me dizia, 'Não acredito nessa porcaria de Deus, não acredito nessa asneira de inferno – eu acredito em mim'. Você tem de acreditar em você, pois você é a única pessoa que pode acreditar em você, porque você sente o que sente. Foi isso que eu aprendi com meu pai".

Em 2000, Ozzy deu várias declarações vagas, como fizera antes, sobre a possibilidade de escrever suas memórias na forma de uma autobiografia. Mas isso não seria uma tarefa fácil, pelo menos porque muitas de suas memórias foram sacrificadas pelo estilo de vida movido a álcool que viveu. E a história avançava de forma rápida, inclusive musicalmente.

Os tempos mudaram de forma irrevogável – tanto artística como pessoalmente – para Ozzy. Afinal de contas, depois que o modelo do heavy metal foi estabelecido, centenas de bandas literalmente adotariam o estilo e, a partir dos anos 1990, a filosofia original já havia desaparecido. Ozzy não podia evitar se sentir um pouco perdido, como lamentaria em uma entrevista à MTV: "Nunca me senti confortável com esse termo 'metal' porque, quando comecei em 1970, o que você hoje chama de metal mudou tanto dos anos 1970 a 1980 e 1990 que deixou de ser a mesma música, mas eles ainda usam esse nome infeliz, metal. É apenas um rock alto ou um rock pesado, você entende? Para mim, palavras como heavy metal, grunge metal ou thrash metal nunca tiveram qualquer tipo de conotação musical. Prefiro muito mais quando costumavam chamá-la de hard rock ou heavy rock, sabe? Pelo menos isso tem uma conotação musical.

Essa é a beleza dos anos 1970. Não éramos do tipo que queria se exibir. Eu me lembro do Black Sabbath e de James Taylor fazendo shows. Isso não rolaria nos dias de hoje porque ou tudo é música rap ou o que eles chamam de música heavy metal ou qualquer outra música, é tudo uma coisa só. Eu desafio qualquer pessoa a sentar durante 12 horas ouvindo a mesma música e dizer, 'Bem, a última banda ou a terceira banda foi a melhor', porque você não tem como saber. Não existe mais a variedade".

A frase "não existe variedade" que ele enfatizou não é estranha entre os músicos de certa idade, especialmente àqueles que recentemente contemplam a aposentadoria – embora talvez soasse um pouco estranho vindo de Ozzy, que acabara de passar três anos em cartaz no Ozzfest extremamente variado. Um sobrevivente dos anos 1960 e amigo de Ozzy, Rick Wakeman, o renomado tecladista do Yes, de outras atrações progressivas e o parceiro recente de Ozzy durante apenas seis meses, também vê o passado com nostalgia ao se lembrar de uma apresentação do Sabbath/Yes, dizendo: "Eu toquei [teclado na gravação] com eles originalmente em 1973 no álbum *Sabbath Bloody Sabbath*, que gostei muito e, em seguida, fiz o álbum *Ozzmosis*".

Justamente no ano anterior, Wakeman pedira a Ozzy para colocar os vocais em seu álbum recente, uma continuação de seu álbum de 1974, *Journey to the Center of the Earth*: "Eu liguei para Ozzy quando estava fazendo *Return to the Center of the Earth* e disse: 'Ozzy, compus uma canção pesada e gostaria que você cantasse', e ele disse, 'Claro, ok, posso ouvi-la?'. Eu respondi, 'É claro, mas o que eu vou fazer é tirar a maioria dos riffs pesados que toquei na guitarra [na canção] assim que você colocar o vocal e, em seguida, vou colocar todos de volta, mas tocados pela Orquestra Sinfônica de Londres'. Ele amou! Foi demais o que fizemos. Sei que ele ama a faixa ['Buried Alive'] e nos divertimos muito".

Um gênio um pouco excêntrico, falador e que sobreviveu também após suas desventuras alcoólicas, Wakeman continuou contando: "Você entende, eu me sentava e tive jantares com Ozzy e conversamos tomando café, uma taça de vinho ou qualquer ocasião, e tive grandes conversas com ele. Você consegue ter conversas muito legais com Ozzy, você consegue ter uns diálogos profundos com Ozzy e, você sabe, ele é um garoto brilhante... Quando ele chegar aos Portões do Céu – e por estranho que pareça, eu acho é para lá que ele vai – São Pedro provavelmente vai dizer, 'Oh garoto, por onde começamos?'. Mas ele vai deixá-lo entrar!".

Com uma aprovação tranquila de seus colegas e o apoio constante de sua família, Ozzy pode ser perdoado por querer olhar para trás e não para a frente. Sobre o projeto do livro, ele disse: "Apenas comecei – estou ditando para meu filho que está me ajudando com seu computador. Ele é o cérebro da família. Eu não consigo me lembrar de coisa alguma.

De vez em quando eu me encontro com alguém que não vejo há dez anos e eles contam, 'Lembra-se daquela noite em que você apareceu na minha casa e fez isso e aquilo?'. E eu respondo, 'Oh, é claro. Eu tinha me esquecido completamente'. Se eu cair morto amanhã, e espero que isso não aconteça, saberei que não tive uma vida monótona. Existe a carreira do Sabbath, a carreira de Ozzy e minha vida antes de começar a tocar; em seguida, tive os anos em reabilitação, os fãs, os que não são fãs, a volta para casa e a não volta para casa – tenho muita pesquisa para fazer. Nesse momento, cheguei até 1971 quando fiquei louco e pulei da janela... Uma vez que comprei meio quilo de maconha, quatro tabletes de mescalina, um quarto de uma onça de cocaína e uma garrafa de tequila, e fiquei fora do ar durante uma semana. Foi o pior momento de toda a minha vida. Pensei, 'É isso aí, agora acabou, vou ficar aqui para sempre'. Comecei a conversar com cavalos, e a coisa mais estranha foi que eles respondiam para mim".

Uma retrospectiva maior viria com *The Best of Black Sabbath*, uma coletânea em CD duplo com 32 faixas lançado em junho. Na maioria com faixas da era de Ozzy, incluindo algumas canções lideradas por Gillan e Dio, demonstrou perfeitamente o que os fãs e a indústria queriam e esperavam do Sabbath – resumindo, o material antigo. Que maneira melhor para sublinhar uma carreira?

E, mesmo assim, Ozzy ainda vacilava sobre o verdadeiro fim do Sabbath, contando à *Mojo*: "As pessoas ficam perguntando, 'Acabou mesmo?'. Como posso responder a essa pergunta? Já tentei me aposentar uma vez e durou cerca de uma semana. Não posso dizer se é o show *final,* derradeiro, a menos que um de nós morra. Não devia ter dito isso. A última vez que disse, 'Bem, pelo menos ainda estamos todos vivos', Bill Ward caiu no chão com um ataque cardíaco! Ele agora está bem – embora tenhamos de recarregar a bateria dele antes de fazermos um show..."

Pistas como essa mantêm a esperança viva entre os fãs dos Sabbath que, graças aos lançamentos, tais como *The Best of* e o movimento do stoner rock/doom metal sempre em expansão, continuam crescendo em vez de diminuindo.

À parte isso, os remanescentes ativos fora do Sabbath – ou pelo menos seus representantes mais visíveis, Ozzy e Sharon – não estavam dispostos a fazer o jogo da indústria, ou, se faziam, faziam de acordo com seus próprios termos. Por exemplo, em janeiro de 2000, o Sabbath foi nomeado junto ao Aerosmith e 13 outros artistas para uma possível inclusão no Rock and Roll Hall of Fame [Salão da Fama e Museu do Rock and Roll], sua quarta nomeação. Ozzy pediu que eles fossem excluídos da lista dos candidatos, dizendo: "Tire nosso nome da lista. Economize a tinta. Esqueça-nos. A nomeação não tem significado, porque não são os fãs que votam. Quem vota é uma 'suposta' elite da indústria e da mídia, que nunca comprou um álbum ou um ingresso para um concerto em toda a sua vida; portanto, seu voto é totalmente irrelevante para mim. Vamos encarar os fatos, o Black Sabbath nunca foi um dos queridinhos da mídia. Somos uma banda do povo e isso para nós já está bom demais".

É uma tática irônica, visto que a mesma indústria premiaria o Sabbath com seu primeiro Grammy (o derradeiro símbolo de aceitação midiática na indústria fonográfica norte-americana) no mês seguinte – por Melhor Performance de Metal. A canção em questão era a versão ao vivo de "Iron Man" do *Reunion* de 1998, para surpresa de muitos observadores. Por que essa canção e por que agora?

Ozzy e Sharon reagiram a todos os jogos teatrais da indústria montando sua própria gravadora, a Divine Recordings, distribuída pela Priority e projetada para lidar com os lançamentos relacionados ao Ozzfest (quatro álbuns lançados até a data), além das bandas que eles escolhessem – Slaves on Dope foi uma das primeiras bandas contratadas. No entanto, o álbum mais importante lançado pela Divine até a data foi o disco solo *Iommi* de Tony Iommi, que finalmente saiu no dia 30 de outubro de 2000, após anos de gestação – se você levar em consideração o fato de que *Seventh Star* era uma mistura bizarra de álbum solo e do Sabbath, as fitas de *Eighth Star* haviam sido vazadas em sua forma inacabada e que Tony vinha trabalhando intermitentemente nesse disco entre as atividades do Sabbath reunido.

Ozzy diria mais tarde: "Tony trabalhou no álbum no ano passado inteiro durante as pausas da turnê do Sabbath, então eu ouvia umas partes aqui e outras ali, e sabia que o resultado seria excelente. Sharon e eu notamos que fazia todo sentido para nosso novo selo, então abordamos Tony sobre lançá-lo na Divine. Tenho muito orgulho dele".

Iommi estava apaixonado por seu novo disco – que, considerando que Geezer e Bill já tinham lançado dois álbuns naquela ocasião, estava mais do que tardio –, e de forma justificável, visto que trazia um elenco estrelar como convidados nos vocais que se juntaram para manifestar seu respeito no disco. Como ele disse: "Acho que é muito bom pisar do lado de fora da bandeira do Sabbath, entende, e não ter de seguir sob o nome de Black Sabbath ou qualquer outro, mesmo que, sim, fosse eu que estivesse envolvido nele o tempo todo. Mas é bom poder sair e trabalhar com pessoas tão diferentes de uma única vez, oposto a montar uma unidade com um vocalista e uma única banda... Usei muitas pessoas diferentes neste álbum e isso foi muito bom para mim. Isso me ajudou a ver muitas coisas diferentes usando pessoas diversas. Sabe, aprendi muito com isso e foi muito divertido".

É interessante notar que o guitarrista – durante muito tempo considerado como um ditador em sua banda, e que supostamente não conseguia lidar com outros egos – desfrutou demais a colaboração com os vocalistas convidados, acolhendo-os e adaptando seus talentos criativos. Além disso, ele havia pedido aos vocalistas que escrevessem suas próprias letras para cada canção: "Acho que você tem de fazer isso. Eles sabem como querem cantá-las. Percebi no decorrer dos anos com diferentes vocalistas que havia certas palavras que não conseguiam pronunciar de forma adequada. Então, eles têm uma forma de passar por cima disso usando uma palavra diferente. É muito engraçado, você sabia?".

Talvez a qualidade do álbum possa ser atribuída ao guitarrista – famoso entre os trabalhadores mais lentos –, que teve tempo de sobra para aperfeiçoá-lo. O projeto vinha em andamento desde 1996, e ele conta: "Faz quase quatro anos que começamos a falar sobre isso. Tive de começar e parar por causa das turnês com o Sabbath, e queria fazer isso em etapas. Mas tive muita sorte porque, todas as pessoas que eu queria no disco, eu consegui. Queria que colocassem suas marcas nas canções. Foi muito emocionante porque você simplesmente não sabia o que eles iriam fazer em seguida".

A história do álbum é complexa, com um lote inteiro do material inicial sendo descartado por Iommi e o produtor Bob Marlette, considerado como abaixo do padrão. A única canção que sobreviveu ao abate foi a faixa de Henry Rollins que abre o álbum, como Tony relembra: "Na realidade, essa veio do primeiro lote de canções que eu estava compondo. E algumas outras coisas não tinham nada a ver, então a tiramos porque já tinham passado do ponto. Porque estávamos tentando ver o que poderíamos fazer. Quando digo 'nós', quero dizer Bob Marlette [e eu]. Trabalhávamos no estúdio em sua casa. E eu tentava apenas compor as músicas. Mas começou a se afastar do objetivo que queríamos atingir. E então apagamos aquilo. E, em seguida, veio a turnê do Sabbath e tive de engavetar tudo por um tempo. Até que pudesse começar a trabalhar novamente com alguém... Levou muito tempo para fazê-lo. Chegou a um ponto em que ficou do tipo, 'Caramba! Quando é que isso vai sair?'".

Como ele contou à *Cosmik Debris*, queria usar um vocalista que talvez as pessoas não esperassem: "Quando mencionei pela primeira vez que iria fazer um álbum solo, todos pensaram, 'Bem, vai ser com Rob Halford, Bruce Dickinson...'. Acho que eles achavam que iria ser com pessoas que eram um pouco mais velhas, mas eu queria uma variedade de pessoas envolvidas. E, é claro, Billy Idol, foi algo que você jamais imaginaria que poderíamos tocar juntos. E muitas pessoas ficaram realmente surpresas com isso e disseram que gostaram. Foi muito bom trabalhar com Billy Corgan. Na realidade, nós compusemos umas duas faixas com Billy, compusemos três com Phil Anselmo e duas faixas com Billy, mas, você sabe, nós podíamos apenas usar uma de cada".

Esse espírito de exploração se estendeu até o produtor Bob Marlette, com quem trabalhou em *Reunion*. Iommi continuou: "O que fizemos foi começar escrevendo as ideias e ver onde conseguíamos chegar, naquilo que gostávamos, o que não deixa de ser de certo modo muito parecido com o que fazíamos no Sabbath. No entanto, se gostávamos, usávamos. Então, é basicamente a mesma ideia, mas usando vocalistas diferentes e uma abordagem mais atualizada. Trabalhando também com Bob Marlette, um produtor completo, algo que normamente eu nunca tive antes... Gosto do estilo único de cada vocalista. Eles têm seu próprio estilo e você consegue distinguir quem é quem quando ouve a voz. Essa é uma parte muito importante. E eu gostava do que eles estavam fazendo... apenas vendo as outras pessoas, como elas trabalham, você consegue ajustar as coisas de forma adequada – se alguém prefere um verso mais longo, ou um refrão, ou vê uma parte diferente como refrão, você entende? Então você ajusta enquanto vai trabalhando. E eu acho que funcionou muito bem".

E de fato funcionou. Na realidade, foi o álbum de estúdio relacionado com o Sabbath mais agradável de ouvir em anos, começando com "Laughing Man (In the Devil Mask)", um veículo sinistro e distorcido para os vocais de Henry Rollins, um fã fervoroso de longa data do Sabbath desde a época de seu grupo seminal punk Black Flag, e um vocalista pouco dedicado com sua própria banda. Iommi relembra: "Eu toquei para ele algumas coisas e ele disse: 'Gostei demais dessa faixa! Posso cantar essa?'. Então eu respondi, 'Claro'. Ele foi aos ensaios do Sabbath na Inglaterra ele se juntou a nós durante três semanas. Quando terminamos a turnê, fomos para Los Angeles e a gravamos inteira, e ele inseriu os vocais".

A altamente texturizada "Meat", toda com os riffs gemidos clássicos do Sabbath, beneficia-se imensuravelmente dos vocais da vocalista do Skunk Anansie, Deborah "Skin" Dyer, cujo agudo elástico e melódico adiciona um peso surpreendente. Resultou que a colaboração de Skin foi quase impossível de coordenar. Iommi recorda: "Eu lhe pedi para fazer anos atrás e ela disse, 'Claro, vou adorar participar'. Mas, então, eu a vi um ano depois e ainda não tínhamos feito. E eu a encontrei na premiação [do Grammy] e lhe disse, 'Você ainda quer fazer aquela faixa?'. Ela respondeu: 'Claro, quero mesmo fazer. Mas é melhor arrumarmos um tempo para isso'. Porque eu também estava trabalhando o tempo todo naquela época. Ela estava constantemente fazendo turnês. Então, eu entrei em turnê. Foi a mesma situação com os outros também. Tentávamos encaixar um tempo para fazer o que dava. E no final acabei dando um jeito de me encontrar com ela, em Londres".

A próxima é "Goodbye Lament", uma canção suave e ameaçadora com a entonação da voz delicada do vocalista do Foo Fighters, Dave Grohl. Sobre Grohl, Iommi recorda: "Eu realmente gostei. Ele é um cara muito legal. Cheio de energia. Ele queria fazer tudo. [Ele disse,] 'Eu tenho de tocar bateria'. Ficou bom. Achei todo o processo muito divertido".

"Time is Mine", com os excelentes vocais de Phil Anselmo do Pantera – executando todo o seu alcance vocal, desde o sussurro insinuado até o rugido a plenos pulmões –, é um destaque do disco, embora a voz excêntrica e soberba de Serj Tankian do System of a Down (vibrato ululando e tudo) faz com que a próxima canção, "Patterns", seja exclusiva para os fãs do SOAD. "Black Oblivion", uma performance sarcástica do vocalista do Smashing Pumpkin/Zwan Billy Corgan (que posteriormente seria gerenciado por Sharon Osbourne), é típico do catálogo desse vocalista (em minha opinião, um rock alternativo genérico e superestimado). Sobre a canção de Corgan, Iommi recorda: "Quando começamos essa faixa, que era uma faixa de oito minutos, nós nos encontramos no estúdio pela manhã e eu nem sabia quem seria o baterista. Era Kenny Aranoff. Ou seja, eu o conheço, mas nunca havia me encontrado com ele antes. E foi muito bom porque entramos e, de repente, já estava acontecendo. Tivemos de criar o riff inicial e, dali adiante, já estava o andamento da canção. E há muitas mudanças nessa canção. Ela o mantém atento porque há muitas coisas diferentes acontecendo. E o baterista era particularmente bom, porque ele conseguiu se manter no topo de tudo aquilo. Então, enquanto estávamos tocando dizíamos, 'não', e mudávamos uma parte e voltávamos um pouco. Mas funcionou. Foi muito divertido. Ela me fazia ficar ligado o tempo todo, com certeza".

A batida pesada e altamente atmosférica de "Flame On" é uma oportunidade para Ian Astbury, do The Cult, introduzir seus "yeahs" e "oohs" que fez sua banda ser ridiculamente atrativa nos anos 1980, mas a presença do vocalista do Type O Negative, Peter Steele, em "Just Say no to Love" é muito menos eficaz, infelizmente.

Finalmente, o deliberadamente autorreferencial "Who's Fooling Who" – que destaca o próprio Ozzy, como também o sino badalando da velha escola e as sombrias notas graves – e o eterno ultrapassado Billy Idol na surpreendentemente boa canção "Into the Night" encerram *Iommi*. O álbum recebeu críticas positivas em quase todos os quesitos, com a maioria dos críticos (ou pelo menos aqueles que eram familiarizados com a recente história do Sabbath) se sentindo aliviados com o fato de que o enorme talento de Iommi fora exercitado com êxito pela primeira vez desde, bem, 1983.

E assim, o ano de 2000, o melhor para Iommi desde os anos 1970 em termos de criatividade, chegou ao fim. Sobre o Sabbath, ele se defendeu com mais questões ainda: "No momento, está na geladeira, então não sabemos ainda o que vamos fazer. Não há planos. Não queremos ficar sob esse tipo de pressão, entende, dizer, 'Oh, claro, vamos fazer uma turnê novamente'. Queremos deixar quieto por enquanto. Fizemos o que dissemos que iríamos fazer e, se algo acontecer, assim será. Se não, então fizemos o que queríamos fazer". Questionado se a imagem do Sabbath se resume a um punhado de álbuns de tributo, ele se mostrou admirado: "Uma coisa que me surpreendeu, honestamente falando, de todas as pessoas que tocaram nossas canções, foi a banda sueca Cardigans. Eles gravaram 'Sabbath Bloody Sabbath'. Eu ouvi em uma estação de rádio na Suécia. O DJ tocou para mim. Não conseguia acreditar. Pensava, 'O que é isso?'. A princípio achei que era uma brincadeira. Fiquei surpreso com o tratamento que eles deram à canção. Ficou muito boa e diferente. Cantada de forma suave e legal".

Questionado se o projeto solo poderia gerar datas ao vivo, Iommi riu e ponderou: "Bem, gostaríamos de juntar alguns vocalistas e fazer uma quantidade de datas seletas. Fazer uma coisa especial em vez de uma turnê por todo o canto. Apenas algumas datas seletas em uns lugares especiais com um grupo seleto de vocalistas". Quanto à atual situação do Sabbath, ele insistiu: "Não, nada está planejado. Resolvemos colocar o Sabbath de lado por um tempo e, se acontecer, tudo bem. Se decidirmos fazer algo, provavelmente vamos ligar uns para os outros e dizer, sim, vamos fazer, ou não, não vamos, e é mais ou menos assim que trabalhamos com o Sabbath. Porque toda vez que tentamos planejar algo nunca parece dar certo, entende? Tocamos de ouvido. Ou seja, se é uma coisa do Sabbath e alguém pergunta se queremos fazer uma dezena de shows ou algo, nós nos juntamos, ensaiamos e nos clicamos de forma rápida. Mas tem de ser feito de maneira certa, não podemos sair com o Sabbath agora e não fazer a coisa certa".

Como sempre, a declaração de Tony ficou longe de ser conclusiva e se recusando a admitir que o Sabbath morreu e se foi para sempre. No máximo, a ideia de que a banda estava meramente em um hiato indefinido tranquilizou muitos ouvintes de que eles poderiam voltar em algum momento no futuro. Demais para "The Last Supper".

Chegando a esse ponto da história, todos os protagonistas foram reunidos, seus destinos entrelaçados – incluindo Sharon Osbourne, que estendeu seu alcance gerencial tão longe quanto Billy Corgan. Entretanto, ela apenas o gerenciaria durante três meses antes de desistir, fazendo uma declaração sarcástica: "Devo renunciar por motivos médicos. Billy Corgan está me deixando doente". Ela acrescentou: "Não devia ter dito isso, mas prefiro ser honesta, e depois de todos esses anos não quero me preocupar em ser politicamente correta".

Um reencontro do Sabbath ocorreu em 1997. Uma separação ocorreu em 1999. E assim, enquanto o ano 2000 chegava ao fim, algo certamente aconteceria. Nada jamais é inquestionável no mundo do Black Sabbath, e 2001 seria um ano repleto de acontecimentos.

CAPÍTULO 25

2001

Em 2001, o Ozzfest era a turnê principal do rock e do metal na América. Eventos menores e mais centrados no punk, tais como Vans, Anger Management e Warped cresceram com êxito à sua sombra, mas se o assunto era grandes nomes junto com atrações inéditas e em início de carreira às quais os fãs quisessem assistir, o Ozzfest era a melhor aposta. Uma gama inteira de atrações principais tem muito a agradecer ao Ozzfest por ter levado suas carreiras ao próximo patamar, incluindo Slipknot (que alcançou o topo da árvore do metal em 2000 e 2001), Marilyn Manson e Soulfly. Embora sua reputação se tornasse intensamente associada à onda new metal (Limp Bizkit, Papa Roach e uma série de mercenários arranhadores de riffs), o Ozzfest continuou como um panorama abrangente o suficiente para incluir bandas de art rock, tais como Tool, e desclassificáveis, como Queens of the Stone Age, em cartaz.

Enquanto o Ozzfest crescia para dominar o mercado, do mesmo modo a notoriedade de Ozzy e Sharon começava a transcender os limites do cenário musical. Sharon foi procurada para dar conselhos de gerenciamento a artistas como Fred Durst do Limp Bizkit, Guns N'Roses e Courtney Love, mas ela recusou todos eles enquanto a carreira de seu marido explodia, embora fosse citada dizendo: "Eu gosto de Courtney. Ela é histérica". As batalhas frequentes do casal e os desastres domésticos que eles enfrentavam, contrastados com seu óbvio relacionamento íntimo, fizeram deles um casal altamente telegênico – na tradição dos grandes tabloides em que os casais de celebridades valem mais do que a soma de suas partes –, levando-os desde 2001 a participar de produções, como o filme *We Sold Our Souls For Rock'N'Roll* da diretora Penelope Spheeris de *Quanto Mais Idiota Melhor*, um documentário sobre o Ozzfest usando o mesmo título da coletânea do Sabbath de 1975. Uma cena do filme mostra Sharon confrontando um manifestante cristão do lado de fora do show, que lhe dizia que Ozzy era "um praticante do canibalismo"...

Como seu marido, a personalidade franca de Sharon estava se tornando lenda, inclusive àqueles que não eram familiarizados com seu passado. No dia 5 de maio, na revista *New Musical Express*, Sharon assolou a banda de rock galesa Stereophonics, que havia agendado um show no Domington Park, consequentemente impedindo que o Ozzfest ocorresse no local. Ela os chamou de "Stereo-seja-o-que-for-a-merda-que-eles-chamam" e acrescentou que a banda tinha "uma cláusula na merda do contrato evitando que qualquer um tocasse lá neste verão". Quatro dias depois ela pediu desculpas à revista se chamando de "Rainha do Diabo" com uma "fodida boca grande e uma atitude grosseira", dizendo que o Stereophonics era uma das "melhores bandas do mundo" e depois comentando que, "depois que Ozzy ficou sabendo o que aconteceu, eu fui parar no hospital para ter de arrancar o pé dele da minha bunda".

Funcionou como boa propaganda para ela, pois no final das contas Ozzy e o Ozzfest finalmente agendaram uma apresentação no Reino Unido no dia 26 de maio no Milton Keynes Bowl. O próprio Stereophonics manteve um silêncio digno durante todo o processo.

Uma boa notícia para os fãs do Black Sabbath veio quando Sharon anunciou que a banda se reuniria como atração principal no Ozzfest 2001, viajando para os Estados Unidos em junho após a data no Milton Keynes. Alguns observadores ficaram surpresos com essa informação, embora alguns ficassem atentos quando surgiram rumores de que um novo álbum do Sabbath estava a caminho. Afinal de contas, já havia se passado seis anos desde o lançamento desanimador de *Forbidden*, mesmo se o álbum do reencontro, *Best of* e o álbum solo de Iommi tivessem deixado claro que, além de talento para gerar novas composições, o Sabbath também contava com o apoio da indústria.

As sessões tiveram início nos primeiros três meses do ano, mas foram engavetadas quando Ozzy começou a trabalhar em seu novo álbum solo, com Bill Ward explicando: "Espero fazer outro álbum com o Black Sabbath, se possível. Tivemos três meses de ensaio [em] janeiro, fevereiro e março de 2001. Conheço muito bem meu instrumento, mas nunca sei quando vou tocar da próxima vez, Tony nunca sabe quando vai tocar na próxima vez, Geezer não sabe o que vai nos oferecer em qualquer dado momento". Sobre a capacidade de tocar da banda, agora que estão todos em seus 50 anos, ele comentou: "Sinto muito orgulho do que conseguimos realizar no palco, houve poucos concertos no início do reencontro em que me senti um pouco confuso por causa de certas complicações – mas, de modo geral, amei todos os shows e acho que toquei muito melhor e mais afiado do que fizemos em um dia. Mas um detalhe importante é que eu estou sóbrio. Meus ouvidos não são mais os melhores ouvidos do mundo. Mas, onde estávamos mesmo, acho que Geezer está tocando incrivelmente bem, Ozzy está muito bem e eu amo usar minhas baquetas com Tony. Eu respondia a Tony com algumas batidas inusitadas de jazz e continuava tocando no ritmo da canção. E não sei se a plateia percebeu, tudo que sei é que estamos muito ligados e muito afiados".

Enquanto o Sabbath honrava seus compromissos – a banda tocou um set no ESPN Sports and Action Awards no Universal Amphitheater em Los Angeles junto com De La Soul, Rob Zombie, Busta Rhymes e B-Real no dia 7 de abril –, Ozzy estava imerso na pré-produção de seu novo álbum, provisoriamente intitulado *Down to Earth*. Como ele contou à MTV, ele e seu produtor – Tim Palmer, o engenheiro de som do U2 e de Robert Plant – estavam absorvendo as sonoridades das bandas mais jovens que se apresentaram no Ozzfest, embora isso pareça um pouco suspeito para muitos fãs como uma forma de evitar parecer desatualizado. "Ele assimilou novos truques", disse Palmer. "Ele é um grande fã dos Beatles, e isso vai se manifestar. Mas ainda vai soar como ele mesmo. Você consegue chegar a uma faixa mais distinta, mas, assim que ele coloca o canal da faixa do vocal, você sabe que é Ozzy".

Gravado com o velho e fiel Zakk Wylde (na ocasião conquistando sua própria fama, graças à sua técnica de entrevista reveladora enquanto promovia sua banda, Black Label Society), o ex-baixista do Suicidal Tendencies, Rob Trujillo, e o baterista Mike Bordin, o álbum ainda não estava totalmente acabado quando Ozzy foi chamado novamente para o Ozzfest. Palmer ficou tranquilo sobre o prazo não ter sido concluído, dizendo: "Se não conseguirmos terminar, vou atrás dele na turnê. Com a tecnologia de hoje, dá para gravar os vocais no ônibus da turnê".

Após um show de caridade de aquecimento no Birmingham Academy no dia 22 de maio, o autêntico Ozzfest aterrissou no Milton Keynes quatro dias depois. O Sabbath estava agendado para tocar com o Slipknot, Tool, Papa Roach, Amen, Soulfly, Disturbed e Mudvayne no palco principal, enquanto o segundo palco destacava o Black Label Society, Raging Speedhorn, Apartment 26, Planeth Earth, Pure

Rubblish e Union Underground. Essa era a mistura perfeita das bandas mais importantes do momento – principalmente new metal (Papa Roach, Disturbed, Mudvayne), cruzamento de punk metal (Amen, Raging Speedhorn) e metal moderno genético (Slipknot, Soulfly). Meia década depois, é interessante ressaltar que, das atrações de apoio em cartaz, apenas Slipknot, Tool, Soulfly e BLS pode-se dizer que realmente sobreviveram ao mar de mudanças que matou o new metal, isso graças ao toque exclusivo que eles colocavam em sua música sem se curvar diante das tendências prevalecentes.

Nesse ponto o Sabbath estava sendo considerado com mais respeito pelos escritores de metal da nação, que se mostraram totalmente ausentes na década anterior. À medida que a área do cordão de isolamento da imprensa se enchia do dia para a noite com jornalistas embriagados (seu correspondente intoxicado entre eles), tubarões da indústria fonográfica e músicos (especialmente o Slayer, cujo vocalista Tom Araya se apresentou como convidado do Soulfly no palco), parecia que o Sabbath realmente voltava ao seu lugar de origem com uma aura luxuosa de credibilidade que a maioria da notória imprensa britânica esnobe havia lhes negado desde a saída de Ozzy em 1979.

Em retrospectiva, a decisão de Sharon e dos organizadores do Ozzfest de incluir uma data no Reino Unido naquele ano pode ter sido mais importante do que eles poderiam imaginar, permitindo que se gerasse uma impressão de que o Sabbath ainda se mantinha muito próximo de suas raízes britânicas.

Dois dias depois, o pacote completo decolava e aterrissava na América, estreando a turnê de verão em Illinois e aumentando bastante as atrações em cartaz. Agora com Marilyn Manson, Slipknot, Papa Roach, Disturbed, Black Label Society, Linkin Park e Crazytwon no palco principal e Drowning Pool, Beautiful Creatures, American Head Charge, Pure Rubblish, Systematic, Hatebreed, No One, Union Underground, Nonpoint, Otep, Godhead, Taproot, Union Underground, Spineshank, Pressure 4-5 e Mudvayne no segundo palco, o US Ozzfest era uma besta colossal comparada com a formação francamente inferior que se apresentou no Reino Unido. Além disso, pelo poder de atração do público norte-americano, a turnê rapidamente arrecadaria dezenas de milhões de dólares... novamente.

A apresentação do Sabbath foi notável nesse ano, marcada pela inclusão de uma nova canção, "Scary Dreams", escrita por Bill Ward e o único resultado tangível até a data das sessões de composição do verão de 2001. Como Ward explicou a Guillaume Roos na Sabbathlive.com:

"Não me lembro de ter sido lançado, mas ouvi rumores das empresas e de pessoas que lidam com isso de que era muito comercial... Tony tinha uma batida muito legal de jazz no começo da canção. Coloquei umas frases, umas duas melodias e começamos a desenvolvê-la. Geez começou também a colocar umas partes. Criei umas coisas e umas ideias na bateria. Na realidade, a parte do 'Scary Dreams' – a melodia e a letra –, eu peguei essa ideia de Ozzy... um dia ele estava falando sobre sua cabeça assustadora. Eu parei na hora e disse: 'Meu Deus, que grande título para uma canção!'. E então pensei em 'Scary Dreams'. Na verdade, ele chamou sua cabeça de outra coisa, mas não vou dizer o que é porque isso pertence a ele... Então apareci com algumas ideias: Geez parece ter gostado, Tony parece ter gostado. Quando partimos desse ponto, eles a montaram e fizeram o restante da canção. Foi um esforço mútuo da banda, diferentemente do que estava no álbum ao vivo, *Reunion*. 'Scary Dreams' foi um esforço mútuo da banda de trabalhar em um material novo desde nosso álbum ao vivo".

A longa sequência de datas do Ozzfest transcorreu até o dia 12 de agosto, mas, enquanto as bandas se dispersavam, Ozzy ainda era um homem ocupado. Uma curta turnê com o Disturbed acompanhando continuou no restante de agosto e setembro nos estados norte e leste dos Estados Unidos – mas teve de ser cancelada, supostamente por ordens diretas de sua gravadora Epic, que queria que o álbum *Down to Earth* fosse concluído no prazo previsto. Ele prontamente terminou o disco e foi para casa descansar com sua família.

Havia sido outro ano exaustivo para Ozzy, como ele explicou: "Ficava dizendo para mim mesmo: 'Quando será que vai diminuir o ritmo?'. Não tinha do que reclamar porque não era como se eu fosse forçado a tocar em espaços vazios, estou tocando para multidões monumentais. Juro por minha vida, não consigo entender". Desde 1996, sua vida tem estado realmente ocupada: "Tive o [reencontro com o] Black Sabbath, em seguida o Ozzfest em que toquei meu set e os sets do Black Sabbath, dois shows em um dia. Em seguida, fiz o Ozzfest com minha própria banda e, depois fiz o Ozzfest com o Black Sabbath, e, então, a turnê do Black Sabbath depois do Ozzfest. Entre um e outro, estou tentando fazer um álbum. Era como se estivesse colocando um chapéu diferente todos os dias e, no final de tudo, acabei com um álbum pronto... Fico dizendo para a Sharon, 'Quanto tempo [o Ozzfest] vai durar?'. E ela responde, 'Todos nós saberemos quando for a hora de parar'. Cada ano vai ficando cada vez maior – o que mais eu vou fazer?".

Enquanto o festival crescia, Ozzy explicava: “Quando Sharon veio com a ideia de fazer o Ozzfest, eu era cético, mais do que cético. E não tinha certeza de que as pessoas se importariam em vir. Mas as crianças estão vindo e ouvi que muitas delas vêm para me ver, o velho Ozzy. Isso é uma sensação maravilhosa e é bom saber que eu não sou considerado um velho fóssil”.

Sobre o alto teor de new metal do Ozzfest, ele ponderou: “Não sei exatamente o que há de tão novo sobre o new metal, mas é legal. Você não poder reinventar a roda e eu já passei por muitas coisas não uma, mas duas vezes. Portanto, isso não é uma grande novidade para mim. Mas eu gosto demais de algumas das bandas, os rapazes de Iowa, o Slipknot. Eles são muito legais”.

Ele ainda foi sanguinário sobre as bandas de menos convívio, de acordo com seu mérito, dizendo: “Gosto até do Papa Roach, mesmo depois de eles terem causado muitos problemas para nós durante o último Ozzfest! O vocalista deles [Jacoby ‘Coby Dick’ Shaddix] agiu como um verdadeiro bunda-mole. Ele estava incitando demais a plateia e os estimulando a causar tumultos. Os fãs e a plateia se descontrolaram e a polícia teve de cancelar o show. Eles o multaram e, já que foi culpa sua – ninguém causou o incidente –, nós deixamos que ele pagasse a multa de seu próprio bolso. Acho que foi justo, mas ele não gostou. Então, no dia seguinte ele estava reclamando no palco sobre a merda do Ozzfest, embora ele mesmo tivesse gerado o problema. Ficamos realmente putos com isso, mas, ei, esse é o vocalista e sua personalidade não faz com que seu som e sua música sejam piores. Como uma banda, eles são muito intensos e você tem de separar a música das pessoas. Não posso gostar de alguém e odiar sua música. Por outro lado, posso gostar da música e não gostar da pessoa atrás dela. Você tem de separar a arte da pessoa”.

O Black Sabbath, Ozzy e seu Ozzfest passaram agora a fazer parte de uma instituição de três cabeças na indústria fonográfica que gerava literalmente centenas de milhões de dólares de rendimento com cada uma de suas estratégias: longe dos dias do Henry’s Blues House em Aston. As inovações congestionavam o mundo dos músicos de forma muito rápida, com Ozzy respondendo ingenuamente a uma pergunta técnica sobre seu novo site na internet com as seguintes palavras: “Isso é uma pergunta para minha esposa. Os sites são simplesmente o caminho a seguir. As crianças são tão incríveis com essas coisas – meus filhos têm cada uma das mãos grudadas em teclados diferentes”. Sobre a nova controvérsia de baixar arquivos na internet (o principal programa de compartilhamento de arquivos de 2001, o Napster, estava na época sendo atacado judicialmente pelo Metallica, Dr Dre e outros artistas), ele respondeu: "A indústria fonográfica devia ter feito algo para se proteger muito tempo atrás. Se eles impedirem o Napster, haverá outro, e outro, e... será o declínio da música como nós a conhecemos".

De modo similar, o novo foco da indústria fonográfica em reeditar os catálogos de artistas veteranos era um novo acontecimento. Como Geezer me contou, "os catálogos ainda vendem milhões. As reedições são a nova maneira de as gravadoras trabalharem hoje em dia – o velho parece vender mais que o novo por alguma razão. Meu filho caçula descobriu Jimmi Hendrix quando tinha apenas 14 anos!". O próprio baixista estava também se tornando um tanto refinado em seu gosto musical, acrescentando: "Escuto principalmente jazz. Amo Madeleine Peyrou, e qualquer coisa de Billie Holiday que lançam novamente. O som remasterizado soa melhor. Adoro John Coltrane, mas não tanto Miles Davis depois de *Kind of Blue*: quando apareceu com toda aquela fusão – *Bitches Brew* e tudo aquilo –, não gosto daquilo. Nem de Kenny G com toda aquela porcaria. Gosto de algumas coisas do Weather Report e, é óbvio, não dá para argumentar com a maneira de tocar baixo de Jaco Pastorius. Ele está em um nível muito maior que o meu! Ele faz coisas que nunca sequer imaginei que dessem para fazer no baixo. Gosto muito de Art Pepper, Charlie Mingus, Jimmy Cobb, Bob James e Ahmed Jamal – o estilo de jazz tradicional em vez do meio do caminho. Não consigo entender as bandas de rock modernas, embora gostasse do Linkin Park quando eles estavam conosco no Ozzfest dois anos atrás. Mas meus filhos eram do tipo, você não pode gostar do Linkin Park!".

No início do outono, Ozzy estava se preparando para o lançamento de seu álbum *Down to Earth*, liderado por um single chamado "Gets Me Through". Entretanto, enquanto se dirigia para cuidar dos negócios habituais com a imprensa e promover o álbum, ele ficou profundamente chocado (como todos na época) com os ataques no World Trade Center no dia 11 de setembro. Mais tarde, ele falou admirado: "Eu estava em Nova York quando caíram. Estava no Peninsula Hotel, que fica a uma distância razoável do Trade Center, e meu assistente me ligou um pouco antes das 9 horas e disse: 'Ligue a TV, um avião acabou de bater nas Torres Gêmeas'. Vi aquelas imagens muito bizarras e fiquei pensando, 'Caramba, que acidente horrível, pavoroso'. Fiquei pensando que era um avião comercial pequeno".

Em seguida, a segunda torre foi atingida, como ele recorda: "Estou assistindo e há um buraco em uma delas e fiquei pensando que eles talvez estejam reprisando porque havia outro avião se chocando do outro lado. E falei, 'Isso é muito estranho, cara. Como pode ter um buraco em um edifício com o avião ainda voando?'. Mas, de repente, a realidade bateu e comecei a gritar, 'Sharon, puta que pariu, veja essa merda!'. Quando as duas torres caíram, não pude acreditar, cara".

Como todo pai de família, a primeira preocupação de Ozzy foi com seus filhos: "Quando aconteceu o primeiro ataque eu disse: 'Oh, meu Deus, eu tenho de dar um jeito de sair daqui e voltar para meus filhos!'. Dois dos meus filhos estão na Califórnia. Não sabia se era o começo de uma grande campanha terrorista por toda a América, em que iriam jogar gás em Los Angeles ou lançar alguma coisas sobre Los Angeles. Ninguém sabia que merda iria acontecer".

Down to Earth foi lançado no dia 27 de outubro, e foi uma espécie de auge na carreira de Ozzy, pelo menos no ponto em que finalmente o renomearia como um vocalista do novo milênio, sua associação com o Ozzfest e tudo (o logo na capa – apenas "Ozzy" para a geração com transtorno de déficit de atenção – foi escrito com a mesma fonte usada no Ozzfest). "Gets Me Through" foi uma escolha ideal para o lançamento em single, baseado em um longo riff com 'bending upwards' de guitarra do Zakk e uma performance vocal ao estilo antigo de Ozzy. O vídeo de acompanhamento era tanto impressionante como ridículo, uma montagem lustrosa do vocalista se erguendo como um Nosferatu de um altar, manto negro, delineador nos olhos e todo carregado de joias góticas, dando-lhe um brilho totalmente moderno.

"Facing Hell" era menos essencial, embora o estilo da guitarra de Zakk – mais pesada que nos álbuns anteriores – valha a pena conferir. Mas a canção é mais ou menos um paliativo entre "Gets Me Through" e "Dreamer", o ponto alto mais meloso do disco – uma balada possante que fica entre "Hey Jude" (as similaridades com os Beatles são quase dolorosas) e um estilo de hino de estádio do Aerosmith. "If only we could all just find serenity / It would be nice if we could live as one" ["Se ao menos pudéssemos encontrar serenidade / Seria ótimo se pudéssemos viver como um só"], ele entoa, explicando mais tarde: "Não pensei, 'Oh, merda, eles detonaram Nova York, é melhor eu compor uma canção adequada à época'. Compus junto com Steve Jones e Marti Frederiksen cerca de dois anos atrás. É uma dessas canções que transmite esperança. É uma espécie de 'Imagine' de Ozzy, se você preferir...".

A canção mencionava a "Mãe Terra" e o destino do planeta em algumas passagens, como ele disse: "Voltando ao Sabbath novamente, falei sobre [o meio ambiente] em várias canções. Isso sempre esteve em minha mente, não tanto por mim, mas quero de alguma forma uma vida para meus filhos e os filhos deles. Aquele World Trade Center, voltando a esse assunto, fico triste que pessoas fodidas façam loucuras umas com as outras. O que se poderá extrair de bom disso? Muitas pessoas irão morrer, tanto aqui como no Oriente Médio, ao que tudo indica... Como iremos saber quando ganhamos – ou *se* ganhamos? Como iremos saber que o último terrorista foi pego? O terrorismo não usa uniforme nem tem uma bandeira. É o pior tipo de guerra que você pode imaginar, porque esses indivíduos obviamente não estão nem aí para o que aconteça com eles ou com qualquer pessoa. Quando nossos líderes dirão, 'Ok, hoje pegamos o último terrorista e seu nome era Ali Babá e estouramos os olhos dele para fora. Agora tudo está normal, voltem ao normal'? Esqueça a América há pré-duas semanas, porque ela nunca mais vai existir novamente".

E, ainda assim, Ozzy não se considera um cantor político, dizendo: "Não há implicações políticas, é tudo diversão. Eu não gosto de uniformes, eu não gosto de ordens. Sigo minha linha não porque me conformo, mas porque não gosto de normas e regulamentos. É estúpido, porque há regras que você é obrigado a cumprir, há regras naturais, mas eu não gosto de regras estúpidas. O motivo que me fez me envolver com a música originalmente foi porque eu não queria trabalhar todos os dias das 9 às 17 horas e morrer trabalhando em uma máquina em alguma fábrica. Não me conformava com um emprego regular. Enquanto frequentava a escola, devo ter tido uns mil empregos, porque, assim que queria ir a um concerto ou algo, eu abandonava o trabalho e mandava o padrão se foder. Nunca conseguia ficar.

Se [o Exército] me dissesse, 'Nós queremos seu filho para lutar', eu diria a ele para pular de um penhasco. Não permitirei. Acho que é a maior barbárie no mundo. Mas é algo que me assusta muito. Esse é um dos maiores temores deste mundo, é uma guerra global. Ninguém vai ganhar. A guerra não conquista coisa alguma. Minha opinião é, se uma arma é disparada cheia de raiva, é errado, não importa quem está certo ou errado. Mas, infelizmente, como um último recurso, você sempre terá guerra de alguma forma. É uma necessidade... você encontra a violência onde quer que vá. Fico louco em um show quando vejo pessoas apanhando. Não gosto dessa mentalidade de que, se você é grande com dois metros de altura, você pode quebrar a cabeça de alguém. Isso não é segurança, isso é idiotice, se você me perguntar. Se um indivíduo quebra o nariz e vai parar no hospital, a culpa é minha. Mas não é isso o que quero e não é o que represento... Você nunca vai conseguir juntar uma multidão de pessoas em que todas estejam pensando na mesma coisa e ao mesmo tempo. Você pode fingir e seguir junto com a multidão, mas, de 50 mil pessoas, você vai conseguir uma mão cheia que diz, 'Isso é uma mentira. Quero que seja deste jeito'. Não somos lêmingues, senão pularíamos também desse penhasco".

"No Easy Way Out" e "That I Never Had" são rocks melódicos genéricos do tipo que Ozzy vem entoando há décadas, mas "You Know..." é melhor, uma canção para seus filhos se desculpando dos seus erros. O fundo acústico e a instrumentação delicada são algo de se admirar, comparados com a canção um pouco enfadonha que vem em seguida – "Junkie" –, mas "Running Out of Time" acelera o passo novamente, com os gritos arcanos de Ozzy ecoando sobre os riffs ao estilo do Sabbath. "Black Illusion" é mais lenta, com uma linha melódica do tipo Iommi-encontra-McCartney – ao que tudo indica a marca registrada moderna de Ozzy –, e "Alive" é uma excelente elegia aos filmes de terror. Finalmente, "Can You Hear Them" encerra *Down to Earth* com uma explosão de pirotecnia com ecos de guitarra que lembra mais, digamos, o U2 do que o metal tradicional da antiga.

Ozzy se mostrou filosófico quanto ao lançamento do álbum, explicando seu título com uma leve alusão inesperada ao seu passado: "Pensei: 'Como vamos chamar o álbum?'. Refleti sobre toda a minha carreira e comecei pelo Black Sabbath, de verdade, e então, antes de ser Black Sabbath se chamava Earth. Pensei, 'É isso, tudo tinha os pés na terra', e foi um 'bingo'".

A arte do álbum, uma montagem da radiografia do corpo de Ozzy revelando seu esqueleto e reduzindo seu rosto a uma vaga forma do crânio, foi bem artística. Ele recorda: "O que eles fizeram com a própria fotografia foi acrescentar a radiografia de meu corpo inteiro; deixei minhas joias e minhas tatuagens e você consegue ver o meu esqueleto. É a coisa mais bizarra... e não era minha maneira ideal de passar uma bela tarde de quarta-feira, em um aparelho de raios X. O rapaz ficava falando, 'Você vai ficar bem, você vai ficar bem', e fechava uma porta de chumbo de quatro metros e você ficava em uma sala de raios X sendo exposto à radiação, sabe? Mas, de qualquer modo, quando vi os resultados fiquei, cara, isso é realmente incrível!".

Ozzy contou à *Guitar Center* que o processo de composição foi imprevisto, como sempre: "Apenas vem para mim. Neste álbum tenho me soltado mais, usei o ProTools. Nada de fita, de qualquer tipo. Foi inacreditável. Nunca imaginei que um dia estaria cantando na sala de controle para um playback". Entretanto, a tecnologia moderna nem sempre foi o forte de Ozzy, como ele relembra: "O charme dos velhos tempos é que não havia truques. O que você tocava era o que você tinha. Acho que muito da tecnologia é boa, mas excluiu muito o lado da alma. *Ozzmosis* foi como arrancar um dente, fazer esse disco, e tudo de que precisamos para fazer o primeiro álbum do Black Sabbath foi entrar no estúdio, ligar na tomada, tocar, em seguida carregar o equipamento de volta na van e seguir nosso caminho, e era assim que imaginávamos que se faziam discos, sabia? Nunca pensamos sobre 24 canais e todos esses equipamentos diferentes. Nunca imaginamos... se havia apenas a necessidade de fazer em três canais, usávamos apenas aqueles três canais. Até que descobrimos que poderíamos usar 16 e 24 canais e ficamos malucos com tudo aquilo, você entende...? Um pacote de pó branco, feche a porta e ficávamos lá dentro por dois anos. É apenas um desperdício de tempo e de dinheiro. Você conseguiu o material, apenas grave, você entende?".

Ele falou sobre o método de composição que lhe servia melhor: "Meus primeiros dias parecem como se fosse outra vida... Geralmente, eu começo com uma linha melódica ou uma ideia. Em seguida, eu a entrego à banda que tenho no momento. Às vezes, Zakk aparece com um riff... Quando fiz a turnê de reencontro com o Black Sabbath, pensava comigo mesmo, 'Como vou conseguir montar esta [música]?'. Começávamos com uma coisa e terminávamos com outra. Alteramos sete ritmos diferentes em uma única canção. Por qualquer motivo, Tony Iommi é um guitarrista muito subestimado. Como acontece com 'Iron Man', um riff clássico e nada complicado, mas faz com que você queira pegar a guitarra e tocar... Não sou um devoto de estúdio. Não sou produtor. Gosto de trabalhar em equipe e cada álbum é diferente. Minha mentalidade medíocre deve ser muito boa, porque não entendo muito do que estou fazendo em termos técnicos. Mas pode ser uma vantagem na hora de aparecer com ideias novas. Uma coisa eu posso dizer, é que eu sempre dou a última palavra... Nunca escrevi algo sozinho. Sempre compus em conjunto com uma banda ou com um membro da banda. Se você me perguntasse qual foi a pior coisa que compus, eu lhe diria que foi a menos fácil do que aquela que gostei mais. É justo afirmar que você pode encontrar a pior canção que eu já fiz no álbum *Ultimate Sin*. Não acredito que alguém entra no estúdio com a intenção de fazer um disco ruim, mas ficou do tipo 'o Liberace tomou ácido' naquela ocasião.

Tenho tido uma carreira encantadora. As pessoas acham que eu deva estar cansado de tocar 'Paranoid' porque venho tocando por 35 anos. Mas essa é uma das canções que eu não me canso de tocar. Quando pego a estrada com minha própria banda e tentamos fazer meu próprio material, descubro que ainda há crianças que desejam ouvir o material do Sabbath. Se eu não toco canções de meu álbum que já foi lançado e algumas coisas antigas, fica decepcionante. Tento ver as coisas do ponto de vista dos fãs e dar a eles o que desejam. [O Ozzfest] é outra surpresa maravilhosa em minha vida, mas na realidade deveria se chamar a Turnê de Sharon Osbourne e Família porque, de todas as bandas que existem por aí, eles preferem me acompanhar. É realmente incrível quando a mídia diz que esse tipo de música acabou".

Em meio a toda filantropia que aconteceu após o 11 de setembro (Ozzy: "Espero que as pessoas no mundo que estão sofrendo consigam encontrar um pouco de satisfação e conforto em qualquer uma de minhas canções. Há muitas pessoas tristes ao redor do mundo neste momento, pessoas que estão realmente tristes".), veio um efeito genuinamente progressivo de paz entre Sharon Osbourne e seu pai, Don Arden, que finalmente enterraria suas armas mais tarde nesse mesmo ano. "Ela me contou mais tarde que foi na sequência de tudo aquilo que ela finalmente começou a pensar com carinho em seu velho pai novamente", escreveu Arden, 78 anos, quando publicou sua autobiografia em 2004. Um encontro ocorreu com a presença do filho de Don e irmão de Sharon, David, e a tensão aparentemente desapareceu, com o par relembrando as coisas más que disseram um do outro no passado com muita alegria (por exemplo, no início daquele ano Sharon tinha contado ao *Guardian*: "A melhor lição que eu já tive foi assisti-lo acabar com seu negócio. Ele me ensinou tudo o que não fazer. Meu pai nunca viu nenhum de meus três filhos e, se depender de mim, ele nunca verá".).

Ozzy complementou o álbum *Down to Earth* com uma turnê nos Estados Unidos, levando Rob Zombie com ele de apoio, mas dez datas tiveram de ser reagendadas depois que ele sofreu uma fratura por estresse na perna após escorregar enquanto saía do chuveiro antes de um show em Tucson, Arizona. Mesmo assim, continuou tocando durante uma semana repleta de datas antes que a dor se tornasse intolerável e os médicos diagnosticassem a fratura. Entretanto, a turnê – apelidada de "Merry Mayhem" –, retomou no dia 29 de novembro e continuou até o fim do ano.

O incidente seria o primeiro de uma longa sequência de infortúnios com que o público, amantes do rock ou não, ficaria intimamente familiarizado no ano seguinte. A família Osbourne e os outros membros do Black Sabbath por afiliação estavam prestes a entrar no circuito comercial.

CAPÍTULO 26

2002

O Black Sabbath teve uma agradável surpresa no dia 15 de janeiro de 2002, quando eles foram nomeados para o segundo Grammy em dois anos – dessa vez com "The Wizard" – e competindo contra as canções do Tool (que ganharia o prêmio), Slayer, System of a Down e Slipknot. Embora não levassem o prêmio, a própria nomeação disse algo sobre a indústria e como ela via a banda depois de tantos anos.

Mas o entusiasmo entre os admiradores da banda sofreria com uma dose de amargor em março, quando os primeiros quatro álbuns de Ozzy – as versões digitalmente masterizadas de *Blizzard of Ozz*, *Diary of a Madman*, *Tribute* e *No More Tears* – foram reeditados, cada um com faixas bônus. A decisão de reformar e reeditar os álbuns não foi o que irritou alguns fãs; foi o fato de Mike Bordin e Rob Trujillo terem regravado a bateria e o baixo em cima das faixas gravadas por Lee Kerslake, Bob Daisley e os outros músicos originais. As faixas da guitarra de Randy Rhoads e os vocais de Ozzy, é claro, ficaram intactos, embora a remasterização significasse que os níveis relativos fossem diferentes na mixagem final das versões originais, um fator que a maioria dos fãs percebeu.

A história por trás das faixas regravadas da seção rítmica era um pouco complexa, girando em torno dos esforços empregados por Daisley e Kerslake em conseguir que suas contribuições na composição fossem reconhecidas – uma manobra que se tornaria mais complexa ainda com a virada nos relacionamentos empresariais entre a Jet Records, Don Arden e Sharon Osbourne. Sharon diria em uma coletiva de imprensa, antes da reedição, que, "por causa do comportamento abusivo e injusto de Daisley e Kerslake, Ozzy quis eliminá-los dessas gravações. Transformamos o negativo em positivo acrescentando um som atualizado nos álbuns originais".

Bob Daisley se expressou publicamente sobre o assunto com muitos entrevistadores, contando ao repórter e DJ Johnson da *Cosmik Debris*: "Ah sim, essa foi a declaração de Sharon. Do tipo, 'Kerslake e Daisley vêm importunando a nós e à nossa família há anos, e então Ozzy decidiu excluí-los dessas gravações'. Isso é pura mentira porque não tivemos contato com eles. Como você pode importunar alguém quando você não tem contato com eles? O único contato que tivemos com eles foi quando nossos advogados contataram seus advogados tentando fazer com que nos pagassem. E, se pedir para ser pago é importunar, então sim, nós os importunamos".

Ele acrescentou que os consumidores necessariamente não saberiam que os novos álbuns foram gravados por uma formação diferente até que pudessem ouvi-los: "Bem, é hora de a verdade vir à tona, e as máscaras caírem no que me diz respeito, porque, para mim, esse foi o pecado derradeiro, retirar nossas performances daqueles dois discos. Não apenas por nossa causa, mas isso é um grande insulto a Randy e um grande insulto ao público que compra o disco. Você sabe, eles põem todos aqueles selos na capa desses discos dizendo 'Primeira gravação intensa de Ozzy de sua carreira solo' sem dizer, 'Ei, se você comprar esse disco, saiba que não se trata da gravação original, e essa não é a banda original'. Isso é o que eles deveriam fazer, e não fizeram".

Questões relacionadas às seções de regravação dos remasterizados incluíam o fato de que as contribuições da composições de Daisley, e aquelas de outros membros da Blizzard of Ozz, não foram refletidas no perfil da banda: "Não se tratava de um projeto solo. O nome dele era bem maior que o nosso porque tinha vindo do Black Sabbath, mas eu me lembro de que fizemos muitas reuniões sobre como queríamos que se chamasse o nome da banda, não foi The Ozzy Osbourne Band. Tinha de ter um nome de banda. Por isso que concordamos com The Blizzard of Ozz; porque soa como uma banda".

Tudo isso fez com que as reedições se tornassem controversas, embora a voz de Daisley não pudesse ser ouvida fora dos confins da comunidade do rock pesado e do metal e, para a maioria das pessoas, os novos álbuns permaneceram simplesmente como uma nova oportunidade para se explorar os primeiros catálogos de Ozzy.

Em todo caso, no início de 2002 os fãs de Ozzy – ou, de qualquer modo, um grande número de pessoas que conheciam seu nome – de repente aumentou por um fator de dez vezes ou mais, à medida que ele de repente passava a ser visto em todos os lares da terra. Junto com sua família, Ozzy estava prestes a se tornar a nova atração na TV em um reality show.

The Osbournes, filmado e inicialmente transmitido nos Estados Unidos pela MTV, foi uma tacada de mestre. Alguém na rede de canal de música de maior êxito no mundo viu Ozzy na TV, percebeu seu carisma na tela (aparente e genuinamente espontâneo), a propensão de sua esposa em se articular, o renovado sucesso de Ozzy e do Black Sabbath, e propôs a Sharon a ideia de transformar o dia a dia da família em um seriado televisivo. Com uma versão lounge da canção "Crazy Train" ao estilo do Brat Pack [dos anos 1980], o seriado – filmado e editado com cortes bruscos [jump-cut] que a MTV tornou sua marca registrada – acompanhava Ozzy, Sharon, Kelly e Jack (sua irmã mais velha não quis participar e ficou fora) dentro de sua casa em Beverly Hills e, até certo ponto, em turnê e em outras localidades.

As filmagens começaram em novembro de 2001, com 12 câmeras instaladas na casa dos Osbournes (um palacete com as características comuns de Los Angeles – uma piscina esculpida, enormes jardins, dezenas de quartos e salas) e uma equipe de cinegrafistas captando a família em seus afazeres. Três meses de filmagem renderam um desfile infindável com cenas de brigas (verbais e físicas, pelo menos entre Jack e Kelly), discussões a plenos pulmões e tiradas inacabáveis de palavrões. No centro de tudo estava Ozzy, zanzando pela casa com um caminhar estranho, parecido com um idoso, vestido com trajes esportivos e constantemente se atrapalhando com a TV gigante e outras tecnologias domésticas de última geração (em um dos primeiros episódios, ele levou três minutos para trocar o cesto de lixo), como se fosse um detento transtornado de uma instituição. Algumas pessoas contestaram o seriado: como John Lydon me contou: "Ozzy é hilário, mas eu sinto pena dele quando sua esposa orquestrou essa terrível, *terrível* produção da MTV, porque achei que foi humilhante para ele. Parecia um manicômio vitoriano onde você paga um centavo para cutucar os lunáticos com uma vara".

Terrível ou não, *The Osbournes* era viciante, os telespectadores ponderavam como alguém conseguia viver daquela maneira. Sharon aparecia como a matriarca com um lado um pouco sinistro, tentando criar seus filhos de forma adequada, gerenciar seu marido totalmente dependente e lidar com os vizinhos desagradáveis (em uma ocasião ela joga carne estragada no jardim adjacente depois que os adolescentes mimados do lado deram uma festa barulhenta até tarde da noite, que implicou uma visita da polícia de Los Angeles). Jack e Kelly aparecem como adolescentes típicos com atitude, embora sejam adolescentes com vasta quantidade de dinheiro e brinquedos, e muito mais informados sobre a vida do rock'n'roll do que a maioria das crianças de sua idade. Outras personagens dramáticas incluem a babá/guarda dos adolescentes, o assistente pessoal de Ozzy, seu preparador físico e uma enorme quantidade de cães e gatos da família, cujas urinas e fezes (invariavelmente depositadas nos carpetes e nos móveis) se tornaram um destaque a mais no show do que os próprios animais.

Em algumas semanas, o seriado estava atraindo 6 milhões de telespectadores por semana nos Estados Unidos – tornando-o o programa mais assistido da MTV de todos os tempos – e teve um impacto proporcionalmente similar quando estreou no Reino Unido no Channel Four em março de 2002. Ozzy sempre protestou dizendo que não tinha ideia de por que fazia tanto sucesso: "Eu não sabia que estávamos fazendo o seriado até que voltei dos shows na Ásia e encontrei Sharon com a equipe de filmagem dentro de casa. Não entendo por que todos acham que o programa é tão engraçado. Eu não atuo para a câmera. Fico apenas andando pela casa e coçando a bunda como sempre".

O sucesso dos Osbournes se sustentava na emoção voyeurística de bisbilhotar dentro da casa do outro, especialmente em uma casa tão luxuosa – e excêntrica – como essa. Inevitavelmente rotulada de "disfuncional" por muitos observadores, embora de fato eles fossem muito próximos e apegados, a família parece viver em um conflito permanente, fazendo do show agradável de se assistir com seu clima de tensão e alívio constante. Ozzy, o ponto focal óbvio, prendia as pessoas com seu caminhar estranho, seu olhar profundo (apenas um de seus muitos traços após a recuperação que ele exibia além da tremedeira e uma aparência como se estivesse permanentemente chapado) e sua aparente incapacidade de lidar com a rotina da vida diária – e mesmo assim ele estava com uma excelente condição física, contando à *Mojo*: "Houve uma época em que eu ficava feliz quando tomava uns drinques, ou drogas, ou seja lá o que era, e em seguida me sentia miserável e depressivo. Então, pensei: 'Estou fazendo isso para quê?'. Meu maior vício hoje em dia é o exercício. Corro todos os dias. Provavelmente vou ser o próximo Jimmy Savile, correndo a maratona [de Londres]! Agora eu somente tomo comprimidos por motivos médicos, e não para ficar mais chapado. Tudo aquilo que fiz me deixou com alguns problemas neurológicos – eu sou um maníaco-depressivo, um maluco. Sharon diz que apoia isso".

Outro elemento fascinante do *The Osbournes* é a maneira como Ozzy e Sharon são reduzidos a meros pais clichês do ponto de vista dos filhos Jack e Kelly. Ozzy acrescentou: "Com três filhos adolescentes, é difícil fazer sexo – eles dizem, 'Nós sabemos o que vocês estavam fazendo lá em cima, sua dupla de velhos indecentes canalhas', ou 'Não podemos entrar lá, o papai está esfregando as costas da mamãe de novo'. Se eu ousasse dizer o que eles dizem ao meu pai, seria encontrado no jardim com um tridente espetado em meu peito".

No centro de tudo, talvez o recurso mais poderoso do show, está a essência da experiência mais sombria que Ozzy já enfrentou como sendo o roqueiro pesado mais satânico da América. Embora ele estivesse limpo e sóbrio agora, aqueles que sabem o que ele já enfrentou na vida consideram o show ainda mais revelador: ou seja, deixando de lado as brincadeiras e as piadas com os cocôs dos cães, vemos a vida de um homem que já comeu o pão que o diabo amassou e que sobreviveu para contar a história. E Ozzy sempre tem sido gloriosamente inconsistente, o que significa que é impossível saber o que ele fará em seguida; como ele disse uma vez: "Quando eu era viciado em drogas, costumava compor coisas do tipo 'Flying High Again', 'Snowblind' e toda aquela porcaria. E uma noite dessas, pensei: 'Que diabos é isso, eu canto uma canção a favor disso e, logo em seguida, canto uma canção contra isso'. Mas a questão é a seguinte, está tudo bem. Porque era naquela situação que eu me encontrava quando compus aquilo, então por que não devia ter feito? Faz parte de minha vida. É uma parte daquilo que sou e do que serei".

Ao que tudo indica, sua luta contra as drogas era inacabável e agora se aproximava de duas décadas de duração. Ozzy contou uma vez a Sylvie Simmons, da revista *Creem*, lá atrás em 1986, que as drogas e a bebida tinham de ir embora. "Estava lutando contra meu vício em drogas. Agora não uso drogas, apenas bebo bebida alcoólica ocasionalmente, e estou tentando acabar com isso também. Estava péssimo! Porque vivia drogado o tempo todo, não sabia o que estava acontecendo. Era uma tortura física e mental... No passado, se eu tivesse um dia livre como este eu me levantaria e iria direto à prateleira de bebidas e ficaria enchendo a cara o dia todo... Agora estou treinando pesado na maioria dos dias, quando consigo contornar isso. Durante a semana passada inteira eu corri cinco quilômetros por dia, e tenho um especialista em caratê que me acompanha no caminho.

Tudo se torna um pé no saco quando você sofre com a bebedeira do dia anterior. Então, agora após um show eu bebo umas duas cervejas e pronto. Gostaria de parar de beber completamente. Parte do problema é que, como no ramo do Jacques Cousteau, em que a água faz parte do território, o mesmo acontece com a bebida e o rock'n'roll. De qualquer modo, essa é a *minha* desculpa.

Conheço muita gente que usava cocaína, incluindo eu, muitas pessoas que fumavam maconha, incluindo eu, muitas pessoas que tomavam muitas coisas – mas eu nunca usei heroína, apenas uma ou duas vezes. Todos os que eu conheço que usaram heroína ou se tornaram um caso mental ou estão mortos. Ou viraram zumbis. Mesmo se você parar de usar, você nunca volta a ser a pessoa que era antes; você acaba fodido pelo restante de sua vida. Acho terrível que os jovens nas escolas estejam se drogando. Fiz um show em Hammersmith outra noite, e eles estavam carregando uns jovens que estavam cheirando cola! Isso está ficando ridículo. Não estou querendo bancar o bonzinho. Suponho que, desde que tenho uma família, acordei para o fato de que isso é falta de inteligência. E se o chefe da polícia subir lá e dizer, 'Vocês não deveriam usar heroína', eles responderiam, 'Ah, vá se foder!'. E penso, se *eu* fizesse, poderia salvar a vida de alguém. A heroína *é* terrível. Veja o que aconteceu com o pobre Phil Lynott. Muitas estrelas do rock já morreram, olhe para eles! Não estou dizendo que sou melhor que Phil Lynott ou Keith Moon – tive mais sorte, só isso... Você não precisa usar drogas para se tornar um monstro! É patético o jeito que eu vivia. Na turnê *Bark at the Moon* eu era insano. Não sabia o que estava fazendo. Não consigo me lembrar de coisa alguma.

Não há nada de bom nisso, nada, nem sequer na bebida. Vou retornar às reuniões dos Alcoólicos Anônimos e parar por um mês e, em seguida, vou ter uma recaída, mas sei que no final vou fazer um ajuste de contas de uma forma ou de outra. Mas não é uma batalha fácil. Quando me envolvi pela primeira vez com o rock'n'roll, achei que o equipamento era uma mala de drogas, uma atitude maluca e uma festa de arromba no final do show. Honestamente, era assim que eu acreditava que era o rock'n'roll." E não é? "Não é. Não culpo o rock'n'roll por meu vício – a culpa é minha, e tenho de lutar com isso. Mas seria bom se pudéssemos todos nos juntar em um único show, como o lance do Band Aid, e montar uma própria clínica para eles, como o Betty Ford Center. Esse lugar realmente abriu meus olhos. Estava muito envergonhado de ir lá para pedir ajuda. Eu dizia, 'Eu? O internacional Ozzy blá, blá, blá? Tenho de dizer a eles que estou doente? Mas não podia mais lutar com isso. Fiz minha 15ª rodada e não conseguia mais fazer a 16ª. Estava me matando e eu não queria morrer."

De volta ao novo século, Ozzy sofreu uma recaída uma ou duas vezes durante a filmagem do seriado *Osbournes*. Como ele contou: "Odeio me assistir nos melhores momentos, e não aguento me ver irritado. Mas foi o show que me fez fazer isso! Alguns dias eu não aguentava a pressão da equipe de filmagem o dia todo. Tinha de achar um jeito de escapar daquilo e acabei atacando uma garrafa de vinho... Sou do tipo que sempre se preocupa com as coisas. Eu me preocupo como o programa poderá mudar as crianças. Eles têm 17 e 18, e todo esse tipo de atenção poderá afetá-los. Talvez seja uma boa ideia mandá-los a um terapeuta quando isso acabar, para tirar um pouco dessa porcaria de suas cabeças". Ele ficou impressionado com a reação do público, dizendo: "Ando pelas ruas em Los Angeles e é como uma Beatlemania! E eu não passo de um velhaco de 53 anos de idade nascido em Birmingham!".

A imprensa bateu na tecla do fenômeno com rapidez, com o jornal *USA Today* questionando, "Como um monstro do rock envelhecido e maltratado pelas drogas se transformou no mais novo ursinho de pelúcia da nação?", e uma segunda temporada do seriado – no valor de 20 milhões de dólares para a família – foi assinada no início de 2002. "É ótimo ganhar um monte de dinheiro", comentou Ozzy de forma cautelosa, "mas, se esse show começar a desintegrar minha família, eu jogo a toalha. Não vou querer ver meu filho se tornar um viciado em heroína por causa da pressão... As pessoas vivem me dizendo que eu pareço o Homer Simpson. Pareço? Eu não sei. Só queria entender por que o cidadão comum da América está tão entusiasmado comigo quando 20 anos atrás eles achavam que eu era o Anticristo".

Apesar de seu passado, provavelmente foi o status de "seguro" de Ozzy como um homem de família reformado que fisgou a atenção da maioria das pessoas. Afinal de contas, ele satisfazia os critérios corretos, evitando os extremos e apelando a todas as gerações. Seus gostos musicais eram universais e nada ameaçadores. Ele continuou sendo um fã dos Beatles: "Fui ver McCartney no ano passado no LA Forum – embora nunca houvesse tido a oportunidade de ver os Beatles; os ingressos sempre se esgotavam cerca de 10 minutos depois de serem postos à venda – e ele estava tocando os clássicos dos Beatles, e eu estava me derretendo na plateia".

Toda essa nova forma de publicidade fez com que a turnê mundial de Ozzy de fevereiro a maio se transformasse em um grande sucesso: pediram até que ele tocasse para os soldados dos Estados Unidos servindo no Japão e na Coreia. No Japão, um show em Tóquio foi filmado para ser lançado posteriormente em DVD intitulado *Live at Budokan*, antes de dar autógrafos em uma visita à base militar dos Estados Unidos na mesma cidade. Tanto nos shows em Tóquio como em Seul, seu set ao vivo foi o mesmo de sempre, embora lhe pedissem para não "apresentar algo que pudesse ser considerado degradante de qualquer forma às tropas ou à organização", de acordo com um porta-voz da área de entretenimento da USO [United Services Organization – Organização de Serviços de Entretenimento das Tropas dos Estados Unidos]. Isso presumidamente excluía "War Pigs".

A turnê serviria como uma oportunidade para Ozzy refinar sua atuação no palco, visto que o show da MTV vinha podando um pouco seu estilo: "Desde que *The Osbournes* decolou com a filmagem e toda aquela parafernália, aquilo ocupou muito espaço, mas não vejo a hora de enfrentar as arenas maiores. Já toquei em bares, ao ar livre, em lugares fechados, contanto que seja divertido... Eu não bebo, não fumo, não me tornei um evangelista... Eu não venero o diabo. Não folheio as páginas da Bíblia. Sou apenas um indivíduo, você entende?... Quero dizer, ainda sou maluco... teve uma vez que eu estava com uma ressaca tão pesada da noite anterior e tinha tomado alguma coisa mortal, alguma poção mortal e 25 minutos depois eu estava do tipo... quase bebi [urina] uma vez! Peguei uma garrafa cheia até a metade no palco e comecei a bebê-la e todos na banda pararam o show e gritaram, 'Nãoooo...!'".

Assim que a vida de Ozzy passou a ser documentada na TV, a sequência dos eventos que se seguiram em 2002 começava a ficar similar aos episódios de altos e baixos de uma novela sobre a vida real. Começou com uma tragédia, quando o antigo baterista de Ozzy, Randy Castillo, sucumbiu de carcinoma escamoso em março, aos 51 anos de idade. Um veterano também na banda de Lita Ford e do Mötley Crüe, Castillo vinha lutando contra a doença durante dois anos e estava prestes a formar uma nova banda quando o câncer retornou, dessa vez de forma fatal. Seu parceiro de banda com Ozzy, e baixista, Phil Soussan, disse: "Ele tinha um dom para tocar bateria. Tinha um pé direito pesado que era incrivelmente rápido e todo o seu enfoque único em relação à bateria era algo realmente poderoso. Ele não era muito bom copiando outras pessoas, mas era muito bom sendo ele mesmo, e era muito difícil para as outras pessoas tentarem copiá-lo. Ele era do tipo de pessoa que fazia amigos não importa onde ia. Não era do tipo que dominava a conversa, tinha apenas um grande astral positivo". Ozzy disse: "Estou com o coração partido com o falecimento de um de meus amigos mais queridos. Vou vê-lo do outro lado, Randy. Eu amo você".

No dia 6 de maio, Ozzy e Sharon se viram diante de um convite inesperado para o 88th Annual White House Correspondent's Association Dinner [88º Jantar Anual da Associação de Correspondentes da Casa Branca], no hotel Hilton em Washington DC, oferecido pelo próprio presidente George W. Bush. Bush inclusive mencionou Ozzy em seu discurso, dizendo: "A questão sobre Ozzy é que ele fez muitas gravações de sucesso – 'Party With Animals', 'Sabbath Bloody Sabbath', 'Facing Hell', 'Black Skies' e 'Bloodbath In Paradise'. Ozzy... A mamãe ama suas coisas". Evidentemente, o redator de discurso da Casa Branca fez uma bela pesquisa (embora falhasse em usar uma citação de "Sweet Leaf"... deixa para lá).

Uma observação presidencial diante de algumas das pessoas mais poderosas do mundo – com certeza, o limite absoluto de aceitação do sistema – mostrou o quanto foi importante a onda de publicidade em torno do *The Osbournes* para a carreira de Ozzy. É claro, o fato de Bush ter feito uma brincadeira com ele não diz muito sobre o gosto do presidente em cultura popular – simplesmente que seus assessores perceberam que era uma referência nova e legal para ele usar e explorar. O deleite de Ozzy durante o discurso (ele se levantou e atirou as mãos ao alto de alegria) deixou também muitos fãs com um gosto amargo na boca. Mas, enfim, o que mais ele deveria fazer...

O Ozzfest 2002 não contaria com o Black Sabbath, provavelmente porque Sharon e Ozzy sentiam de forma justa que o truque de set duplo que funcionou bem nos anos anteriores não valia à pena repetir em cada festival. Mas isso não faria tanta diferença para as dezenas de milhares de fãs da música que compareceram em massa para assistir a uma gama de atrações pesadas, tais como Slayer e Cradle of Filth, subirem ao palco, primeiro na Europa, até meados de junho, e em seguida nos Estados Unidos.

Entretanto, o festival foi bombardeado com dificuldades, primeiro quando o guitarrista, Zakk Wylde, foi abatido pela exaustão, fazendo com que as últimas sete datas da excursão europeia fossem canceladas. O homem de ferro do rock, que vinha tocando com sua própria banda, Black Label Society, assim como na banda de Ozzy em todos os shows, finalmente chegara ao seu limite. Afinal de contas, ele resistira a dois anos extremamente puxados – desde 2001, gravou e fez a turnê do álbum do BLS, *1919 Eternal*, gravou a guitarra no álbum de Ozzy, *Down to Earth*, fez com Ozzy a turnê Merry Mayhem e fez uma ponta no filme *Rock Star*, sem contar com a vida que levava como um verdadeiro homem das cavernas moderno (cerveja, levantamento de peso e música rock pareciam ser os principais ingredientes de sua existência diária).

O próprio Ozzy vinha passando também por algumas dificuldades na turnê europeia, sofrendo com uma infecção na garganta que exigiu que a data do dia 26 de maio em Dublin fosse cancelada. Entretanto, no dia 3 de junho, ele faria uma aparição diante do único público que poderia superar aquela do presidente Bush, subir ao palco na celebração do Jubileu de Ouro da rainha Elizabeth II no jardim do Palácio de Buckingham. O que Sua Majestade, a Rainha, com 77 anos à época, pensou quando o reconhecido como Príncipe das Trevas liderou uma banda com Tony Iommi (também convocado para dar um sabor "Sabbath" ao evento) e a seção rítmica mais inapropriada até então (o mestre do baixo fretless e do slide, Pino Palladino, e o bochechudo camarada exilado na Suíça Phil Collins, o próprio, na bateria) e que nunca gravaram juntos, especialmente quando fizeram uma interpretação de "Paranoid". A lição do show do Jubileu foi que, de alguma forma e contra todas as expectativas, Ozzy foi elevado ao nível de respeitabilidade que o restante do cartaz desfrutava – as maiores e as melhores estrelas do rock do passado, incluindo Paul McCartney, Cliff Richard, Eric Clapton, Rod Stewart, Ray Davies, Brian Ferry e (apenas o único convidado que conseguiria explodir mais células cerebrais detonadas do que Ozzy) Brian Wilson.

O dia 6 de julho marcou o início agendado do Ozzfest nos Estados Unidos, um evento na escala massiva de sempre que parecia pronto para dominar completamente o circuito de rock do verão. Zakk Wylde estava totalmente recuperado e de volta ao nível dos grandes públicos, mas apesar de todos os patuás de sorte o festival sofria sérios riscos. Cinco dias antes do primeiro show, a família Osbourne ficaria chocada com a notícia de que Sharon estava sofrendo de um câncer colorretal. Dois dias depois, ela se submeteria a uma cirurgia para extrair 30 centímetros de seu cólon. Ozzy ficou devastado, contando à revista *People*: "Sempre tive um plano que eu ficaria doente antes que ela, que eu morreria antes que ela, mas meu plano não funcionou. A vida tem uma maneira de lhe acertar bem nas bolas".

Mantendo a cabeça fria, Sharon convenceu Ozzy a tocar nas datas do Ozzfest depois que os primeiros dois shows foram cancelados: "Não foi a melhor notícia", ela contou à revista *People*. "Você acha que nada vai acontecer com você. Você é invencível. Em seguida, depois que você já superou o choque e o pânico, você percebe o quanto tem sorte de estar viva. É assim que eu me encontro agora. Tenho apenas de cuidar dessa coisa. [Ozzy] ficou histérico, apavorado. O médico teve de vir aqui sedá-lo".

Em meados de julho, Sharon foi informada de que seria necessário que ela se submetesse à quimioterapia, já que a cirurgia havia fracassado na remoção de todas as células cancerígenas, que haviam sido encontradas em seus gânglios linfáticos. Foram agendados três meses de tratamento começando no fim do mês e que continuaria durante as filmagens da segunda temporada do *The Osbournes*.

Sharon disse também na mesma entrevista que sua previsão de recuperação era "muito, muito boa" e acrescentou, "De todos os lugares, por que eles tinham de encontrá-lo em minha bunda?". Sobre a clínica onde ela receberia a quimioterapia, ela acrescentou: "Precisamos de um astral diferente rolando. Acho que vou trazer um pouco de música, apresentar-me às pessoas, talvez possamos cantar umas canções e animar um pouco o ambiente". Ela seria acompanhada por Ozzy nas primeiras semanas de terapia, que temporariamente teria a turnê funcionando sem ele. Ele contou à MTV: "Estou colocando uma cara de bravo aqui, rapazes, mas estou me queimando por dentro. Tenho de ir para casa... Essa é uma das decisões mais difíceis que já tive de tomar em toda a minha vida, mas tenho certeza de que todos entenderão... O Ozzfest é meu bebê, e ninguém vai tirar meu bebê de mim. Mantenham o Ozzfest rolando. Nós vamos superar esse obstáculo. Já superamos coisas piores antes. Fiquem comigo nesta. Agora preciso de vocês mais do que nunca. Tenho certeza de que meus fãs entenderão. Qualquer pessoa nessa posição faria o mesmo. Eu gosto de ver vocês, pessoal. Vocês são minha vida, vocês são o ar que respiro, vocês são tudo para mim".

A maioria das datas de agosto do Ozzfest teria como atração principal o System of a Down acompanhado por Rob Zombie, POD, Drowning Pool, Adema e o Black Label Society de Zakk Wyld: os fãs que sentiram a falta da banda de Ozzy seriam consolados com um desconto especial na página da internet, uma estratégia de último minuto instigada por Sharon. "Doente do jeito que ela está, continua organizando coisas", disse Ozzy.

Enquanto isso, Jack Osbourne estava nas manchetes dos jornais, embora fosse naqueles de menos importância. Ele havia machucado levemente o braço escalando um edifício abandonado em Malibu para mergulhar no oceano... um caso que dificilmente abalaria o mundo, mas um indicativo do poder da febre dos *Osbounes*. Alguns observadores previam tempos difíceis à frente para Jack baseado no redemoinho que ele estava tentando navegar no momento, e logo suas previsões se revelariam corretas.

Dois lançamentos no verão mantiveram a bandeira de Ozzy e do Sabbath pairando no céu em 2002 – o primeiro pelos números de venda do DVD *Live at Budokan,* em junho (considerado bom para os fãs que precisavam de uma lembrança de Ozzy moderno) e o levemente mais interessante álbum do Sabbath *Past Lives*, lançado em agosto. Um álbum duplo que incluía o álbum *Live at Last* de 1980, remixado e reforçado com canções adicionais, *Past Lives* deveria abastecer o mercado dos Estados Unidos com as canções que estavam previamente disponíveis apenas como importação. Bill Ward presumiu em uma entrevista à *Shockwaves* na época que o álbum provavelmente havia sido lançado apenas porque o Sabbath estava fazendo turnês novamente nos últimos anos, mas é discutível saber quantos fãs realmente compraram o disco, levando em consideração que a excelente coletânea *Reunion* (e sonoramente superior) tinha aparecido apenas três anos e meio antes.

Por outro lado, o Sabbath estava voltando às mentes das pessoas no fim de 2002 – embora eles não tivessem feito nenhuma turnê –, graças a outra nomeação para o Rock and Roll Hall of Fame [Salão da Fama do Rock and Roll] (evidentemente, o comitê de nomeação não se sentiu desencorajado pela rejeição de Ozzy do último evento) e um pacote de vídeo duplo genuinamente impressionante, *The Black Sabbath Story Volumes 1 & 2*, cobrindo 1970-1978 e o outro a era pós--Ozzy até 1992 (como neste livro, os shows de Costa Mesa naquele ano marcam um ponto de ruptura natural entre as seções da história da banda). Embora nem Ozzy nem Bill Ward fossem entrevistados nos vídeos (posteriormente reeditados como DVDs), Tony, Geezer e outro pessoal, como Jim Simpson, oferecem comentários valiosos em cima das imagens ao vivo, constituindo a maior parte do conteúdo.

Enquanto o ano de 2002 encerra com notícias de que Iommi e Geezer estão ambos gravando mais álbuns solos, Bill lançaria um single em edição limitada chamado "Straws". Ele imprimiu 2.200 cópias do CD e enviou as primeiras 1.200 para vários líderes políticos e de caridade ao redor do mundo, como ele explicou a Jeb Wright, da *Classic Rock Revisited*: "Espero que isso sirva de mensagem... Enviamos uma cópia da canção ao presidente dos Estados Unidos, como também para senadores, atores, os netos da rainha e o primeiro-ministro da Inglaterra. Recebemos algumas respostas excelentes, especialmente da 10 Downing Street e de Tony Blair. Fiquei preocupado que talvez pudesse ter problemas ao enviá-las a essas pessoas, que talvez estivesse passando dos limites. Decidi que faria isso mesmo se estivesse passando dos limites ou não. Comecei a receber respostas excelentes das pessoas, e isso me fez sentir muito melhor sobre tudo isso".

Inspirado pelos eventos do dia 11 de setembro, a canção é uma peça em prol da paz que evita ser piegas ou muito séria, simplesmente expressando os temores de uma pessoa pega pela explosão de uma bomba: "Eu me senti desamparado, como muitas outras pessoas, durante o ataque terrorista de 11 de Setembro", disse Ward. "Fiquei me perguntando por que estava me sentindo como uma carne de canhão, esperando algo acontecer. Todos os envolvidos se sentiram muito bem porque eles estavam transmitindo um pouco de energia positiva com um objetivo positivo de esperança. O objetivo positivo era que estávamos arrecadando dinheiro para cinco instituições diferentes de caridade. Esperamos que possamos ser úteis aos homens e mulheres de uniforme. Era como se eu não quisesse fazer parte do problema; em vez disso, eu deveria contribuir com algo".

No verdadeiro estilo do Sabbath, as mil cópias restantes do single (que Bill vendeu em sua página na internet) foram disponibilizadas em troca de uma doação razoavelmente pequena às instituições de caridade que Bill havia selecionado, com exceção das cópias de número 666 e 911, que foram vendidas por mil dólares cada. Todas as cópias foram autografadas por Bill.

Em outro canto, Kelly Osbourne daria um passo nada imprevisto em direção a uma carreira própria. A garota de 18 anos de idade formou uma banda, assinou um contrato com a Epic junto com seu pai e gravou um álbum, *Shut Up*, que acabou não vendendo bem, apesar da versão cover da Madonna "Papa Don't Preach" ser bem recebida junto com a faixa título, sendo que ambas tinham ganhado um razoável espaço de divulgação quando foram lançadas como singles. Com um porte físico mais pesado do que a média para uma cantora pop que faria dela uma espécie de ícone para as garotas da mesma idade e proporções, a cantora possui uma voz e uma atuação de palco suficientemente decentes, mas a concepção geral em que ela estabelecia sua carreira nas costas de seu pai e apoiada no seriado de TV *Osbournes* ameaçava se transformar em um problema a ser superado por ela.

Com toda essa atividade de baixo nível, o ano de 2003 parecia que traria outro ano de sucesso para Ozzy. Será que o mesmo se aplica ao Black Sabbath, a banda, cujo retorno à forma agora já chegou a cinco anos de evolução?

CAPÍTULO 27

2003

Agora que a marca Osbournes se estabeleceu no nível da comunicação em massa, a indústria se certificava de que uma linha constante de produtos fosse abastecida aos fãs em escala massiva. O primeiro passo óbvio era suprir os novos fãs de Ozzy com uma lembrança de sua carreira pré-MTV, logo um "The Best of" intitulado *The Essential Ozzy Osbourne* foi editado pela Epic no dia 15 de março. Nessa etapa na história da internet, é claro, qualquer um poderia baixar uma coletânea de canções de Ozzy na internet e fazer sua própria compilação sob medida, no entanto a versão oficial vendeu bem.

Questionado pela MTV o quanto ele esteve envolvido na concepção de *The Essential Ozzy Osbourne*, Ozzy disse: "Bem, não sou bom com esses tipos de projetos, porque é um disco antigo para mim. Quero dizer, não sou bom em fazer um novo disco, e estou tentando escolher os melhores de minha música antiga. Minha lista é infinita, e eu pergunto, 'Você consegue colocar apenas uma quantidade no álbum?'. Eu faço uma lista, e Sharon diz, 'Tem muita coisa aí do *Blizzard of Ozz*. Tem muita coisa aí do *Diary of a Madman*'. Eu respondo: 'Tudo bem, então você faz'. Então, ela fez uma lista, ela ficou louca, ela a passou para a gravadora e eu apenas disse: 'O que você quiser fazer'. E esses não são meus maiores sucessos porque eu nunca sentei e compus ou compus em parceria um único sucesso. Tenho vários álbuns de sucesso, entende, então onde é que você começa com um catálogo como o meu? É o mesmo que tentar prensar 30 anos em 14 faixas ou quantas fossem. Eu sei que alguém lá fora vai dizer, 'Eu não escolheria esse, eu teria escolhido aquele ao invés deste'. Ou seja, era isso que eu estava fazendo. Estava alterando a lista a cada cinco minutos e, em seguida, pensei: 'Quer saber? Não incluí 'Suicide Solution' nessa coisa'. E, então, tem tanto material para escolher. Não achava que ia ser tão difícil quanto foi, você entende?".

O que o futuro traria? Ninguém estava preparado para comentar. Como Ozzy disse, ele havia aprendido o valor da cautela: "Bem, já fiz declarações grandiosas no decorrer de minha carreira, em seguida algo acontece, alguém vê uma aparição e você acorda e ela não está lá, então eu não quero falar muito. Vamos ver o que faremos, sabe?... Vou fazer isso etapa por etapa, porque muita coisa pode acontecer, e eu ainda estou perseguindo minha própria carreira solo. Ainda quero fazer um álbum solo quando sair desta turnê [próximo Ozzfest] e eles me deixarem voltar para casa e começar a compor".

Sobre o envolvimento de Mike Bordin aqui e ali, Ozzy disse: "Michael Bordin do Faith No More fez um tremendo trabalho, mas Michael Bordin não é Bill Ward e Bill Ward não é Michael Bordin. Mike é um grande amigo meu e um grande baterista, mas todas as noites no palco eu sinto falta de Bill, sabe, mas o que devo fazer?".

O reencontro do Sabbath, agora alguns anos ao longo do processo, acabou se tornando a decisão correta, ele concluiu: "Estava cansado de repetir durante anos, 'Sim, haverá um reencontro', e acontecer algo diferente... e eu disse aos rapazes, os outros dois rapazes, 'Olhe, se vamos fazer, não misturemos mais as coisas. Vamos subir lá e fazer, porque estou cansado das pessoas falando porque nunca fizemos'. Essa não foi a primeira vez em que tentamos nos reunir. Já se passaram dez anos e minha esposa me disse no começo do ano, 'O que você acha sobre essa situação do Sabbath?'. Eu respondi, 'Tudo o que vou lhe dizer, Sharon, é que você é minha manager, e eu diria a você que sim. A bola agora está do seu lado. Você continua com isso, porque fico de saco cheio se tiver de começar a mandar cartas de advogados. Todo mundo tem um advogado, todo mundo tem um contador, todo mundo tem um gerente de negócios. Esse não é meu rock'n'roll, baby... Estou mais do que entusiasmado, estou extasiado sobre isso. Trinta anos atrás, se eu [sic] soubesse quando compusemos 'Paranoid' e as canções de *Master of Reality*, se tivéssemos uma bola de cristal e disséssemos, 'Sim... seremos vistos como os deuses de nossa época', quero dizer, isso seria um bônus extra. Esse ramo sempre me surpreende...".

Uma rotina anual estava surgindo para Ozzy: o show na TV (a terceira temporada do *The Osbournes* concluída em fevereiro de 2003), o Ozzfest e os habituais lançamentos de discos, intercalados com projetos ocasionais (dos quais, ao que tudo indica, o Sabbath era apenas um de muitos) com sua família e conhecidos. Agora que sua esposa e seus filhos se tornaram celebridades, a pressão na família devia ser intensa. No entanto, a marca permaneceu em alta, com o anúncio de outro Ozzfest para o verão divulgado em fevereiro de 2003. E não, o Black Sabbath não iria tocar, embora não se soubesse o porquê – ou por que não.

Em todo o caso, Ozzy estava cuidando de sua própria banda na época com uma incrível mudança de pessoal ocorrendo no mês seguinte. A melhor banda de metal do mundo, o quarteto de San Francisco Metallica – a sétima banda mais vendida na história desde o início do milênio –, passou uns dois anos com problemas, com seu baixista, Jason Newsted, saindo em 2001 em meio de uma nuvem de ressentimentos e frustrações porque o vocalista do Metallica, James Hetfield, não lhe permitia trabalhar em projetos paralelos. Depois de dois anos de briga e sessões de terapia em grupo (filmado por uma equipe de filmagem para o futuro lançamento do documentário *Some Kind of Monster,* em 2004), o Metallica convidaria o baixista habitual de Ozzy, Rob Trujillo (que havia regravado as partes do baixo de Bob Daisley nas reedições do ano anterior) para se juntar a eles, com uma taxa de 1 milhão de dólares incorridos na entrada contra a futura receita da turnê.

Um veterano da banda hardcore Suicidal Tendencies e de seu próprio projeto paralelo de funk metal Infectious Grooves (no qual exercitava seu estilo "slap e pop" milagroso de tocar), Trujillo ficou dividido entre a lealdade a Sharon e Ozzy, com quem fez turnês ao redor do mundo, e a vontade de se juntar à melhor banda de metal na Terra. Ele abordou os Osbournes para pedir aprovação e a recebeu tranquilamente, deixando-o – extremamente aliviado – livre para se reunir com Hetfield e os demais para assumir uma carreira nos holofotes como um verdadeiro membro da banda, em vez de apenas uma mão de obra contratada.

Em uma tacada de coincidência que nunca fora vista antes, o posto vago de baixista na banda de Ozzy foi preenchido por Jason Newsted, considerado também um músico poderoso – mesmo mais extravagante que o mestre do funk Trujillo. Os fãs de ambas as bandas ficaram boquiabertos com a troca, mas o astral parecia bom em todos os lados.

Ozzy foi efusivo, "Hoje eu sou o homem mais feliz do mundo. Acredito piamente que foi obra do destino que eu acabasse tocando com Jason... Ele me lembra Geezer Butler quando era jovem". Surpreso com esse comentário, Newsted respondeu: "Não poderia haver um elogio maior. [Se alguém dissesse], 'tome um milhão de dólares' ou 'tome este elogio', eu ficaria com o elogio! É isso. Butler é o professor número um na vida. E apenas [Ozzy] tem o direito de dizer isso. Ele é o único!".

Os fãs do Metallica, que no geral haviam acolhido Newsted em seus 15 anos no Metallica (ele viera da banda de thrash metal Flotsam and Jetsam em 1986 após a morte de Cliff Burton) ficaram animados com a notícia de que ele havia se juntado a uma banda de grande envergadura. Ele havia se apresentado em uma banda de rock pouco vendida chamada Echobrain e na de metal progressivo "cult" Voivod desde que saíra do Metallica, mas havia uma sensação no ar de que não estava aproveitando seu potencial máximo em nenhuma dessas formações. Ozzy chegou até a insinuar que comporia novas canções com Jason, deixando o novo recruta ainda mais empolgado: "Cara, se ele estiver falando a verdade, se ele realmente deseja compor canções... isso vai ser uma loucura! Vou lhe dizer agora, isso seria fora de série. Se eu tiver oportunidade de compor a linha do baixo junto com seus vocais? Trabalhando com Zakk? Vai ser demais, cara, é só isso que eu posso dizer".

Ao que tudo indica, Sharon considerou Newsted para o posto pela primeira vez após Jack ter recomendado o Voivod para tocar no segundo palco do Ozzfest: ela pediu que ele fizesse um teste logo em seguida e o negócio foi fechado de forma tranquila. Do mesmo modo que fez com o Metallica em 1986 (sabe-se que ele aprendera cada uma das canções antes do teste), Jason garantiu que dominava de forma afiada o catálogo antigo de Ozzy antes do evento, dizendo: "Eu queria estar preparado para o Oz, então quando entrasse na sala ele poderia pedir qualquer canção e eu estaria pronto para tocá-la".

Curiosamente, o primeiro ensaio de Jason com Ozzy foi realizado junto com Trujillo, que ainda estava a bordo para garantir que a troca se desse de maneira suave. No final do dia, Newsted se viu na posição de aconselhar Trujillo em como tocar os clássicos do Metallica, como "Battery" e "Damage, Inc.".

Ozzy falou: "Eu não acredito em cartas de tarô ou em bolas de cristal, mas acredito que alguém, antes de você nascer, traça um mapa de sua vida. E foi coisa do destino que o Metallica acabasse tocando com Robert Trujillo. Não estou chateado com ninguém... É muito legal terminar um relacionamento de forma agradável". Sobre seu substituto no Metallica, Newsted disse de maneira precisa: "Não acredito que outra pessoa pudesse dar certo no Metallica, porque ele tem a medida certa, por assim dizer – a energia física e mental para lidar com o que deve ser feito naquela banda. Ele está familiarizado com esse calibre de operação. Acho que foi o melhor para todos os envolvidos... Essa é uma grande oportunidade para ambos [Metallica e Ozzy] provarem sua competência novamente. Pode ser uma coisa legal para a próxima era das duas melhores bandas de metal que a América já viu... Vai ser um verão incrível".

E assim, o Ozzfest se preparava para rolar em meio a um turbilhão de atividades extracurriculares, tais como Sharon fazendo manchetes em uma circunstância menos recatada. O mês de abril assistiu a uma discussão pública com uma agente de talentos chamada Renee Tab que vazou na mídia quando as duas se atracaram em uma luta corporal em um restaurante em West Hollywood. A MTV reportou que "os policiais chegaram ao restaurante japonês Koi na rua La Cienega Boulevard às 22h45, após Osbourne e Renee Tab, uma agente de talentos da agência International Creative Management, se envolverem em uma briga, disse um porta-voz do Departamento de Polícia de Los Angeles. Nenhuma foi detida, embora a polícia tivesse pegado os depoimentos e fotografado ambas as mulheres. Não está claro como a discussão começou, mas culminou em uma briga física em que Tab acabou acertando Osbourne no rosto, de acordo com o relato prestado pela esposa de Ozzy. No entanto, Tab afirma que Sharon cuspiu nela, uma reclamação negada pela publicitária de Osbourne".

A discussão culminou de uma rixa que vinha crescendo desde uma festa de réveillon promovida pelos Osbournes, e na qual Tab havia ganhado um colar de diamantes de 15 mil dólares que fora sorteado entre os convidados. Entretanto, Sharon alegou no programa de TV *Celebrity Justice* e em outros shows que o prêmio não era válido porque Tab não estava na lista de convidados.

Essa agressão inútil foi colocada de lado algumas semanas depois, quando, no dia 23 de abril, Jack Osbourne daria entrada em uma instituição de reabilitação no hospital Las Encinas em Pasadena, na Califórnia, para lutar contra o vício em OxyContin, um poderoso analgésico. Uma droga popular entre certos perfis demográficos de adolescentes nos Estados Unidos, o OxyContin foi descrito pela agência reguladora de medicamentos e alimentos norte-americana [Food & Drug Administration] como "tão viciante quanto a morfina", graças ao seu possante efeito tranquilizador. De acordo com a revista *People*, Jack vinha usando maconha e bebida alcoólica até as férias de janeiro, mas sofrera uma recaída que o conduziria à sua passagem pelo hospital de reabilitação.

Quando Jack saiu do tratamento, ele se abriu falando das pressões que fizeram com que buscasse refúgio na droga, dizendo: "Havia o Jack Osbourne que meus pais conheciam, o Jack Osbourne que meus amigos conheciam e o Jack Osbourne que o público conhecia. Aquele que meus pais conheciam era engraçado, brincalhão, bom e um filho amado que era totalmente carinhoso. Para meus amigos eu era um louco, insano, beberrão, um festeiro que sabia como se divertir. E o Jack público era, bem, aquele que eles queriam expulsar de casa".

Ozzy e Sharon ficaram devastados, com Ozzy falando sobre seu filho de 17 anos de idade: "O erro que tanto eu como Sharon cometemos, e nós concordamos nisso, é que nunca colocamos limites. Nunca dissemos, 'Você deve estar em casa a certa hora'. Nós simplesmente os deixamos livres. Sharon e eu ainda estamos aprendendo. Não somos do tipo de pais que dizem, 'Estamos sempre certos', porque não estamos".

Ozzy acrescentou: "Uma coisa que eu percebi é que ele nunca chorou. Ele nunca demonstrou. Ele bloqueava, você entende? Acho que o que as famílias deveriam fazer mais regularmente é ter reuniões familiares e conversar: sentarem ao redor da mesa e dizerem, 'O que está acontecendo? Como você está indo?'. Todos os dias eu digo à minha família, 'Eu te amo', sabe? E eu realmente amo minha família. As pessoas se esquecem de dizer, 'Eu te amo. Eu me importo com você. Você está bem? Você precisa de algo?'... Precisa de muita coragem e vontade para admitir que você precisa de ajuda, e tanto eu quanto Sharon estamos orgulhosos de Jack estar encarando seus problemas de frente".

Talvez influenciado pelo trauma do filho, Ozzy contou à MTV: "Eu costumava achar que eles deveriam legalizar a maconha, mas você sabe de uma coisa? Eles deveriam proibir tudo. Uma coisa leva à outra. O café leva ao Red Bull, o Red Bull leva aos cristais [*crank*, *speed*]. Quando descobri todo o envolvimento dele com o OxyContin, que é como uma heroína de caipira, fiquei chocado e apavorado. A coisa que mais me espantou foi a rapidez com que ele passou da maconha para a heroína dos caipiras".

Não levou muito para que ele se referisse à sua própria história com as drogas, é claro, dizendo: "Quando comecei a usar drogas anos atrás, elas eram difíceis de arrumar, mas hoje está em todos os lugares.

Não é apenas na América, Não é apenas na Califórnia. Não é apenas em Beverly Hills. Não é apenas no centro de Nova York. Não é apenas em Londres. Está em todo canto do mundo... Tenho 55 anos de idade e não saí dessa ileso. Tenho de tomar medicamentos pelo resto da vida porque causei muitos danos neurológicos em meu corpo". (Embora essa última frase fosse um pouco fisiologicamente confusa.)

Na realidade, a pressão sofrida por Jack era um conjunto de forças, como ele contou ao repórter Gideon Yago. Em primeiro lugar, era a falta de popularidade que ele sentia na casa dos Osbournes e, em seguida, a luta de sua mãe contra o câncer, como ele disse: "Eu lia as coisas, como as pessoas me criticavam. 'Você é o Osbourne menos favorito. Podemos votar para lhe expulsar da casa?' Porcarias como essa... Mas ninguém gosta de ler coisas desse tipo, e sei que provavelmente não deveria ler merdas desse tipo. E provavelmente o que mais me incomodava era a doença de minha mãe. Quando minha mãe me contou pela primeira vez que estava doente, eu não chorei. Acho que chorei por causa da doença de minha mãe umas duas vezes. E essa porcaria dói muito, você sabia? Eu estava constantemente abafando meus sentimentos. Bebendo e usando... um monte de drogas opiáceas. OxyContin. Fumei maconha e bebi todos os dias durante dois anos. Tomava uma mão cheia de Vicodin. Valium, Xanax, Dilaudid, Lorcet, Lortab, Perocet, só falar um nome... Isso é Los Angeles, você sabia? Você consegue com qualquer pessoa".

Além disso, havia o status de celebridade que de repente pesaria em sua cabeça – e com o qual Ozzy já se mostrava preocupado, pois poderia afetar seus filhos: "Isso tem sido muito estranho. Não é do jeito que esperava que minha vida fosse se transformar especialmente e principalmente relacionada com o show. Nunca passou por minha cabeça que um dia eu me tornaria grande, famoso e tivesse meu próprio show na televisão, sabia? De repente, estamos nos reunindo com a MTV dizendo 'Você vai fazer um show e nós vamos segui-los por aí'. Quando estávamos filmando, nunca pensei uma única vez que iria ao ar. E, em seguida, quando saiu, foi como um... como um choque no corpo. Porque... eu queria que fosse em uma direção, que fizesse um estágio em uma gravadora – tudo bem, legal. Vou fazer como minha mãe fez, você entende? Fazendo sua própria carreira na indústria fonográfica, o lado dos negócios. Estava confortável com isso. Era isso que eu queria fazer. E, então, assim de repente, sou afastado para longe disso... Há pessoas na nossa frente; você é seguido o tempo todo por fotógrafos; você não consegue sair e tomar um café com um amigo sem que alguém o aborde com uma foto [dizendo] 'Autografe isto'. Sou totalmente grato pelos fãs que eu e minha família temos; eles me apoiaram muito quando eu estava em tratamento. Mas é muito estranho, entende? É estressante. O simples fato de ser alguém aos olhos do público".

Isso tudo contribuiu para a necessidade de interpretar uma reputação falsa de garoto festeiro, como ele explicou: "O rapaz festeiro era apenas, o bêbado Jack. Era apenas divertido. Eu fazia coisas que nunca imaginaria fazer. Coisas estúpidas, você entende? O bêbado Jack acabava em festas com celebridades insanas e as curtindo. Se eu estava sóbrio, eles diziam, 'Você é chato'. Sempre tinha de ser daquele jeito. Se estava sóbrio, as pessoas não gostavam de mim". Isso o levou a um estilo de vida em que: "Meu único objetivo era, sabe, acordar às 17 horas, já de noite, passar o tempo, talvez tomar um banho, em seguida começar a beber, começar a fumar maconha, sair com os amigos e me acabar".

Algumas dessas coisas ocorreram no perímetro urbano de Malibu, como ele explicou: "Malibu é um lugar totalmente diferente. É uma região serrana colada na cidade, logo, se você puder imaginar algumas das coisas mais estranhas que rolam em uma cidade serrana com uma população de 15 mil pessoas, acontece por lá, você entende? Muitas drogas, muita bebida e muito sexo. É como o paraíso da depravação... Eu me lembro de quando tinha 13 anos e estava no bar e as pessoas perguntando: 'O que esse garoto de 13 anos está fazendo aqui?' e eu continuava bebendo com a bebida debaixo da mesa. Comecei a usar Vicodin ocasionalmente quando tinha 14 anos, e foi em torno dos 14 anos que comecei a aprender a usar, um pouco aqui e ali. Começou, talvez, uma vez a cada dois meses e [foi] encurtando, encurtando, e comecei realmente a pegar pesado em abril do ano passado".

Na época em que o vício de Jack estava a todo vapor, sua mãe estava em seu ponto mais delicado na luta pela sobrevivência e não tinha como ajudá-lo com seu novo estado de espírito suicida: "Eu tentei... Tomei um frasco de comprimidos. Tinha ido à Europa e tinha um monte de absinto e fiquei bebendo, bebendo, tentando, você sabe, apenas desligar meu corpo... Tinha acabado meu OxyContin, então estava usando um monte de Dilaudid. Dilaudid é como um milímetro a menos que o OxyContin. Estava usando muito, e a vida começou a ficar superestressante para mim, e me sentei em um quarto de hotel [pensando], 'Quero que isso acabe, quero que isso acabe'. E acabei indo até minha mãe uma manhã, apenas sentei no lado da cama e comecei a chorar. Minha mãe ficou do tipo, 'O que há de errado? O que há de errado?'. Eu respondi: 'Eu preciso de ajuda. Algo está errado. Eu preciso de ajuda'. E ela estava muito doente na época, e ela perguntava, 'O que posso fazer? O que posso fazer?'. E eu respondi, 'Eu não sei, eu preciso de ajuda', e ela continuou, 'Tem a ver com bebida?', 'Tem a ver com drogas?'. Eu disse, 'Sim'. Ela disse, 'Tudo bem, vou ajudá-lo', e em seguida eu voltei para meu quarto, fiquei chapado e a convenci de que estava tudo bem e que eu estava apenas cansado, e ela falou, 'Não, você acabou de contar...'. E eu apenas respondi, 'Não', e virei as costas dizendo que estava tudo bem.

Minha mãe estava com câncer, então ela tinha de focar muito nela, entende – ela estava sobrevivendo. E o pai estava um caos emocional. Ele estava bebendo muito na época e fumando muita maconha. E o fato de ele tomar certos medicamentos, a bebida estava fazendo com que ele... você sabe, ele não estava nem presente, de verdade".

Entretanto, no devido tempo, foi Sharon – como sempre – que salvaria a pátria quando sua saúde começou a dar sinais de recuperação. "Meus pais me propuseram que eu fosse a uma clínica de reabilitação", explicou Jack. "Eles se aproximaram de mim e foram do tipo... minha mãe atirou uma sacola no chão e disse, 'Você vai para a clínica', e eu disse, 'Não. Como ousa me dizer isso? Estou bem'. Um amigo havia ligado para minha mãe e dito, 'Jack está viciado em OxyContin. Ele está muito ruim'. Nesse momento, [Sharon] estava livre do câncer [e] começava a recuperar sua força e sua consciência sobre o que estava acontecendo em sua casa. Ela estava tentando corrigir as coisas. Botou papai de novo em forma, e ele começou a entrar na linha quando minha mãe disse, 'Você vai para a clínica ou morre'. Então, saí correndo. Disparei correndo. Fui até a casa de um amigo e fiquei alucinado. Estava cheirando Demerol, OxyContin. Entrei em um quarto de hotel e fiquei... eu não me lembro muito... fui até a casa de um amigo e comecei a usar. Olhei para mim e me tirei da foto por um segundo e comecei a observar ao redor em cada pessoa naquele quarto... como se, 'Eu não quero ficar desse jeito'. Eu não quero que minha vida seja controlada pela droga. Quero ter controle de minha vida. Estava muito chapado, voltei para casa e apenas sentei na cama de minha mãe e disse: 'Eu vou arrumar minhas malas. Estou pronto para ir. E sabe de uma coisa? Eu quero ir – eu preciso ir'."

Depois que a reabilitação limpou o corpo e a mente de Jack e o transformou em um garoto mais sensato, ele percebeu que, como resultado disso, ele e seu pai passaram a se entender muito melhor. "Isso fez com que eu e meu pai nos tornássemos mais próximos. De certa forma, estamos passando por isso juntos dessa vez. Ele passou a admitir abertamente que está tentando se limpar durante 18 anos ou mais. Quando eu era mais jovem eu era do tipo, 'Que merda? Por que você não consegue fazer isso direito? O que tem de tão difícil nisso?'. E agora eu entendo o quanto é difícil... A sobriedade não pode ser forçada em você; você precisar querer."

Com Jack amadurecendo, a aparente recuperação de Sharon do câncer (ela continua livre da doença até o momento em que este livro foi escrito na primavera de 2006) e o ano de 2003 se afigurando com uma nova banda e novas oportunidades, Ozzy deve ter sentido que, com o Ozzfest entrando em ação, as coisas finalmente iriam melhorar. A terceira temporada do *The Osbournes* foi ao ar em junho e a estação de turnês estava a todo vapor: ironicamente, um dos maiores concorrentes do dinheiro suado dos frequentadores dos festivais de rock era seu velho aliado Robert Trujillo e sua nova banda Metallica, que estavam embarcando em uma gigantesca turnê, "Summer Sanitarium", com o Limp Bizkit e o Linkin Park (ambos dos quais cairiam espetacularmente em desgraça em termos comerciais no ano seguinte). Um novo Lollapalooza, liderado novamente por Perry Farrell, também entraria em cartaz. Mas Ozzy disse com suprema indiferença: "Meu ponto é o seguinte, há espaço suficiente para todos, e quanto mais, melhor". Sharon acrescentou: "Cada turnê destaca algo diferente, e se você prefere música alternativa, não venha ao nosso festival".

Ela mesma diria que o Ozzfest agora havia se tornado comercial, com Ozzy e as atrações de rock e new metal de maiores vendagens em cartaz, e um porto seguro para as bandas das maiores gravadoras e com grandes orçamentos. Uma delas era o Korn, os pioneiros do new metal de Bakersfield com quem Sharon enfrentou uma breve disputa, tendo os rotulado de um bando de "já eram" e "muito gays desde o princípio", na revista *Rolling Stone* no outono do ano anterior.

Felizmente, o vocalista do Korn, Jonathan Davis, optou por ignorar o assunto, dizendo na coletiva de imprensa antes do Ozzfest: "Ela começou os rumores sobre nós, mas ela é assim mesmo. Ela fala pelos cotovelos e isso não me incomoda. Ou seja, com toda essa imprensa negativa, eles ainda continuam falando sobre mim, e não dou a mínima... Estamos todos juntos nesse projeto. Todos nós queremos fazer um bom show, e prefiro deixar isso [para trás]. Quem se importa?".

A própria Sharon pediu desculpas (como fizera no caso do incidente com o Stereophonics dois anos antes), dizendo: "Eu tive câncer. Estava muito doente e não sabia o que estava dizendo. Agora isso é um cartão de gentileza... Por ser uma manager, não é justo pegar no pé das bandas, e eu fiz isso porque sou uma vadia e fiz porque não gosto do manager deles".

À época, Jack teorizou, o futuro do Ozzfest estava menos seguro – a América fora pega pela paranoia do pós-11 de Setembro e como resultado a economia estava sofrendo, além da doença de Sharon, que contribuiu para sua explosão com o Korn. Mas nada menos que Marilyn Manson ajudou a estimular as coisas, dizendo: "Eu acho que o entretenimento e o teatro foram criados lá atrás para distrair as pessoas e fazer com que elas esqueçam um pouco os problemas que estão acontecendo no mundo e fazê-las pensar em algo diferente, e o Ozzfest é uma grande válvula de escape. É mais do que apenas um dia. Gruda em você, especialmente se você se sentir como uma parte verdadeira dele".

O show prosseguiria a longo prazo, e Sharon acrescentou, dizendo: "Com nosso gênero de música, com o Korn, Disturbed ou Ozzy, a indústria sempre, sempre diz, 'Acabou, acabou, acabou', e não cabe a nós determinar isso. Cabe às crianças determinarem. Então, se as crianças não comparecerem neste ano, aí saberemos que acabou, mas não cabe à mídia dizer que acabou".

Após duas semanas de turnê, Ozzy pegou laringite e foi forçado a cancelar um show em Maysville, na Califórnia, e, como resultado, o Korn assumiu a atração principal. "Após batalhar durante sua apresentação em San Francisco, Ozzy Osbourne foi examinado por seu médico pessoal nesta manhã e foi diagnosticado com uma severa laringite", disse um porta-voz. "O médico de Ozzy ordenou que repousasse suas cordas vocais nos próximos dias."

Mas nada permanecia tranquilo por muito tempo nas vidas dos Osbournes, e mesmo depois que Ozzy retornou à turnê, ele ficaria abalado com a morte de seu manager de turnê de longa data, Robert "Bobby" Thompson, que morreu de câncer na garganta em seu leito no hotel Towsend em Birmingham, Michigan. "Ficamos devastados com a perda de nosso querido amigo Bobby", disse Ozzy. "Ele fazia parte de nossa família há 23 anos e o amávamos muito. Todos nós sentiremos sua falta. Nossos sinceros pêsames à família Thompson." Como muitos outros no círculo da família, Thompson havia se tornado conhecido do público após sua aparição no *The Osbournes* em algumas ocasiões.

A laringite assolaria Ozzy em mais duas ocasiões na Ozzfest 2003, forçando-o a cancelar datas no PNC Bank Arts Center em Holmdel, Nova Jersey, e um show em Washington alguns dias depois. Insinuações de que algo não ia bem com sua voz surgiram quando ele interpretou de forma atroz a canção "Take Me Out to the Ballgame", no estádio Wrigley Field em Chicago durante uma partida de beisebol. Mesmo assim, apesar de seus lapsos, o Ozzfest se tornaria uma das turnês mais vendidas do verão, de acordo com a *Billboard*, e encerraria no dia 28 de agosto com seus organizadores em geral sentindo que fizeram um excelente trabalho diante das circunstâncias adversas.

Outra virada de acontecimentos um tanto bizarra foi a repentina saída de Jason Newsted da banda de Ozzy no final do Ozzfest. Por mais estranho que pareça, nem ele e ninguém do lado dos Osbournes conseguiu passar um motivo convincente sobre o fato: ele mesmo indicou que havia voltado a trabalhar com o Voivod, e desapareceu dos olhos do público por um bom tempo. Algo realmente aconteceu nos bastidores...

À medida que a comoção da mídia em torno do festival se acalmava e os fãs começavam a pensar novamente nos outros membros do Black Sabbath, ocorreu que apenas Bill Ward estava na ativa, embora Geezer e Iommi continuassem labutando com seus novos álbuns solo. Como Ward contou à *Classic Rock Revisited*, "estou tentando finalizar um álbum interminável, e vou chamá-lo de *Beyond Aston*. Têm acontecido muitos inícios e interrupções. É o álbum mais interrompido de todos os tempos. Todas as canções estão finalmente prontas e já em fase de mixagem. Estamos mixando em um estúdio caseiro e, quando chegarmos ao ponto em que queremos que fique, então mudaremos para um estúdio maior para finalizar a mixagem. Minha prioridade é fazer este álbum a todo custo. É quase como se eu estivesse obcecado com isso. Têm acontecido coisas genuínas que surgiram. Espero que o próximo álbum não seja como este".

Sobre o título escolhido para o álbum, Bill falou: "Todos os rapazes do Sabbath são de Aston. O álbum representa a diferença entre o que costumávamos ser e onde estamos agora. A faixa título foi composta quando eu estava pensando em Ozzy. É sobre o quanto estamos ambos hoje em casas seguras, espiritualmente falando. Muitas das canções têm a ver com o Black Sabbath. Acho que se trata de um álbum muito pessoal... A maioria das faixas é muito afiada. O álbum tem dado um pouco de trabalho. Começou na era analógica e agora passou à era digital. A canção que eu compus pensando em Ozzy já tem dez anos".

Sua banda ainda estava ativa: "Fui convidado para participar de alguns shows, mas estou muito ocupado com os ensaios da banda. Se esse álbum decolar, vou querer então ser capaz de me certificar de que poderemos fazê-lo decolar ao vivo em concerto... Adoraria fazer uma turnê. Estou com 56 anos de idade e o corpo está começando a ficar travado! Eu realmente adoraria sair e fazer algo. O corpo vai começar a desintegrar".

Decisivamente, ele admitiu que as sessões do Sabbath de 2001 já estão em um estágio avançado – uma novidade para a maioria dos fãs: "As fitas foram feitas no início de 2001 antes de entrarmos em turnê. Estávamos na Inglaterra e simplesmente gravamos um monte de coisa... Tenho 60 fitas cassetes bem aqui em minha casa e temos tudo em arquivos... Algumas das faixas estão com as letras prontas".

Questionado sobre qual era a situação do Sabbath, ele respondeu: "Gostaria que pudéssemos gravar um álbum. As coisas simplesmente pararam. Nunca forcei a barra. Não sei como cada um – todos nós tentamos respeitar onde cada um de nós está no momento. É um tipo de acordo... Muito disso depende de Ozzy querer fazer. Acho que todos nós queremos estar bem com isso também. Todos nós teremos de acreditar que é a coisa certa a se fazer. Tenho minhas reservas quanto a isso. Há algo mais profundo sobre isso. Não posso falar por Tony e Geezer, mas acho que eles teriam de considerar isso com muito cuidado".

Finalmente, e de forma reveladora, Bill explicou: "É frustrante. Na última turnê que fizemos, todos nós trabalhamos muito. Fico frustrado e um pouco irritado e decepcionado com o final do período da turnê porque a banda estava soando tão bem. Não fazia sentido, para mim, parar no último show. Minhas baquetas estavam afiadas com Geezer e Tony. Estava começando a aprender o que tinha esquecido! Senti que podia seguir tocando por anos a fio, mas tivemos de parar e desligar a tomada. É aí que o comercialismo ocupa o lugar do musicalismo. Entretanto, ainda tocamos muito bem e nos divertimos muito, e eu apenas queria que continuasse. Devíamos ter ido ao redor do mundo. Essas eram minhas expectativas e eu não consigo entender as coisas do ponto de vista dos negócios, mas isso foi triste... O Sabbath não se separou de forma alguma. Se houve isso, ninguém me contou. Ainda mantenho a posição de que gostaria de seguir em uma turnê. Não tenho mais medo".

Mas o Sabbath se encontrava agora principalmente nas mãos de Ozzy e Sharon, embora Iommi ainda exercesse algum poder de decisão, como sempre fez. Ozzy tinha outras coisas em mente, incluindo um musical na Broadway baseado na vida de Rasputin, o monge russo. Mais sério ainda, ele e sua filha Kelly sairiam ambos de sua gravadora, Epic, e em seguida assinariam novo contrato com a Sanctuary, uma nova concorrente das grandes gravadoras que havia crescido nos anos 1990. A primeira estratégia da Sanctuary seria uma colaboração de alto nível entre Ozzy e Kelly fazendo o cover de uma balada clássica do Sabbath chamada "Changes", que ajudaria a reestabelecer a atenção do público quanto ao catálogo antigo do Sabbath (convenientemente de propriedade do selo Castle da Sanctuary) e estimular a carreira de ambos os músicos. Coincidentemente, Aimee Osbourne também estava abrindo seu caminho debaixo dos holofotes, interpretando o papel de Raquelle na produção musical modernizada *Wuthering Heights,* de Emily Brontë, um filme lançado no dia 4 de setembro.

Quando "Changes" foi lançada, foi melhor do que se esperava. Polida com uma produção moderna e a partilhando de vocais entre Kelly e Ozzy, a melodia melancólica encontraria abrigo no afeto do público e o single seria bastante divulgado, acompanhado de um vídeo gótico destacando os dois intérpretes sentados de costas em um trono giratório. "Foi muito legal", disse Kelly depois de filmar o vídeo, enquanto Ozzy explicava de forma mais erudita: "Não sou muito bom com vídeos... Para ser totalmente honesto, não sei por que tamanha confusão para se fazer um vídeo de três minutos e meio, quatro minutos, e enviando equipes de pessoas até Praga e pedindo que as pessoas do local saiam de suas casas em um frio gelado, dizendo, 'fiquem parados aí e coloquem um olhar medieval. Vocês não estão parecendo tão medievais assim. Coloquem essa tanga na cabeça e fiquem parados tremendo, e vamos atear fogo nesta daqui'. É um pouco parecido com um *sketch* do Monty Python para mim. Quero dizer, senti isso. Sempre vou me lembrar do álbum *No More Tears*, quando fiz 'Mama, I'm Coming Home', nós tínhamos um indivíduo desses com toda essa alta tecnologia, parado ou correndo de um lado a outro e não fazendo nada, você entende? E eu disse, 'Isso é um porre'. Aquilo custou muito dinheiro, o primeiro, e então eu disse, 'Não gostei. Vou fazer eu mesmo'. Então, logo depois fiz outro que me custou em torno de 25-35 mil dólares, enquanto que o outro custou 500 mil dólares ou algo parecido. Ou seja, era apenas um operador de câmera em um pequeno estúdio e ficou tão bom quanto o outro. Ou seja, não estamos fazendo um filme do Arnold Schwarzenegger... Isso está passando dos limites, você sabia?... eu gosto de ter um pouco de sátira em meus vídeos. Não quero ser um cara sério. Sabe, tem muita atuação de canastrão por aí. Quero dizer, eu não sou ator. Sou apenas Ozzy, você entende?".

Sobre os vídeos antigos do Sabbath, ele riu: "Meu cabelo já caiu e mudou. O cabelo de Tony Iommi ficou um pouco estranho. Quero dizer, você tem de entender que não havia a MTV na época, então você fazia televisão e sentava lá pensando que ia levar um tiro. Superar a timidez diante da câmera leva tempo, sabia? E nós éramos jovens de 19 e 21 anos de idade morrendo de medo de fazer algo na TV. Era tudo ao vivo na época, cada pedacinho era ao vivo. Não havia essa coisa de dublagem. O que você via era o que tinha acontecido... Quando fiz 'Iron Man' do Black Sabbath, nós tínhamos de ficar no estúdio e um rapaz vinha... com um projetor no qual ele espirrava óleo em uma tela branca enorme. Entramos, tocamos e voltamos para casa. Hoje em dia você tem de chegar às 6 horas, e tem pausa para o chá, pausa para o café, pausa para o lanche e para tudo e você não faz nada... É um mal necessário, mas eu tenho de fazê-los. Mas não preciso dizer que me divirto fazendo isso".

O single "Changes", considerado como uma parceria entre Ozzy e Kelly, rendeu novos fãs a eles, mas nem todos eram fãs de Ozzy no fim de 2003, ao que tudo indica. O noticiário IC Birmingham de Midlands reportou que os membros do conselho da cidade vetaram uma proposta que concederia a ele a cidadania honorária da cidade. Um conselheiro, John Hemmingway, foi citado dizendo: "Se quisermos prestar uma homenagem aos músicos, o UB40 seria um voto bem melhor... Francamente, a ideia de que Osbourne é um modelo exemplar é motivo de piada".

Algo do gênero Davi *versus* Golias no império do Osbourne, essa questão se tornaria insignificante à medida que a América continuava a acolher a marca Ozzy de braços abertos. Sharon inclusive ganharia em setembro um programa de TV, *The Sharon Osbourne Show*, em que entrevistava as melhores e maiores figuras do entretenimento da época. Embora o show não tivesse força suficiente para durar mais tempo (a página de Sharon na internet se refere a ela como "dando uma punhalada" como apresentadora em um programa de entrevistas), ela ganharia uma experiência valiosa diante das câmeras e desencadearia uma sequência de eventos que a levaria às telas de TV novamente, dessa vez no Reino Unido no ano seguinte.

Infelizmente, meses terríveis aguardavam a família Osbourne. O fim de 2003 foi marcado por controvérsias, enquanto Ozzy cancelava as datas de outono na Irlanda e na Europa por problemas de saúde – pela segunda vez. Inicialmente, ele havia cancelado os shows por causa de uma cirurgia que teria de fazer em um pé machucado, reagendando a turnê para o outono, mas teve de mudar de novo em virtude dos efeitos colaterais de um novo medicamento que lhe fora receitado para neutralizar os tremores que vinha sofrendo desde seus 20 anos de idade – e que contribuíram para sua aparência confusa no

The Osbournes. A tremedeira nas mãos gerou rumores de que sofria da doença de Parkinson, fato que ele negou: "Juro por minha esposa e pela vida de meus filhos que não tenho Parkinson [e] que não estou escondendo nada. É algo que vem me acompanhando por toda a minha vida. E à medida que fui envelhecendo, isso se degenerou. Existe tratamento para isso. Quando uma pessoa coloca esse medicamento em minha veia, é como se alguém tivesse ligado uma máquina dentro de mim. É instantâneo, cara!".

Na realidade, o próprio Ozzy havia suspeitado de mal de Parkinson depois de notar o quanto seu tremor havia piorado enquanto assistia a uma reprise de sua recente aparição no programa *The Tonight Show With Jay Leno*. "Não sabia que era tão óbvio que eu tinha uma tremedeira", disse ele. "Eu disse a Sharon, 'Não vou mais fazer TV porque estou parecendo um lunático!'."

Seu médico pessoal, o dr. Allan H. Ropper, chefe de neurologia do St. Elizabeth's Medical Center em Caritas, declarou: "Ozzy Osbourne não sofre da doença de Parkinson. Entretanto, ele tem uma tremedeia que é controlável com medicamento. Infelizmente, um dos efeitos colaterais é a boca seca, o que prejudica muito a voz. Esse problemas geralmente desaparece depois de três a quatro semanas, mas o lado negativo é que isso afetará definitivamente a capacidade de o sr. Osbourne de cantar nesse período".

A tremedeira que vinha afetando a autoestima de Ozzy, disse o cantor, precisava ser cuidada para que ele pudesse levar uma vida normal. "Resultou que se tratava de uma coisa hereditária que herdei do lado da família de minha mãe. Esse cara em Boston me consertou bem. Ele me tirou de toda a medicação que eu estava tomando. Estou tomando apenas um medicamento para essa tremedeira. Estou sendo egoísta aqui... Não consigo expressar o quanto eu me sinto maravilhosamente bem... é como se alguém desligasse o botão ruim. Eu me sinto bem novamente. Telefonei para minha irmã e disse, 'Eu tenho uma tremedeira hereditária', e ela respondeu, 'Não, você também?'. E eu falei, 'O que você quer dizer? Você não acha que tinha sido uma boa coisa quando eu tinha 15 anos e disse, 'Veja a tia Edna? Ela tem a tremedeira!'. Ninguém nunca me contou coisa alguma!"

Outro mistério – seu caminhar descontrolado e estranho – foi explicado pelo pé machucado que ele tinha: "Por que as pessoas mancam quando elas têm um pé machucado? Porque dói e você manca porque não quer colocar o peso no pé machucado. Mas, se você carrega isso durante toda a sua vida, aprende a manobrá-lo. Isso não quer dizer que você é maluco ou que é um aleijado".

"Já me maltratei e me automediquei muito durante anos, mas agora não tenho mais escolha", ele disse. "Se eu beber uma bebida alcoólica ou usar uma droga recreativa – como fumar maconha –, isso irá afetar a medicação que estou tomando para essa tremedeira e, provavelmente, vai fazer com que piore."

"Eu sinto como se estivesse colocando vocês para baixo, e eu lamento por isso", ele acrescentou, "mas vocês têm minha palavra de que estarei pronto no próximo ano para completar minha turnê europeia".

Palavras fortes. Um angustiante encontro próximo com a morte aguarda na esquina...

CAPÍTULO 28

2004

Oito costelas quebradas, um pulmão perfurado, uma clavícula esmagada, severa concussão cerebral e uma vértebra do pescoço esmagada foram os resultados de um acidente de quadriciclo no dia 8 de dezembro de 2003, que deixou Ozzy 11 dias sem memória de sua vida. Oito dias foram passados em coma após o acidente – que ocorreu na casa de campo dos Osbournes em Buckinghamshire, felizmente não tão distante de um grande hospital, o Sough's Exham Park.

O acidente aconteceu quando Ozzy estava mostrando à equipe de filmagem da MTV as terras que ele tinha comprado perto da vila de Chalfont St. Peter. Ele pegou seu ATV ("veículo todo-o-terreno" ou quadriciclo) e foi acompanhado de seu guarda-costas, um policial aposentado chamado Sam Ruston, que emprestou o próprio veículo de Sharon. Como Ruston contou ao jornal *Daily Mirror*: "Ozzy estava ansioso para mostrar à equipe suas novas terras. Eu peguei a moto de Sharon, ele pegou a dele e partimos para o campo. De alguma forma, senti que devia ir junto com ele caso alguém se machucasse. Eu me lembro de ele advertindo a equipe para que tomasse cuidado com os touros no campo. Ele estava sendo Ozzy carinhoso de costume. Eu o acompanhei o trajeto inteiro. Estávamos dirigindo sobre uma área extensa onde havia uns montes muito íngremes e um vale inferior. No geral, o terreno é muito irregular. Há também algumas crateras deixadas pelos bombardeios da Segunda Guerra Mundial.

"Ozzy chegou ao topo de um morro e deixou a equipe filmando o gado. Ele então desceu o morro. De repente, ele atingiu um buraco e a frente da moto ficou enterrada no solo. A parte traseira da moto ficou apontada para cima, lançando Ozzy sobre o guidão. Fiquei horrorizado. Ele aterrissou primeiro com a cabeça e começou a rolar, seguido pela moto. No final, ele parou e a moto caiu em suas costas. Ozzy ficou com o rosto virado para o solo com seu braço e sua perna retorcidos. Eu desci de moto até onde ele estava e o virei de lado o mais rápido que pude."

O guarda-costas se recordou de que, ao virar Ozzy de lado, ele viu que o rosto do cantor estava roxo e os olhos virados. "Meti meus dedos em sua boca porque ele havia engolido a língua. Em seguida, apertei seu nariz e fiz respiração boca a boca quatro vezes bem forte. Observei seu peito encher, e em seguida Ozzy felizmente começou a tossir. Ele ficou vomitando e balbuciando. Notei que havia sangue em sua saliva, o que me indicava que tinha um pulmão perfurado.

Ozzy se deitou e ficou claro que estava apagando de novo. Prossegui com a mesma rotina de antes e fiz a reanimação cardiorrespiratória. Embora, estivesse respirando, ele começou a ter convulsões. De vez em quando ele dizia, 'Estou bem', antes de sofrer outra convulsão. Ele estava em estado de choque e totalmente inconsciente sobre os arredores em que se encontrava, mas tentava se levantar do chão e ficar de pé. Disse a ele que ficasse deitado, mas ele ficou gritando e me xingando, dizendo: 'Tire a porra das mãos de cima de mim'. Fiquei preocupado que ele se ferisse ao se movimentar. Houve um momento em que ele conseguiu ficar de pé – tenho certeza de que estava tendo uma reação induzida pela adrenalina."

Informado pela equipe da MTV, que havia chamado uma ambulância, de que o veículo de resgate não poderia chegar até onde se encontravam no campo, Ruston carregou Ozzy em sua própria moto e o levou de volta para a casa, segurando o corpo mole de seu cliente da melhor forma que podia. Ozzy foi então transportado ao hospital e levado imediatamente à cirurgia – uma artéria fora bloqueada pela clavícula e precisava ser liberada antes que a falta de sangue no braço de Ozzy causasse danos permanentes.

Após a operação, Ozzy foi sedado e colocado no respirador para permitir que respirasse, uma proeza que devia ter sido uma agonia com oito costelas quebradas, caso tentasse respirar sem a ajuda do aparelho. Sharon foi chamada para que retornasse da América, deixando seu filho Jack e outros substitutos, como o Lance Bass da banda de jovens 'N Sync, para apresentar o show em seu lugar. Ozzy também recebeu a visita de Kelly no Reino Unido para promover seu novo álbum *Changes* (a versão de *Shut Up* reeditada pela Sanctuary).

Pensamentos suicidas perseguiram Sharon, como ela contou: “Se Ozzy tivesse ido, eu teria ido com ele. Eu não vou querer, ou ser capaz, de passar o restante de minha vida sem Ozzy. Não conseguiria seguir sem ele. Ele não é apenas o amor de minha vida, ele *é* a minha vida... Eu teria seguido o caminho dos covardes e tomado uns comprimidos ou algo. Não sou uma pessoa que gosta de armas, isso é muito assustador. Teria sido com comprimidos e álcool... As crianças já estão naquela fase em que estão todos crescidos e têm suas próprias vidas com um monte de gente boa ao redor deles. Eles poderiam seguir seus próprios caminhos na vida e seguirem sem mim. Mas eu não sobreviveria sem Ozzy”.

Assim que Ozzy recuperou a consciência, ele estava muito fraco para se mover e a medicação o havia deixado confuso. Como Sharon se recordou, “depois de oito dias ele saiu do coma e todos nós ficamos tão aliviados. Estava apavorada que ele nunca mais acordasse, especialmente quando toquei suas faixas favoritas dos Beatles e nada se mexia. Quando ele acordou, eles o tiraram do respirador e ele começou a respirar por conta própria. Agradeci tanto a Deus. Ele acordava periodicamente e voltava ao coma. No princípio, ele ficava conosco apenas umas duas horas por dia”.

Quando Ozzy começou a falar, tornou-se evidente que sua memória estava pregando peças nele: “Ele estava terrivelmente confuso nos primeiros dois dias em que ficou acordado”, disse Sharon. “Estava extremamente paranoico e sua mente estava toda embaralhada. Ele simplesmente não sabia o que tinha acontecido e não conseguia separar o que era realidade do que havia sonhado... ele sempre contava que houve uma explosão de bomba no País de Gales. Eu tinha de contar pacientemente o que era real e o que não era. Ele inclusive me contou que nós nos encontramos com o príncipe Edward no Palácio de Buckinham. Seguia dizendo que Edward estava com muito medo de se aproximar para conversar com ele e ficava se escondendo atrás de seu irmão Charles. Quando eu lhe contava que não havíamos conhecido nenhum deles, ele não acreditava em mim”.

Quando Ozzy lembrou o incidente, ele ainda ficou perplexo: “Não sabia onde estava ou há quanto tempo estava lá. Sentia como se tivessem passado meses ou anos. Estava tão confuso que você poderia me dizer que eu estava deitado de cabeça para baixo usando uma saia escocesa que eu acreditaria em você! Ou você poderia ter me contado que eu estava completamente nu conversando com a rainha, que eu não saberia. Estava tudo borrado. Eu recuperava e perdia a consciência. Um minuto eu estava andando na rua Beaconsfield High e no próximo estava em Auckland, na Nova Zelândia. Outras vezes eu dava um passo de Monmouthshire à Califórnia. Fui para tudo quanto é lugar: Suíça, Amsterdã... Uma ocasião eu estava convencido de que estava com um grupo de pescadores asiáticos na costa do País de Gales. Quão louco é isso? Outras vezes havia uma luz branca brilhando no meio da escuridão, mas nada de anjos, ninguém assoprando trombetas e nenhum homem de barba branca".

No dia 24 de dezembro, Ozzy desafiou os conselhos médicos ao sair do hospital para passar o Natal em casa. Inicialmente, ele dormia em uma cama de hospital instalada em seu quarto e Sharon, apenas recentemente livre do câncer, observou: "Costumava ser eu, mas agora é Ozzy na cama [de hospital]. Parece que temos alguma coisa a ver com isso em nossa casa. Passamos por banquete, fome e a praga nesta família. A única coisa positiva é que nós já passamos tantas coisas como casal que os ferimentos de Ozzy não passam de mais um pequeno obstáculo a superar".

Enquanto Ozzy se recuperava, ele olhava em retrospectiva para sua experiência próxima da morte com uma gratidão renovada, dizendo: "Nunca mais vou chegar nem perto de uma daquelas porcarias de moto novamente. Eu finalmente cresci. Aquela porcaria quase me matou. Tenho muita sorte de estar aqui hoje e não paraplégico... Se não fosse por Sam, eu provavelmente não estaria aqui. Ele me trouxe de volta à vida duas vezes. Eu me machuquei tão feio que tenho muita sorte de estar vivo, e muita sorte de ainda poder andar. Mas, se eu não usar o colar cervical no momento, os médicos me advertiram de que posso ficar paraplégico pelo restante de minha vida.

Talvez esse acidente tenha sido uma bênção disfarçada, porque nunca diminuiria o ritmo, se dependesse de mim. Toda a minha vida eu trabalhei, trabalhei e trabalhei. Tenho apenas de encarar o fato de que estou com 55 anos de idade".

Ele posteriormente admitiu que pilotava o quadriciclo sem capacete, e se arrependeu disso: "Essas motos são para crianças e idiotas – e eu sou um idiota. Essas motos são como colocar um motor possante de motocicleta em um trator de cortar grama. Elas são motos de corrida e conseguem chegar facilmente a mais de 120 quilômetros por hora. Elas são muito perigosas e eu devia saber disso. Tem um adesivo nelas que diz para sempre usar capacete de proteção, que eu ignorei... Minha cabeça sabe que tenho 55 anos de idade, mas minha bunda ainda acha que tenho 21. Talvez tenha esquecido quando diminuir o ritmo e quando acelerá-lo. Então, se tem alguém por aí que possui um quadriciclo, sempre use o equipamento [de segurança]... ou ateie fogo nessa porcaria".

Entretanto, a vida no hospital era desagradável: "Odiava sentir que estava indo ao banheiro no meio do shopping center da Brend Cross. Queria estar em casa. Fiquei cansado de ter enfermeiras, médicos, estudantes e pessoas doentes ao meu redor o tempo todo. Tentei fazer todos rirem – exceto aqueles que morreram na minha frente! Mas, falando sério, não conseguia dormir bem. Tinha entrado em coma, acordado e não aguentava mais a dor e o barulho. No início, eu era alimentado por um tubo. Mas quando pude comer não conseguia tocar na comida do hospital. Perdi minha sensibilidade do paladar e do olfato, e ainda bem que foi assim, imagino. A TV era do tamanho de um selo postal e isso também me irritava. Os médicos e as enfermeiras fizeram um excelente trabalho me consertando, mas eu queria apenas ir para casa e ficar com minha família no Natal".

Sharon acrescentou: "Eu não queria que ele saísse do hospital, e muito menos os médicos. Eles ficaram devastados quando ele disse que iria sair por aquela porta. Não havia nada que alguém pudesse fazer. Ele simplesmente não queria ficar lá. Eu estava em pânico que ele caísse ou que se asfixiasse durante o sono. Não fui treinada para lidar com essas coisas. Tudo bem com uma criança pequena, mas com um homem adulto é muito mais difícil".

Com tudo isso, não é de se admirar que a próxima turnê com 20 datas, já cancelada duas vezes por causa da cirurgia no pé de Ozzy e a boca seca no fim de 2003, fosse cancelada pela terceira vez. Como ele contou à MTV: "Estou profundamente decepcionado, mas isso fugiu do meu controle. Neste momento, eu preciso me concentrar em minha recuperação e, infelizmente, isso é algo que não dá para acelerar". O acidente também custou a Kelly a exposição de que ela tanto necessitava: ela fora agendada para abrir as datas.

O ano de 2004 tem apenas o que melhorar.

Felizmente, em março e abril as coisas estavam indo bem não apenas para Ozzy, mas para o Black Sabbath, que fora anunciado mais tarde como a atração principal do Ozzfest 2004. Os dois anos longe da arena ao vivo – durante o qual Tony Iommi, Geezer Butler e Bill Ward estavam todos trabalhando em seus álbuns solo e passando o tempo livre com suas famílias – foram uma longa espera para os fãs do Sabbath.

No que estava se tornando um processo rotineiro, o Ozzfest foi precedido por um lançamento da era clássica para os fãs – nesse caso um pacote nos Estados Unidos da divisão de reedição da Warner Brothers, chamada Rhino, que fabricou o *Black Box 1970-1978*, contendo os oito álbuns de estúdio da era Ozzy. Remasterizado e reembalado – mas com apenas quatro faixas de vídeo no DVD de bônus –, o pacote chegou ao Reino Unido com o preço acessível de 85,99 libras como produto importado.

Iommi, que havia passado três anos longe dos olhos do público, ressurgiu para promover *Black Box*, dizendo: "Se vocês querem ouvir como era o Black Sabbath com Ozzy, está aí... Não, realmente, sem dúvida alguma. Está aí. Durante aqueles anos". No meio-tempo, desde o último Ozzfest em que assistira a Ozzy se tornar uma celebridade internacional, ele riu: "Não sei como ele consegue fazer isso. Ele tem pessoas morando dentro de sua casa durante quatro anos. É muito engraçado... finalmente as pessoas estão vendo o que vemos há 35 anos. Agora elas sabem sobre o que vivíamos lamentando".

Alguns obstáculos não especificados sobre a reformação do Black Sabbath foram insinuados por Bill Ward em sua página da internet do dia 18 de maio, quando ele escreveu por intermédio de seu *webmaster* Joe Siegler (que também cuida do www.black-sabbath.com). "Nesta manhã recebi a péssima notícia de que Mike Bordin foi convidado para tocar bateria com o Black Sabbath no Ozzfest 2004. O Black Sabbath é e sempre será uma prioridade importante em minha vida. Eu apoio as decisões de Geezer, Tony e Ozzy em seguir adiante com o Ozzfest 2004 sem mim. Posso compreender que eles talvez não estejam satisfeitos com a decisão, e eu realmente gostaria de estar junto com eles. Nada me daria um prazer maior do que fazer parte do show.

Na semana passada, recebi uma proposta que não deixava espaço para negociação. Era uma proposta do tipo beco sem saída, em minha opinião, em que a única resposta era sim ou não. Eles me pediram para responder até sexta-feira, dia 14 de maio. Escrevi uma breve carta de rejeição na quinta-feira, dia 13 de maio. Respondi diretamente à proposta, e deixei de lado quaisquer comentários pessoais, além de dizer apenas que me sentia triste em ter de recusar... Compreendo e acredito em uma frente unida quando se trata do Sabbath. Compreendo que a repercussão de tal decisão irá incomodar algumas pessoas, e eu sinto muito. Estou mais do que disposto a apoiar o Ozzfest da melhor forma que puder.

Já passei por isso antes quando o Sabbath fez o primeiro reencontro sem mim e colocou Mike Bordin para tocar em meu lugar. Quero que saibam que não estou fazendo o papel de vilão aqui. Não estou tentando fazer ninguém de refém. E não estou tentando reverter minha decisão de recusar na esperança de uma resposta gerencial positiva a esta carta.

Estou pronto, disposto e capacitado para tocar. Há alguns detalhes na proposta que não funcionam para mim. Imagino que seja um assunto de importância para ambos os lados e acho que isso é tudo o que tenho a dizer no momento."

Observe que Bill escreveu: "Eu apoio as decisões de Geezer, Tony e Ozzy em seguir adiante com o Ozzfest 2004 sem mim. Posso compreender que eles talvez não estejam satisfeitos com a decisão...". Isso parece insinuar que a decisão não partira deles. Nesse caso, isso só pode ter vindo de Ozzy, Sharon ou de um manager associado. Entretanto, como no caso de Jason Newsted no ano anterior, o assunto foi resolvido nos bastidores sem que nenhuma das partes explicasse exatamente o que tinha acontecido, porque em seguida Ward publicou alguns dias depois: "Eu comuniquei a Sharon que aceitarei a proposta do dia 11 de maio de 2004 relacionada à minha atuação no Ozzfest, e hoje recebi uma resposta muito positiva dela. Neste momento, estou recebendo essa resposta como um avanço. Este comunicado é para benefício de todos aqueles que nesses últimos dias se expressaram de maneira franca a meu favor e me apoiando como um membro do Sabbath. Eu pessoalmente agradeço a todos vocês".

No final, ele acrescentou estas palavras enigmáticas: "Já li a nova declaração do Ozzfest de que vai ser uma formação dos membros originais para o Ozzfest 2004. Nas palavras imortais de Buddy Holly, 'Bem, é isso aí'. E enquanto mantenho algumas discórdias com o palavreado do anúncio do Ozzfest, tudo o que posso dizer é que 'Deus Abençoe o Black Sabbath. Vamos botar para Fxxx no rock!'".

Mais outra manobra de última hora no esquema da lógica do Black Sabbath...

O Ozzfest 2004 deu o pontapé inicial no dia 10 de julho em Hartford, Connecticut, com Ozzy totalmente recuperado: ele inclusive teve um tempo de folga antes da turnê para trabalhar em seu musical Rasputin. "Ele é muito territorial com seu estúdio", disse Sharon. "(...) é do tipo, 'Nunca compre coisa alguma para meu estúdio. Este é meu estúdio!'. Então é muito territorial. Ele tem um cadeado na porta com um código, para que eu não entre lá e as crianças também. É a coisa dele".

O caminho para entrar em forma foi difícil, disse Ozzy: "A coisa toda não passa de um borrão. Quando entrei em coma, tudo embaralhou. É como se o ano começasse agora e tivesse de trabalhar para trás. Nada faz sentido... Você pensa que está ficando maluco e vendo pessoas que nunca viu. Eu digo a Sharon, 'Você se lembra de ter ido para tal lugar?'. Então, ela diz que nunca estivemos lá. Não sei a diferença entre os sonhos e a realidade... está tudo embaralhado". Como ele disse na época: "Não fiz qualquer tipo de plano para o futuro porque algo pode dar errado. Eles precisam tirar mais radiografias e tomografias. Não dá para acelerar as coisas. Tenho de fazer uma coisa por vez agora. Mesmo assim, estou muito otimista. Não queria dar uma data, mas retornarei. Não quero decepcionar meus fãs. Estarei pronto quando estiver pronto. Mas cabe a mim – tenho de lutar, mas às vezes eu luto demais. Um dia andarei até o portão do jardim e no próximo irei um pouco mais longe. No terceiro dia, volto para a cama porque fiz demais. Como disse Annie Lennox, 'Morrer é fácil, mas viver é difícil'. Agora estou andando por aí e querendo correr em uma maratona, querendo fazer shows, mas, se essa rachadura na minha vértebra piorar, eu vou acabar aleijado".

No entanto, ele ainda gracejava: "Estou ficando em forma a cada minuto porque tenho de fugir de Sharon se excedendo para cima de mim. Tenho dores constantes do minuto que acordo até voltar para a cama, mas estou determinado a melhorar custe o que custar. O velho Ozzy Osbourne vai voltar. Mas não vai ser embalado no rock'n'roll enquanto não for totalmente liberado pelos médicos. Não tenho planos. Antes do acidente, era um fanático para ficar em forma. Porém, essa coisa de manter a forma é o seguinte, se você para uma semana de se manter em forma, você tem de começar tudo de novo desde o princípio. Agora vou ter de começar desde o início".

Visivelmente, a abordagem lenta e constante funcionou: Ozzy ficou bem o suficiente para liderar um cartaz de nível mundial. A formação do Ozzfest foi fenomenal, embora dessa vez Ozzy não interpretasse suas próprias canções, ele aderiria ao catálogo do Sabbath – dando aos fãs a oportunidade de ver um set completo pela primeira vez em anos, excluindo o show de 2001. Excepcionalmente, o tecladista da banda solo de Ozzy, Adam Wakeman (filho do venerável Rick), tocaria os teclados – o membro de longa data Geoff Nicholls não se juntou na aventura por motivos que (de novo) ainda são desconhecidos.

O palco principal começou com o perene Black Label Society de Zakk Wylde e continuou com a nova banda hardcore Superjoint Ritual do ex-vocalista do Pantera, Phil Anselmo, e a banda norueguesa de black metal de grande vendagem, Dimmu Borgir. A banda veterana de thrash metal Slayer, seguida antes pelo incrível convidado especial, o experiente Judas Priest, que seguiu os passos do Sabbath remontando sua formação clássica (baterista à parte), com destaque para o vocalista Rob Halford. As três atrações principais no segundo palco eram o Slipknot, Lamb of God (uma Nova Onda do Heavy Metal Americano – ou do cenário NWOAHM) e o Hatebreed, uma banda com uma mistura punk que recentemente havia conquistado muitos seguidores. Elas foram acompanhadas por um lote de bandas novas, tais como o Bleeding Through, Lacuna Coil e God Forbid, grandes o suficiente por seus próprios méritos lotando espaços de porte médio.

A turnê fez suas paradas habituais de grande vendagem cruzando a América, passando do leste ao oeste duas vezes, antes de descer ao sul até a Flórida, em três enormes etapas. Um show no dia 26 de agosto em Camden, Nova Jersey, viu Ozzy ser abatido por uma bronquite, tornando necessário que o vocalista do Priest, Rob Halford, ocupasse seu lugar. Essa combinação – um sonho para muitos, com a voz extraordinária de Halford junto com os riffs pesados do Sabbath – funcionou muito bem, mesmo com alguns fãs se sentindo enganados. Sharon dominou a situação para evitar qualquer mal-estar com uma declaração, que disse: "Àqueles que assistiram ao show do Ozzfest em Camden no dia 26 de agosto, eu gostaria de responder às poucas reclamações que surgiram em decorrência da performance do Black Sabbath com Rob Halford... A situação clara era que Ozzy estava sofrendo de bronquite. Ele esperava, desde a manhã do dia do show até a tarde, que tivesse um pouco de voz para que pudesse se apresentar à noite. Infelizmente, no fim da tarde ele foi informado pelos médicos de que isso não seria possível. Desse modo, nossas opções eram: (1) que o Black Sabbath não se apresentasse de maneira alguma e informar o público às 16 horas, o que poderia ter gerado um tumulto; ou (2) pedir a uma das lendas do gênero, Rob Halford, se ele poderia substituir Ozzy naquela noite para que as pessoas não fossem embora se sentindo decepcionadas por não terem visto o Black Sabbath se apresentar. É claro que Ozzy ficou mais decepcionado que os fãs e se sente incrivelmente culpado por ter desapontado qualquer pessoa".

Um show no dia 4 de setembro no Sound Advice Amphitheatre em West Palm Beach, na Flórida, foi cancelado quando um furacão ameaçou atingir o Estado, com o site de rock Blabbermouth reportando: "De acordo com as reportagens da mídia local e o Ticketmaster.com, o show Ozzfest do dia 4 de setembro foi oficialmente cancelado. Agendado para ocorrer no sábado em West Palm Beach, Flórida, o concerto foi cancelado porque o Furacão Frances pode atingir a região em torno do fim de semana".

Tirando isso, o Ozzfest, agora em sua nona edição, rendeu o esperado – ou seja, muito maior do que qualquer outra turnê equivalente. A indústria e a imprensa agora estavam unidas em sua aceitação de que o Ozzfest e suas marcas associadas eram a força mais poderosa no cenário, mesmo que eles não gostassem.

De volta ao mundo real, fora da turnê, Tony Iommi tinha outro projeto cozinhando – dessa vez o lançamento oficial das sessões de solo que havia gravado pela primeira vez em 1996 com Glenn Hughes nos vocais. Rotulado como *The DEP Sessions* em homenagem ao estúdio em Birmingham onde fora gravado, o álbum receberia um lançamento oficial no dia 28 de setembro pela Sanctuary e, como o álbum *Iommi* lançado quatro anos antes, foi muito elogiado. As faixas originais da bateria foram gravadas pelo ex-baterista do Judas Priest, Dave Holland, que sete meses antes fora sentenciado a oito anos de prisão por tentativa de estupro de um estudante do sexo masculino, e por esse motivo e o fato de que as faixas precisavam ser limpas, a nova bateria foi gravada por Jimmy Copley, que disse: "Não consigo expressar o quanto é bom trabalhar com Tony e Glenn. Fiquei surpreso com a força e a energia que eles transmitem. Fui ao estúdio de Tony na quarta-feira e funcionou tão bem que concluímos todo o material na hora do almoço da sexta-feira e viajei à Rússia no sábado... Tony se aproximava e dizia 'Sim, muito bom' ou 'Pode tentar isto?' ou 'Gostaria de um pedaço de torta de carne de porco?'. Comemos tanto queijo stilton e torta de carne de porco que chamei de Projeto Torta de Carne de Porco. No geral, excelente música e excelentes pessoas".

O álbum foi creditado como *Tony Iommi Featuring Glenn Hughes*: como Glenn me contou, foi uma gravação que se encaixou perfeitamente em seu novo estilo de vida livre das drogas: "Tony e eu somos grandes amigos e fizemos grandes canções juntos. Tony tem estado no mundo do rock'n'roll sua vida inteira, e quando nós envelhecemos e nos casamos... bem, não saio mais com pessoas que são negativas ou sombrias. Você sabe, quando eu trabalho com Tony, tomamos uma xícara de chá. É assim que ele é. Não quero que meu epitáfio seja aquele cara que cheirou cocaína e se envolvia em brigas. Quero ser lembrado por minha música e minha voz, que são muito mais importantes. Toda banda passou por coisas terríveis: Def Leppard, The Who, Deep Purple – veja Tommy Bolin – Led Zeppelin... a minha me transformou em uma pessoa muito forte. As pessoas me ligam de todos os cantos para pedir meus conselhos. Sabe, eu sou padrinho dos filhos do baterista Chad Smith do Red Hot Chili Peppers: as pessoas não me pediam para ser padrinho de seus filhos quando eu estava detonado com meu cérebro cheio de cocaína. Eu me cerco de pessoas cativantes e amáveis".

Iommi explicou ao escritor Jeb Wright que as gravações originais de 1996 surgiram um tanto por acaso: "Cruzei com Glenn em umas duas ocasiões antes. Fiquei então sabendo que ele estava vindo à Inglaterra e disse a ele para que passasse em casa quando estivesse por aqui. Ele apareceu e nós tocamos. Antes que nos déssemos conta, tínhamos oito faixas compostas. Decidimos chamar um baterista e gravamos as canções na fita. Nunca era para ser lançado; era por pura diversão... Se fossem para ser lançadas, acredite em mim, então teriam sido lá atrás naquela época".

A versão pirata havia então saído – apelidada de *Eighth Star* pelos fãs – deixando Iommi furioso: "Essas coisas devem ter um jeito de fazer isso, não tem? Tentar manter um controle de tudo o que faço. Antes de tudo, começamos em meu estúdio e, em seguida, fomos para outro estúdio e, finalmente, terminamos no DEP Studios. Acho que foi depois disso tudo que o pirata saiu. Tudo o que precisa é que uma das pessoas na banda toque para alguém e eles façam uma cópia". (Iommi foi mais específico quando me contou em 2004: "Tenho uma vaga ideia de quem fez isso, mas como provar? A qualidade da versão pirata era horrível, então eu refiz e agora soa bem melhor".)

Assim que as faixas ficaram limpas, a extraordinária voz de Hughes entrou com grande impacto, para admiração do guitarrista: "Ele de fato nunca deixa de me surpreender. Nunca sei qual vai ser seu próximo passo. Sempre fico maravilhado, 'O que ele vai cantar com esse riff?'. Ele sempre aparece com alguma coisa. É muito talentoso e muito subestimado também... Por algum motivo, nós conseguimos nos conectar. Nós entramos em uma sala, as ideias começam a brotar e lidamos com elas de forma muito rápida".

Então, por que permitiram que a versão pirata ficasse tanto tempo como sendo a única fonte de material da *DEP Sessions*? Iommi: "As canções surgiram de forma muito rápida, e ficamos quase que, 'Oh, o que faremos com elas agora?'. Ficamos martelando nessas faixas, que nós realmente gostamos, mas não fizemos coisa alguma com elas.

Então, veio o reencontro do Sabbath e eu tive de seguir na turnê, Glenn saiu para fazer suas próprias coisas e, simplesmente, nós meio que abandonamos essas faixas. Entretanto, eu estava nos Estados Unidos e comecei a montar outro álbum, que se tornou o disco *Iommi*, em 2000. O tempo realmente passou rápido, de verdade. Glenn e eu nos víamos de vez em quando e sempre falávamos do assunto, 'Ei, o que vamos fazer com aquelas faixas?'. Mas eu sempre estava ocupado para voltar a mexer com elas... Voltei e ouvi as faixas novamente. E pensei, 'Elas são muito boas. Preciso fazer algo com elas', então pedi a Jimmy Copkey para refazer as faixas da bateria. Polimos umas coisas aqui e ali, visto que as faixas nunca foram realmente acabadas... Queria um som de bateria melhor, porque as versões iniciais das canções eram apenas demos, mas claro, os problemas de Dave [ou seja, seus crimes] formam um fator muito importante para fazer com que Jimmy viesse refazer a bateria".

De forma melancólica, ele acrescentou que Copley havia usado a bateria que pertenceu ao falecido Cozy Powell: "Tenho a bateria de Cozy em minha casa. Ele era um grande amigo meu e muito próximo. Ele faz muita falta. Éramos amigos de longa data, Cozy e eu".

Enquanto Iommi e Glenn Hughes promoviam seu álbum e Geezer e Bill colhiam os louros após outro Ozzfest exaustivo, os Osbournes mergulhavam de novo em seu próprio ramo de atividade particular. O seriado de TV, *The Osbournes*, estava prestes a se encerrar após quatro temporadas, e iria ao ar nos Estados Unidos a partir do dia 13 de setembro: em meio a dezenas de programas de TV sobre a vida real inferiores que surgiam aos montes (um show que seguia o estilo de vida conturbado da modelo Anna Nicole Smith foi um dos casos), Ozzy e Sharon perceberam que chegara a hora de desligar a tomada em sua casa. Como Sharon contou animada: "Agora, sem as equipes de filmagem, sonoplastas, diretores e técnicos circulando pela casa o dia todo, os cães são os únicos que nos sobraram. E, com nossas agendas neste verão, está tudo positivamente quieto. Mas, nós, os Osbournes, sempre temos algo escondido dentro das mangas".

De fato. Rumores sobre um programa de entrevistas apresentado por Ozzy e Sharon veiculavam aqui e ali, mas isso ainda teria de ser materializado. O que foi mais iminente foi a entrada de Sharon no conselho de juízes de um show de entretenimento no Reino Unido de grande audiência, *The X Factor*, um programa semanal de três meses de duração que ocupava o horário nobre da TV e que atraía uma audiência extremamente elevada.

Desde o início de 2001, a Grã-Bretanha tem se visto presa nos programas de TV piegas, mas viciantes, que ostensivamente corriam à procura de um novo talento musical. O primeiro show desse tipo foi *Pop Stars*, em que alguns esperançosos eram testados diante de uma bancada de juízes um tanto maldosos. Se eles são aprovados, seguem à próxima etapa de testes até chegar a um contrato com uma gravadora; se eles são reprovados, são humilhados em público. O *Pop Idol* foi o próximo na fila, destacando na bancada o executivo de artes e entretenimento da BMG, Simon Cowell, que subsidiaria uma versão nos Estados Unidos chamada *American Idol*. Em seguida, Cowell coproduziria um novo show, *The X Factor*, por intermédio de sua empresa Syco, pedindo que o gerente da Westlife, Louis Walsh, e Sharon fossem seus juízes e companheiros de bancada. "Dou uns tapinhas nele para mantê-lo na linha. Sabe, é isso o que você tem de fazer com ele", disse Sharon sobre o extremamente crítico Cowell.

Não demorou muito para que Sharon e Simon estabelecessem um formato "medroso" altamente midiático para benefício dos telespectadores: Cowell fazia o papel de duro e impiedoso magnata da indústria fonográfica, rejeitando candidatos com desdém e repugnância, enquanto Sharon adotava o papel da mãe protetora e afetuosa, consentindo inclusive os candidatos mais ridículos (dos quais não havia menos que 50 mil na primeira temporada) com palavras carinhosas de incentivo. Era altamente recomendável a todos e o programa finalmente a consagraria como uma celebridade à altura, ou, como alguns diriam, acima de seu marido.

Comercialmente, *The X Factor* foi um sucesso absoluto, atraindo patrocinadores de ponta aos seus espaços comerciais e atraindo 3 milhões de telefonemas do público.

Enquanto isso, Kelly Osbourne colocaria sua carreira pop de fraco desempenho suspensa, participando de um seriado no canal de TV ABC chamado *Life As We Know* It. O drama adolescente contava a história de três adolescentes enfrentando seus rituais de passagem do colegial: Kelly fazia o papel de uma das namoradas, uma personagem com dilemas com seu peso. "Minha personagem é uma adolescente obesa, e que é um pouco insegura e nervosa quando o assunto é rapazes, mas ao mesmo tempo ela é muito convicta e não engole nada em seco", ela disse.

A experiência parecia se encaixar com ela, como acrescentou: “Tenho de estar no set de filmagem às 6h todos os dias, o que foi um pouco difícil de acostumar no início. Mas é ótimo. Trabalho com pessoas ótimas e gosto do que estou fazendo porque é realmente controverso e acho que acende muitas questões entre as pessoas. É um show que usa a linguagem dos jovens, então eles poderão entender. Estou empolgada”.

Como se lidar com o câncer e o acidente de quadriciclo já não fossem o suficiente para os Osbournes, no dia 22 de novembro sua casa seria assaltada. Às 4 horas, Ozzy e Sharon – que haviam chegado tarde da festa de aniversário do parceiro de *sir* Elton John, David Furnish – foram acordados com o barulho de um intruso entrando pela janela do vestiário de Sharon no primeiro andar usando uma escada. Ozzy foi relatado como tendo “pegado” o assaltante – descrito como sendo de porte grande e usando uma máscara de esqui –, mas seu oponente escapou dando um salto milagroso pela janela, caindo dez metros de altura e fugindo no carro de um comparsa. Infelizmente, o assaltante havia fugido com 2 milhões de libras em joias – as quais se revelou que o seguro não cobriria porque Sharon não as tinha colocado no cofre. O casal ofereceu uma recompensa pelo resgate das joias.

O ano de 2004 terminaria com mais crime, dessa vez com o reaparecimento indireto de uma figura de muito tempo atrás – Patrick Meehan, que agora trabalhava no ramo do cinema. A BBC havia reportado no início de dezembro que as dependências de sua casa em Edenbridge, Kent, haviam sido roubadas recentemente com a perda de uma guitarra Fender de 12 cordas e os discos de ouro e de prata do Black Sabbath. Os dois discos foram posteriormente oferecidos à venda no eBay e comprados em uma feira de discos usados em Essex, onde a polícia os recuperou.

Após um apelo por informações, um telefonema anônimo ao “disque-denúncia” levou à recuperação dos discos restantes. Eles foram deixados em sacos plásticos atrás dos cestos de lixo próximos ao estádio Longmead na cidade de Tonbridge, em Kent. No entanto, a guitarra ainda não fora encontrada, mas Meehan foi citado como se sentindo “muito contente” em saber que os discos seriam retornados.

Isso evidencia que há pessoas que dão mais valor à carreira inicial do Black Sabbath do que se esperava da carreira posterior. Isso confirmaria os eventos de 2005.

CAPÍTULO 29

2005

Ozzy declarou várias vezes que, após o acidente com o quadriciclo no fim de 2003, não estava seguro se poderia voltar a se apresentar ao vivo novamente, fazendo com que seus fãs e os do Sabbath pensassem se a banda finalmente havia acabado. Afinal de contas, em 2008 e 2009 – logo adiante –, Ozzy, Tony, Geezer e Bill completariam 60 anos de idade, Iommi e Butler (discutivelmente os membros da banda com menos tarefas exaustivas para fazer no palco) eram os únicos que haviam escapado de doenças ou ferimentos graves.

Enquanto os fãs olhavam para a frente, a indústria olhava para trás novamente, com a Sanctuary lançando um equivalente de *Black Box* da Rhino do ano anterior chamado *Prince of Darkness*, uma caixa com quatro CDs de Ozzy editada no dia 22 de março que cobria toda a sua carreira desde a era de *Blizzard of Ozz,* passando por "Psycho Man" e além. Com versões ao vivo e remixadas de suas próprias canções do Black Sabbath, o pacote oferecia um enfoque um pouco diferente no catálogo antigo, com interpretações raramente ouvidas, tais como "Iron Man" com a banda de rock irlandesa Therapy?. Uma série de covers completa o terceiro e o quarto discos, com as gravações de Ozzy – incluindo canções dos Stones "Sympathy for the Devil", "All the Young Dudes" do Bowie/Mott the Hoople, "In My Life" dos Beatles e "Working Class Hero" de John Lennon – desde o mais simples (os dois primeiros) ao excelente (os dois últimos).

Apesar da qualidade irregular do pacote, ele mostra que alguém no campo de Osbourne estava se sentindo pelo menos ousado. Por exemplo, Ozzy colaborou com o os melhores do hip-hop, como o Wu-Tang Clan do rapper Ol' Dirty Bastard e outra estrela do hip-hop, DMX, como também com um grupo de música Techno Crystal Method. Uma versão gravada previamente de "Stayin' Alive" do Bee Gees com o Dweezil Zappa e "Shake Your Head (Let's Go to Bed)" com Was Not Was e Kim Basinger foram lançadas também no pacote, sem contar uma versão de "Born to be Wild" do Steppenwolf com Miss Piggy dos Muppets. Músicos de rock e metal mais convencionais, tais como Jerry Cantrell (ex-Alice In Chains) e Leslie West (Mountain), também trabalharam com Ozzy em outros covers.

Sobre as várias outras colaborações em que Ozzy participou, ele comentou: "Com Lita Ford, eu tive uma ideia para uma canção que se tornou 'Close My Eyes Forever', com uma melodia e umas palavras rabiscadas. Lita gostou da canção e me pediu que a terminasse. Então, eu peguei um voo para a Inglaterra e terminei de compor. Em seguida, ela pediu que eu cantasse com ela, e eu tive de voar para lá novamente. Em seguida, tive de voltar das férias para fazer o vídeo. Esse é o lado negativo de projetos paralelos; toda a promoção. Busta Rhymes é uma viagem. O mundo do rap é totalmente diferente, não tão rock'n'roll. Mas Busta Rhymes é um verdadeiro cavalheiro, um cara muito legal de se entrosar".

Sobre o rídiculo, mas persuasivo, "Staying Alive" com o filho de Frank Zappa, Dweezil, Ozzy relembrou que a canção não havia sido editada antes: "Dweezil, que é um grande amigo meu, me pediu se eu faria isso como uma imitação, e eu disse que sim. Ele queria lançar, e foi muito engraçado, mas a gravadora não queria lançá-la porque eles achavam que seria prejudicial à minha carreira, e eu achava que não passava de uma boa risada. Aparentemente, quando eu saí eles me substituíram com Donny Osmond. Achei isso engraçado. O problema é que todo mundo é muito sério hoje em dia".

Ele também gravou uma canção com o compositor Holly Knight – uma faixa que chegou apenas até a fase do demo e, consequentemente, não entraria no álbum: "Gravei uma canção, mas ela nunca foi lançada. É muito passada. Ela se chamava 'Slow Burn', e é uma espécie de balada de rock, mas nunca acabou dando certo no final. Tentamos várias vezes gravá-la, mas nunca deu certo".

O ano novo estava destinado a gerar outro desastre doméstico para os Osbournes, dessa vez na forma de um incêndio severo na casa em Chalfond St. Peter, que foi causado pela lareira ter queimado um forro de madeira. Não houve ferimentos, mas Ozzy e Sharon – que conseguiram salvar seus animais do incêndio – foram ambos tratados por inalação de fumaça pelos bombeiros, juntos com dois empregados da casa. Jack e Kelly não estavam na casa, e os resultados do incêndio – embora uma seção da casa fosse arruinada completamente – foi bem menos sério do que poderia ter sido.

Boas novas vieram com o anúncio de que o Black Sabbath voltaria a tocar novamente, com uma turnê marcada na Europa na primavera. Melhor ainda, o Sabbath estava agendado para ser a atração principal do Ozzfest 2005, uma estratégia imprevista – eles não tocaram no festival nos dois anos consecutivos anteriores. Iommi lembrou-se com carinho da excursão do ano anterior com o poderoso Judas Priest, dizendo: "Eu realmente curti tê-los em cartaz. Somos todos da mesma cidade. Eles formam uma excelente banda e são pessoas muito legais... Como a maioria das coisas que acontece com o Sabbath, acontece tudo de uma única vez. Estava pensando em fazer alguma gravação, mas, do nada, Sharon me ligou e disse que ela nos queria para fazer os shows com Ozzy. Eu disse que, se os demais concordassem, eu adoraria fazer... Com essa banda, você nunca sabe o que vai acontecer. Um minuto estamos todos separados e no próximo estamos todos juntos gravando um álbum. Você simplesmente nunca sabe o que vai acontecer".

Sobre a apresentação de Rob Halford com o Sabbath no ano anterior, Iommi recordou: "Uma coisa que ficou em minha cabeça foi o dia em Nova Jersey em que Ozzy não podia se apresentar, então convidamos Rob Halford para cantar, e foi a segunda vez que ele salvou o dia para nós". Ele estava se referindo aqui sobre as datas em Costa Mesa em 1992 quando Halford substituiu Ronnie James Dio, que tinha se recusado a tocar antes de Ozzy.

"No começo ele ficou preocupado porque as pessoas aguardavam Ozzy", ele acrescentou. "Mas, se Rob não tivesse nos ajudado, não haveria show de maneira alguma. Quando nosso manager nos contou que Ozzy estava com bronquite e não poderia cantar, ele me perguntou o que eu achava se Rob cantasse. Eu respondi: 'Acho que é uma boa ideia, contanto que digam a todos antes do show para que saibam'. É claro, eles contaram à plateia momentos antes de subirmos ao palco, então eu pensei, 'Oh, não'. Mas o público o recebeu muito bem."

Já um veterano com dezenas de colaboradores musicais, Iommi ainda guarda muitos elogios à formação original do Sabbath e ao novo sóbrio Glenn Hughes, dizendo: "É excelente com Bill. Bill é o verdadeiro baterista do Sabbath. É essa combinação que faz esse tipo de som... Acho que você sente. Trabalhar com Glenn, você sente que é bom demais. Depende de como as pessoas veem, mas eu vejo do tipo, se eu gosto e estou curtindo, então é bom. Não preciso mais da irritação de ter alguém que esteja fora de si e caindo pelas tabelas. É bom trabalhar com alguém que curte o que faz. Eu sinto muita satisfação nisso".

Sobre os planos futuros do Sabbath, e se há um novo álbum a caminho ou não, Iommi disse: "Não há planos. Conversamos sobre isso, como sempre fazemos. Acho que todos no Sabbath estão a fim de fazer outro álbum. Temos certamente a intenção de fazer outra turnê, é claro, se pudermos. Gostaria de fazer outro álbum, mas tem sido o caso durante muito tempo, é difícil juntar todo mundo para fazer. Tenho algumas faixas que já compus. Tivemos um período de composição em que fizemos cerca de sete faixas que são realmente boas. Você acha que elas também vão acabar em uma versão pirata? É melhor fazermos algo antes que alguém o faça!".

Após dois anos quase em silêncio, Geezer Butler ressurgiria com um novo álbum G/Z/R intitulado *Ohmwork*, outro disco recebido com entusiasmo e lançado no dia 9 de maio pelo selo Mayan. Ele estava bem animado quando perguntei como se sentia sobre o novo disco, respondendo: "Muito contente. Levou anos para compor, mas foi rápido de gravar. Comecei com um monte de teclados e efeitos, mas despi tudo. Compus algumas das canções no piano, que venho tocando durante anos. Tenho sentido disposição para compor, entro em meu estúdio em casa, começo a tocar, gravo tudo e fico lá dentro o dia inteiro. Em seguida, escolho as partes que funcionaram. Quanto às letras, passei as orientações e os títulos para Clark e ele me entregou as palavras".

O vocalista Clark Brown, cuja performance em *Black Science* fora um tanto ofuscada (como o álbum todo) pelo reencontro do Black Sabbath original em 1997, causaria um impacto maior desta vez, como Geezer disse: "*Plastic Planet* sempre foi um projeto exclusivo com Burton Bell por causa de seu compromisso com o Fear Factory. E foi meu primeiro álbum usando meu próprio nome, ou minha banda, e eu realmente não sabia como seria aceito. E o fato de ter sido bem recebido me deu confiança para seguir em frente e fazer outro álbum, e assim por diante. Mas eu queria que tivesse o seu próprio som. Muitas pessoas acharam que *Plastic Planet* era na realidade um álbum do Fear Factory, porque não tinham ouvido falar do G/Z/R na época. Ou seja, para conseguir chegar ao seu próprio som, tive de arrumar um vocalista permanente apenas para o G/Z/R. Então fiz um monte de testes e Clark conseguiu a posição".

Como sempre gostou de trabalhar rápido, Geezer revelaria que gravou o novo álbum em questão de dias: "Todos os álbuns com o título G/Z/R foram gravados entre dez a 12 dias, porque todos têm outros compromissos, então temos um calendário muito apertado para trabalhar. E de qualquer modo eu prefiro trabalhar rápido, porque as pessoas se concentram mais quando sabem que têm de sentar e fazer, ao passo que, se você tem algo como seis semanas, todos desaparecem nos bares durante dias sem parar. Então, desse modo, nós todos conseguimos sentar e fazer o que nos propusemos a fazer. E, quanto ao jeito que as coisas andam hoje, bem, eu realmente não penso nisso. Fazemos o que atrai a banda... o que primeiro nos agrada... Eu não tenho como competir com as bandas jovens ou coisas do gênero, e também não quero. Gosto de fazer apenas o que me dá vontade em um determinado momento".

Tudo isso soa muito animado, mas Geezer tem pensado com clareza sobre uma variedade de assuntos sombrios desta vez, acrescentando de onde vem sua inspiração: "O mundo em que vivemos. Depressão, a guerra no Iraque, ter de ser controlado por um bando de idiotas ligados ao comércio. Não gostaria de compor algo sobre aquilo em que não penso e que me preocupa".

Quanto ao fato de o último álbum de Geezer, *Black Science,* ter sido mais meloso do que seu predecessor, *Plastic Planet*, ele achou que o *Ohmwork* ficou mais parecido com *Planet*, dizendo: "Sinto como se este fosse uma continuação daquele, trouxe a raiva de volta... [a canção 'Dogs of Whore'] fala sobre George Bush e outros belicistas... Não consigo acreditar que na atualidade [ele quer ir à] guerra por causa dessas coisas. Ele poderia ter resolvido tudo isso com a diplomacia... ou enviado alguém para assassinar [Saddam Hussein]. Ele não precisava matar centenas de milhares de pessoas inocentes, milhares de soldados jovens americanos... suas empresas controlam todos os interesses do petróleo naquela região. Ele não entende o que o Iraque significa, todas aquelas facções malévolas que existem por lá. Há seis facções diferentes que se odeiam entre si e é como abrir uma caixa de Pandora... isso vai acabar como a Guerra do Vietnã. Isso não vai acabar nunca, e tudo o que vai conseguir é fazer com que o mundo fique um lugar ainda pior com todos esses terroristas lunáticos".

A banda G/Z/R, diz ele, pode muito bem ter futuro após as datas do Sabbath e do Ozzfest. A nova banda ("Sou eu, Pedro Howse na guitarra, Clark Brown nos vocais, que cantou no último disco *Black Science,* e Chad Smith do St. Louis. Não Chad Smith do Chili Peppers...) era vital e entusiasmada o suficiente para tocar em longo prazo junto com sua banda oficial. “O Ozzfest veio bem depois de o álbum ter sido concluído, e quando eu estava prestes a montar minha própria turnê. Adoraria sair com essa banda em turnê assim que o Ozzfest se encerrar... Foi uma surpresa, porque tínhamos acabado de fazer uma no ano anterior e eu não sabia se seria o último ano de Ozzy ou não. Veio do nada, Sharon me ligou e me perguntou se eu faria... Eu me divirto fazendo o que faço. Certamente não estou fazendo pelo dinheiro, porque não há dinheiro envolvido nisso. Para mim é bom sair em prol da música novamente... Ganho todo o meu dinheiro com o Sabbath, e isso me permite que faça o G/Z/R.”

Geezer não seria o único lançamento ligado ao Sabbath no verão de 2005: o álbum de estreia de Kelly Osbourne pela Sanctuary, *Sleeping in the Nothing,* seria lançado no dia 7 de junho e (mais importante ainda) Tony Iommi faria outra colaboração com Glenn Hughes, intitulada *Fused*, no mês seguinte. Como *The DEP Sessions*, o álbum em sua maioria se tratava de uma fusão bem-sucedida dos riffs de Iommi ao estilo do Sabbath com os vocais elevados de Hughes, cuja estrela estava brilhando cada vez mais nos últimos anos, a ponto de atrações principais como o Red Hot Chili Peppers pedirem para que ele colaborasse com eles. Como o guitarrista disse: “Glenn veio à Inglaterra cerca de cinco semanas atrás e entramos em uma situação de ensaio. Foi muito divertido e estamos criando um material muito bom. Glenn vai voltar daqui a uma semana e vamos continuar compondo e, em seguida, iremos ao estúdio para gravar tudo... Estamos muito satisfeitos do jeito que as canções estão ficando. Glenn está mais entusiasmado ainda do que estava da última vez; não posso reprimi-lo. Estou tentando diminuir o ritmo dele. Ele vai sentar ali e ficar trabalhando a noite toda. Às vezes tenho de dizer, ‘Glenn, chega por hoje. Vamos começar de novo amanhã’”.

Na véspera do embarque da turnê do Black Sabbath, Iommi parecia muito contente com as atividades que estavam acontecendo ultimamente com sua banda – no entanto, indicou à revista *Revolver* que havia um lado negativo em se reunir com a formação de Ozzy: “A única coisa negativa sobre o reencontro do Sabbath é que omite muitas coisas que aconteceram durante anos depois daquilo. Os primeiros dez anos com Ozzy foram excelentes, mas eu acho que aconteceu muita coisa depois que também era muito boa”. Esse era um ponto que precisava ser tocado, mesmo se a crença generalizada fosse de que os anos com Ozzy foram os melhores.

Iommi olhou em retrospectiva toda a longa e árdua carreira do Sabbath e de muitos de seus membros, dizendo: "Eu nunca saí, foram os outros que saíram – alguns duas vezes! Eu sou o proprietário do nome. Não apenas isso, é porque acredito naquilo que estou fazendo – sempre foi assim. Eu dei minha vida por esta banda... casamentos, tudo foi colocado de lado no decorrer dos anos pela banda. Acredito no que fazemos e me sinto justificado... sempre gostei de ter uma banda, gosto de ter a contribuição das outras pessoas – porque acho que, no momento em que você se torna o único, a música então se torna vazia; gosto de contribuição. É muito difícil para mim porque você não consegue fazer com que alguém fique – se alguém não está funcionando, você tem de substituí-lo. Sempre almejo pela melhor banda que puder montar – esteja em uma banda e fique unido. Se você tem alguém que não é 100% comprometido, ou alguém que não dá certo, então para que continuar? Embora eu ainda seja amigo deles... Você quer que as pessoas sejam como você, você quer que as pessoas acreditem como você faz. É difícil, na maioria dos casos, porque eles não entendem isso – acreditar nisso –, eles pensam que estão entrando para cantar... que é um trabalho, e, no final das contas, isso acaba se tornando um trabalho para eles. Enquanto que, para mim, isso é uma crença. Gosto que as pessoas tenham essa mesma crença".

E assim o Sabbath partiu mais uma vez, assumindo uma sequência de shows como atração principal no circuito europeu de festivais, agora uma habitual e enorme indústria comercial agendando suas atrações principais com dois ou três anos de antecedência. Um show de aquecimento no Aylesbury Civic Center em Buckinghamshire foi seguido pelo colossal festival Download no autódromo de Donington, que durante anos foi o cenário do lendário festival Monsters of Rock. Com dois palcos extras (o palco Napster e o palco Snickers) junto com a atração principal, o evento era gigantesco, tendo início no incrível horário matutino das 11 horas. O próprio Sabbath foi acompanhado pela nata do cenário do rock e do metal, incluindo Velvet Revolver, HIM, Anthrax, Alter Bridge e outros, enquanto os outros palcos recebiam entre as 25 bandas atrações famosas, como In Flames, Lamb of God, Meshuggah, Helmet e Panic Cell.

Sobre o próximo show no Download, Ozzy recordou velhas memórias do festival de Donington: "Todos fizeram bons shows... todos fizeram shows ruins. Não estou tentando assoprar ninguém para longe do palco. Isso não é um tipo de competição para mim. Ofereça aos jovens apenas o melhor show que eles possam querer... Sou da antiga e naquela época as pessoas não se importavam com isso. Havia todo tipo de artimanha na época, como desligar as tomadas, ou ferrar com as guitarras, ou com a bebida, ou os amplificadores. Mas posso dizer honestamente que eu nunca fiz isso, porque a questão é a seguinte, essas crianças estão por aí trabalhando em postos de gasolina, entregando pizzas e todo o tipo de trabalho árduo que eles precisam para comprar ingressos para o show. E se eu descobrir quem é o filho da puta responsável por isso, vai levar um belo chute no traseiro bem dado".

O show de Donington tinha uma respeitável tradição, mas o show de 1988 (no qual o Iron Maiden foi a atração principal sobre o Kiss, David Lee Roth, Megadeth e os novatos Guns N'Roses e Helloween) manchou seu estatuto depois que dois fãs morreram esmagados na frente do palco. Isso fez com que os shows subsequentes fossem vistos com uma enorme barreira erguida entre o palco e a plateia, algo de que Ozzy não gostava e que fazia com que seu show ficasse impessoal: "Donington é algo que me traz boas memórias da época do Monsters of Rock. A única coisa que eu me lembro é daquela barreira ridícula na frente do palco. Seu público fica lá longe, em Coventry. Mas, se o tempo estiver bom, não há nada como Donington. [A última vez] estava chovendo, foi horrível, a barreira estava... Eu compreendo que houve pessoas que morreram um ano, mas aquilo foi do sublime ao ridículo. Cadê a plateia? Estou tocando para a escuridão. Ou seja... não consegui ver o público na última vez!".

O método de abordar um show colossal como esse, ele disse, era psicológico: "Gosto de muitos festivais. É difícil entrar no clima se o público não consegue ver isso porque você está muito longe, então eu fiquei um pouco puto, mas em seguida entrei no clima e tudo correu bem. O tempo estava horrível. Quero dizer, apenas rezem para que faça um bom dia, pessoal. Se você consegue ter um dia ensolarado, então não há lugar melhor que Donington".

Mais datas de festivais seguiram, intercaladas com shows individuais apoiados pelo Soulfly e o Black Label Society, incluindo o festival Fields of Rock em Nijmegen, na Holanda (um evento ainda maior do que o Download, no qual o Rammstein dividiu a atração principal) e, de maneira tipicamente europeia, datas nas quais o Sabbath tocava acima ou junto com atrações nada a ver com o metal, tais como o Garbage, Moby, Sonic Youth e British Sea Power.

Talvez o cartaz mais estranho tenha sido no famoso evento Roskilde na Dinamarca, onde Ozzy e companhia tocaram com bandas incluindo Duran Duran, Foo Fighters, Green Day, Snoop Dogg, Brian

Wilson, Chic, Carl Cox, John Digweed, Armand Van Helden, Junior Senior, Femi Kuti & Positive Force, Royksöpp, The Tears e Ali Farka Toure – uma mistura de house, world, surf, punk, disco e até a velha Nova Música Romântica. Mas, tudo isso desapareceu quando o Ozzfest entrou em cena, embora o Sabbath acabasse tocando o mesmo (ou similar) repertório que faziam desde 1997: como Geezer contaria à *Metal Sludge*, "Você terá de fazer essa pergunta ao sr. Osbourne. Estamos sempre tentando fazer com que ele cante algo diferente, mas é sempre uma batalha perdida!".

Dessa vez, o cartaz do Ozzfest em que o Sabbath tocou foi o mais prestigiado. Os fãs do metal clássico britânico foram tratados com a apresentação da banda de metal com o visual mais criativo de todos os tempos – o Iron Maiden – tocando antes da atração principal. As duas grandes bandas, no mesmo cartaz, era algo digno de uma combinação de sonhos para muitos frequentadores do Ozzfest e o potencial para algo dramático era enorme.

E foi assim que se sucedeu. Durante um pouco mais de um mês (15 de julho a 20 de agosto) a turnê fez sua habitual travessia pela América, começando em Boston com uma gama de grandes bandas em seus dois palcos – Shadows Fall, In Flames, Killswitch Engage, Mastodon, The Haunted, Arch Enemy e Soilwork entre elas. Em algumas datas, dava para se notar que o vocalista do Iron Maiden, Bruce Dickinson, aparentava estar um pouco infeliz com a maneira que a turnê estava progredindo, soltando alguns comentários anti-Ozzy do palco. Ozzy e o Sabbath foram obrigados a perder algumas datas em meados de agosto, visto que Ozzy – novamente – havia contraído uma doença que o deixara incapacitado de cantar, mas se isso tem algo a ver com a atitude de Dickinson é um fato desconhecido.

A questão alcançou um ponto crítico na última data agendada do Maiden com o Ozzfest no dia 20 de agosto em Devore, na Califórnia. Durante sua apresentação, a banda foi atingida com ovos e outros itens atirados na frente do palco, e a energia foi cortada em algumas ocasiões, interrompendo várias vezes a apresentação. Os frequentadores do festival também relataram que as palavras "Ozzy, Ozzy" eram proferidas aos gritos no sistema de som durante a apresentação do Maiden. Após a apresentação, Sharon Osbourne subiu ao palco e em uma declaração ao público chamou Dickinson de "pirocudo".

O mistério sobre quem foi o responsável por aquilo foi esclarecido quando Sharon emitiu uma declaração admitindo que ela estava por trás da interrupção de energia, embora não assumisse a responsabilidade por ter atirado ovos. Parte da declaração é a seguinte: "Durante 20 shows fomos obrigados a ouvir todas as noites os ataques de fúria de Dickinson do palco: 'Quando voltarmos à América, teremos de volta um sistema de som adequado' ou 'Não vamos ficar tocando as mesmas velhas canções toda a noite (como o Sabbath)', 'Não precisamos de um teleprompter (como Ozzy)' e 'Não precisamos de um show de televisão para sermos reconhecidos (de novo, como Ozzy)'... Dickinson foi tão inocente em pensar que eu iria deixá-lo sair ileso de toda essa merda que falou sobre minha família noite após noite? Eu não acho que ele sabe com quem está lidando". Ela assinou a declaração como a "real Iron Maiden" ["a verdadeira Dama de Ferro"].

Estourou uma briga massiva, como o manager do Maiden Rod Smallwood afirmando que ele "nunca tinha visto algo tão perto da repugnância e da falta de profissionalismo como o que ocorreu naquela noite" e os assessores de imprensa dos dois times alimentando as atualizações de e-mail à imprensa quase que diariamente durante algum tempo.

Evidentemente, toda essa publicidade em cima de Sharon lançou mais lenha na fogueira em sua figura que crescia de forma rápida em todo o tipo de mídia, que estava prestes a melhorar ainda mais sua aparição nos próximos quatro meses no programa *The X Factor 2*, que passeava brilhantemente pelas telas de TV da nação de agosto até dezembro. O programa inclusive ganharia o prêmio de Melhor Programa de Comédia na cerimônia do British Comedy Awards [Prêmio de Comédia Britânica] daquele ano, embora não fosse supostamente para ser engraçado...

Ao que tudo indica, a nação não se saciava de Sharon, provando isso ainda mais quando sua autobiografia, *Extreme*, foi lançada pela Time Warner Books (mesma editora de biografias de altas personalidades, como Gene Simmons e outras) em outubro. De forma impressionante, o livro e sua versão em brochura, lançada seis meses depois, venderam mais de 600 mil cópias apenas no Reino Unido até a data. Talvez isso seja apenas um testemunho de sua incrível história de vida – em que o histórico da família Arden, os anos "embriagados de Ozzy", os anos "sóbrios de Ozzy" e as eras da MTV e do Ozzfest que são levados em consideração, quase se igualam com a vida de Ozzy em termos de agitação.

Ozzy também exploraria o mercado lucrativo e pouco exigente do ITV quando apareceu junto com Cliff Richard, Charlotte Church e Shirley Bassey no evento de gala anual Royal Variety Performance [festival promovido pela família real britânica], dois anos após ter cantado para a rainha pela primeira vez em seu Jubileu de Ouro. Como ele contou ao *The Scotsman*: "Ela olhou para mim e pensou, 'Oh, então é isso que eles chamam de variedade agora, não é?'. Uma coisa sobre ela, ela tem uma excelente pele no rosto. Ela ainda é uma mulher muito atraente, eu acho... Sabe de uma coisa, eu já me encontrei com ela duas vezes, e não sei o que disse a ela. Eu consigo me lembrar do número do telefone da mãe da minha primeira esposa, mas não consigo me lembrar o que lhe disse dez minutos atrás".

Sobre os rumores ocasionais de que Ozzy estava começando a se ressentir pelo sucesso de sua esposa, ele riu: "Ela tem sua própria vida e sua própria carreira. Depois que ela passou por quimioterapia durante sete meses e beijou a morte nos lábios algumas vezes, eu me sinto muito feliz de que ela esteja se divertindo. Foi dito em um dos jornais, 'Ozzy está com muito ciúme do sucesso de sua esposa'. Quanto mais sucesso eu posso ter? Sou extremamente grato e me sinto muito feliz que ela não tenha morrido... Ela pararia para dar autógrafo para um morto no meio da estrada porque tudo isso é novo para ela".

Ele acrescentou que não leu o livro *Extreme*: "Estou pouco me fodendo. Fiz algumas coisas muito ruins e fiz algumas coisas muito boas, mas não fiz tudo ao mesmo tempo. Se você ler os trechos que eles colocaram no papel, você vai achar que eu era Charles Manson... Minha imagem é só mordedor de morcego, mijão do Álamo, drogado, maldito lunático de um único neurônio. Imagino que, quando as pessoas assistiram a *The Osbournes*, elas perceberam que eu era humano, que não saio todas as noites para caçar morcegos... Eu vivia entrando em overdose regularmente e não me orgulho disso, mas, se eu mudasse qualquer coisa incrível que fiz e qualquer coisa estúpida que fiz, não estaria aqui hoje. Quando penso nisso, você não poderia ter escrito sobre minha vida. É incrível. Posso dizer honestamente que todas as coisas ruins que já me aconteceram foram diretamente, diretamente atribuídas às drogas e ao álcool. Ou seja, eu nunca urinaria no Álamo às 9 horas trajando um vestido de noite de mulher se estivesse sóbrio".

Ele arremataria com uma autoavaliação sucinta: "Não me orgulho de tudo o que fiz. Não me orgulho de ter uma educação pobre. Não me orgulho de ser disléxico. Não me orgulho de ser um alcoólatra e viciado em drogas. Não me orgulho de ter mordido a cabeça de um morcego. Não me orgulho de ter distúrbio de déficit de atenção. Mas sou um sujeito verdadeiro. Para ser Ozzy Osbourne, poderia ter sido pior. Eu poderia ser Sting".

E tudo isso partindo de um homem cuja fase inicial de sua vida foi pouco abençoada com a felicidade. Refletindo sobre seus primeiros anos, ele comentou: "Quando eu frequentava a escola, não era uma escola de verdade. Eu sofria de DDA [distúrbio de déficit de atenção] e dislexia, igual aos meus filhos. Então, olhar para a lousa era o mesmo que ler em chinês para mim. Era muito humilhante. Eu usava o humor e cantava para me virar. Abandonei a escola, fui em busca de um ofício. Para conseguir um aprendizado, escrevi 'encanador'. Quando pensei nisso, notei que a única vez que o encanador trabalha na Inglaterra é quando os canos se rompem no inverno. Bem, eu odeio o frio, então isso não durou muito... Quando entrei em uma banda, era apenas para me divertir. E eis que gravamos nosso primeiro disco e eu nunca mais olhei para trás desde então... A maior novidade em minha vida veio quando surgiram os Beatles. Eles me seduziram totalmente e eu pensava, 'Essa é minha saída, minha música'. Eu costumava fantasiar, como todos os garotos fazem, sobre Paul McCartney se casando com minha irmã e todas essas coisas malucas. Isso me impulsionou em direção à música e ao meu primeiro show".

Em novembro, Ozzy lançaria outro álbum de covers – na sequência de versões covers que ele havia incluído em *Prince of Darkness* anteriormente no mesmo ano – intitulado *Under Cover*. Ele daria um passo em direção à carreira de sua esposa ao recrutar, como o diretor musical do álbum, Mark Hudson, o professor de canto que aparecia junto com Sharon no *The X Factor*.

O álbum foi recebido de forma um tanto depreciativa pela maioria dos críticos – o destino de 99% dos álbuns covers, embora as pessoas continuem gravando do mesmo jeito –, que notaram que o último álbum com canções originais de Ozzy fora lançado quatro anos atrás, apesar de uma gama de reedições, pacotes, álbuns ao vivo e outros projetos que bloqueavam seu caminho em direção a um trabalho mais recente com o Sabbath e com sua própria banda. Mas é improvável que as palavras dos críticos incomodassem Ozzy, que estava cheio de ideias em sua agenda. O show *Osbournes* já havia acabado (sua quarta e derradeira temporada já havia terminado as filmagens, levando Ozzy a comentar: "As pessoas em Hollywood fazem a realidade ensaiada. Nosso [show de TV] era realidade verdadeira. É como ter a garrafa deixando que seu lado ruim seja exibido, e seu lado bom também... é como se seu filho estivesse indo embora de casa. Senti falta. Você fica condenado se faz e fica condenado por ter feito") e o próximo projeto na fila era o musical Rasputin, um tanto implausível. Como ele ponderou: "Eu me identifico com ele. Ele viveu um estilo de vida de um roqueiro sem as guitarras. Está tudo escrito e tem muitas pessoas interessadas, mas é o trabalho de minha esposa e manager conseguir o melhor negócio. Estamos procurando produtor de alto nível, não qualquer um cabeça-dura".

Na época do fechamento deste livro, não houve mais lançamentos de Ozzy Osbourne, Kelly Osbourne, Tony Iommi, Geezer Butler, Bill Ward ou do Black Sabbath. Mas isso não significa que o conto terminou...

CAPÍTULO 30

2006

Entrando em 2006, parecia que a história de Ozzy e do Black Sabbath finalmente mudaria de patamar. Relacionamentos de longa data mostravam sinais de rachadura, e a idade avançada se instaurava para um número de pessoas e eventos.

Os fãs do heavy metal, e em particular a nova geração de entusiastas de guitarristas, ficaram perplexos quando veio o anúncio em janeiro de que Ozzy Osbourne estava procurando um novo guitarrista. Ao que tudo indica, Zakk Wylde tinha saído ou estava saindo da banda. Os escritórios dos Osbournes ficaram carregados de inscrições de guitarristas de dedos ágeis que sonhavam em se tornar o novo Randy Rhoads, ou o novo Jake E Lee ou inclusive o próximo Zakk.

Entretanto, em questão de semanas veio uma declaração da equipe de Ozzy: "Ozzy gostaria de agradecer a todos que investiram seu tempo para enviar inscrições para ser seu novo guitarrista. Na época em que anunciamos a vaga, o calendário de Zakk Wylde com o Black Label Society estava um tanto carregado. Felizmente, Zakk agora retornou e reorganizou sua agenda de forma que o torna disponível para compor, gravar e fazer turnês com Ozzy em 2006 e além. Portanto, a busca para um novo grande talento da guitarra foi cancelada. Gostaríamos de pedir sinceras desculpas a todos os talentosos músicos (e há muitos deles) que ficaram animados com essa incrível oportunidade e desejamos a todos muita sorte em todos os seus desafios musicais futuros".

Ao que tudo indica, o desastre foi evitado.

Em seguida, foi a vez do antigo baixista de Ozzy, Rudy Sarzo, ir a público na revista *Rock Eyez* com a reivindicação de que Sharon Osbourne havia tentado impedir a publicação de sua autobiografia, da seguinte forma: "Tenho um livro chamado *Off the Rails* e minha editora na época, Cherry Lane, sugeriu o subtítulo *Off the Rails – My Adventures in the Land Of Ozz*. Um dos motivos que me fez escolher Cherry Lane não foi apenas por causa de seu relacionamento com John Sticks, o editor, mas também por causa de sua ligação com Randy [Rhoads]. Ele era o editor da *Guitar World* e conheceu Randy muito bem. Eu sabia que o livro ia ser um trabalho feito com muito amor. Mas o que aconteceu foi que Cherry Lane também tem a partitura do catálogo de Ozzy/Randy. Portanto, quando Sharon Osbourne descobriu que o livro estaria pronto para ser lançado no dia 14 de setembro, eles entraram com uma 'ação preventiva judicial' e aplicaram pressão. Após vários comunicados entre os advogados de Cherry Lane e os advogados de Osbourne, o assunto se resumiu a Sharon me escrevendo uma carta muito desagradável e dando um ultimato à Cherry Lane que, se o livro fosse publicado, ela (Sharon Osbourne) iria extrair o catálogo. Por isso o contrato foi liberado... agora tenho outra proposta em andamento e ele ainda vai ser lançado – graças a Deus! O editor chefe da *Guitar World* também me contatou porque eles querem fazer um tributo a Randy. Eles querem fazer uma edição totalmente inédita e vão usar alguns trechos do livro".

Por que Sharon não queria que o livro de Rudy fosse lançado? Você terá de ler para saber.

Em seguida, Ozzy deixou muitas pessoas surpresas quando concordou em aparecer em um comercial de TV no Reino Unido para um produto substituto da manteiga chamado I Can't Believe It's Not Butter [Não Acredito Que Não é Manteiga], que foi relançado recentemente. O proprietário da marca, a Unilever, tinha gastado 7 milhões de libras na propaganda, que destacava Ozzy e um comediante de TV chamado Jon Culshaw desajeitados em uma cozinha como idiotas tentando preparar algo e pegando a manteiga (ou a versão alternativa) na geladeira em meio a um caos total.

O gerente da marca, Noam Buchalter, foi citado dizendo: "O objetivo da atividade é comunicar as melhorias feitas com a manteiga e destacar a nova embalagem... I Can't Believe It's Not Butter agora tem um gosto tão mais parecido com a manteiga que os dois Ozzys não conseguem sentir a diferença... [nosso produto] sempre tem sido um grande imitador da manteiga e isso nos orgulha. Quem é o melhor para estrelar no comercial do que o melhor imitador do Reino Unido? Jon e Ozzy fizeram uma grande dupla de atuação e suas personalidades contagiantes farão um grande impacto nos consumidores".

Mais do que um punhado de fãs se perguntaram como Ozzy havia se rebaixado tanto.

Mas nem tudo eram más notícias. Muito havia sido feito no fim de 2005 e início de 2006 para que nossos heróis fossem consagrados no tão esperado Rock and Roll Hall of Fame [Salão da Fama do Rock and Roll], uma distinção que eles haviam rejeitado em várias ocasiões, mas que Ozzy agora sentia que poderia valer a pena para o bem de seus parceiros de banda. Como ele colocou, "Você se ergue, em seguida você é derrubado, em seguida você se ergue, e você é derrubado, e estou pensando sobre uma de minhas entrevistas em que disse algo sobre o fato de que, por que o Hall of Fame era julgado apenas pelo pessoal da indústria? Mas eu estava dizendo aquilo porque estava puto... os fãs deveriam votar, as pessoas ou sei lá. Não consigo me lembrar".

No dia 13 de março de 2006, a cerimônia ocorreu no hotel Waldorf-Astoria na cidade de Nova York. As celebridades que acolheriam o Black Sabbath na seleta elite eram nada menos que o Metallica, a banda de maior vendagem de todos os tempos, que de várias formas eram os herdeiros do legado do Sabbath. A banda de San Francisco também apresentou um *pot-pourri* que incluía "Hole in the Sky" e "Iron Man" diante de uma plateia repleta de estrelas. O baterista do Metallica, Lars Ulrich, o porta-voz habitual da banda, começou seu discurso com as seguintes palavras: "Oh, a propósito, Sharon, se eu estragar isso de alguma maneira, por favor, nada de ovos. Esse é meu melhor traje de couro, esse é meu melhor traje de couro".

Ele prosseguiu: "De qualquer modo, eu me pergunto quantas vezes nesta mesma noite nos últimos 20 anos que as palavras 'Se não fosse por vocês, nós não estaríamos aqui' foram pronunciadas. Bem, aqui vamos mais uma vez. Bill, Geezer, Ozzy e Tony, se não fosse por vocês, nós não estaríamos aqui. É óbvio, se não houvesse o Black Sabbath, não haveria o Metallica. Se não houvesse o Black Sabbath, o rock pesado e o heavy metal como conhecemos hoje pareceria, soaria e teria o formato muito, mas muito diferente. Se não fosse pelo Black Sabbath, eu possivelmente ainda seria um garoto entregador de jornais pela manhã – sem diversão, sem diversão. Portanto, obrigado por se encontrarem, obrigado por se conhecerem e obrigado por formarem uma banda para que eu pudesse ter algo relevante e importante para fazer nesta noite de segunda-feira em 2006".

Lars prosseguiu com uma passagem um tanto histórica sobre a árvore genealógica do metal, antes de concluir com as seguintes palavras: "Todas as bandas de metal e todos os chamados subgêneros do metal ainda traçam sua linhagem a uma única origem: quatro garotos no começo da vida adulta dos arredores de Birmingham que deram o nome à sua banda baseado em um filme de terror italiano de 1963 estrelado por Boris Karloff. Consequentemente, eles mudaram o rock pesado e com isso toda uma árvore genealógica do metal e tudo aquilo que, para o bem ou para o mal, o metal prega, foi e será para sempre tanto revigorado como elevado".

Em seguida, ele relembrou uma incrível anedota do início da carreira, quando o Metallica estava acompanhando Ozzy em uma turnê nos Estados Unidos em 1986. "Eles estão mijando? A pergunta 'Eles estão mijando?' ainda ecoa em minha mente. Estamos em 1986, e tivemos a sorte grande de conseguir o tão cobiçado espaço de abrir a turnê *Ultimate Sin* de Ozzy. Nós, geralmente, quando nos davam a oportunidade para fazer a checagem do som, começávamos improvisando com algumas canções do Sabbath – seja 'Symptom of the Universe', 'Fairies Wear Boots', 'Sweet Leaf', ou qualquer outra. Aparentemente, enquanto o som de nossa humilde tentativa de tocar uma música do Sabbath chegou ao camarim de Ozzy, sua primeira reação – foi o que me contaram – foi, 'Eles estão mijando?'. E, como mais tarde fomos intimidados, se realmente estávamos 'mijando', receberíamos o final de – algo com que eu não era familiarizado na época – algo como, um 'aperto de mão de Birmingham', do qual eu podia imaginar apenas o pior. Então agora eu posso responder à pergunta de Ozzy pessoalmente, cara a cara. Não, Ozzy, nós não estávamos mijando. Éramos apenas quatro garotos com nariz escorrendo em nosso primeiro giro com os grandes, esperando [que você se juntasse] a nós no palco... E, com isso, Bill, Geezer, Ozzy e Tony, eu os saúdo com muito amor, respeito, reconhecimento e gratidão. Muito obrigado".

O guitarrista do Metallica, James Hetfield, fez um breve discurso emocionado, chegando próximo de derramar lágrimas, recordando quando tinha 9 anos de idade e tocava os LPs do Black Sabbath em seu quarto: "E agora com vocês, como um ex-garoto de 9 anos que vos dirige a palavra aqui, e como um músico adulto – sei que essas duas palavras não combinam muito –, noto que sem a definição deles do som, como meu amigo Lars disse, não haveria o Metallica, especialmente com um

James Hetfield. Nunca conheci uma banda mais influente e atemporal. Eles espalharam sua doença maravilhosa por gerações de músicos. Eles são sempre listados como uma influência pelas bandas pesadas até hoje. Eles são amados e altamente respeitados como os pais da música pesada. É um verdadeiro sonho realizado e uma imensa honra para mim, e o garoto de 9 anos que ainda habita dentro de mim, acolher no Rock and Roll Hall of Fame um grupo tão importante de músicos. E, nas palavras de nosso destemido líder, Ozzy Osbourne, 'Vamos botar para foder!'".

Mais tarde, Hetfield contou à revista *Rolling Stone*, "Era como se, 'Oh, não, vou começar a chorar'... Eu não sabia que isso ia acontecer até que essas emoções brotaram diante daquela plateia, mas isso mostra o quanto o Sabbath significa".

Embora o próprio Sabbath não se apresentasse (inevitavelmente os rumores circularam), a banda se mostrou mais do que generosa em seu agradecimento ao próprio Hall of Fame e ao Metallica pela homenagem que eles prestaram. Ozzy falou sobre a apresentação do Metallica, "Eles tocaram melhor do que excelente!", e acrescentou, "O que fiz foi errado. Eu tinha lido uma entrevista em que Bill dizia, 'Eu queria ser homenageado, mas respeito a decisão de Ozzy'. E pensei, 'Que merda que eu sou! Não sou o Black Sabbath. Nós quatro somos o Black Sabbath'. E, no final das contas, eu também me senti honrado de estar presente. É algo para deixar à minha família quando eu partir".

A imprensa deu total cobertura ao assunto após o evento, com Iommi contando a *Billboard*: "Honestamente falando, estou realmente emocionado com isso. É claro, você não tem como dizer que não se sente emocionado com qualquer prêmio, especialmente um como esse... Ou seja, sinto que deveríamos estar lá, porque, sem querer puxar a sardinha para meu prato, acho que fizemos muita coisa pela música, por aquilo que oferecemos à indústria fonográfica... nós provavelmente ouvimos desde o primeiro dia, você entende, que 'Você nunca vai ser tão bom, você nunca vai durar' e todo esse tipo de coisa. Mas durou e resistiu ao tempo, agora já são 38 anos".

Ozzy acrescentou: "Durante todo o início da carreira do Black Sabbath, nunca conseguimos uma boa crítica de um concerto, nunca conseguimos uma boa crítica de um álbum e gostávamos disso naquela época, porque não queríamos agradar a mídia ou qualquer pessoa porque somos uma banda do povo. Após minha saída do Black Sabbath em 1979, pensei, 'É isso, eu provavelmente vou acabar na fila dos desempregados'. Então, eles seguiram e fizeram dois grandes álbuns com Ronnie James Dio, e no final disso, as pessoas vinham a mim quando comecei o Ozzfest, e eu ouvia o tempo todo que, 'Não sou digno', e toda aquela porcaria, você entende? E no começo eu ficava do tipo, 'Vocês estão brincando? Vocês estão pegando no meu pé'. Elas diziam que o Sabbath era sua maior influência, e eu dizia, eu acredito que Tony era subestimado por ter criado aqueles riffs".

Iommi explicou sobre o poder da música: "Vem de dentro, vem do coração. É algo que minhas crianças conseguem associar porque não é técnico, você não precisa ser um gênio para tocar. É um poder bem simples e direto... os riffs são muito simples e fáceis de entender, as melodias que vão em cima também, portanto acho que você consegue se relacionar com isso de forma mais fácil do que com algo mais técnico, porque não somos técnicos".

Geezer admitiu que o futuro do metal parece estar em boas mãos, quando questionado sobre quem poderiam ser os sucessores do Sabbath: "Metallica. É difícil dizer porque é muito passageiro hoje em dia. Depende do que eles façam. *Metallica* é um dos melhores álbuns que já ouvi. Esse é um álbum clássico, esse é tipo de música que eu realmente gosto de ouvir; algo que é pesado, mas com um lado melódico ao mesmo tempo. Corre ainda nas veias do Sabbath, assim por dizer. Não é tão extremo, em que você fica, 'O que ele está fazendo com o baixo?' ou que o vocal soa como se o vocalista estivesse vomitando. Gosto de bandas. O Metallica tem canções poderosas. É isso que está faltando em muitas bandas – elas conseguem fazer os riffs, mas as canções não conseguem se sustentar como verdadeiras canções. Gosto de ouvir uma canção de verdade, um excelente riff, uma boa linha vocal e boas letras. Na realidade, sou muito antiquado, mas ainda funciona. O Metallica vendeu muito ao redor do mundo, portanto, se seu negócio é o metal, isso provavelmente é o que muitas pessoas gostam de ouvir. Para mim, ele traz muitas canções fortes... O Metallica admitiu que eles foram influenciados pelo Black Sabbath. De fato, Lars Ulrich, o baterista do Metallica, disse que ele nunca tinha ouvido falar do Led Zeppelin quando era criança. Ele cresceu ouvindo os álbuns do Black Sabbath.

O Iron Maiden foi provavelmente a primeira banda que eu li que admitiu à imprensa que nós o influenciamos. O Anthrax foi a primeira banda que eu ouvi tocando um cover do Sabbath. Acho que o Cathedral é muito similar ao Sabbath. O Soundgarden é uma das bandas que ouvi que mais se aproxima do som original do Sabbath. Inclusive, quando Chris Cornell canta, ele me lembra de Ozzy. Geralmente, trata-se do tipo de música de que muita gente gosta; eles inclusive optam também pela abordagem vocal. Acho que eles são uma grande banda. Não são como clones ou aproveitadores; eles parecem que incorporaram o sentimento e o espírito do Sabbath... é bom que conseguimos gerar toda essa influência do mesmo modo que Hendrix ou o Cream me influenciaram; que eu sirva como isso para eles ao invés de alguma antiga banda que já passou dos anos 1960 ou 1970. As pessoas nos mantêm vivos com sua música".

Mais mistérios seriam esclarecidos quando Ozzy e Sharon apareceram no dia 10 de março na transmissão do *The Howard Stern Show*, cujo site relatou logo em seguida: "Quando Ozzy e Sharon vieram ao estúdio, Howard comentou que Sharon estava com uma aparência bem melhor para ele. Sharon respondeu que havia gastado recentemente 200 mil dólares em cirurgia plástica e que parte do procedimento consistia em os médicos extraírem gordura de seu estômago e a injetaram nas linhas ao redor dos olhos. Sharon continuou mencionando o assunto, como quem acabava de comprar um carro novo, que ela se distraía passando seu tempo sob a faca em torno de uma vez a cada três anos".

A conversa já começou bem.

E continuou: "Howard então expressou que ele sempre respeitou Ozzy por causa de seu comprometimento com Sharon, mesmo quando ela não se encontrava em sua forma física mais atraente. Ozzy respondeu que ele ficou atraído por Sharon desde que lhe fora apresentada, mas que eles dificilmente faziam sexo por causa de sua dificuldade de conseguir uma ereção, uma condição, disse ele, que foi gerada por sua dependência em antidepressivos.

Visto que Ozzy está prestes a embarcar em outra turnê neste verão como parte do Ozzfest, Howard perguntou se ele estava fazendo aquilo porque sua família precisa de dinheiro. Sharon insistiu a Howard de que ela e Ozzy estão muito bem financeiramente e que a autobiografia que ela escreveu rendeu 10 milhões de dólares apenas no ano anterior. Como Sharon mencionou seu livro, Howard questionou se uma de suas histórias – aquela da vez em que Sharon afirmou que Ozzy pôs drogas em sua comida – realmente aconteceu. Sharon disse que era verdade e recordou que Ozzy tinha colocado maconha em um ensopado que ele havia preparado para ela enquanto eles estavam namorando. Entretanto, Ozzy afirmou que a droga em questão era na realidade ácido e que dois de seus amigos foram os responsáveis pelo incidente".

Mais duas questões precisavam ser esclarecidas – a primeira, o "problema" do Iron Maiden no ano anterior, em que Sharon explicou que ela "pessoalmente tinha convidado Bruce e sua banda para se juntar à última turnê do Ozzfest e, apesar do fato de que o Iron Maiden estava ganhando 185 mil dólares por show, Bruce, que por sua vez ela considerou invejoso, falava mal de Ozzy todas as noites no palco. Por causa disso, Sharon relatou que contratou 200 'garotos hispânicos', alguns dos quais trabalharam no hospital em que ela se recuperou de sua batalha contra o câncer, para atirar ovos em Bruce durante a última noite da turnê. Sharon percebeu que o plano transcorreu sem problemas e que Bruce passou uns momentos difíceis e olhando bravo no palco durante aquele show por causa das 'cascas de ovos na sua boca'".

Mais surpreende ainda, Sharon revelaria que "a família perdeu todos os 10 milhões de dólares que recebeu do *The Osbournes* da MTV em honorários com advogados. Sharon explicou que, após o show ter se tornado um sucesso, pessoas começaram a aparecer do nada exigindo os créditos por terem criado seu conceito e que o rendimento da família relacionado ao show foi usado para o programa".

Depois de tudo isso, Sharon tinha sido informada em seu país de origem de que a organização Freemans do Reino Unido havia votado nela como a Freemans Celebrity Mum of the Year [Mãe Celebridade do Ano da Freemans], que competia com Katie "Jordan" Price, Kate Moss e a duquesa da Cornualha. Ela se empolgou: "Estou absolutamente encantada de ter sido votada como a Mãe Celebridade do Ano da Freemans e o fato de que isso é um voto feito pelo público o torna ainda mais especial. As coisas têm sido muito difíceis nos últimos anos e o povo britânico tem apoiado muito a mim e à minha família, e perceberam que no fundo eu sou uma autêntica menina inglesa e antiquada".

A categoricamente tradicional empresa Freemans, que produz catálogos de venda por correspondência de roupas e acessórios, talvez foi motivada a conceder o título a Sharon porque ela havia também se tornado o rosto da Asda, uma rede de supermercados de baixo custo que refletia a experiência inglesa de consumo no novo século (embora fosse de propriedade da gigante firma norte-americana Wal-Mart). Durante um ano e pouco, Sharon aparecia nos comerciais de TV promovendo as lojas Asda e, como resultado, ela se restabeleceu como uma celebridade britânica reconhecida.

De fato, as manchetes recentes de certo modo vinham dedicando mais espaço sobre Sharon Osbourne do que a Ozzy, graças às suas atividades extracurriculares. Após fechar contrato para atuar na peça teatral *Os Monólogos da Vagina* em 2005 – mas cancelando quando sua filha Aimee passou por um susto com um câncer de mama –, Sharon atuaria na peça no Mayflower Theatre em Southampton. Uma noite, o espetáculo quase foi arruinado quando uns bandidos atiraram um copo de sopa quente nela, do lado de fora do teatro (eles erraram). Uma testemunha disse: “Ela estava prestes a correr atrás deles quando seu guarda-costas a impediu, agarrando-a por trás. Por sorte, ela levou isso na brincadeira e continuou dando autógrafos”.

Enquanto Sharon, manager e apresentadora de TV, explorava o teatro, e sua filha cantora se tornava uma atriz de TV, sua outra filha Aimee – uma jornalista – recentemente embarcaria em uma carreira de cantora. Os Osbournes são claramente uma família multifacetada, tanto que seria relatado nessa época que uma empresa cinematográfica queria comprar os direitos de Sharon para um filme baseado no livro *Extreme*. Entretanto, ela responderia: “O livro foi difícil de escrever. E sinto que o livro já cobriu tudo o que tinha de cobrir”.

De volta ao campo do rock‘n’roll, a formação para o Ozzfest 2006 foi anunciada – com uma diferença óbvia em relação à formação do ano anterior em que Ozzy tocaria apenas dez datas durante a turnê, que teria início no dia 29 de junho. Sobre o fardo reduzido, Ozzy comentou: “Gostaria de fazer mais gravações e menos turnês durante um ano mais ou menos. Tudo o que tenho feito durante toda a minha vida, e você não pode dizer que estou fazendo muita turnê neste momento, mas faço o que posso... Não sou mais tão jovem como costumava ser. É decepcionante quando fico doente na estrada, é decepcionante quando não consigo dar o potencial que quero e estou cansado de tomar injeções de B12 em minha bunda”.

Enquanto as discussões estavam em andamento sobre o quanto Ozzy se envolveria no Ozzfest, tornava-se evidente que ele ainda se sentia um pouco nervoso em se apresentar ao vivo. Isso significava que o último prego no caixão da carreira de Ozzy havia sido colocado naquele dia fatídico?

Afinal de contas, essa não seria a primeira vez que Ozzy reduziria sua agenda ao vivo. Em 1992, você se lembrará, ele supostamente havia se aposentado de vez das turnês. Entretanto, sobre aquela decisão mal fundamentada, ele comentou depois: “Você sabe que eu sou do tipo de pessoa que, se você me pega no dia errado, eu falo ‘Vá se foder e se afaste de mim’. Eu fico louco. Contei a Sharon, ‘Estou fazendo isso há tanto tempo. Nunca fui capaz de colher os benefícios de meu trabalho árduo. Quero me aposentar’. Ela respondeu, ‘Tudo bem’. Então fizemos *No More Tears* e anunciamos a turnê da aposentadoria, que foi um grande sucesso. Eu me aposentei, fui para casa e, de repente, descobri: e agora? Uma coisa que percebi é que você tem de ter algo para fazer quando se aposenta. Não é do tipo, estou me aposentando de um trabalho que odeio por causa de alguém que odiei durante anos a fio e que não via a hora de me aposentar. No final da turnê *No More Tears*, fui para casa e fiquei tão entediado! Eu me levantava, abria a geladeira, fechava, sentava, ficava de pé, abria a geladeira... Sharon dizia: 'O que está acontecendo?'. Eu respondia, 'Estou entediado'. Ela dizia: 'Você me deixou louca com essa história de aposentadoria!... Se não consegue ficar aposentado, então desaposente!'. Eu sou do tipo de pessoa que quando está na estrada quer ir para casa, e quando está em casa quer voltar para a estrada, então estou sempre pulando a cerca. Preciso de algo para fazer quando me aposentar – se você ficar parado e olhando pela janela o dia todo, então vai morrer".

Ozzy parece ter uma relação de amor e ódio com turnês – talvez, simplesmente considerando a carga física medonha que se exige da pessoa e as tentações que oferecem. Como ele explicou ainda em 1991, quando considerou pela primeira vez a ideia de aposentadoria: "Eu sorrio quando estou no palco; eu me divirto, você entende? Quando não está dando certo, eu fico puto, mas quando está funcionando eu sinto a emoção... É como se cada pessoa fizesse parte de minha banda e todos nós estamos em uma grande festa. Nada no mundo consegue superar esse tipo de sensação. Quando eu sinto essa vibração, essa magia que surge de dentro de mim no palco, não há mulher, não há droga, não há coisa alguma no mundo que possa ser comparada a isso. É do tipo, a emoção da plateia é melhor do que ecstasy. Acredite em mim, se você sentar e conseguir decifrar isso matematicamente, todos poderiam ser uma estrela do rock... Quando você sente a multidão em suas mãos, acredite em mim, isso vai além do que qualquer coisa que você possa imaginar. E, quando a coisa desanda para o outro lado, vai além de qualquer sensação ruim. E, quando eu não consigo fazer que dê certo por um motivo ou por outro, fico extremamente péssimo. Há pessoas que têm esse poder e pessoas que não. Eu gosto de ter pessoas trabalhando comigo que não saibam como conseguem tocar do jeito que tocam, porque eu não tenho um milímetro de ritmo. Eu vi o Aerosmith e o Mötley Crüe, e eles têm essa magia.

Mas o que geralmente acontece com as pessoas é que o ego entra no meio do caminho, seus egos começam a lhes dizer o que elas deveriam fazer. E, se você começa a dar ouvidos ao seu ego, fica fora de questão e você perde sua naturalidade. Venho fazendo isso durante 24 anos e ainda tenho a sensação horrível de que algo vai fracassar. Ainda sinto medo de palco. Sou uma péssima companhia antes do show. Quando toquei recentemente em Long Beach, eu estava gritando no telefone, 'Vai ser um desastre total! Não faço um show desde a última vez na Rússia! Vou procurar um médico, minha garganta não está boa...' É assim que eu sou. Sou uma criança malcriada antes de subir ao palco. Em seguida, de repente, eu me sinto totalmente melhor. Mas, se eu não fizesse isso, não teria esse ímpeto dentro de mim. Admiro as pessoas que jogam em um torneio de tênis. Imagine o estresse! É um contra um. Entro em pânico na primeira canção; preciso de uma canção e meia para me acalmar".

De volta ao Ozzfest 2006 – e foi anunciado que o Black Sabbath não vai se apresentar de maneira alguma. Como Iommi comentou: "Não havia como fazermos o Ozzfest novamente neste ano, porque fizemos dois anos consecutivos e existe um limite sobre o que dá para fazer, e acho que precisamos dar um tempo nisso. E Ozzy, ele particularmente não quer se apresentar neste ano, então, bom, nós faremos uma pausa, e se as coisas acontecerem de novo, nós faremos, e é assim que parece que tocamos. Tocamos de ouvido agora. Se todos quiserem fazer uma turnê e as pessoas quiserem ensaiar, nós geralmente nos reunimos e fazemos".

A agenda da turnê estava marcada para seguir até o dia 13 de agosto, com Ozzy no palco principal (nas dez datas que ele especificou) acompanhado pelo System of a Down, Disturbed, Hatebreed, Lacuna Coil e uma atração não especificada no momento deste livro. O segundo palco seria montado para destacar uma mistura de atrações respeitáveis de segunda linha, incluindo Black Label Society, Bleeding Through, Strapping Young Lad e The Red Chord.

Obviamente, com Ozzy envolvido de forma parcial, os rumores logo corriam de que o Ozzfest estava chegando ao fim. Isso foi incitado pelos relatos de que o Korn fora convidado a ocupar um espaço, mas que havia recusado: como o guitarrista James "Munky" Shaffer contou à *Launch*, "Recebemos um convite para fazer o Ozzfest, mas eu não me lembro, fracassou muito rápido porque estamos querendo fazer nosso próprio festival. Você sabe, acho que chegou a hora de começarmos a fazer os planos para o futuro e isso teria sido um pouco acomodado. É muito fácil apenas – quero dizer, ainda é legal, mas para nós no momento, é importante para nós nos estabelecermos com nossos próprios fãs". O Korn havia realizado antes uma turnê bem-sucedida chamada Family Values em 1998 com o Rammstein, o Limp Bizkit e o Ice Cube.

Com esse acontecimento – a primeira suspeita de que o poderoso Ozzfest pudesse ter chegado ao fim – vieram mais reflexões de Ozzy e Iommi sobre o assunto relacionado à situação do metal moderno. O guitarrista ponderou: "As coisas estão muito, mas muito diferentes hoje em dia, é claro, desde quando começamos e... fomos uns dos primeiros a fazer o que estamos fazendo. Mas têm surgido tantas bandas desde então, é claro, e existem tantas bandas realmente boas, de verdade. Algumas delas que tivemos no Ozzfest são muito boas. Mas, quanto a quem [poderia ser tão influente como o Sabbath], eu não saberia... São tantas, mas eu acho que vou encontrar um caminho no final, sempre acontece. Isso de dar voltas e alguém aparece. Mas, se tem longevidade, eu não sei. Não sei se isso está acontecendo agora. As coisas parecem andar muito mais rápido, e as pessoas entram e saem, você entende? Ser capaz de aguentar 30 ou 40 anos é um pouco de milagre hoje em dia, imagino".

De forma convicta, Ozzy defendeu a turnê, dizendo: "O Ozzfest é um tipo de circo na estrada, você entende? É uma das coisas que me deixa orgulhoso. Não há lugar algum onde essas crianças possam tocar, então damos a elas um lugar para tocar sua música... o System of a Down saiu daí, e muitas bandas começaram no Ozzfest. O Limp Bizkit, a lista vai longe. O Korn, eles venceram".

O legado do Ozzfest, se é que vai deixar um, será a inspiração para tocar música, ponderou Ozzy: "Gosto de sentir que, se eu passei a tocha adiante, se transmiti a qualquer criança por aí a inspiração de pegar uma guitarra ou um microfone, ou montar uma banda e querer se divertir, então isso é excelente, mas certamente não era minha intenção pessoal que essas coisas acontecessem, entende? Quero dizer, não estou dizendo que não gosto. Eu amo isso, sabe? Eu seria um idiota se dissesse que não gosto. Ou seja, amo cada minuto disso, mas, para ser honesto com você, eu não sei como lidar com isso".

Então que tal um novo álbum do Sabbath? Afinal de contas, seria uma vergonha genuína se essa banda fantástica terminasse sua carreira de estúdio com o álbum *Forbidden,* de 1994.

Questionado anos depois por que *Forbidden* foi um álbum tão fraco em um chat do fã-clube do Sabbath, Iommi explicou: "Não fiquei feliz com aquele álbum. No início eu estava, mas quando você pensa... você fica tão envolvido e não vê o que há de errado. Trouxemos Ernie C. para fazer a produção; e que foi um pouco difícil porque eu tive de deixá-lo entrar, porque ele havia sido trazido para fazer aquele trabalho. Um dos problemas é que nós não estávamos todos presentes ao mesmo tempo – quando estávamos compondo. Cozy e Neil ainda estavam concentrados fazendo outras coisas, então acabou ficando apenas com Tony Martin, Geoff Nicholls e eu tocando, improvisando e escrevendo algumas ideias. Tudo foi feito de forma muito rápida e não tivemos tempo para refletir, para garantir que eram as canções ideais e a forma certa de fazê-las... porque estávamos sem baterista, Cozy estava fora fazendo outras coisas".

Ao que tudo indica, o tão desejado novo álbum do Black Sabbath talvez nunca se concretize, com Ozzy raciocinando: "Amo os rapazes e nos divertimos e tudo se tornou amigável novamente. Mas é hora de seguir em frente. Não quero fazer outro álbum do Sabbath, não se não for desde o princípio. Eu poderia colocar qualquer um dos álbuns antigos lá fora que provavelmente venderia. Mas qual é o sentido em demolir uma coisa tão boa?".

Iommi contou à *Billboard*: "Conversamos sobre o álbum e conversamos umas duas vezes aqui e ali, entende, mas eu agora sigo conforme a correnteza. Se for [bom], eu adoraria fazer outro álbum, mas tem de ser bom e não simplesmente fazer um álbum por fazer. Nós não faríamos isso. Tem de ser um álbum muito bom. Mas não avançamos muito nisso, e parece que as coisas ficaram muito quietas".

Curiosamente, quando Iommi disse que as coisas ficaram muito "quietas", ele parece ignorar o fato de que ele, junto com Ozzy e Sharon, é o principal instigador de qualquer movimento novo nessa direção. Mas isso aponta para um simples fato: talvez ele sinta que já fez tudo o que queria fazer. Declarações dadas anteriormente confirmam esse fato, como ele disse uma vez: "Não acho que tenha outras grandes realizações. Quero dizer, o Sabbath me permitiu realizar muitas coisas que eu almejava realizar. Não me refiro ao financeiro – tem mais a ver com o reconhecimento por aquilo que faço. Quando surgiu o Hall of Fame, aquilo foi uma grande homenagem... não há nada que eu consiga pensar que eu realmente queira fazer. Estou muito feliz do jeito que as coisas estão, estou muito feliz com minha vida no momento".

Não é como se Iommi não tivesse mais inspiração musical, como ele disse: "Tenho fitas em casa... caixas e caixas de fitas cheias de riffs. Por exemplo, é difícil rotular um riff – talvez tenha mais de 200 riffs em uma única fita; a menos que haja uma canção de que eu não me lembre que riff é. Você entende? Fita número um, riff número 25 – o que é isso? Como você descreve isso? É muito confuso! Se alguém tiver alguma ideia como classificar tudo aquilo, seja bem-vindo!".

Ozzy acrescentou: "Bem, nós tentamos. Acho que irá acontecer ou não irá acontecer. Quero dizer, eu provavelmente poderia entrar no estúdio amanhã com eles e sair com um álbum composto por Tony Iommi, Bill Ward, Geezer Butler e eu, mas, se não estiver acima do padrão que costumávamos estar, por que então fazê-lo? Porque é chamado de "Black Sabbath", porque será Ozzy, Tony, Geezer e Bill. Isso é muito difícil de se fazer, porque hoje nós todos somos pessoas diferentes; todos nós seguimos nossos próprios caminhos e temos nossas próprias famílias, não somos mais quatro rapazes irados. Mas tenho certeza de que poderíamos fazer um disco, mas, se não estiver à altura, então eu não faria. Tentei compor, algumas coisas ficaram ok... Li algumas coisas em umas dessas revistas que dizem, 'Ei rapazes, vocês deveriam se livrar de Ozzy; vocês não querem fazer um álbum'. Você tem de ser muito maluco. Se você acha que eu não faria um álbum do Black Sabbath se o material for bom, você deve estar chapado".

A recente pressão no Sabbath não tinha a ver apenas com um novo álbum, mas também com um pacote cheio de raridades e clássicos ao vivo. Nominalmente responsável pelo catálogo, Iommi comentou sobre as várias versões piratas disponíveis: "Já tive cópias – fitas – que me foram passadas. Não posso ir diretamente às lojas porque eles me conhecem, e se eu for, 'Você tem alguma versão pirata do Black Sabbath?'. Eles responderão, 'Oh, não, nós não fazemos isso!'. Eu não compro as versões piratas, mas se me enviam eu as escuto e vejo como é que são. Tem uma coisa que eu realmente não gosto sobre elas, é que, se vão fazer uma versão pirata, pelo menos façam com uma boa qualidade para que as pessoas que estiverem comprando esse álbum tenham um bom som para ouvir, em vez de uma porcaria de som que todas essas versões piratas apresentam... Gosto de ouvi-las... Também gosto de ouvir a lista de repertório que montaram na época. Embora tenha guardado fitas durante anos; eu costumava gravar todos os shows que tocávamos, tinha milhares e milhares de fitas! Gosto de ouvi-las, o problema é a qualidade do som".

Ozzy contou à MTV que encontrou um arquivo com o material do Sabbath: "Encontrei mais deles... Procurei ao redor e joguei fora cerca de 50 mil caixas de cheeseburger, e encontrei outra caixa cheia de fitas, e as enviei a um laboratório aqui em Nova York que consegue consertá-las. É incrível o que eles conseguem fazer com essas coisas hoje em dia. Ou seja, eles trazem tudo de volta à vida, você sabia? Não sei o que eles devem fazer. É realmente bom... Estavam em uma pilha cheia de nós. Passei meio dia tentando desenrolá-las, mas sabia que eram velhas, porque na caixa dizia... no início, quando mudamos o nome para 'Black Sabbath', como as crianças, nós costumávamos escrever o nome de várias formas diferentes... em estilos diferentes mais legais, você entende, e eu sabia que ainda éramos crianças na época. Então eu abri a caixa, e tinha uma fita velha toda embolorada, e eu pensei, 'Uau'. Era como encontrar a Arca perdida ou algo parecido. Fiquei do tipo, 'O que é isso?'. Amo isso. Estávamos tão fora do ritmo. Eu estou mais fora do ritmo. Eu me esqueci dos álbuns. Então, descobrimos recentemente outra caixa cheia de pedaços de fitas, que vou enviar ao laboratório para ver o que tem nelas. Provavelmente vai haver um monte de entrevistas ou algo, você entende".

Mas não há como saber o que vai acontecer nesse ramo. Nós nem sequer sabemos quem é mais o responsável pela banda.

O futuro de músicos individuais, mesmo que não haja mais um "verdadeiro" Black Sabbath, é algo interessante de prever. Por exemplo, Bill Ward é certamente um homem com potencial. Ele parece ser uma pessoa renovada, como contou à *Shockwaves*: "Sinto que adquiri um pouco mais de confiança. Estou tentando também aprender outros instrumentos e permitindo que minhas melodias apareçam mais. Não tenho restrições comigo mesmo – o que for para sair de mim, permitirei que saia. Em termos de letras, estou virando novas esquinas o tempo todo, porque estou no processo de autoconhecimento e o que eu era há 19 anos atrás, não sou mais. Estou sóbrio há 19 anos, mas sinto que cresci um pouco, o suficiente para me identificar um pouco mais... É fácil culpar e criticar... eu era assim. Era fácil cobiçar e culpar as confusões dos outros. É fácil olhar para alguém e dizer, 'Olhe aquele bundão, é vergonhoso'. Todos esses ingredientes em uma pessoa são um tanto negativos, e acabam com o corpo destruindo-o em pedaços... Sei que Henry Rollins é um grande fã do Sabbath, e ele comenta às vezes sobre os altos e baixos que passa. Se a música que eu componho pode ajudar outras pessoas de alguma maneira, então é ótimo. Se eu me julgar pelo que estou fazendo... não cabe a mim permitir esses tipos de julgamento sobre minha própria pessoa, teria de parar de fazer isso porque me deixaria louco".

Como muitos alcoólatras recuperados, Bill parece ter vivido a vida quase como se fosse duas pessoas separadas – antes e depois da bebida. "Eu costumava matar a dor. E agora estou encarando a dor. Não estou livre da dor todos os dias – sou apenas um bêbado comum. Sou apenas um bêbado sóbrio. Não aguentava a dor por muito tempo, cara. Tudo aquilo que era refletido no Sabbath para mim era tudo uma vida passada. Não consigo viver 100% daquilo que eu era na época. E tudo aquilo significava algo – todas aquelas canções do tipo 'War Pigs' – eram preciosas para a história da arte. Quando me juntei no reencontro – como uma pessoa sóbria –, por um momento tive de me questionar e disse,

'Como é que eu vou tocar em um reencontro se as canções emulavam minha vida de bêbado?'. Então parei por um segundo e disse, 'Foda-se, isso sou eu... isso era eu'. Tudo o que você tinha de fazer era entrar em contato com você mesmo como você é e, assim que eu conseguisse unir as duas coisas, não haveria problemas."

Ele tem sorte: conseguiu conservar suas faculdades mentais o suficiente para recordar toda a sua carreira. Ao que tudo indica, Ozzy não consegue fazer o mesmo. Como Ward disse: "Eu tenho boas lembranças. Agora que estou me tornando um velho, olho para trás e penso, 'Meu Deus, esses rapazes são tão lindos'. Estávamos em um avião voltando do Texas outro dia, e eu olhei as nuvens e por algum motivo comecei a pensar em Geezer, em seguida vi Ozzy e depois Tony e todos eles pareciam bem e jovens, e isso é a pura verdade, juro por Deus... Comecei a chorar um pouco. Estava chorando porque era uma bela visão. Isso talvez pareça um pouco antiquado, mas eu consigo enxergar isso agora... quando estava bebendo, eu tinha essas emoções, mas era um sentimento distorcido, agora não há mais distorção. Estava distorcido porque os altos eram realmente altos, então a risada durava um pouco mais de uma hora, e os baixos eram realmente baixos – então, se eu estava realmente com raiva... eu realmente ficava com raiva! Agora os altos ainda estão lá, mas não dou risada por uma hora – também se eu fizesse isso provavelmente teria outro ataque cardíaco!".

Quanto à saúde, Bill está em boa forma, como ele me contou em 2005: "Tive um problema cardíaco sete anos atrás, então tento me cuidar. Caminho bastante e faço bastante exercício rigoroso, portanto tento me manter realmente ativo". Ele acrescentou: "Deixo o conselho para os conselheiros, aqueles que sabem de alguma coisa! Em minha vida privada, passo bastante tempo com outros alcoólatras. Converso sobre o assunto o tempo todo. Eu os ajudo e, ao ajudá-los, eu me ajudo. Se eles querem ficar sóbrios, eu os ajudo. Tenho estado em um programa de 12 passos durante um bom tempo. Passei por nove hospitais no total, o que não é incomum. Mas consegui ficar limpo no final das contas. Estou em meu 22º ano agora. Sim, fiz terapia – depois que fiquei sóbrio percebi que havia muitas coisas acontecendo comigo e que eu não sabia. Mas fiz terapia para certas coisas. Mas você sabe, eu não bebo: eu não, hum, eu não faço minha recuperação todos os dias porque estou desejando uma bebida, não tem nada a ver com isso. Faço minha recuperação todos os dias para ter uma vida realmente decente, e o que eu quero dizer com uma vida decente é a maneira como eu me sinto por dentro. Não quero dizer que quero ser um milionário ou qualquer coisa do gênero:

na realidade é o oposto da posse material, você entende? Tem a ver com sua própria força... Foi mais fácil ser tudo. Estou me recuperando como um músico nos últimos 22 anos. Não sabia nem quem eu era até que comecei a ficar sóbrio. Ainda estou descobrindo todos os tipos de coisas sobre mim, e me incentivo até onde consigo me incentivar. Como um baterista, tenho muito que aprender. E eu me incentivo como um músico e como um pai. Sinto como se estivesse começando minha vida, na maioria dos dias".

Bill ainda está tentando concluir seu álbum, *Beyond Aston*. Ele me contou: "Ainda estou tentando terminá-lo. Faço pouco a pouco porque eu mesmo estou financiando, você entende. Tenho uma gravadora, mas ela não está tão bem financeiramente no momento, entende?! Ainda faltam umas mixagens para fazer, mas no mais está quase pronto. Tenho outros dois álbuns a caminho que quero terminar, porque isso está me deixando louco".

Ele também quer que um novo álbum do Sabbath seja gravado: "De meu ponto de vista, Tony é o mais motivado para seguir adiante com um álbum do Sabbath, e pelo que sei todos ainda querem fazê-lo. Eu tenho de me esforçar um pouco para fazê-lo. Estamos tentando arrumar um tempo para concluir o processo de composição. Compusemos umas coisas alguns anos atrás, acabou minguando e parou. Desde então, temos feito turnês, mas a conversa sobre fazer um novo disco ainda não morreu. Todos nós confirmamos que gostaríamos de terminá-lo... Funciona da seguinte forma: se Oz estiver ok e pronto, então receberemos um telefonema de Sharon ou de um manager. É assim que funciona o motor. Se você me perguntar se eu estou pronto, eu diria que sim, pode ter certeza de que estou bem pronto! Mas Sharon e Ozzy têm de concordar com isso. A última coisa que Sharon me disse em setembro no Ozzfest foi que temos de arrumar tempo para esse novo álbum. É algo que está no ar há muito tempo. Adoraria subir ao palco com um material novo, música nova que agita e que diverte. Ainda estamos afiados tocando e não vejo por que não podemos montar algumas coisas boas".

Quanto aos membros da banda, é Bill aquele que está mais em contato com o cenário do metal atual, graças a um show de rádio na internet em Los Angeles que ele apresenta todas as semanas. (Iommi tem um show similar – chamado de *Black Sunday*, mais focado no rock clássico.) Como Ward me contou: "Acho que, o que falta em termos de alma no metal extremo moderno, eles compensam com energia e técnica. Veja o In Flames, Shadows Fall, Killswitch Engage – apenas três bandas que me vêm à mente –, a energia deles é incrível. Eu teria muita dificuldade em acompanhá-los, honestamente, com a energia que eles colocam no bumbo. Esses garotos estão tocando 32 batidas! Fiz isso com o Black Sabbath no que seria considerado como um verdadeiro baterista rápido no bumbo na época, mas do jeito que esses garotos estão tocando... eles têm pratos especiais agora que não são ortodoxos e nem aqueles que estamos usando nos últimos 50 anos. Passei um bom tempo com esses bateristas, e ficava, que é isso que você fez ali? É quase como se estivessem dançando nos pedais. E olhe que alguns desses rapazes são bem obesos! Gene Hoglan do Strapping Young Lad é um exemplo de um cara que talvez não seja tão fino como um violino, mas que pega pesado porque ele dança".

Ele prosseguiu: "Tenho um show de rádio aqui todo mês, que faço todo mês em Los Angeles. Toco Grave, In Flames, Soilwork... minha banda favorita neste momento é o Mnemnic, que assinou contrato com a Nuclear Blast. Eles são ótimos, adoro! Do tipo mais refinado como o Slipknot. Adoro o Knot, tenho alguns amigos nessa banda. Eles são uma das bandas que começou com tudo isso. Olhando para trás, veja o Slayer e o Metallica: você vê onde toda essa batida começou. Também adoro o The Mars Volta, Machine Head, American Head Charge, Pantera, é claro... Eu me senti um pouco estranho tocando Pantera na rádio desde que Dimebag morreu. O Pantera era uma grande banda. Então essas são algumas das bandas que eles tocam regularmente. Adoro a nova música".

Geezer também é uma figura reformada desde à época em que deu cabeçadas na estátua, embora tenha uma depressão clínica para lidar, como ele me contou: "Nós conversamos sobre isso regularmente, assim que admitimos o que tínhamos! Ozzy e Bill se ajudaram um ao outro com seu alcoolismo também: Bill se tornou um conselheiro sobre o alcoolismo, então ele e Ozzy ficaram muito próximos em todos os aspectos para lidar no decorrer dos anos. Mas, como eu não era um alcoólatra, eu não estava envolvido naquilo". Com tudo isso sob controle, uma carreira solo parece altamente provável para Butler.

Musicalmente, Geezer é um músico que melhorou muito desde o início da carreira, dizendo: "Eu realmente melhorei muito desde aquela época. Embora, às vezes, ouça o primeiro álbum e pense, 'Como eu consegui fazer aquilo?'. Não tecnicamente, mas da maneira em que conseguia dobrar as notas em certos trechos. Cheguei a um ponto que não consigo nem olhar para o baixo sem pensar que avancei o máximo que pude com ele e não sou bom o suficiente para melhorar ainda mais – tenho uns brancos mentais sobre o que tocar. Tony aparece com um riff e fico sentado, pensando: 'O que eu vou conseguir achar para tocar com isso?'. Não que seja um riff ruim, mas é que não me sinto musicalmente capaz de fazer um riff melhor. É como um bloqueio de escritor – algumas pessoas se acostumam, outras não. Costumava ter muito disso e achava que era uma porcaria. Eu pensava, 'Eu tenho de desistir, sou absolutamente um lixo'. Ter alguém como Tony para conversar ajuda muito. A pior coisa que eu posso fazer é me reprimir e não acreditar em mim. Apenas você consegue sair disso no final. Se alguém diz, 'Que tal fazer isso?', eu penso, 'Essa é a ideia deles, não a minha, ainda sou uma porcaria?'. Você tem de dar um tempo para você mesmo. Conversei sobre isso com Tony, por exemplo, e talvez nós acabemos fazendo outra coisa e eu consiga mais tempo para voltar, e com otimismo talvez consiga criar algo que acredite que esteja à altura de meu antigo padrão... Apenas aceito meus limites – agora conheço meus limites. Fiquei tentando dominar a batida do dedão no baixo durante muito tempo. Então você ouve alguém que realmente consegue tocar e sabe que nunca vai tocar tão bem quanto eles. Além disso, não se encaixa com nada que fazemos, então para que fazer? Conheço meus limites e fico dentro deles. Não pretendo ser o maior baixista da Terra. Contanto que funcione com a banda, é tudo o que eu quero... Sempre me esforço para fazer algo além do comum em vez de apenas seguir tocando uma única nota. Tentarei e faço algo além disso".

Ele também não tem problema com falta de inspiração, com as ideias fluindo para ele em intervalos regulares: "Comigo é sempre depois de uma turnê. Você fica fazendo aquilo todos os dias e pegando o andamento das coisas. Você sai da turnê ainda pensando, 'Agora é sair e tocar'. Você termina a turnê então vai até o estúdio e grava algo. Essa é a única vez que eu fico inspirado para compor. A única coisa que me deixa inspirado de verdade é tocar ao vivo em uma turnê. Imediatamente após a turnê é quando eu consigo criar a maioria de minhas coisas. Você fica todo animado por ter tocado todas as noites. Seus dedos ficam funcionando perfeitamente. Você ainda fica pensando na estrada. Você ainda fica pensando em rock'n'roll".

Quando o assunto é compor canções, Geezer aparentemente ainda segue a velha receita do Sabbath: "Quando costumávamos compor pela primeira vez, costumava ser todos juntos. Era feito assim. Tony aparecia com um riff, em seguida eu colocava o baixo e Bill vinha junto com a bateria. Ozzy instantaneamente colocava uma letra ou uma melodia vocal em cima. Você podia ouvir a canção do jeito que ela iria ficar. Você sabia imediatamente se iria funcionar ou não e onde colocar os detalhes naquelas canções. A colaboração era imediata e estava tudo ali. Se a coisa travava, nós colocávamos um trecho de vocal em seguida, ou uma mudança. Dio gostava primeiro de ter os riffs, em seguida ele saía e voltava com sua versão; ao passo que com Ozzy era sempre instantâneo. Sempre sabíamos como iria ficar. Sempre podíamos mudar algo e era só isso e, em seguida, eu ia e colocava a letra em sua melodia e ficava pronta... Nunca tivemos receio de fazer o que sentíamos na época. Acho que foi isso que nos manteve como o Black Sabbath. Ouça qualquer coisa depois dos três primeiros álbuns; fazemos soul, não o que os demais faziam, mas havia umas linhas de baixo funk ou uns trecho funk na guitarra, alguns sintetizadores e baladas diretas. Qualquer coisa. Achávamos que acabaria com a banda se não nos deixassem crescer dentro dela... Você é reconhecido pelo trabalho original. Obviamente, nem tudo o que você escreve ou compõe é 100% original. Não tem como".

Geezer olha para o passado com um orgulho justificável, dizendo: "É legal porque quando começamos as pessoas nos colocavam para baixo, diziam que não éramos relevantes, diziam que nossa música não era música de verdade, colocavam a gente totalmente para baixo. É legal depois de todos esses anos ainda poder estar tocando e sendo aclamado por fazê-lo. Quando você vê todas essas bandas nos citando como suas influências, faz com que você se sinta relevante... quando começamos eu tinha apenas 18 anos e nós achávamos que as pessoas de 25 anos já eram velhas – e os grupos de música pop duravam apenas alguns anos e não conseguiam seguir adiante porque eles eram muito velhos. Nós crescemos em uma era em que você não podia ser velho. Era como aquela canção do The Who, 'I hope I die before I get old', mas agora parece que as bandas mais velhas são maiores do que jamais foram. Hoje você tem uma plateia misturada entre jovens e velhotes como eu.

"Acho que os anos 1980 foram o pior período... Porque você tinha um monte de bandas pop horríveis deixando crescer seus cabelos e se chamando de metal. Bandas como o Poison e o Warrant e tudo aquilo, era horrível, todas aquelas baladas horríveis e todas aquelas porcarias melosas. Aquilo não avançava para lugar algum em meu ponto de vista. Em seguida, vieram bandas boas como o Anthrax e o Metallica, que colocaram as coisas no lugar onde deveriam estar... Se você era uma banda pop, não era para se chamar de banda de metal. O Poison e o Warrant eram tão metal quanto o Backstreet Boys. As pessoas conseguiam enxergar aquilo com facilidade e é por isso que nenhuma dessas bandas sobreviveu."

É evidente que existe um pouco de frustração por parte de Geezer – do mesmo modo que Bill – de que o Sabbath ficou muito tempo parado pela inércia. "Leva muito tempo para se criar algo!", ele me contou. "Nós ainda fazemos como costumávamos fazer. Meu baixo e eu, Tony com a guitarra, e quando tentamos compor algo juntos, tudo acaba nas costas de Tony, de verdade. Quando eu apareço com um riff de guitarra, as pessoas não me levam a sério. Ficam do tipo, oh, você não é guitarrista, e isso é muito estranho porque não me deixam atravessar essa porta. Por isso que gosto de fazer minhas próprias coisas. Não consigo contornar isso: nós tentamos três anos atrás criar um material para o novo álbum, e eu toquei todo o meu material, e foi do tipo, Tony não tocou isso então nós não vamos fazê-lo. Fiquei muito puto e acabei dizendo a eles que Tony e Ozzy podem ir e compor o álbum, e que eu tocarei o baixo assim que eles terminarem de compor. Já me acostumei tanto a fazer minhas próprias coisas, e gosto de trabalhar muito rápido, ao passo que eles gostam de fazer com calma.

Nós viemos com cerca de oito canções, duas ou talvez três eram trabalháveis – mas não eram brilhantes. As fitas estão todas lá, mas eu não achava que elas chegavam perto do material antigo do Sabbath. Não acho que deveríamos gravar algo apenas para colocar um disco no mercado: tem de estar à altura do material antigo do Sabbath, especialmente depois de todos esses anos. Tem de ser algo incrível. É por isso que eu gosto de fazer minha própria música, entende – não há pressão para vender milhões de cópias ou algo do gênero, ou para tocar na rádio e toda essa porcaria. Seria ótimo se pudéssemos fazê-lo, sabe, porque Tony me tocou uns riffs incríveis. Acho que pode dar certo, no final das contas. Eu toquei para eles o riff de minha nova canção, 'Aural Sects', mas ninguém esboçou a mínima reação. É duro, entende, é muito frustrante para mim. Ainda bem que tenho minha própria banda, ou ficaria louco... de novo!

Adoraria que Tony e Ozzy surgissem com algo para fazermos juntos. Ainda está lá. Tony acabou de fazer seu novo álbum solo e ainda continua compondo riffs excelentes, mas é muito difícil juntar a banda e cravar uma canção. Conseguir juntar nós quatro, legal, é um ótimo riff, é difícil, porque o que eu considero um ótimo riff, talvez Ozzy não considere o mesmo. O jeito que nós sempre trabalhamos no passado é o seguinte: nós todos improvisávamos e, em seguida, escolhíamos o riff que mais nos agradava coletivamente e trabalhávamos nele. Inclusive bem lá no princípio da banda era desse jeito, foi assim que o Sabbath foi fundado. Todos nós tínhamos de gostar da canção em que estávamos trabalhando, ou então não éramos nós."

Hoje reconhecido como o mestre de sua arte, Tony continua tipicamente modesto sobre suas realizações. Ele disse uma vez, de uma maneira que exemplifica sua atitude tranquila em relação à fama e à fortuna: "Acredito que cada um tem um estilo único – é apenas a forma certa que você toca. Imagino pessoas tentando soar como alguém diferente, mas é difícil de fazer porque você tem uma maneira exclusiva de tocar e como criar o som. Você deve tentar desenvolver seu próprio estilo e partir daí. Somos músicos do coração, tocamos o que vem de dentro... é incrível para mim também. Isso acontece especialmente agora. Tudo parece que funcionou bem e se encaixou no lugar certo. No passado, eu fiz alguns riffs que passaram batido por todo mundo. Eles talvez pensassem, 'Oh, esse é um ótimo riff', mas ninguém mais percebia, mesmo na época de Ozzy. Fiz alguns riffs que pensava que eram ótimos e ninguém meio que os entendia. Acho que muitas coisas do passado foram parar no ralo porque ninguém as escolheu".

Até os fabricantes perceberam o que Iommi e Butler desejam hoje em dia, ao passo que eles mal se importavam em fornecer equipamentos a eles quando o Sabbath se encontrava no marasmo dos anos 1980. Iommi me contou: "Eu uso uma Gibson SG autografada que eles fabricaram exclusivamente para mim, a série Iommi. Ela tem o traste das cordas mais estreitos, 24 trastes e cruzes como marcadores. Eles também fabricam um modelo Epiphone, com que eu toquei no palco e gostei muito. É ótima pelo pouco que custa. A Gibson também fabricou uma Les Paul customizada, que é absolutamente bela, mas eu gosto do chifre duplo na SG e o fato de que ela é realmente leve. Tenho muitas Gibsons, mas, honestamente falando, não sei quantas tenho. Tenho várias armazenadas, e cerca de 30 em casa.

E a Laney fabrica um amplificador Iommi de que eu gosto muito. Uso apenas um pedal wah-wah e um pedal chorus no palco, a distorção vem do amplificador. Não me incomoda se não soa exatamente como o som distorcido antigo do Sabbath, eu toco a mim mesmo! Antigamente, usava um pedal que aumentava o som da guitarra antes de ir para o amplificador, era assim que eu distorcia. Sugeri a alguns fabricantes que colocassem uma distorção no amplificador, mas é claro que eles não me ouviam. Todos eles diziam que o som do amplificador tinha de ser limpo. E, hoje em dia, todos os amplificadores têm um embutido".

Sobre o status do Sabbath, ele se expressou na mesma linha que os demais: "Gostaria de fazer um novo álbum. Fizemos algumas faixas dois anos atrás, que acho que soaram muito bem e Ozzy também aprovou – mas todos estão tão ocupados. Falando honestamente, não me atrevo a afirmar qualquer coisa que eles vão assumir o que eu disse... Bem, eu vivi o show *Osbournes* durante 35 anos. É apenas Ozzy, não é? Eles provavelmente editam um pouco aqui e ali para parecer mais extremo do que é, mas basicamente é a verdadeira representação de como é sua vida – um caos!".

E Geezer, é claro, é um respeitado baixista reconhecido pela indústria, mesmo se ele aparenta pensar que sua forma de tocar poderia melhorar. Sua lista de equipamentos é impressionante, como ele me contou: "Estou usando um baixo Lakland e amplificadores Ampeg SVT... são os melhores para meu tipo de som. Eles foram modelados de acordo com os baixos Fender Precision e Jazz. O som é como o de um Fender antigo porque eu não gosto dos novos Fenders. Coleciono baixos Fender, então sei mais ou menos o tipo de som que estou procurando – aquele som antigo dos anos 1960. Tinha um estilo muito legal. Eu costumava tocar com o Precision com o braço largo, mas agora eu prefiro o braço Jazz também. Vario no palco porque muitas das canções são afinadas em tons diferentes. Nós abaixamos três semitonais em algumas canções, algumas são duas e outras uma. Dependendo da afinação, eu mudo o braço".

Em outros pontos, ele disse que alguns fabricantes disponibilizaram seu tempo para apreciar suas exigências: "Adoro os baixos Spector, mas eles faliram, então não consigo mais nenhum customizado. Fui até a Vigier e eles foram muito prestativos. A Fender me pediu para usar um Fender Precision. Eu disse que tinha de ter 24 trastes para começar. 'Oh, não – é este que você vai usar.' Cacete. A Vigier disse, 'O que você deseja?'. Eu disse, 'Este é o modelo básico – redesenhe para mim'".

Vai sair um novo álbum de Iommi a qualquer momento, é fácil de prever. Iommi gostou demais de fazer seu disco solo de 2000. O estilo de *Iommi* evoluiu por acaso, Iommi explicou ao DJ Johnson da *Cosmik Debris*: "Quando comecei a juntar o material pela primeira vez, compus cerca de 15 ou 20 canções tentando encontrar uma direção a seguir, porque havia composto muitas coisas diferentes. Em seguida, é claro, veio a turnê do reencontro do Black Sabbath, então tive de engavetar tudo o que estava fazendo. Não havia tempo para trabalhar no projeto porque estávamos trabalhando muito no reencontro ao redor do mundo. Então, eu somente podia trabalhar nesse projeto entre uma coisa e outra e/ou depois que a turnê acabasse... foi muito bom. Quando você assume um projeto, obviamente pensa, 'Oh meu Deus, como é que vai ser trabalhar com essas pessoas?', sabe, e que poderia ser qualquer pessoa. Você pode conhecê-las pelo tempo que as conhece, mas trabalhar com elas é outra história e você nunca sabe. Mas elas foram absolutamente ótimas. Eu realmente curti demais. Elas eram pessoas muito boas, verdadeiros cavalheiros, muito educados. Nós nos divertimos muito fazendo esse trabalho, e eu acho que isso vem junto com o resultado. Estamos todos muito contentes por ter podido trabalhar juntos". E por que essa mesma abordagem não seria aplicada da próxima vez?

Ao que tudo indica, Sharon continua colhendo os frutos do enorme sucesso que ela alcançou nos últimos anos. Ainda contando com 48 anos de idade na época deste livro, ela se encontra na plenitude de sua vida como uma executiva, e com um vasto currículo sobre a indústria em que trabalha (e vive). Como uma vez explicou antes de ter resolvido a rixa com seu pai, Don Arden, que ela teve uma educação um tanto prematura no ramo do entretenimento: "Aprendi tudo com ele, e vi tudo o que ele fazia. Não funcionava. Porque cada artista que ele teve o abandonou – desde Gene Vincent em diante. Não funcionava! Isso mesmo, eu passei por isso desde minha infância, eu vi... Eu me lembro das discussões com Gene Vincent. Mas você não consegue se manter daquele jeito hoje em dia, você não consegue. Funciona até o ponto em que você encontra um jovem vulnerável que é talentoso, e você fica com ele por algum tempo, dois ou três anos, mas depois disso eles vão embora. Eles ficam espertos muito rápido... é como uma forma antiga de gerenciamento!... Meu pai foi um dos maiores culpados dos anos de 1950 em diante. Ele pegava umas pessoas e as transformava em estrelas, mas em seguida tudo fica para ele. Ele as colocava em uma casa, dava um automóvel para elas, dava dinheiro para as roupas e outras coisas e nada mais. Elas basicamente trabalhavam para ele". Arden morreu de causas relacionadas à doença de Alzheimer no dia 21 de julho de 2007. Para saber mais sobre sua vida terrivelmente franca, veja sua autobiografia, *Mr. Big*.

E Ozzy? Ozzy fará o que sempre fez, que é oscilar entre o maluco em público e o pai de família na vida privada. Ele sempre discutiu com seus filhos com grande afeto, uma vez explicando: "Eu tenho uma filha, um filho e um filho adotivo do primeiro casamento... Na capa do álbum *Diary of a Madman*, a criança no fundo – aquele é meu filho. Ele é meu sósia. O nome dele é Louis, mas eu o chamo de Bombins. É apenas um apelido que inventei para ele, porque não gosto de nomes comuns. Eu queria chamar minha filha de Burt Reynolds, mas minha esposa não permitiria".

Uma vez ele acrescentou sobre Louis: "Eu convenci meu filho de 15 anos de idade a fumar maconha. Eu disse a ele, 'Filho, prefiro que você fume isso que tabaco'. Ele perguntou, 'Por que, papai?' Eu disse, 'Porque você não consegue fisicamente fumar tantos cigarros de maconha como você consegue com o de tabaco, porque o tabaco é a droga [mais] sutil de todas. Porque você não percebe. Agora, se você fumar um baseado bem grande, vai morrer – você apaga".

Mas ele parece saber quem é e o que representa – um verdadeiro sinal de sabedoria. Como ele contou à *Launch*: "Meu negócio é o carinho, meu negócio são as pessoas e entreter essas pessoas. Sou um homem de família. Um marido. Um pai. Já fui um monte de outras coisas no decorrer dos anos, e é algo de que não quero mais falar. Estou sempre trabalhando e tentando melhorar, você sabia? Acho que isso é uma coisa contínua em mim. Acho que vou fazer assim pelo restante de minha vida. Estou sempre pensando o que posso fazer hoje para melhorar minha vida. Como deixar de fumar... Sempre que encontro alguém que não me conhece, elas dizem, 'Oh, você é o indivíduo que morde a cabeça de tudo'. Eu fico irritado com isso, mas pelo menos elas se recordam. A coisa que mais me irrita é que isso não tem a ver comigo. Se é assim que você acha que Ozzy Osbourne é, então você está por fora".

No entanto, a vida que ele levou não é algo que pode negar: "Você sabe, usei todo tipo de coisa química – cocaína, bebida – e o tabaco é a coisa mais difícil no mundo para eu largar... alguém me disse hoje de manhã, 'A que você atribuiu sua longevidade?'. Eu não sei. Quero dizer, poderia ter planejado melhor minha vida. Ao que tudo indica, eu deveria estar morto! O abuso que fiz meu corpo passar: as drogas, o álcool, o estilo de vida que eu vivi nos últimos 30 anos! Agora, algum tipo de mosca rara voará sobre mim, vai cagar em meu ombro e eu vou cair morto, você entende? Minha história de vida é uma história de vida verdadeira. Se eu tenho pessoas que admiro a distância e tiver a oportunidade de me encontrar com elas, vou ficar muito decepcionado. Tinha uma imagem em minha cabeça e, quando os encontro, nunca é a certa. Sou um grande fã dos Beatles; eu estava no Concorde com Paul e Linda McCartney. Eu poderia ter me encontrado com eles, mas não fiz porque não queria estragar minha fantasia. Eu teria adorado ter conhecido Lennon".

Sua maior realização recente, como ele recordou, foi o Ozzfest: "A verdadeira história do Ozzfest: dez anos atrás, um amigo meu no ramo da música que trabalha na TV e na rádio na Inglaterra me disse, 'Deus permita que você sobreviva, posso vê-lo no futuro tendo um circo de rock'n'roll – você é o mestre de cerimônias'. De repente, em 1996, Sharon, minha esposa, disse, 'O que você quer fazer?', e eu respondi: 'Não sei se isso vai funcionar – o que Jonathan King disse. Posso trabalhar com meus malucos por duas horas e meia?'. Ela disse, 'Tente!'. Eu fiz quatro Ozzfests em 1996. Eles lotaram de cara. Em 1996, lancei a gravadora Ozz Records. Queria contratar bandas novas. Nunca dissemos que estávamos à procura de bandas estritamente metal – eu queria folk, jazz, poesia, apenas dar uma chance para alguém. O único erro que cometi foi chamá-la de Ozz Records, porque as pessoas diziam, 'Não vou enviar meu disco porque não é metal e ele não vai ouvi-lo de qualquer forma'. Nosso escritório ficou cheio de cartas de novos tipos de bandas de metal. O que é legal. Mas, em seguida, o Ozzfest decolou e o selo foi para o segundo plano. Então, em 1997, Sharon me perguntou se eu queria fazer um programa novamente, e fizemos mais 22 shows que se espalharam no boca a boca como incêndio. Éramos a segunda turnê de maior vendagem...Mas não éramos tolos. Eu não assumi que isso iria durar para sempre. Eventualmente, isso iria acabar. E eu teria de seguir adiante. Isso tudo é emocionante. Geralmente, você compõe, grava e faz turnê. Compõe, grava e faz turnê. Mas você tem de soltar o camondongo da roda depois de algum tempo e fazer algo com uma abordagem diferente, você entende?".

Sobre o estado de saúde do metal pesado moderno, Ozzy contou à *Mojo*: "As pessoas vivem dizendo, 'Aposto que você está feliz porque revitalizou', mas nunca foi embora. Em 32 anos eu nunca fiquei sem trabalho. O que acontece é que, sempre que a indústria fonográfica fica entediada, eles lançam 'Smoke on the Water' e 'Paranoid'. Aqui nos Estados Unidos eles estão todos comprando camisetas com strass de Ozzy e estudando as roupas antigas". Sobre seus antigos trajes de palco, ele reclamou: "Eu deveria tê-los guardado – eles valeriam uma fortuna na Sotherby's. Alguns eu doei para ser leiloados para caridade – então esse sujeito, Tony, que agora está trabalhando para mim, acabou comprando um deles em um leilão e a porcaria acabou voltando para minha casa! Você se lembra de quando eu costumava usar aquela estúpida malha metálica? Ou aquele traje reluzente estúpido nos anos 1980? Eu parecia o Liberace na cerveja".

Sobre sua atuação no palco, ele riu: "Eu usei roupas de mulher, usei traje de nazista. Já subi no palco nu. Subi ao palco tão bêbado que nem soube que fiz um show. Já fiz tantas coisas estúpidas, mas tudo isso faz parte de Ozzy. Nunca planejei 99,9% das coisas que fiz. Algumas deram drasticamente errado, outras drasticamente certo. Não sei se você viu recentemente [o documentário da VH1 *Behind the Music*]. Em uma hora, é impossível descrever minha vida. Venho de uma grande família, três irmãs mais velhas e dois irmãos mais jovens. No documentário, eles entrevistaram minha irmã e foi a primeira vez que eu a vi em anos. Tive uma vida muito, mas muito única. Às vezes eu sento e me lembro de quando eu não tinha dinheiro – quando você está no meio disso, fica deprimido pensando que vai durar para sempre. De repente, do nada – um relâmpago – aqui estou eu! Cheio da grana; tenho propriedades em todos os lugares, tive uma carreira muito farta. Mas eu nunca tive um álbum em primeiro lugar nas paradas na América. No entanto, durei muitas gerações e alguém me pergunta: 'Você sente alguma diferença na plateia?'. Venho fazendo isso há 30 anos. Alguns fãs são mais velhos, mas conquistei novos fãs ao longo do caminho. Mas, quando você ouve um de meus primeiros álbuns, não soo como se tivesse 21 anos, não soo como se tivesse 49. Eu soo como Ozzy".

Ele concluiu: "Não sou como uma dessas pessoas que dizem, 'Vou planejar o próximo ano e vai acontecer isso'. Sou um homem de muita sorte. Eu nem sequer toco um instrumento. Apenas canto e entretenho. Não me considero um grande cantor. Tenho uma ligação com o público. Gosto de ser eles, e gosto que eles sejam eu durante uma hora e meia. Fui criticado por ser o Anticristo, fazendo com que os jovens cometessem suicídio. Isso é uma asneira total. Minhas intenções não são essas. Mas, todo ano, eles fazem o Halloween, e tudo o que eu faço é levar a noite do Halloween para a estrada. É como se fosse uma festa de Halloween toda noite".

O selvagem do rock não é mais Ozzy do Novo Milênio. Como a vida de drogas e bebidas também não é mais a de Geezer Butler, que me contou: "Tive dois filhos. Estive presente e fiz isso. Um está com 24 anos e o outro acabou de fazer 20. Não, isso nunca acaba, ainda ligo para eles todos os dias para ver como estão indo. Eles gostam muito de música. Biff, o mais velho, na realidade está em duas faixas, fazendo harmonias, e James, que está em Oxford no momento, gosta muito também. Ele não é músico, mas ama música, acho que gosta de toda essa porcaria de DJ, essa coisa de girar o disco – não faço a mínima ideia de como se faz isso. Acho que ele faz isso para beber de graça em Oxford".

Parece que o lugar do Sabbath na história está garantido.

Questionado de como ele gostaria que sua banda fosse lembrada, Tony Iommi ponderou com seu jeito habitual de raciocinar: “É óbvio que pela música, e estivemos por aí por muito tempo, nós nos aderimos àquilo em que acreditamos... Mas é legal ser lembrado, e acho que coisas como o Hall of Fame estão garantindo que estejamos lá e que seremos lembrados”.

Indagado com a mesma pergunta, Ozzy respondeu: “Bem, o simples fato de sermos lembrados é suficiente para mim. Sei que, quando bater as botas, o que eles vão colocar em minha cova: ‘O homem que arrancou com uma mordida a cabeça do morcego em Des Moine, Iowa... ou seja lá o que era...’”.

CAPÍTULO 31

2007-2011 E ALÉM

O fato de o Black Sabbath ter retornado da dormência para matar o dragão mais uma vez, quando poucos esperavam que o fizesse, inusitadamente, coube a uma gravadora.

Em abril de 2007, a Rhino Records, um selo especializado ligado ao império da Warner Brothers que produz coletâneas e pacotes com caixas de CD de alta qualidade, lançou *Black Sabbath: The Dio Years*, uma coletânea de canções extraídas dos quatro álbuns do Black Sabbath destacando Ronnie James Dio. É claro, você já sabe quais são esses álbuns, até dormindo, se conseguiu ler até aqui, mas para recordar eles eram *Heaven and Hell* (1980), *The Mob Rules* (1981), *Live Evil* (1983) e *Dehumanizer* (1992). O primeiro deles combina os vocais sobrenaturais e as letras sobre espadas e bruxaria de Dio com uma explosão renovada de criatividade musical de Tony Iommi. Os outros três são menos impressionantes, mas, comparados com os álbuns que o Sabbath lançou no final da era Ozzy e em meados dos anos 1990, eles se saem muito bem.

Para acrescentar um incentivo maior para a venda do álbum, perguntou-se a Iommi e Dio se eles estariam dispostos a gravar umas duas canções inéditas para o pacote, e ambos concordaram. Em 13 anos desde que trabalharam juntos pela última vez, os tempos haviam mudado: o grunge e o new metal já haviam desaparecido e um novo cenário de "classic rock" passou ao primeiro plano, protagonizado pela revista que leva o mesmo nome. O terreno estava fértil para o Sabbath marcar sua presença novamente, mas, com Ozzy concentrado em sua própria carreira nessa ocasião, o momento era propício para Dio e outros membros fazerem algo... qualquer coisa. Uma nova legião de fãs do Sabbath estava esperando que a banda fizesse algo além do Ozzfest ocasional, e as três canções inéditas – "The Devil Cried", "Shadow of the Wind" e "Ear in the Wall" – revelaram que a parceria de composição Dio/Iommi estava calibrada e atirando em toda a roleta.

Considerando esse fato, a formação de uma nova banda – batizada de Heaven and Hell, apenas para deixar claro que todos soubessem que essa era uma atração sem Ozzy – era inevitável, dada a clareza da retrospectiva. Dio e Iommi foram unidos a Geezer Butler, mas não a Bill Ward, por motivos que nunca foram totalmente esclarecidos. Ele emitiu uma nota oficial citando vagamente diferenças musicais, mas nas entrevistas subsequentes que deu sobre o período do Heaven and Hell ele deixaria claro que ainda era um membro do Black Sabbath. Seu lugar ao lado de Iommi, Butler e Dio foi ocupado por Vinny Appice, uma escolha óbvia de um baterista norte-americano que havia tocado em três álbuns da era Dio.

Como Iommi observou, "Vinny havia tocado conosco na maioria das vezes em que estivemos juntos. Gravamos *Heaven and Hell* [o álbum de 1980] com Bill, em seguida entramos em turnê, e no meio da turnê Bill teve de sair. Ele não estava se sentindo bem. Portanto, convidamos Vinny e ele tocou no resto da turnê *Heaven and Hell*. Ele participou de metade da turnê, logo tocou tanto quanto Bill. Em seguida, fizemos os álbuns *The Mob Rules* e *Dehumanizer* com Vinny. Foram muitas turnês e gravações com essa formação, portanto Vinny era provavelmente o que mais se enquadrava nessa formação atual porque Bill nunca tinha tocado a maioria dessas canções... Bill é excelente com o material clássico e antigo do Sabbath, mas certamente não para esse tipo de material. E Bill foi o primeiro a admitir isso".

Quanto a Ozzy, ele permaneceu calado sobre o novo projeto, emitindo apenas uma declaração desejando boa sorte aos seus parceiros de banda e acrescentando um lembrete salientando que "existe apenas um único Black Sabbath". Surgiu uma breve insinuação em entrevistas posteriores de que o retorno de Ronnie à banda era algo como um sopro de ar fresco, embora Iommi em particular fosse muito cuidadoso e diplomático sobre as diferenças entre os dois vocalistas: "Há todo o tipo de diferença em várias maneiras", ele observou. "A formação tem tendência a ser mais afiada. Ronnie sabe o que quer, e essa é a diferença. Começamos muito bem e trocamos ideias de forma excelente. Só funcionou melhor dessa maneira, com apenas nós dois, porque poderíamos ter feito em uma situação em que todos estivessem na mesma sala e tocando juntos. Tentamos isso antes quando fizemos o álbum *Dehumanizer*. Mas retornamos apenas nós dois em uma sala, e acabou funcionando melhor porque precisávamos manter mais o foco. Quando estamos todos tocando juntos e ao mesmo tempo, você acaba deixando passar algumas coisas. Mas, quando são apenas duas pessoas sentadas lá dentro, você consegue focar mais nos detalhes e a coisa fica bem mais fácil."

Ele continuou: "Ozzy cantaria muito nos riffs... Com Ozzy, eu sei o que ele está fazendo, mais ou menos, porque o conheço do avesso e trabalhei com ele durante muitos anos. Eu sei onde ele está levando as canções. Mas, com Ronnie, eu nem sempre sei. Ele a leva a lugares e fico pensando, 'Isso é muito bom!'. É uma forma diferente de compor para mim, e abre muito mais ideias".

Butler foi mais direto, contando à *Decibel*: "Se estivéssemos com Ozzy e eu chegasse com o melhor riff de todos os tempos, Ozzy não pensaria em fazê-lo porque eu não sou guitarrista e é assim que ele pensa... Por isso que é muito difícil compor qualquer coisa". Iommi acrescentou: "Foi legal estar com Ozzy na estrada... mas com Ronnie é muito diferente, porque nós saímos e sabemos exatamente o que vamos fazer. Com Ozzy, nós nunca saberíamos. Era muito incerto às vezes em alguns dos primeiros shows – se ele iria aparecer, se ele seria capaz de cantar, se ele tinha perdido a voz, ou sei lá. Tivemos de cancelar shows, algo que Geezer e eu realmente odiamos. Mas, com Ronnie, nós nunca cancelamos um show".

O próprio Ronnie estava animado com a nova banda, dizendo: "Sempre gostei de Tony. Ele é uma pessoa muito legal, divertida [e] é obviamente um músico brilhante que é sempre a atração principal, porque se você não gosta do músico, você está perdido. Mas já faz uns dez, 11 ou 12 anos desde que vi Tony pela última vez, exceto quando ele foi a um dos shows [de Dio] uns dois meses atrás que fizemos em Birmingham... foi do mesmo jeito de sempre. Em seguida, quando trabalhamos juntos, foi do mesmo jeito produtivo de sempre. Apenas nós dois... eu tocando baixo, Tony tocando guitarra e uma bateria eletrônica em seu estúdio.... foi demais! Acho que ambos dissemos a mesma coisa dentro de nós mesmos, 'Caramba... esqueci como ele era bom!'".

Com uma velocidade incrível, os promotores aproveitaram a oportunidade para agendar o Heaven and Hell ao vivo, e uma turnê foi anunciada para março de 2007. Atraindo atrações de alta qualidade como apoio, tais como Down, Machine Head e Megadeth, a turnê Heaven and Hell fez sua primeira aparição em Vancouver no dia 11 de março. A turnê seguiu rapidamente passando por Edmonton, Calgary, Regina, Winnipeg, Toronto, Londres (a versão canadense), Montreal, Quebec City e Ottawa, antes de atacar os Estados Unidos. As datas seguiram para Nova York, Phoenix, Inglewood, Chula Vista, Albuquerque, Denver, Selma, Dallas, Rosemont, Minneapolis, Cincinnati, Filadélfia, Cleveland, Detroit, Albany, Uncasville, Lowell, Columbia, Holmdel, mas a banda estava apenas aquecendo. Shows na Suíça, Itália, Dinamarca, Suécia, Finlândia, Holanda, Alemanha, Polônia, Bélgica, República Tcheca, Eslováquia, Bulgária, Grécia, Hungria e Áustria antes de embarcar para a Austrália e México e mais datas americanas. O Japão e o Reino Unido encerraram essa histórica turnê com o apoio do Iced Earth e o Lamb of God (na época, a banda de metal da vez).

O repertório era um sonho para qualquer fã dos álbuns do Sabbath da era Dio. Embora as três canções inéditas gravadas para *Black Sabbath: The Dio Years* não figurassem, o Heaven and Hell montou um show que incluía os três álbuns e que geralmente encerrava com "Neon Knights", a faixa de abertura do disco *Heaven and Hell.* Tudo isso montado em um cenário com um fundo com portões de metal e muralhas de castelos para obter o efeito dramático exigido – visite o DVD *Live Fron Radio City Music Hall*, que a banda gravou nessa turnê, como evidência.

Depois dessa gigantesca turnê, as expectativas eram altas para futuras atividades do Heaven and Hell, mas inicialmente Dio e Iommi ficaram relutantes em se comprometer – embora nenhum dos dois descartasse uma futura colaboração. Em todo caso, Ozzy retornaria em maio com seu novo álbum solo, *Black Rain*, e a atenção dos fãs do Sabbath estava se voltando em sua direção pela primeira vez em dois anos. Uma coletânea sólida e um tanto cintilante com o estilo de rock melódico e habitual de Ozzy, *Black Rain* atingiria 1 milhão de cópias, uma proeza impressionante na era do compartilhamento de dados.

O Heaven and Hell logo retornaria aos holofotes, anunciando que eles planejavam gravar um novo álbum no estúdio em uma nova turnê em 2008. Durante esse período intermediário, houve obviamente algumas discussões de alto nível entre os managers, as gravadoras e os promotores, e o Heaven and Hell – cujo retorno foi reconhecido com prêmios da *Classic Rock* e de outras revistas – se encaixava perfeitamente nos novos pacotes de atrações que estavam começando a surgir na época. Nesse caso a turnê Metal Masters, um título nada original, mas de alta qualidade destacando o Judas Priest, o Motörhead e o Testament junto com a banda liderada por Dio, era um veículo ideal.

A turnê, que ocorreu em agosto de 2008 e abrangeu umas duas dezenas de datas nos Estados Unidos, precedeu às sessões de gravação do álbum do Heaven and Hell, marcado para ser lançado pela Roadrunner. Antes disso, no entanto, Iommi estava aguardando para fazer uma cirurgia em sua mão direita, como ele explicou: "A cartilagem de meu dedão já se foi em minha mão de manejo da guitarra. Tem sido assim, para ser honesto, durante um ano, e eu venho tomando anti-inflamatórios e todos os tipos de medicamentos para tranquilizá-lo, mas é inevitável. Vou ter de operar, porque o osso está esfregando no osso. Curiosamente, conversei com Eddie Van Halen esta manhã, porque ele teve o mesmo tipo de problema, então estou indo vê-lo para saber um pouco sobre o que aconteceu com ele. Ele disse que foi um sucesso, então vou vê-lo".

Questionado sobre o novo álbum, ele confirmou que o material seria todo inédito, em vez de usar o material refeito dos álbuns prévios da era Dio do Sabbath. "Havia umas duas ideias inacabadas que tinham sobrado de antes, mas não as usamos. Começamos tudo novo para ver o que podemos criar. Falando honestamente, as ideias vieram muito rápido. Acho que foi por causa de toda a nossa emoção. Quando você realmente quer fazer algo, consegue fazer com que dê certo. E tudo estava fluindo muito bem, então nem precisamos voltar ao material antigo".

O álbum, *The Devil You Know*, apareceu em abril de 2009 e foi seguido por uma turnê de quatro meses que percorreu os festivais habituais europeus. O álbum foi um sopro de ar fresco para os fãs do Sabbath: para muitos, representa o melhor trabalho de Iommi desde a era de Dio original do início dos anos 1980. Não foi tanto pelas canções, que variavam do teatral e otimista ("Rock'n'roll Angel", "Breakind Into Heaven") ao material mais sombrio e carregado ("Atom and Evil", "Double the Pain"); foi mais pela sensação de frescor e de energia do álbum. Os andamentos eram mais dignificados em vez de rápidos – com uma exceção notável, "Eating the Cannibals" –, mas a clareza dos sons amplificados e os arranjos ágeis das canções revelaram que essa, finalmente, era uma banda operando em toda a sua capacidade.

Uma nota desafinada aguardava na forma de um supreendente processo judicial emitido por Ozzy contra Iommi, baseado em sua opinião de que o nome da banda Black Sabbath deveria ser igualmente partilhado entre ele e o guitarrista. Como o único membro constante da banda durante quatro décadas, Iommi optou por manter silêncio sobre o assunto, mas foi revelado que uma parte da ação movida por Ozzy reivindicava que "a assinatura de seus vocais como vocalista" foi em grande parte responsável pelo sucesso da banda e que o perfil do Sabbath havia declinado de forma mensurável durante os 16 anos em que Ozzy não atuara como um membro da banda. Presumimos que ele tinha razão.

Em uma declaração do dia 29 de maio de 2009, Ozzy disse: "É com grande pesar que eu recorri a uma ação judicial contra meu parceiro de longa data Tony Iommi, mas, após três anos tentando resolver esse impasse de forma amigável, sinto que não me cabe outro recurso... Tony, sinto muito pela situação ter chegado a esse ponto de eu ter de mover essa ação contra você. Não tenho o direito de falar em nome de Geezer e de Bill, mas sinto que moral e eticamente a marca registrada deveria ser de propriedade de nós quatro de forma igualitária. Espero que ao dar esse primeiro passo esse assunto termine de uma vez por todas. Nós todos trabalhamos muito e por muito tempo em nossas carreiras para permitir a você que vendesse mercadorias que destacam todos os nossos rostos, antigas capas de álbum do Black Sabbath e os logos da banda e, em seguida, você nos diz que é proprietário dos direitos reservados. Agora estamos todos em torno dos 60 anos de idade. O legado do Black Sabbath deverá viver longamente depois que todos nós partirmos. Por favor, faça a coisa certa".

Ozzy acrescentou em outro lugar: "Estou muito entristecido por ter de mover essa ação judicial contra Tony. Essa é uma situação que tentei evitar durante anos. Não estou falando em nome de Geezer ou Bill. Entretanto, até o dia de minha morte não vou mudar minha decisão sobre esse assunto. A marca Black Sabbath deveria pertencer a Geezer, Bill, Tony e eu, visto que a verdadeira formação do Black Sabbath é Tony, Geezer, Bill e eu. Somos parceiros desde a época da escola. Sempre falei que existe um fio invisível que nos une. Tony, vamos resolver esse assunto ridículo e continuar cuidando das nossas vidas. Você está com 61 anos de idade, eu estou com 60. Espero que ainda tenhamos uns bons 20 anos pela frente. Mas, se não, Deus perdoe se algo acontecer com você. O que vai acontecer com a marca do Black Sabbath? Quem vai cuidar dela? Você não acha que depois que nós partirmos os direitos deveriam ficar com sua família, minha família, família de Bill e a família de Geezer?".

Essa mudança imprevista no rumo dos acontecimentos foi seguida por outro tumulto no campo de Osbourne, quando ele anunciou que estava procurando um novo guitarrista para seu próximo álbum. Zakk Wylde, que estava na banda de Ozzy desde o fim dos anos 1980, ficou um tanto surpreso inicialmente em ouvir essa notícia – julgando pelas entrevistas que concedera na ocasião –, mas, no final das contas, parece ter aceitado a situação. "Permita-me deixar algo claro: eu não perdi Zakk", disse Ozzy. "Sinto que preciso seguir adiante. Amo o cara tanto quanto sempre o amei, e tanto quanto sempre vou amá-lo. Ele faz parte de minha família, você entende? Eu me lembro de quando ele estava no hospital um tempo atrás. Ele tinha um coágulo no quadril ou na perna, ou em algum lugar. Mandei um e-mail a ele que dizia: "Zakk, se você morrer antes de mim, eu te mato!"

A nova banda de Ozzy agora era composta por Gus G (Kostas Karamitroudis era o nome que sua mãe lhe deu), um guitarrista no auge da carreira que se tornou conhecido na banda de power metal Firewind; o baixista Rob "Blasko" Nicholson; o tecladista Adam "Son of Rick" Wakeman; e o baterista Tommy Clufetos. Todos esses músicos conversaram com o autor para o *Metal Hammer Presents Ozzy Osbourne* em 2010, com Clufetos dizendo: "A primeira vez que me encontrei com Ozzy foi em um estúdio de ensaios aqui em Los Angeles. Ele é totalmente honesto. Ele sabe exatamente o que está fazendo e tem uma certa presença e um carisma inegáveis. O assunto foi acertado lá: quando eles me perguntaram se eu queria me juntar à banda, não precisei de um segundo para considerar a oferta. Se você precisa de tempo para pensar sobre qualquer coisa, é uma decisão errada – e se você tiver alguma dúvida sobre tocar na banda de Ozzy Osbourne, você é um idiota!".

Wakeman acrescentou: "Recebi a ligação para tocar com o Black Sabbath quando me encontrei com Sharon Osbourne em um show que eu estava fazendo alguns anos atrás, e, depois de ter tocado com o Sabbath por um tempo, eles me perguntaram se eu gostaria de tocar também na banda solo de Ozzy. Parecia uma coisa natural, para mim, tocar com esses caras, porque meu pai havia tocado teclados e piano no *Sabbath Bloody Sabbath* em 1973. Todos eles são pessoas maravilhosas, e havia muitas pessoas que trabalhavam com eles há muito tempo, o que não deixa de ser um bom sinal".

Coube a Nicholson a incumbência de encontrar um substituto para Wylde – uma tarefa nada fácil, considerando que o guitarrista é um dos músicos mais bem-sucedidos do mundo. "Eu estava folheando algumas revistas", recordou o baixista, "e vi algumas coisas que Gus tinha feito. Ele tocou com o Arch Enemy no Ozzfest em 2005, do qual eu também tinha participado, e foi até o escritório do Ozzfest e deixou um CD do Firewind – portanto, ele já havia se colocado no radar anos atrás."

Gus G preenchia todos os critérios exigidos para ser um guitarrista de Ozzy Osbourne. Como seus antecessores Randy Rhoads e Wylde, ele era jovem, prodigiosamente talentoso, mas um garoto relativamente desconhecido quando se juntou à banda. Suas credenciais eram impressionantes, é claro: "Frequentei a Berklee [renomada faculdade de música], mas abandonei depois de algumas semanas", ele disse. "Queria tocar em uma banda de rock, em vez de pagar 20 mil por ano para ser um universitário. Questionei que bem aquilo iria me trazer, se não queria ser um professor de guitarra ou um guitarrista de estúdio com foco nos comerciais."

Questionado sobre como ele foi parar na banda de Ozzy, Gus explicou: "Recebi um e-mail do gerenciamento de Ozzy: deve ter sido alguém que se lembrou de mim do Ozzfest em 2005. Eles foram do tipo, 'Você gostaria de vir até aqui fazer um teste?'. No começo eu pensei: 'Que merda? Zakk perdeu um braço ou aconteceu algo?'. Achei que não tinha nada a perder, e que definitivamente deveria ir até lá e encontrar o homem, tocar com ele e ver o que aconteceria. Não achei que iria conseguir a posição. Peguei um voo até Los Angeles de minha cidade natal, Thessaloniki, fiz o teste e tudo correu bem. Originalmente, das histórias que tinha lido, achei que iria durar apenas dez minutos e que haveria uma enorme fila de guitarristas esperando. Imagino que as coisas deviam ser assim nos anos 1980, mas dessa vez acho que tinham uma lista bem curta de apenas três ou quatro guitarristas. Tocamos 'Bark at the Moon', 'Crazy Train', 'I Don't Know', 'Suicide Solution', 'I Don't Want to Change the World' e 'Paranoid'. Toquei as partes o mais parecido possível com os originais: quando você está tocando clássicos do heavy metal, não deve tentar mexer muito com eles".

Enquanto Ozzy e sua nova banda focavam em seu novo álbum, o Heaven and Hell encerrava sua grandiosa turnê nos Estados Unidos. Um segundo DVD ao vivo, *Neon Nights*, foi gravado no dia 20 de julho de 2009 e, exibido dois anos depois, mostra a banda com a saúde maltratada. Entretanto, nem tudo estava indo bem nos bastidores, com Dio sentindo algum tipo de desconforto físico preocupante. Como Butler explicou mais tarde, "ele vinha sentindo dores no estômago, mas todos pegam gripe ou intoxicação alimentar quando estão em turnê. Você se apresenta diante de 10 mil pessoas, e 2 mil podem estar gripadas. Há todos os tipos de germes, então você está sempre pegando alguma coisa quando está em turnê. E Ronnie estava tendo essas dores no estômago. Uma noite ele se sentia muito bem, e na noite seguinte doía duas vezes mais forte. Na última semana da turnê americana, ele estava em agonia. Eu sempre me lembrarei, ele veio para a útima parada da turnê e dissemos a ele: 'Veja bem, Ronnie, se você está doente, vamos cancelar o show'. E ele disse: 'Não, eu não vou cancelar o show'. Ele estava literalmente com o dobro da dor. E quis prosseguir. Ele se recusava a cancelar o show. Então, ele subiu ao palco e pensamos, 'Meu Deus, o que vai acontecer?'".

O baixista continuou: "Ele começou a piorar em setembro, perto do encerramento da parte norte-americana da turnê. A turnê dos Estados Unidos era para ter duas partes. Fizemos as primeiras quatro semanas, em seguida aconteceu algo com a mão de Tony e ele teve de ser operado imediatamente. Então tivemos de adiar a segunda parte da turnê para que a mão de Tony pudesse ser examinada. E os problemas de estômago de Ronnie ficavam cada vez piores. Ele iria fazer uma turnê da banda Dio na Europa e estava ensaiando, mas seu estômago estava piorando. Então, ele foi ao médico, e o médico a princípio não disse coisa alguma. Ele apenas receitou algum medicamento para prisão de ventre e disse que ele estava com uma severa prisão de ventre. Em seguida, ele foi procurar um especialista, e eles lhe disseram que se tratava de câncer de estômago".

Um anúncio público foi emitido no dia 25 de novembro de 2009, com a esposa e o manager de Dio, Wendy, anunciando on-line: "Ronnie foi diagnosticado com câncer de estômago em estado inicial. Estamos começando o tratamento imediatamente na Mayo Clinic [no Arizona]. Assim que matar esse dragão, Ronnie voltará aos palcos a que ele pertence e fazendo o que mais ama, cantar para seus fãs. Vida longa ao rock'n'roll, vida longa a Ronnie James Dio. Agradeço a todos os amigos e fãs de todos os cantos do mundo que enviaram votos de melhora. Isso realmente tem ajudado a manter seu espírito animado".

Uma enorme onda de apoio afetuoso do público imediatamente se fez sentida: como o mais velho estadista da música pesada, Dio era um ícone para uma geração inteira de fãs que cresceram nos anos 1970 e 1980, e por isso a notícia de sua doença causou um grande impacto. A princípio, o clima no campo do Heaven and Hell era de otimismo, como geralmente acontece quando se inicia uma batalha como essa, e as datas para acompanhar o Iron Maiden foram agendadas para o verão de 2010.

À medida que os meses se passavam, Wendy Dio postavam notas sobre o progresso de seu marido, tais como esta do dia 14 de março de 2010: "Essa foi a sétima quimioterapia do Ronnie, outra tomografia e outra endoscopia, e os resultados são bons – o tumor principal diminuiu consideravelmente, e nossas visitas [à clínica de câncer MD Anderson em Houston, Texas] agora são a cada três semanas, em vez de a cada duas semanas". O próprio Ronnie foi mantido quase em silêncio durante toda a sua batalha, exceto por algumas citações ocasionais, tais como: "Tenho sorte de ser uma pessoa dura de acordo com minhas crenças... Tenho sido cutucado em buracos que nunca foram mexidos antes. Os fãs têm sido incríveis, isso prova para mim que fiz algo certo com minha vida". Seu único comentário realmente revelador veio na premiação do Revolver Golden Gods Awards no dia 8 de abril, quando ele contou ao *Artisan News Service*: "Bem, eu me sinto bem e mal às vezes. É um longo processo. A quimioterapia é uma... Eu nunca imaginei o quanto era difícil passar por isso. É um verdadeiro efeito cumulativo – quanto mais você tem, mais a pilha aumenta e vai ficando cada vez mais demorado para acabar com isso. Tenho muita dificuldade para comer. Não gosto muito de comer mesmo, então acho que essa parte está bem. Mas sei que preciso comer, e isso é muito, mas muito difícil. Porém, se você está determinado a vencer, então tem de seguir aquilo que acredita que está querendo vencê-lo e, neste caso, é isso. Estou sendo atendido em um grande hospital em Houston chamado MD Anderson, acho que é o melhor hospital do mundo, e tenho o melhor médico no mundo, o dr. [Jaffer A.] Ajani, em quem confio muito e acredito, então acho que tenho feito as coisas certas. Isso me faz sentir mais positivo com minha vida e otimista de que há muito mais motivos para viver". Enquanto ele recebia o prêmio como Melhor Vocalista, a plateia entoava seu nome.

Apesar de todo o otimismo de Dio e de todos aqueles em torno dele, o câncer se mostrava irrefreável. No dia 4 de maio, a banda anunciou o cancelamento das datas da turnê com o Iron Maiden, dizendo que o vocalista não estava "bem o suficiente para fazer uma turnê neste verão. Esperamos que todos compreendam e gostaríamos de agradecer aos fãs e aos colegas da indústria por seu apoio contínuo neste momento".

Após essa notícia desanimadora, parece que seria uma questão de tempo antes do fim. Isso veio no dia 16 de maio, quando Wendy anunciou: "Hoje meu coração está partido, Ronnie faleceu às 7h45... Muitos, muitos amigos e familiares puderam dizer seu adeus particular antes de ele partir pacificamente. Ronnie sabia o quanto era amado por todos. Nós realmente agradecemos o amor e o apoio que todos vocês nos deram. Por favor, permitam-nos alguns dias de privacidade para lidar com essa terrível perda. Por favor, saibam que ele amava todos vocês, e sua música viverá para sempre".

Os derradeiros dias de Dio foram traumáticos. Como Wendy contou à revista *Revolver*, "na realidade, eu estava saindo na manhã de sexta-feira [14 de maio] para ir, acho que era Chicago. E ele não estava se sentindo bem. E eu falei: 'Sabe de uma coisa? Acho que você deveria ver um médico'. O médico disse: 'Acho que devemos levá-lo ao hospital'. Então, nós fomos ao hospital e Ronnie disse: 'Pode ir, vá. Eu vou ficar bem'. E eu respondi: 'Não, não. Vou ficar'. E graças a Deus que eu não fui, porque isso foi na sexta-feira, e em seguida ele começou a sentir dores horríveis. Dores tão horríveis como ele nunca tinha sentido antes, muito fortes. E eles lhe deram um monte de morfina, e, assim que eles lhe deram, hum, três injeções de morfina, ele estava quase em coma. Ele acordava e apagava algumas vezes, e depois ele morreu no domingo".

Iommi ficou profundamente chocado, dizendo: "Não podia acreditar. Ainda não acredito. Eu estava conversando com Ronnie uma semana antes de ele morrer, e ele estava otimista. Ele me disse que a quimioterapia parecia estar funcionando. O tumor estava diminuindo e eles o haviam liberado para voltar à turnê. Nossa turnê de verão tinha recebido a luz verde e estávamos constantemente no telefone, conversando sobre que canções iríamos tocar. Ronnie estava muito entusiasmado. Íamos tentar fazer algumas canções novas; a banda estava realmente afiada; estávamos muito animados. Ele estava ansioso para fazer a turnê europeia. Ia ser uma nova etapa de vida. Mas, no início de maio, eles descobriram que o câncer havia se espalhado para o fígado de Ronnie, e as coisas foram piorando muito rapidamente. Cancelamos todas as datas da turnê, ainda com esperança de que ele conseguisse sair dessa. Ele era um lutador".

Geezer Butler recordou que Dio estava ativo até quatro dias antes de sua morte, dizendo: "Wendy havia convidado Gloria [esposa e manager de Butler] e eu para almoçar em Santa Barbara... Ronnie não tinha apetite nenhum – a doença e a quimioterapia estavam causando um enorme estrago. Como de costume, conversamos sobre esportes e rimos juntos – seria a última vez. Naquela noite, recebi um lindo e-mail dele, que vou guardar para sempre. Enviei-lhe um e-mail dizendo que o veria na próxima semana".

Sobre a visita a Dio no hospital na sexta-feira do dia 14 de maio, Butler escreveu: "Wendy me ligou para dizer que tinha levado Ronnie ao hospital. A dor havia se tornado insuportável. O médico finalmente o havia sedado... Enviei um e-mail a Tony para prepará-lo para as péssimas notícias... Havia em torno de 25 a 30 amigos no lado de fora de seu quarto. Sabíamos que o fim era iminente. Todos nós queríamos nos despedir. Foi um dia cheio de lágrimas e reflexão. No fim da tarde, o capelão veio e todos nós nos reunimos ao redor da cama de Ronnie e oramos. Ronnie não estava atuando facilmente. Às 23 horas, a maioria de nós já havia ido, deixando Wendy em sua privacidade para dizer seu último adeus. A devastação era visível".

Butler concluiu: "Posso dizer honestamente que nunca tinha visto alguém que tinha tantos amigos, fãs e família tão leais e amáveis quanto Ronnie. Ele realmente era uma pessoa especial, abençoado com uma presença e voz únicas. Ele amava seus fãs – ficava para conhecer e conversar com eles até as primeiras horas do dia. Nunca tinha visto tantos tributos de tantos músicos e fãs, votos de melhora, sem cinismo, apenas amor puro e agradecimento para um grande homem. Deus o abençoe, Ronald – muito obrigado pelas lembranças maravilhosas".

Dio foi enterrado no dia 30 de maio no cemitério Forest Lawn em Hollywood, com o salão contendo 1.500 pessoas e uma multidão de fãs assistindo do lado de fora nas telas de TV. Entre as pessoas que carregaram seu caixão estavam Butler e Vinny Appice, e o vocalista Glenn Hughes cantou em seu funeral. Um toque surreal, que sem dúvida alguma teria feito Dio dar risada, o evento foi alvo de um piquete feito pelos membros da Igreja Batista de Westboro, um bando de idiotas religiosos que proclamavam que Dio venerava o Satã. Em resposta, Wendy Dio declarou: "Ronnie odeia preconceitos e violência. Nós precisamos dar a outra face a essas pessoas que só sabem odiar alguém que elas nem conhecem. Nós apenas aprendemos a amar aqueles que conhecemos".

Para seus fãs, a perda de Dio foi tanto duradoura como dolorosa. Aos 67 anos de idade, ele morreu pelo menos uma década antes de sua hora, uma perda que se tornou mais comovente pelo fato de que o Heaven and Hell – uma das bandas de maior sucesso de sua carreira – estava à beira de grandes realizações. Quando o assunto é a carreira do Black Sabbath, Dio desempenhou um papel importante tanto quanto os quatro membros originais, um fato que qualquer um que acompanha a banda deveria considerar melhor.

Ozzy Osbourne, que havia passado a primeira metade de 2010 promovendo sua autobiografia, *I Am Ozzy*, também ficou comovido com a morte de Dio, dizendo: "É como uma canção que diz, 'Life won't wait for you, my friend'. Quando você é jovem, pensa, 'Tenho o restante de minha vida'. De repente, você está com 60 anos e a estrada vai se estreitando. O pobre e velho Ronnie Dio morreu recentemente: isso foi muito triste, eu pensei". Questionado se ele teve problemas para se recordar dos eventos passados de sua vida para colocar no livro, comentou: "O que é um problema para mim é minha memória a curto prazo. Não sei se tem a ver com minha idade ou o quê, mas eu subo e desço a escada o dia todo, 'Por que eu subi aqui agora?'. Provavelmente é uma combinação do acidente [com o quadriciclo em 2004] e minha idade, não sei. Sem Chris Ayres, o sujeito que foi meu escritor fantasma, eu ainda estaria na primeira página: não consigo ficar cinco minutos parado. De qualquer modo, chegamos ao fim e ele disse que tinha o suficiente para outro livro, embora eu pensasse que ele estava apenas me rematando. Então, provavelmente o próximo livro vai se chamar *I Am Still Ozzy*, ou algo parecido".

Em outras notícias sobre Ozzy, o vocalista estava também escrevendo uma coluna engraçada dando conselhos de saúde para o *Sunday Times*, como ele explicou: "É um pouco de diversão, você entende? As pessoas me fazem perguntas. Algumas são realmente interessantes. Consigo me relacionar com elas. Uma que recebi recentemente era sobre algo que me deixa louco. Quando uso um banheiro público, eu lavo minhas mãos depois de usar o banheiro. Mas em seguida tenho de abrir a porra da porta em que todas aquelas outras mãos nojentas passaram. Que porcaria é essa? Não sou um germofóbico, mas não vou querer tocar em uma maçaneta que recebeu mais pintos do que um bordel".

Ele também comentou sobre o documentário prestes a sair, baseado em sua vida e produzido por seu filho Jack: "Ainda não vi um quadro dessa coisa. Ele tem passado tanto tempo fazendo isso que eu lhe disse que deveria se chamar *Democracia Chinesa 2*, título do álbum do Guns N'Roses que demorou muito para ser feito. Mas ouvi falar que é muito bom. Ele conseguiu uma entrevista com Paul McCartney no filme, caramba! Mas eu disse a ele: 'Jack, não me faça parecer como se fosse o cara mais legal'. Porque senão algumas pessoas vão dizer, 'Ah é? Bem, ele foi um babaca quando veio à minha casa'. Não me importo que a verdade seja dita. Nunca fui tímido. Já fiz muitas coisas estúpidas em minha vida. Caramba, sou conhecido por isso".

Também ocorreu que, em junho de 2010, Ozzy e Iommi tinham chegado a um acordo sobre a ação judicial movida por Ozzy sobre a propriedade do nome do Sabbath. Uma declaração conjunta foi emitida da seguinte forma: "[Eles] de forma amigável resolveram seus problemas sobre a propriedade do nome Black Sabbath, e os procedimentos judiciais em Nova York foram arquivados. Ambas as partes estão contentes em colocar esse assunto para trás e cooperar juntos no futuro, e gostariam de informar que a questão nunca foi de caráter pessoal, e sim sempre relacionada aos negócios".

Questionado pelo autor, no verão de 2010, sobre o caso, Ozzy explicou: "Era apenas algo que eu precisava fazer, porque foi salientado para mim que nomes de banda como Deep Purple, Black Sabbath e Led Zeppelin são marcas – como todos os tipos de coisas; vinho, cerveja, roupa, logos – e eu queria minha fatia do negócio, então não tive alternativa senão fazer isso. Falei com Tony depois que retornei [de sua recente turnê]. Negócios e amizade são coisas completamente diferentes, e eu amo esses rapazes – todos eles".

Em junho, o novo álbum de Ozzy, *Scream*, foi lançado pela Sony. Era originalmente intitulado *Soul Sucka*, mas por causa dos protestos dos fãs sobre as supostas conotações ao estilo hip-hop o título foi trocado. Infelizmente, o próprio álbum era muito morno comparado ao trabalho anterior de Ozzy. No entanto, o cantor passou pelo ritual promocional habitual, organizando uma tentativa de bater o recorde mundial de volume de um público gritando, assinando autógrafos e assim por diante.

Talvez o elemento mais memorável de *Scream* seja a estreia de Gus G. Questionado para descrever seu estilo de guitarra, ele expressou: "Acho que sou um músico muito expressivo para um guitarrista de metal, ao passo que a maioria da nova geração está concentrando mais na parte técnica. Posso fazer uma nota cantar, o que me distingue da maioria dos músicos modernos. Meus heróis eram pessoas como o Yngwie Malmsteen, Peter Frampton e [o falecido] Gary Moore: definitivamente eu venho de uma escola tradicional de guitarra do rock pesado e do heavy metal. Minhas raízes são de músicos dos anos 1970 e 1980 como Tony Iommi e Randy Rhoads, e todos aqueles caras. Talvez Ozzy tenha ouvido isso em um jovem como eu, e tenha gostado". Ele acrescentou que sua personalidade se encaixa com a de Ozzy: "Sou um cara descontraído. Não sou exigente e estou feliz por estar aqui. Não sou festeiro ou coisa do gênero: estou apenas interessado em tocar guitarra e tocar em grandes shows. Para mim isso é tudo o que importa. Ozzy consegue detectar coisas desse tipo. Nunca lhe perguntei, mas li em uma entrevista que de algum modo eu me sobressaí entre os demais, e eu me sinto muito gratificado por ele ter percebido isso".

Relembrando as sessões de gravação de *Scream*, Gus explicou: "Eles gravaram este álbum sem um guitarrista: as partes da guitarra eram apenas faixas demo gravadas por Kevin [Churko, produtor], então, quando eu entrei, eles me pediram que fizesse um álbum mais orientado à guitarra possível. Entrei lá e coloquei meu selo nele: eu improvisava algumas partes e mostrava a Kevin onde queria chegar e, às vezes, ele sugeria alguma coisa. Foi muito divertido e um verdadeiro aprendizado para mim. Para mim, foi uma grande oportunidade conhecer um mundo completamente novo".

"As pessoas dizem que é progressivo, é diferente, elas dizem que é superproduzido ou que amaram", Ozzy falou encolhendo os ombros quando questionado sobre *Scream*. "Você sabe, nunca entro em um estúdio [pensando] 'Tive uma carreira grande e de sucesso, agora vou fazer um álbum porcaria'. Sabe o que quero dizer? Toda vez que faço um álbum, tento fazer diferente. Há uma faixa no álbum de que eu gosto muito, chamada 'Life Won't Wait', com um tipo de energia diferente – é um som muito interessante, você sabia? Gus é maravilhoso. Toda vez que tenho um guitarrista novo, é sempre duro. Se contrato um cara que já tem um nome, então vou ter de lidar com seu ego. Gosto de conseguir pessoas que estão sedentas, você entende, [não do tipo] algum Ritchie Blackmore da vida ou alguém que é reconhecido como um grande guitarrista. Uma coisa que eu sempre digo é que nada aconteceu com Zakk. O que aconteceu foi, era hora de eu buscar um substituto permanente, porque Zakk não precisava mais de mim. Zakk tem o Black Label Society e está indo muito bem. Sua banda tem trabalhado muito e ido bem: fizemos dois shows na Europa quando estive lá, e foi muito divertido".

No dia 24 de julho, o Heaven and Hell fez seu último show no Victoria Park em Londres como parte do High Voltage Festival, um novo evento criado pela revista *Classic Rock*. Glenn Hughes e o vocalista do Masterplan, Jorn Lande, ambos amigos de Ronnie Dio, subiram ao palco para fazer os vocais, e Wendy Dio deu um discurso, pedindo que a plateia contribuísse para sua nova instituição de caridade, a fundação Ronnie James Dio Stand Up and Shout Cancer Fund [Fundação Ronnie James Dio Levante-se e Grite para o Câncer]. "Este será o último e derradeiro show que tocaremos como o Heaven and Hell", anunciou Iommi antes de tocar. "Nós não conseguiríamos prosseguir com este nome sem Ronnie. Isso não seria correto, e nenhum de nós tem o desejo de fazer isso. Nós também não nos chamaríamos de Black Sabbath... Gostaríamos de fazer algo, e continuar tocando. Mas, de que forma – e com qual vocalista – eu não sei".

Hughes contou à *Classic Rock*: "Tive um grande relacionamento com Ronnie – eu fui o cara que o apresentou ao curry. E ele se tornou o rei do curry. Sempre que nos juntávamos, sempre tínhamos uma discussão sobre quem era o melhor vocalista. Eu cantava, 'Você é o melhor', e ele respondia, 'Não, você é'. Quando ele morreu, nós perdemos um dos melhores vocalistas do metal de todos os tempos. Mas ele era muito mais do que isso. Ele conseguia entrar em uma sala com 30 pessoas que ele não conhecia e fazer cada uma delas se sentir confortável. E se recordaria também de seus nomes na próxima vez que se encontrassem. E ele contribuiu muito com as obras de caridade. Sua fundação Children of the Night ajudou as crianças da rua, ele arrecadou 4.5 milhões de dólares no Hear 'N Aid. Ele era um santo. Portanto, quando Wendy Dio, Tony Iommi e Geezer Butler me perguntaram se eu poderia fazer esse show especial no High Voltage em sua memória, foi uma grande honra... Tenho certeza de que será um momento muito emocionante para todos nós, e ele estará lá em cima olhando para Jorn e para mim, dizendo: 'Vamos lá, vocês conseguem'".

O show transcorreu de forma impecável e com uma grande manifestação de emoção por parte da banda e do público. Como Appice comentou: "Era muito estranho estar na sala de ensaio todos juntos sem Ronnie. Tocamos primeiro com Jorn, que cantou muito bem, mas ainda [estava] estranho para nós, especialmente quando tocamos 'Heaven and Hell' – essa foi difícil de tocar no início, sem que ficasse emocional e um pouco triste. Jorn fez um excelente trabalho e Glenn foi brilhante como sempre. Nós nos tornamos uma banda para aquele show e para Ron, e tocamos para os fãs".

Quase que imediatamente, perguntas começaram a brotar da imprensa sobre o futuro do Black Sabbath: afinal de contas, Iommi, Butler e Ward estavam sem bandas, enquanto Ozzy tinha um ano de turnê solo diante dele até 2011. Além disso, todos os membros da banda haviam dado entrevistas completas no decorrer do ano, por causa de seus variados lançamentos – o álbum de Ozzy, o DVD *Heaven and Hell*, uma nova coletânea reeditada de luxo dos álbuns clássicos do Sabbath – o que rendeu aos entrevistadores uma grande oportunidade de questionar sobre o futuro da banda. Enquanto este livro ia para a impressão, não havia planos concretos anunciados ainda: os músicos em geral se mostravam abertos para todas as opções. O resultado mais desejável do ponto de vista de muitos fãs seria um reencontro final da formação Osbourne/Iommi/Butler/Ward, é claro, especialmente enquanto todos os membros ainda se encontram em seus 60 anos de idade neste momento.

"Isso não vai acontecer por pelo menos um ano ou dois, porque tenho minha turnê e um álbum para fazer", disse Ozzy. "Mas isso não está agregado ao reino do nunca e jamais... Mas, absolutamente, eu adoraria fazer um grande, monumental e excelente álbum do Black Sabbath. Se poderemos, eu não sei. Conversei com Tony Iommi cerca de três semanas atrás, conversei com Geezer Butler cerca de uma semana atrás, converso com Bill Ward o tempo todo. Mas não farei sem os outros três... O Black Sabbath consiste de quatro sujeitos, em minha opinião. Todos nós dependemos um do outro."

Ward indicou que um álbum poderia ser uma possibilidade, dizendo: "É verdade que existe muito material composto e armazenado em um lugar muito seguro. Eu não sei com que álbum do Sabbath poderia ser comparado. Fizemos todos os ensaios e improvisos na primavera, acho que há sete anos. As canções têm alguns riffs brilhantes, é óbvio, de Tony, e minha bateria mudou um pouco. Minha abordagem e a abordagem de Geezer estão um pouco diferentes acompanhando Tony... Acho que estavam mais maduras, embora ainda fôssemos jovens por dentro. Não acho que dá para comparar com algum álbum do Sabbath, mas o som era muito, mas muito poderoso... há algumas estruturas e batidas muito boas, algumas baquetas bem legais. Era nossa banda tocando. Para mim, em minha opinião, elas estão boas o suficiente para fazer um outro álbum do Black Sabbath. A música é muito atual. Somos nós, 40 anos depois, tocando pesado, você entende?".

Enquanto seria fácil concluir que a formação clássica do Sabbath está pronta para se reunir assim que as condições estiverem favoráveis, o panorama ainda não é bem esse. Um dos motivos é que Geezer Butler ainda lamentava de forma pesada a perda de seu parceiro de banda em janeiro de 2011, quando ele disse: "Tem sido um ano muito difícil, então a música tem ficado em segundo plano, por causa de Ronnie. Estou me recuperando lentamente... tenho tanto material próprio, vai levar meses para organizar tudo quando eu quiser começar de novo. É um enorme acúmulo. Quando você consegue estabelecer um rumo em sua cabeça, as coisas ficam bem mais fáceis, mas eu preciso disso. Assim que eu alcançar isso, volto a tocar... Nós [Heaven and Hell] estávamos nos divertindo. Nunca imaginamos que não teríamos a oportunidade de fazer mais aquilo".

Há outras opções disponíveis para os músicos também. Ozzy talvez tente lançar um álbum com um pseudônimo, ele insinuou: "Você já ouviu falar do álbum *The Fireman* de Paul McCartney?... É tão não Paul McCartney que é brilhante. A liberdade desse álbum, a energia ele, é meio U2 em algumas partes, mas eu o admiro por ter feito aquilo e é isso que gostaria de fazer algum dia. Eu já tenho um nome, mas não vou lhe contar. Esse álbum é tão benfeito...".

Quanto a uma possível reunião do Sabbath, ele disse: "Estamos conversando, e isso é um bom sinal. Não estamos em guerra uns com os outros... Estive conversando com Bill ontem à noite. Falei com os outros dois... Não sei se eles querem fazer comigo, ou sei lá, mas estou começando a facilitar [as coisas] para fazê-lo. Para ser honesto com você, eu adoraria fazer um álbum do Black Sabbath de arrebentar. Eu faria... cairia perfeitamente para mim".

Declarações conflitantes continuam a surgir de todos os lados. Butler escreveu recentemente em seu site: "Gostaria de deixar claro, por causa das especulações e rumores que estão surgindo, que, definitivamente, não haverá um reencontro de todos os quatro membros originais do Black Sabbath, seja para gravar um álbum ou para fazer uma turnê". Em seguida, novamente, Wendy Dio disse: "Não sei o que eles estão fazendo agora. Sei que Geezer foi questionado várias vezes, e ele está... ele ainda está passando por um momento muito difícil [com a morte de Ronnie]. Eu realmente não sei o que estão fazendo agora. Eles deveriam fazer algo diferente, com Vinny também. Quero dizer, a banda era incrível, uma banda incrível, e eles deveriam continuar fazendo algo. Não se chamaria Heaven and Hell, mas qualquer coisa que eles a queiram chamar, será ótimo, será incrível".

Tudo isso está ocorrendo em uma época em que a indústria fonográfica tradicional está bamba das pernas. Não há mais dinheiro nos álbuns graças ao fenômeno do *download*, portanto um novo álbum do Sabbath talvez não seja financeiramente viável. O próprio Ozzy expressou sua repugnância com a maneira como indústria trata os artistas nos dias de hoje em uma entrevista concedida ao autor: "Dia desses, fui informado de que as novas bandas que acabaram de assinar contratos com suas gravadoras terão de ceder parte de suas publicações, parte de seus ganhos nos shows, parte de suas concessões, e coisas do gênero... que merda está acontecendo? Não gostaria de ser uma banda nos dias de hoje. É nojenta a forma com que eles tratam as bandas... Você também tem de ser um esperto no computador. Mudou muito. Alguém pode se tornar a melhor coisa do mundo e, então, no mês seguinte, você pergunta: 'O que aconteceu com eles?'. Venda de discos não existe mais – eles não estão vendendo mais tantos discos, por causa dessa coisa chamada *download* ".

Por outro lado, ele disse: "Quer saber de uma coisa? Quando éramos jovens e queríamos fazer sucesso, não sabíamos o que estávamos assinando. Não sabíamos coisa alguma sobre editoras ou coisas do gênero. Agora você vai ao computador e consegue descobrir o que está procurando. Você abre seu laptop e descobre quanto é a porcentagem média de um manager. Se você faz isso, tem muito dinheiro para ser ganho – e, no momento que muito dinheiro aparece, as pessoas ficam estranhas. Eu disse a Bill uma vez, 'independentemente do fato de que fomos enganados, todo o nosso estilo de vida melhorou em torno de 15 mil vezes mais do que eles já conseguiram'. Nossas vidas ficaram muito melhores. Temos carros, temos casas, podemos sair e tomar a cerveja que quisermos e podemos comprar nosso próprio maço de cigarros, em vez de um maço para nós quatro".

Dito isso, se tem uma coisa que nós aprendemos com este livro, é que sempre será muito, mas muito insensato descartar Tony Iommi. Ele conduziu o Sabbath nos períodos mais difíceis, e enfrentará essa tempestade. Como ele contou ao *Metal Hammer* após a morte de Dio: "O que estou fazendo agora é compor. Enlouqueci, estou compondo vários riffs novamente. Eu realmente curto isso, juntar as coisas. Nós continuaremos fazendo algo. Agora estou mantendo muito contato com Geezer, e estamos conversando sobre como vai ser a próxima fase. Será ótimo poder sair e fazer algo novamente. Geralmente eu não digo isso, mas há muitas ideias boas surgindo. É tudo o que eu tenho de fazer agora. Sentar e compor riffs!".

Isso soa como uma banda prestes a desistir? Longe disso. Então, fique de olho.

DISCOGRAFIA REINO UNIDO

Singles	Selo e ano	Paradas
"Evil Woman"	Fontana, 1970	n/a
"Paranoid"	Vertigo, 1970	4
"Hard Road"	Vertigo, 1978	21
"Never Say Die"	Vertigo, 1978	33
"Neon Knights"	Vertigo, 1980	22
"Die Young"	Vertigo, 1980	41
"Mob Rules"	Vertigo, 1981	46
"Turn Up the Night"	Vertigo, 1982	37
"Headless Cross"	IRS, 1989	62
"TV Crimes"	IRS, 1992	33
Álbuns		
Black Sabbath	Vertigo, 1970	8
Paranoid	Vertigo, 1970	1
Master of Reality	Vertigo, 1971	5
Volume 4	Vertigo, 1972	8
Sabbath Bloody Sabbath	Vertigo, 1973	4
Sabotage	NEMS, 1975	7
We Sold Our Soul For Rock 'N' Roll	NEMS, 1975	35
Technical Ecstasy	Vertigo, 1976	13

Never Say Die!	Vertigo, 1978	12
Heaven and Hell	Vertigo, 1980	9
Live at Last	NEMS, 1980	5
Mob Rules	Mercury, 1981	12
Live Evil	Vertigo, 1982	13
Born Again	Vertigo, 1983	4
Seventh Star	Vertigo, 1986	27
The Eternal Idol	Vertigo, 1987	66
Headless Cross	IRS, 1989	31
Tyr	IRS, 1990	24
Dehumanizer	IRS, 1992	28
Cross Purposes	IRS, 1994	41
Cross Purposes Live	IRS, 1994	n/a
Forbidden	IRS, 1995	71
The Sabbath Stones	IRS, 1996	n/a
Reunion	Epic, 1998	41
The Best of Black Sabbath	Metal-Is, 2000	24
Past Lives	Sanctuary, 2002	n/a
Black Box: Black Sabbath 1970-1978 (US)	Rhino, 2004	n/a

Singles de Ozzy Osbourne

"Crazy Train"	Jet, 1980	49
"Mr Crowley"	Jet, 1980	46
"Bark at the Moon"	Epic, 1983	21
"So Tired"	Epic, 1984	20
"Shot in the Dark"	Epic, 1986	20
"The Ultimate Sin/Lightning Strikes"	Epic, 1986	72
"No More Tears"	Epic, 1991	32
"Mama I'm Coming Home"	Epic, 1991	46
"Perry Mason"	Epic, 1995	23

"I Just Want You"	Epic, 1996	43
"Dreamer"	Epic, 2002	18
"Changes" (with Kelly Osbourne)	Sanctuary, 2003	1
"Not Going Away"	Sony, 2007	n/a
"I Don't Wanna Stop"	Sony, 2007	n/a
"Let Me Hear You Scream"	Sony, 2010	n/a

Álbuns de Ozzy Osbourne

Blizzard of Ozz	Jet, 1980	7
Diary of a Madman	Jet, 1981	14
Talk of the Devil	Jet, 1982	21
Bark at the Moon	Epic, 1983	24
The Ultimate Sin	Epic, 1986	8
Tribute	Epic, 1987	13
No Rest For the Wicked	Epic, 1988	23
Just Say Ozzy	Epic, 1990	69
No More Tears	Epic, 1991	17
Ozzmosis	Epic, 1995	22
The Ozzman Cometh	Epic, 1997	68
Down to Earth	Epic, 2001	19
The Essential Ozzy Osbourne	Epic, 2003	21
The Prince of Darkness	Sanctuary, 2005	n/a
Under Cover	Sanctuary, 2005	n/a
Black Rain	Sony, 2007	n/a
Scream	Sony, 2010	12

Álbuns de Tony Iommi

Iommi	Divine, 2000	n/a
The 1996 DEP Sessions With Glenn Hughes	Mayan, 2004	n/a
Fused	Sanctuary, 2005	n/a

Álbuns de Geezer Butler		
Plastic Planet	Raw Power, 1995	n/a
Black Science	Sum, 1997	n/a
Ohmwork	Mayan, 2005	n/a
Álbuns de Bill Ward		
Ward One: Along The Way	Chamaleon, 1990	n/a
When the Bough Breaks	Cleopatra, 1997	n/a
Singles de Kelly Osbourne		
"Papa Don't Preach"	Epic, 2002	3
"Shut Up"	Epic, 2003	12
"Come Dig Me Out"	Sanctuary, 2004	n/a
"One Word"	Sanctuary, 2005	9
Álbuns de Kelly Osbourne		
Shut Up	Epic, 2003	31
Changes	Sanctuary, 2004	n/a
Sleeping In The Nothing	Sanctuary, 2005	57
Álbuns de Ozzfest		
Ozzfest Live	Red Ant, 1997	n/a
Ozzfest 2001: The Second Millennium	Sony, 2001	n/a
Ozzfest: Second Stage Live	Virgin, 2001	n/a
Ozzfest 2002	Columbia, 2002	n/a
Single do Heaven and Hell		
"Bible Black"	Roadrunner, 2009	n/a
Álbuns do Heaven and Hell		
Live From Radio City Music Hall	Rhino, 2007	n/a
The Devil You Know	Roadrunner, 2009	21

Os álbuns do Black Sabbath foram reeditados em várias ocasiões, especialmente pelo selo Castle da Sanctuary, em uma variedade de formatos (CD, réplica de LP em miniatura, CD avançado, de acordo com seu critério).

FONTES

Todas as citações usadas foram extraídas das entrevistas originais conduzidas pelo autor (veja introdução para obter a lista completa), exceto as indicadas abaixo.

PARTE UM

CAPÍTULO 1

"We only had three bedrooms..." [Tínhamos apenas três quartos] David Gans, janeiro de 1982
"A no-frills place..." [Um lugar muito simples] Bob Nalbandian e Mark Miller da *Shock Waves*, 2002
"Birmingham is on a par..." [Birmingham está igual] Jeb Wright da *Classic Rock Revisited*, abril de 2003
"Two of my brothers..." [Dois de meus irmãos] Loudplanet, 2004
"He used to call..." [Ele costumava ligar] CNN, 2004
"I'm the original clown..." [Sou o palhaço original] David Gans, janeiro de 1982
"We used to have this next-door neighbour..." [Havia uma vizinha que morava ao lado] David Gans, janeiro de 1982
"If you're in a room..." [Se você está no quarto] Ben Thompson, *Independent on Sunday*, 1995
"Where I came from..." [De onde eu vim] David Gans, janeiro de 1982
"We were all destined..." [Éramos todos destinados] Jeb Wright da *Classic Rock Revisited*, abril de 2003
"There was some classical music…" [Havia um pouco de música clássica] Guillaume Roos, Sabbathlive
"There's something inside me..." [Há algo dentro de mim] Bob Nalbandian e Mark Miller da *Shock Waves*, 2002
"I used to steal records..." [Costumava furtar discos] David Gans, janeiro de 1982
"My early influences were..." [Minhas primeiras influências foram] KNAC

"The timing couldn't have been worse..." [O momento não poderia ter sido pior] *Guitar World*, 2002
"We started playing together..." [Começamos a tocar juntos] Jeb Wright da *Classic Rock Revisited*, abril de 2003
"I just connected..." [Apenas liguei] Bob Nalbandian e Mark Miller da *Shock Waves*, 2002

CAPÍTULO 2

"I know all of us..." [Conheço todos nós] Bob Nalbandian e Mark Miller da *Shock Waves*, 2002
"Tony came into that band..." [Tony entrou naquela banda] Jeb Wright da *Classic Rock Revisited*, abril de 2003
"We've had our ups..." [Tivemos nossos altos] CNN, 2004
"The first gig I can..." [O primeiro show eu posso] Jeb Wright da *Classic Rock Revisited*, abril de 2003
"Ten Years Later..." [Dez Anos Depois] John Stix, *Guitar For the Practicing Musician*, maio de 1994
"It seemed to..." [Parece que] CNN, 2004
"I learned quite a lot from..." [Aprendi muito com] Jeb Wright da *Classic Rock Revisited*, abril de 2003
"really used to intimidate me..." [realmente costumava me intimidar] Sylvie Simmons da *Mojo*, 2000
"The stuff we had..." [O lance que tínhamos] John Stix, *Guitar For the Practicing Musician*, maio de 1994
"You know what?" [Quer saber?] David Gans, janeiro de 1982
"We didn't earn a whole lot..." [Não ganhávamos muito] Bob Nalbandian e Mark Miller da *Shock Waves*, 2002
"I just thought they were..." [Pensei apenas que eram] Russell Tice, 1999
"When we first got..." [Quando conseguimos pela primeira vez] CNN, 2004

CAPÍTULO 3

"We came in..." [Chegamos] CNN, 2004
"We found in a lot of blues clubs..." [Descobrimos isso em vários clubes de blues] Knac.com
"It was fuckin' great..." [Era bom demais] Bob Nalbandian e Mark Miller da *Shock Waves*, 2002

CAPÍTULO 4

"You know, [our] very early shows..." [Sabe, (nossos) primeiros shows] Guillaume Roos, Sabbathlive
"When we first..." [Quando pela primeria vez nós] *Bass Frontiers*, 1996
"[It was] really..." [Era realmente] John Stix, *Guitar For the Practicing Musician*, maio de 1994

"On the first LP..." [No primeiro álbum] Bass Frontiers, 1996
"Back then you had..." [Naquela época tínhamos] John Stix, *Guitar For the Practicing Musician*, maio de 1994
"We have a thing..." [Tínhamos algo] David Gans, 1982

CAPÍTULO 5

"Well, that's actually BS..." [Bem, isso é uma grande mentira] Gary James, 1994
"I think ['War Pigs'] was a little bit..." [Acho que 'War Pigs' era um pouco] Bob Nalbandian e Mark Miller da *Shock Waves*, 2002
"Originally it was..." [Originalmente, era] Loudplanet

CAPÍTULO 6

Record Plant entrevista: Harold Bronson, UCLA Daily Bruin, 1972
"You know what that is?" [Sabe o que é isso?] Bob Nalbandian e Mark Miller da *Shock Waves*, 2002
"Frank Zappa..." Ben Thompson, *Independent on Sunday*, 1995
"We had been in America..." [Já havíamos estado na América] *Classic Rock Revisited*
"I think that was..." [Acho que era] *Metal Sludge*

CAPÍTULO 7

"You've got to remember the time," [Você deve se lembrar daquela época] *Mojo*, 2000
"I was brought up..." [Eu fui criado] Dave Thompson, *The Rocket*, 1994
"We hid our real message..." [Ocultávamos nossa verdadeira mensagem] Guillaume Roos, Sabbathlive
"Any lyrics that..." [Qualquer letra que] *Metal Sludge*

CAPÍTULO 8

"It's more of a basic rock album…" [Vai além do que um álbum básico de rock] *Circus*, 1975

CAPÍTULO 9

"I kind of volunteered." [Eu meio que me voluntariei] Bob Nalbandian e Mark Miller da *Shock Waves*, 2002

CAPÍTULO 10

"We were potless..." [Vivíamos quebrados sem um centavo] David Gans, 1982

PARTE DOIS

CAPÍTULO 11

"I'd gone to Los Angeles..." [Fui a Los Angeles] David Gans, 1982
"Speaking for myself..." [Na minha opinião] Jeb Wright da *Classic Rock Revisited*
"When I left the band..." [Quando saí da banda] Guillaume Roos, Sabbathlive

"Ozzy had been..." [Ozzy tinha sido] Jeb Wright da *Classic Rock Revisited*
"If there's one person..." [Se existe uma pessoa] Ozzyhead.com
"I think I was doing..." [Acho que estava fazendo] Bob Lang, Boston Rock, abril de 1994

CAPÍTULO 12

"All of the bands..." [Todas as bandas] Bob Nalbandian e Mark Miller da *Shock Waves*, 2002
"Rock and roll is my religion..." [O rock'n'roll é a minha religião] David Gans, 1982
"Few people know this..." [Poucas pessoas sabem disso] *Electric Basement*
"I eventually ended up..." [No final acabei] David Gans, 1982
"What Sharon would do..." [O que Sharon faria] Ben Thompson, *Independent on Sunday*, 1995
"My sister [Gillian] went nuts..." [Minha irmã Gillian pirou] David Gans, 1982
"It wasn't a thing to..." [Não era uma coisa que] Richard Hogan, *Circus*, março de 1983
"Our fights were legendary..." [Nossas brigas eram homéricas] *The Guardian*, 2001
"At first, when I first come..." [No início, quando vim pela primeira vez] David Gans, 1982

CAPÍTULO 13

"That's a load of crap..." [Isso é um monte de asneira] Jeb Wright da *Classic Rock Revisited*

CAPÍTULO 14

"I had been doing..." [Estava fazendo] www.black-sabbath.com
"The biggest thing..." [A maior coisa] Guillaume Roos, Sabbathlive
"It was a fun group..." [Era um grupo divertido] Bob Lang, *Boston Rock*, abril de 1994

CAPÍTULO 15

"Ozzy was served..." [Ozzy foi servido] Bob Lang, *Boston Rock*, abril de 1994

CAPÍTULO 16

"They were really..." [Eles eram realmente] Metal Express Radio, 2005

CAPÍTULO 17

"We were promised..." [Nos prometeram] Joy Williams, *Novaya Yezhednevnaya Gazeta*, 1991
"I go onstage now..." [Vou subir no palco agora] *The Sunday Chronicle Examiner*, San Francisco
"I'm a lot happier..." [Sou muito mais feliz] Beth Nussbaum, *Rock Scene*, 1988
"1 didn't know what..." [Não sabia o que] Bob Lang, *Boston Rock*, Abril 1994
"While Ronnie was..." [Enquanto Ronnie estava] Thomas Orwat, 1994

"For me, that..." [Para mim, isso] Doug Roemer, *Psychadelic*
"I was kicked out..." [Fui expulso] Petra van Kasteren, Aardschok, 1995
"1 really don't understand..." [Eu realmente não entendo] Joy Williams, *Novaya Yezhednevnaya Gazeta*, 1991

CAPÍTULO 18

Diagnóstico de esclerose múltipla: *The Guardian*, 2001
"Musically, it's back..." [Musicalmente, é um retorno] *Toronto Sun*, Julho 1992
"We don't even..." [Nós sequer] Bob Lang, *Boston Rock*, abril de 1994
"At the time..." [Na época] *Livewire*
"1 really don't feel..." [Realmente não sinto] *NY Rock*

PARTE TRÊS

CAPÍTULO 19

"1 will probably cut..." [Provavelmente vou gravar] Jeb Wright da *Classic Rock Revisited*
"I like the new..." [Gosto do novo] Dave Thompson, *The Rocket*, 1994
"We took him out. ." [Levamos ele para sair] *Livewire*
"*Cross Purposes* is..." [*Cross Purposes* é] Thomas Onvat, fevereiro de 1994
"He's great!" [Ele é demais!] Bob Lang, *Boston Rock*, abril de 1994
"I've started designing..." [Comecei a projetar] Gary James, 1994
"I'm very honoured..." [Me sinto muito honrado] Kristina Estlund, *Rip*, outubro de 1995
"Well, there was a few..." [Bem, havia poucos] St Catharines Standard, julho de 1995
"I was finding it difficult..." [Estava achando difícil] Metaverse/www.black--sabbath.com

CAPÍTULO 20

"I met Ernie..." [Me encontrei com Ernie] *Livewire*
"I wanted to make..." [Queria fazer] Dave Derocco, *Pulse Magazine*, julho de 1995
"Of course Ernie..." [É claro que Ernie] Petra van Kasteren, *Aardschok*, 1995
"Plastic Planet was always..." [Plastic Planet estava sempre] *Metal Sludge*

CAPÍTULO 21

"It folded up..." [Eu dobrei] Gary James, 1994
"I put money into..." [Investi dinheiro] *Vintage Guitar*, 1999

CAPÍTULO 22

"They laughed at the idea," [Eles riram da ideia] *The Guardian*, 2001
"My father never set..." [Meu pai nunca sentou] Sundance 2001, Pablo Kjolseth
"*Black Science* had a lot..." [*Black Science* tinha muito] Jeffrey Easton, 2004

CAPÍTULO 23

"I didn't understand [them]..." [Não entendi eles] *Metal Sludge*

CAPÍTULO 25

"I have a saying..." [Tenho um ditado] Launch
"My whole family's..." [Toda a minha família] David Gans, 1982
"I've just started..." [Tinha acabado de começar] Sylvie Simmons, *Mojo*, novembro de 2000
"Tony worked on the album..." [O Tony trabalhou no álbum] Clay Marshall, *Billboard*, outubro de 2000
"Just take our name..." [Confie na nossa palavra] *Metal Edge*
"I think it's kind..." [Acho que é do tipo] KNAC.com
"Almost four years ago..." [Quase quatro anos atrás] Clay Marshall, *Billboard*, outubro de 2000
"I had a little list..." [Eu tinha uma pequena lista] Doug Roemer, *Psychadelic*
"I shouldn't have said it..." [Deveria ter ditto] *The Guardian*, 2001
"I look to do another album..." [Espero fazer outro álbum] Bob Nalbandian e Mark Miller da *Shock Waves*, 2002
"I was in New York..." [Eu estava em Nova York] Greg Sorrels, *Clear Channel*, 2001

CAPÍTULO 26

"I didn't know..." [Eu não sabia] *The Guardian*, 2001
"I hate watching myself..." [Odeio me assistir] Ian Gittins, *The Guardian*, junho de 2002

CAPÍTULO 27

"I'm the happiest man..." [Sou o homem mais feliz] MTV
"It was really fun/I'm not good with videos..." [Era muito divertido/Não sou bom em videos] MTV

CAPÍTULO 28

"After eight days…" [Depois de oito dias] *The Daily Mirror*
"I can't tell you…" [Não posso lhe contar] www.black-sabbath.com

CAPÍTULO 29

"I really enjoyed having…" [Eu realmente gostei de ter] Jeb Wright da *Classic Rock Revisited*
"One thing that sticks…" [Uma coisa que fica] *Revolver*
"I think I finally got …" [Acho que finalmente consegui] Jeffrey Easton
"I love bluegrass!..." [Amo bluegrass!] *Metal Sludge*
"Glenn came over…" [Glenn veio até] Jeb Wright da *Classic Rock Revisited*

CAPÍTULO 30

"The book was hard to write..." [Foi difícil escrever o livro] *The Sunday Mirror*
"I'd like to do..." [Gostaria de fazer] *Billboard*
"You know I'm one…" [Você sabe, sou aquele] *Launch*
"We couldn't possibly…" [Não podíamos simplesmente] *Billboard*
"I love the guys..." [Amo os rapazes] contactmusic.com/Blabbermouth.net
"I learned everything..." [Aprendi tudo] Joy Williams, *Novaya Yezhednevnaya Gazeta*, 1991
"I have definitely..." [Eu definitivamente tenho] *Guitar For the Practicing Musician*, maio de 1994

CAPÍTULO 31

"Yes, that was..." [Sim, isso era] Ultimate Guitar
"Vinny had played…" [Vinny tinha tocado] Ultimate Guitar
"They're all sort…" [Todos nós do tipo] Ultimate Guitar
"Ozzy would sing…" [Ozzy cantaria] Ultimate Guitar
"If we were..." [Se estívessemos] Decibel
"The cartilage is..." [A cartilagem é] Ultimate Guitar
"Let me set..." [Deixe me colocar] QMI Agency
"He'd been having…" [Ele vem tendo] Noisecreep
"He started really…" [Ele realmente começou] Noisecreep
"Well, I feel…" [Bem, eu me sinto] Artisan News Service
"I was actually…" [Na realidade, eu estava] *Revolver*
"It's like the..." [É como o] QMI Agency
"It's just a…" [É apenas um] QMI Agency
"I have not…" [Não tenho] QMI Agency
"I had a..." [Eu tinha um] *Classic Rock*
"It was very…" [Era muito] *Sea of Tranquillity*
"It's not going…" [Isso não vai] Kevin O'Hare, *The Republican*
"It's true…" [É verdade] Brandon Marshall, Sonic Excess
"It's been a…" [Tem sido um] Noisecreep
"Have you heard…" [Você ouvir falar] Sarah Rodman, *Boston Globe*
"We're talking and…" [Estávamos conversando e] Rege Behe, *Pittsburgh Tribune-Review*

Entrevistas adicionais conduzidas pelo autor entre 2005 e 2011: Ozzy Osbourne, Bill Ward, Geezer Butler, Zakk Wylde, Gus G, Tommy Clufetos, Rob "Blasko" Nicholson, Adam Wakeman. RIP, Ronnie.

Recomendo profundamente os excelentes sites www.black-sabbath.com, www.ozzyhead.com e www.sabbathlive.com

Impressão Neo Graf